VÖLKERRECHT UND POLITIK
Band 13

Michael G. M. Antoni

Das Potsdamer Abkommen — Trauma oder Chance?
Geltung, Inhalt und staatsrechtliche Bedeutung

ISBN 3-87061-287-8

INHALTSÜBERSICHT*

* Jedem Teil ist eine ausführliche Gliederung vorangestellt.

Anhang

ABKÜRZUNGSVERZEICHNIS

a.A.	anderer Ansicht
a.a.O.	am angegebenen Ort
ABl.	Amtsblatt
Abs.	Absatz
AHK	Alliierte Hohe Kommission
Anm.	Anmerkung
Art.	Artikel
Aufl.	Auflage
Bd.	Band
BGB	Bürgerliches Gesetzbuch
BGBl.	Bundesgesetzblatt
BVerfGE	Bundesverfassungsgerichtsentscheidungssammlung
bzw.	beziehungsweise
DDR	Deutsche Demokratische Republik
d.h.	das heißt
EAC	European Advisory Commission
f	(eine)
ff	folgende (mehrere)
Fußn.	Fußnote
GBl.	Gesetzblatt
GG	Grundgesetz
GVBl.	Gesetz- und Verordnungsblatt
Hg	Herausgeber
HGB	Handelsgesetzbuch
HLKO	Haager Landkriegsordnung
HS	Halbsatz
IGH	Internationaler Gerichtshof
JZ	Juristenzeitung
KSZE	Konferenz über Sicherheit und Zusammenarbeit in Europa
Nato	North Atlantic Treaty Organization
MR	Militärregierung
mwN	mit weiteren Nachweisen
Nr.	Nummer
o.J.	ohne Jahr
o.O.	ohne Ort
Rdnr.	Randnummer
RegBl.	Regierungsblatt
RGBl.	Reichsgesetzblatt

S.	Satz, Seite
s.a.	siehe auch
SAG	Sowjetische Aktiengesellschaft
SBZ	Sowjetische Besatzungszone
SHAEF	Supreme Headquarters Allied Expeditionary Forces
SMAD	Sowjetische Militäradministration
s.o.	siehe oben
sog.	sogenannt
s.u.	siehe unten
u.	und
u.a.	unter anderem
UdSSR	Union der Sozialistischen Sowjetrepubliken
USA	Vereinigte Staaten von Amerika
UN; UNO	Vereinte Nationen
usw.	und so weiter
vgl.	vergleiche
VVDStRL	Veröffentlichungen der Vereinigung Deutscher Staatsrechtslehrer
WRV	Weimarer Reichsverfassung
WVK	Konvention über das Recht der Verträge (Wiener Vertragsrechtskonvention 1969)
z.B.	zum Beispiel
Ziff.	Ziffer
ZDF	Zweites Deutsches Fernsehen

EINFÜHRUNG

Am 2. August 1985 jährt sich zum vierzigsten Mal der Tag, an dem die Staats- und Regierungschefs Großbritanniens, der Sowjetunion und der Vereinigten Staaten von Amerika in Potsdam ihre gemeinsamen Vorstellungen zur Nachkriegsentwicklung Deutschlands im sogenannten "Potsdamer Abkommen" festlegten.

Insbesondere die sozialistischen Länder Osteuropas forderten bis in die 60er Jahre ein "zurück zu Potsdam"[1] als Ausgangsbasis für eine zukünftige Deutschlandpolitik oder werteten (seit 1970) die Potsdamer Übereinkünfte als "Grundstein der europäischen Friedensordnung" und als Ersatz eines Friedensvertrages zur Regelung der durch den Zweiten Weltkrieg geschaffenen Verhältnisse in Europa[2]. Adenauer hingegen empfand 1953 Potsdam als einen "Alpdruck"[3]. Für den Vertreter der KPD im Verbotsprozeß vor dem Bundesverfassungsgericht jedoch bildete ein Jahr später das Potsdamer Abkommen "die einzige rechtliche Grundlage" für Rechte "die das deutsche Volk nie preisgeben wird"[4], nämlich "das Recht auf nationale Selbstbestimmung, das Recht auf Wiedervereinigung in einem demokratischen Staat, das Recht auf staatliche Souveränität". In der Neujahrsansprache vom 1. Januar 1967 schlug Walter Ulbricht vor, eine Kommission zur Überprüfung der Durchführung des Potsdamer Abkommens in der Bundesrepublik und der DDR zu bilden[5], und Herbert Wehner betrachtete diesen Vorschlag als nachdenkenswert[6], wenn es auch letztlich bei diesen Anregungen verblieb und weder von seiten der DDR noch seitens der Bundesrepublik weitere Schritte in dieser Richtung unternommen wurden.

1 Siehe dazu Menzel, Friedensvertrag S. 19 f., 25 mwN.

2 So z.B. Kertzscher im Neuen Deutschland vom 14. Januar 1970; siehe auch Neues Deutschland vom 2. August 1970; Deuerlein, Vorformulierungen S. 338 mwN; Hacker, Einführung S. 6 mwN.

3 Bulletin Nr. 109 vom 13. Juni 1953 S. 926.

4 KPD-Prozeß S. 214. Im KPD-Prozeß nahm die Auseinandersetzung um die Verbindlichkeit der Übereinkünfte von Potsdam für die Bundesrepublik Deutschland einen erheblichen Teil der ersten Verhandlungsmonate in Anspruch.

5 Neues Deutschland vom 1. Januar 1967.

6 Wehner, Gedanken S. 42 ff.

Mit den Ostverträgen des Jahres 1970 gewann die Diskussion um die Geltung der Potsdamer Abmachungen erneut an aktueller Bedeutung[7], da sowohl in dem Vertrag mit der Sowjetunion vom 12. August 1970 wie in dem mit Polen vom 7. Dezember 1970 eine Klausel aufgenommen worden war, nach der von den Vertragsparteien früher abgeschlossene oder sie betreffende internationale Vereinbarungen – zu denen auch das Potsdamer Abkommen gerechnet wurde – unberührt bleiben sollten[8]. Auch bei den Interpretationen des Vierseitigen Abkommens über Berlin vom 3. September 1971, des Grundlagenvertrages vom 21. Dezember 1972, des Vertrages der Bundesrepublik mit der Tschechoslowakei vom 11. Dezember 1973 und der Schlußakte der KSZE vom 1. August 1975 werden die Beschlüsse der Potsdamer Konferenz immer wieder herangezogen[9].

Der 35. Jahrestag des Treffens in Potsdam wurde von seiten der DDR wiederum zum Anlaß genommen, auf die bleibende Gültigkeit der Übereinkünfte hinzuweisen. In der Neuauflage einer Dokumentensammlung[10] zu den Beschlüssen der Kriegsalliierten wird "die weitreichende historische Bedeutung und die Lebensfähigkeit jener Grundsätze und Ziele, die dem Potsdamer Abkommen und den anderen Vereinbarungen der Antihitlerkoalition zu Grunde liegen", betont[11]. Nach Albert Norden war es auch 1980 noch nicht zu spät, zu den Zielen der Potsdamer Konferenz zurückzukehren, in denen "die Hoffnung und Erwartung der Völker nach einem dauerhaften Frieden" ihren Ausdruck fanden, die aber von den Verantwortlichen im Westen verletzt worden seien, noch "ehe die Tinte ihrer Unterschrift getrocknet war"[12].

Welche Bedeutung hat nun dieses "Potsdamer Abkommen" tatsächlich für Deutschland?

Die DDR ist stets davon ausgegangen, daß es für sie verbindlich ist, und hat – unterstützt von der Sowjetunion – immer wieder erklärt und jüngst im Aufruf zum 35. Jahrestag der Staatsgründung vom Januar 1984 erneut bekräftigt, daß die Bestimmungen des Potsdamer Abkommens in der sowjetischen Besatzungszone und der späteren DDR konsequent erfüllt worden seien[13]. Diese Position wurde sogar völkerrechtlich festgeschrieben: Verträ-

---

7   Siehe Kimminich, Ostverträge S. 31; Arndt, Verträge S. 121 mwN; Hacker, Einführung S. 6; Kimminich, Moskauer Vertrag S. 83 ff.; Blumenwitz, Unberührtheitsklausel S. 89 ff.; Quist, Ostpolitik S. 79; Schenk, Viermächteverantwortung; Uschakow, Ostverträge S. 91 ff.

8   Jeweils Art. 4 des Moskauer und des Warschauer Vertrags; siehe dazu auch Hacker, Einführung S. 32; Schenk, Viermächteverantwortung S. 105, 118 f. 147.

9   Siehe Wünsche, Vorwort in: Potsdamer Abkommen S. 19; Meissner in: Klein, Potsdamer Abkommen S. 1; Bücking, Rechtsstatus S. 114, 138 (mit Anm. 20); Ress, Rechtslage S. 64, 67, 87 f.; Schenk, Viermächteverantwortung S. 141, 155, 167 ff., 179.

10 Das Potsdamer Abkommen, Dokumentensammlung, Staatsverlag der DDR, Berlin 1980.

11 A.a.O., S. 19.

12 Norden, Die entscheidende Tat S. 460, 463.

13 Siehe u.a.: Ulbricht im Neuen Deutschland vom 19. Januar 1970; Erklärung des Staatsrats

ge der DDR mit der UdSSR enthalten neben der Anerkennung der Gültigkeit des Potsdamer Abkommens für die Deutsche Demokratische Republik auch die ausdrückliche Feststellung, daß die DDR "die Grundsätze des Potsdamer Abkommens verwirklicht hat"[14]. Zugleich wurde aber immer wieder der Bundesrepublik vorgeworfen, das auch für sie gültige Abkommen verletzt und nicht durchgeführt zu haben[15]. So erklärte etwa der Staatsratsvorsitzende der DDR Honecker am 6. Oktober 1980 erneut, daß die DDR das Potsdamer Abkommen erfüllt habe, was "man leider nicht von der Bundesrepublik Deutschland sagen" könne[16]. Demgegenüber wurde von seiten der Bundesrepublik und der Westalliierten häufig Kritik an der Überbewertung des Potsdamer Abkommens geübt und dessen Verbindlichkeit für die Bundesrepublik grundsätzlich bestritten[17].

Sicherlich sind einige Übereinkünfte der Potsdamer Konferenz durch die politische Entwicklung seit 1945 gegenstandslos geworden, doch jede Berufung auf die Vier-Mächte-Verantwortung für Deutschland als Ganzes und alle Forderungen nach einem Friedensvertrag mit Deutschland stützten sich bisher – gleichgültig, ob sie von der UdSSR, den USA, Großbritannien oder von der Bundesrepublik und der DDR vorgetragen wurde – ebenso auf das Potsdamer Abkommen[18], wie die von allen Seiten ergriffenen Wiederver-

der DDR vom 29. April 1970 (Neues Deutschland vom 4. Mai 1970); Aufruf des Nationalrates der Nationalen Front (Neues Deutschland vom 28. April 1970); Thesen des ZK der SED (Neues Deutschland vom 31. März 1970); Heitzer, Befreiung S. 713, 716, 725; Norden, Die entscheidende Tat S. 463; Aufruf an die Bevölkerung der DDR zum 35. Jahrestag der Staatsgründung vom Januar 1984.

14 Siehe die Präambel des Freundschafts- und Beistandspakts der Sowjetunion und der DDR vom 12. Juni 1964 und die Präambel des Vertrages zwischen der UdSSR und der DDR vom 7. Oktober 1975. Ähnlich auch die Verträge der DDR mit Polen vom 15. März 1967 und der CSSR vom 17. März 1967. Siehe dazu Deuerlein, Auslegung S. 52 ff. Aus der Erfüllung des Potsdamer Abkommens durch die DDR wird von deren Seite sowie von der Sowjetunion weiterhin abgeleitet, daß für Anwendung alliierter Vorbehaltsrechte (insbesondere der Westmächte in der DDR) kein Raum mehr bestehe (siehe dazu Keßler (S. 242) und Blumenwitz (S. 258) in: Presse- und Informationsamt, Grundlagenvertrag).

15 Siehe die Nachweise in Anm. 13 sowie die bei Hacker, Sowjetunion S. 50 ff. – Zu diesem Komplex auch Deuerlein, Auslegung S. 52 ff. Auch von westlicher Seite wurde gelegentlich die Verletzung des Potsdamer Abkommens durch die westlichen Besatzungsmächte gerügt (so z.B. Moch (Histoire S. 16, 18) im Hinblick auf die Wiederaufrüstung der Bundesrepublik).

16 Honecker am 6. Oktober 1980 nach am 12. Oktober 1980 in den "Bonner Perspektiven" des ZDF gesendeten Aufzeichnungen.

17 Für viele: Giese, Einheit S. 80; Faust, Potsdamer Abkommen S. 70 mwN.; Bracht, Verpflichtung S. 59 ff.

18 Note der Regierung der UdSSR an die Westmächte vom 24. Mai 1952; Note der Regierungen der Westmächte an die UdSSR vom 10. Juli 1952; Entwurf der UdSSR für einen Friedensvertrag mit Deutschland vom 10. März 1952; Erklärung der Volkskammer der DDR vom 14. März 1952; Aide-mémoire der UdSSR an die Bundesrepublik vom 5. Juli 1968; Botschaft des Ministerpräsidenten Kossygin an die Regierungen der USA, Großbritanniens

einigungsinitiativen[19]. In gleicher Weise bildet das Potsdamer Abkommen auch den Ausgangspunkt der unterschiedlichen Stellungnahmen zu den Fragen der Oder-Neiße-Grenze, der Ostgebiete oder der Wiederbewaffnung in der Bundesrepublik und der DDR[20].

Ob man nun die Potsdamer Konferenz von 1945 als "das größte Ereignis in der Geschichte der internationalen Beziehungen unserer Zeit"[21] bezeichnen will oder nicht, in jedem Fall wurden im Juli/August 1945 im Schloß Cäcilienhof in Potsdam-Babelsberg die Weichen für die deutsche Nachkriegsentwicklung gestellt. Potsdam kann daher als ein Synonym für das angesehen werden, was allgemein unter dem Begriff der "deutschen Frage" zusammengefaßt wird[22].

Da es bisher – trotz einiger umfangreicher Arbeiten[23] – an einer zusammenfassenden und vollständigen Interpretation aller Deutschland betreffenden Regelungen des Potsdamer Abkommens verbunden mit einer Untersuchung ihrer rechtlichen Gültigkeit für Deutschland fehlt, soll hier der Versuch unternommen werden, zu einer umfassenden Einschätzung der rechtlichen und politischen Relevanz der Übereinkünfte der Potsdamer Konferenz von 1945 für Deutschland zu gelangen.

Dabei kann es nicht darum gehen, die von Ulbricht 1967 vorgeschlagene Überprüfung der Realisierung der Bestimmungen des Potsdamer Abkommens in ganz Deutschland im einzelnen vorzunehmen. Eine derartige – durchaus reizvolle – Untersuchung erfordert einen gewaltigen Aufwand und wäre auch erst möglich, wenn die Archive der Alliierten, der Bundesrepublik Deutschland und der DDR dafür in vollem Umfang zugänglich sind. Sollte es jemals dazu kommen, so will die vorliegende Arbeit dazu jedoch Vorarbeiten leisten, indem sie eine Interpretation der relevanten Vorschriften des Abkommens liefert, die Grundlage einer derartigen Überprüfung sein müßte.

und Frankreichs vom 2. August 1970 (Quellen: Europa-Archiv 1952 S. 4832 ff.; Europa-Archiv 1968, D386; Neues Deutschland vom 2. August 1970). Zur Vier-Mächte-Verantwortung siehe Hacker, Einführung S. 28 ff. mwN.

19 Note der Regierung der UdSSR an die Westmächte vom 24. Mai 1952; Note der Regierungen der Westmächte an die UdSSR vom 10. Juli 1952; Botschaft der Regierung der DDR an die Regierungen der vier Besatzungsmächte vom 13. Februar 1952 (Beziehungen DDR–UdSSR Bd. I S. 338); Antwort der UdSSR auf diese Botschaft vom 20. Februar 1952 (a.a.O., S. 341); Erklärung der Volkskammer der DDR vom 14. März 1952 (a.a.O., S. 348).

20 Note der Regierung der UdSSR an die West-Alliierten vom 9. April 1952; Note der West-Alliierten an die Regierung der UdSSR vom 13. Mai 1952; Erklärung der Volkskammer der DDR vom 14. März 1952; Note der Regierung der USA an die Regierung der Sowjetunion vom 25. März 1952 (Quellen a.a.O.).

21 Gulakin, Potsdam S. 5.

22 Deuerlein, Deklamation S. 23.

23 So insbesondere Faust, Potsdamer Abkommen; Feis, Krieg; Deuerlein, Potsdam; Deuerlein, Quellen; Deuerlein, Einheit; Deuerlein, Deklamation; Klein, Potsdamer Abkommen; Kegel, Viertel Jahrhundert; Wyssozki, Terminal.

Ausgehend von einer thesenartigen Skizzierung wesentlicher außen- und deutschlandpolitischer Interessen der vier Hauptsiegermächte – der USA, der UdSSR, Großbritanniens und Frankreichs – sollen die mit den Beschlüssen der Potsdamer Konferenz verfolgten gemeinsamen Ziele und Absichten der Alliierten bestimmt, sowie der Inhalt der einzelnen Regelungen und deren Durchführung unter alliierter Kontrolle bis 1949 untersucht werden. Im Zentrum steht dabei die Frage nach der Verbindlichkeit des Potsdamer Abkommens für beide deutsche Staaten und die konkreten Folgerungen, die sich daraus ergeben.

Dieser Problembereich ist von bleibender Aktualität, denn soweit sich ein verbindlicher Inhalt für Deutschland nach der Kapitulation des Deutschen Reiches und die 1949 entstandenen beiden deutschen Staaten ergibt, können hieraus konkrete Ansprüche abgeleitet werden, die (zumindest theoretisch) völkerrechtlich durchsetzbar sind. Insbesondere für die staatsrechtliche Ordnung in beiden deutschen Staaten könnten sich aus dem Abkommen verbindliche Leitlinien ergeben, die bei der Schaffung des deutschen Verfassungsrechts nach 1945 zu beachten gewesen wären und die – solange die Potsdamer Übereinkünfte Gültigkeit haben – die deutschen Staatsorgane verpflichten würden, eine dem Potsdamer Abkommen gemäße Rechtsordnung zu schaffen. Daher wird ein besonderes Gewicht auf die Auslotung jener Bestimmungen des Abkommens gelegt, die sich mit dem Neuaufbau Deutschlands auf demokratischer Grundlage befassen.

Weiterhin ist eine konkrete Inhaltsbestimmung des Potsdamer Abkommens unter Einbeziehung der damaligen deutschland- (und welt-)politischen Situationen deswegen von bleibender Bedeutung, weil hier für viele Bereiche der Schlüssel zur Beurteilung des Verhältnisses der beiden deutschen Staaten zueinander und zu ihren Nachbarn liegt. Darüber hinaus könnte das Potsdamer Abkommen als letzte umfassende Deutschland betreffende Vereinbarung der Vier Mächte die Basis zur Lösung bisher noch ungeklärter oder als ungeklärt angesehener Probleme der deutschen Nachkriegsentwicklung bilden.

Prolog:
Aspekte der Deutschlandpolitik der Vier Mächte

Prolog Aspekte der Außen- und Deutschlandpolitik der Vier Mächte

Gliederung:

Dem jahrhundertealten Konzept der Friedenssicherung durch Gleichgewicht und Machtbalance trat insbesondere im Laufe des Zweiten Weltkrieges verstärkt die Idee der kollektiven Sicherheit konkurrierend gegenüber, die davon ausgeht, daß dauerhafter Frieden nur durch den Abbau der Konfrontationen und durch alle Staaten einschließende Sicherheitsgarantien zu gewährleisten ist.

Diesem Konzept sollte die am 24. Oktober 1945 gegründete UNO dienen, deren Funktion jedoch rasch durch die politische Polarisierung ihrer Mitglieder um die sich wieder als Antipoden verstehenden beiden Großmächte – die Vereinigten Staaten von Amerika und die Sowjetunion – eingeengt und gelähmt wurde. Dennoch war es auch der sich zunehmend ausprägende Ost-West-Konflikt, der dazu beitrug, die Idee der kollektiven Sicherheit bis heute in der Diskussion zu halten. Gerade der Fortbestand der Institution der Vereinten Nationen macht deutlich, daß auch den Großmächten im Prinzip bewußt geblieben ist, daß bei der Verfolgung diametraler Interessen bestimmte Grenzen nicht überschritten werden können, ohne daß der seit 1945 andauernde – eher als latente Spannung denn als Frieden zu charakterisierende – Status der Abwesenheit einer weltweiten militärischen Auseinandersetzung aufgegeben wird. Die Gefahren, die sich aus modernen Waffentechnologien für die ganze Welt ergeben, ließen die Staaten trotz unterschiedlichen Gesellschaftsordnungen und politischen Zielvorstellungen immer wieder die Notwendigkeit zur Kooperation bewußt werden. Der seit 1972 im Gang befindliche Prozeß der KSZE ist hierfür nur ein – aktuelles – Beispiel. Ein anderes – wesentlich älteres – ist ds Potsdamer Abkommen, das ursprünglich nicht nur die "Teilung der Beute"[1] zum Ziel hatte, sondern vielmehr auch die Basis für das gemeinsame "Experiment" der Großmächte schaffen sollte, zusammen die Kriegsgefahr zu reduzieren und als Grundlage für eine langfristige Friedensregelung eine positive Neugestaltung Deutschlands einzuleiten.

Dieser Versuch der durch die Aggressionskriege Deutschlands, Italiens und Japans praktisch erzwungenen Koalition scheiterte. Als Siegermächte besaßen die USA, Großbritannien, Frankreich und die Sowjetunion zwar durch die totale Besetzung Deutschlands umfassende Verfügungsgewalt, doch untereinander erwies sich nach Erreichen des Primärzieles der Allianz – die militärische Niederschlagung der Achsenmächte – die Basis an gemeinsamen Zielvorstellungen und der Grad der Bereitschaft zur Kooperation als nicht ausreichend tragfähig, um zusammen das "Experiment Deutschland" erfolgreich durchzuführen.

Die Ursachen hierfür sind vielschichtig. Sie sind teils grundsätzlich-ideologischer Natur, teils liegen sie in der rasch wieder durchbrechenden Orientierung an gegensätzlichen machtpolitischen Zielsetzungen. Zudem war das gemeinsame Vorgehen, das gerade im Hinblick auf die Neugestaltung der Nachkriegsordnung in Deutschland besonders intensiver Zusammenarbeit bedurfte, nur ungenügend vorbereitet. Die Anti-Hitlerkoalition war sich zwar bereits während des Krieges über prinzipielle Zielsetzungen einig geworden, hatte jedoch deren konkrete Untermauerung immer wieder hinausgeschoben (nicht zuletzt auch um die Kriegsallianz nicht zu gefährden).

Wieweit im Hinblick auf Deutschland zunächst dennoch eine Einigung über Ziele und eine darauf aufbauende Kooperation möglich war, ehe die gegensätzlichen Interessen wieder voll zum Durchbruch kamen, zeigen die Ergebnisse der Potsdamer Konferenz von 1945 und die anfängliche Praxis gemeinsamer alliierter Verwaltung.

Will man den Inhalt des Potsdamer Abkommens und die die Nachkriegsgeschichte prägende deutschlandpolitische Entwicklung auf seiner Grundlage halbwegs zutreffend erfassen, so bedarf es dabei der Einbeziehung einiger wesentlicher Tendenzen der Außen- und Deutschlandpolitik der vier Kontrollmächte in Deutschland. An dieser Stelle kann und soll aber keine Charakterisierung der alliierten Interessen[2] erfolgen, die auch nur in Grundzügen den Anspruch auf Vollständigkeit erheben kann. Um das politische Umfeld des Potsdamer Abkommens anzudeuten, sollen hier daher nur thesenartig einige Aspekte der damaligen Außenpolitik der Alliierten angesprochen werden.

---

1   Siehe hierzu den Titel der Untersuchung von Mee über die Potsdamer Konferenz: "Die Teilung der Beute"

2   Überblicke geben z.B.: Wassermund, Grundzüge S. 20 ff., 26 ff.; Rupp, Geschichte S. 17-45; Fritsch-Bournazel, Sowjetunion S. 44-155; Görtemaker, Allianz S. 14 ff.; Geyer, Kriegskoalition S. 343 ff.; Huster, Determinanten S. 9 ff.; Graml, Alliierten S. 25 ff.

1. Vereinigte Staaten von Amerika

Das außenpolitische Konzept Roosevelts war das einer globalen (nicht nur auf Europa bezogenen) Gleichgewichtsstrategie, deren Voraussetzungen für ihn im Abbau potentieller Reibungsflächen und der Schaffung gleichmäßiger freundschaftlicher Beziehungen zu allen Großmächten lagen. Da er zu den Großmächten der Nachkriegszeit außer den USA nur noch die Sowjetunion, Großbritannien und China rechnete, war sein Interesse am Schicksal der übrigen europäischen Länder relativ gering[3].

Roosevelt erhoffte eine Angleichung der Systeme der Vereinigten Staaten und der Sowjetunion und ging – anders als die sowjetische Führung – keineswegs von antagonistischen Gegensätzen der Gesellschaftssysteme aus[4]. Er wollte als "Mann des Friedens" in die Geschichte eingehen und sah den einzig gangbaren Weg zu einer dauernden Friedensordnung darin, daß in einer Organisation aller Staaten der Welt die USA und die Sowjetunion als tragende Säulen zusammenarbeiteten und der zu gründenden UNO dadurch Autoritäten verliehen[5].

Die Betrachtung der Nachkriegssituation durch die Vereinigten Staaten war zudem primär ökonomisch fixiert, und dementsprechend spielte die Sicherung weltweiter Entwicklungsmöglichkeiten für die eigene Wirtschaft stets eine bedeutende Rolle[6].

Diesem Ziel diente auch der insbesondere von Roosevelt propagierte Kreuzzug einer fortschrittlichen anglo-russischen Allianz für Frieden und Demokratie im Interesse der unteilbaren "one-world". In ihr sollte sich nach dem alliierten Sieg der Freihandel, d.h. freier Waren- und Kapitalexport ungehindert entwickeln können. Daß der aufstrebenden amerikanischen – durch den Zweiten Weltkrieg (im Gegensatz zu der der übrigen Verbündeten) gestärkten – Wirtschaftsmacht dabei von vornherein eine dominierende Rolle zufallen mußte, verstand sich von selbst[7]. Aber auch die im gleichen Atemzug erhobene Forderung nach Verwirklichung von Freiheit und Demokratie war für die Außenpolitik der Vereinigten Staaten – abgesehen von der häufig pathetischen Überhöhung dieser Formel – keine rein propagandistische Floskel. Das One-World-Konzept mit seinem umfassenden freien Güter- und Kapitalaustausch war nach den Vorstellungen der Regierungen der USA nur bei weltweiter Dominanz liberal-demokratischer parlamentarischer Systeme denkbar.

Diesen politischen Interessen der USA entsprach es, alle Bereiche Euro-

---

3 Vgl. Schwarz, Reich S. 49, 55 f., 57.

4 Siehe Vogel, Ursprünge.

5 Dazu Conte, Teilung S. 223 ff.; Jaenecke, Teilung S. 21 ff.; Loth, Teilung S. 30 ff.

6 Siehe dazu Link, Probleme S. 117; Huster, Determinanten S. 9 f.; Loth, Teilung S. 32 ff.

7 Vgl. etwa Greiner, Außenpolitik S. 16.

pas (und der Welt) nach Möglichkeit für amerikanische Waren und amerikanisches Kapital offen zu halten. Eine Aufteilung in Interessensphären — wie dies britischen und sowjetischen Vorstellungen entsprach – stand dazu im diametralen Gegensatz. Erst die Annahme einer Bedrohung des globalen amerikanischen Konzepts durch die Sowjetunion konnte die USA zu einer Abschottung ihrer Einflußgebiete zur Sicherung des bereits Erreichten motivieren.

Das bald die Weltpolitik ausschlaggebend prägende Verhältnis zwischen den USA und der Sowjetunion war während des Zweiten Weltkrieges anfangs dadurch besonders belastet, daß die USA erst 1933 diplomatische Beziehungen zur UdSSR aufgenommen und bis dahin weitgehend alle militärischen und ökonomischen Maßnahmen unterstützt hatten, die auf Rückgängigmachung der in Rußland durch die Oktoberrevolution 1917 eingeleiteten gesellschaftlichen Umwälzungen hinzielten[8].

Doch nach Bildung der gemeinsamen Koalition gegen die faschistischen Mächte bemühte sich Roosevelt durch eine großzügige Politik gegenüber der UdSSR, deren Mißtrauen gegenüber dem Westen abzubauen, um eine feste Grundlage für die sowjetisch-amerikanische Zusammenarbeit zu schaffen[9]. Nicht zu verkennen ist dabei allerdings auch, daß der amerikanische Präsident – ähnlich wie umgekehrt Stalin – von der Befürchtung nicht loskam, daß die Sowjetunion einen Separatfrieden mit Deutschland (unter Umständen gegen die Westmächte) schließen könnte.

Über die hier skizzierten Grundlinien hinaus besaßen die Vereinigten Staaten – ebenso wie auch die Sowjetunion – kein fest umrissenes Konzept für die Nachkriegs- und insbesondere für die Deutschlandpolitik, wenn auch in den Washingtoner Regierungsstäben hierzu intensivste Planungen durchgeführt wurden. Es war gerade ein wesentliches Charakteristikum der Rooseveltschen Politik während des Krieges, die Klärung möglicherweise kontroverser Fragen der Nachkriegsordnung bis zum Kriegsende zu verschieben, um das Kampfbündnis nicht zu belasten. — Im übrigen zeigt auch das Verhalten des amerikanischen Präsidenten auf den Kriegskonferenzen, daß es ihm – anders als Stalin – um die große Linie, nicht aber um Detailfragen ging.

Als nach dem Tode Roosevelts und der deutschen Kapitulation für die Führung der Vereinigten Staaten angesichts der Entwicklung in den unter sowjetischem Einfluß stehenden Teilen Europas immer deutlicher wurde, daß die UdSSR keineswegs bereit war, sich reibungslos in das amerikanische "One-Worl'd-Konzept" einzupassen und von einer Annäherung des sowjetischen Systems an die amerikanischen Wirtschafts- und Demokratievorstellungen keine Rede sein konnte, vollzog sich unter Truman ein grundsätzlicher Wandel im außenpolitischen Vorgehen der USA. Aus amerikani-

---

8   Dazu a.a.O., S. 13.
9   Vgl. auch Backer, Entscheidung S. 76 ff.

scher Sicht schien die Verständigungspolitik Roosevelts[10] gegenüber der Sowjetunion nicht mehr erfolgversprechend. Das Bemühen der UdSSR, ihre durch den Krieg gewonnene Position als Weltmacht zu sichern und ihren Einflußbereich weitgehend vor amerikanischen Einwirkungen abzuschirmen, widersprach nicht nur den Vorstellungen der USA von einer Nachkriegsordnung in der Welt, dieses sowjetische Vorgehen wurde von den Amerikanern darüber hinaus auch noch als Gefährdung der Position des eigenen Landes verstanden.

Bei grundsätzlicher Beibehaltung der Ziele vollzog sich unter Truman eine Wendung zur Politik der Stärke, die insbesondere nach Verkündung der "Truman-Doktrin" im März 1947 voll zum Tragen kam. Der als Bedrohung der amerikanischen Kriegsziele empfundene sowjetische Einfluß in Europa sollte eingedämmt ("containment") und langfristig zurückgedrängt werden ("roll-back")[11]. Dementsprechend gingen nun auch die Vereinigten Staaten – und in diesem Fall durchaus kongruent zur sowjetischen Politik – dazu über, zunächst den nach 1945 gewonnenen Machtbereich gegen sowjetische Einflüsse abzusichern, ohne die langfristige Strategie der Zurückdrängung des – das angestrebte Weltfreihandelssystem gefährdenden – kommunistischen Herrschaftssystems aus den Augen zu verlieren[12].

Die Umorientierung der US-Politik resultierte jedoch nicht allein aus der (aus amerikanischer Sicht) unbefriedigenden Entwicklung der wirtschaftlichen Beziehungen mit der Sowjetunion und den zu ihrem Einflußbereich gehörenden Ländern Osteuropas, – obwohl gerade unter Truman die Sicherung und Ausdehnung amerikanischer Kapitalinteressen noch stärker in den Vordergrund gestellt wurde.

Amerikanische Politiker unter Roosevelt hatten sich weitgehend illusionäre Vorstellungen von der Annäherung des sowjetischen Systems an amerikanische Gesellschafts- und Demokratievorstellungen gemacht. Als die Entwicklung nach 1945 deutlich zeigte, daß für die Sowjetunion die Sicherung des eigenen Einflusses wichtiger war, als die Schaffung parlamentarischer Demokratien nach westlichem Vorbild, schlug die anfangs der Sowjetunion entgegengebrachte Sympathie in Verbitterung um. Zudem hatte es in der Innenpolitik der Vereinigten Staaten 1946 einen beträchtlichen Rechtsruck gegeben, der mit dazu beitrug, daß Truman und seine Regierung erhebliches Mißtrauen gegenüber allem entwickelten, was nur im entferntesten auf Sozialismus und Kommunismus hinzuweisen schien[13]. Dies trug dazu bei, daß die amerikanische Politik gegenüber der Sowjetunion eine starke ideo-

---

10 Siehe etwa Mee, Potsdamer Konferenz S. 20 ff.

11 Hierzu vgl. Vogel, Besatzungspolitik S. 129 f; Greiner, Außenpolitik S. 14; Speier, Deutschland; Görtemaker, Allianz S. 25 ff.; Link, Marshall-Plan S. 3 ff.; Marienfeld, Konferenzen S. 347 ff.; Mee, Potsdamer Konferenz S. 22 ff., 25, 28, 80.

12 Vgl. dazu auch Rupp, Geschichte S. 15 ff. mwN.; Greiner, Außenpolitik, S. 21.

13 Dazu Schwarz, Reich S. 67; Rupp, Geschichte S. 34 f.

logische Komponente erhielt und – anders als unter Roosevelt – ein bipolares Denken gegenüber der UdSSR seit 1947 vorherrschend wurde.

Vorrangiges Mittel zur Verwirklichung der amerikanischen Vorstellungen war nun nicht mehr die Verbesserung der Beziehungen zwischen den Staaten, sondern die Ausübung von Druck, bei der das amerikanische Atomwaffenmonopol stets im Hintergrund stand. Auf diese Weise sollten jetzt Veränderungen der innerstaatlichen Verhältnisse auf ökonomischem und politischem Gebiet in Osteuropa und der Sowjetunion erreicht werden[14].

Unter den westlichen Ländern, die gegen die Achsenmächte Krieg führten, nahmen die Vereinigten Staaten, die seit 1937 wieder eine politische Außenorientierung vollzogen hatten[15] – die letztlich auch den Eintritt in den Krieg gegen Deutschland einleiteten – rasch eine Führungsposition ein. Diese entwickelte sich während des Krieges durch die materielle und militärische Unterstützung der Bündnispartner und verstärkte sich durch die zunehmende ökonomische Abhängigkeit Großbritanniens und auch Frankreichs von den Vereinigten Staaten nach Abschluß der Kampfhandlungen.

Gestattete die – zunächst auch unter Truman fortwirkende – Verständigungspolitik der USA gegenüber der Sowjetunion noch eine eigenständige Außenpolitik der westlichen Bündnispartner, so erzwangen die Amerikaner nach ihrem Kurswechsel zur Containment-Politik gegenüber der Sowjetunion das Einschwenken Großbritanniens und Frankreichs auf ihre außenpolitische Linie, um auf diese Weise eine weitgehend einheitliche Abwehrfront gegen die empfundene kommunistische Bedrohung zu schaffen[16]. Diese Entwicklung wurde durch umfangreiche finanzielle Hilfen der USA gefördert und sollte langfristigen in einen politischen und militärischen Zusammenschluß der westlichen Länder unter der Führung der Vereinten Staaten münden[17].

Deutschland hatte Roosevelt in seinem außenpolitischen Konzept die Rolle des "bestraften Schurken"[18] zugewiesen. Es sollte keine Rolle als einflußreicher Faktor eines europäischen Staatensystems mehr spielen. Bedeutung konnte Deutschland nur noch insoweit zukommen, als auf seine Kosten eine Annäherung der Kriegsalliierten möglich schien.

14 Hierzu ausführlich Backer, Entscheidung S. 78 ff. Bereits gegen Ende des Jahres 1945 deutete die weitgehend abrupte Form der Beendigung des lend-lease gegenüber der Sowjetunion (d.h. der während des Krieges vereinbarten Hilfslieferungen) – ohne Ankündigung und Absprache sowie ohne Abschluß des in Aussicht gestellten ergänzenden Kreditvertrages – an, daß das Klima der amerikanisch-sowjetischen Waffenbrüderschaft in einer Wandlung begriffen war.

15 Siehe Wolffsohn, Außenpolitik S. 19; Loth, Teilung S. 27 ff.

16 Siehe Mee, Potsaamer Konferenz S. 109.

17 Allgemein zu dem gesamten Komplex: Loth, Teilung S. 23 ff.; Schwarz, Reich S. 39 ff., 73 ff., 105 ff.; Autorenkollektiv, Außenpolitik insbes. S. 33 f., 36-39, 45 f., 60, 62, 65, 98-102, 104, 106-110, 112, 120; Balfour, Vier-Mächte-Kontrolle S. 28-45; Greiner, Außenpolitik S. 7, 12 ff.; Huster, Determinanten S. 9 ff., 16 ff.; Badstübner, Restauration S. 63 ff.

18 Siehe Schwarz, Reich S. 58.

Das "deutsche Übel" sollte durch eine harte Politik der Alliierten an der Wurzel gepackt werden. In vielfacher Übereinstimmung mit den radikalen Plänen des amerikanischen Finanzministers Morgenthau[19] wurde die völlige Vernichtung des nationalsozialistischen und militaristischen Machtpotentials und deren ökonomischer Grundlagen zum Ziel der amerikanischen Deutschlandpolitik erklärt, die auch eine territoriale Zerstückelung als Mittel der Entmachtung einschloß. Daß es die Alliierten 1918 versäumt hatten, Deutschland zu besetzen, wurde als entscheidender Fehler betrachtet, der mit zur Auslösung des Zweiten Weltkrieges beigetragen hätte. Dementsprechend kam nun eine ehrenvolle Kapitulation für das Deutsche Reich nicht in Frage. Den Deutschen sollten mit allen Mitteln die von ihnen angerichteten Grausamkeiten bewußt gemacht werden und sie sollten entsprechend dafür büßen[20].

Diese restriktive Deutschlandkonzeption hatte jedoch bereits früh einen konstruktiven Aspekt, da die amerikanische Regierung zumindest seit 1943 die Förderung von demokratischen Institutionen in Deutschland als die beste Garantie für eine langfristige Friedenssicherung ansah.

Die harte Linie Roosevelts beeinflußte die amerikanische Deutschlandpolitik noch über dessen Tod hinaus, wenn auch die amerikanische Militärverwaltung gegenüber den Deutschen oft konzilianter war, als dies von Washington gewünscht wurde. Die ökonomische Entmachtung Deutschlands wurde anfangs konsequent verfolgt – nicht zuletzt um im Interesse der amerikanischen Wirtschaft Konkurrenz auszuschalten. Auch umfangreiche deutsche Reparationsleistungen – an denen die USA zwar selbst kein unmittelbares Interesse hatte – paßten durchaus in diesen Rahmen, solange dadurch Deutschland nicht derart ausgepowert wurde, daß es zu einer Last für die übrige Welt (d.h. insbesondere die USA) wurde.

Trotz dieser zunächst geltenden Grundlinie gestaltete sich die Deutschlandpolitik der Vereinigten Staaten auch in den Jahren 1945 bis 1947 weitgehend flexibel. Ähnlich wie die Sowjetunion verfolgten die USA häufig mehrere Konzepte nebeneinander und bemühten sich, auf jede denkbare Entwicklung in Deutschland und in Europa vorbereitet zu sein.

Eine enge Zusammenarbeit mit der Sowjetunion bei der Gestaltung des Nachkriegsschicksals Deutschlands erschien anfangs als ein durchaus gangbarer Weg. Für Roosevelt waren die Voraussetzungen dafür auch deswegen gegeben, weil er die russischen Sicherheitsvorstellungen und die Reparationsforderungen der Sowjetunion gegenüber Deutschland grundsätzlich als berechtigt und legitim ansah[21]. Andererseits meldeten sich bereits während seiner Regierungszeit in den USA führende Kräfte aus Politik und Wirtschaft zu Wort, die eine Sicherung des deutschen Wirtschafts-Potenti-

19 Vgl. Vogel, Ursprünge S. 25.
20 Siehe Balfour, Vier-Mächte-Kontrolle S. 20 ff.; Schwarz, Reich S. 93 ff.
21 Vgl. Schwarz, Reich S. 95 ff.

als im Interesse der Amerikaner forderten und insofern eine weniger restriktive Politik gegenüber Deutschland für notwendig hielten, als sie sich beim
Eingehen auf die sowjetischen Wünsche mehr oder minder zwangsläufig ergab[22].

Diese Vorstellungen setzten sich unter Truman allmählich durch, als die
Sicherung der amerikanischen Position in Europa und der Welt zunehmend
in den Vordergrund der amerikanischen Außenpolitik rückte und es galt,
ein (west)europäisches Gegengewicht zur Sowjetunion und ihren osteuropäischen Satellitenstaaten zu bilden. Das ursprüngliche Konzept, Deutschland sowohl als militärische wie auch als politische und insbesondere ökonomische Macht auszuschalten, wurde damit weitgehend zu den Akten gelegt. Spätestens seit dem Frühjahr 1947 erhielt Deutschland – zumindest jedoch dessen westliche Besatzungszonen – in der amerikanischen Außenpolitik eine neue Rolle als "Bollwerk gegen Rußland und den Kommunismus"[23] zugewiesen. Auf ökonomischem Gebiet sollte es Initialzünder des
Motors der europäischen Wirtschaft werden[24]. Dementsprechend wurde
die anfänglich übereinstimmende restriktive Wirtschaftspolitik der Alliierten
gegenüber Deutschland von den Amerikanern (und in deren Gefolge bald
auch von Großbritannien und später Frankreich) unterlaufen und mit dem
Marshallplan eine umfassende Förderung der westeuropäischen Wirtschaft
zur Eindämmung und Zurückdrängung des sowjetischen Einflusses in Europa eingeleitet.

Damit war das ursprüngliche Konzept des globalen Interessenausgleichs,
das auf eine Zusammenarbeit mit der Sowjetunion angelegt war, aufgegeben und ein Konfrontationskurs gegenüber der Sowjetunion eingeschlagen.

Die Potsdamer Konferenz mit ihren grundlegenden deutschlandpolitischen Übereinkünften zwischen den Vereinigten Staaten von Amerika,
dem Vereinigten Königreich von Großbritannien und der Union der Sozialistischen Sowjetrepubliken lag jedoch noch in der Phase der grundsätzlichen Fortführung der Rooseveltschen Konzeption einer Verständigung mit
der Sowjetunion. Der außenpolitische Kurswechsel der USA prägte aber
bald die Durchführung des Potsdamer Abkommens in Deutschland.

2. Union der Sozialistischen Sowjetrepubliken

Prägend für das außenpolitische Denken der Sowjetunion unter Führung
Stalins war insbesondere ein dichomatisches Weltbild. Das sozialistische
Lager stand dem kapitalistischen Lager antagonistisch gegenüber[25], und der

22 A.a.O., S. 97 ff.

23 Dazu Belezki, Politik S. 13 f.; Schwarz, Reich S. 98.

24 Vgl. Mee, Potsdamer Konferenz S. 173.

25 Vgl. Schwarz, Reich S. 204.

prognostizierte allmähliche Zerfall des Kapitalismus mußte langfristig zu erneuten Auseinandersetzungen sowohl innerhalb des kapitalistischen Lagers wie auch mit dem sozialistischen Lager führen.

Im Bewußtsein der grundsätzlichen Interessengegensätze kalkulierte die sowjetische Führung von vornherein einen Bruch des Bündnisses mit den führenden westlichen Mächten mit ein. Sie war aber daran interessiert, diesen Bruch und eine erneute große Welterschütterung nach Möglichkeit hinauszuschieben, um durch Stärkung der internationalen Stellung der Sowjetunion für die – als zwangsläufig angesehenen – zukünftigen Auseinandersetzungen eine bessere Ausgangslage zu schaffen[26].

Die Gefahr des baldigen Auseinanderfallens der Kriegsallianz und die Befürchtung eines Zusammengehens der Westmächte mit Hitlerdeutschland gegen die Sowjetunion hatte diese auch veranlaßt, selbst während des Krieges den Kontakt mit Deutschland nicht völlig abreißen zu lassen. Aus den gleichen Gründen wurde eine Zusammenarbeit mit dem Nachkriegsdeutschland – unter Umständen gegen die Westmächte – vorbereitet. So war die Bildung des "Nationalkomitees Freies Deutschland" in der Sowjetunion einerseits geeignet, während des Krieges in Deutschland den Widerstand gegen Hitler zu stärken, andererseits konnte mit ihm auch eine Grundlage für die Zusammenarbeit mit antifaschistischen Kreisen in Deutschland nach dem Krieg geschaffen werden[27].

Der Schwerpunkt der sowjetischen Bemühungen um Hinausschiebung einer militärischen Auseinandersetzung zwischen beiden antagonistischen Lagern lag bei der Intensivierung der Zusammenarbeit mit den westlichen Großmächten. Mit der Bildung der "Anti-Hitlerkoalition" nach dem Angriff Deutschlands auf die Sowjetunion im Herbst 1941 konnte diese erstmals den bis dahin bestehenden Ring einer weitgehenden Isolierung sprengen und ihre Anerkennung als Weltmacht erreichen. Für die Zukunft war ein Minimalkonsens mi den anderen Großmächten von Nöten, um die eigene Position der UdSSR in Osteuropa zu festigen und um eine Friedensordnung zu erreichen, die der Sowjetunion internationale Wirkungsmöglichkeiten nicht beschnitt. Hierzu sah auch die sowjetische Führung eine Weltorganisation wie die Vereinten Nationen als nützlich an, wenn die UdSSR in ihr eine Führungsposition einnahm und durch ein Vetorecht verhindern konnte, daß diese Organisation gegen sie eingesetzt wurde[28].

Allen außenpolitischen Überlegungen und Zielsetzungen der Kriegs- und Nachkriegszeit lagen primär Sicherheitsaspekte zugrunde[29]. In ihrer kurzen

26 Dazu Conte, Teilung S. 198.

27 Vgl. auch Fischer, Varianten S. 386 f., 389 f.

28 Siehe Conte, Teilung S. 202; zur Auseinandersetzung über die Stellung der Sowjetunion im Rahmen der zu gründenden Vereinten Nationen vgl. etwa Marienfeld, Konferenzen S. 204; Conte, Teilung S. 214 f., 273 f., 284.

29 Siehe Werth, Rußland S. 625.

Geschichte war die Sowjetunion schon zweimal existenziell bedroht worden: Einmal 1918 bis 1920 durch den Bürgerkrieg mit massiven ausländischen Interventionen und zum anderen 1941 durch den Überfall Deutschlands mit seinen Verbündeten. Diese Erfahrungen und das Bewußtsein, ringsherum von Staaten mit ideologisch dem Sowjetsystem völlig entgegengesetzten Gesellschaftsordnungen umgeben zu sein, hatten in der Sowjetunion zu einem Isolierungs- und Bedrohungssyndrom geführt. Nach 1945 konnten die Sicherheitsinteressen auch schon deswegen nicht zweitrangig werden, weil die Sowjetunion zwar Sieger, wirtschaftlich aber durch die Kriegszerstörung erheblich geschwächt und den Vereinigten Staaten von Amerika als dem sich zunehmend herauskristallisierenden Gegenpart ökonomisch und militärisch (wegen deren anfänglichem Atomwaffenmonopol) nicht gewachsen war. Die im Laufe des Krieges sich vollziehende gewaltige Expansion der amerikanischen Macht erweckte in Moskau ähnliche Besorgnisse, wie die sich 1944/45 abzeichnende Dominanz der Sowjetunion in den osteuropäischen Ländern bei den USA.

Während des Krieges war das Mißtrauen gegenüber den Westmächten zwar in gewissem Umfang abgebaut worden, jedoch nie völlig verschwunden. Da die Sowjetunion mit einem Bruch des Bündnisses rechnete, war sie auch von vornherein bemüht, sich auf alle Eventualitäten vorzubereiten.

Gegenüber den – durchaus nationalistisch-russischen Sicherheitsbestrebungen traten Ziele wie die Ausbreitung des Sozialismus in den Hintergrund. Die Sowjetunion verfolgte keineswegs die langfristige "Bolschewisierungsstrategie", wie insbesondere die Amerikaner ihr bald unterstellten[30].

Den alles beherrschenden Sicherheitsinteressen diente die Schaffung einer Pufferzone von mit der Sowjetunion befreundeten oder ihr zumindest nicht feindlich gesonnenen Staaten in Europa, wobei Polen als zweimaliges deutsches Aufmarschgebiet für einen Angriff gegen die Sowjetunion eine besondere Rolle spielte. Aus sowjetischer Perspektive mußte daher das große Interesse der Westmächte an der Entwicklung in Polen, das heftige Kontroversen zwischen den Alliierten auslöste[31], das Mißtrauen der UdSSR verstärken.

Die bei Kriegsende erreichten Positionen sollten nach Möglichkeit im Rahmen des interalliierten Bündnisses gefestigt werden. Dem entsprach eine Abgrenzung von Interessensphären unter den Großmächten. Dahingehende Absprachen zwischen Stalin und Churchill 1944 hatten gezeigt, daß Großbritannien – anders als die Vereinigten Staaten – für solche Lösungen nicht unempfänglich war. Die Sowjetunion war zwar durchaus bereit, sich

---

30 Vgl. dazu auch Lehmann, Entstehung S. 24; Huster, Determinanten S. 11 f., 20 f.

31 Zur Auseinandersetzung unter den Alliierten über die Polenfrage vgl.: Marienfeld, Konferenzen S. 152 f., 160 f., 170, 175-181, 183, 212 f.; Conte, Teilung S. 76 f., 275-278, 286 f., 309-312, 314-316, 319, 322; Mee, Potsdamer Konferenz S. 64-67, 161; Loth, Teilung S. 53 f.

bietende politische Chancen zu nutzen, ihre Politik richtete sich aber zunächst so sehr auf die Sicherung des Erreichten, daß sie durchaus klar abgegrenzte Einflußbereiche – auch zur Vermeidung von Konflikten – als nützlich ansah und bereit war, auch Positionen der westlichen Großmächte (etwa in Griechenland oder dem Iran) zu respektieren.

Als die Spannungen unter den Alliierten nach 1945 zunahmen, sah sich die Sowjetunion erneut in eine völlige Abwehr- und Verteidigungsrolle gedrängt, was zur Folge hatte, daß die Sicherung des Status quo nun um so mehr als ständige Forderung[32] – den Bemühungen der USA um eine Zurückdrängung des sowjetischen Einflusses in Europa – entgegengesetzt wurde. Außenpolitisch von gewisser Bedeutung war insoweit, daß die Sowjetunion sich dabei häufig auf Vereinbarungen der Kriegsalliierten – wie etwa die von Jalta und Potsdam – berufen konnte.

Die Deutschlandpolitik unter Stalin war weitgehend beherrscht von den skizzierten sowjetischen Sicherheitsinteressen. Hieraus ergab sich die Forderung nach Beseitigung der militärischen Potenz Deutschlands und der Schwächung dessen wirtschaftlicher Kraft. Keinesfalls durfte in Deutschland ein Staat entstehen, der der Sowjetunion feindlich gesonnen war. Hierzu kam das vehemente Bedürfnis – das durchaus mit den Sicherheitsinteressen im Einklang stand –, die materiellen Kriegsschäden im eigenen Land nach Möglichkeit auf Kosten Deutschlands und der anderen Kriegsgegner auszugleichen, um einen raschen Wiederaufbau und die ökonomische Stärkung der Sowjetunion zu ermöglichen[33]. Gerade in der Reparationsfrage sollte es bald zu tiefgreifenden Konflikten der Alliierten kommen. Die Vereinigten Staaten und Großbritannien wollten zwar zunächst nur eine Ausbeutung Deutschlands zu ihren Lasten vermieden wissen, später aber waren sie an einer wirtschaftlichen Stärkung Deutschlands – zur Sicherung gegen die Sowjetunion – interessiert .

Soweit die genannten Grundpositionen nicht tangiert wurden, verfolgte die sowjetische Deutschlandpolitik kein starres Konzept und war häufig in pragmatischer und flexibler Art und Weise bereit, auf sich verändernde Bedingungen einzugehen. Tatsächlich ist die deutschlandpolitische Handlungsweise der UdSSR nach 1945 auch dadurch gekennzeichnet gewesen, daß verschiedene, denkbare Varianten – von der weitgehenden Ausbeutung und Niederhaltung Deutschlands im Bunde mit den Westmächten über die Zusammenarbeit mit den Deutschen gegen die westlichen Alliierten bis hin zur Einbeziehung Deutschlands in den alleinigen Einflußbereich der Sowjetunion[34] – mehrspurig nebeneinander verfolgt wurden. Insoweit ähneln sich die taktischen Vorgehensweisen der Vereinigten Staaten von Amerika und der Sowjetunion.

32 Vgl. Fritsch-Bournazel, Sowjetunion S. 12.

33 Dazu auch Fischer, Varianten S. 394 f.; Schwarz, Reich S. 213 ff., 217 ff.

34 Vgl. Schwarz, Reich S. 217 ff.

In der Schwebe blieb daher auch das Nachkriegsschicksal Deutschlands, das die Alliierten unter gemeinsame Oberhoheit stellten. So war die sowjetische Politik (ebenso wie die der Westmächte) nicht von vornherein darauf ausgerichtet, die vereinbarte Zoneneinteilung in Deutschland zur Etablierung eines ihren Vorstellungen entsprechenden Regionalsystems zu nutzen und dieses gegen die anderen Zonen abzuschließen. Den sowjetischen Interessen entsprach ein – wenn auch durch die Rechte der Westmächte beschränktes – Mitspracherecht über ganz Deutschland mehr, als die Reduzierung des sowjetischen Einflusses auf ihre Zone. Letzteres konnte nur als Minimallösung in Betracht kommen.

Die stets als real kalkulierte Gefahr des Auseinanderbrechens der Allianz einerseits und das sowjetische Bedürfnis andererseits, den Bruch nach Möglichkeit hinauszuschieben, waren sicherlich ein wesentlicher Grund für Kooperationsbereitschaft. Diese mußte jedoch immer da ihre Grenzen finden, wo aus sowjetischer Sicht vitale Sicherheitsbedürfnisse des eigenen Landes betroffen waren.

Dies und das Bemühen, den ökonomischen Wiederaufbau Rußlands sicherzustellen, begründeten auch das sowjetische Interesse an vertraglichen Festlegungen – wie denen des Potsdamer Abkommens[35]. Auf ökonomischem Gebiet war sich die Sowjetunion durchaus bewußt, daß für Sicherung und Ausbau ihrer Stellung als Großmacht auch das Eindringen in internationale Märkte notwendig war. Dies war für die Sowjetunion jedoch – anders als für die Vereinigten Staaten – kein Kernziel ihrer Außenpolitik. Auch das vehemente Interesse an dem ökonomischen Wiederaufbau Rußlands ging nicht so weit, daß die Sowjetunion bereit war, größere Kapitaleinflüsse der westlichen Länder zuzulassen. Das Angebot der amerikanischen Marshallplan-Hilfe auch für Osteuropa erschien damit – durchaus zu Recht – von vornherein als Versuch der Vereinigten Staaten, ökonomische Abhängigkeiten zu begründen, um so sowjetische Einflußbereiche aufzubrechen[36].

---

35 Zu diesen Zielen der sowjetischen Außenpolitik siehe etwa: Fritsch-Bournazel, Sowjetunion S. 5 ff., 27 ff.; Loth, Teilung S. 43 ff.; Rupp, Geschichte S. 29, 43 f.; Autorenkollektiv, Außenpolitik S. 14 ff., 24 ff., 30 ff.; Fischer, Varianten; Balfour, Vier-Mächte-Kontrolle S. 63-75; Marienfeld, Konferenzen S. 159, 167 f., 336; Görtemaker, Allianz S. 21; Conte, Teilung S. 199 ff.; Schwarz, Reich S. 203 ff., 261 ff.; Geyer, Kriegskoalition S. 347; Staritz, Sozialismus S. 146.

36 Vgl. dazu Vogel, Besatzungspolitik S. 130; Görtemaker, Allianz S. 27.

3. Vereinigtes Königreich Großbritannien

Bereits im Laufe des Zweiten Weltkrieges zeichnete sich ab, daß das britische Empire allmählich auseinanderbrach und das Weltreich zerfiel[37]. Eines der wesentlichen Kriegsziele Churchills war es daher, dieser Entwicklung nach Möglichkeit entgegenzuwirken und durch den militärischen Sieg über die Achsenmächte Großbritannien den dafür nötigen internationalen Respekt zu sichern.

Auch Großbritannien war – unter den Bedingungen maßgeblichen eigenen Einflusses – an einer internationalen Weltorganisation interessiert. Es geriet jedoch durch die Ablehnung der antikolonialen Politik Roosevelts und dessen Forderung nach unbeschränkt freiem Welthandel in Konfrontation zu den Vereinigten Staaten von Amerika[38]. Deren zunehmende ökonomische und machtpolitische Dominanz in der Welt empfand Churchill als Bedrohung der britischen Position. Daher bemühte er sich immer wieder – trotz der durchaus als notwendig erkannten engen Anlehnung Großbritanniens an die USA – die Vereinigten Staaten und Rußland gegeneinander auszuspielen, um dem eigenen Land einen möglichst großen politischen Freiraum zu sichern.

Hatte zunächst die Ausdehnung des nationalsozialistischen Deutschlands das nach britischen Vorstellungen notwendige Gleichgewicht in Europa völlig zerstört, so wurde mit dem Zusammenbruch des Deutschen Reiches das Machtvakuum in Mitteleuropa und der damit für Churchill drohende "Einfall der Kommunisten" aus der Sowjetunion, zur Gefahr für die britische Balancepolitik[39]. Auf dem europäischen Kontinent galt es daher ein Übergewicht der UdSSR zu verhindern und – mit Unterstützung der USA – eine britische Führungsposition in Europa aufzubauen, auf deren Grundlage sich ein vereintes Europa entwickeln ließ[40]. Dementsprechend war die Kriegskoalition für Churchill ein reines Zweckbündnis zur Erreichung der – allein nicht erreichbaren – britischen Ziele[41].

Im Gegensatz zu den Vereinigten Staaten war Churchill auch von Anfang an bereit, sich – nicht nur zur Sicherung des britischen Kolonialreiches, sondern auch im Hinblick auf die Machtverteilung in Europa – auf klare Abgrenzungen von Interessensphären festzulegen. Insoweit deckten sich die britischen Vorstellungen eher mit denen der Sowjetunion als mit denen der Vereinigten Staaten[42]. Andererseits empfand Churchill – wesentlich früher

---

37 Scharf, Deutschlandpolitik S. 3.

38 Siehe dazu Schwarz, Reich S. 51 f.

39 Vgl. Mee, Potsdamer Konferenz S. 37 ff.; Badstübner, Restauration S. 64; Schwarz, Reich S. 48 f., 149 ff.

40 Conte, Teilung S. 234 ff.; Autorenkollektiv, Außenpolitik S. 33; Mee, Potsdamer Konferenz S. 41 ff., 131.

41 Vgl. Vogel, Ursprünge S. 200.

42 Siehe dazu Görtemaker, Allianz S. 19; Conte, Teilung S. 237; Huster, Determinanten S. 14.

als die Regierungen der USA – die Sowjetunion als Bedrohung seiner kontinentalen Pläne. Hier sah er nicht nur die Gefahr der kommunistischen Unterwanderung ganz Westeuropas und die Ablösung Deutschlands durch die Sowjetunion als europäische Führungsmacht, auch der Möglichkeit eines späteren deutsch-sowjetischen Zusammenspiels mußte unbedingt vorgebeugt werden. Aus diesem Grund galt es, die Vereinigten Staaten in Europa festzuhalten und zu einer machtpolitischen Präsenz zu verpflichten[43], ohne daß diese aber so weit ging, daß die britische Führungsrolle in Europa in Gefahr geriet.

Als Ziele britischer Deutschlandpolitik folgten daraus eine möglichst lange internationale Kontrolle sowie die massive Ausnutzung der deutschen Wirtschaftskraft zum Wiederaufbau der übrigen europäischen Länder. Obwohl die Trennung Preußens vom übrigen Deutschland und die Bildung einer Donauföderation eine der geopolitischen Lieblingsvorstellungen Churchills war, lehnte er die Vorstellungen Morgenthaus vom Agrarstaat ab, da so lediglich ein Machtvakuum geschaffen und Deutschland als Gegengewicht zur Sowjetunion ausfallen würde. Auch die von der britischen Regierung erwogenen Teilungspläne wurden immer wieder unter diesen Gesichtspunkten problematisiert[44]. Hinzu kam, daß durchaus erkannt wurde, daß eine gewaltsame Aufsplitterung Deutschlands den deutschen Nationalismus fördern mußte und auf diese Weise ein neuer Unruheherd in Europa geschaffen wurde. Deutschland sollte zwar wieder zu einem politischen und ökonomischen Faktor in Europa werden, seine Stellung durfte aber nicht so stark sein, daß die angestrebte britische Führungsrolle in Westeuropa in Frage gestellt wurde.

Bindende vertragliche Festlegungen unter den Kriegsalliierten waren aus britischer Sicht geeignet, die Stellung Großbritanniens als eine der drei Hauptsiegermächte des Zweiten Weltkrieges über dessen Ende hinaus zu zementieren, erreichte Positionen abzusichern und britische Ordnungsvorstellungen auch in der Phase des Niedergangs des Empires Geltung zu erhalten. Gerade die Potsdamer Konferenz bot dem schwächsten Part unter den "großen Drei" (wie sich zeigen sollte) zum letzten Mal die Chance, gleichberechtigt mit den USA und der Sowjetunion die Weichen für die zukünftige deutsche und europäische Entwicklung zu stellen.

Mit der Wahlniederlage Churchills im Juli 1945 und der Übernahme der Regierung Großbritanniens durch die Labour Party trat kein grundsätzlicher Wandel der Grundlinien der britischen Außenpolitik ein. Die Sozialisten waren zwar eher bereit, die Rolle Großbritanniens als Kolonialmacht aufzugeben und die Bereitschaft zur Kooperation mit der Sowjetunion verstärkte

---

Derartige Absichten zur Abgrenzung von Interessensphären sind allerdings von der sowjetischen Seite stets bestritten worden (vgl. Autorenkollektiv, Außenpolitik S. 45).

43 Vgl. Schwarz, Reich S. 51.

44 Siehe dazu Fritsch-Bournazel, Sowjetunion S. 16; Jaenecke, Teilung S. 16, 18 f.; Balfour, Vier-Mächte-Kontrolle S. 50 ff.

sich wesentlich, doch an den grundlegenden Zielen änderte sich nichts[45]. Die britische Regierung unter Attlee war diejenige unter den Regierungen der westlichen Besatzungsmächte Deutschlands, die sich am längsten um eine konstruktive Zusammenarbeit bei der Kontrolle und dem Wiederaufbau Deutschlands auf der Basis des Potsdamer Abkommens bemühte.

Allerdings ließen die bereits während und nach dem Krieg zunehmend erforderlich werdenden Hilfeleistungen aus den USA Großbritannien rasch in eine starke Abhängigkeit von den Vereinigten Staaten geraten. Die Vorstellungen von einer eigenständigen britischen Europa- und Weltpolitik wurden damit in weiten Teilen zur Illusion. Großbritannien war bald nur noch ein Juniorpartner der Vereinigten Staaten, deren Zielen es sich anpassen mußte[46].

4. Französische Republik

DeGaulle und die französischen Nachkriegsregierungen sahen Frankreich nach wie vor als Großmacht und schrieben ihm gerne eine Schiedsrichterrolle zwischen der Sowjetunion und den angelsächsischen Ländern zu[47]. Die französische Deutschlandpolitik war bis Anfang der 50er Jahre durch Grundgedanken deGaulles geprägt, die bereits während des Krieges entwickelt und später nur geringfügig modifiziert wurden.

Frankreich stand unter dem Trauma einer wiederkehrenden deutschen Aggressionsgefahr und der jahrhundertelangen Furcht vor einem Übergewicht Deutschlands in machtpolitischer wie in ökonomischer Hinsicht. Dem Ziel einer möglichst umfassenden Schwächung des Reiches entsprechend, befürwortete man eine staatenbundähnliche Aufteilung des Deutschen Reiches unter erheblichen Gebietsamputationen im Westen. Die Gebiete an Rhein, Ruhr und Saar sollten von Deutschland abgetrennt und unter französische – zumindest aber internationale – Kontrolle gestellt werden. Darüber hinaus war die interalliierte Besetzung Deutschlands möglichst lange aufrechtzuerhalten, um durch Demontagen und Ausbeutung der Rohstoffquellen die deutsche Wirtschaftskraft nachhaltig zu schwächen und die eigene zu stärken. Zur Durchsetzung dieser Politik wurde es während des Krieges zu einem primären Ziel deGaulles, an der Eroberung Deutschlands teilzuhaben, um auf diese Weise einen Anspruch auf Beteiligung an der Verwaltung und Besetzung Deutschlands zu erlangen[48].

---

45 Siehe Schwarz, Reich S. 156 ff., 160 ff.; Balfour, Vier-Mächte-Kontrolle S. 57; Thies, Britische Militärverwaltung S. 35; Scharf, Deutschlandpolitik S. 3 f., 7.

46 Vgl. Schwarz, Reich S. 169.

47 Vgl. Albertini, Deutschlandpolitik S. 364.

48 Zu den außenpolitischen Zielen Frankreichs vgl.: Schwarz, Reich S. 179 ff.; Balfour, Vier-Mächte-Kontrolle S. 59 ff.; Albertini, Deutschlandpolitik S. 364 ff.; Graml, Alliierte S. 36; Badstübner, Restauration S. 75; Jürgensen, Elemente S. 104; Autorenkollektiv, Außenpolitik S. 104 f.

Die Vereinigten Staaten von Amerika und insbesondere Großbritannien waren nach anfänglichem Zögern bereit, Frankreich in die Kriegskoalition der Großmächte mit einzubeziehen, während die Sowjetunion hieran wenig Interesse zeigte und besonders bedacht war, daß dadurch der sowjetische Einfluß auf die Entwicklung Deutschlands nicht vermindert wurde[49].

Letztlich wurde Frankreich als gleichberechtigter Partner an der Regierungsgewalt in Deutschland beteiligt und erhielt auf Kosten der übrigen Westmächte eine eigene Besatzungszone. Zu der entscheidenden Konferenz in Potsdam, wo die Grundziele der Deutschlandpolitik festgelegt wurden, war es jedoch nicht eingeladen worden. Dies erwies sich später als ein wesentliches Manko, da Frankreich nun zur konstruktiven Durchsetzung des Abkommens nur insoweit bereit war, wie die einzelnen Abmachungen seinen Interessen nützten.

In bezug auf sein Bedürfnis nach Sicherheit und Schutz vor einem erneuten Erstarken Deutschlands, entsprach die französische Interessenlage der der Sowjetunion, wenn auch hinsichtlich der zu ergreifenden Maßnahmen häufig keine Übereinstimmung bestand. Um ihre Vorstellungen von einem Sicherheitsglacis im Westen Deutschlands und von einer Kontrolle Frankreichs über wesentliche deutsche Industrie- und Rohstoffbasen durchzusetzen, waren die französischen Regierungen der 40er Jahre bereit, alle ihnen zu Gebote stehenden Mittel – einschließlich der Blockierung grundlegender Entscheidungen der Alliierten und des gemeinsamen Kontrollrates in Deutschland – einzusetzen. Auch der prinzipielle Widerstand aller drei übrigen Besatzungsmächte gegen die französischen Ansprüche änderte hieran zunächst nichts. Erst als mit der Marshallplan-Hilfe und durch das Nordatlantische Militärbündnis 1948/49 den französischen Sicherheits- und Wirtschaftsinteressen halbwegs entsprochen wurde, war auch Frankreich zur Koordination seiner Deutschlandpolitik mit den amerikanischen Zielvorstellungen bereit.

5. Die Bedeutung der Drei-Mächte-Konferenzen auf der Krim und in Potsdam

Der Drei-Mächte-Konferenz auf der Krim vom 4. bis 11. Februar 1945 kommt im Hinblick auf die europäische und deutsche Nachkriegsentwicklung und die darauf gerichtete Zusammenarbeit der Alliierten eine Schlüsselfunktion zu. Hier wurden erstmalig über die Koordinierung der Kriegführung hinaus grundsätzliche politische Fragen der Neuordnung Europas und der Welt vertieft erörtert. Trotz der dabei auftretenden Probleme wurde das Klima auf der Konferenz als herzlich und konstruktiv empfunden. Alle Betei-

---

49 Zur Auseinandersetzung um die Einbeziehung Frankreichs in die Anti-Hitlerkoalition vgl.: Marienfeld, Konferenzen S. 190 ff., 196; Conte, Teilung S. 250 f., 262, 320; Balfour, Vier-Mächte-Kontrolle S. 57 f.; Badstübner, Restauration S. 63 f.

ligten sahen die Zusammenkunft als wesentlichen Fortschritt in den Beziehungen der Alliierten an. Selbst der Skeptiker Churchill sprach davon, die Alliierten seien "aus der Krim-Konferenz nicht nur in militärischer, sondern auch in politischer Hinsicht enger verbunden hervorgegangen, denn je zuvor"[50]. Es schien der Beweis erbracht zu sein, daß auch über das rein negative Verteidigungsbündnis gegen die Achsenmächte hinaus eine Zusammenarbeit der Westmächte mit der Sowjetunion möglich war.

Dabei stießen auf der Konferenz prinzipielle Grundauffassungen unterschiedlicher Art aufeinander, die nicht allein mit dem gemeinsamen Willen zur Vernichtung des Kriegsgegners überbrückt werden konnten. Während sich hinsichtlich des Hauptanliegens des US-Präsidenten – der UNO – konkrete Fortschritte abzeichneten und die Abhaltung einer Gründungsversammlung in Aussicht genommen wurde, ließ die Erörterung der europäischen Nachkriegsordnung bereits die zukünftigen Reibungspunkte erkennen. In den Fragen der Bildung einer demokratisch legitimierten Regierung in Polen, der politischen Grenzen und der Reparationen Deutschlands war man weit von einem Konsens entfernt. Doch zu einer grundsätzlichen Konfrontation kam es nicht, da die Konferenz sich auf Grundsatzaussagen beschränkte und strittige Einzelpunkte ausklammerte.

So war zwar im Ergebnis die Anti-Hitler-Koalition durch die Krim-Konferenz gefestigt, wesentliche Fragen hinsichtlich der Neuordnung in Europa blieben jedoch ungelöst. Trotz des bevorstehenden militärischen Zusammenbruchs des nationalsozialistischen Deutschlands fehlte es den Alliierten noch immer an einem konkreten gemeinsamen deutschlandpolitischen Programm[51].

Wie wenig das Hinausschieben der Lösung von anstehenden Problemen langfristig der Stabilisierung der Koalition dienen konnte, zeigte bald nach Beendigung der Konferenz die Entwicklung in Polen. Da man sich auf der Krim nicht hatte einigen können, begann nun hier die Sowjetunion – trotz verhalten geäußerten Protesten der übrigen Alliierten – Tatsachen in ihrem Sinne zu schaffen. Die Stellung des Lubliner Komitees wurde ohne Rücksicht auf die polnische Exilregierung in London gestärkt und ihr gestattet, durch die Bildung neuer Verwaltungsbezirke zukünftige Grenzregelungen gegenüber Deutschland vorzuprogrammieren[52].

Auf der Potsdamer Konferenz vom 17. Juli bis zum 2. August 1945 mußte es nun zu den grundlegenden Deutschland betreffenden Übereinkünften

---

50 So Churchill am 27. Februar 1945 vor dem britischen Unterhaus (Churchill, Zweiter Weltkrieg, Bd. VI, Buch 2 S. 62).

51 Zum Konferenzverlauf und zu deren Wertung vgl.: Conte, Teilung S. 179 f., 212 f., 220 f., 224, 318, 335 ff., 344 f.; Marienfeld, Konferenzen S. 149-153, 156-158, 166, 170, 175, 184, 195, 202, 204-209.

52 Vgl. dazu Conte, Teilung S. 347; Marienfeld, Konferenzen S. 210 ff.

kommen, wenn die Vier Mächte ihrer selbst gestellten Aufgabe – der Sicherung einer dauerhaften Friedensordnung – gerecht werden wollten.

Die militärischen Fragen standen weitgehend im Hintergrund, die Notwendigkeit der politischen Regelung dominierte. Deutschland war militärisch besiegt, Japan stand kurz vor dem Zusammenbruch und angesichts der im Prinzip einsatzbereiten Atombombe waren die Vereinigten Staaten im Krieg gegen Japan nicht mehr unbedingt auf die Unterstützung der Sowjetunion angewiesen. Der Druck des militärischen Zweckbündnisses zur Einigung war damit praktisch entfallen.

Das Potsdamer Treffen war zwar nicht dazu bestimmt, alle durch den Zweiten Weltkrieg aufgeworfenen Probleme abschließend zu lösen, da der Krieg mit Japan noch nicht beendet und die Alliierten sich in entscheidenden Punkten noch nicht endgültig festlegen wollten, doch insbesondere im Hinblick auf die Entwicklung Deutschlands sollten hier die entscheidenden Weichenstellungen erfolgen. Damit mußte den Ergebnissen dieser Konferenz ein hoher Stellenwert zukommen, auch wenn damals noch nicht abzusehen war, welche Bedeutung das als vorläufige Grundlage für die Neuordnung Deutschlands bis zur endgültigen Regelung durch einen Friedensvertrag programmierte Abkommen als letzte umfassende Einigung der drei Hauptalliierten in der deutschen Frage erlangen würde[53].

Nach ihren außen- und deutschlandpolitischen Grundvorstellungen waren die Konferenzmächte – wenn auch aus unterschiedlichen Motiven – prinzipiell bereit, grundsätzliche Festlegungen im Hinblick auf Deutschland zu treffen. Dies ist selbstverständlich, wenn man den beteiligten Staaten unterstellt, daß ihnen an einer umfassenden, übereinstimmenden Regelung einer Friedensordnung in Europa (und in der Welt) gelegen war. Dies gilt aber ebenso dann, wenn man die oben skizzierten unterschiedlichen Interessen der Staaten berücksichtigt und davon ausgeht, daß die deutsche Frage auf der Konferenz bereits weitgehend in machtpolitischer Dimension gesehen wurde[54]. Soweit man sich in Potsdam einigte, wurde damit die gemeinsame Basis markiert, auf der die beteiligten Länder einerseits zur Zusammenarbeit bereit waren und von der aus sie andererseits glaubten, – ohne Verletzung der verbindlichen Festlegungen – ihre Interessenpolitik in Deutschland und in Europa verfolgen zu können. Soweit die Konferenzmächte sich nicht endgültig festlegten (in der Frage der deutschen Einheit, der deutschen Grenzen und zahlreicher Detailprobleme) wurden nicht nur zukünftige Konfliktpunkte gekennzeichnet, man schuf durch die Vertagung der Entscheidung zugleich einen Schwebezustand, mit dem alle Parteien zunächst leben konnten, der es aber auch ermöglichte, unterschiedliche Strategien und Ziele zu verfolgen, die eventuell langfristig – etwa bei Änderung des

---

53 So auch Fritsch-Bournazel, Sowjetunion S. 11.

54 Vgl. Schwarz, Reich S. 112.

Kräfteverhältnisses unter den Alliierten – durchsetzbar schienen[55]. Insoweit ist es durchaus zutreffend, das Potsdamer Abkommen auch als eine Art "Waffenstillstand" der Alliierten in der Auseinandersetzung um den Einfluß in Deutschland und in Europa anzusehen.

Wohl dürfte sich Stalin auf der Konferenz über die folgenden harten Interessenkonflikte wenig Illusionen gemacht haben, doch die Amerikaner gingen an die Probleme gelegentlich mit idealistischen Vorstellungen heran und beurteilten die Position der Sowjetunion häufig unrealistisch [56]. Dies deutet zwar darauf hin, wie wenig fundiert hier teilweise Regelungen von bedeutender Tragweite getroffen worden, stellt aber den Bindungswillen der Signatarstaaten nicht in Frage.

Im Juli/August 1945 war noch keineswegs der Zustand erreicht, der die Vermutung nahelegen mußte, ein dauernder Konflikt wie der sich bald anbahnende "Kalte Krieg" zwischen den Partnern der Anti-Hitler-Koalition sei unvermeidlich.

Zumindest auf der Potsdamer Konferenz war den Beteiligten noch bewußt, daß es ohne eine in grundsätzlichen Fragen fortdauernde Einigkeit der Drei Mächte keine glaubwürdige Hoffnung auf eine dauernde, stabile Friedensordnung geben könne. Die Verbündeten kannten zwar ihre unterschiedlichen Interessen mehr oder minder deutlich, und weder das sowjetische Mißtrauen gegenüber den Westmächten noch die Ressentiments Großbritanniens und der USA gegenüber einzelnen Zügen der sowjetischen Außenpolitik waren jemals völlig überwunden. Doch nicht nur die historischen Erfahrungen des Zweiten Weltkrieges und seine Ursachen, sondern in gewissem Umfang auch das Interesse jeder der Hauptsiegermächte, Weltpolitik zu gestalten, ließen es geraten erscheinen, den Versuch zu wagen, gemeinsam eine Friedensregelung zu schaffen[57].

Verständigungsgrundlagen für diese Zusammenarbeit waren im Hinblick auf Deutschland die gemeinsamen Vorstellungen der Drei Mächte, die bis dahin auch mit die Basis der Kriegskoalition gebildet hatten: Beseitigung der deutschen Militärmacht als Friedensrisiko, Vernichtung der rassistischen nationalsozialistischen Ideologie und Zerschlagung ökonomischer Vormachtpositionen Deutschlands. Hinzu kam der Wille, auf der Basis der Organisation der Vereinten Nationen unter Führung der Großmächte – von denen die Sowjetunion nun erstmals als gleichberechtigter Partner akzeptiert wurde – eine Zusammenarbeit der Staaten der Welt zu erreichen und zwischenstaatliche Probleme und Konflikte auf dieser Ebene zu lösen[58].

---

55 Im einzelnen vgl. hierzu beispielsweise auch Mee, Potsdamer Konferenz S. 9, 27, 38, 63, 99 f., 101, 140, 144, 147, 149, 179, 212 ff., 235 f., 269.

56 Vgl. dazu Mee, Potsdamer Konferenz S. 51, 60, 71.

57 Vgl. dazu auch Görtemaker, Allianz S. 23; Nolte, Deutschland S. 218 ff.

58 Zu den Gemeinsamkeiten in der Politik der Alliierten siehe Rupp, Geschichte S. 25; Fischer, Varianten S. 392 f.; Görtemaker, Allianz S. 23; Issraelian, Antihitlerkoalition S. 466.

Trotz aller Interessenunterschiede war die Potsdamer Konferenz noch geprägt von dieser Kooperationsbereitschaft, die im Hinblick auf Deutschland durch das Potsdamer Abkommen auf neue Fundamente gestellt werden sollte.

6. Der Bruch des Bündnisses

Der Wille zu einer gemeinsamen Deutschlandpolitik bestimmte auch bis 1946 – trotz zunehmender "Absetzbewegungen" – die Haltung der vier Besatzungsmächte in Deutschland zueinander[59]. Doch der Konfliktstoff wuchs nicht nur im Hinblick auf die Gestaltung Deutschlands, auch im europäischen und interntionalen Rahmen. Die Auseinandersetzungen in der Polenfrage hatten bereits 1941 begonnen. 1944 kamen der Balkan, 1948 die Tschechoslowakei, 1949 China und 1950 Korea als Konfliktherde hinzu[60]. Demokratie und Selbstbestimmungsrecht wurden zunehmend zu plakativen Forderungen erhoben, die verdecken sollten, daß es um Sicherung und Erweiterung von Einfluß- und Interessensphären ging.

Seit 1947 nahmen die Auseinandersetzungen immer klarer die Form eines amerikanich-sowjetischen Gegensatzes an, der von da an das sich entwickelnde bipolare System der internationalen Politik prägen sollte. Dies wurde zuerst in Deutschland spürbar. Das gegenseitige Mißtrauen zwischen den USA und der Sowjetunion wuchs, die Kompromißbereitschaft wurde geringer. Die Amerikaner setzten auf Zurückdrängung des sowjetischen Einflusses in Europa, der als Bedrohung von Freiheit und Demokratie apostrophiert wurde, und drängten auf einen engen politischen, ökonomischen und militärischen Zusammenschluß der "freien Welt" unter amerikanicher Führung. Die Sowjetunion reagierte mit einer entsprechenden Verhärtung ihrer Haltung und rigoroser Abwehr jedes tatsächlichen oder vermeintlichen Einbruchs in ihre Einflußsphäre. Miteinander bewegte sich seit Mitte 1947 nur noch wenig, beide Seiten "gruben sich ein" und begannen zunächst einmal erlangte Positionen zu sichern, in der Absicht, sie langfristig zu erweitern. Die Teilung der Welt in zwei feindliche Lager wurde immer offensichtlicher[61].

Was blieb, waren Relikte der zerbrochenen Allianz, die zeigten, daß – wenn auch in begrenztem Umfang – Zusammenarbeit möglich war. In ihrer Funktion und Bedeutung zwar ausgehöhlt, formell jedoch nicht angetastet blieben die Vereinten Nationen als Instrument der Kommunikation bestehen. Auch das Potsdamer Abkommen – ursprünglich Grundlage einer ge-

---

59 So auch Thies, Militärverwaltung S. 45; Jürgensen, Elemente S. 105; Belezki, Politik S. 24 f.

60 Vgl. Görtemaker, Allianz S. 19 f., 23 f.

61 Zur Bewertung der Entwicklung vgl.: Geyer, Kriegskoalition S. 369 f., 373 f.; Görtemaker, Allianz S. 25 ff., 31 ff., 36 f., 112 f.; Graml, Alliierten S. 47 f., 51 f.; Thies, Militärverwaltung S. 47; Belezki, Politik S. 12.

meinsamen Politik, die den Anfang einer neuen Entwicklung Deutschlands einleiten sollte, praktisch aber für Jahrzehnte die letzte grundlegende Einigung zwischen den sich herausbildenden gegensätzlichen Blöcken – blieb in seiner Geltung im wesentlichen unbestritten. Seit Jahrzehnten dient es jedoch nur noch dazu, der anderen Seite seinen Bruch vorzuwerfen. Seine Funktion als Plattform gemeinsamer, konstruktiver Politik der Großmächte hat es verloren. Es könnte aber durchaus wieder Anknüpfungspunkt zur Lösung noch strittiger Fragen der europäischen Nachkriegsordnung werden. Stets aktuell bleiben bis dahin die bindenden prinzipiellen Regelungen des Abkommens in bezug auf Deutschland, die noch heute die Beurteilung der deutschen Lage prägen und – wie zu belegen sein wird – ein für beide deutsche Staaten verbindliches Grundkonzept staatlicher Ordnung festlegen, aus dem konkrete völkerrechtlich durchsetzbare Forderungen abgeleitet werden können.

Erster Teil

Die Rechtsverbindlichkeit
der Potsdamer Beschlüsse

1. Teil   Die Rechtsverbindlichkeit der Potsdamer Beschlüsse

Gliederung

I. Gegenstand und Regelungsinhalt der Übereinkünfte von Potsdam

Neben einigen unverbindlichen Absichtserklärungen wurden auf der 'Berliner Konferenz' der drei Hauptsiegermächte des Zweiten Weltkrieges — der USA, der UdSSR und Großbritanniens — folgende Beschlüsse gefaßt und in der Mitteilung bzw. dem Protokoll der Dreimächtekonferenz festgehalten[1]:

1. *Errichtung eines Rates der Außenminister* von Großbritannien, der UdSSR, Chinas, Frankreichs und der USA. Dieser sollte insbesondere die Aufgabe haben, Friedensverträge mit Italien, Rumänien, Bulgarien, Ungarn, Finnland und eine Friedensregelung für Deutschland vorzubereiten[2].

1 Die Texte befinden sich im Anhang. Ausgegangen wird hier vom Protokoll der Berliner Konferenz vom 2. August 1945. Dieses enthält zusätzliche Vereinbarungen, die in der 'Mitteilung über die Dreimächtekonferenz von Berlin', wie sie im Amtsblatt des Kontrollrates in Deutschland, Ergänzungsblatt Nr. 1 Berlin (1946) S. 13 ff., veröffentlicht wurde, nicht enthalten sind. Quellen u.a.: Sanakojew, Teheran, Jalta, Potsdam; Foreign Relations, The Conference of Berlin 1945. Die entsprechenden Abschnitte der 'Mitteilung' — dem sog. Potsdamer Abkommen — werden jeweils in Klammern genannt.

2 Abschnitt I des Protokolls, sowie II des Abkommens. Es sollten alle Staaten mitwirken, die die Kapitulationsbedingungen unterzeichneten. Da China an der in Europa unterzeichneten Kapitulation nicht beteiligt war, wurde seine vorgesehene Mitgliedschaft nicht realisiert. Die erste Sitzung des Rates begann am 11.9.1945. Der Rat verabschiedete in sechs Sitzungen die Friedensverträge mit Italien, Rumänien, Bulgarien, Ungarn und Finnland. Die Erörterung der deutschen Frage blieb ohne Ergebnis. Am 20.6.49 stellte der Rat der Außenminister seine Tätigkeit ein.

2. *Grundsätze für die Behandlung Deutschlands*[3] mit politischen und wirtschaftlichen Zielsetzungen:

a. Die *politischen Grundsätze* gehen davon aus, daß die oberste Gewalt in Deutschland von den Oberbefehlshabern in den Besatzungszonen wahrgenommen wird und für Deutschland als Ganzes vom Kontrollrat ausgeht[4]. Dabei soll die Behandlung der deutschen Bevölkerung nach Möglichkeit gleich sein[5]. – Als Ziele der Besatzungspolitik werden insbesondere festgelegt: Entwaffnung und Entmilitarisierung Deutschlands[6], Entnazifizierung[7] sowie Wiederaufbau des politischen Lebens auf demokratischer Grundlage[8]. Um dies zu erreichen sind alle nationalsozialistischen Gesetze aufzuheben[9], Kriegsverbrecher vor Gericht zu stellen[10], Nationalsozialisten aus verantwortlichen Positionen zu entfernen[11], ein demokratisches Erziehungswesen[12] und eine rechtsstaatliche Justiz nach demokratischen Grundsätzen[13] zu schaffen. Die politische Struktur[14] soll durch Wiederherstellung einer demokratischen Staatsverwaltung, Bildung von Parteien und durch Schaffung parlamentarischer Vertretungen reorganisiert werden. Dabei war aber auf gesamtdeutscher Ebene vorläufig nur an deutsche Zentralverwaltungen auf einigen wirtschaftlichen Gebieten unter Aufsicht des Kontrollrates gedacht. Weiterhin sollten für die Deutschen Rede-, Presse-, Religions- und gewerkschaftliche Koalitionsfreiheit – unter dem Vorbehalt der Aufrechterhaltung der militärischen Sicherheit – gewährt werden[15].

b. Die *wirtschaftlichen Grundsätze* des Abkommens verbieten jegliche Rüstungsindustrie[16] und streben Dezentralisierung[17] und Wiederaufbau[18] der deutschen Wirtschaft an. Dazu wurden die notwendigen

3 Abschnitt II des Protokolls (bzw. Abschnitt III des Abkommens).

4 A.a.O., Abschnitt II (bzw. III) A1.

5 A.a.O., Abschnitt II (bzw. III) A2.

6 A.a.O., Abschnitt II (bzw. III) A3 (I).

7 A.o.O., Abschnitt II (bzw. III) A3 (III).

8 A.a.O., Abschnitt II (bzw. III) A3 (IV).

9 A.a.O., Abschnitt II (bzw. III) A4.

10 A.a.O., Abschnitt II (bzw. III) A5; siehe auch Abschnitt VII (bzw. VIII).

11 A.a.O., Abschnitt II (bzw. III) A6.

12 A.a.O., Abschnitt II (bzw. III) A7.

13 A.a.O., Abschnitt II (bzw. III) A8.

14 A.a.O., Abschnitt II (bzw. III) A9.

15 A.a.O., Abschnitt II (bzw. III) A10.

16 A.a.O., Abschnitt II (bzw. III) B11.

17 A.a.O., Abschnitt II (bzw. III) B12.

18 A.a.O., Abschnitt II (bzw. III) B13, B17.

Kontrollmaßnahmen festgelegt[19] und beschlossen, Deutschland als eine wirtschaftliche Einheit zu behandeln[20].

3. *Regelung der deutschen Reparationen*[21] einschließlich der Übernahme und Auflösung der deutschen Kriegs- und Handelsmarine[22].

4. *Gebietsabtretungen* an die UdSSR[23] und Polen[24], sowie die *Umsiedlung* deutscher Bevölkerungsteile aus Polen, der Tschechoslowakei und Ungarn[25].

5. Fragen der Behandlung Österreichs[26], Rumäniens, Bulgariens, Ungarns[27], des Irans[28] und Tangers[29].

Insgesamt liegt der Schwerpunkt des Abkommens in der Regelung deutscher Fragen: Etwa drei Fünftel der Abmachungen beziehen sich direkt auf Deutschland.

19 A.a.O., Abschnitt II (bzw. III) B15, B16, B18.

20 A.a.O., Abschnitt II (bzw. III) B14. ·

21 A.a.O., Abschnitt II (bzw. III) B19, III (bzw. IV).

22 A.a.O., Abschnitt IV (bzw. V).

23 A.a.O., Abschnitt V (bzw. VI).

24 A.a.O., Abschnitt VIII (bzw. IX).

25 A.a.O., Abschnitt XII (bzw. XIII)

26 A.a.O., Abschnitt VII (bzw. VIII).

27 A.a.O., Abschnitt XI und XIII (bzw. XII). Abschnitt XIII des Protokolls ist in der sowjetischen Veröffentlichung Sanakojew, (Teheran, Jalta, Potsdam (Anm. 1)) nicht enthalten.

28 A.a.O., Abschnitt XIV.

29 A.a.O., Abschnitt XV.

II. Die Bindung der Signatarmächte und Frankreichs an das Potsdamer Abkommen

1. Rechtsnatur der Abmachungen von Potsdam

Die Positionen in der Auseinandersetzung über die völkerrechtliche Natur und Bestandskraft des Potsdamer Abkommens sind vielfach bereits durch die Stellung zum Inhalt des Potsdamer Abkommens vorprogrammiert.

Während das Bestreben, den Beschlüssen eine möglichst geringe Verbindlichkeit zuzusprechen, in fast der gesamten völkerrechtlichen Literatur aus der Bundesrepublik unverkennbar ist[1], bemüht sich die Literatur aus den sozialistischen Ländern besonders, den hohen völkerrechtlichen Rang und die weitgehende Bedeutung der Ergebnisse von Potsdam zu betonen[2].

Soweit die Diskussion in der zweiten Hälfte der 40er Jahre im wesentlichen um Begriffe ging, d.h. darum, ob die Beschlüsse einen völkerrechtlichen "Vertrag"[3], lediglich ein Regierungsabkommen[4] oder etwa gar eine "typische Kriegsvereinbarung"[5] seien, lohnt es sich nicht, darauf einzugehen. Das Völkerrecht kennt zwar eine Unzahl von Bezeichnungen für Vereinbarungen zwischen Völkerrechtssubjekten[6], rechtlich sind derartige Typisierungen aber – und darüber ist sich die Völkerrechtslehre heute ausnahmsweise einig – unerheblich[7]. Soweit zwei oder mehrere Völkerrechtssubjekte eine Willenseinigung über die Begründung, Abänderung oder Aufhebung von Rechten und Pflichten herbeiführen, wird dies in der Regel als völkerrechtlicher Vertrag[8] bezeichnet. Ob eine derartige verbindliche Willenserklärung als Vertrag firmiert oder als Abmachung, Abkommen, Deklaration, Konvention, Protokoll oder ähnliches, ist grundsätzlich belanglos[9].

---

1 So z.B. Faust, Potsdamer Abkommen S. 55 ff.; Winterfeld, Potsdamer Abkommen S. 9203 ff.; Hacker, Sowjetunion S. 20 ff.; Kaufmann in: KPD-Prozeß S. 228 f.

2 So z.B. Tunkin, Völkerrecht S. 231; Kröger, Staatsrechtliche Bedeutung S. 230; Korowin, Fürsprecher S. 30; siehe dazu auch Hacker, Einführung S. 9 f.

3 Kröger in: KPD-Prozeß S. 201 ff.; Kröger, Prinzipien S. 1222 f.

4 Kaufmann in: KPD-Prozeß S. 34 ff.

5 Winterfeld, Potsdamer Abkommen S. 9205.

6 Am gebräuchlichsten sind folgende Begriffe: Abkommen, Vertrag, Statut, Pakt, Konvention, Deklaration, Akte, Memorandum, Übereinkommen.

7 Siehe Dahm, Völkerrecht, Bd. III S. 59 f.; Seidl-Hohenveldern, Völkerrecht Rdnr. 141 f.; Autorenkollektiv, Völkerrecht Bd. I S. 179. Dies hat Faust auch in der 4. Auflage von 1969 offensichtlich nicht erkannt (Faust, Potsdamer Abkommen S. 55 ff.; ebenso Hacker, Sowjetunion S. 20 ff.).

8 Dahm, Völkerrecht Bd. III S. 5; Seidl-Hohenveldern, Völkerrecht Rdnr. 142; Autorenkollektiv, Völkerrecht Bd. I S. 179.

9 Thode in: Menzel, Völkerrecht S. 92. Siehe auch die umfassende Abhandlung der Frage bei Satow, Einteilung S. 91 ff.; International Law Commission A/CN.4/101 vom 14. März 1956.

Damit ist das Potsdamer Abkommen dann ein Vertrag, wenn die beteiligten Parteien eine nach völkerrechtlichen Grundsätzen wirksame Willenseinigung über Rechte und Pflichten herbeigeführt haben. Daß die in Potsdam 1945 gefaßten Beschlüsse in einem "Protokoll" zusammengefaßt und in einer Kurzfassung als "Mitteilung" veröffentlicht wurden[10], ist ohne tragende Bedeutung. Es gibt im Völkerrecht auch weder aufgrund des Inhaltes noch nach der Abschlußform höherwertige oder niederwertige Verträge[11].

Külz bestreitet grundsätzlich, daß die Konferenzmächte von Potsdam überhaupt an eine völkerrechtlich verbindliche Abmachung gedacht haben[12], da "abgesehen vom Fehlen der üblichen Ratifikationsklausel, das Fehlen aller Bestimmungen über das Inkrafttreten, über die Geltungsdauer und die Kündigung dieser Abmachung sowie darüber, welche sprachliche Fassung maßgeblich sei", gegen eine verbindliche Abmachung sprächen; auch sei der verwendete Ausdruck "Übereinkunft" (Agreement) schwächer als der Ausdruck "Abkommen". Aber das Völkerrecht hat zu keiner Zeit die Wirksamkeit von Verträgen vom Vorhandensein derartiger Klauseln abhängig gemacht; auch das Jonglieren mit Begriffen wie "Übereinkunft" und "Abkommen" führt nicht zu einer gültigen Aussage über den Rechtsbindungswillen der Parteien.

Abgesehen von dieser – vereinzelt gebliebenen – Meinung[13] wird auch in der Literatur der Bundesrepublik zum Potsdamer Abkommen nicht bestritten, daß die beteiligten Siegermächte in rechtsverbindlicher Weise Abmachungen treffen wollten[14]. Dieser Wille ist aus dem Text deutlich erkennbar und ergibt sich aus den späteren Bezugnahmen auf das Potsdamer Abkommen durch die berechtigten Staaten[15], die sich in zahlreichen Erklärungen darauf beriefen. Als erklärte Grundlage der gemeinsamen Besatzungspolitik wären die Beschlüsse von Potsdam "ohne jegliche Bindung und Verbindlichkeit" – wie Külz sie charakterisiert[16] – auch kaum tauglich gewesen.

10 Amtsblatt, Kontrollrat, Ergänzungsblatt Nr. 1 (1946) S. 13 ff.

11 Es gibt im Völkerrecht weder aufgrund des Inhaltes noch nach der Abschlußform höherwertige oder niederwertige Verträge (für viele: Seidl-Hohenveldern, Völkerrecht Rdnr 147; Satow, Einteilung S. 110).

12 Külz, Potsdam S. 45.

13 Siehe dazu Hacker, Einführung S. 10 mwN.

14 Dazu Giese, Einheit S. 69; Hacker, Einführung S. 9 f. mwN.

15 Kaufmann in: KPD-Prozeß S. 40; Guggenheim, Völkerrecht S. 55; Faust, Potsdamer Abkommen S. 60; Anzilotti, Völkerrecht S. 317; Hacker, Einführung S. 10. Siehe auch neuere völkerrechtliche Dokumente wie: Deutschland-Erklärung der drei West-Mächte vom 12. Mai 1965 (Bulletin des Presse- und Informationsamtes der Bundesregierung Nr. 83 vom 13. Mai 1965); Note der Regierung der UdSSR an die Bundesrepublik Deutschland vom 5. Februar 1963 (Europa-Archiv 1963, D225); Note der UdSSR an die Bundesrepublik Deutschland vom 18. Januar 1965 (Europa-Archiv 1965 D121); Kommuniqué über die Tagung des Politischen Beratenden Ausschusses der Teilnehmerstaaten des Warschauer Vertrages vom 19./20. Januar 1965 in Warschau (Europa-Archiv 1965, D109).

16 Külz, Potsdam S. 45.

Eine andere Frage ist es, ob alle Passagen der "Mitteilungen über die Drei-mächtekonferenz von Berlin" bzw. des "Protokolls" der Potsdamer Konfe-renz von 1945 rechtsverbindlichen Charakter haben sollten. Für Mosler enthält das (für ihn maßgebliche) Protokoll der Potsdamer Konferenz nur in-soweit völkerrechtliche Verpflichtungen zwischen den Beteiligten, als sich aus den einzelnen Abschnitten explizite ein Verpflichtungswille ergibt[17]. F.A. von der Heydte unterscheidet bei der Auswertung der Potsdamer 'Mit-teilung' ebenfalls zwischen Teilen, die für die Konferenzmächte Rechte und Pflichten entstehen ließen und anderen Abschnitten, die lediglich – unver-bindliche – Erklärungen über gemeinsame Absichten enthielten[18]. Dies ist aber keine Frage der völkerrechtlichen Gültigkeit der Potsdamer Überein-künfte an sich, sondern eine Frage der Verbindlichkeit der einzelnen Erklä-rungen. Es bleibt hier nur festzuhalten, daß es dem Vertragscharakter einer Übereinkunft als Ganzem keinen Abbruch tut, wenn der Text Klauseln ent-hält, mit denen die Parteien erkennbar keine rechtliche Bindung haben ein-gehen wollen[19].

Die Verbindlichkeit des Potsdamer Abkommens wird aber wegen angeb-lich vorhandener formaler Mängel beim Vertragsabschluß (insbesondere Formlosigkeit und fehlende Ratifikation) bezweifelt. Gerade aus diesen Gründen machte z.B. Kaufmann im KPD-Prozeß dem Potsdamer Abkom-men den Charakter eines völkerrechtlichen Vertrages streitig[20]. Doch hat das allgemeine Völkerrecht für Vertragsschlüsse nie eine bestimmte Form verlangt[21], und gerade heute werden im Rahmen der sogenannten "Konfe-renzdiplomatie" häufig ähnliche Verträge geschlossen[22].

Auch wenn die Wiener Vertragsrechtskonvention (WVK) von 1969 – die zwar unmittelbar auf das Potsdamer Abkommen nicht angewandt werden kann, aber weitgehend bereits schon früher geltendes Völkergewohnheits-recht kodifiziert – gemäß Art. 2 §1a nur schriftliche Verträge betrifft, wird damit lediglich der Geltungsbereich der Konvention bestimmt, nicht jedoch eine andere Abschlußform für rechtswirksam erklärt (Art. 3 WVK)[23].

Auch die Behauptung der fehlenden Ratifikation des Potsdamer Abkom-mens durch die Konferenzteilnehmer kann die Verbindlichkeit der Be-schlüsse nicht beeinträchtigen. Abgesehen von der völkerrechtlichen Un-

---

17 Mosler, Potsdamer Abkommen, Spalte 434.

18 V.d. Heydte, Völkerrecht Bd. I S. 267; v.d. Heydte, Potsdamer Abkommen S. 787 f.; siehe auch die Differenzierungen bei Winterfeld, Potsdamer Abkommen S. 9205.

19 Dies gilt insbesondere für Präambeln. Dazu u.a. Dahm, Völkerrecht Bd. III S. 6. Anderer Ansicht wohl Mosler, Potsdamer Abkommen S. 434.

20 Kaufmann in: KPD-Prozeß S. 34.

21 Thode in: Menzel; Völkerrecht S. 92; Bitel, Kontrollrat.

22 Ausführlich Satow, Einteilung S. 100 f.; siehe auch Seidl-Hohenveldern, Völkerrecht Rdnr. 149.

23 Siehe dazu Guggenheim, Völkerrecht S. 60; Liszt-Fleischmann, Völkerrecht S. 244; Satow, Einteilung S. 110.

bestimmtheit des Begriffs der "Ratifikation"[24] kann natürlich nicht bestritten werden, daß ein völkerrechtlich wirksamer Vertragsabschluß einer Erklärung der Vertragspartner bedarf, in der zum Ausdruck gebracht wird, daß sie den Inhalt der Vereinbarung für sich als verbindlich ansehen. Dies ist die Voraussetzung eines jeden Vertrages. Eine bestimmte völkerrechtliche Form hierfür ist jedoch nicht vorgeschrieben[25]. Insofern übernimmt die Wiener Vertragskonvention auch nur Völkergewohnheitsrecht, wenn sie heute in Art. 11 feststellt: "die Zustimmung eines Staates, an einen Vertrag gebunden zu sein, kann ausgedrückt werden durch Unterzeichnung, Austausch von Vertragsgründungsurkunden, Ratifikation, Annahme, Zustimmung, Beitritt oder durch jedes andere vereinbarte Mittel." – Die Annahme eines Vertrages kann also in beliebiger Form erfolgen, in der Regel bestimmen die Parteien selbst, wie sie vorgenommen werden soll[26].

Entscheidend im Zusammenhang mit der Ratifikation ist jedoch, ob die zustimmende Person überhaupt zum Vertragsschluß befugt gewesen ist. Im allgemeinen hält das Völkerrecht diejenigen Personen für ermächtigt, völkerrechtliche Verträge abzuschließen, die nach der Verfassung ihres Staates hierzu berechtigt sind[27]. Auch Art. 7 Abs. 2 WVK stellt nur die widerlegbare Vermutung auf, daß das innerstaatliche Recht das Staatsoberhaupt, den Regierungschef und den Außenminister zum Vertragsabschluß ermächtigt. Dies bedeutet aber nicht, daß Verträge für Staaten unverbindlich sind, nur weil das von den nationalen Verfassungen vorgesehene Verfahren nicht eingehalten wurde, denn das Völkerrecht verweist nicht auf die formellen Bestimmungen der Verfassungsakte, sondern auf die tatsächlich gehandhabte Verfassungspraxis[28].

Wenn nun Abkommen von grundlegender politischer Bedeutung, wie beispielsweise das Abkommen von Jalta oder Potsdam, von dem amerikanischen Präsidenten ohne Zustimmung des Kongresses geschlossen wurden, so mag dies nach amerikanischem Verfassungsrecht höchst fragwürdig sein. Es hat aber auf die völkerrechtliche Verbindlichkeit der Zustimmung des Präsidenten zu der jeweiligen Vereinbarung keine Auswirkung, denn ein derartiges Vorgehen entspricht durchaus der durch die USA geübten Praxis[29] und wurde auch vom Supreme Court für rechtsverbindlich erklärt[30]. Der Einwand der fehlenden Ratifikation wäre im übrigen – wie

24 Siehe Faust, Potsdamer Abkommen S. 61 f.

25 Ausführlich hierzu Faust, a.a.O., S. 62 f.

26 Seidl-Hohenveldern, Völkerrecht Rdnr. 181 ff.; Schwarzenberger, Einführung S. 85.

27 Autorenkollektiv, Völkerrecht Bd. 1 S. 182 f.; Seidl-Hohenveldern, Völkerrecht Rdnr. 151 ff.

28 A.a.O.

29 Siehe Seidl-Hohenveldern, a.a.O. Rdnr. 162; Giese: Einheit S. 71; Satow, Einteilung S. 100 (mit weiteren Beispielen).

30 Im Fall des Litwinow-Agreement von 1933 (Regelung der Beziehungen zwischen den USA und der UdSSR), das in einem bloßen Briefwechsel zwischen Präsident Roosevelt und dem

Abendroth bereits 1952 feststellte[31] – "vom Standpunkt des venire contra factum proprium als unzulässig zurückzuweisen".

Damit ist davon auszugehen, daß das Potsdamer Abkommen wirksame völkerrechtliche Vereinbarungen enthält, die zumindest für die Konferenzteilnehmer – d.h. die UdSSR, die USA und Großbritannien – rechtsverbindlich geworden sind.

2. Die Bindung Frankreichs an das Potsdamer Abkommen

Problematischer ist die Frage, ob und wieweit die vierte Besatzungsmacht in Deutschland – Frankreich – an das Potsdamer Abkommen gebunden ist[32]. Dies ist insofern von Bedeutung, als nach den alliierten Übereinkünften Deutschland als Ganzes betreffende Angelegenheiten – wie die Festlegung der Ziele ihrer Politik im Potsdamer Abkommen – von den vier Mächten nur gemeinsam geregelt werden konnten.

Frankreich gehört nicht zu den Signatarmächten des Potsdamer Abkommens und hat weder an der Konferenz von Jalta noch an der in Potsdam teilgenommen. Allerdings war es Partner der alliierten Vereinbarungen vom 5. Juni 1945, die die Übernahme der obersten Regierungsgewalt in Deutschland, die Besatzungszonen und das Kontrollverfahren betrafen.

Auf die Mitteilung der Konferenzergebnisse von Potsdam durch die drei beteiligten Regierungen hin, hat die Provisorische Französische Regierung am 7. August 1945 mit sechs Noten an die Botschafter der USA, der UdSSR und Großbritanniens[33] in denen sie den Beschlüssen in wesentlichen Punkten zugestimmt, teilweise aber auch erhebliche Vorbehalte erhoben.

Damit könnte Frankreich dem Potsdamer Abkommen beigetreten sein, denn grundsätzlich können multinationale völkerrechtliche Verträge mit einzelnen Vorbehalten angenommen werden. Dies hat zur Folge, daß nur die Vertragsteile für den beigetretenen Staat verbindlich sind, gegen die keine Vorbehalte angemeldet wurden[34]. Voraussetzung dafür ist aber, daß die anderen Signatarmächte eines Abkommens den Vorbehalten nicht ausdrücklich widersprechen[35] und daß diese mit Gegenstand und Zweck des

sowjetischen Botschafter Litwinow bestand (US v. Belmont 301 US 324; US v. Pink 315 US 203).

31 Abendroth, Bedeutung S. 4945; siehe auch Giese, Einheit S. 70.

32 Ausführlich dazu Giese, Einheit S. 71 ff.

33 Deutsche Übersetzung in: Europa-Archiv 1954 S. 6743 ff.

34 Siehe Guggenheim, Völkerrecht S. 76 ff.; Verdross, Völkerrecht S. 130; Autorenkollektiv, Völkerrecht Bd. I S. 187 f.; Seidl-Hohenveldern, Völkerrecht Rdnr. 216 ff.; Dahm, Völkerrecht Bd. III S. 97 ff.

35 Ausführlich Dahm, a.a.O., Bd. III S. 99 ff.

Vertrages nicht unvereinbar sind[36]. Ein ausdrücklicher Widerspruch gegen die Vorbehalte Frankreichs ist zwar nicht erfolgt, jedoch richten sie sich gegen so wichtige Bestandteile des Potsdamer Abkommens, daß man bezweifeln könnte, ob die gemachten Einschränkungen durch Frankreich mit dem Zweck des Vertrages in Einklang gebracht werden können. So wird in der ersten Note eine zukünftige deutsche Zentralregierung abgelehnt. Die zweite Note spricht sich gegen zentrale deutsche Verwaltungsstellen[37] und die baldige Zulassung von gesamtdeutschen politischen Parteien aus und regt Überlegungen zur Dismembration Deutschlands an. In der dritten Note werden Vorbehalte gegen die Reparationsregelungen vorgebracht, in der vierten Note wird die Prüfung weiterer Grenzveränderungen gefordert und in der sechsten Note werden Bedenken gegen die Umsiedlung der deutschen Bevölkerung aus Polen, der Tschechoslowakei und Ungarn erhoben.

Sieht man jedoch den wesentlichen Zweck des Potsdamer Abkommens – zumindest soweit es Deutschland betrifft – in den Begriffen Friedenssicherung, Entnazifizierung, Entmilitarisierung, Wiedergutmachung und demokratischer Wiederaufbau Deutschlands zusammengefaßt, so ist davon auszugehen, daß Frankreich diesen Prinzipien grundsätzlich zugestimmt hat, und die Vorbehalte den Zweck des Potsdamer Abkommens auch nicht derart tangieren, daß Frankreich nicht als Vertragspartner angesehen werden kann[38]. Damit ist auch die französische Republik dem Potsdamer Abkommen – wenn auch mit erheblichen Einschränkungen und Vorbehalten[39] – beigetreten[40]. Frankreich ist folglich an die wesentlichen Ziele (wenn auch nicht an alle vorgesehenen Verfahrensweisen) des Abkommens gebunden[41].

36 Dies entspricht dem Völkergewohnheitsrecht, ist jetzt aber auch in Art. 19-23 der Wiener Vertragsrechtskonvention von 1969 festgehalten.

37 So auch die 5. französische Note zum Potsdamer Abkommen.

38 Vgl. dazu im einzelnen: Abendroth, Frankreich S. 72 ff.

39 Dies sieht offensichtlich Kröger nicht, wenn er (in: KPD-Prozeß S. 212) davon spricht, die französische Regierung habe sich "in vollem Umfang" dem Kommuniqué vom 2. August 1945, d.h. dem Potsdamer Abkommen, angeschlossen. Auch die sowjetische Literatur (z.B. Wyssozki, Terminal S. 180) geht meist von der uneingeschränkten Bindung Frankreichs an das Potsdamer Abkommen aus.

40 Abendroth, Bedeutung S. 4944; Grewe, Vereinbarungen S. 345. Ebenso Faust, Potsdamer Abkommen S. 69 Anm. 121. Davon ist auch stets die französische Regierung ausgegangen (siehe z.B. die Erklärung Bidault's vom 21.7.1953 in: Bulletin vom 27.1.1954 Nr. 17 S. 130 f.). Gegenteilige französische Behauptungen – wie z.B. die des französischen Oberbefehlshabers vor dem Kontrollrat am 1.10.1945 (zitiert in: KPD-Prozeß S. 36 f.) – beruhen auf kurzfristigen politischen Erwägungen. Siehe zu dieser Frage auch ausführlich Giese, Einheit S. 72 ff.; Hacker, Einführung S. 11 f.

41 So auch (mit weitergehenden Differenzierungen) Abendroth, Frankreich S. 71 ff. (76).

3. Heutige Geltung des Potsdamer Abkommens

Immer wieder wird bei der Behandlung der Geltung der Potsdamer Beschlüsse die Frage aufgeworfen, ob das Abkommen für die Alliierten des Krieges noch heute gültig sei[42]. Unbestritten sind einzelne Punkte des Potsdamer Abkommens mittlerweile obsolet geworden, insbesondere weil die historische Entwicklung an den Bestimmungen der Potsdamer Übereinkünfte vorbeigegangen ist[43].

Im Endergebnis herrscht jedoch in der Literatur – soweit sie das Potsdamer Abkommen als völkerrechtsverbindlich ansieht – grundsätzlich Einigkeit, daß die Potsdamer Beschlüsse weder durch Kündigung, Rücktritt und Selbstauflösung, noch durch grundlegende Veränderungen der Umstände (clausula rebus sic stantibus) ungültig geworden sind[44]. Daher ist es unnötig, die einzelnen damit zusammenhängenden völkerrechtlichen Probleme an dieser Stelle zu erörtern.

Nach wie vor gehen die Vertragsparteien von der grundsätzlichen Gültigkeit des Potsdamer Abkommens aus[45]. Dies wird auch durch die Präambel des Viermächteabkommens über Berlin vom 3. September 1971 bestätigt, wo die Vereinbarungen und Beschlüsse aus der Nachkriegszeit als Grundlage der Viermächterechte anerkannt werden und hervorgehoben wird, daß deren Geltung durch das Viermächteabkommen nicht beeinträchtigt werden soll[46].

Damit ist also von der nach wie vor bestehenden grundsätzlichen Bindung der Signatarmächte (USA, UdSSR und Großbritannien) und (mit Einschränkungen) Frankreichs an das Potsdamer Abkommen auszugehen[47].

---

42 Ausführliche Darstellung der vertretenen Ansichten bei Faust, Potsdamer Abkommen S. 273 ff.; Hacker, Einführung S. 11 f., 21 ff.

43 Hierauf wird später im einzelnen einzugehen sein (Teil 2).

44 Siehe u.a. Hacker, Einführung S. 11 f., 21 f.

45 Im einzelnen hierzu die Übersicht bei Faust, Potsdamer Abkommen S. 275 ff.

46 Siehe dazu Zündorf, Ostverträge S. 128; Rumpf, Land S. 165 f.

47 Wyssozki, Terminal S. 179 ff.; Kröger, Prinzipien S. 1228; Kröger, Staatsrechtliche Bedeutung S. 234 f.; Kröger in: KPD-Prozeß S. 209 ff.; Abendroth, Bedeutung S. 4951 ff.; Faust, Potsdamer Abkommen S. 275 ff.; Winterfeld, Potsdamer Abkommen S. 9209 u.a.

III. Die Verbindlichkeit der Beschlüsse von Potsdam für Deutschland

Es war zweifellos des Ziel der Konferenzmächte von Potsdam, grundsätzliche Regelungen zu treffen, die auch für Deutschland und das deutsche Volk verbindlich sein sollten. Dies ergibt sich schon daraus, daß die "Mitteilung über die Dreimächtekonferenz von Berlin" nachträglich im Amtsblatt des Kontrollrates – dem Verkündungsorgan der für alle Besatzungszonen verbindlichen Rechtsvorschriften – veröffentlicht wurde, und zahlreiche Normierungen der Alliierten für Deutschland sich ausdrücklich auf das Potsdamer Abkommen (gewissermaßen als Ermächtigungsgrundlage) beziehen[1].

Erklärtermaßen war es nicht Absicht, "das deutsche Volk zu vernichten und zu versklaven", sondern sie wollten es darauf vorbereiten, "sein Leben auf einer demokratischen und friedlichen Grundlage von neuem wieder aufzubauen"[2]. Wenn also einerseits Deutschland nicht für ewig von den Siegermächten vollständig beherrscht werden, zum anderen aber Militarismus und Nazismus endgültig beseitigt und ein gerechter und dauerhafter Frieden in Europa gesichert werden sollte, dann mußten vom Willen der Alliierten her die Grundsätze des Potsdamer Abkommens auch über die Besatzungs- und Kontrollperiode hinaus grundsätzliche Gültigkeit für das deutsche Volk und seine zukünftigen Staatsorgane haben. Zudem waren die Alliierten zur Verwirklichung der Beschlüsse der Konferenz auf die aktive Mitarbeit der Deutschen angewiesen. Ein Wiederaufbau Deutschlands auf demokratischer und friedlicher Grundlage, die Entwicklung demokratischer Ideen im Erziehungswesen und die Wiederherstellung einer demokratischen Selbstverwaltung konnten ohne tätige Mitarbeit der Deutschen nicht erfolgen[3].

Zur langfristigen Sicherstellung der Ziele des Abkommens bedurfte es also auch einer Verpflichtung Deutschlands zur Einhaltung der wesentlichen Regelungen. Aber der bloße Wille der Siegermächte des Zweiten Weltkrieges schuf noch kein verbindliches Völkerrecht, die Absicht der Alliierten, Deutschland auf die Grundsätze von Potsdam zu verpflichten, führt noch nicht zu einer Rechtspflicht für deutsche Staatsorgane oder das deutsche Volk die Beschlüsse zu beachten.

Die Frage der völkerrechtlichen Bindung Deutschlands an das Potsdamer

---

1 Amtsblatt des Kontrollrates in Deutschland, Ergänzungsblatt Nr. 1, Berlin (1946) S. 13 ff. Vgl. z.B. die Bezugnahmen auf das Potsdamer Abkommen in den Direktiven Nr. 24 und 38 des Kontrollrates (Amtsblatt, Kontrollrat Nr. 5 S. 98, Nr. 11 S. 184) und dem Kontrollratsgesetz Nr. 5 (Amtsblatt, Kontrollrat Nr. 2 S. 27).

2 Potsdamer Abkommen, Abschnitt III (Vorspruch).

3 Siehe dazu Kröger in: KPD-Prozeß S. 205 ff., 213; Kröger, Staatsrechtliche Bedeutung S. 231; Kröger, Potsdamer Abkommen S. 1482.

Abkommen ist mit grundlegenden rechtlichen Problemen behaftet. Die Vertreter der Ansicht, daß Deutschland an das Potsdamer Abkommen gebunden sei, behaupten die völkerrechtliche Bindung eher, als daß sie sie nachweisen[4]. Die Gegner haben es da leichter, sie berufen sich darauf, daß deutsche Bevollmächtigte nicht an der Konferenz teilgenommen hätten, Verträge zu Lasten Dritter unzulässig seien, und daß durch das Interventionsverbot die einseitige Auferlegung von Pflichten durch Dritte ausgeschlossen sei[5].·

Für die Klärung der Frage nach der völkerrechtlichen Verbindlichkeit des Potsdamer Abkommens oder Teile desselben für Deutschland ist die Bestimmung der Rchtsstellung Deutschlands bei Abschluß des Abkommens von ausschlaggebender Bedeutung, da die Beantwortung dieser Frage darüber entscheidet, für wen eine Rechtsverbindlichkeit des Potsdamer Abkommens überhaupt erwachsen konnte: für ein fortbestehendes Deutsches Reich, für ein neues, an seine Stelle getretenes Völkerrechtssubjekt, für deren mögliche Rechtsnachfolger oder gar für das deutsche Volk selbst.

1. Rechtsstellung Deutschlands beim Abschluß des Potsdamer Abkommens[6]

1.1 Untergang oder Fortbestand des Deutschen Reiches?

Die Diskussion um die Rechtslage Deutschlands 1945 und später war – insbesondere auch im Hinblick auf die Gründung der Bundesrepublik Deutschland und der DDR – stets stark von politischen Motiven und Wunschvorstellungen geprägt. Für Spekulationen war um so mehr Raum, als die Siegermächte selbst zu dieser Frage nie einen eindeutigen und übereinstimmenden Standpunkt bezogen haben[7].

Ob man vom rechtlichen Fortbestand des Deutschen Reiches ausging oder dessen Untergang annahm – dies hat jeweils entscheidende juristische und praktische Konsequenzen. Wenn Kelsen konstatierte, daß der deutsche Staat aufgehört habe zu bestehen, und die Souveränität von den vier Siegermächten übernommen worden sei[8], so bedeutet dies – wie auch von

---

4 Siehe z.B. Kröger, Staatsrechtliche Bedeutung S. 230 ff.; Kertzscher, Potsdam S. 9, 11.

5 So z.B. Kaufmann in: KPD-Prozeß S. 30 ff.; Faust, Potsdamer Abkommen S. 70 ff.; Hacker, Sowjetunion S. 33 ff.

6 Ausführlich und umfassend zu diesem Fragenkomplex neuerdings Bücking, Rechtsstatus; Schmid, Deutsche Frage.

7 Nur Frankreich ist eindeutig vom Untergang des Deutschen Reiches am Tage der Kapitulation ausgegangen. Siehe die Nachweise bei Vocke, Politische Gefahr S. 10202, 10204; Abendroth, Potsdamer Abkommen S. 4946; Abendroth, Bindung S. 174.

8 Vgl. Kelsen, International Legal Status: Hier stand vor allem die Rechtfertigung alliierter Kriegsziele im Vordergrund.

Kelsen ausdrücklich hervorgehoben wird –, daß die neuen Souveränitätsinhaber in Deutschland bei der Verwirklichung ihrer Ziele nicht durch die einengenden Bestimmungen des völkerrechtlichen Besatzungsrechtes beschränkt waren[9]. Die Annahme des Fortbestandes des Deutschen Reiches hielt dieses als Deliktschuldner juristisch am Leben, diente aber ansonsten vor allem deutschen Interessen: Die Besatzungsmächte waren zunächst (zumindest für die Anfangsperiode der Besetzung) an die Regeln der Haager Landkriegsordnung gebunden, und man konnte einen Anspruch auf Wiederherstellung der deutschen Staatsgewalt über das gesamte Territorium des Deutschen Reiches ableiten. Demgegenüber fielen die Nachteile des Bekenntnisses zur Identität (auch mit dem "Dritten Reich") – "die automatische Übernahme der Schuld und der Schulden des Naziregimes"[10] – nicht übermäßig ins Gewicht.

Sosehr dieses oder jenes Ergebnis politisch wünschenswert erscheinen mag, die *juristische* Frage nach dem Schicksal des Deutschen Reiches kann nur nach rein völker- und staatsrechtlichen Grundsätzen gelöst werden[11]. Da es um den völkerrechtlichen Fortbestand eines Staates geht, muß dabei zwangsläufig der Staatsbegriff den Ausgangspunkt der Untersuchung bilden[12].

1.1.1 Staatsbegriff

Während die Staats- und Völkerrechtslehre der westeuropäischen und angloamerikanischen Länder nahezu durchweg den Staat durch die Jelineckesche Trias der Merkmale Staatsgebiet, Staatsvolk und Staatsgewalt definieren[13], sieht die Staatslehre in der UdSSR, der DDR sowie der anderen sozialistischen Länder den Staat als "die historisch vergängliche, aus der Gesellschaft herausgelöste und durch ihre ökonomische Ordnung bedingte politische Klassenorganisation einer souveränen öffentlichen Gewalt, die die gemeinsamen Interessen der Eigentümer der grundlegenden Produktionsmittel sichert und vertritt"[14]. Die Anwendung dieses Begriffes vom Staat als Instrument der herrschenden Klasse[15] in der völkerrechtlichen Lite-

---

9   Siehe ausführlich: Menzel, Deutschland S. 51 ff.

10 So Nawiasky, Grundgedanken S. 9.

11 So aber Lewald, Rechtslage S. 344.

12 So v.d. Heydte und Dürig in: VVDStRL, Bd. 13 (1955) S. 25, 27; Rumpf, Niemandsland S. 169 ff.

13 Für viele: Übersicht in: Nawiasky, Allgemeine Staatslehre Bd. I; Jellinek, Allgemeine Staatslehre S. 381 ff.; Schmid, Deutsche Frage S. 16 ff.

14 Autorenkollektiv, Theorie des Staates und des Rechts Bd. I S. 160; s.a. Autorenkollektiv, Völkerrecht (1. Aufl.) Bd. I S. 276 f.; Peck, Geschichte S. 13.

15 Lenin, Ausgewählte Werke Bd. II S. 160 ff.; Peck, Völkerrechtssubjektivität S. 13 mwN.; Rigin, Staasbegriff S. 1 ff. mwN.; Weichelt, Fragen S. 14.

ratur der sozialistischen Länder führt aber – trotz der Ablehnung des bürgerlich-formalen Staatsbegriffes – kaum zu wesentlich anderen Ergebnissen als die Drei-Elemente-Lehre[16], mit der die näher präzisierten völkerrechtlichen Inhalte des marxistischen Staatsbegriffes tendenziell dann doch wieder übereinstimmen[17].

Grundlegende Unterschiede des Staatsbegriffes der Völkerrechtslehre und der allgemeinen Staatslehre bestehen nicht[18]. Weitgehend einig ist man' sich aber in der Staats- und Völkerrechtslehre auch, daß im Rahmen der Drei-Elemente-Lehre der "Staatsgewalt" grundlegende, ja entscheidende Bedeutung zukommt, denn ein Volk wird erst durch seine Organisierung mittels effektiver (Rechts-)Strukturen und einer eigenen politischen Machtstruktur zum Staat[19].

1.1.2 Diskontinuitätslehre – Untergang des Deutschen Reiches

In konsequenter Anwendung dieses Staatsbegriffes gehen die Anhänger der Untergangs-Theorie[20] davon aus, daß mit Beendigung der Ausübung effektiver deutscher Staatsgewalt im Frühjahr 1945 (sei es mit dem Tod Hitlers am 30. April[21], der Kapitulation am 8. Mai, der Verhaftung der Regierung Dönitz am 23. Mai[22] oder der Erklärung der Siegermächte über die Nieder-

16 Dies erkennt auch Kröger (Das demokratische Völkerrecht S. 1187) an. Siehe weiter Cúth, Probleme, Spalte 404; Tunkin, Aufnahme S. 115; Peck, Völkerrechtssubjektivität S. 78 ff.; Kehrstein, Deutsche Demokratische Republik S. 255; Kohl, Vertretung S. 21; Jewgenjew, Rechtssubjektivität S. 567 ff. Weitere Nachweise bei Frenzke, Der völkerrechtliche Staatsbegriff S. 242 ff.

17 Siehe Hoffmann, Deutsche Teilung S. 22 f.; Mahnke, Entstehung und Untergang S. 104 f.; Frenzke, Der völkerrechtliche Staatsbegriff S. 242 f.; Schirmer, Völkerrechtssubjektivität S. 653 ff.

18 Vgl. etwa Liszt-Fleischmann, Völkerrecht S. 86; Dahm, Völkerrecht Bd. I S. 76; Berber, Völkerrecht Bd. I S. 114 ff.; Verdross, Völkerrecht S. 192; Oppenheim-Lauterpacht, International Law Bd. I S. 118; O'Connell, International Law Bd. I S. 283 f.; Schmid, Deutsche Frage S. 16 ff., 18 ff.

19 Dies kommt allerdings nicht immer klar zum Ausdruck. Vgl. aber Heller, Staatslehre S. 237 ff.; Autorenkollektiv, Völkerrecht Bd. I S. 143; Verdross, Völkerrecht S. 192 f.

20 Dazu gehörten etwa: Abendroth, Haftung S. 73 ff.; Finch, Nuremberg Trial S. 22; Fried, Transfer S. 303 ff., 326 ff.; Haupt, Souveränität S. 306; Hollós, Kontroverse S. 18 f.; Kaiser, Haftung S. 186; Kelsen, International Legal Status S. 689 ff.; Kelsen, Legal Status S. 518 ff.; Kröger, Identitätstheorie S. 358; Krusche, Demokratisches Völkerrecht S. 410; Menthon, Gerechtigkeit S. 18; Meister, Kapitulation S. 396; Nawiasky, Grundgedanken S. 7; Peck, Geschichte S. 28 ff.; Poeggel, Staatennachfolge S. 175 f. (mwN. in Anm. 120, 121); Rumpf, Niemandsland S. 173; Schwarzenberger, Machtpolitik S. 116, 203; Szekeres, Recht der Militärregierung S. 45.

21 Siehe zu den Terminen: Bücking, Rechtsstatus S. 31 mit zahlreichen Nachweisen.

22 In der Frage, ob die – bis zu ihrer Verhaftung am 23. Mai 1945 agierende – Regierung Dönitz als Träger der deutschen Staatsgewalt angesehen werden muß (mit der Folge, daß zu-

lage Deutschlands vom 5. Juni[23]) das Deutsche Reich als Völkerrechtssubjekt untergegangen sei. Die Ansichten über den konkreten Zeitpunkt bzw. den Rechtsgrund des Unterganges gehen auseinander. Kelsen zieht die bedingungslose Kapitulation oder aber die Verhaftung der Regierung bzw. das Fehlen einer deutschen Zentralgewalt nach vollständiger Besetzung Deutschlands als mögliche Gründe in Erwägung[24], Abendroth[25] sieht allein die Kapitulation am 8. Mai als entscheidend an, während sich Nawiasky[26] und Rumpf[27] auf keinen konkreten Zeitpunkt festlegen. Darauf kommt es hier in diesem Zusammenhang auch nicht entscheidend an[28].

mindest bis zum 23. Mai das Deutsche Reich als fortbestehend anzusehen ist), gehen die Meinungen auseinander. Das Verhalten der Alliierten, die auf offizieller Ebene mit dieser Regierung verhandelten, tendiert in Richtung einer Anerkennung. Auch ein Teil der Literatur vertritt dies (wie etwa Klein, Neues deutsches Verfassungsrecht S. 14 ff.; Menzel, Deutschland S. 65 ff). Kelsen sah sie als letzte legitime Regierung Deutschlands an, ging aber davon aus, daß sie mit der bedingungslosen Kapitulation die Staatsgewalt auf die Siegermächte übertragen habe (Legal Status S. 519 f.). Keine legale Staatsgewalt messen Zinn (Unconditional Surrender S. 9) und Geiler (Gegenwärtige völkerrechtliche Lage S. 13) der Regierung Dönitz zu (s.a. Stödter, Rechtslage S. 31; Kraske, Nochmals die bedingungslose Kapitulation S. 271). Auch für Abendroth war sie lediglich ein kurzes Nachspiel und keine eigenständige politische Organisation (Grundgesetz S. 19), so daß sie nicht mehr als Träger der Staatsgewalt betrachtet werden konnte. Zur Bedeutung der Verhaftung der Regierung Dönitz aus der Sicht der Vertreter der Lehre vom Fortbestand des Deutschen Reiches siehe Blumenwitz, Grundlagen S. 76; Fiedler, Staatskontinuität S. 144; Hacker, Rechtsstatus S. 78 ff.; Grewe, Besatzungsstatus S. 47 ff., 74; Hoffmann, Deutsche Teilung S. 34 ff.; Kaufmann, Rechtslage S. 9 ff.; Stödter, Rechtslage S. 13 ff., 104; Arndt, Verträge S. 127 ff. mit ausführlichem Nachweis der ausländischen Literatur.

23 Vgl. Bücking, Rechtsstatus S. 31 f.

24 Kelsen, International Legal Status S. 689; Kelsen, Legal Status S. 518 ff.

25 Insbesondere Abendroth, Haftung S. 73.

26 Nawiasky, Grundgedanken S. 7 f.

27 Siehe Rumpf, Land S. 8 ff.; Rumpf, Niemandsland S. 173 ff.

28 Ausgehend von einem Verständnis des Staates, das dessen Wesen als Instrument der herrschenden Klasse begreift, fällt es auch der weit überwiegenden Mehrheit der völker- und staatsrechtlichen Literatur der DDR leicht, den Untergang des Deutschen Reiches im Jahre 1945 anzunehmen (Meister, Kapitulation S. 396; Peck, Geschichte S. 28 ff.; Haupt, Souveränität S. 306; Krusche, Demokratisches Völkerrecht S. 410; Kaiser, Haftung S. 186; Kröger, Identitätstheorie S. 358; a. A. Nathan, Inhalt S. 81 ff.; Schultes, Deutsche Verfassung S. 177 ff.; Steiniger, Ausschlußbarkeit S. 146 ff.; Steiniger, Besatzungsstatut S. 205 ff.). Da die Siegermächte 1945 die bestehenden politischen, wirtschaftlichen, kulturellen und militärischen Machtapparate des faschistischen Staates beseitigt haben, ist auch der imperialistische Klassenstaat des Nationalsozialismus vernichtet worden (Peck, Geschichte S. 30; Kröger, Identitätstheorie S. 359) und das Deutsche Reich als Staat untergegangen. – Bedenklich ist jedoch eine Herleitung des Unterganges des Deutschen Reiches allein mit dem Hinweis auf den Wandel der Gesellschaftsordnung im Zusammenhang mit der Beurteilung der Entwicklung in den Westzonen durch die gleichen Autoren. Denn hier hat nach ihrer Ansicht eben keine grundlegende gesellschaftliche Veränderung stattgefunden (Kröger, Staatsrechtliche Bedeutung S. 220, 223 f.; Arzinger, Selbstbestimmungsrecht S. 347 ff.). Da das Gebiet

Im wesentlichen wird der rechtliche Untergang des Deutschen Reiches als Völkerrechtssubjekt aus der "debellatio", d.h. aus der (insoweit unbestrittenen) faktischen Auflösung aller zentralen deutschen Staatsorgane in Folge der militärischen Niederlage und Besetzung abgeleitet[29]. Ein Teil der Völkerrechtslehre (die auch den Untergang des Deutschen Reiches ablehnt) verlangt über diesen rein faktischen Vorgang hinaus für die Annahme einer "debellatio" den Willen des Siegers, den besetzten Staat zu beseitigen[30] und eine Erklärung über dessen "Einverleibung"[31]. Davon ausgehend wird dann ein Untergang des Deutschen Reiches mit dem Hinweis abgelehnt, daß die Vier Mächte in ihrer Erklärung "in Anbetracht der Niederlage Deutschlands" vom 5. Juni 1945 ausdrücklich auf die Annexion Deutschlands verzichtet hätten[32]. Abgesehen davon, daß nicht behauptet werden kann, diese Auffassung vom debellatio-Begriff habe sich im Völkerrecht allgemein durchgesetzt[33], erscheint es kaum zwingend, allein eine Annexion (d.h. eine *endgültige* Einverleibung) als subjektiven Verfügungstatbestand im Rahmen einer Debellation anzuerkennen. Aus den Erklärungen und dem Verhalten der Siegermächte läßt sich durchaus schlüssig ableiten, daß ihre Kriegsziele auf Vernichtung des nationalsozialistischen Deutschen Reiches als Völkerrechtssubjekt ausgerichtet waren[34]. Ebenso spricht – wie noch zu erörtern sein wird – vieles dafür, daß die Alliierten souveräne Staatsgewalt über das besiegte Deutschland erlangen wollten und diese auch tatsächlich ausgeübt haben[35]. Daß dies nicht mit Wirkung einer (endgültigen) Anne-

des Deutschen Reiches zweifellos nicht nur das Territorium der sowjetischen Besatzungszone umfaßte, andererseits aber höchstens dort die kapltalistische Gesellschaftsordnung durch eine sozialistische abgelöst wurde, kann mit dem bloßen Hinweis auf den Wandel der gesellschaftlichen Machtverhältnisse allenfalls die Neugründung der DDR gerechtfertigt (so konsequent Beyer, Völkerrechtlicher Status S. 535), nicht aber der Untergang des Deutschen Reiches insgesamt begründet werden.

29 Von einer "debellatio" in diesem Sinne gehen (mehr oder minder eindeutig) aus: Abendroth, Haftung S. 74; Hollós, Zur Kontroverse S. 18 f.; Nawiasky, Grundgedanken S. 7; Rumpf, Niemandsland S. 173; Kelsen, Legal Status S. 520 (als einer möglichen Alternative); Virally, Verwaltung S. 24; Ridder, Deutsche Staatsangehörigkeit S. 443.

30 Mosler, Potsdamer Abkommen S. 33 ff.; Berber, Völkerrecht Bd. II S. 100; Faust, Potsdamer Abkommen S. 87.

31 Faust, Potsdamer Abkommen S. 88; Klein, Neues deutsches Verfassungsrecht S. 32 f.; Kunz, Kriegsrecht S. 59; Geiler, Völkerrechtliche Lage S. 10; Menzel, Völkerrechtliche Lage S. 1014.

32 Amtsblatt, Kontrollrat, Ergänzungsblatt Nr. 1 (1946) S. 7 ff. Siehe dazu Faust, Potsdamer Abkommen S. 87 ff.; Grewe, Besatzungsstatut S. 54 f.

33 So aber bereits 1948 Menzel, Deutschland S. 38 ff. Immerhin vertreten die zahlreichen Anhänger der Untergangstheorie einen anderen debellatio-Begriff. Vgl. etwa die scharfe Trennung zwischen debellatio und Annexion bei Abendroth, Haftung S. 74 und Szekeres, Recht der Militärverwaltung S. 29.

34 Abendroth, Haftung S. 72 ff.; Ridder, Deutsche Staatsangehörigkeit S. 443; Poeggel, Staatennachfolge S. 38, 41; Autorenkollektiv, Geschichte der DDR S. 42.

35 Siehe unten 1. Teil III. 1.2.1.

xion, sondern lediglich als vorübergehender Akt erfolgen sollte, kann eine Deballation wohl nicht von vornherein ausschließen[36].

Für die Untergangslehre – und dies wird vielfach von ihren Kritikern nicht richtig gesehen – kommt es nicht maßgeblich darauf an, in welcher Weise die Besatzungsmächte die tatsächliche Herrschft über Deutschland erlangt haben und ob sie dazu berechtigt waren. Hinsichtlich der Frage der Existenz des Deutschen Reiches ist für sie allein entscheidend, ob die Staatsgewalt des Deutschen Reiches fortbestanden hat oder nicht. Insofern ist es, um mit Nawiasky zu sprechen, "ein Gebot der juristischen Logik" aus der von den Siegermächten erklärtermaßen gewollten und faktisch vollzogenen Zerstörung der zentralen deutschen Staatsgewalt auf die rechtliche Vernichtung des Deutschen Reiches zu schließen[37]. Die vollständige Besetzung des gesamten deutschen Reichsgebietes und die erklärten Ziele der Anti-Hitler-Koalition, die in den Deklarationen vom 5. Juni und dem Potsdamer Abkommen vom 2. August 1945 noch einmal verbindlich festgelegt wurden, belegen deutlich, daß es Absicht der Alliierten war, nicht nur das NS-Regime durch Absetzung und Bestrafung seiner Führungsspitzen zu beseitigen, sondern auch die politische Struktur grundlegend umzugestalten sowie die Grenzen Deutschlands und dessen rechtliche Stellung neu festzulegen. Dazu übernahmen sie die oberste Regierungsgewalt in Deutschland. Wie Lewald noch einmal eindrucksvoll belegt hat[38], war der Wille der Besatzungsmächte eindeutig gegen den Fortbestand des Deutschen Reiches als Rechtssubjekt gerichtet. Ihr Ziel war es, die Basis für eine *neue* Entwicklung in Deutschland zu legen. Ein größeres Maß von beabsichtigter Fremdbestimmung für ein Land ist schlechterdings kaum denkbar. Die Absicht der alliierten Mächte, eine demokratische Staatsordnung für ganz Deutschland zu schaffen, setzte die endgültige Liquidation des (Dritten) Reiches voraus.

Damit war im Frühjahr 1945 die Staatsgewalt des Deutschen Reiches faktisch beseitigt worden, der eindeutige Wille der Siegermächte ließ auch für die Annahme eines fiktiven Fortbestandes des Deutschen Reiches bis zur endgültigen Klärung seiner Rechtslage kaum noch Raum.

1.1.3 Kontinuitätslehre – Fortbestand des Deutschen Reiches

Die Vertreter der Lehre vom völkerrechtlichen Fortbestand des Deutschen Reiches nach 1945 gehen im Prinzip vom gleichen Staatsbegriff aus, wie die Vertreter der Untergangstheorie. Einigkeit herrscht weiterhin auch

---

36 Die Bemühungen Münch's (Völkerrechtliche Grundlage S. 146) und zahlreicher anderer Vertreter der Kontinuitätslehre, die Ergreifung der "supreme authority" lediglich als Übernahme normaler Besatzungsgewalt im Sinne des Völkerrechts zu deuten, stehen zumindest in krassem Gegensatz zu dem tatsächlichen Verhalten der Siegermächte.

37 In diesem Sinne auch Lewald, Deutschlands Rechtslage S. 857; Rupp, Geschichte S. 46; Jacobmeyer, Niederlage S. 15.

38 Lewald, Epilog in: Lewald, Die deutsche Frage.

darüber, daß das Deutsche Reich (wenn überhaupt) nur in Folge des Wegfalls seiner Staatsgewalt untergegangen sein kann, da das deutsche Volk weiter existiere und das Staatsgebiet des Deutschen Reiches zwar besetzt wurde, aber im wesentlichen nicht annektiert worden sei[39]. Völlig andere Schlußfolgerungen zieht die Kontinuitätslehre jedoch aus den Zielen und dem Verhalten der Alliierten. Darüber hinaus wird dem völkerrechtlichen Prinzip der Kontinuität weitaus größere Bedeutung beigemessen, als dem der Effektivität[40].

Die "bedingungslose Kapitulation" (unconditional surrender) vom 8. Mai 1945 tangierte danach die Staatlichkeit des Deutschen Reiches in keiner Weise[41]: die Kapitulation als rein militärischer Vorgang[42] konnte keine Auswirkungen auf die Völkerrechtssubjektivität des Deutschen Reiches haben.

Die Annahme einer debellatio wird mit dem Hinweis darauf abgelehnt, daß das dafür notwendige subjektive Element – die Annexion – im Falle Deutschlands durch die Siegermächte in ihrer Erklärung zur Niederlage Deutschlands vom 5. Juni 1945 ausdrücklich ausgeschlossen worden sei[43]. Ein Wechsel der Herrschaftsgewalt – und damit ein Erlöschen der völkerrechtlichen Staatlichkeit des Deutschen Reiches – hätte 1945 nur in zweierlei Weise erfolgen können: Einmal durch rechtsgeschäftliche Übertragung von der Regierung Dönitz – was jedoch nachweislich nicht geschehen sei – zum anderen durch die Übernahme der Staatsgewalt durch die Alliierten selbst. Letzteres könne aber nur durch eine Annexion[44] erfolgen, die die Alliierten jedoch abgelehnt hätten. Ein Herrschaftswechsel sei damit nicht erfolgt, da man den Siegermächten auch nicht mehr aufdrängen dürfe, als sie selbst zu nehmen bereit waren[45]. Die mit der Deklaration der Vier Mächte vom 5. Juni 1945 erklärte Übernahme der "obersten Regierungsgewalt in Deutschland" wird nicht als Aneignung der Staatsgewalt – d.h. der Souveränität – angesehen, sondern (in Anbetracht des Fehlens oberster deutscher Organe) lediglich als Übernahme der Regierung des Deutschen Reiches interpretiert[46].

Die Beendigung der Ausübung effektiver deutscher Staatsgewalt führte

---

39 V.d. Heydte, Völkerrecht, Bd. I S. 139; Bücking, Rechtsstatus S. 30 f. mwN.; s.a. Klein, Neues deutsches Verfassungsrecht S. 29 ff.

40 Dahm, Völkerrecht Bd. I S. 85; Magiera in: Menzel, Völkerrecht S. 103; Rousseau, Droit 1. Aufl. S. 264; Ross, Völkerrecht S. 131.

41 Siehe z.B. Cornides, Völkerrechtliche Stellung S. 209 ff.; Kraske, Bedingungslose Kapitulation S. 101 ff.; Zinn, Unconditional Surrender S. 9 ff.; Graefrath, Verbindlichkeit S. 687.

42 Wengler, Völkerrecht Bd. I S. 197; Seidl-Hohenveldern, Völkerrecht Rdnr. 154a.

43 Sokolov, Rechtsformen S. 139; Grewe, Besatzungsstatut S. 54 f.; Bücking, Rechtsstatus S. 33 ff.

44 Zur Frage der Zulässigkeit von Annexionen siehe Bücking, Rechtsstatus S. 40 ff.

45 Siehe Bücking, Rechtsstatus S. 45.

46 Siehe etwa Sokolov, Rechtsformen S. 139 und Münch, Völkerrechtliche Grundlagen S. 146.

nach dieser Meinung unter Anwendung der Drei-Elemente-Lehre nur scheinbar zum Wegfall der deutschen Staatsgewalt und damit zum Untergang des Deutschen Reiches. Der völkerrechtliche Grundsatz der größtmöglichen Kontinuität[47] – nach dem im Völkerrecht davon ausgegangen werden müsse, daß Veränderungen im tatsächlichen Bereich nicht einfach zum Untergang des Staates führen – stehe einer derartigen Beurteilung entgegen. Dieser Grundsatz hat weniger den Schutz der Position des betroffenen Staates als den der Interessen der gesamten Völkerrechtsgemeinschaft im Auge. Seine Anwendung soll verhindern, daß ein Staat sich – zum Beispiel unter Berufung auf innerstaatliche Umwälzungen – ohne weiteres seiner Verantwortung entzieht. Daher wird von der Verantwortlichkeit eines Völkerrechtssubjektes bis zu dem Zeitpunkt ausgegangen, in dem kein Zweifel mehr über die Unabänderlichkeit des Unterganges besteht[48]. Eine zweifelsfreie Aussage über das Schicksal des Deutschen Reiches war aber nach Ansicht der Vertreter der Kontinuitätslehre gerade 1945 nicht möglich. Zum einen war der Krieg mit den Verbündeten des Deutschen Reiches noch nicht beendet, zum anderen hätten die Alliierten ausdrücklich die Annexion Deutschlands abgelehnt. Auch seien die Alliierten selbst vom Fortbestand des Deutschen Reiches ausgegangen[49]. Ein Untergang des Deutschen Reiches hätte die von allen Seiten bekundete Absicht zum Abschluß eines Friedensvertrages mit Deutschland ebenso überflüssig gemacht, wie die Erklärung zur Beendigung des Kriegszustandes. Kriegführende Partei war das Deutsche Reich, und wenn dieses nicht mehr existiere, könne der Kriegszustand nicht fortdauern, und für den Abschluß eines Friedensvertrages würde es dann an dem zuständigen Völkerrechtssubjekt als Vertragspartner fehlen[50].

Auch das Prinzip der Volkssouveränität wurde dazu verwandt, den Fortbestand des Deutschen Reiches zu beweisen. Stödter erklärt es zum "entscheidenden Kriterium für die Frage des Staatsunterganges", ob das Staatsvolk noch besteht. Aus der Fortexistenz des deutschen Volkes schloß er auf den Bestand des Staates. Da dem Volk die Souveränität zustehe und diese ihm nicht genommen werden könne, sei dem deutschen Volk und damit

---

47 Dahm, Völkerrecht Bd. I S. 85; Magiera in: Menzel, Völkerrecht S. 103; Rousseau, Droit 1. Aufl. S. 264; Ross, Völkerrecht S. 131.

48 Dahm, Völkerrecht Bd. 1 S. 85 ff.; Verdross, Völkerrecht S. 249 ff.; Blumenwitz, Feindstaatenklausel S. 45; Krakau, Feindstaatenklausel S. 91; Berber, Völkerrecht Bd. I S. 290 f.

49 Siehe ausführlich dazu Hoenicke, Fortgeltung S. 73 ff.

50 Auch die UdSSR muß offensichtlich bei ihrer Erklärung vom 25. Januar 1955 über die Beendigung des Kriegszustandes (abgedruckt in: Beziehungen DDR–UdSSR 1. Halbband S. 825 ff.) vom Fortbestand des Deutschen Reiches ausgegangen sein. Bei gegenteiliger Auslegung wäre diese Erklärung überflüssig, da schon der Untergang des Deutschen Reiches automatisch zur Beendigung des Kriegszustandes geführt hätte. Dieser Erklärung aber nur deklaratorischen Wert beizumessen (so Schuster, Existenz S. 191), würde dem Wortlaut widersprechen, nachdem der Kriegszustand ausdrücklich beendet "wird".

dem Deutschen Reich die Souveränität auch nach der Kapitlutaion verblieben[51].

Bei allen Divergenzen in der Begründung ist sich die weit überwiegende Mehrheit der staats- und völkerrechtlichen Literatur der Bundesrepublik (mit Unterstützung aus dem Ausland – einschließlich der UdSSR[52]) im Ergebnis darin einig, daß das Deutsche Reich nach 1945 als Völkerrechtssubjekt existent geblieben ist. Weggefallen sei lediglich der nationalsozialistische Staats- und Militärapparat des Dritten Reiches. Militärische Niederlage und Kapitulation hätten lediglich dazu geführt, daß das Deutsche Reich faktisch seiner Handlungsfähigkeit beraubt worden sei[53]. Diese – auch vom Bundesverfassungsgericht[54] vorgenommene – Aufspaltung von Rechts- und Handlungsfähigkeit und die Annahme, daß erstere dem Reich verblieben sei und dieses dadurch seine völkerrechtliche Subjektivität bewahrt habe, läßt allerdings die grundlegende Frage offen, wer bei diesem – nur als rechtlicher Idee existenten – Deutschen Reich im Zustand seiner "Handlungsunfähigkeit" Inhaber der Statsgewalt, Träger von Rechten und Pflichten ist[55]. Hier scheint insgesamt das völkerrechtliche Prinzip der Effektivität, daß dem Faktischen weitgehend normative Kraft beimißt, einer rechtlichen Fiktion geopfert zu werden[56].

Es kann aber nicht Aufgabe dieser Untersuchung sein, Fragen des völkerrechtlichen Fortbestandes des Deutschen Reiches, die bereits in einer unüberschaubaren Zahl von Darstellungen behandelt wurden, erneut aufzuarbeiten, um dann eine Lösung anzubieten, die jeden überzeugen muß und für sich in Anspruch nehmen kann, die allein vertretbare zu sein. Im Grunde stehen sich unterschiedliche völkerrechtliche Vorstellungen gegenüber, die weitgehend nur immanent überprüft werden können.

Gerade aus der Retrospektive spricht vieles in der historischen Entwicklung seit 1945 für einen faktischen und rechtlichen Untergang des Deutschen Reiches. Dies ist wohl auch der Grund, daß es Politik- und Geschichtswissenschaften[57] entschieden leichter fällt, den Untergang des Deutschen Reiches zu konstatieren, als Juristen, die eher geneigt sind, mit blutleeren Fiktionen zu jonglieren. Da jedoch nicht nur die überwiegende völker- und staatsrechtliche Literatur, sondern auch die Regierungspolitik

---

51 Stödter, Rechtslage S. 46 ff., 85, 194 f.

52 So auch der sowjetische Völkerrechtslehrer Sokolov, Rechtsformen S. 139.

53 Eingeführt von Kaufmann (Rechtslagen S. 11 ff.), siehe auch Sokolov, a.a.O., sowie Carlo Schmid im Parlamentarischen Rat (Protokolle, Plenum S. 9 f.).

54 BVerfGE 36,1,16.

55 So auch Rumpf, Niemandsland S. 180 f.

56 Vgl. Rumpf, a.a.O.; Ridder, Staatsangehörigkeit S. 444. Zu Kontinuität und Effektivität allgemein siehe etwa Seidl-Hohenveldern, Völkerrecht Rdnr. 1230 f.; Verdross, Völkerrecht S. 81 f.; Autorenkollektiv, Völkerrecht Bd. I S. 143.

57 Vgl. etwa Rupp, Geschichte S. 46; Jacobmeyer, Niederlage S. 15.

der Bundesrepublik seit 1949 – wiederholt verfassungsgerichtlich sanktioniert[58] – von dem völkerrechtlichen Fortbestand des Deutschen Reiches ausgeht, soll im folgenden versucht werden, zweigleisig – d.h. sowohl auf der Basis der Untergangstheorie wie auch ausgehend von der Kontinuitätslehre – die Frage der Gültigkeit des Potsdamer Abkommens für Deutschland zu erörtern.

Wenn hier und im folgenden von "Deutschland" die Rede ist, so wird damit an das Begriffsverständnis der vier Besatzungsmächte angeknüpft, wie es etwa in der Feststellung über die Besatzungszonen vom 5. Juni 1945 und der Kontrollratsproklamation Nr. 2 vom 20. September 1945 zum Ausdruck kommt[59]: Gemeint ist das Gebiet des Deutschen Reiches in seinen Grenzen vom 31. Dezember 1937 (mit der dort wohnenden Bevölkerung). Keine Aussage wird dabei über den völkerrechtlichen bzw. staatsrechtlichen Status dieses Gebietes getroffen[60]. Ausgehend von der Annahme des völkerrechtlichen Fortbestandes des Deutschen Reiches wäre damit "Deutschland" identisch mit dem Deutschen Reich, während es nach der Untergangstheorie als neu entstandenes Völkerrechtssubjekt zu verstehen ist.

1.2 Rechtsnatur der von den Vier Mächten in Anspruch genommenen "oberster Regierungsgewalt in Deutschland"

In ihrer "Erklärung in Anbetracht der Niederlage Deutschlands" vom 5. Juni 1945 haben die Regierungen der USA, der UdSSR, Großbritanniens und Frankreichs verkündet, daß sie "die oberste Regierungsgewalt in Deutschland, einschließlich aller Befugnisse der deutschen Regierung, das Oberkommando der Wehrmacht und der Regierungen, Verwaltungen oder Behörden der Länder, Städte und Gemeinden" für sich in Anspruch nehmen. Zugleich behielten sie sich vor, "die Grenzen Deutschlands oder irgend eines Teiles Deutschlands und die rechtliche Stellung Deutschlands oder irgend eines Gebietes, das gegenwärtig einen Teil deutschen Gebietes bildet", festzulegen[61].

Damit – und auch durch die bereits zuvor erfolgte tatsächliche Übernahme der Herrschaftsgewalt über Deutschland – war die Frage nach der völkerrechtlichen Klassifizierung dieser übernommenen "obersten Regie-

---

58 BVerfGE 2,1,56; 2,266,277; 3,58,152; 3,162,178; 3,288,316,319 f.; 5,85,126; 6,309,336; 36,1,16.

59 Siehe auch US-Militärregierungsgesetz Nr. 161 vom 1.12.1945 Ziff. 2 (MR ABl. A S. 53) sowie die Beratungen auf der Potsdamer Konferenz (Deuerlein, Potsdam S. 214 f.; Sanakojew, Teheran S. 233 f.)

60 Vgl. auch Ridder, Staatsangehörigkeit S. 37; Poeggel, Staatennachfolge S. 37; Meister, Kapitulation S. 399; Löwenthal, Haftung S. 184 ff.

61 Kontrollrat, Amtsblatt, Ergänzungsblatt Nr. 1, Berlin (1946) S. 8.

rungsgewalt" (supreme authority)[62] aufgeworfen. Die Antwort über den rechtlichen Status besagter Regierungsgewalt entscheidet darüber, welche Befugnisse die Siegermächte aufgrund des Völkerrechts in Anspruch nehmen konnten. Von ausschlaggebender Bedeutung ist insoweit auch die Rechtsstellung Deutschlands als Ausgangspunkt für die Charakterisierung der "supreme authority", so daß man zu unterschiedlichen Ergebnissen kommen muß – je nachdem, ob man der Kontinuitäts- oder der Diskontinuitätsthese folgt.

1.2.1 Diskontinuitätslehre – Begründung neuer Staatsgewalt

Bereits im Oktober 1944 beschäftigte Kelsen sich mit der Frage, welcher Rechtszustand in Deutschland unmittelbar nach der Kapitulation hergestellt werden könne. Den Status der militärischen Besetzung (occupatio bellica) als eine der Möglichkeiten lehnte er zur Erreichung der Kriegsziele der Alliierten ab, da die Besatzungsmächte dann an die allgemeinen Grundsätze des Völkerrechts und insbesondere die Haager Landkriegsordnung gebunden seien und nicht die Rechte des Souveräns in den besetzten Gebieten besäßen, da Besatzungsrecht lediglich ein Recht der Verwaltung sei[63]. 1945 schloß er diese Variante auch schon deswegen aus, weil durch die bedingungslose Kapitulation und die Absetzung der Regierung Dönitz der deutsche Staat aufgehört habe zu existieren, und mit dessen Wegfall auch der Kriegszustand beendet sei, dessen Andauern die kriegerische Besetzung voraussetze[64]. Eine weitere Möglichkeit – die angestrebte Neuordnung durch einen entsprechenden Vertrag mit Deutschland zu erreichen – sah er aus politischen Gründen (die es verböten mit einer nationalsozialistischen Regierung einen Friedensvertrag abzuschließen) für unzweckmäßig und 1945 wegen des Fehlens einer abschlußberechtigten deutschen Regierung für nicht praktikabel[65] an.

Zur Verwirklichung der alliierten Ziele am geeignetsten und der Situation Deutschlands nach dem Untergang des Deutschen Reiches am ehesten entsprechend hielt er den Status eines "Kondominiums" der Siegermächte[66]. Das Wesen eines solchen Kondominiums sah Kelsen darin, daß ein Gebiet unter die gemeinsame Verwaltung von zwei oder mehr Staaten gestellt wird, welche zusammen die Souveränität über das Land und seine Bewohner ausüben[67]. Mit der Vernichtung der deutschen Staatsgewalt und dem

---

62 Dieser Begriff wurde bereits im Londoner Abkommen über die Kontrolleinrichtungen in Deutschland vom 14.11.1944 (deutscher Text in Europa-Archiv S. 4690) verwandt.

63 Kelsen, International Legal Status S. 693.

64 Kelsen, Legal Status S. 529.

65 A.a.O., S. 519 f.; Kelsen, International Legal Status S. 691.

66 A.a.O., S. 693 f.; Kelsen, Legal Status S. 522 ff.

67 A.a.O., S. 525.

daraus resultierenden Untergang des Deutschen Reiches waren für Kelsen die Voraussetzungen für die Schaffung einer solchen Kondominialstaatlichkeit gegeben[68]. Rechtsgültig konnte diese für ihn durch die rechtsgeschäftliche Souveränitätsübertragung mit der bedingungslosen Kapitulation[69] oder durch die Inanspruchnahme alleiniger und echter Souveränität entstehen. Im letzteren Sinne legte er die "Erklärung in Anberacht der Niederlage Deutschlands" vom 5. Juni 1945 aus[70]. Dabei nahm er für die Siegermächte in Anspruch, daß sie nach der Vernichtung der rechtlichen Existenz des besiegten Staates auch die Befugnis gehabt hätten, diesen teilweise oder ganz zu annektieren. Einen relevanten völkerrechtlichen Unterschied zwischen der vorgenommenen Begründung der kondominialen Staatsgewalt und einer Annexion sah er nicht[71].

Der Kondominialstatus über das deutsche Gebiet war für ihn vor allem dadurch gekennzeichnet, daß kraft vertraglicher Verpflichtung untereinander (insbesondere durch das Potsdamer Abkommen) die Siegermächte ihre Souveränität nur gemeinsam ausüben konnten. Auch wenn von den Kondominialmächten verschiedene Zonen geschaffen wurden, in denen die jeweils örtlich zuständige Macht Staatsgewalt ausübte, mußten doch alle wesentlichen Verfügungen durch den Souveränitätsinhaber – also die Alliierten gemeinsam – getroffen werden. Insbesondere konnte keine der Mächte einseitig über das ihr unterstellte Gebiet verfügen.

Danach war mit der Bildung des Kondominiums eine neue Staatlichkeit in Deutschland entstanden, die keine Kontinuität mit dem Deutschen Reich aufwies. Die Alliierten waren nach außen hin nicht durch völkerrechtliche Bestimmungen gebunden und hatten sich nur untereinander vertraglich zur Verfolgung einer bestimmten Politik verpflichtet. Auf diese Weise war das Kondominium auch nur als vorläufige Maßnahme eingerichtet worden, mit der Absicht, später eine endgültige Regelung des Rechtszustandes Deutschlands herbeizuführen. Wenn nach Beendigung des Kondominiums die deutsche Souveränität über das Gebiet wieder hergestellt wurde, handelte es sich dabei nach Kelsen wiederum um einen neuen Staat, der weder mit dem Deutschen Reich, noch mit der Staatlichkeit des Kondominiums identisch war[72].

In ähnlicher Weise betrachten auch Abendroth[73], Lauterpacht[74],

---

68 A.a.O., S. 519.

69 Zur Bedeutung der Kapitulation siehe unten 1. Teil III. 3.1.

70 Kelsen, Legal Status S. 520.

71 A.a.O., S. 521.

72 Kelsen, German Peace Terms; Kelsen, Peace Treaty S. 1192 f.; vgl. auch Abendroth, Potsdamer Abkommen S. 4948.

73 Abendroth, Haftung S. 74 ff.; Abendroth, Bindung S. 149 (hier ist allerdings nur noch von "Kollektivgewalt" die Rede); Abendroth, Zwiespalt S. 23.

74 Oppenheim-Lauterpacht, International Law Bd. I S. 520.

Mann[75], Nawiasky[76], Rumpf[77] und Schwarzenberger[78] Deutschland nach 1945 als Kondominium (bzw. Koimperium[79]) der Siegermächte.

Dadurch, daß Abendroth (anders als Kelsen) zwischen Annexion und Begründung einer – zeitlich begrenzten – Kondominialgewalt als einem Minus differenziert[80], entkräftet er auch die gegenüber der Kondominium-These geltend gemachten Einwendungen, daß die Alliierten erklärtermaßen eben gerade keine Annexion beabsichtigt hätten[81]. Die vertragliche Übernahme der Staatsgewalt durch die Siegermächte schließt Abendroth aus[82]. Durch die debellatio (im Sinne der faktischen Auslöschung des Deutschen Reiches als Rechtssubjekt durch seine Kriegsgegner) waren die Siegermächte legitimiert, die Verhältnisse in Deutschland im Sinne ihrer Kriegsziele neu zu ordnen[83]. Da dies im Rahmen völkerrechtlichen Besatzungsrechtes der Haager Landkriegsordnung nicht möglich war[84], übernahmen sie gemeinschaftlich die "oberste Gewalt" – d.h. die Souveränität – in Deutschland. Kraft dieser errichteten sie die Kollektivgewalt eines Kondominiums, das sich mit der 'Erklärung in Anbetracht der Niederlage Deutschlands' vom 5. Juni 1945 konstituierte und mit dem Kontrollrat das für Deutschland als Ganzes betreffende Fragen zuständige gemeinsame Organ der vier Besatzungsmächte bildete[85]. Entsprechend dem Wesen des Kondominiums – als einer auf völkerrechtlicher Vereinbarung der beteiligten Staaten beruhenden Staatsgewalt mehrerer Souveräne auf einem Territorium gegenüber einer Gesamtheit von Gewaltunterworfenen – konnten die Alliierten ihre völkerrechtliche Gebietshoheit (die gegenüber der Bevölkerung des beherrschten Gebietes staatsrechtlich wirkt) nur einheitlich ausüben[86]. Über das Verhältnis der Kondominialgewalt zur alten Staatsgewalt entscheidet erstere allein,

---

75 Mann, Deutschlands heutiger Status S. 476.

76 Nawiasky, Grundgedanken S. 13 f.

77 Rumpf, Land S. 8 ff.; Rumpf, Niemandsland S. 174 f.

78 Schwarzenberger in: Manual of International Law S. 114.

79 Mann (Deutschlands heutiger Status S. 476) geht davon aus, daß die kollektive Staatsgewalt der Alliierten über ein *fremdes* Territorium ausgeübt wurde. Er spricht daher vom Koimperium (siehe auch Seidl-Hohenveldern, Völkerrecht Rdnr. 832 f.; Menzel, Deutschland S. 75 f.; Rumpf, Land S. 10). Diese Differenzierung ist jedoch im Zusammenhang mit dieser Arbeit nicht von Bedeutung.

80 Abendroth, Haftung S. 74; ähnlich Steiniger, Rechtsweg S. 148; Jennings, Rechtsnatur S. 6.

81 So etwa Menzel, Deutschland S. 60; Faust, Potsdamer Abkommen S. 92 f.; Stödter, Rechtslage S. 75; Schmoller, Handbuch § 4 S. 4.

82 Abendroth, VVDStRL 13 (1954) S. 60.

83 Abendroth, Haftung S. 74; Abendroth, Grundgesetz S. 20.

84 Abendroth, Haftung S. 74; Abendroth, Potsdamer Abkommen S. 4947.

85 Abendroth, Haftung S. 75; Abendroth, Zwiespalt S. 24; Abendroth, Potsdamer Abkommen S. 4948.

86 Abendroth, Haftung S. 75; Abendroth, Zwiespalt S. 23.

wobei für Abendroth durch den Wechsel der Souveränität nicht zwingend die alte Rechtsordnung verschwinden muß[87]. Dem ausdrücklichen Verzicht der Inhaber der Kollekitvgewalt auf eine Annexion Deutschlands sowie ihrer Festlegung mit der Erklärung vom 5. Juni 1945 und dem Potsdamer Abkommen auf konkrete Zwecke der Ausübung ihrer Kondominialgewalt – einschließlich der Vorbereitung Deutschlands für seine spätere Wiedereingliederung in die Völkerrechtsgemeinschaft – entnimmt Abendroth weiterhin eine Annäherung Deutschlands an den Status von Treuhandgebieten. Dabei sei jedoch aus den zwischen den Alliierten eingegangenen Verpflichtungen kein völkerrechtlicher Anspruch des deutschen Volkes abzuleiten[88].

In ähnlicher Weise spricht auch neuerdings Opperman von einer "doppelfunktionalen" Gewaltausübung der Alliierten, nämlich der "gleichzeitigen Inanspruchnahme militärischer Besatzungshoheit aufgrund des Völkerrechts und der treuhänderischen Wahrnehmung der über die Debellation im Wege des Zwanges erworbenen Staatsgewalt"[89]. Da jedoch auch er von dem Übergang der Staatsgewalt auf die Alliierten ausgeht, kann die in dem Besatzungscharakter und der treuhänderischen Wahrnehmung liegende Beschränkung der Machtausübung im Prinzip eigentlich nur aus einem freiwilligen Verzicht der Siegermächte, nicht jedoch aus dem Völkerrecht selbst abgeleitet werden.

Wenn auch etwa von völkerrechtlichen Autoren der DDR, die selbst vom Untergang des Deutschen Reiches ausgehen, bestritten wird[90], daß – wie Kelsen und die übrigen Vertreter der Kondominium-Lehre meinen – die Alliierten aufgrund der debellatio auch zur vollständigen und endgültigen Annexion des Deutschen Reiches berechtigt gewesen wären, so bedarf doch die Frage der Zulässigkeit der Annexion im Jahre 1945 hier keiner näheren Vertiefung[91]. Die Siegermächte lehnen die Annexion – verstanden als endgültige Einverleibung eines fremden Staatsgebietes in den eigenen Staat – ausdrücklich ab und haben das Gebiet des ehemaligen Deutschen Reiches in seiner Gesamtheit auch nicht annektiert. Selbst die erwähnten Autoren der DDR bestreiten nicht das Recht der Alliierten, auf dem Territorium des untergegangenen Aggressorstaates für eine als Übergang begriffene Besatzungszeit, eigene Staatsgewalt auszuüben. Leider fehlt bei ihnen eine konkrete Einordnung der Rechtslage Deutschlands nach 1945. Einerseits wird von "Besatzungszeit" gesprochen und andererseits gehen sie – durchaus im Einklang mit der Kondominium-Lehre – davon aus, daß die Vier Mächte "durch den Alliierten Kontrollrat für Deutschland als Ganzes und jede in ih-

---

87 Abendroth, Haftung S. 75 f.

88 A.a.O.; Abendroth, Frankreich S. 72 f. (Aber das Potsdamer Abkommen ist für ihn verbindliches Recht in Deutschland.)

89 Oppermann, Deutschland als Ganzes S. 380.

90 Vgl. etwa Peck, Geschichte S. 58 und jüngst Poeggel, Staatennachfolge S. 39.

91 Vgl. zur Annexion allgemein Seidl-Hohenveldern, Völkerrecht Rdnr. 1033 ff.; Autorenkollektiv, Völkerrecht Bd. I S. 256; Verdross, Völkerrecht S. 113.

rer Besatzungszone für sich getrennt ihre Staatsgewalt in und über Deutschland" ausgeübt haben[92].

Der hier auf der Basis der Diskontinuitätslehre umrissene Status Deutschlands nach 1945 wird zweifellos den tatsächlichen Gegebenheiten in Deutschland nach dessen vollständiger Besetzung durch die Alliierten im hohen Maße gerecht[93]. Insbesondere das Ausmaß der von den Vier Mächten in Anspruch genommenen Rechte macht deutlich, daß sie ohne die Beschränkungen des völkerrechtlichen Besatzungsrechtes und unter Inanspruchnahme voller Souveränität über Deutschland verfügen wollten.

Ob man nun die völkerrechtliche Stellung des von den Siegermächten beherrschten Deutschlands als Kondominium, Koimperium oder gar – wie jüngst – als Protektorat[94] bezeichnet, ist insoweit ohne tragende Bedeutung. Folgt man der These, daß die Vier Mächte 1945 durch die Übernahme der Staatsgewalt ein neues Völkerrechtssubjekt schufen, das von ihnen kollektiv beherrscht wurde, so führt dies zunächst zu der Konsequenz, daß die Alliierten in ihrer Herrschaftsausübung durch das allgemeine Völkerrecht im Prinzip nicht mehr und nicht weniger beschränkt waren, als bei der Ausübung der Regierungsgewalt in ihren eigenen Staaten. Ob und inwieweit hier im Hinblick auf die besondere Situation Deutschlands Einschränkungen zu machen sind, bedarf jedoch noch der Erörterung.

1.2.2 Kontinuitätslehre – Besetzung und Besatzungsgewalt

Die Vertreter der Lehre vom Fortbestand des Deutschen Reiches charakterisieren Deutschland seit dem 8. Mai 1945 durchweg als "besetztes" Gebiet, in dem die Alliierten die "Besatzungsgewalt" ausübten, ohne daß hierdurch jedoch die Völkerrechtssubjektivität des Deutschen Reiches im Kern tangiert wurde.

Völkerrechtlich verbindliche Regelungen, die die Okkupation fremden Staatsgebietes betreffen, enthielt 1945 allein die Haager Landkriegsordnung (HLKO) von 1907. Über den völkerrechtlichen Charakter der Besetzung und Besatzungsgewalt schweigt diese sich jedoch aus.

Für Stödter handelt es sich bei der Besetzung Deutschlands um eine kriegerische Okkupation (occupatio bellica), bei der allein und ausschließlich das Recht der – allerdings weit auszulegenden – Haager Landkriegsordnung anzuwenden sei[95]. Art. 43 HLKO interpretiert er extensiv. Für ihn können die zwingenden Umstände, die es den Besatzungsmächten erlauben,

92 Poeggel, Staatennachfolge S. 39.
93 Vgl. auch Rumpf, Land S. 8 ff. Die Alliierten selbst erörterten auf der Krim-Konferenz die Möglichkeit der Errichtung von Kondominien – allerdings nur für Teilgebiete Deutschlands (siehe Sanakojew, Teheran S. 126).
94 Schmid, Deutsche Frage S. 25.
95 Stödter, Rechtslage S. 228 ff. Ähnlich Schlochauer, Besatzungsstatut S. 203 ff.

sich über Gesetze des okkupierten Gebietes hinwegzusetzen, nicht nur militärischen, sondern auch politischen Charakters sein. Diese Interpretation der Landkriegsordnung übersieht jedoch, daß das völkerrechtliche Abkommen von der auch das klassische Völkerrecht beherrschenden These der Nichtintervention ausgeht[96] und von Entstehungsgeschichte und Zweckrichtung her nur dahin ausgelegt werden kann, daß lediglich Eingriffe aus militärischen Gründen erlaubt, nicht jedoch Interventionen in die politische Sphäre des besetzten Landes zulässig sind[97].

Eine andere These klassifiziert die Lage Deutschlands als "Treuhandbesetzung"[98], indem davon ausgegangen wird, daß das Treuhandverhältnis auch dem öffentlichen Recht nicht mehr fremd sei[99], und daß auch der Völkerbund und die Vereinten Nationen Treuhandverhältnisse begründet hatten[100]. Fraglich ist insoweit nur, wer hier im Falle Deutschlands als Treugeber in Frage käme: Das deutsche Volk hat 1945 einen dahingehenden Willen kaum geäußert, es fehlt auch an einer Übertragung der Treuhand durch die UN, und die Besatzungsmächte standen gegenüber Deutschland in einem Machtverhältnis, das sich kaum mit den Eigenschaften eines Treugebers verträgt[101]. In Frage käme hierfür lediglich die – wenig konkretisierte – 'Völkerrechtsgemeinschaft'.

Eine dritte Ansicht bezeichnet die Besetzung Deutschlands als "Interventionsbesetzung"[102], indem sie mit Recht darauf verweist, daß die vom Potsdamer Abkommen geforderte "endgültige Umgestaltung des deutschen politischen Lebens auf demokratischer Grundlage" nicht ohne Intervention, d.h. zwangsweises Eingreifen eines Staates in die ihm fremden Angelegenheiten eines anderen Staates[103], möglich ist. Eine wesentliche Frage ist insoweit allerdings, ob eine derartige Intervention überhaupt völkerrechtlich zulässig ist. Als Eingriff in die Souveränität eines anderen Staates sind Interventionen jedoch unstreitig grundsätzlich nicht erlaubt[104]. Erst wenn besondere Rechtssätze es gestatten, in die Gestaltung der Angelegenheiten eines anderen Staates einzugreifen, können Interventionen legitimiert sein. So

96 Vgl. Guggenheim, Völkerrecht S. 928.

97 Siehe dazu Schmoller, Handbuch § 6 S. 2 mwN.

98 Sauser-Hall, Occupation S. 36; Kaufmann, Rechtslage S. 18 ff.; Grewe, Besatzungsstatut S. 141; Abendroth, Haftung S. 77; Mann, Status S. 476 Anm. 52; Menzel, Völkerrechtliche Lage S. 1013; Thodte in: Menzel, Völkerrecht S. 78 mwN.; anderer Ansicht Laun, Kommentar S. 130.

99 Dazu wohl umfassend erstmals Michael, Öffentliche Treuhand.

100 Nähere Ausführungen in: Kaiser-Wilhelm-Institut, Gutachten S. 370 f.

101 Schmoller, Handbuch § 6 S. 4.

102 Zinn, Problem S. 4 ff.; Arndt, Deutschland S. 106; Steiniger, Besatzungsstatut S. 205.

103 Strisower in: Strupp-Schlochauer, Wörterbuch Bd. I S. 81.

104 Für viele: Grewe, Besatzungsstatut S. 128; Schlochauer, Besatzungsstatut S. 198; Autorenkollektiv, Völkerrecht Bd. I S. 115 ff.; Wehser in: Menzel, Völkerrecht S. 195 ff., 200 ff.

gelten nach weit verbreiteter Ansicht Interventionen zur Verhinderung von völkerrechtlichen Verbrechen[105] und im Falle der Friedensbedrohung als zulässig[106].

Gerade die Entwicklung des Völkerrechts seit dem Ersten Weltkrieg weist die Tendenz auf, ein gemeinschaftliches Einschreiten der Völkergemeinschaft gegen Störer der Völkerrechtsordnung – und somit eine Intervention – zu erlauben[107]. Damit wird aber nicht die Intervention schlechthin rechtmäßig, sondern sie ist nur in völkerrechtlich zugelassenen Fällen gestattet, und auch dann kommt es darauf an, ob die angewandten Mittel zur Erreichung des legitimen Interventionszweckes erforderlich sind[108]. So gesehen werden kaum alle praktischen Ausprägungen der Entmilitarisierungs-, Entnazifizierungs- und Demokratisierungszielsetzungen, die die Signatarstaaten des Potsdamer Abkommens festlegten, zu rechtfertigen sein.

Vom Standpunkt der These vom Fortbestand des Deutschen Reiches dürfte es aber dem Wesen und den Zielen der Besetzung Deutschlands nach dessen Niederlage 1945 am ehesten gerecht werden, alle hier genannten Aspekte miteinander zu verbinden: Die Besetzung Deutschlands erfolgte in wesentlichem Umfang zur Erreichung militärischer Ziele, sie war zugleich aber auch politische Intervention mit treuhänderischen Bezügen, wobei letzterer – mit ihrem Ziel der Demokratisierung zur Friedenssicherung – wiederum auch militärische Bewegründe zugrunde liegen.

Der treuhänderische Charakter ist jeder Besetzung eigentümlich und findet in der Haager Landkriegsordnung seinen Ausdruck, wenn dort Besatzungsmächte verpflichtet werden, für die Aufrechterhaltung der öffentlichen Ordnung zu sorgen und das geltende Landesrecht soweit als möglich zu beachten (Art. 43 HLKO). Auch die Beseitigung der Ursachen völkerrechtswidrigen Verhaltens des Deutschen Reiches (wie Angriffskrieg und Rassendiskriminierung) und die damit verbundene Grundlegung für eine völkerrechtskonforme Ordnung in Deutschland trägt treuhänderische Züge. Die Eingriffe in die deutsche Staats- und Verfassungsordnung sind wiederum eindeutig interventionistisch gewesen[109].

Besatzungsmächte üben im Besatzungsgebiet hoheitliche Gewalt aus,

---

105 Vgl. Strisower in: Strupp-Schlochauer, Wörterbuch Bd. I S. 583 mit zahlreichen Beispielen.

106 Siehe Art. II Abs. 7 der Satzung der Vereinten Nationen.

107 Schmoller, Handbuch § 6 S. 5.

108 A.a.O.

109 Bei dem Versuch, die Intervention durch Annahme eines stummen "Plebiszits" des deutschen Volkes für die Ziele der Besatzungsmächte zu legitimieren (so Carl Schmid, Der Maßstab des Völkerrechts, Westdeutsche Zeitung vom 7. November 1947) und damit praktisch die Intervention als solche zu leugnen, dürfte es juristisch sehr fragwürdig sein, aus dem fehlenden Widerstand der Deutschen 1945 eine Zustimmungserklärung zu entnehmen. – Zu der hier vertretenen Ansicht von einem "gemischten Besatzungstyp" siehe auch Grewe, Besatzungsstatut S. 106 ff.

die ganz oder teilweise an die Stelle der Hoheitsgewalt des besetzten Gebietes tritt. Die völkerrechtliche Charakterisierung dieser Besatzungsgewalt jedoch ist strittig. Im wesentlichen werden hierzu zwei grundlegende Positionen vertreten[110]:
– Charakterisierung der Besatzungsgewalt als eigene Staatsgewalt des Okkupanten[111] oder
– ihre Betrachtung als Ausübung der Staatsgewalt des besetzten Gebietes durch die Besatzungsmächte[112].

Sieht man die Ausübung der Besatzungsgewalt generell als eigene Staatsgewalt des Okkupanten an, so läßt sich kaum noch eine Grenze gegenüber einer Annexion (bzw. einem Kondominialstatus) ziehen. Abgesehen davon, daß keine der Besatzungsmächte nach 1945 die Ausübung der Besatzungsmacht als Ausübung eigener Staatsgewalt betrachtete, unterscheidet sich Besatzungsmacht auch materiell von der Staatsgewalt des Okkupanten: Sie beruht auf einer anderen Rechtsgrundlage (Völkerrecht), hat andere Rechtsnormen anzuwenden (soweit als möglich Recht des besetzten Gebietes), besitzt ihre eigene Organisation und erstreckt sich auf ein anderes Volk und ein anderes Gebiet[113]. Eine Ausnahme gilt nur dort, wo die Besatzungsmacht Hoheitsgewalt gegenüber ihren eigenen Staatsbürgern ausübt; hier handelt es sich in der Regel um eigene Staatsgewalt des Okkupanten, die das besetzte Gebiet auch nur indirekt berührt[114].

Die andere Ansicht, daß es sich bei der Besatzungsgewalt um Ausübung der Staatsgewalt des besetzten Gebietes handele, begegnet insoweit Bedenken, als der Okkupant sich zwangsläufig in einem Interessengegensatz zu der von ihm verdrängten Hoheitsgewalt befindet, wenn er sowohl die Interessen des Okkupanten wie die des besetzten Gebietes wahrnehmen soll. Dieser Widerspruch der Interessen kann natürlich nicht geleugnet werden. Jedoch wird eine Besatzungsmacht, wenn sie Staatsgewalt des besetzten Gebietes ausübt, als Träger einer eigenen, vom Völkerrecht zuerkannten, Rechtsstellung tätig[115] und hat sich deswegen dabei in den Grenzen der Regeln, die die Völkerrechtsordnung für die Ausübung der Besatzungsmacht setzt, zu halten. Da die Besatzungsmacht nur durch die Völkerrechtsordnung erlaubte und begrenzte Ziele verfolgen darf und dabei die vom Völkerrecht gesetzten Regeln beachten muß, ist auch von vornherein der Be-

---

110 Siehe die Darstellung bei Schmid, Rechtsnatur.

111 Plochauer, Deutschland S. 120; Merkel, Deutschland S. 72; Geiler, Völkerrechtliche Lage S. 13.

112 Turegg, Deutschland S. 38 ff.; Kleinrahm, Rechtsnatur S. 232 f.; Liszt-Fleischmann, Völkerrecht S. 490; BVerfGE 1, 351, 367.

113 Siehe Neumeyer, Internationales Verwaltungsrecht 1936 Bd. IV S. 539.

114 Schmoller, Handbuch § 7 S. 2 f.

115 Sauser-Hall, Occupation S. 54; Stödter, Rechtslage S. 201; Faust, Potsdamer Abkommen S. 111 mwN.

reich der Ausübung der Besatzungsgewalt begrenzt; die Besatzungsmacht ist nicht Inhaber der unbeschränkten Staatsgewalt des besetzten Gebietes.

Der Ausübung der Besatzungsgewalt aufgrund einer völkerrechtlichen Rechtsposition widerspricht es nicht, die von der Besatzungsmacht ergriffenen Maßnahmen als Ausübung der Regierungsgewalt des besetzten Staates anzusehen. Da die Besetzung nicht die Völkerrechtssubjektivität des besetzten Staates beseitigt, kann die Besatzungsmacht keine eigenen Souveränitätsrechte im eigentlichen Sinne wahrnehmen, sondern übt rechtlich gesehen nur inländische Gewalt des besetzten Staates aus[116]. Insoweit kommt der Besatzungsmacht völkerrechtlich eine Doppelstellung zu[117]: Einmal ist sie selbst souveräner Staat und damit Völkerrechtssubjekt, zum anderen handelt sie als Vertreter eines anderen Völkerrechtssubjektes, als Regierung des besetzten Staates.

Für Deutschland nach 1945 bedeutet dies – auf Basis der Kontinuitätslehre –, daß die souveränen Staaten USA, UdSSR, Großbritannien und Frankreich zusammen die Regierungsgewalt als Besatzungsmacht in Deutschland ausübten und so gewissermaßen als "gesetzliche" Vertreter handelten, da ihnen diese Rechtsstellung nicht durch Vollmacht des Deutschen Reiches übertragen wurde, sondern sie aufgrund einer Völkerrechtsposition tätig wurden.

Hinsichtlich der Form und der Grundsätze, nach denen die Besatzungsmächte die Regierungsgewalt (des als fortbestehend angesehenen Deutschen Reiches) wahrnehmen wollten, gilt im Prinzip das gleiche, wie für die Ausübung der Staatsgewalt über das nach Ansicht der Diskontinuitätslehre entstandene neue Völkerrechtssubjekt: Mit den Deklarationen vom 5. Juni 1945 und dem Potsdamer Abkommen legten die Alliierten für sich die Grundlinien fest. Während die "Erklärung in Anbetracht der Niederlage Deutschlands" die Übernahme der Regierungsgewalt durch die Siegermächte als solche festlegt und einige Grundsätze der zukünftigen Besatzungspolitik umrissen werden, regelt die Erklärung der Regierungen über das Kontrollverfahren die Form der Ausübung der Regierungsgewalt und weist dem Kontrollrat und den Oberbefehlshabern der Alliierten Regierungsfunktionen in Deutschland zu. Das Potsdamer Abkommen vom 2. August 1945 schließlich legt die politischen und wirtschaftlichen Grundsätze der Gewaltausübung der Vier Mächte in Deutschland fest.

---

116 Loening, Rechtsgutachten S. 131; Steiniger, Prinzipien S. 60 f.

117 Siehe Peters, Gesetzgebungsrecht S. 4; Zinn, Problem S. 11 (hinsichtlich des Kontrollrates).

2. Potsdamer Beschlüsse – allgemeines Völkerrecht oder unmittelbare Verpflichtung des deutschen Volkes?

Zwei Möglichkeiten der Bindung Deutschlands an das Potsdamer Abkommen werden in der Literatur vertreten, die von der Beurteilung der Rechtsstellung Deutschlands nach 1945 unabhängig sind:

– Geltung des Potsdamer Abkommens für alle Völkerrechtssubjekte als Kodifizierung von Grundsätzen des allgemeinen Völkerrechts oder
– unmittelbare Verpflichtung des deutschen Volkes auf das Abkommen.

2.1 Bindung Deutschlands an das Potsdamer Abkommen als Kodifizierung von Grundsätzen des allgemeinen Völkerrechts?

Eine nicht unbedeutende Gruppe innerhalb der völkerrechtlichen Literatur der sozialistischen Länder vertritt nach wie vor die Ansicht, daß Deutschland an die Potsdamer Beschlüsse als eine Kodifizierung von Grundsätzen des allgemeinen Völkerrechts gebunden werde. Sie gehen davon aus, daß das Potsdamer Abkommen "seinem Wesen nach ein international-rechtliches Dokument" sei, das unter anderem die Prinzipien des Aggressions- und Interventionsverbotes, der Kriegsächtung und der nationalen Selbstbestimmung enthalte und daher alle Staaten verpflichte[118].

Zweifellos enthält das Potsdamer Abkommen Grundsätze des allgemeinen Völkerrechts, aber allein durch den Abschluß des Potsdamer Abkommens entstanden keine neuen allgemeinen Völkerrechtsprinzipien. Da am Vertragsschluß unmittelbar nur drei Parteien beteiligt waren, und das Potsdamer Abkommen auch nicht alle Mitglieder der Völkerrechtsgemeinschaft anspricht, konnten allgemeine Völkerrechtsprinzipien, die auch für am Vertragsschluß nicht beteiligte Völkerrechtssubjekte verbindlich wären, nur kraft Gewohnheitsrechts – d.h. aufgrund allgemein anerkannter Rechtsüberzeugung – entstehen[119]. Derartiges Völkergewohnheitsrecht bestand dann aber bereits bei Abschluß des Potsdamer Abkommens und unabhängig von diesem oder es konnte sich erst in der Folgezeit auf der Basis des Potsdamer Abkommens allmählich entwickeln. In jedem Falle gelten die allgemeinen Grundsätze des Völkerrechts – soweit das Potsdamer Abkommen sie enthält – unabhängig vom Bestand dieses Vertrages[120]; allgemeines

---

118 Vgl. Insbesondere Tulpanow, Potsdamer Abkommen S. 42, 50; Kröger, Potsdamer Abkommen noch rechtskräftig? S. 13; Ulbricht, Weg S. 27; Schirmer, Völkerrechtssubjektivität S. 660 ff.

119 Siehe Giese, Einheit S. 82.

120 Zum Völkergewohnheitsrecht allgemein siehe z.B. Wengler, Völkerrecht Bd. I S. 171 ff ⋅ Seidl-Hohenveldern, Völkerrecht Rdnr. ??? ff ⋅ T ⋅ ⋅ ⋅ ⋅ ⋅ ⋅ ⋅ ⋅ ⋅ ⋅ ⋅ S. 75 ff.

Völkerrecht konnte durch den Abschluß des Potsdamer Abkommens jedenfalls unmittelbar nicht geschaffen werden[121]. Eine Bindung Deutschlands an das Potsdamer Abkommen als Kodifizierung von Grundsätzen allgemeinen Völkerrechts kommt daher nicht in Frage.

2.2 Bindung des deutschen Volkes?

Einen anderen Weg beschreiben frühere Versuche von Völkerrechtlern der DDR, Rechte und Pflichten für das "deutsche Volk" aus dem Potsdamer Abkommen abzuleiten[122]. Dabei wird von einer (zumindest partiellen) Völkerrechtssubjektivität der Völker als Inhaber des Gruppenrechts auf Selbstbestimmung ausgegangen[123]. Dies ist nach Form und Inhalt immer noch umstritten[124]. Während in der westlichen Völkerrechtslehre Zweifel darüber herrschen, ob es sich um ein Rechtsprinzip des Gewohnheitsrechtes handelt und welche Rechtspositionen daraus abgeleitet werden können[125], besteht in der Völkerrechtsliteratur der sozialistischen Länder weitgehende Einigkeit über die partielle Völkerrechtssubjektivität von Völkern[126]. Auch die Literatur der Bundesrepublik erkennt zumindest an, daß das in Art. 1 und 55 der UN-Charta verankerte "politische Prinzip" des Selbstbestimmungsrechtes der Völker sich zunehmend durch Deklarationen der UNO (insbesondere durch die Deklaration über die Gewährung der Unabhängigkeit an die kolonialen Länder und Völker vom 14. Dezember 1960 und die Prinzipiendeklaration vom 24. Oktober 1970) zu einem Bestandteil des allgemeinen Völkerrechts entwickelt[127]. Da letztlich die Völkerrechtssubjektivität des Staates als "originärem" Völkerrechtssubjekt auf der Legitimierung durch das Volk beruht, kann den Völkern im modernen Völkerrecht auf Dauer wohl auch nicht jegliche Völkerrechtssubjektivität abgesprochen werden[128].

In jedem Fall handelt es sich aber bei den Völkern nur um partielle Völkerrechtssubjekte, deren Rechtsträgerschaft sich allein aus dem Selbstbestimmungsrecht herleitet[129]. Daraus ergibt sich auch eine Begrenzung der

---

121 Siehe dazu Bracht, Verpflichtung S. 62 ff.; Klein, Verbindlichkeit S. 144 ff.

122 So z.B. Steiniger, Prinzipien S. 61; Kröger, KPD-Prozeß S. 213 f.

123 Siehe Autorenkollektiv, Völkerrecht Bd. I S. 150 ff.

124 Siehe Meissner, Selbstbestimmungsrecht; Doehring, Selbstbestimmungsrecht.

125 So z.B. Seidl-Hohenveldern, Völkerrecht Rdnr. 649; Dahm, Völkerrecht Bd. I S. 388 f.

126 So z.B. Arzinger, Selbstbestimmungsrecht.

127 So z.B. Seidl-Hohenveldern, Völkerrecht Rdnr. 1162; Berber, Völkerrecht Bd. I S. 75, 178.

128 Dahm, Völkerrecht Bd. I S. 288 f.; siehe auch Heidelmeyer, Selbstbestimmungsrecht S. 243 ff.; Doehring, Selbstbestimmungsrecht; Meissner, Selbstbestimmungsrecht.

129 So auch Autorenkollektiv, Völkerrecht Bd. I S. 150 ff.

Rechtsstellung auf Rechte und Pflichten, die sich aus dem Selbstbestimmungsrecht ergeben[130]. Eine Berechtigung oder eine Verpflichtung des deutschen Volkes aus dem Potsdamer Abkommen könnte damit nur insoweit eintreten, wie Bestandteile des Selbstbestimmungsrechtes betroffen sind.

Wenn die Konferenzmächte von Potsdam aber – wie festgestellt – kein neues allgemeines Völkerrecht schaffen konnten, so waren sie im Prinzip auch nicht kompetent, eine allgemein völkerrechtliche Rechtsposition wie die des Selbstbestimmungsrechtes in bezug auf das deutsche Volk zu konkretisieren.

Berücksichtigt man jedoch die Einzigartigkeit der Intensität und Zielrichtung der deutschen Aggression und die auf Völkermord ausgerichtete Politik des nationalsozialistischen Deutschlands und stellt in Rechnung, daß das Völkerrecht zumindest 1945 nach der historisch noch nicht lang geltenden Kriegsächtung des Briand-Kellogg-Paktes von 1928 kaum ein ausreichendes Instrumentarium für die "Behandlung" eines Aggressorstaates entwickeln konnte, so kann es durchaus überlegenswert sein, als Sanktion gegenüber dem Aggressor nicht nur die völlige Liquidierung des Dritten Reiches als gerechtfertigt anzusehen[131]. In Anbetracht der Tatsache, daß das nationalsozialistische Regime dem deutschen Volk keineswegs gewaltsam von außen aufgezwungen worden ist und die Bevölkerung nicht von jeder Mitverantwortung für die Entwicklung Deutschlands nach 1933 exkulpiert werden kann (ohne daß hier eine umfassende Kollektivschuld des deutschen Volkes behauptet werden soll), erscheint die völkerrechtliche Zulässigkeit einer (temporär und materiell beschränkten) Beschneidung des Selbstbestimmungsrechtes durchaus diskutabel.

In diese Richtung gehen auch neuere wissenschaftliche Äußerungen aus der DDR. Danach wird das deutsche Volk (nach dem Untergang des Deutschen Reiches und beim Fehlen einer deutschen Staatlichkeit) "als Subjekt des Selbstbestimmungsrechtes in diesem Rahmen Träger der Rechtsfolgen, die sich aus den Aggressionsverbrechen des ehemaligen Deutschen Reiches ergaben"[132]. Die Beschlüsse von Potsdam würden insoweit als restringierende Konkretisierung des Selbstbestimmungsrechtes der Deutschen durch die Siegermächte gelten und wie ein Vertrag zu Lasten Dritter wirken. Positiv formuliert hieße dies, "daß dem deutschen Volk als Adressat des Potsdamer Abkommens das Recht eingeräumt wurde, in Erfüllung der alliierten Forderungen ein neues demokratisches Staatswesen auf dem Gebiet der vier Besatzungszonen zu errichten"[133]. Mit einer in dieser Weise erfolg-

---

130 Siehe Meissner, Selbstbestimmungsrecht S. 12 ff., 29 ff.; Doehring, Selbstbestimmungsrecht S. 21 ff.

131 Siehe dazu auch jüngst Lewald, Deutschlands Rechtslage S. 356.

132 Poeggel, Staatennachfolge S. 38, 45.

133 So Autorenkollektiv, Geschichte der DDR S. 42.

ten Bindung des deutschen Volkes wären dann die Verpflichtungen aus dem Potsdamer Abkommen auch automatisch für die 1949 gebildeten beiden deutschen Staaten verbindlich geworden[134]. Diese Theorie bewegt sich jedoch – angesichts der nach wie vor noch nicht übereinstimmend geklärten rechtlichen Bedeutung des Selbstbestimmungsrechtes und der Problematik seiner Beschränkbarkeit – aus der Sicht des Völkerrechtes auf höchst schwankendem Boden. Sie soll daher nicht weiter verfolgt werden, da auch die traditionelle Völkerrechtslehre Wege anbietet, auf denen man zur Annahme einer Bindung Deutschlands an das Potsdamer Abkommen gelangen kann. In dem Zusammenhang wird auch auf die Problematik von Verträgen zu Lasten Dritter einzugehen sein.

3. Vertragliche Verpflichtung Deutschlands aus dem Potsdamer Abkommen

3.1 Durch Zustimmung zum Kapitulationsvertrag?

Kelsen interpretierte einmal die Unterzeichnung der bedingungslosen Kapitulation vom 8. Mai 1945 "durch die Repräsentanten der letzten legitimen Regierung von Deutschland" als "eine Übertragung der Souveränität Deutschlands" auf die vier Siegermächte[135]. Durch den Kapitulationsvertrag[136] wären demnach also die Alliierten vom Deutschen Reich zu der durch die Erklärung der Alliierten über die Niederlage Deutschlands vom 5. Juni 1945 proklamierten Übernahme der Regierungsgewalt in Deutschland ermächtigt worden. Da für Kelsen mit dieser Souveränitätsübertragung zugleich auch der Untergang des Deutschen Reichs verbunden war, konnten die Siegermächte kraft eigener Souveränität die Verhältnisse in Deutschland im Sinne ihrer Vereinbarungen umgestalten[137].

Auch wenn man nicht vom völkerrechtlichen Untergang des Deutschen Reiches ausgeht, könnte (auf der Basis der Kelsenschen Interpretation) die bedingungslose Kapitulation als Unterwerfung des (fortbestehenden) Deutschen Reiches unter alle Deutschland betreffenden alliierten Anordnungen sowie als Verpflichtung zu Anerkennung und Befolgung derselben verstanden werden. Auch auf diese Weise wären dann die Bestimmungen der Erklärungen über die Niederlage Deutschlands vom 5. Juni, die Regelungen

---

134 So auch Poeggel, Staatennachfolge S. 45.

135 Kelsen, Legal Status S. 519.

136 Trotz der Abfassung als einseitiger Erklärung handelt es sich bei einer Kapitulation um einen völkerrechtlichen Vertrag. Dies ergibt sich aus der Empfangs- und Zustimmungsbedürftigkeit der Kapitulationserklärung und entspricht auch den Regelungen des Art. 34 HLKO.

137 Kelsen, Legal Status S. 519.

des Potsdamer Abkommens vom 2.August (als Konkretisierung der Erklärung vom 5.Juni) und alle aufgrund des Potsdamer Abkommens ergangenen Kontrollratsbeschlüsse und Verfügungen der Besatzungsmächte für das (rechtlich fortexistierende) Deutsche Reich verbindlich geworden.

Diese Konstruktion wird jedoch weder der Rolle der Kapitulation im Völkerrecht im allgemeinen, noch der Bedeutung der besonderen deutschen Kapitulation vom 8.Mai gerecht.

Allgemein versteht man unter der "Kapitulation" eine Vereinbarung, die von sich bekämpfenden militärischen Befehlshabern getroffen wird, und durch die unterlegenen Streitkräfte an den Sieger übergeben wird[138]. In diesem Sinne stellt die Kapitulation einen rein militärischen Akt dar.

So sind auch die Urkunden vom 7. und 8.Mai 1945[139] auszulegen, selbst wenn man die außergewöhnliche Situation der deutschen Kapitulation von 1945 berücksichtigt[140] und anerkennt, daß die Besatzungsmächte selbst häufig der bedingungslosen Kapitualtion die Bedeutung der Rechtsgrundlage ihrer Besatzungsmacht beimaßen[141]. Gerade die Entstehungsgeschichte der Kapitulationsurkunde[142] und das Verhalten der Siegermächte im unmittelbaren Zusammenhang mit der Kapitulation macht deutlich, daß dies kein von der völkerrechtlichen Praxis wesentlich abweichender Vorgang sein sollte.

Seit der Konferenz von Casablanca (14.−24.Januar 1943) war die "bedingungslose Kapitulation", d.h. die vorbehaltlose Unterwerfung Deutschlands unter den Willen der Siegermächte, das erklärte Kriegsziel der Alliierten[143]. Auf den folgenden Konferenzen[144] und durch die European Advisory Commission (EAC) in London wurde dementsprechend der Text einer Kapitulationsurkunde ausgearbeitet, der − ähnlich wie die später ihr nachgebildete "Erklärung in Anbetracht der Niederlage Deutschlands" vom 5.Juni 1945 − die Übernahme der Regierungsgewalt durch die Alliierten und die völlige politische und militärische Unterwerfung Deutschlands vorsah[145]. Auf der Krimkonferenz im Februar 1945 wurde der Text durch die Aufnahme einer Erklärung über die (damals noch beabsichtigte) Zerstücke-

---

138 Berber, Völkerrecht Bd. II S. 82; siehe auch Art. 35 HLKO.

139 Siehe Schramm, Niederlage S. 450. Die Unterschiede sind gering. Die am 8.5. in Berlin unterzeichnete Urkunde ist etwas präziser gefaßt. Auf die Frage, welcher Kapitulationsvertrag der verbindliche war, braucht hier nicht eingegangen zu werden (vgl. etwa Klein, Neues deutsches Verfassungsrecht S. 20).

140 So Abendroth, Haftung S. 73.

141 Siehe die Nachweise bei Schmoller, Handbuch § 5 S. 10.

142 Siehe auch die Darstellung bei Klein, Neues deutsches Verfassungsrecht S. 17 ff. sowie umfassend Hansen, Ende.

143 Vgl. Mosely, Friedenspläne S. 3033 sowie Europa-Archiv S. 4224, 4526.

144 So etwa auf der Moskauer Außenministerkonferenz (19.-30.10.1943) vgl. Meissner, Rußland S. 22.

145 Siehe Altmeyer, Dokumente S. 7366 f.

lung Deutschlands ergänzt[146]. Dieser – von allen vier späteren Besatzungsmächten ausdrücklich gebilligte – Entwurf der Kapitulationsurkunde enthielt nicht nur vom Text her eindeutig politische Regelungen, die über den
Inhalt einer militärischen Kapitulationsurkunde hinausgingen; die Kapitulationserklärung sollte auch ausdrücklich vom Deutschen Reich gegenüber
den Regierungen der vier Siegermächte abgegeben werden. Dieser Text
wurde jedoch am 7. Mai 1945 in Reims und am folgenden Tag in Berlin
nicht verwendet. Er bildete lediglich die Grundlage für die ohne deutsche
Beteiligung abgegebene Erklärung über die Niederlage Deutschlands vom
5. Juni 1945[147]. Weitgehend eigenmächtig entwarf das Oberste Hauptquar-
tier der Alliierten Expeditionsstreitkräfte eine neue – rein militärische – Kapitulationsurkunde, da man an einer möglichst raschen Unterzeichnung
durch die Vertreter der Wehrmacht interessiert war und ein Scheitern der
Kapitulationsverhandlungen vermeiden wollte. Bei der EAC hatte man jedoch die politischen Gefahren einer rein militärischen Kapitulation gesehen: Die unbeschränkte oberste alliierte Autorität über Deutschland wäre in
Frage gestellt und die Konventionen des Kriegsrechts weiter gültig gewesen.
Dennoch kehrte man nicht zur ursprünglichen Kapitulationsurkunde zurück. Der amerikanische Vertreter in der EAC hatte am 6. Mai lediglich erreicht, daß mit Art. 4 eine aus sich heraus wenig verständliche Klausel in die
Kapitulationsurkunde einging:

"Die Urkunde militärischer Übergabe präjudiziert nicht ihre Ersetzung durch ein
allgemeines Kapitulationsinstrument, das von und im Namen der Vereinten Nationen Deutschland und den deutschen Streitkräften in ihrer Gesamtheit auferlegt
wird"[148].

Die Bedeutung dieser Klausel wurde – im Gegensatz zu anderen Punkten
der Kapitulationserklärung – bei den Verhandlungen zwischen den Alliierten und den deutschen Militärs nicht erörtert. Gesprochen wurde über rein
militärische Fragen. Die Alliierten forderten zwar von den unterzeichnen-
den deutschen Generälen am 8. Mai 1945 in Berlin eine schriftliche Vollmacht von Dönitz, doch auch diese wurde von diesem lediglich in seiner
Funktion als Oberbefehlshaber der Wehrmacht verlangt und erteilt[149]. Die

146 Stettinius, Roosevelt S. 119; Sanakojew, Teheran S. 124, 127, 130.

147 Hier wurde vor allem um eine konkrete Erklärung über die Aufteilung Deutschlands verhandelt, da die Sowjetunion inzwischen in aller Öffentlichkeit die Zerstückelungspolitik
aufgegeben hatte (Stalins Erklärung vom 8. Mai 1945 laut Prawda vom 10.5.1945 S. 1).
Vgl. Mosely, Friedenspläne S. 3043.

148 Dieser Text wurde am 7. Mai 1945 in Reims unterschrieben. Die Formulierung des Kapitulationsvertrages vom 8. Mai ist etwas modifiziert: "Die Kapitulationserklärung stellt kein
Präjudiz für an ihre Stelle tretende allgemeine Kapitulationsbestimmungen dar, die durch
die Vereinten Nationen oder in deren Namen festgesetzt werden und Deutschland und die
deutsche Wehrmacht als Ganzes betreffen werden" (Kontrollrat, Amtsblatt, Ergänzungsblatt Nr. 1, Berlin (1946) S. 6; siehe auch Schramm, Niederlage S. 451, 454).

149 Allgemein zum Verlauf der Kapitulationsverhandlungen siehe Jaenecke, 30 Jahre S. 17 f.,

Dokumente sind ausdrücklich als "Urkunde über die militärische Kapitulation" (7. Mai) bzw. als "militärische Kapitulationsurkunde" (8. Mai) bezeichnet. Als vertragschließende Parteien werden allein das Oberkommando der Deutschen Wehrmacht auf der einen und der Oberste Befehlshaber der Alliierten Expeditionsstreitkräfte sowie das Oberste Kommando der Sowjettruppen auf der anderen Seite genannt. Mit Ausnahme des mehrdeutigen Art. 4 betreffen alle Bestimmungen des Kapitulationsvertrages eindeutig den militärischen Bereich (Übergabe aller Truppen, Verpflichtung zur Entwaffnung, Übergabe militärischen Gerätes). Nicht nur auf deutscher, sondern auch auf alliierter Seite unterzeichneten ausschließlich Militärs und auch diese ausdrücklich nur im Namen ihrer Streitkräfte. Niemand nahm dabei in Anspruch, für seinen Entsenderstaat zu handeln. Vom völkerrechtlichen Gewohnheitsrecht her besitzen aber militärische Kommandanten (auch entgegen innerstaatlichen Regeln) in ihrem Befehlsbereich allein Ermächtigung zum Abschluß völkerrechtlicher Verträge in rein militärischen Angelegenheiten[150].

Damit wurde eine Kapitulation unterzeichnet, die – zumindest aus der Sicht der deutschen Beteiligten – nur als rein militärische Erklärung angesehen werden konnte. Art. 4 war ohne gegenteilige alliierte Erläuterung bestenfalls dahingehend zu verstehen, daß die Alliierten durch die Kapitulation nicht von dieser abweichende zukünftige Vereinbarungen ausschließen wollten. Die Absicht des einseitigen Erlasses politischer Regelungen war für die deutsche Seite nicht erkennbar, und für die Zustimmung zu einer derartigen Blancoermächtigung waren die deutschen Unterzeichner – ebenso wie wohl auch die alliierten Vertreter – nicht bevollmächtigt[151].

Anders als die bedingungslose Kapitulation Japans am 2. September 1945, die ausdrücklich im Namen des Kaisers von Japan und der japanischen Regierung gegenüber den vier alliierten Mächten erklärt wurde[152], waren die deutschen Kapitulationserklärungen vom 7./8. Mai 1945 nicht geeignet, eine bedingungslose staatliche Unterwerfung Deutschlands unter den Willen der Siegermächte zu begründen. Folglich kann aus ihr auch keine Übertragung von Befugnissen an die Alliierten abgeleitet werden, die es den Siegermächten auf vertraglicher Basis erlaubt hätten, Deutschland rechtlich an das Potsdamer Abkommen zu binden[153].

45, 56 f.; Gardner, Versäumte Zukunft S. 207 ff., 211, 213 f., 223; Schramm, Niederlage S. 423, 426, 428-433, 437, 441-443, 450 ff. Vgl. auch die aufschlußreichen Ausführungen vor dem Nürnberger Militärtribunal (das auch Dönitz als Staatsoberhaupt des Deutschen Reiches ansah) in: Militärgerichtshof, Bd. XXII S. 634, Bd. X S. 655 f.

150 Siehe Seidl-Hohenveldern, Völkerrecht Rdnr. 154a.

151 Diese Lösung entspricht auch der Regelung der Wiener Vertragskonvention von 1969 (Art. 7). Auch von alliierter Seite wurde die Kapitulation zunächst nur als rein militärischer Akt angesehen (vgl. die Nachweise bei Klein, Neues deutsches Verfassungsrecht S. 28).

152 Vgl. den Text in: Handbuch der Verträge S. 392.

153 Siehe auch Hacker, Einführung S. 15; Bracht, Verpflichtung S. 61.

3.2 Geltung des Potsdamer Abkommens als Vertrag zu Lasten Dritter[154]

Vom Wortlaut der Deutschland betreffenden Bestimmungen des Potsdamer Abkommens her liegt es nahe, das Potsdamer Abkommen als "Vertrag zu Lasten Dritter" zu qualifizieren, denn – obwohl keine Deutschen mit am Konferenztisch gesessen haben – sollte Deutschland offensichtlich in Pflicht genommen werden[155].

Die Völkerrechtslehre ist sich aber im Prinzip einig, daß Verträge zu Lasten dritter Staaten, die am Vertragsabschluß nicht beteiligt waren, grundsätzlich unzulässig sind[156]. Dies ist daher jetzt auch in Art. 34 der Wiener Vertragskonvention von 1969 niedergelegt[157]. Infolgedessen wird die Geltung des Potsdamer Abkommens als Vertrag zu Lasten Dritter mit Hinweis auf den allgemeinen Völkerrechtsgrundsatz "pacta terties nec nocent nec prosunt" allgemein abgelehnt[158]. Nach Meinung einiger Autoren kennt dieser Grundsatz jedoch Ausnahmen[159]. Verdross sieht die Möglichkeit zur Verpflichtung dritter Staaten, "wenn die Vertragsteile ausnahmsweise zuständig waren, eine solche Norm für Dritte zu vereinbaren"[160]. Eben eine solche Zuständigkeit wird von Vertretern der sozialistischen Völkerrechtslehre gegenüber einem Staat angenommen, der einen Aggressionskrieg entfesselt hat oder wenn es die Interessen des Friedens und der internationalen Sicherheit erfordern[161].

Unbestritten ergibt sich die Verantwortlichkeit für eine Aggression unmittelbar aus dem Völkerrecht. Es ist auch sicher richtig, wenn Völkerrechtler der DDR argumentieren[162], daß es hieße, die Verantwortlichkeit aufzuheben, wenn man die Durchsetzung der Verantwortlichkeit von der Zustimmung des Völkerrechtsbrechers abhängig machen wolle. Jedoch kann die Durchbrechung eines fundamentalen Völkerrechtsgrundsatzes, der die Souveränität eines Staates sichert, nur dann in Frage kommen, wenn keine

---

154 Dazu ausführlich Veiter, Potsdam S. 111.

155 Siehe oben 1. Teil III.

156 Oppenheim-Lauterpacht, International Law Bd. I S. 831 ff.; Dahm, Völkerrecht Bd. III S. 117 f.; Seidl-Hohenveldern, Völkerrecht, Rdnr. 232 ff.; Guggenheim, Völkerrecht Bd. I S. 88 f.; Liszt-Fleischmann, Völkerrecht S. 259; Verdross, Völkerrecht S. 146; Autorenkollektiv, Völkerrecht Bd. I S. 194.

157 Pflichten können nach Art. 35 WVK aus Verträgen, bei dem ein Staat nicht Vertragspartner ist, für ihn nur entstehen, wenn der Staat "diese Pflicht auch ausdrücklich und in schriftlicher Form akzeptiert".

158 Siehe auch Heinze, Völkerrechtsprobleme S. 4714; Winterfeld, Potsdamer Abkommen S. 9209; Dahm, Völkerrecht Bd. III S. 118.

159 Liszt-Fleischmann, Völkerrecht Bd. I S. 259; Kröger in: Verdross, Völkerrecht S. 147; Autorenkollektiv, Völkerrech Bd. I S. 194; KPD-Prozeß S. 12, 23 ff.

160 Verdross, Völkerrecht S. 147.

161 M. Lax zitiert nach Schulz, Völkerrecht S. 133 Anm. 12.

162 Autorenkollektiv, Völkerrecht Bd. I S. 194; s.a. Lewald, Deutschlands Rechtslage.

andere Möglichkeit besteht, einen Aggressor zur Verantwortung zu ziehen. Die Aggression als Verletzung fremder Souveränitätsrechte rechtfertigt nicht im Gegenzug jede beliebige Rechtsdurchbrechung gegenüber dem Aggressor, eine Völkerrechtsverletzung befreit die Verletzten ihrerseits nicht von der Verpflichtung zur Beachtung allgemeiner völkerrechtlicher Grundsätze.

Das Völkerrecht bietet in der Regel andere Möglichkeiten, den Aggressor zur Verantwortung zu ziehen als durch einseitige Auferlegung von Pflichten im Wege von Verträgen zu Lasten Dritter, deren Einseitigkeit in der Anordnung nicht gerade die Bereitschaft der betroffenen Staaten zur Einhaltung fördern wird. Schon durch die Besetzung des Territoriums eines Aggressors bekommen die jeweiligen Besatzungsmächte die Möglichkeit – in den Grenzen des Völkerrechts – auf den Aggressor einzuwirken. Historische Friedensverträge (wie der – allerdings wenig vorbildliche – Versailler Vertrag von 1919) zeigen, daß Staaten für Völkerrechtsverletzungen sehr wohl auf vertraglicher Ebene zur Verantwortung gezogen werden können[163]. Dieser Weg ist auch gegenüber den Verbündeten Deutschlands mit den Friedensverträgen des Jahres 1947 eingeschlagen worden. Die UN-Charta enthält heute im VII. Kapitel zwar einen Katalog der bei Völkerrechtsverletzungen zu ergreifenden Maßnahmen, doch vertragliche Regelungen zu Lasten Dritter gehören nicht dazu[164].

Letztlich wird eine Duchbrechung des Grundsatzes des Verbotes von Verträgen zu Lasten Dritter in der völkerrechtlichen Praxis kaum jemals wirklich notwendig sein.

In jedem Falle kann die Lehre vom Vertrag zu Lasten Dritter erst dann zur Begründung von Verbindlichkeit für Deutschland oder das deutsche Volk[165] aus dem Potsdamer Abkommen herangezogen werden, wenn nicht bereits aus einem anderen Rechtsgrund eine vertragliche Bindung besteht[166].

163 So z.B. das Deutsche Reich durch den Versailler Vertrag. Daß auch derartige Verträge den Rahmen des völkerrechtlich Zulässigen überschreiten, steht auf einem anderen Blatt.

164 Art. 39 bis 51 UN-Charta.

165 Siehe oben 1. Teil, III. 2.2.

166 Offensichtlich lehnt auch die Völkerrechtslehre der UdSSR (siehe Bracht, Verpflichtung S. 342, 345) eine Bindung Deutschlands an das Potsdamer Abkommen als Vertrag zu Lasten Dritter ab. Selbst die Hinweise auf Art. 107 UN-Charta und Art. 75 WVK (Autorenkollektiv, Völkerrecht Bd. I. S. 194) sind nicht geeignet, die Annahme der Zulässigkeit von Verträgen zu Lasten Dritter gegenüber Aggressoren zu stützen. Art. 107 UN-Charta erklärt nur, daß *Maßnahmen* gegenüber Feindstaaten weder außer Kraft treten noch untersagt sind. Diese Formulierung setzt einmal logisch voraus, daß die Maßnahmen vor Inkrafttreten der UN-Charta völkerrechtlich zulässig waren, zum anderen geht sie aber nicht davon aus, daß die betreffenden Feindstaaten selbst zur Einhaltung dieser Maßnahmen verpflichtet sind. Art. 75 WVK erklärt *Vertragspflichten*, die für Aggressorstaaten infolge von Maßnahmen entsprechend Art. 107 UN-Charta entstanden sind, für nicht im Widerspruch zur Konvention stehend. Zum einen hat aber die Wiener Vertragskonvention keine rückwir-

3.3 Deutschland als Vertragspartner des Potsdamer Abkommens

Während die völkerrechtliche Literatur sich relativ intensiv mit der Möglichkeit der Bindung Deutschlands an das Potsdamer Abkommen aufgrund der Kapitulation oder eines Vertrages zu Lasten Dritter befaßt[167], ist die Frage der unmittelbaren Bindung Deutschlands als Vertragspartner kaum ernsthaft untersucht[168] und meist eine vertragliche Bindung mit dem Hinweis darauf, daß das Deutsche Reich das Potsdamer Abkommen nicht unterzeichnet habe, rasch abgelehnt worden[169].

So leicht von der Hand zu weisen ist jedoch die Möglichkeit einer vertraglichen Bindung Deutschlands nicht. Eberhard Menzel warf mit vollem Recht die Frage auf, ob die Alliierten in Potsdam nicht auch als Besatzungsmächte und Inhaber der deutschen Souveränität gehandelt haben[170].

Nach den bisherigen Ergebnissen ist das Potsdamer Abkommen vom 2. August 1945 völkerrechtlich folgendermaßen einzuordnen: Für die USA, die UdSSR und Großbritannien als Teilnehmer der Potsdamer Konferenz ist es ein verbindliches völkerrechtliches Abkommen, dem die französische Republik unter Vorbehalten beigetreten ist[171]. Soweit das Potsdamer Abkommen inhaltlich Deutschland betrifft, stellt es aber, weil die Alliierten, wie oben festgesellt, durchaus die Absicht hatten, Deutschland zu binden, auch eine Maßnahme – je nach Auffasung von der Rechtslage Deutschlands – der Besatzungsmächte[172] des Deutschen Reiches bzw. der kollektiven Staatsgewalt des neu entstandenen Völkerrechtssubjektes dar. Da die Vier Mächte spätestens durch die Erklärung vom 5. Juni 1945 die Regierungs- bzw. Staatsgewalt in Deutschland übernommen hatten, waren bei der Konferenz von Potsdam nicht nur die UdSSR, die USA und Großbritannien vertreten, sondern zugleich diese Staaten in ihrer Funktion als Regierung Deutschlands.

Ausgehend von der Fortbestandslehre war damit das Deutsche Reich

---

kende Kraft (Art. 4), zum anderen spricht Art. 75 von Vertragspflichten, die aufgrund von Maßnahmen der Siegermächte entstehen *können*, und geht nicht davon aus, daß Maßnahmen im Sinne des Art. 107 UN-Charta Vertragspflichten *sind*. Art. 75 WVK bezieht sich damit wohl im wesentlichen auf besatzungsrechtliche Verträge, Friedensverträge und ähnliche Abkommen, die mit Aggressorstaaten des Zweiten Weltkrieges nach Inkrafttreten der Wiener Konvention möglicherweise abgeschlossen werden können.

167 Siehe oben 1. Teil III. 3.1, III. 3.2.

168 Soweit ersichtlich hat bisher lediglich der polnische Völkerrechtslehrer Klafkowski ein "Mithandeln" der Konferenzmächte für Deutschland in Potsdam angenommen: "The big powers ratified in the name of Germany" (Potsdam agreement S. 160 f.). Siehe auch Knittel, Völkerrechtlicher Status S. 11.

169 Siehe z.B. Hacker, Einführung S. 13; Giese, Einheit S. 75; Klein, Verbindlichkeit S. 143.

170 Menzel, Besprechung S. 68.

171 Siehe oben 1. Teil, II. 2., II. 3.

172 Kröger, Staatsrechtliche Bedeutung S. 30 f.; Peck, KPD.

selbst Konferenzstaat und wurde durch die USA, die UdSSR und Großbritannien, die als Besatzungsmächte die Regierungsgewalt ausübten, vertraglich an die Deutschland betreffenden Abschnitte des Potsdamer Abkommens gebunden – soweit wie die Besatzungsmächte im Rahmen ihrer völkerrechtlichen Befugnisse wirksam für Deutschland handeln konnten[173] und wollten.

Geht man davon aus, daß das Deutsche Reich im Frühjahr 1945 als Völkerrechtssubjekt untergegangen ist, und die Vier Mächte eine neue kollektive Staatsgewalt geschaffen haben, so war in Potsdam zugleich auch dieses neue Völkerrechtssubjekt vertreten, mit der Folge, daß es an das Potsdamer Abkommen gebunden wurde.

Der Einwand, die Doppelstellung der Alliierten bei Vertragsschluß als souveräne Staaten und zugleich als Inhaber der Regierungsgewalt über Deutschland verstoße gegen das auch im Völkerrecht gültige Verbot der Selbstkontraktion[174], geht an der Sache vorbei.

War das Deutsche Reich untergegangen und übten die Siegermächte kollektiv eigene Staatsgewalt über Deutschland aus, so konnte es gar nicht zu einer Interessenkollision (deren Vermeidung Zweck des Selbstkontraktionsverbotes ist) kommen.

Aber auch wenn man die Alliierten nur als Besatzung des (fortbestehenden) Deutschen Reiches sieht, läßt sich der Einwand der unzulässigen Selbstkontraktion entkräften. Selbst das Privatrecht verbietet diese dann nicht, wenn die Vertreter nur eine Verpflichtung des Vertretenen erfüllen[175]. Die Besatzungsmächte, deren Vertretungsmacht nicht auf einer Vollmacht des Deutschen Reiches, sondern auf einer völkerrechtlichen Rechtsposition beruhte, erfüllten quasi eine Verpflichtung des Deutschen Reiches, wenn sie Regelungen trafen, um durch Beseitigung von Nazismus und Militarismus in Deutschland wieder Verhältnisse herzustellen, die verhinderten, daß dieses Land wieder in so gravierender Weise, wie dies durch den Aggressionskrieg des Hitlerregimes geschehen war, gegen die Grundsätze des Völkerrechts verstieß. Insoweit stand ihrem Handeln auch nicht ein Selbstkontraktionsverbot entgegen[176]. Darüberhinaus kann auch aus dem Wesen der Besetzung eine Gestattung der Selbstkontraktion[177] entnommen werden: Selbst im Rahmen der Ausübung der gesetzmäßigen Gewalt (die die auswärtigen Beziehungen mit einschließt) im Besatzungsgebiet auf der Basis der Haager Landkriegsordnung kann eine Vereinbarung zwischen der

---

173 So im Ergebnis – wenn auch auf einem anderen Weg – Steiniger, Prinzipien S. 60 f.

174 So Faust, Potsdamer Abkommen S. 109 im Anschluß an Grewe, Nürnberg S. 62, 95.

175 Siehe z.B. § 181 BGB.

176 Zum gleichen Ergebnis gelangt Steiniger (Prinzipien S. 60 f.), der mit Hinweis darauf, daß Prinzipien und Pläne der Alliierten mit denen der deutschen Nation übereinstimmen, das Selbstkontraktionsverbot ausschließt.

177 Wie z.B. § 1009 Abs. 2 BGB, § 125 Abs. 1,2 HGB als gesetzliche Gestattungen der Selbstkontraktion.

Besatzungsmacht als Regierung des besetzten Staates und dem Staat, der die Besatzungsmacht ausübt, notwendig sein.. Da aber nach Sinn und Zweck der Besatzungsgewalt der besetzende Staat nicht auf die Zustimmung des besetzten Staates angewiesen sein kann – insbesondere wenn dieser über keine nationalen Repräsentations- oder Regierungsorgane verfügt –, muß auch hier eine Selbstkontraktion völkerrechtlich zulässig sein. Dies macht im übrigen auch die (insoweit nicht beanstandete) Praxis der Alliierten deutlich, die für Deutschland zahlreiche zwischenstaatliche Verträge – auch als Staaten mit ihren Besatzungszonen – abschlossen[178].

Ein Problem ergibt sich aus der Sonderstellung Frankreichs, daß zwar Mitinhaber der kollektiven Regierungsgewalt über Deutschland war, nicht aber an der Potsdamer Konferenz teilnahm. Da nach den Vereinbarungen der Alliierten die Regierungsgewalt in allen Deutschland als Ganzes betreffenden Angelegenheiten nur von den Vier Mächten gemeinsam ausgeübt werden konnte[179], war eine rechtliche Bindung Deutschlands (also des Deutschen Reiches bzw. des an seine Stelle getretenen neuen Völkerrechtssubjektes) nur mit der Zustimmung Frankreichs möglich. Die Zustimmung ist jedoch – wie oben erörtert[180] – nur unter Vorbehalten erfolgt. Dies hat zur Konsequenz, daß zwar die USA, die UdSSR und Großbritannien in vollem Umfang an das Potsdamer Abkommen gebunden und dementsprechend auch verpflichtet waren, dieses in ihren Besatzungszonen zu realisieren, für Frankreich (und seine Besatzungszone) aber war nur eine Bindung im Rahmen der erklärten Vorbehalte eingetreten. Auch nur in diesem Umfang konnte das Potsdamer Abkommen Geltung für Deutschland als Ganzes erlangen, weil nur insoweit eine übereinstimmende Willenserklärung aller vier Alliierten, die kollektiv die Regierungsgewalt über Deutschland ausübten, zustande gekommen war.

Da die französischen Vorbehalte sich weniger auf die grundsätzlichen Ziele des Potsdamer Abkommens beziehen und im wesentlichen Verfahrensfragen des Vorgehens der Besatzungsmächte betreffen, kommt den französischen Vorbehalten hinsichtlich der Bindung Deutschlands an das Potsdamer Abkommen allerdings keine gravierende Bedeutung zu. Bei der Ermittlung des verpflichtenden Inhalts der einzelnen Regelungen des Abkommens wird zu untersuchen sein, welche Auswirkungen die französischen Vorbehalte haben.

Folgt man den bisherigen Überlegungen, so wurde im August 1945 Deutschland (je nach Theorie als das Deutsche Reich oder als das an seine Stelle getretene kollektive Staatsgebilde der Alliierten) durch die Vier Mächte vertraglich an die Deutschland betreffenden Bestimmungen des Potsda-

---

178 Vgl. die Nachweise bei: Schmoller, Handbuch § 32 S. 33, § 45 S. 10 ff.; Kutscher, Bonner Vertrag, Anm. zu Art. 2 Überleitungsvertrag.

179 So die Vereinbarung nach der Erklärung über das Kontrollverfahren in Deutschland vom 5. Juni 1945 (Kontrollrat, Amtsblatt, Ergänzungsblatt Nr. 1 S. 10).

180 Siehe oben 1. Teil II. 3.

mer Abkommens gebunden. Diese Bindung konnte jedoch nur so weit gehen, wie die Siegermächte nach dem Völkerrecht für Deutschland Regelungskompetenzen besaßen.

4. Völkerrechtliche Grenzen der alliierten Gewalt über Deutschland

4.1 Kontinuitätslehre – Beschränkung der Besatzungsgewalt

Geht man von der rechtlichen Fiktion des Fortbestandes des Deutschen Reiches als Völkerrechtssubjekt nach 1945 aus und sieht infolge dessen die von den Vier Mächten ausgeübte Regierungsgewalt als völkerrechtlich begründete Besatzungsgewalt in Deutschland an, so stellt sich die Frage nach den rechtlichen Grenzen der Machtausübung, denn auch nur in diesem Rahmen konnte eine wirksame Bindung Deutschlands an das Potsdamer Abkommen erfolgen.

Die Erklärungen der Siegermächte vom 5. Juni 1945 waren nicht geeignet, bindendes Völkerrecht außer Kraft zu setzen oder zu erweitern. Rechtlich konnte ihnen lediglich die Bedeutung einer Festlegung darüber zukommen, wie die Alliierten ihre Befugnisse ausüben wollten, die ihnen nach dem Völkerrecht als Besatzungsmächten zustanden[181].

Die Rechte von Okkupanten in besetzten Gebieten waren 1945 allein im dritten Abschnitt der Haager Landkriegsordnung (HLKO) geregelt[182]. Danach sind Eingriffe der Besatzungsmacht in Staatsorganisation und Rechtsordnung des besetzten Gebietes grundsätzlich nur insoweit erlaubt, als sie durch den Zweck der militärischen Besetzung gerechtfertigt sind[183].

Die Anwendbarkeit der Landkriegsordnung für Deutschland nach der Kapitulation 1945 ist jedoch auch bei Vertretern der Lehre vom Fortbestand des Deutschen Reiches umstritten.

Die Vier Mächte selbst haben sich zur Geltung der HLKO nie gemeinsam geäußert. Auch die Aussagen der einzelnen Besatzungsmächte sind widersprüchlich. Die französische Militärregierung berief sich ausdrücklich auf Art. 52 HLKO als Grundlage ihrer Requisitionen, während die britischen Besatzungsbehörden davon ausgingen, daß die von den Alliierten ausgeübte oberste Gewalt nicht durch die HLKO eingeschränkt werde[184]. Amerikani-

---

181 Siehe auch Meissner, Vereinbarungen S. 48.

182 Siehe Laun, Reden S. 61 f.; Mangoldt, Neuaufbau S. 6; Autorenkollektiv, Völkerrecht Bd. II S. 239 f.

183 Vgl. Laun, Landkriegsordnung S. 43 ff.

184 Vgl. Nachweise in Schmoller, Handbuch S 5 S. 10.

sche Besatzungsgerichte und -behörden stellten die Geltung der Landkriegsordnung nicht grundsätzlich in Frage, beurteilten aber deren Geltung nach
Beendigung der Kampfhandlungen unterschiedlich[185]. Besonders drastisch
ist die Aussage des sowjetischen Völkerrechtlers und Justizoberst der Roten
Armee Korovin, der im Oktober 1946 die Geltung des Völkerrechts für
Deutschland generell bestritt, da "es keinen Kodex des Völkerrechts gibt
und geben kann, der in gleicher Weise annehmbar wäre für den Kannibalen
und sein Opfer, für den Angreifer und den Freiheitsliebenden, für die 'Her-
renrasse' und ihre 'potentiellen Sklaven'[186]. Doch auch dieser Standpunkt
ist zu keiner Zeit ausdrücklich von der Regierung der UdSSR oder der sowjetischen Militärregierung übernommen worden. Dennoch kann im
Grunde genommen kein Zweifel daran bestehen, daß die Siegermächte für
sich zwar einerseits immer wieder ausdrücklich Kriegsrecht in Anspruch
nahmen und bis 1951 vom Fortbestand des Kriegszustandes mit Deutschland ausgingen[187], andererseits aber sich die Umwandlung der gesellschaftlichen Verhältnisse in Deutschland in einem Maße zum Ziel gesetzt hatten,
das kaum vereinbar war mit dem Buchstaben des dritten Abschnittes der
HLKO, der auf weitgehenden Schutz der Bevölkerung des Besatzungsgebietes und dessen Rechtsordnung vor Eingriffen der Besatzungsmacht ausgerichtet ist[188].

Die HLKO von 1907 ist Vertragsrecht, sie gilt somit nur zwischen den vertragschließenden Parteien, und hier auch nur dann, wenn sämtliche am
Krieg beteiligten Länder zu den Signatarstaaten gehören (Art. 2). Weil die
Unterzeichnung der Landkriegsordnung durch das zaristische Rußland von
der Sowjetunion nicht für sie als verbindlich angesehen wurde, könnte
schon aus diesem Grunde die Geltung des Abkommens für Deutschland
fragwürdig sein[189]. Da die HLKO jedoch die positiv-rechtliche Fixierung
dessen bedeutet, was nach allgemeiner Auffassung kraft Gewohnheitsrecht
schon beim Abschluß des Abkommens im Jahre 1907 für alle Staaten verbindlich war[190], galt ihr Inhalt unabhängig von der formalen Nichtanwendbarkeit.

Auch die unbestrittene Tatsache, daß Deutschland (ebenso wie jede der
späteren Besatzungsmächte) im Verlaufe des Zweiten Weltkrieges gegen
die Landkriegsordnung verstoßen hat, ändert nichts an der Gültigkeit deren
— gewohnheitsrechtlich verbindlichen — Grundsätze. Die Rechtspositio-

---

185 Siehe die Nachweise a.a.O. sowie die bei Abendroth, Potsdamer Abkommen S. 4947 angesprochenen Äußerungen Trumans.

186 Korovin, zitiert nach: Laun, Landkriegsordnung S. 111.

187 Vgl. die Auseinandersetzung mit dieser These der Alliierten bei Laun, Landkriegsordnung
S. 93 ff.

188 Dazu vgl. Abendroth, Haftung S. 74 f.; Szekeres, Recht S. 36 f.; Laun, Landkriegsordnung
S. 87, 93.

189 Schmoller, Handbuch § 5 S. 6.

190 Siehe a.a.O., S. 4.

nen aus der Landkriegsordnung stehen auch denjenigen Staaten (insbesondere ihren Truppen und der Zivilbevölkerung) zu, die den Krieg schuldhaft verursacht haben[191].

Die Nichtanwendung der Grundsätze der Landkriegsordnung kann auch nicht mit der Besonderheit der deutschen Situation nach 1945 (Besetzung des gesamten Staatsgebietes, chaotische Zustände[192] und Fortfall der Regierung[193]) begründet werden. Insoweit muß den Alliierten auch das Recht abgesprochen werden, sich auf Zustände zu berufen, die sie letztlich selbst herbeigeführt haben (insbesondere die Absetzung der Regierung Dönitz[194].

Das gleiche gilt für die Versuche, die Bindung der Alliierten des Zweiten Weltkrieges an das Kriegsvölkerrecht allein mit dem Hinweis auf die "bedingungslose Kapitulation" des Deutschen Reiches zu leugnen[195]. Auch eine bedingungslose (militärische) Kapitulation oder die Besetzung des Landes eines Aggressors kann die Sieger nicht von den Pflichten entbinden, die im Interesse einer Humanisierung des Krieges und des Besatzungsregimes bestehen[196].

Die Besatzungsregelungen des Landkriegsrechtes gehen aber von einer bewaffneten Besetzung, d.h. von der Fortdauer der Feindseligkeiten und nicht von einer sogenannten 'occupatio pacifica' (einer Besetzung nach Einstellung der Feindseligkeiten oder gar eines Friedensschlusses) aus[197]. Daher kommt auch aus diesem Grunde eine unmittelbare Anwendung der HLKO auf Deutschland nach der Kapitulation vom 8. Mai 1945 nicht in Betracht[198]. Andererseits kann aber aus der Beschränkung des sachlichen Geltungsbereiches der Landkriegsordnung auf die eigentliche kriegerische Besetzung[199] nicht eine völlige Handlungsfreiheit der Besatzungsmächte nach Einstellung der Feindseligkeiten abgeleitet werden, wie dies insbesondere durch die Besatzungsmächte häufig versucht wurde, um die Praxis der Sieger zu rechtfertigen[200]. Vor Geltung des Genfer Abkommens IV von 1949,

---

191 A.a.O., S. 6 f. mwN.; Ipsen in: Menzel, Völkerrecht S. 531.

192 So aber das Urteil in Juristen-Prozeß (Nürnberger Juristenurteil S. 14, 18).

193 Siehe dazu a.a.o., S. 14; Turegg, Deutschland S. 55 f.

194 Laun, Rechtszustand S. 18.

195 Siehe Laun, Kommentar S. 60; Stödter, Rechtslage S. 121 ff.

196 Autorenkollektiv, Völkerrecht (1. Aufl.) Bd. II S. 365; Seidl-Hohenveldern, Völkerrecht Rdnr. 1308; Mangoldt, Neuaufbau S. 6.

197 Ipsen in: Menzel, Völkerrecht S. 549; Cohn, Problem S. 180. Erst das III. Genfer Abkommen von 1949 bezieht jede Art der Besetzung mit ein. Siehe auch Schmoller, Handbuch § 5 S. 8.

198 So aber Stödter, Rechtslage S. 171 ff.; Laun, Rechtszustand S. 16 ff.; Berber, Völkerrecht Bd. II S. 126 f.; Kraus, Oder-Neiße-Linie S. 15. Vermittelnd: Grewe, Besatzungsstatut S. 108 ff., 126 ff., 210; Menzel, Deutschland s. 78; Szekeres, Recht S. 38 ff.

199 So grundsätzlich wohl Kaufmann, Rechtslage S. 16; Ipsen in: Menzel, Völkerrecht S. 378.

200 Siehe Berber, Völkerrecht Bd. II S. 126; Stödter, Rechtslage S. 146.

das das Besatzungsrecht nach Einstellung der Kampfhandlungen regelt, konnten daher nur völkerrechtliches Gewohnheitsrecht und allgemeine völkerrechtliche Grundsätze die Besatzungsgewalt der Alliierten in Deutschland begrenzen[201].

Die in der HLKO niedergelegten Grundsätze waren aber – wie bereits erwähnt – Ausdruck der allgemeinen Rechtsauffassung und somit Völkergewohnheitsrecht. Sie sind auch – mit Ausnahme der Regelungen, die gerade die Fortdauer der militärischen Aktionen voraussetzen[202] – so genereller Natur, daß sie für jede Art einer nichtvertraglichen Besetzung Geltung beanspruchen[203].

Nach den insoweit anwendbaren Grundsätzen der Landkriegsordnung haben Besatzungsmächte auch nach Abschluß der Kampfhandlungen das Recht, Abgaben, Zölle, Gebühren und Naturalleistungen zu verlangen (Art. 48, 49, 52 HLKO), müssen aber andererseits Grundrechte der Bürger des besetzten Landes – wie Privateigentum und religiöse Überzeugungen – achten (Art. 46, 47 HLKO). Die öffentliche Ordnung und das öffentliche Leben sind im besetzten Gebiet aufrechtzuerhalten und dabei sind – "soweit kein zwingendes Hindernis entgegensteht" – die bestehenden Landesgesetze zu beachten (Art. 43)[204].

Die Besatzungsmächte Deutschlands haben aber nicht nur zahlreiche deutsche Gesetze aufgehoben, sondern sogar die verfassungsrechtliche Struktur von Grund auf verändert. Ein Verhalten, das im Widerspruch zu den genannten Grundsätzen zu stehen scheint, die Interventionen – soweit sie nicht ausnahmsweise aus militärischen Gründen zwingend geboten sind – verbieten.

Das völkerrechtliche Interventionsverbot muß jedoch im Kontext mit dem gesamten Völkerrecht[205] und unter Beachtung der besonderen Situation im Jahr 1945 interpretiert werden[206]. Soweit – wie oben festgestellt[207] – Interventionen in Fällen der Friedensbedrohung und der Verletzung grundsätzlicher völkerrechtlicher Normen zulässig sind, mußte den Besatzungsmächten auch das Recht zukommen, die Ursachen des völkerrechts-

---

201 So z.B. Ipsen in: Menzel, Völkerrecht S. 549.

202 Wie z.B. die Vorschrift über das Beuterecht (Art. 53) oder das Verbot, Angehörige des besetzten Staates zu Auskünften von militärischer Bedeutung zu zwingen (Art. 44).

203 Außerdem enthält die HLKO auch gewisse Normen, die sich aus dem Wesen *jeder* Besetzung ergeben, ob es sich um eine kriegerische oder um eine andere Art der Besetzung handelt. Kaufmann, Rechtslage S. 17; ähnlich Schlochauer, Besatzungsstatut S. 203; Ipsen in: Menzel, Völkerrecht S. 549.

204 Siehe auch Schmoller, Handbuch § 5 S. 9 mwN. und die dort auf S. 10 Anm. 30 aufgeführten Urteile.

205 Siehe auch Autorenkollektiv, Völkerrecht Bd. II S. 236 ff.

206 Seidl-Hohenveldern, Völkerrecht Rdnr. 1343; siehe auch Wengler, Völkerrecht Bd. II S. 1357 f.

207 Siehe oben 1. Teil III. 1.2.2.

widrigen Verhaltens – und damit die Grundlagen des Militarismus und Nazismus" – zu beseitigen, um so einen völkerrechtsgemäßen Zustand in Deutschland wieder herzustellen. Dazu war es aber u.a. auch notwendig, wesentliche Teile der nationalsozialistischen Gesetzgebung in Deutschland außer Kraft zu setzen[208].

Die grundlegenden Ziele des Potsdamer Abkommens – Entnazifizierung, Entmilitarisierung und Demokratisierung – bezwecken die Verhinderung einer Friedensbedrohung und die Wiederherstellung der Geltung der Menschenrechte in Deutschland. Sie zielten damit auf die Sicherung einer völkerrechtskonformen Ordnung ab und sind daher grundsätzlich als zulässig anzusehen.

4.2 Geltung des Völkerrechts für Deutschland bei Untergang des Deutschen Reiches

Von den Vertretern der Untergangstheorie wird die Geltung der Haager Landkriegsordnung in Deutschland nach Übernahme der obersten Gewalt durch die vier Siegermächte grundsätzlich bestritten[209].

Wenn Kelsen den Alliierten bereits 1944 die Errichtung eines Kondominiums statt einer bloßen Besetzung Deutschlands anriet, so geschah dies vor allem deswegen, weil dann die den Aktionsspielraum von Besatzungsmächten in hohem Maße einengenden Vorschriften der HLKO nicht zur Anwendung kämen[210]. Die auch von Abendroth ausdrücklich hervorgehobene[211] Nichtgeltung des Landkriegsrechtes für Deutschland nach Errichtung der Kondominialgewalt durch die Siegermächte ist zunächst prinzipiell eine logische Folge der Annahme der Bildung eines neuen Völkerrechtssubjekts durch die Alliierten. Hier standen sich nicht Völkerrechtssubjekte (etwa die Vier Mächte und das Deutsche Reich) gegenüber, hier übten nicht souveräne Staaten über einen anderen Staat aufgrund völkerrechtlicher Rechtspositionen Besatzungsherrschaft aus, sondern hier entsprach das Verhältnis der Kollektivgewalt der Alliierten zu Deutschland und dessen Bevölkerung im Prinzip den staatsrechtlichen Beziehungen innerhalb eines Staates[212].

Dennoch muß der Untergang des Deutschen Reiches und die Errichtung einer alliierten Kollektivgewalt nicht zwangsläufig zur Leugnung jeder völkerrechtlichen Beschränkung der alliierten Hoheitsgewalt führen. Nicht nur Laun (der vom Fortbestand des Deutschen Reiches ausgeht) ist der Ansicht,

208 Autorenkollektiv, Völkerrecht Bd. II S. 240; Lewald, Deutschlands Rechtslage S. 856.

209 Siehe oben 1. Teil III. 1.2.1.

210 Kelsen, International Legal Status S. 383, 690 f.

211 Abendroth, Haftung S. 74 f.; Abendroth, Potsdamer Abkommen S. 4947 f.

212 Siehe oben 1. Teil III. 1.2.1.

daß auch im Falle des Untergangs das Landkriegsrecht als allgemeines Völkerrecht weiter gilt[213]. Selbst Szekeres – der in Anbetracht des Untergangs des Deutschen Reiches den dritten Abschnitt der HLKO nicht für anwendbar hält – geht von der Geltung allgemein anerkannter Grundsätze des Völkerrechts für Deutschland aus[214]. Auch Abendroth hält "die analoge Anwendung von Gedanken der HLKO als Interpretationshilfsmittel" für möglich[215]. Selbst wenn man der Bevölkerung eines Staates nicht das Recht zugesteht, sich gegenüber der eigenen Staatsgewalt auf völkerrechtliche Rechtspositionen wie das Selbstbestimmungsrecht und die Menschenrechte zu berufen, so kann doch aus der besonderen rechtlichen Situation Deutschlands unter der Kollektivgewalt der Alliierten die Geltung eines Mindeststandards an völkerrechtlichen Garantien für die deutsche Bevölkerung abgeleitet werden. Hierfür sprechen zwei Überlegungen:

– Die Alliierten haben Deutschland nicht annektiert, d.h. sie haben das Territorium des Deutschen Reiches und dessen Bewohner nicht in seiner Gesamtheit in ihre Staatsgebiete und ihre Staatsvölker eingegliedert. Von ihnen wurde Deutschland weiterhin als Ausland und seine Bewohner als Ausländer behandelt[216].

– Zudem ist die Übernahme der obersten Gewalt von den Vier Mächten selbst zu einer vorübergehenden Maßnahme erklärt und die spätere Wiederaufnahme Deutschlands in die Völkergemeinschaft in Aussicht gestellt worden[217].

Dies legt es zumindest nahe, der deutschen Bevölkerung den Schutz der Grundprinzipien des völkerrechtlichen Fremdenrechts (Anerkennung als Rechtssubjekt, Diskriminierungsverbot, menschenwürdige Behandlung, Rechtsschutz etc.) zuzubilligen[218]. Darüber hinaus kann jedoch die Behauptung der Fortdauer des Kriegszustandes mit Deutschland nach der Kapitulation und die daraus abgeleitete Inanspruchnahme von Kriegsrecht durch die Siegermächte[219] kaum im Umkehrschluß als Unterwerfung der Alliierten unter das Besatzungsrecht der HLKO gedeutet werden, denn die Berufung auf "Kriegsrecht" sollte nicht der Beschränkung ihrer Kompetenzen, sondern vielmehr deren Ausweitung dienen. Dennoch spricht gerade auch die skizzierte Form und Zielsetzung der alliierten Kollektivgewalt über Deutschland für eine analoge Anwendung der als allgemein anerkannten

213 Laun, Landkriegsordnung S. 117, 127 f.

214 Szekeres, Recht S. 41 f.

215 Abendroth, Potsdamer Abkommen S. 4948; siehe auch Rumpf, Land S. 8.

216 Vgl. etwa Laun, Landkriegsordnung S. 96, 130.

217 Mitteilungen über die Krim-Konferenz vom 11.2.1945, Abschnitt II (Kontrollrat, Amtsblatt, Ergänzungsblatt Nr. 1, Berlin (1946) S. 5).

218 Zum völkerrechtlichen Fremdenrecht siehe: Autorenkollektiv, Völkerrecht, Bd. I S. 223 ff.; Seidl-Hohenveldern, Völkerrecht Rdnr. 1172 ff.; Verdross, Völkerrecht S. 285 ff.

219 Vgl. dazu ausführlich Laun, Landkriegsordnung S. 87 ff.

Grundsätze des Völkerrechts geltenden Prinzipien der Landkriegsordnung. In der Präambel bestimmt die HLKO selbst, daß in von ihrer Ordnung nicht umfaßten Fällen "die Bevölkerung und die Kriegsführenden unter dem Schutz und der Herrschaft der Grundsätze des Völkerrechts bleiben, wie sie sich ergeben aus den unter gesitteten Völkern feststehenden Gebräuchen, aus den Gesetzen der Menschlichkeit und aus den Forderungen des öffentlichen Gewissens"[220]. Die von den Alliierten über Deutschland als fremdes Gebiet und über die Deutschen als Ausländer ausgeübte Kollektivgewalt ähnelt in vielem der Besatzungsgewalt über das Territorium eines fremden Staates. Auch daher können die als Grundsätze des allgemeinen Völkerrechts geltenden humanitären Normen der Landkriegsordnung Wirkung beanspruchen[221]. Dies gilt insbesondere für die Art. 46 und 47, die dem Schutz der Bevölkerung dienen und weder eine Fortdauer der Kampfhandlungen voraussetzen, noch auf die Sicherung der Staatsordnung des beherrschten Gebietes abzielen.

Damit ergeben sich auch bei Annahme des Untergangs des Deutschen Reiches für die Ausübung der Staatsgewalt in Deutschland durch die vier Siegermächte gewisse grundlegende völkerrechtliche Beschränkungen. Diese unterscheiden sich nicht grundlegend von den – angesichts der legitimen Interventionsziele weitgesteckten – Begrenzungen der Besatzungsmacht bei Annahme des Fortbestandes des Deutschen Reiches. Die grundsätzlichen Ziele des Potsdamer Abkommens – Entnazifizierung, Entmilitarisierung und Demokratisierung – sind durch sie nicht in Frage gestellt. Bei der Erörterung des gültigen Inhalts der einzelnen Bestimmungen des Abkommens wird zu untersuchen sein, ob die Alliierten sich in Potsdam im Rahmen ihrer völkerrechtlichen Befugnisse gehalten haben.

---

220 Präambel Abs. 8 HLKO.

221 Vgl. Szekeres, Recht S. 41 f.; sowie auch Schmoller, Handbuch § 5 S. 9; Laun, Landkriegsordnung S. 117.

IV. Bindung der Bundesrepublik Deutschland und der Deutschen Demokratischen Republik an das Potsdamer Abkommen

Geht man von der vertraglichen Bindung Deutschlands im Jahre 1945 – d.h. aus der Sicht der Kontinuitätslehre des Deutschen Reiches bzw. vom Standpunkt der Diskontinuitätslehre des kollektiven Herrschaftsgebildes der Vier Mächte – an das Potsdamer Abkommen aus, so ist damit noch nicht die Frage beantwortet, ob auch für die Bundesrepublik Deutschland und die DDR Verpflichtungen aus dem Abkommen erwachsen sind.

1. Kontinuitätslehre

Auf die zahlreichen Theorien, die von den Vertretern der These vom Fortbestand des Deutschen Reiches zu dessen Rechtslage nach Gründung der Bundesrepublik Deutschland und der DDR im Jahre 1949 sowie zum Verhältnis beider Länder untereinander und zum Deutschen Reich entwickelt worden sind, braucht hier nicht im einzelnen eingegangen zu werden.

Nimmt man – wie die Verfechter der Identitätstheorie[1] – eine Identität der Bundesrepublik Deutschland mit dem Deutschen Reich bzw. eine Identität der DDR mit demselben[2] oder gar eine Teilidentität sowohl der Bundesrepublik wie der DDR mit dem Deutschen Reich an[3], so ergibt sich aus der Fortsetzung der Rechtspersönlichkeit des Reiches zwangsläufig auch eine Bindung an dessen völkerrechtliche Verpflichtungen[4].

Gegen die Identitätstheorie spricht allerdings, daß die Alliierten 1945 die oberste Gewalt in Deutschland übernommen haben und diese nicht gemeinschaftlich durch alle Alliierten auf die Bundesrepublik (zurück-)übertragen wurde. Sieht man – wie Kimminich[5] – im Deutschland-Vertrag vom 26.5.1952 die Übertragung der Souveränität des Deutschen Reiches durch die Westalliierten auf die

---

1 Zu den heutigen Vertretern der Identitätstheorie gehören neben dem Bundesverfassungsgericht (BVerfGE 36, 16) unter anderem: Kimminich, Ostverträge S. 23; Kimminich, Urteil S. 659; Hoffmann, Deutsche Teilung S. 36 ff.; Mattfeld, Modell S. 24 ff.; Ipsen, UN-Mitgliedschaft S. 3 ff.; Kewenig, Suche S. 797 ff.; Arndt, Verträge (an zahlreichen Stellen).

2 Etwa bis 1950 wurde auch in der DDR deren Identität mit dem Deutschen Reich behauptet. Siehe die einzelnen Nachweise bei Hoenicke, Fortgeltung S. 168 f.; Abendroth, Bindung S. 151 f.; v.d. Heydte, Entwicklung S. 142, 144; Schuster, Existenz S. 151.

3 So die frühere Ansicht Krügers, der sowohl die Bundesrepublik als auch die DDR als mit dem Deutschen Reich identisch ansah (Krüger, Bundesrepublik Deutschland und Deutsches Reich S. 113 ff.). Ebenso Ullmann, Die völkerrechtliche Lage S. 92.

4 So auch das Bundesverfassungsgericht (BVerfGE 6, 336).

5 Kimminich, Souveränität S. 53, 73.

Bundesrepublik, so fehlt es an der – angesichts der Vier-Mächte-Verantwortung für Deutschland – notwendigen Zustimmung der Sowjetunion. Diese kann auch nicht in die Anerkennung der Bundesrepublik durch die UdSSR hineininterpretiert werden[6], da man dann auch in der Anerkennung der DDR durch die Westmächte und die Sowjetunion eine kaum mögliche Zweitübertragung der Souveränität des Deutschen Reiches sehen müßte[7]. Eine Teilidentität der Bundesrepublik und auch der DDR mit dem Deutschen Reich[8] widerspricht der Logik[9]. Identität ist nicht teilbar, entweder ist sie gegeben oder nicht.

Auch bei der "Dachtheorie"[10] entstehen keine grundsätzlichen Probleme: Geht man davon aus, daß sich unter dem als fortbestehend gedachten "Dach" des Deutschen Reiches die Bundesrepublik und die DDR als zwei eigenständige staatliche Teilordnungen gebildet haben, die jeweils auf ihrem Gebiet die Staatsgewalt des Deutschen Reiches treuhänderisch ausüben[11], so bestehen auch hier – für beide staatlichen Teilordungen – die völkerrechtlichen Verpflichtungen des Deutschen Reiches fort[12].

Aus der Sicht der Kontinuitätslehre wird diese Theorie den Verhältnissen nach 1945 am ehesten gerecht. Gegen eine Dismembration des Deutschen Reiches und die Entstehung zweier neuer Staaten auf dem Boden des Deutschen Reiches als Altstaat spricht der mangelnde Dismembrationswille. Nach 1945 wurde sowohl in der Bundesrepublik wie zunächst auch in der DDR der provisorische Charakter der beiden staatlichen Gebilde betont und ein Wiederaufleben des gesamtdeutschen Staates angestrebt. Nach dem völkerrechtlichen Prinzip der Kontinuität mußte daher, weil 1949 die völkerrechtliche Lage des Deutschen Reiches noch nicht geklärt und bei den beiden Staatsgebilden auf deutschem Boden noch kein Dismembrationswille vorhanden war, weiter von einem Fortbestand des Deutschen Reiches ausgegangen werden. Da zugleich aber auch der Effektivitätsgrundsatz im Völkerrecht Geltung beansprucht, kann man die Rechtslage des Deutschen Reiches nach 1949 als einen "Spannungszustand" bezeichnen[13]. Mit der zunehmenden Stabilisierung der inneren Ordnung der beiden Staatsgebilde mußte aber dem Effektivitätsprinzip immer mehr Geltung zukommen. Während die Bundesrepublik nach wie vor vom Fortbestand des Deutschen Reiches aus-

---

6   So aber Mann, Rechtslage S. 588.

7   Dazu ausführlich Bücking, Rechtsstatus S. 61 ff.

8   Krüger, Bundesrepublik Deutschland und Deutsches Reich S. 113 ff.; Ullmann, Völkerrechtliche Lage S. 92. So wohl auch BVerfGE 36, 16.

9   Blumenwitz, Grundlagen S. 94 f. Später auch Krüger, Bundesrepublik Deutschland und Deutsche Demokratische Republik S. 10.

10 Zur Dachtheorie und ihren unterschiedlichen Ausprägungen siehe vor allem Blumenwitz, Grundlagen S. 116 ff. und Schuster, Existenz s. 93 ff. sowie v.d. Heydte, Deutschlands Rechtslage S. 333; v.d. Heydte, Der deutsche Staat S. 13, 22; Laun, Legal Status S. 267.

11 Dahm, Völkerrecht Bd. I S. 94; Mangoldt, Grundgesetz Bd. I S. 35.

12 Hoenicke, Fortgeltung S. 102.

13 Bücking, Rechtsstatus S. 82.

geht, vertritt die DDR seit 1956 die Dismembration des Deutschen Reiches in zwei Staaten. Bereits mit diesem Positionswechsel der DDR könnte man einen endgültigen Durchbruch des Effektivitätsprinzips annehmen. In jedem Falle aber kann wohl nur so lange vom Fortbestand des Deutschen Reiches ausgegangen werden, wie wenigstens ein betroffenes Völkerrechtssubkjekt tatsächlich von dessen Weiterbestehen ausgeht. Insoweit kommt den Ost-Verträgen eminente Bedeutung zu: Vertritt man die Ansicht, daß damit der de-jure-Verlust der deutschen Ostgebiete eingeleitet und mit dem Grundlagenvertrag die DDR durch die Bundesrepublik faktisch anerkannt wurde, so muß man den endgültigen Vollzug der Dismembration des Deutschen Reiches annehmen[14].

Konstatiert man jedoch – ausgehend von der rechtlichen Fiktion des Fortbestandes des Deutschen Reiches im Jahre 1945 – mit der Gründung der Bundesrepublik Deutschland und der DDR im Jahre 1949 den Untergang des Deutschen Reiches und die Zergliederung des Altstaates in zwei Neustaaten (Dismembration)[15], so entspricht die Problemlage im Hinblick auf die Geltung des Potsdamer Abkommens für die beiden deutschen Staaten der nach der Diskontinuitätslehre.

2. Diskontinuitätslehre

Die Vertreter der Lehre vom Untergang des Deutschen Reiches im Jahre 1945 sind sich darin einig, daß es sich bei der Bildung der Bundesrepublik Deutschland und der DDR im Jahre 1949 nicht um eine Fortsetzung des (untergegangenen) Deutschen Reiches, sondern um Neugründungen aufgrund von Ermächtigungen der jeweiligen Besatzungsmächte handelt[16]. Es lag auch keine Identität der beiden deutschen Staatsbildungen mit der von den vier Siegermächten 1945 begründeten Kollektivgewalt in Deutschland vor[17].

Damit besteht im Hinblick auf die Geltung des Potsdamer Abkommens das Problem der Staatennachfolge, d.h. die – im Völkerrecht sehr umstrittene – Frage, in welchem Umfang die völkerrechtlichen Verpflichtungen des Vorgängers den an seine Stelle tretenden Staat binden.

14 Siehe dazu die umfassende Darstellung und Begründung bei Bücking, Rechtsstatus S. 78 ff.

15 Die Dismembration des Deutschen Reiches in zwei Neustaaten wird insbesondere von den sozialistischen Ländern und der dortigen Völkerrechtsliteratur vertreten. Siehe im einzelnen die Nachweise bei Schuster, Existenz S. 191 ff.

16 Siehe Nawiasky, Grundgedanken S. 5, 10 f., 13; Rumpf, Land S. 8 ff.; Abendroth, Potsdamer Abkommen S. 4948, 4953 f.; Poeggel, Staatennachfolge S. 40 f.; vgl. auch die Ausführungen Kelsen zur Ablösung des Kondominialstatus in Deutschland (German Peace).

17 Abendroth, Potsdamer Abkommen S. 4948. Das gleiche gilt für die DDR, wenn man deren Sezession vom Deutschen Reich (bei Identität der Bundesrepublik mit dem Reich) annimmt (siehe dazu Hoffman, Deutsche Teilung S. 36 ff.; Schuster, Existenz S. 48; Bücking, Rechtsstatus S. 74 f.).

Folgt man der – in diesem Jahrhundert bisher wenig vertretenen – Lehre von der Universalsukzession des Nachfolgestaates[18], so ist die Fortgeltung des Potsdamer Abkommens für die Bundesrepublik Deutschland und die DDR unproblematisch. Auch nach der – noch nicht in Kraft getretenen – Wiener Konvention über Staatennachfolge in Verträgen vom 23. August 1978[19] würde sich wohl eine Fortgeltung der Verträge für beide deutschen Staaten ergeben, da die Konvention in Art. 34–37 von einer Vertragskontinuität bei Separation oder Zerfall eines Staates ausgeht. Doch diese Kodifizierung kann – angesichts der stark divergierenden Ansichten in der völkerrechtlichen Praxis und Literatur – nur schwerlich als bereits in der Vergangenheit gewohnheitsrechtlich geltendes Völkerrecht betrachtet werden. Leugnet man jedoch einen automatischen Übergang oder eine Übernahmeverpflichtung von Rechten und Pflichten des Vorgängers[20], können für die Bundesrepublik Deutschland und die DDR nur dann Bindungen an das Potsdamer Abkommen erwachsen sein, wenn diese ausdrücklich übernommen wurden[21].

Etwas anderes gilt bei "radizierten Verträgen", d.h. Abkommen, die in unmittelbarer territorialer Beziehung zum Nachfolgestaat stehen und in etwa mit einer Hypothek oder einem Servitut vergleichbar sind. Sie gelten unbestritten nach allgemeiner Ansicht für den Nachfolgestaat[22]. Das Potsdamer Abkommen weist eine derartige territoriale Beziehung nur im Hinblick auf die ins Auge gefaßten Gebietsabtretungen an die Sowjetunion und Polen sowie die Grenzziehung im Osten auf. Da es sich aber nicht einmal bei diesen Regelungen um endgültige verbindliche Festlegungen handelt, kann das Potsdamer Abkommen insgesamt kaum als radizierter Vertrag angesehen werden.

Für Die DDR ergibt sich eine Übernahme (bzw. Anerkennung) der Verpflichtungen aus dem Potsdamer Abkommen eindeutig aus der Präambel des Vertrages über die Beziehungen zwischen der DDR und der UdSSR

18 Eine Universalsukzession vertreten: Grotius, De jure belli ac pacis, Buch II 9. Kapitel § 12 sowie Kirsten, Staatennachfolge S. 81 ff.

19 UN-Dokument Nr. A/34/194 (deutscher Text: Poeggel, Staatennachfolge S. 137 ff.). Siehe dazu auch Poeggel, a.a.O., S. 110 f.

20 Zu den strittigen Auswirkungen der Staatsnachfolge siehe Hoenicke, Fortgeltung S. 101 ff.; Seidl-Hohenveldern, Völkerrecht § 66; Wehser in: Menzel, Völkerrecht S. 185 ff.; Berber, Lehrbuch des Völkerrechts Bd. I § 34; Poeggel, Staatennachfolge S. 21 ff.

21 Zu den im Hinblick auf eine Übernahmepflicht bzw. ein Übernahmerecht vertretenen Ansichten siehe: Hoenicke, Fortgeltung S. 102 ff. Poeggel (Staatennachfolge S. 56 ff.) geht auch von einer Nachfolgepflicht bei Verträgen mit "universellem Charakter" aus. Hinsichtlich des Potsdamer Abkommens nimmt er – ausgehend vom Untergang des Deutschen Reiches 1945 (S. 36 ff.) – zunächst eine Bindung des deutschen Volkes an (s.o. 1. Teil III. 2.2), dessen Verpflichtungen dann 1949 auf die beiden deutschen Staaten übergingen (S. 39, 45).

22 Siehe dazu z.B. Seidl-Hohenveldern, Völkerrecht Rdnr. 1040; Dahm, Völkerrecht Bd. I S. 108; vgl. auch: Art. 11, 12 Wiener Konvention über Staatennachfolge in Verträgen.

vom 20. September 1955[23] in Verbindung mit der Erklärung der UdSSR zur Herstellung der Souveränität der DDR vom 25. März 1954[24]. In dieser Deklaration nimmt die Sowjetregierung ausdrücklich die Erklärung der Regierung der Deutschen Demokratischen Republik zur Kenntnis, daß diese "die Verpflichtungen einhalten wird, die sich für die Deutsche Demokratische Republik aus dem Potsdamer Abkommen über die Entwicklung Deutschlands als eines demokratischen und friedliebenden Staates ergeben". Die Präambel des Vertrages von 1955 hebt hervor, daß dieser geschlossen worden sei "unter Berücksichtigung der Verpflichtungen, die die Deutsche Demokratische Republik und die Sowjetunion gemäß den bestehenden internationalen Abkommen, die Deutschland als Ganzes betreffen, haben"[25].

In gleicher Weise eine Bindung der Bundesrepublik Deutschland an das Potsdamer Abkommen aufgrund von Verträgen mit den westlichen Besatzungsmächten nachzuweisen, fällt ungleich schwerer.

Bezieht man jedoch in die Beurteilung der einseitigen Erklärungen der Westmächte zur Bildung der Bundesrepublik Deutschland und in die Interpretation der nachfolgenden Verträge von 1952-1955 zwischen der Bundesrepublik Deutschland und den Drei Mächten mit ein,

— daß die Westalliierten verpflichtet waren, die Entwicklung Deutschlands auf der Basis des Potsdamer Abkommens zu gestalten,

— daß sie sich zwar in einzelnen Punkten über dessen Ziele hinwegsetzten, seine Geltung als Grundlage ihrer Politik gegenüber Deutschland jedoch nie in Frage stellten und

— daß den Organen der Bundesrepublik Deutschland dies bei den Vertragsschlüssen mit den Westmächten sehr wohl bewußt war,

so kann man durchaus zu dem Schluß gelangen, daß die Bundesrepublik Deutschland sich zumindest verpflichtet hat, nicht gegen die im Potsdamer Abkommen niedergelegten grundlegenden Ziele der gemeinsamen Politik der vier Siegermächte gegenüber Deutschland zu verstoßen und diese zu respektieren[26].

23 Deutscher Text in: Beziehungen DDR–UdSSR 2. HBd. S. 992 ff.

24 Deutscher Text a.a.O., S. 639. Nr. 2 der Erklärung lautet: "Die Sowjetunion behält in der DDR die Funktionen, die mit der Gewährleistung der Sicherheit im Zusammenhang stehen, die der UdSSR aus den Vier-Mächte-Abkommen erwachsen. Die Sowjetunion hat die Erklärung der Regierung der DDR zur Kenntnis genommen, daß sie die Verpflichtungen einhalten wird, die sich für die DDR aus dem Potsdamer Abkommen über die Entwicklung Deutschlands als eines demokratischen und friedliebenden Staates ergeben, ...". – In der Präambel des Vertrages vom 20. September 1955 (siehe Anm. 23) heißt es: "Unter Berücksichtigung der Verpflichtungen, die die Deutsche Demokratische Republik und die Sowjetunion gemäß den bestehenden internationalen Abkommen, die Deutschland als Ganzes betreffen, haben...".

25 So auch Graefrath, Verbindlichkeit S. 688 f.; s.a. Steiniger, Abkommen.

26 Graefrath (Verbindlichkeit S. 688 f.) und Steiniger (Abkommen) gehen von einer Bindung der Bundesrepublik an das Potsdamer Abkommen im Wege der Staatennachfolge in Verträgen aus.

Bereits nach dem Frankfurter Dokument III zur Bildung der Bundesrepublik Deutschland vom 1. Juli 1948[27] wollten die Westmächte den (west)deutschen Regierungen nur beschränkt Befugnisse übertragen und sich die Zuständigkeiten vorbehalten, "die notwendig sind, um die Erfüllung des grundsätzlichen Zwecks der Besatzung sicherzustellen". Dazu gehörten ausdrücklich "die Verpflichtungen, welche die Besatzungsmächte in bezug auf Deutschland eingegangen sind". Wenn sich die Westalliierten weiterhin die Kontrolle über "die Beachtung der von ihnen gebilligten Verfassungen" vorbehalten wollten, so kann dies dahingehend interpretiert werden, daß sie Änderungen der – auf Übereinstimmung mit den in bezug auf Deutschland eingegangenen Verpflichtungen überprüften – Verfassungen[28] verhindern wollten, die den gemeinsamen Festlegungen der vier Hauptsiegermächte widersprachen. Das Besatzungsstatut vom 10. April 1949[29] wiederholt und konkretisiert diese Vorbehalte und stellt fest, daß die Besatzungsbehörden die Ausübung der vollen Gewalt wieder übernehmen können, "wenn sie dies für unerläßlich erachten für die Sicherheit oder zur Aufrechterhaltung der demokratischen Ordnung oder um den internationalen Verpflichtungen ihrer Regierungen nachzukommen"[30].

Im Petersberger Abkommen der Alliierten Hohen Kommissare mit Bundeskanzler Adenauer vom 22. November 1949[31] ist die erste, von bundesrepublikanischer Seite abgegebene Verpflichtungserklärung auf grundsätzliche Ziele des Potsdamer Abkommens (wie Entnazifizierung und Demokratisierung) enthalten[32].

Der Vertrag zur Regelung der aus Krieg und Besatzung entstandenen Fragen (Überleitungsvertrag) vom 26. Mai 1952[33] – ein Zusatzvertrag zum Deutschlandvertrag, schreibt einige wesentliche Besatzungsziele vertraglich mit der Bundesrepublik Deutschland fest. So erkennen die vertragschließenden Parteien auch an, daß die vom Kontrollrat erlassenen Rechtsvorschriften nicht zur einseitigen Disposition der drei Westmächte bzw. der Bundesrepublik stehen, wenn es auch für zulässig erachtet wird, diese – abgesehen von einigen "versteinerten" Vorschriften – "außer Wirksamkeit zu setzen"[34].

27 U.a. abgedruckt in: Bonner Kommentar, Einleitung S. 42 f.

28 Unabhängig von der Frage der Bindung der Bundesrepublik Deutschland und der Deutschen Demokratischen Republik an das Potsdamer Abkommen ist für die bis 1949 entstandenen Verfassungen – d.h. die der Länder sowie das Grundgesetz und die Verfassung der Deutschen Demokratischen Republik – festzustellen, daß sie in jedem Falle unter der Geltung des Potsdamer Abkommens entstanden sind. Egal ob man von der Kontinuitäts- oder Diskontinuitätslehre ausgeht, waren zumindest die genehmigenden Mächte an das Abkommen gebunden und dementsprechend verpflichtet, die Verfassungen auf ihre Übereinstimmung mit dem Abkommen zu überprüfen.

29 AHK-ABl. Nr. 1 vom 23.9.1949 S. 2.

30 Vgl. Nr. 2 und 3 des Besatzungsstatutes (a.a.O.).

31 Bundesanzeiger vom 26.11.1949 Nr. 28.

32 Abschnitt III und V des Petersberger Abkommens (a.a.O.). Dabei ist allerdings zu berücksichtigen, daß dieses nur die damalige Bundesregierung, nicht aber die Bundesrepublik selbst band.

33 BGBl. II S. 405.

34 Art. 1 Abs. 1 und 2 des Überleitungsvertrages (a.a.O.). Mit dieser juristischen Differenzie-

Die von den Westmächten von Anfang an geltend gemachten spezifizierten Vorbehaltsrechte, die wesentliche Punkte des Potsdamer Übereinkommens betrafen, sowie der nach wie vor aufgrund des Deutschlandsvertrages vom 26. Mai 1952 bestehende Vorbehalt hinsichtlich der "Deutschland als Ganzes" betreffenden Angelegenheiten[35] machen deutlich, auf welche Grundlinien die Westalliierten die Entwicklung der Westzonen Deutschlands festlegen wollten. Regelungen für Deutschland in seiner Gesamtheit enthalten aber gerade auch die Potsdamer Beschlüsse[36]. Insofern kann die in Kenntnis der Verpflichtungen der Westmächte aus dem Potsdamer Abkommen erklärte Anerkennung der alliierten Vorbehaltsrechte in Art. 2 des Deutschlandvertrages als vertragliche Bindung der Bundesrepublik Deutschland an die Ziele des Potsdamer Abkommens gewertet werden.

Selbst wenn man eine Anerkennung der Vier-Mächte-Vereinbarungen aus dem Jahre 1945 – auf die sich der "Deutschland als Ganzes" betreffende Vorbehalt im Deutschlandvertrag bezieht – seitens der Bundesrepublik ablehnt[37], so bedeutet doch die ausdrückliche "Hinnahme"[38] durch die Bundesrepublik Deutschland eine Verpflichtung zur Respektierung. Auf diese Weise wäre die Bundesrepublik Deutschland zumindest gehalten, nicht gegen die Deutschland betreffenden Bestimmungen des Potsdamer Abkommens zu verstoßen.

Geht man (auf der Basis der Diskontinuitätslehre) vom Fortbestand der – von allen Besatzungsmächten in Anspruch genommenen – Vier-Mächte-Verantwortung für Deutschland als Ganzes aus, läßt sich auch mit einer weiteren Überlegung – gewissermaßen einer neuen "Dachtheorie" – eine fortbestehende Verbindlichkeit des Potsdamer Abkommens für Deutschland bzw. beide deutschen Staaten herleiten: Die Vier Mächte haben zwar seit 1949 die von ihnen in Anspruch genommene Staatsgewalt über Deutschland weitgehend auf die beiden deutschen Staaten übertragen, im Hinblick auf die 1945 getroffenen gemeinsamen Vereinbarungen sich aber nicht unwesentliche Rechte – insbesondere hinsichtlich Deutschland als Ganzes betreffender Fragen – vorbehalten. Teile der alliierten Kollektivgewalt existieren u.a. mit den Militärmissionen, der teilweisen Kontrolle des Luftraumes und dem Spandauer Kriegsverbrechergefängnis weiter[39]. Als fortbestehende Reste der alliierten Kollektivgewalt können ebenso die verbindlichen Festsetzungen der Vier Mächte über Deutschland als Ganzes – also im wesentlichen

rung suchte man einen Kompromiß zu finden zwischen dem Souveränitätsstreben des westdeutschen Staates und der Fortdauer der Vier-Mächte-Verantwortung für Gesamtdeutschland (vgl. Rumpf, Land S. 25 f. Hier wird auch ausführlich auf weitere vertragliche Festlegung der Bundesrepublik auf im Einklang mit dem Potsdamer Abkommen stehende Besatzungsziele eingegangen).

35 Art. 2 Abs. 1 Deutschlandvertrag (BGBl. 1955 II S. 305).

36 Siehe Abschnitt III des Potsdamer Abkommens.

37 So für viele Kutscher, Bonner Vertrag, Art. 2, Anm. 1.

38 A.a.O.

39 Vgl. dazu etwa Rumpf, Land S. 23.

das Potsdamer Abkommen – angesehen werden. Dieses galt – wie festgestellt – nicht nur zwischen den Alliierten, sondern war auch für das durch die alliierte Kollektivgewalt beherrschte Deutschland verbindlich. Wenn die Vier Mächte von der Übertragung der Souveränität auf die Bundesrepublik Deutschland und die DDR ausdrücklich Deutschland als Ganzes betreffende Fragen ausnahmen (über die die Vier Mächte aufgrund der eingegangenen Verpflichtungen nur gemeinsam verfügen konnten), blieb als Souveränitätsbeschränkung für die Deutsche Demokratische Republik und die Bundesrepublik Deutschland als rudimentärer Rest der Kollektivgewalt ein rechtliches "Dach" verbindlich, das von beiden deutschen Teilordnungen berücksichtigt werden muß, solange die alliierten Vorbehalte fortbestehen.

Auch wenn man dem nicht folgen will, so hat sich die Bundesrepublik Deutschland mit der Beharrung ihrer Regierungen auf dem Rechtsstandpunkt der Fortexistenz des Deutschen Reiches und der Behauptung von Rechtsnachfolge und Identität der Bundesrepublik mit diesem[40] selbst zur Beachtung des Potsdamer Abkommens verpflichtet. Auch wenn man völkerrechtlich nicht vom Fortbestand des Deutschen Reiches und der Identität der Bundesrepublik Deutschland mit diesem ausgeht, so enthalten doch die permanenten Erklärungen seitens der Bundesrepublik Deutschland eine völkerrechtlich verbindliche Übernahme der Verpflichtungen des Deutschen Reiches[41]. Dazu müssen dann auch die völkerrechtlichen Verpflichtungen gehören, die für Deutschland in der Zeit von 1945 bis 1949 eingegangen wurden, da auch dieser Zeitraum von der Kontinuität des Deutschen Reiches mit erfaßt wird. In jedem Fall können sich die Regierungen der Bundesrepublik Deutschland aufgrund des von ihnen vertretenen Rechtsstandpunkts nicht auf die Unanwendbarkeit der Bestimmungen des Potsdamer Abkommens gegenüber der Bundesrepublik berufen[42].

40 Insbesondere die Nachweise bei Boehmer, Deutschlands Rechtslage S. 300 ff.; Hoenicke, Fortgeltung S. 129 ff., 138 ff.

41 Siehe ausführlich Hoenicke, Fortgeltung S. 129 ff. Als Nachkriegsvertrag kann das Potsdamer Abkommen auch nicht durch den Zweiten Weltkrieg suspendiert worden sein. Zur Suspension siehe ansonsten Hoenicke, a.a.O., S. 86 ff.

42 Zur Rechtsverbindlichkeit einseitiger Erklärungen siehe u.a. Dahm, Völkerrecht Bd. 3 S. 164 ff. Auf der Basis der Position, daß es sich bei der Bundesrepublik Deutschland und/oder der DDR um Neustaaten handelt, sind jedoch die Rechtsbeziehungen zu den Signatarstaaten des Potsdamer Abkommens problematisch, wenn man nicht von einer Universalsukzession oder einem Beitrittsrecht von Neustaaten in Verträge des Altstaates ausgeht. Eine Beitrittserklärung der beiden deutschen Staaten und die entsprechende Zustimmung der Vertragsparteien wäre kaum anzunehmen. Die Westmächte betrachten wohl die Bundesrepublik nach wie vor als Rechtsnachfolger des Deutschen Reiches (dazu Hoenicke, Fortgeltung S. 132 ff.), so daß diese die Bundesrepublik als Vertragspartner behandeln müßten. Im Hinblick auf die Sowjetunion ist es unklar, wie weit diese die Fortgeltung der Verträge des Deutschen Reiches für die Bundesrepublik annimmt (Hoenicke, Fortgeltung S. 156 f.), aber die sowjetische Völkerrechtslehre bezeichnet das Potsdamer Abkommen als "internalen Vertrag" und geht grundsätzlich von der Bindung der Bundesrepublik an das Potsdamer Abkommen aus (siehe Bracht, Verpflichtung S. 62 f.). Daher müßte – von dem hier vertretenen

Insgesamt ergibt sich damit – unabhängig welche Position man zur Rechtslage Deutschlands nach 1945 bzw. 1949 und zur völkerrechtlichen Position der Bundesrepublik Deutschland und der DDR vertritt – eine prinzipielle Bindung der Bundesrepublik Deutschland und der DDR an das Potsdamer Abkommen[43].

Nach der hier vertretenen Ansicht verpflichtet es als völkerrechtlicher Vertrag beide Staaten, ihre gesamte innere Rechtsordnung – und damit also auch das Verfassungsrecht – so zu gestalten, daß es nicht im Widerspruch zum Potsdamer Abkommen tritt[44]. Ein Verstoß gegen diese Verpflichtungen hat die Haftung gegenüber den anderen Vertragsbeteiligten zur Folge[45].

Standpunkt aus – auch die Bundesrepublik von der Sowjetunion wie ein Vertragspartner angesehen werden (zur Gesamtproblematik der Fortgeltung der völkerrechtlichen Verträge des Deutschen Reiches siehe Hoenicke, Fortgeltung, besonders S. 101-185). Im Hinblick auf die DDR allerdings dürfte es vom Standpunkt der Westmächte aus in jedem Fall an einem wirksamen Beitritt fehlen.

43 Herbert Kröger vertrat als Prozeßbevollmächtigter der KPD im Verbotsverfahren vor dem BVerfG im Jahre 1956 die Auffassung, das Potsdamer Abkommen stelle einen völkerrechtlichen Vertrag dar, dessen Grundsätze "allgemeine Regeln des Völkerrechts" seien und daher über Art. 25 GG die Bundesrepublik bänden (siehe BVerfGE 5, 85, (116 f.). Doch der Versuch, über Art. 25 GG, der die allgemeinen Regeln des Völkerrechts zum unmittelbar geltenden Bestandteil des Bundesrechts erklärt, die Bundesrepublik an die Grundsätze des Potsdamer Abkommens zu binden erscheint müßig. Soweit das Potsdamer Abkommen "allgemeine Grundsätze des Völkerrechts" im Sinne des Art. 25 GG enthält, ist die Bundesrepublik natürlich hieran gebunden. Da das Potsdamer Abkommen aber keine neuen "allgemeinen Grundsätze" geschaffen hat und als völkerrechtlicher Vertrag mit nur wenigen Vertragsbeteiligten auch kaum schaffen konnte, sind die allgemeinen Grundsätze des Völkerrechts, die das Potsdamer Abkommen aufführt, auch unabhängig von diesem geltendes Recht in der Bundesrepublik. Soweit das Potsdamer Abkommen konkrete Bestimmungen für Deutschland enthält, die über die allgemeinen Grundsätze hinausgehen, können diese Regelungen auch nicht über Art. 25 GG Bestandteil des geltenden Rechts der Bundesrepublik geworden sein. Dies ist wohl den Grunde nach auch die Quintessenz der Auseinandersetzungen um das Verhältnis vom Potsdamer Abkommen und Art. 25 GG im Rahmen des KPD-Prozesses. Auch von den Vertretern der KPD ist nichts anderes behauptet worden. Ihnen ging es im wesentlichen darum, daß bestehende allgemeine Grundsätze des Völkerrechts wie das Aggressions- und Interventionsverbot, das Prinzip der Kriegsächtung und das Prinzip der nationalen Selbstbestimmung eben durch das Potsdamer Abkommen ausdrücklich bekräftigt wurden, und daher eine Partei, die diese völkerrechtlichen Grundsätze vertrete, nicht verboten werden könne (dazu Klein, Verbindlichkeit S. 144 ff. sowie: Kröger, Prinzipien S. 1225; Winterfeld, Potsdamer Abkommen S. 9206 f.; Faust, Potsdamer Abkommen S. 70, 77 ff.; Korowin, Fürsprecher S. 30; Kröger in: KPD-Prozeß S. 200, 216-220).

44 Diese Verpflichtung zur Beachtung völkerrechtlicher Normen gilt unabhängig von den zum Verhältnis von Völkerrecht zu innerstaatlichem Recht vertretenen Theorien. Siehe dazu allgemein: Seidl-Hohenveldern, Völkerrecht Rdnr. 377 ff.; Magiera in: Menzel, Völkerrecht S. 49 ff., 53 ff.; Wengler, Völkerrecht S. 75 ff.; Berber, Völkerrecht Bd. I S. 91 ff.; Autorenkollektiv, Völkerrecht Bd. I S. 56 ff.

45 Zur Haftung und den möglichen Rechtsfolgen einer Verletzung des Potsdamer Abkommens siehe unten 3. Teil II.

Völkerrechtliche Normen gelten in der Regel nur zwischen Staaten als Völkerrechtssubjekten und begründen nur in seltenen Ausnahmefällen (in denen dies ausdrücklich vereinbart ist) Rechte für Einzelpersonen[46]. Derartige Rechtspersonen schafft das Potsdamer Abkommen – wie sich noch im einzelnen zeigen wird – jedoch nicht, und daher können auch nur für die beteiligten Staaten aus ihm Rechte und Pflichten abgeleitet werden.

Zweiter Teil
Der für Deutschland gültige Inhalt des Potsdamer Abkommens

---

46 Zur Frage der Begründung völkerrechtlicher Rechtspositionen für Einzelpersonen siehe für viele: Seidl-Hohenveldern, Völkerrecht Rdnr. 384, 632 ff.; Magiera in: Menzel, Völkerrecht S. 53 f., 120 ff.; Berber, Völkerrecht Bd. I S. 171 ff.; Verdross, Völkerrecht S. 101 f.; Autorenkollektiv, Völkerrecht Bd. I S. 157.

2. Teil Der für Deutschland gültige Inhalt des Potsdamer Abkommens

Gliederung

I. Vorbemerkung zur Vorgehensweise

Wenn im folgenden versucht werden soll, den für Deutschland rechtlich relevanten Inhalt des Potsdamer Abkommens zu ermitteln und dabei insbesondere den Demokratiebegriff herauszuarbeiten, so kann sich die Analyse nicht allein auf die "Mitteilung der Drei-Mächte-Konferenz von Berlin" oder deren Protokoll vom 2. August 1945 beschränken.

Die Beschlüsse von Potsdam können nicht isoliert betrachtet werden. Das Potsdamer Abkommen ist eine der zahlreichen Übereinkommen und Regelungen, die die Hauptsiegermächte des Zweiten Weltkrieges getroffen haben und es muß daher auch im Zusammenhang mit diesen interpretiert werden. Insbesondere soweit es um die Präzisierung der Demokratievorstellungen der Konferenzmächte in bezug auf Deutschland geht, bedarf es der Heranziehung weiterer gemeinsamer Dokumente der Kriegsalliierten sowie einseitiger Vorschläge der einzelnen Staaten aus den 40er Jahren.

Daher werden im folgenden – neben den Verhandlungsniederschriften der einzelnen Delegationen bei der Potsdamer Konferenz – drei Gruppen von Dokumenten in die Interpretation mit einbezogen:

1. Die interalliierten Vereinbarungen von 1941 bis zum Abschluß des Potsdamer Abkommens. Hierzu gehören:
   - die Atlantik-Charta vom 14. August 1941[1],
   - die Deklaration der Vereinten Nationen vom 1. Januar 1942[2],
   - die Moskauer Deklaration über Italien vom 1. November 1943[3],
   - die Moskauer Deklaration über Grausamkeiten vom 1. November 1943[4],
   - die Erklärung der Konferenz von Teheran vom 1. Dezember 1943[5],
   - die Mitteilung über die Konferenz auf der Krim vom 11. Februar 1945[6],
   - die Erklärung in Anbetracht der Niederlage Deutschlands und der Übernahme der obersten Regierungsgewalt hinsichtlich Deutschlands vom 5. Juni 1945[7],
   - die Charta der Vereinten Nationen vom 26. Juni 1945[8] und

---

1 Yearbook of the United Nations 1946 bis 1947 S. 2. Die Sowjetunion ist dieser Deklaration der USA und Großbritanniens mit Erklärung vom 24. September 1941 beigetreten (siehe Wünsche, Entstehung S. 120).

2 Yearbook of the United Nations 1946 bis 1947 S. 1; deutsch: BGBl. 1973 II S. 431.

3 United Nations Documents S. 13 ff.; deutsch: Kriegsdokumente S. 17 ff.

4 A.a.O.

5 Foreign Relations, The Conferences at Cairo and Tehran S. 640 ff.; deutsch: Sanakojew, Teheran S. 105 f.

6 Amtsblatt, Kontrollrat, Ergänzungsblatt Nr. 1 (1946) S. 4.

7 A.a.O., S. 7 ff.

8 Europa-Archiv 1946 S. 345 ff.; BGBl. 1973 II S. 451 ff.

- das Abkommen über den Kontrollmechanismus und die Besatzungszonen in Österreich vom 4. Juli 1945[9].

2. Gemeinsame Regelungen und Übereinkünfte der Kriegsalliierten aus der Zeit nach Abschluß des Potsdamer Abkommens, die sich entweder auf die Durchführung der Potsdamer Beschlüsse beziehen oder ähnliche Fragen regeln. Hierzu gehören insbesondere:

- das Londoner Statut für den internationalen Militärgerichtshof vom 8. August 1945[10],
- die Proklamation Nr. 2 des Kontrollrates (zusätzliche an Deutschland gestellte Forderungen) vom 20. September 1945[11],
- das Gesetz Nr. 1 des Kontrollrates (nationalsozialistische Gesetze) vom 20. September 1945[12],
- das Gesetz Nr. 2 des Kontrollrates (nationalsozialistische Organisationen) vom 10. Oktober 1945[13],
- die Proklamation Nr. 3 des Kontrollrates (Justizreform) vom 20. Oktober 1945[14],
- das Gesetz Nr. 4 des Kontrollrates (Gerichtswesen) vom 30. Oktober 1945[15],
- das Gesetz Nr. 8 des Kontrollrates (militärische Ausbildung) vom 30. November 1945[16],
- das Gesetz Nr. 9 des Kontrollrates (I.G.-Farben) vom 30. November 1945[17],
- das Gesetz Nr. 10 des Kontrollrates (Kriegsverbrecher) vom 20. Dezember 1945[18],
- die Direktive Nr. 24 des Kontrollrates (Entfernung von Nationalsozialisten aus Ämtern und verantwortlichen Stellungen) vom 12. Januar 1946[19],
- das Gesetz Nr. 11 des Kontrollrates (Strafrecht) vom 30. Januar 1946[20],
- das Gesetz Nr. 21 des Kontrollrates (Arbeitsgerichtsgesetz) vom 30. März 1946[21],

9 British and Foreign State Papers Bd. 145 S. 846 ff.; deutsch: Stoecker, Handbuch S. 346 ff. Dieser Vertrag wurde später durch das Abkommen über den Kontrollapparat in Österreich vom 28. Juni 1946 ersetzt (British and Foreign State Papers Bd. 146 S. 504 ff.; deutsch: Stoecker, Handbuch S. 399).

10 Text in: Jahrbuch für internationales Recht 1948 Bd. I S. 388 f.

11 Amtsblatt, Kontrollrat Nr. 1 vom 29. Oktober 1945 S. 8.

12 A.a.O., S. 6.

13 A.a.O., S. 19.

14 A.a.O., S. 22.

15 A.a.O., Nr. 2 vom 30. November 1945 S. 26.

16 A.a.O., S. 33.

17 A.a.O., S. 34.

18 A.a.O., Nr. 3 vom 31. Januar 1946 S. 50.

19 A.a.O., Nr. 5 vom 31. März 1946 S. 98.

20 A.a.O., Nr. 3 vom 31. Januar 1946 S. 53.

21 A.a.O., Nr. 5 vom 31. März 1946 S. 124.

- der Befehl Nr. 4 des Kontrollrates (Einziehung von Literatur) vom 13. Mai 1946[22],
- die Direktive Nr. 30 des Kontrollrates (Beseitigung von Denkmälern) vom 13. Mai 1946[23],
- die Direktive Nr. 31 des Kontrollrates (Errichtung von Gewerkschaftsverbänden) vom 3. Juni 1946[24],
- die vorläufige Verfassung von Groß-Berlin vom 13. August 1946[25],
- die Direktive Nr. 38 des Kontrollrates (Kriegsverbrecher) vom 12. Oktober 1946[26],
- die Direktive Nr. 40 des Kontrollrates (Richtlinien für deutsche Politiker und die deutsche Presse) vom 12. Oktober 1946[27],
- das Gesetz Nr. 36 des Kontrollrates (Verwaltungsgerichte) vom 10. Oktober 1946[28],
- das Gesetz Nr. 43 des Kontrollrates (Rüstungsindustrie) vom 20. Dezember 1946[29],
- der Friedensvertrag mit Italien vom 10. Februar 1947[30],
- das Gesetz Nr. 46 des Kontrollrates (Preußen) vom 25. Februar 1947[31],
- das Schlußkommuniqué der Außenministerkonferenz in Paris vom 20. Juni 1949[32] und
- der Österreichische Staatsvertrag vom 15. Mai 1955[33],

3. Vorschläge einzelner Signatarstaaten des Potsdamer Abkommens zur Regelung der deutschen Frage. Hierzu rechnen:
- die Richtlinien für die amerikanische Delegation zur Berliner Konferenz vom Juni/Juli 1945[34],
- die Stellungnahmen auf der Pariser Außenministerkonferenz vom 25. April bis 12. Juli 1946[35],
- die Stellungnahmen auf der Pariser Friedenskonferenz vom 29. Juli bis 15. Oktober 1946[36],

22 A.a.O., Nr. 7 vom 31. Mai 1946 S. 151.

23 A.a.O., S. 154.

24 A.a.O., Nr. 8 vom 1. Juli 1946 S. 160.

25 Verordnungsblatt der Stadt Berlin, 1946 S. 294.

26 Amtsblatt, Kontrollrat Nr. 11 vom 31. Oktober 1946 S. 184.

27 A.a.O., S. 212.

28 A.a.O., S. 183.

29 A.a.O., Nr. 13 vom 31. Dezember 1946 S. 234.

30 Sternberger, Friedensverträge S. 20 ff. (deutsch).

31 Amtsblatt, Kontrollrat Nr. 14 vom 31. März 1947 S. 262.

32 Deuerlein, Einheit S. 472 f.

33 Europa-Archiv 1956 S. 8745 ff.

34 Foreign Relations, The Conference of Berlin Bd. I S. 592 ff.

35 Siehe Europa-Archiv 1946 S. 98 ff.

36 A.a.O., S. 187 ff.

- die Stellungnahmen auf der Moskauer Außenministerkonferenz vom 10. März bis 24. April 1947[37] mit dem sowjetischen Vorschlag über Form und Umfang der zeitweiligen politischen Organisation und staatlichen Ordnung Deutschlands vom 22. März 1947[38] und
- dem sowjetischen Entwurf eines Vertrages über die Entmilitarisierung Deutschlands und über die Verhütung einer deutschen Aggression vom 14. April 1947[39],
- die Stellungnahmen auf der Londoner Außenministerkonferenz vom 25. November bis 15. Dezember 1947[40],
- die allgemeine Erklärung der Menschenrechte vom 10. Dezember 1948[41],
- die Stellungnahmen auf der Außenministerkonferenz in Paris vom 23. Mai bis 20. Juni 1949[42],
- der Vorschlag des sowjetischen Außenministers zur Deutschlandfrage vom 24. Mai 1949[43],
- der gemeinsame Vorschlag Frankreichs, Großbritanniens und der Vereinigten Staaten zur Deutschlandfrage vom 26. Mai 1949[44],
- der sowjetische Entwurf für die Grundlage des Friedensvertrages mit Deutschland vom 16. März 1952[45],
- der Entwurf der Sowjetunion für einen Friedensvertrag mit der Deutschen Demokratischen Republik und der westdeutschen Bundesrepublik vom 10. Januar 1959[46] und
- die Grundzüge eines Stufenplanes der Regierungen Frankreichs, des Vereinigten Königreiches und der Vereinigten Staaten von Amerika für die deutsche Wiedervereinigung, die europäische Sicherheit und eine deutsche Friedensregelung vom 14. Mai 1959[47].

---

37 Siehe Europa-Archiv 1947 S. 671 ff.

38 Potsdamer Abkommen S. 309.

39 A.a.O., S. 313; Dokumente zur Deutschlandpolitik der Sowjetunion, Bd. I S. 113 ff.

40 Siehe Europa-Archiv 1947 S. 1760 ff.

41 Yearbook of the United Nations 1948 bis 1949 s. 959; Stoecker, Handbuch S. 462 (deutsch). Die Sowjetunion hat sich bei der Annahme in den Vereinten Nationen der Stimme enthalten.

42 Siehe Europa-Archiv 1949 S. 2391.

43 Deuerlein, Einheit S. 471.

44 A.a.O., S. 472.

45 Europa-Archiv 1952 S. 4832; Stoecker, Handbuch S. 528.

46 Stoecker, Handbuch s. 656; Europa-Archiv 1959 S. D13 ff.

47 Europa-Archiv 1959 S. D224.

II. Grundsätze des Potsdamer Abkommens

Geht man von einer grundsätzlichen Bindung Deutschlands – sowie der Bundesrepublik Deutschland und der DDR – an das Potsdamer Abkommen aus, so bedarf es der Klärung, welche konkreten Verpflichtungen sich daraus ergeben haben und heute noch ergeben.

Die Bindung Deutschlands durch die Alliierten ist zunächst einmal sachlich auf die Bestimmungen begrenzt, in denen Deutschland angesprochen bzw. spezifisch deutsche Fragen geregelt wurden. Damit beschränkt sich der für Deutschland relevante Teil des Potsdamer Abkommens im wesentlichen auf folgende Abschnitte der Mitteilung über die Konferenz vom 2. August 1945:

- Abschnitt III   – politische und wirtschaftliche Grundsätze,
- Abschnitt IV   – deutsche Reparationen,
- Abschnitt V   – deutsche Kriegs- und Handelsmarine,
- Abschnitt VI   – Stadt Königsberg und angrenzende Gebiete,
- Abschnitt IXb   – Westgrenze Polens und
- Abschnitt XIII   – Überführung deutscher Bevölkerungsteile.

Weiterhin muß berücksichtigt werden, daß – entsprechend dem Wortlaut des Abkommens – die Deutschland betreffenden Bestimmungen zunächst einmal den Zweck hatten, die "Behandlung Deutschlands in der Anfangsperiode der Kontrolle"[1] zu regeln. Daraus kann jedoch nicht einfach der Schluß gezogen werden, daß das Potsdamer Abkommen überhaupt nur das Verhalten der Signatarstaaten für die erste Zeit der Besetzung festlegen wollte[2]. Vielmehr müssen die Einzelbestimmungen der Potsdamer Beschlüsse als für Deutschland im Jahre 1945 aktualisierte Konkretisierungen der Grundprinzipien der von den Alliierten beabsichtigten Neugestaltung Deutschlands angesehen werden. Dabei können Einzelregelungen – wie zu zeigen sein wird – durch Erfüllung gegenstandslos oder durch grundsätzliche Änderung der Verhältnisse, auf die sie angewandt werden sollten, obsolet geworden sein. Dadurch veränderten sich aber die eigentlichen Zielvorstellungen von einem neuen Deutschland nicht, wie sie die Unterzeichnungsmächte des Potsdamer Abkommens vor Augen hatten und wie sie auf der Basis des Abkommens realisiert werden sollten.

Die grundlegenden Ziele, die die Verhältnisse umreißen, die durch die Verwirklichung des Potsdamer Abkommens erreicht werden sollten, legt das Abkommen selbst eindeutig fest.

---

1   Einleitung des Abschnitts III Potsdamer Abkommen.

2   So aber ein Vertreter der Bundesregierung vor dem Bundesverfassungsgericht im Verbotsprozeß gegen die KPD (KPD-Prozeß S. 39 ff.).

"Das Ziel dieser Übereinkunft bildet die Durchführung der Krim-Deklaration über Deutschland. Der deutsche Militarismus und Nazismus werden ausgerottet, und die Alliierten treffen nach gegenseitiger Vereinbarung in der Gegenwart und in der Zukunft auch andere Maßnahmen, die notwendig sind, damit Deutschland niemals mehr seine Nachbarn oder die Erhaltung des Friedens in der ganzen Welt bedrohen kann.

Es ist nicht die Absicht der Alliierten, das deutsche Volk zu vernichten oder zu versklaven. Die Alliierten wollen dem deutschen Volk die Möglichkeit geben, sich darauf vorzubereiten, sein Leben auf einer demokratischen und friedlichen Grundlage von neuem wieder aufzubauen."[3]

Im Zusammenhang mit der Krim-Deklaration, in der die Alliierten ihren unbeugsamen Willen zum Ausdruck brachten, "den deutschen Militarismus und Nationalsozialismus zu zerstören und dafür Sorge zu tragen, daß Deutschland nie wieder imstande ist, den Weltfrieden zu stören"[4], ergeben sich drei grundlegende Ziele des Potsdamer Abkommens[5]:

1. die Schaffung einer dauerhaften Friedensregelung, weswegen
2. der deutsche Militarismus und Nazismus ausgerottet und
3. dem deutschen Volk die Möglichkeit zum Wiederaufbau Deutschlands auf demokratischer und friedlicher Grundlage gegeben werden sollte[6].

Zur Verwirklichung dieser Ziele wurde (in Durchführung der Krim-Deklaration vom 11. Februar 1945[7]) Deutschland besetzt und die Regierungsgewalt durch die Oberbefehlshaber der Streitkräfte des Vereinigten Königreiches, der UdSSR, der USA und der französischen Republik übernommen[8]. Der Ausübung dieser Regierungsgewalt setzen die politischen und wirtschftlichen Grundsätze[9] des Potsdamer Abkommens zugleich Ziele und Grenzen; der Weg zur Erreichung eines friedlichen und demokratischen Deutschlands wurde abgesteckt.

Doch die Besetzung sollte nicht Dauerzustand bleiben, denn erklärtermaßen war es "nicht die Absicht der Alliierten, das deutsche Volk zu vernichten und zu versklaven"[10]. Deutschland sollte lediglich darauf vorbereitet werden, selbst "sein Leben auf einer demokratischen und friedlichen Grundlage von neuem wieder aufzubauen"[11]. Kröger[12] spricht treffend da-

---

3 Abschnitt III Potsdamer Abkommen.

4 Mitteilungen über die Konferenz auf der Krim, Amtsblatt, Kontrollrat, Ergänzungsblatt Nr. 1 (1946) S. 4 f.

5 Kröger, Staatsrechtliche Bedeutung S. 210.

6 Kröger in: KPD-Prozeß S. 208.

7 Abschnitt II der Mitteilung über die Krim-Konferenz.

8 Abschnitt III A1 Potsdamer Abkommen.

9 Abschnitt III Potsdamer Abkommen.

10 Abschnitt III (Einleitung) Potsdamer Abkommen; Abschnitt II der Mitteilungen über die Krim-Konferenz.

11 Abschnitt III (Einleitung) Potsdamer Abkommen.

12 Kröger, Staatsrechtliche Bedeutung S. 211 ff.

von, daß dies juristisch bedeute, "daß der Zustand der militärischen Besetzung und Verwaltung Deutschlands und der Ausübung der höchsten Regierungsgewalt in Deutschland durch die Siegermächte auflösend bedingt ist durch die Schaffung gesellschaftlicher Verhältnisse in Deutschland, die den Prinzipien des Potsdamer Abkommens entsprechen". Damit ist aber in Potsdam das in der – erst zwei Moante zuvor beschlossenen – Charta der Vereinten Nationen manifestierte Selbstbestimmungsrecht der Völker[13] prinzipiell auch für die Deutschen anerkannt und bestätigt worden[14].

Durch die Bindung an das Potsdamer Abkommen wurde Deutschland also zunächst einmal auf die genannten grundlegenden Prinzipien der Übereinkunft verpflichtet:

1. Friedenssicherung,
2. Entmilitarisierung und Entnazifizierung,
3. Wiederaufbau Deutschlands auf demokratischer Grundlage.

Diese Prinzipien und Ziele bedingen sich nach Ansicht der Signatarmächte des Abkommens gegenseitig: Durch Entmilitarisierung, Entnazifizierung und demokratischen Wiederaufbau soll der Frieden gesichert werden. Aber auch die innere Verschiedenheit der Zielsetzungen ist offensichtlich: während die als Voraussetzung der Friedenssicherung für notwendig erklärte Entmilitarisierung und Entnazifizierung Maßnahmen eindeutig repressiv-negativen Charakters erfordern, verlangt die Demokratisierung ein konstruktiv-positives Konzept[15], dessen auf Dauer wirksame Realisierung nur durch aktive Mitarbeit des deutschen Volkes unter Akzeptierung dieses Zieles möglich ist.

Die genannten Grundprinzipien bedurften der Konkretisierung. Dies geschah einmal durch die im Abkommen festgelegten politischen und wirtschaftlichen Grundsätze und die übrigen Beschlüsse der Potsdamer Konferenz, sowie – in Ausführung dieser Grundsätze und darauf aufbauend – durch die gemeinsame Ausübung der Regierungsgewalt in Deutschland durch die Besatzungsmächte.

---

13 Art. 1 Nr. 2 UN-Charta.

14 Zur ausdrücklichen Anerkennung des Selbstbestimmungsrechts Deutschlands und seiner ehemaligen Verbündeten siehe: Erklärung über Italien von 1941; Mitteilung über die Krim-Konferenz Abschnitt V Abs. 3; Österreichischer Staatsvertrag von 1955 (Präambel, Art. 1). Dazu auch Müller, Entstehung S. 85; Rabl, Demokratiebegriff S. 494; Sowjetischer Friedensvertragsentwurf 1959 Art. 3, 4, 22, 32; Vorschlag der Westmächte vom 26. Mai 1949.

15 Rabl, Durchführung S. 249.

III. Der Demokratiebegriff des Potsdamer Abkommens

Hinsichtlich der Ziele der Anti-Hitler-Koalition, den Militarismus und Nationalsozialismus in Deutschland zu beseitigen, knüpfte man auf der Potsdamer Konferenz im wesentlichen an die Verhandlungen und Übereinkünfte der Krim-Konferenz an[1]. Neu hingegen war die Absicht, "die endgültige Umgestaltung des deutschen politischen Lebens auf demokratischer Grundlage und eine eventuelle friedliche Mitarbeit Deutschlands am internationalen Leben" vorzubereiten[2]. Aber auch dieses neue Ziel kann als Ergebnis und Konkretisierung des Beschlusses der Krim-Konferenz gesehen werden, "in Übereinstimmung miteinander solche Maßnahmen in Deutschland zu ergreifen, die für den zukünftigen Frieden und die Sicherheit der Welt notwendig sind"[3].

Die häufige Verwendung der Begriffe "Demokratie" und "demokratisch" im Potsdamer Abkommen sowie in den nachfolgenden Vereinbarungen und Regelungsvorschlägen der Besatzungsmächte hat zwar im nachhinein zu einer Diskussion über den Demokratiebegriff des Potsdamer Abkommens geführt[4], für die Konferenzmächte jedoch war der Inhalt dieses Begriffes, der zweifellos für das Potsdamer Abkommen eine Schlüsselbedeutung hat, kein Verhandlungsgegenstand. Die die Demokratisierung Deutschlands betreffenden amerikanischen Regelungsvorschläge wurden von den beiden anderen Konferenzmächten weitgehend kommentarlos akzeptiert, und es wurde nicht einmal der Versuch unternommen, insoweit eine Begriffsklärung unter den Beteiligten herbeizuführen. Die Konferenzprotokolle erwecken den Eindruck, daß alle Teilnehmer davon ausgingen, das gleiche zu meinen[5].

Der amerikanische Diplomat Robert Murphy nannte die "vier D-s" der Potsdamer Konferenz –Demilitarisierung, Denazifizierung, Dezentralisierung, Demokratisierung– "bombastische Vokabeln", die zwar "hohe Ziele proklamieren, jedoch die vielfältigsten Möglichkeiten offen ließen"[6]. Auch das Bundesverfassungsgericht hat sich in seinem Urteil zum KPD-Verbot in ähnlicher Weise zum Inhalt des Demokratiebegriffes des Potsdamer Abkommens geäußert. Nach Ansicht des Gerichtes fehlt es den Beschlüssen von Potsdam an einem positiven Demokratiebegriff, da die Kriegsalliierten sich in der Vorstellung von dessen Inhalt nicht einig gewesen seien: "Die westlichen Alliierten einerseits, Sowjetrußland andererseits traten einander

1   Abschnitt I und II der Mitteilung über die Krim-Konferenz.
2   A.a.O., Abschnitt III.
3   A.a.O., Abschnitt II.
4   Siehe Deuerlein, Auslegung S. 5 ff.; Rabl, Durchführung.
5   Siehe auch Deuerlein, Verabschiedung S. 677.
6   Murphy, Diplomat S. 365.

als Repräsentanten ganz verschiedenartiger staatlicher Ordnungen gegenüber, die sich zwar jeweils selbst als 'Demokratie' bezeichneten, von ihren besonderen geistigen und geschichtlichen Voraussetzungen aus sich aber gegenseitig den Charakter 'wirklicher' demokratischer Ordnungen nicht zuerkennen konnten"[7].

Ebenso wie für das Bundesverfassungsgericht bleiben auch für die Mehrheit der Literatur der Bundesrepublik Deutschland zum Potsdamer Abkommen dessen Begriffe von "Demokratie" und "demokratisch" Leerformeln, die bestenfalls die Aufgabe hätten, als Antithese zum Faschismus eine negative Abgrenzung zum nationalsozialistischen Herrschaftssystem in Deutschland zu liefern[8].

Nun soll hier keineswegs behauptet werden, daß die Verbündeten der Anti-Hitler-Koalition in allen Punkten übereinstimmende Demokratievorstellungen besaßen. Dies wäre angesichts der verschiedenen Gesellschaftssysteme, denen die einzelnen Länder angehörten, auch kaum denkbar gewesen. Die Kontroversen zwischen den Verbündeten der Anti-Hitler-Koalition nach Beendigung des Krieges haben nur allzu deutlich gezeigt, daß es aufgrund völlig unterschiedlicher Positionen häufig kaum möglich war, in konkreten Detailfragen eine Einigung zu erzielen. Hier soll jedoch der Versuch gemacht werden, aufzuzeigen, daß trotz unterschiedlicher – ja gegensätzlicher – Gesellschaftssysteme und grundsätzlich differierender Demokratievorstellungen und Demokratieformen in den Ländern der Allianz die Siegermächte sich auf der Basis von allgemein demokratischen Grundbegriffen sehr wohl verständigen konnten und in einzelnen konkreten Regelungen über die angestrebte Entwicklung Deutschlands eine Einigung über Grundelemente einer demokratischen Ordnung erzielt haben, die sie sich zurechnen lassen müssen.

Dies gilt auch dann, wenn man die Stalin zugeschriebene Aussage, daß, wer immer ein Gebiet besetze, diesem auch sein eigenes gesellschaftliches System auferlege[9], für jede der Vier Mächte als zutreffend ansieht. Denn Deutschland war zunächst einmal *gemeinsam* besetzt und gerade wenn man annimmt, daß sowohl die Westmächte wie auch die Sowjetunion ein Interesse daran hatten, auf·*ganz* Deutschland maßgeblichen Einfluß auszuüben, ist das Potsdamer Abkommen quasi auch als "Waffenstillstandsbedingung" zwischen den beiden Lagern anzusehen, in die Deutschland mit eingebunden wurde. Gerade dieser Kompromißcharakter der Regelungen erhöht im Grunde genommen ihre Relevanz. Sie sollten die rechtliche Grundlage bilden, auf der 1945 die Vier Mächte bereit waren, gemeinsam eine Neugestaltung Deutschlands einzuleiten.

---

7 BVerfGE 5, 85, 121.

8 Siehe BVerfGE 5, 85, 120 ff. und auch: Kauffmann in: KPD-Prozeß S. 55, 232; Hacker, Sowjetunion S. 14-19; Winterfeld, Potsdamer Abkommen S. 9204; Deuerlein, Einheit S. 22; Altmeyer, Dokumente S. 7371; Bracht, Potsdam S. 349 f.

9 So Djilas, Gespräche S. 146.

1. Allgemein-demokratische Grundsätze

Trotz der von den Potsdamer Konferenzmächten vertretenen divergierenden Weltanschauungen und trotz der damit verbundenen unterschiedlichen Demokratievorstellungen[10], gibt es Grundelemente, die sowohl dem marxistischen wie dem bürgerlich-liberalen Demokratieverständnis – zumindest in der Theorie – gemeinsam sind und die mit Tunkin[11] als "allgemein-demokratische Grundbegriffe" bezeichnet werden können[12].

Nach Tunkin[13] gehören hierzu insbesondere das Selbstbestimmungsrecht, d.h. "das Recht des Volkes, sein Schicksal ohne Einmischung von außen zu bestimmen", die Sicherung der Menschenrechte für alle ohne Unterschied der Rasse, des Geschlechts, der Sprache und der Religion, sowie die Souveränität des Volkes, d.h. "die Wählbarkeit von Organen der Staatsgewalt und ihre Verantwortlichkeit vor dem Volk".

Diese Grundsätze liegen dem Potsdamer Abkommen zugrunde[14]. Die Alliierten haben erklärt, sie wollten "dem deutschen Volk die Möglichkeit geben, sich darauf vorzubereiten, sein Leben auf einer demokratischen und friedlichen Grundlage von neuem wieder aufzubauen". Zahlreiche Einzelbestimmungen zielen auf die Wiederherstellung von Menschenrechten (wie des Gleichheitsgrundsatzes, des Diskriminierungsverbotes, der Gewissensfreiheit, der Meinungsfreiheit u.a.)[15]. Auch wenn die Errichtung einer zentralen deutschen Regierung zunächst nicht vorgesehen war, so ergibt sich doch aus der Formulierung "bis auf weiteres keine zentrale deutsche Regierung" und auch aus den Bestimmungen über die Wahl kommunaler Selbstverwaltungsorgane und der Landesverwaltungen[16], daß dem Volk als Souverän nicht grundsätzlich und auf lange Sicht das Recht bestritten werden sollte, den Staatsaufbau und die Regierungsform in Deutschland zu bestimmen.

Aber die gemeinsamen Vorstellungen der Konferenzmächte über die in Deutschland zu schaffende Demokratie als Grundlage dafür, daß "Deutschland niemals mehr seinen Nachbarn oder die Erhaltung des Friedens in der ganzen Welt bedrohen kann", gehen weit über die allgemeine Formulierung der grundlegenden Begriffe des Selbstbestimmungsrechts der Menschenrechte und der Volkssouveränität hinaus, denn diese Formeln wurden durch konkretere Einzelbestimmungen ausgefüllt und präzisiert.

---

10 Siehe dazu Autorenkollektiv, Theorie des Staates und des Rechts Bd. I S. 227 ff., Bd. II S. 249, 270 ff., Bd. III S. 130 ff., 359 ff.; Kelsen Allgemeine Staatslehre; Hättich, Begriff.

11 Tunkin, zitiert nach Bracht, Potsdam S. 351 f.

12 Siehe dazu Autorenkollektiv, Theorie des Staates und des Rechts Bd. I S. 227.

13 Tunkin, nach Bracht, Potsdam S. 351 f.

14 So auch Tunkin, a.a.O.

15 Siehe Abschnitt III A4, 8, 10 Potsdamer Abkommen

16 Abschnitt III A9 Potsdamer Abkommen.

2. Hinweise auf gemeinsame Demokratievorstellungen der Alliierten in Äußerungen und Beschlüssen während des Zweiten Weltkrieges

Auf die grundlegenden Unterschiede der marxistisch geprägten Demokratievorstellung der Sowjetunion und der bürgerlich-liberalen Konzeption Großbritanniens und der Vereinigten Staaten von Amerika kann hier im einzelnen nicht eingegangen werden[17]. Festzuhalten ist jedoch, daß die sowjetische Position im wesentlichen durch die leninistische Vorstellung von der "materiellen" Demokratie gekennzeichnet ist, die nicht auf der (zufälligen) Mehrheitsentscheidung aufbaut, sondern in der die objektiven Interessen der großen Mehrheit der Bevölkerung (ermittelt auf der Basis des wissenschaftlichen Marxismus) die Grundlage des Handelns der Staatsorgane bilden[18]. Demgegenüber verstanden die westlichen Alliierten Demokratie eher "formal" als Instrumentarium der Durchsetzung des subjektiven Willens der Bürger mittels Mehrheitsentscheidungen. Für sie standen – dies zeigen auch ganz besonders deutlich die Verhandlungen der Deutschland betreffenden Konferenzen nach Abschluß des Potsdamer Abkommens – freie Wahlen, Parteienpluralismus und Gewährleistung von Freiheitsrechten im Vordergrund. Prägend für die sowjetische Position war hingegen die zentrale Stellung der kommunistischen Partei als Verkörperung des Willens der allein die Macht ausübenden Arbeiterklasse ("Diktatur des Proletariats") und – insbesondere im Hinblick auf Deutschland – die Forderung nach einer Veränderung der sozialökonomischen Grundlagen (Bodenreform, Sozialisierung etc.) als wesentliches Kriterium einer tiefgreifenden demokratischen Umgestaltung und zur Sicherung einer "friedliebenden" Entwicklung[19].

Daß der Sowjetunion sicherlich daran gelegen war, daß im zukünftigen Deutschland die Arbeiterbewegung unter der Führung einer kommunistischen Partei maßgeblichen Einfluß gewann, während die Westmächte – insbesondere die USA – an einem kommunistisch orientierten Gesellschaftssystem in Deutschland keinerlei Interesse hatten, braucht wohl ebenfalls nicht belegt zu werden[20].

Ihre divergierenden Positionen waren den Konferenzmächten in Potsdam durchaus bewußt. Ein Memorandum des US-Außenministeriums vom 18. Juli 1945 macht dies in aller Klarheit deutlich:

"Wir müssen voraussetzen, obwohl wir kein bestimmtes Wissen darüber haben, daß die Russen sich hinsichtlich dieser Frage" (der Neugestaltung Deutschlands) "klar sind. Vermutlich nehmen sie sich vor, Nazi-Deutschland durch ein

---

17 Siehe Beyme, Demokratie sowie die Verweise in Anm. 10.

18 Vgl. auch Faust, Einheit S. 15; Wettig, Funktion S. 7.

19 Vgl. Meissner, Rußland S. 49 f., 71; Belezki, Politik S. 12, 24 f., 32, 33.

20 Für die Position der DDR siehe auch Müller, Entstehung S. 84.

Deutschland zu ersetzen, das dem Kommunismus wenigstens sympathisch gegenübersteht. Wir glauben, daß ein Deutschland, umgewandelt zur Beachtung des Wertes und der Würde des menschlichen Daseins und dem Glauben an die grundlegenden Prinzipien der Gerechtigkeit und des Rechtes des Menschen, sich selbst zu regieren, ein Deutschland sein würde, dem wir vertrauen können"[21].

Denoch war man auf angelsächsischer Seite seit Anfang der 40er Jahre – insbesondere aufgrund der Unterzeichnung der Atlantik-Charta und der UN-Deklaration durch die Sowjetunion – von einer grundlegenden Annäherung der Verfassungsstandpunkte der Sowjetunion und der westlichen Demokratien ausgegangen[22]. Stalin selbst sprach im September 1942 von einer "fortschreitenden gegenseitigen Annäherung"[23], und auch Churchill, dem man kaum eine unkritische Haltung gegenüber der Sowjetunion nachsagen kann, betonte im Frühjahr 1944, daß mit Beseitigung des Trotzkismus und der Komintern sowie mit der Wiedergeburt des religiösen Lebens in Rußland dort "tiefgreifende Wandlungen" stattgefunden hätten[24]. Ohne sich auf konkrete Zusagen von sowjetischer Seite stützen zu können, war jedenfalls in der amerikanischen und britischen Regierung die Ansicht vorherrschend, daß die sowjetischen Verfassungsorgane im Begriff seien, sich in entscheidenden Zügen rechtsstaatlich-freiheitlichen Maßstäben westlicher Vorstellung anzupassen[25].

Dieser Eindruck wurde auch gestützt durch die von Stalin seit 1934 eingeleitete "Nationalisierung" der UdSSR, in deren Zuge Begriffe wie "Weltrevolution" – und "revolutionär" überhaupt – immer mehr in den Hintergrund traten und "demokratisch" wieder eindeutig positiv bewertet wurde. Dies gipfelte in der Forderung nach der "allerdemokratischsten Verfassung", die dann mit dem "Grundgesetz der Union der Sozialistischen Sowjetrepubliken" im Dezember 1936 in Kraft gesetzt wurde. Diese Verfassung enthält – anders als ihre Vorläuferinnen von 1918 und 1923/24 – umfangreiche Grundrechtsgarantien (Art. 118-133), detaillierte Festlegungen über die allgemeine, gleiche und geheime Wahl (Art. 134-142) sowie beispielsweise die Garantie der richterlichen Unabhängigkeit (Art. 112). Auch hier schien die Sowjetunion sich also in einem Annäherungsprozeß an die Demokratieformen der bürgerlichen Staaten zu befinden. Selbst die Komintern-Strategie der 30er Jahre von der "Volksfront gegen Faschismus und Krieg" hatte die Bereitschaft der Kommunisten zur Zusammenarbeit mit anderen "fortschrittlichen und demokratischen" Kräften signalisiert und mit der Idee der "neuen Demokratie" – die nicht mehr mit der Diktatur des Proletariats

---

21 Foreign Relations, The Conference of Berlin Bd. II S. 783.

22 Siehe die Nachweise bei Rabl, Demokratiebegriff S. 478 ff.

23 Rede vom 3. September 1942 abgedruckt in: Holborn, War Bd. I S. 110 ff.

24 Erklärung vor dem Unterhaus am 24. Mai 1944, abgedruckt bei: Holborn, War Bd. II S. 491 ff.

25 Siehe Rabl, Demokratiebegriff S. 483.

gleichzusetzen war – die ideologische Brücke für die Zusammenarbeit mit den bürgerlich-demokratischen Staaten geliefert[26].

Im übrigen war es Stalin, der die Demokratie zu einem der Kriegsziele der Alliierten erklärte. Bereits im Juli 1941 hat er den Krieg als einen Kampf für die demokratischen Freiheiten gekennzeichnet und später eine "Neuorganisation der internationalen Beziehungen auf der Grundlage einer Zusammenarbeit der demokratischen Länder" gefordert[27].

In der Atlantik-Charta von 1941 und der Mitteilung über die Konferenz auf der Krim vom 11. Februar 1945 wurden dann von den Verbündeten gemeinsam grundlegende demokratische Prinzipien verkündet, die den Schluß auf einen diesbezüglichen Konsens zulassen. Beide Dokumente heben das Selbstbestimmungsrecht der Völker hervor und ihren Anspruch darauf, selbst ihre Regierungsform zu wählen[28]. Die Erklärung über die Krim-Konferez sieht ferner ausdrücklich die "Rückgabe der souveränen Rechte und der Selbstverwaltung" an die Völker vor, definiert Regierungsgewalt als "umfassende Vertretung aller demokratischen Elemente der Bevölkerung" und spricht von der "Errichtung von dem Volkswillen entsprechenden Regierungen auf dem Wege freier Wahlen"[29]. Zudem wurde auf der Krim-Konferenz allgemein die Gewährleistung der Menschen- und Freiheitsrechte als Voraussetzung für freie Wahlen ausdrücklich anerkannt[30].

Schon aufgrund dieser Aussagen kann "Demokratie" nicht mehr nur als bloße Negativabgrenzung zum Faschismus und Nationalsozialismus aufgefaßt werden. Sicherlich war die Verurteilung und Bekämpfung des Nazismus und Militarismus die wesentliche Plattform der Anti-Hitlerkoalition[31]. Aber wenn das Ziel der Alliierten erreicht werden sollte, daß nie wieder von deutschem Boden ein Krieg ausgig, war über die Vernichtung des Nationalsozialismus in Deutschland hinaus die Einleitung einer Neuordung und einer Entwicklung, die eine Wiederholung der 30er und 40er Jahre unmöglich machte, notwendig. Insofern bedurfte der Demokratiebegriff, der auf der Krim-Konferenz zunächst noch im wesentlichen als bloße Antithese zu Nationalsozialismus und Faschismus interpretiert wurde[32], der konkreten, positiven Ausgestaltung, die Gegenstand der nachfolgenden Konferenzen der Jahre 1945 bis 1947 war. Daher müssen auch alle Kriegs- und Nach-

26 Vgl. dazu Geyer, Kriegskoalition S. 352 f.

27 Nach: Schwarzenberger, Machtpolitik S. 176.

28 Art. 41 Nr. 3 Atlantik-Charta und Abschnitt V der Erklärung über die Krim-Konferenz; vgl. aber auch kritisch: Schwarzenberger, Machtpolitik S. 170, 176 f.

29 Abschnitt V der Erklärung über die Krim-Konferenz.

30 Protokoll der 5. Vollsitzung der Krim-Konferenz vom 8. Februar 1945 in: Sanakojew, Teheran S. 176.

31 Siehe auch Müller, Entstehung S. 83 f.

32 Protokoll der 6. Vollsitzung der Krim-Konferenz vom 9. Februar 1945 in: Sanakojew, Teheran S. 187.

kriegsvereinbarungen als Ganzes gesehen werden, nur aus einer solchen Gesamtschau kann das Potsdamer Abkommen als ein Glied in dieser Kette zutreffend interpretiert werden.

Bei Ermittlung des gemeinsamen Grundkonsens über Demokratie ist es jedoch von vornherein unzulässig, entweder den angelsächsischen Demokratiebegriff auch für die Sowjetunion verbindlich zu erklären[33] oder zu behaupten, die konsequente Befolgung des Potsdamer Abkommens führe geradewegs in den Sozialismus[34]. Zur Einleitung einer ihren eigenen Interessen und Vorstellungen grundlegend zuwiderlaufenden Entwicklung Deutschlands waren – für alle erkennbar – weder die Westmächte noch die Sowjetunion bereit.

Berücksichtigt man aber, daß insbesondere die Demokratisierungsregelungen des Potsdamer Abkommens auf amerikanische Entwürfe zurückgehen, daß die Sowjetunion – in Kenntnis der anglo-amerikanischen Demokratievorstellungen – diese Vorschläge für die politischen Grundsätze des Potsdamer Abkommens in der Regel kommentarlos akzeptierte[35], während sie in anderen wichtigen Punkten unnachgiebig ihre Position vertrat und hartnäckig um Begriffsnuancierungen rang[36], so muß sich die UdSSR auch das anglo-amerikanische Begriffsverständnis zu den einzelnen Punkten zurechnen lassen, soweit dies klar zu Tage trat.

Alle drei Konferenzmächte vertraten in Potsdam nachdrücklich die Ansicht, daß in der wichtigen Frage der Demokratisierung eine einheitliche Politik in allen Zonen notwendig sei[37]. Da es dazu klarer, grundlegender Bestimmungen bedurfte, die durch den zu errichtenden Kontrollrat ausfüllungsfähig waren, kann man annehmen, daß die Konferenzmächte zumindest subjektiv der Meinung waren, jeweils das gleiche zu meinen.

Die Interpretation der Potsdamer Beschlüsse wird auch dadurch erleichtert, daß die Alliierten – insbesondere durch die das Abkommen ausführenden gemeinsamen Regelungen des Kontrollrates und der Alliierten Kommandantur in Berlin – immer wieder ausdrücklich oder konkludent an die Rechtsordnung der Weimarer Republik vor 1933 anknüpften. Damit mußten sie sich auch wesentliche rechtliche Begriffsinhalte der damaligen Zeit zurechnen lassen[38].

33 Dazu neigt Rabl (Demokratiebegriff, Durchführung) gelegentlich.

34 Kschieschow, Probleme S. 593.

35 Siehe auch die Nachweise bei Sündermann, Potsdam S. 213, 390.

36 Vgl. etwa die Verhandlungen über Wahlen und Regierungsbildung in Polen auf der Krim-Konferenz und in Potsdam (Conte, Teilung S. 76 f., 275 ff., 286, 309 ff., 314 ff.; Deuerlein, Potsdamer Abkommen S. 197, 206, 219, 310).

37 Siehe Sündermann, Potsdam S. 210; Sanakojew, Teheran S. 241.

38 Weite Teile des Rechts der Weimarer Republik – wie das Strafgesetzbuch, das Gerichtsverfassungsgesetz, das Bürgerliche Gesetzbuch, die Zivilprozeßordnung, die Konkursordnung und das Reichs- und Staatsangehörigkeitsgesetz – galten in allen Zonen und auch später in der DDR und der Bundesrepublik fort, nachdem die Alliierten diese Gesetze wieder in Kraft gesetzt hatten.

Selbst bei Annahme eines Besatzungsregimes über ein fortbestehendes Deutsches Reich lassen sich die Demokratisierungsbestimmungen des Potsdamer Abkommens völkerrechtlich aus den Sicherheitsinteressen der Alliierten und dem Ziel, völkerrechtswidrige Zustände in Deutschland zu beseitigen und eine völkerrechtswidrige Aggression Deutschlands in Zukunft zu verhindern, rechtfertigen. Grundlegendes Ziel gerade auch der Demokratisierungsregelungen war es, Vorkehrungen zu treffen, daß niemals wieder von deutschem Boden ein Krieg ausgeht. Dieses Ziel ist durchaus völkerrechtskonform, zumal Demokratie – die in Deutschland wiederhergestellt werden sollte – Ausdruck des Selbstbestimmungsrechtes eines Volkes ist. Da – wie sich zeigen wird – durch die Regelungen im wesentlichen die Rechtsverhältnisse aus der Zeit der Weimarer Republik (unter anderem durch Aufhebung menschenrechtsverletzender, nationalsozialistischer Normen) wiederhergestellt wurden, verstießen die Vier Mächte auch nicht gegen ihre völkerrechtliche Verpflichtung von Besatzungsmächten, nach Möglichkeit Landesrecht zu beachten[39].

3. Die konkrete Ausgestaltung der Demokratievorstellungen in den Einzelbestimmungen des Potsdamer Abkommens

Die politischen und wirtschaftlichen Grundsätze des Potsdamer Abkommens gehen auf einen innerhalb der "European Advisory Commission"[40] überarbeiteten amerikanischen Entwurf[41] zurück, der auf der Potsdamer Konferenz von den Außenministern teilweise modifiziert[42] und dann unverändert von Regierungsoberhäuptern in der Sitzung am 1. August 1945 genehmigt wurde[43]. Frankreich hat ihnen mit Schreiben vom 7. August 1945 prinzipiell zugestimmt und betont, daß es unerläßlich sei, "die Entwicklung der demokratischen Ideen in Deutschland zu fördern"[44].

Prinzipiell lassen sich die wirtschaftlichen und politischen Regelungen

---

39 Siehe auch oben 1. Teil III. 4.1.

40 Arbeitete mit Vertretern der USA, Großbritanniens und der UdSSR seit 1943 in London (siehe Deuerlein, Einheit S. 5 ff.).

41 Wortlaut in: Foreign Relations, The Conference of Berlin Bd. I S. 443 ff., 436 ff. Deutscher Text auszugsweise bei: Deuerlein, Quellen S. 200 ff.; Potsdamer Abkommen S. 47 ff.; Sanakojew, Teheran S. 215 ff.; Sündermann, Potsdam.

42 In der Sitzung der Außenminister vom 29. Juli 1945 (a.a.O.).

43 In der Vollsitzung vom 1. August 1945 (a.a.O.).

44 Deutscher Text in: Europa-Archiv 1954 S. 6745. Vgl. dazu auch Abendroth, Frankreich S. 73. Zu den Vorbedingungen für die Zustimmung zu Zentralverwaltungen und politischen Parteien auf gesamtdeutscher Ebene siehe die entsprechenden Ausführungen zu den einzelnen Regelungen des Potsdamer Abkommens.

des Abkommens nach den Kriterien "repressiv" und "konstruktiv" trennen. Die Durchführung von "repressiven" Bestimmungen dient der Entmilitarisierung und Entnazifizierung. Diese Regelungen bilden gewissermaßen die Basis, auf der entsprechend den "konstruktiven" Regelungen eine demokratische Gesellschft in Deutschland wieder aufgebaut werden konnte. Als bindende Leitlinien zukünftiger deutscher Verfassungspolitik sind vor allem die konstruktiven Demokratisierungsbestimmungen von wesentlicher Bedeutung.

3.1 Generalklausel der demokratischen Neuordnung

Nachdem bereits die Moskauer Außenministerkonferenz vom Oktober 1943 die Forderung nach der Einsetzung eines demokratischen Regimes in Deutschland erhoben hatte[45], wurde nun in Abschnitt A 3 IV des Potsdamer Abkommens die generalklauselartige Zielsetzung der alliierten Politik für Deutschland festgelegt: *"Die endgültige Umgestaltung des deutschen politischen Lebens auf demokratischer Grundlage und eine eventuelle friedliche Mitarbeit Deutschlands am internationalen Leben sind vorzubereiten"*[46].

Ohne diese grundsätzliche und allgemein gefaßte Regelung sind die Einzelbestimmungen der politischen Grundsätze nicht zu verstehen. Die zukünftige Entwicklung Deutschlands wird gewissermaßen als ein Prozeß vorgezeichnet, an dessen Anfang die alliierte Machtausübung mit den für den Beginn einer demokratischen Entwicklung notwendigen repressiven Maßnahmen der Entmilitarisierung und Entnazifizierung steht und der eine Phase der Umgestaltung des politischen Lebens auf demokratischer Grundlage unter Mithilfe und Aufsicht der Alliieren folgt. Nach einer "endgültigen" demokratischen Neuordnung (die dann nicht mehr zur Diskussion steht[47]) als Voraussetzung für die "friedliche Mitarbeit Deutschlands im internationalen Leben" bildet die Wiederaufnahme Deutschlands in die Gemeinschaft der souveränen Staaten und Völker[48] das Ziel des Entwicklungsprozesses.

Dies ist die Generalklausel des Deutschland-Abschnittes des Potsdamer Abkommens, die nicht nur als allgemein politische Zielsetzung der interalliierten Machtausübung, sondern auch als das von den Alliierten angestrebte Ziel der deutschen Nachkriegsentwicklung überhaupt anzusehen ist. Die weiteren Deutschland betreffenden Einzelbestimmungen sollten diesen Rahmen ausfüllen und grundlegende Schwerpunkte der demokratischen Neuordnung setzen.

45 Vgl. Europa-Archiv 1952 S. 4530 ff.

46 Siehe auch den Text des Potsdamer Abkommens im Anhang.

47 Und insoweit sollte auch das deutsche Volk verpflichtet werden.

48 So auch Abschnitt II der Mitteilung über die Krim-Konferenz.

3.2 Einheit Deutschlands?

Insbesondere von seiten der DDR war 1949 und später immer wieder zu hören, daß die westdeutsche "Separatstaatsbildung als Objekt des aggressiven Imperialismus" den Potsdamer Verpflichtungen zur Schaffung eines "demokratischen, friedlichen, einheitlichen Deutschlands" widerspräche[49]. Aber auch in der bundesdeutschen Literatur zum Potsdamer Abkommen wird häufig betont, "daß die Siegermächte in "Potsdam" an den Fortbestand eines einheitlichen Deutschlands mit einer einheitlichen gesamtdeutschen Regierung gedacht haben"[50]. Teilweise geht man dabei so weit, den Deutschen aufgrund der Potsdamer Beschlüsse einen Anspruch auf Aufrechterhaltung bzw. Wiederherstellung der staatlichen Einheit durch einen mit einer gesamtdeutschen Regierung abzuschließenden Friedensvertrag zuzubilligen[51].

Die als Beleg der Garantie der deutschen Einheit herangezogenen Passagen des Potsdamer Abkommens – III A 2 (gleiche Behandlung der "deutschen Bevölkerung in ganz Deutschland"), III A 9 (II) (Zulassung politischer Parteien in "ganz Deutschland"), III A 9 (IV) (Errichtung "zentraler deutscher Verwaltungsabteilungen"), III B 14 (Betrachtung Deutschlands als wirtschaftliche Einheit), sowie die Ausübung der Regierungsgewalt durch den Kontrollrat "in den Deutschland als Ganzes betreffenden Fragen" (II-I A 1) und der in Aussicht genommene Abschluß eines Friedensvertrages mit einer "Regierung Deutschlands" – deuten in der Tat darauf hin, daß man in Potsdam davon ausging, Deutschland als Ganzes aufrechtzuerhalten[52]. Auch daß "bis auf weiteres ... keine zentrale deutsche Regierung" vorgesehen war (III A(IV)), schließt nicht aus, daß nach Beendigung der Kontrollperiode die Bildung einer Gesamtregierung für Deutschland erfolgen sollte; ja die vorgesehenen gesamtdeutschen Staatssekretariate konnten als Vorläufer dieser späteren Zentralregierung angesehen werden[53]. Da auch der Friedensvertrag mit einer "Regierung Deutschlands" geschlossen werden sollte, wollte man offensichtlich die Bildung eines derartigen Staatsorgans nicht von vornherein ausschließen. Eine gesamtdeutsche Zentralregierung aber setzt auch voraus, daß die politische Einheit Deutschlands im wesentlichen gewahrt blieb.

---

49 So u.a. Bittel, Potsdamer Abkommen S. 18 ff.; Ulbricht, Weg; Schirmer, Zur Völkerrechtssubjektivität der Staaten S. 660 ff.

50 So Faust, Wirtschaftliche und politische Einheit S. 136.

51 So etwa Winterfeld, Potsdamer Abkommen S. 9209; Faust, Potsdamer Abkommen S. 247; Abendroth, Bedeutung; Berliner Erklärung der drei Westmächte und der Bundesrepublik Deutschland vom 29. Juli 1957 in: Siegler, Wiedervereinigung S. 24; einschränkender: Blumenwitz, Grundlagen S. 35, 82; a. A. Külz, Potsdam.

52 So auch Faust, Wirtschaftliche und politische Einheit S. 134 ff.

53 A.a.O., S. 136.

3.2.1 Die Teilungsfrage bleibt offen

Die genannten Textstellen belegen, daß die Signatarmächte des Potsdamer Abkommens von der Vorstellung eines einheitlichen Deutschlands ausgegangen sind. Es hieße aber die Vertragsauslegung überzustrapazieren, wenn man daraus eine Garantie für die deutsche Einheit in der Zukunft herleiten wollte. Vielmehr legen Entstehungsgeschichte und Inhalt des Abkommens nahe, daß man zwar zunächst von dem Fortbestand der Einheit Deutschlands ausgehen, aber sich gerade nicht der Handlungsfreiheit in dieser Frage für die Zukunft berauben wollte[54].

Die die Einheit Deutschlands betreffenden Passagen der Abschnitte III A und B beziehen sich ausdrücklich nur auf das gemeinsame Vorgehen während der Kontroll- und Besatzungszeit in Deutschland. Nirgends ist expressis verbis ausgesprochen, daß Deutschland als einheitlicher Staat fortbestehen sollte[55]. Lediglich der langfristig vorgesehene Abschluß eines Friedensvertrages mit einer Regierung Deutschlands setzt logisch auch den weiteren Fortbestand Deutschlands voraus. Aber auch diese Erklärung der Potsdamer Konferenz bleibt vage: Es ist lediglich von der "Vorbereitung einer friedlichen Regelung für Deutschland" die Rede, die von einer "für diesen Zweck geeigneten Regierung Deutschlands angenommen werden kann, nachdem eine solche Regierung gebildet sein wird"[56]. Zwingend ergibt sich daraus nicht, daß eine solche Regierung gebildet werden *müsse* und daß ein Friedensvertrag in jedem Falle nur mit einer *gesamt*deutschen Regierung abgeschlossen werden könne. Auch die zukünftige "friedliche Mitarbeit Deutschlands am internationalen Leben"[57] wird nur als Möglichkeit angedeutet, wenn dort von der "eventuellen" Mitarbeit die Rede ist[58].

Vor allem läßt aber die Erklärung, daß das Ziel der Übereinkunft von Potsdam "die Durchführung der Krim-Deklaration über Deutschland" bilde[59], erhebliche Zweifel daran aufkommen, daß die Signatarmächte eine Garantieerklärung für die Einheit Deutschlands abgeben wollten. Denn gerade auf der Krim-Konferenz ist ausführlich die mögliche Teilung Deutschlands erörtert worden, wenn auch die offizielle Mitteilung über die Konferenz auf der Krim vom 11. Februar 1945 dies nicht erwähnt.

Abschnitt II dieser Konferenzmitteilung enthält aber den Hinweis auf die getroffenen Abmachungen über die Kapitulationsbestimmungen für

---

54 So v.d. Heydte, Potsdamer Abkommen S. 786 ff.; Blumenwitz, Grundlagen S. 28 f.

55 Dies wurde zum ersten Mal so klar von Külz (Potsdam S. 46 f.) festgestellt.

56 Abschnitt II 3 (I) Satz 2 Potsdamer Abkommen.

57 Abschnitt III A3 (IV) Potsdamer Abkommen.

58 Allerdings läßt sich der im englischen Text verwendete Begriff "eventual" verschieden deuten (siehe Rabl, Durchführung S. 48 Anm. 7). In keinem Fall enthält der Begriff aber die Aussage, daß etwas geschehen *soll*.

59 Abschnitt III Abs. 2 Satz 1 Potsdamer Abkommen.

Deutschland und die Feststellung, daß diese "erst bekanntgegeben werden, wenn die endgültige Niederwerfung Deutschlands vollzogen ist". Tatsächlich wurde auf der Konferenz u.a. der Text der Kapitulationsurkunde beschlossen, in dem man gegenüber dem Entwurf vom 25. Juli 1944[60] eine entscheidende Änderung vornahm. Nun hieß es: "In der Ausübung dieser Macht werden sie" (die Alliierten) "solche Maßnahmen einschließlich der völligen Entwaffnung, Entmilitarisierung und Zerstückelung Deutschlands treffen, als sie für den künftigen Frieden und die Sicherheit für notwendig halten"[61].

Damit war auf der Krim-Konferenz, deren Beschlüsse mit dem Potsdamer Abkommen durchgeführt werden sollten, eine Zerstückelung Deutschlands durchaus ins Auge gefaßt worden. Wenn dann später auch diese Passage weder in die Kapitulationsurkunde noch in die "Erklärung in Anbetracht der Niederlage Deutschlands" vom 5. Juni 1945, die textlich in weiten Teilen mit dem Entwurf der Kapitulationsurkunde der Krim-Konferenz übereinstimmt, aufgenommen wurde, so kann dies nicht als endgültige Aufgabe jeglicher Teilungspläne durch die Siegerstaaten des Zweiten Weltkrieges angesehen werden. Churchill hatte bereits auf der Krim-Konferenz geäußert, daß es besser sei, Zergliederungsfragen mit den Deutschen erst auf der Friedenskonferenz zu erörtern[62].

Trotz des sich nach der Krim-Konferenz anbahnenden Meinungswandels bei den Alliierten zur Frage der Zerstückelung Deutschlands[63], erscheint es damit insgesamt mehr als fragwürdig, dem Potsdamer Abkommen eine eindeutige Aussage über die beabsichtigte Erhaltung der Einheit Deutschlands abzugewinnen.

Den Alliierten ging es zunächst einmal darum, unter allen Umständen zu verhindern, daß Deutschland jemals wieder zu einer Bedrohung des Friedens werden könnte[64]. Nicht umsonst heißt es im Potsdamer Abkommen nach dem Hinweis auf die Krim-Deklaration, daß die Alliierten "nach gegenseitiger Vereinbarung in der Gegenwart und in der Zukunft auch andere Maßnahmen, die notwendig sind, damit Deutschland niemals mehr seine Nachbarn oder die Erhaltung des Friedens in der ganzen Welt bedrohen kann", treffen werden[65]. Das Potsdamer Abkommen läßt insoweit also nur den Schluß zu, daß die Signatarmächte zunächst keine eindeutige Aussage über die Einheit Deutschlands treffen wollten. Auch die Konferenzprotokol-

---

60 Siehe den Text bei Siegler, Wiedervereinigung S. 23 f.

61 Deutsche Übersetzung bei Siegler, Wiedervereinigung S. 19.

62 Churchill hielt jede Erörterung von Zergliederungsfragen mit den Deutschen vor einer Friedenskonferenz für überflüssig (siehe den sogenannten Bohlen-Bericht, deutsche Übersetzung in: Heinisch, Jalta S. 98).

63 Zur Entwicklung siehe umfassend Giese, Einheit S. 36 ff.

64 Abschnitt III Abs. 1 Satz 2 Potsdamer Abkommen.

65 A.a.O.

le und Unterlagen deuten eher in diese Richtung. Die Einheit Deutschlands (unabhängig davon, was man unter 'Deutschland' verstand[66]) war auf der Konferenz kein Diskussionsschwerpunkt. Nach den Beschlüssen auf der Krim hätte dies aber eine zentrale Frage sein müssen, wenn man wirklich einen grundlegenden Positionswechsel vollziehen und sich für die Zukunft festlegen wollte.

Wie wenig sich bis 1945 unter den Alliierten eine konstante Haltung zur Frage des Fortbestandes eines einheitlichen Deutschlands herausgebildet hatte, lassen die zahllosen divergierenden und sich teilweise widersprechenden Äußerungen seit 1941 deutlich werden. Durchgängig wurde zwar die Teilung Deutschlands erwogen – auch von der Sowjetunion[67] – und zumindest auf angloamerikanischer Seite hierzu umfangreiche Pläne ausgearbeitet[68]. Doch die Nützlichkeit einer Aufsplitterung Deutschlands zur Erreichung des Zieles der Verhinderung einer erneuten aggressiven Machtkonzentration (einschließlich der auf wirtschaftlichem Gebiet) in Deutschland blieb umstritten.

Bereits auf der ersten Konferenz von Quebec im August 1943 sprachen sich der britische und der amerikanische Außenminister gegen eine gewaltsame Zerstückelung Deutschlands aus, gaben aber zu erkennen, daß sie eine freiwillige Aufteilung unterstützen würden[69]. Einen Monat später auf der Außenministerkonferenz in Moskau sahen die deutschlandpolitischen Forderungen der USA zwar "bei entsprechender demokratischer Entwicklung" eine deutsche Zentralregierung vor, aber auch dies stand unter dem Vorbehalt einer allgemeinen Regelung der deutschen Frage[70]. In Teheran – im Dezember 1943 – legten Roosevelt und Churchill wiederum konkrete Teilungspläne vor, die Stalin für prüfenswert hielt, wenn er auch Zweifel anmeldete, ob man eine Wiedervereinigung langfristig verhindern könne[71]. Im Mai 1944 jedoch votierte das State Department der USA gegen eine Zerstückelung[72] und im September 1944 – auf der zweiten Konferenz von

66 Einerseits einigte man sich, als Erörterungsgrundlage unter "Deutschland" das Deutsche Reich in den Grenzen von 1937 zu verstehen, (Foreign Relations, The Conference of Berlin Bd. II S. 89), zum anderen aber wurden die deutschen Ostgebiete als "frühere deutsche Gebiete" (Abschnitt IXb 2. Absatz Potsdamer Abkommen) bezeichnet. Zum Inhalt des Deutschlandsbegriffes siehe ausführlich Giese, Einheit S. 103 f.

67 Vgl. Rupp, Geschichte S. 17; Backer, Entscheidung S. 23; Koß, Vorstellungen S. 21.

68 Erste konkrete amerikanische Konzepte datieren vom Juni 1943 (vgl. Backer, Entscheidung S. 25 ff.). Im Sommer 1944 folgte der Plan des US-Staatssekretärs Wells, der drei Staaten vorsah (vgl. Warburg, Deutschland S. 291 f.; Backer, a.a.O. S. 29), und wenig später im September 1944 legte der amerikanische Finanzminister Morgenthau seine detaillierten Vorschläge vor, die umfangreiche Gebietsabtretungen sowie die Aufteilung in einen Nord- und einen Südstaat vorsahen (Warburg, a.a.O., S. 293 ff.; Backer, a.a.O. S. 30 f.).

69 Vgl. Europa-Archiv 1950 S. 3034, 1951 S. 4532; Koß, Vorstellungen S. 19 f.

70 Vgl. Europa-Archiv 1950 S. 3034 f., 1951 S. 4530 ff.

71 Siehe dazu Fischer, Teheran S. 84 ff. sowie Fritsch-Bournazel, Sowjetunion S. 17 mwN.

72 Vgl. Europa-Archiv 1950 S. 3035 f.

Quebec – waren es wieder Roosevelt und Churchill, die dem Morgenthau-Plan mit seiner Aufteilung Deutschlands in einen Nord- und einen Südstaat sowie den vorgesehenen Gebietsabtretungen grundsätzlich zustimmten[73]. Auch die Krim-Konferenz im Februar 1945 brachte keine endgültige Klärung dieser Frage[74]. Das einzige konkrete Ergebnis war die Einsetzung eines Ausschusses zum "Studium des Verfahrens für die Zerstückelung Deutschlands"[75], der im März 1945 unter französischer Beteiligung seine Arbeit in London aufnahm[76].

Doch die Etablierung dieses Gremiums bedeutete wenig. Die britische Regierung begann zunehmend über die Erhaltung des Kräftegleichgewichtes in Europa nachzudenken und glaubte, daß bei einer Aufteilung Deutschlands kein ausreichendes Gegengewicht zur Sowjetunion bestünde[77]. Stalin sprach sich am 9. Mai 1945 öffentlich gegen eine Zerstückelung aus[78] und ließ gegenüber seinen Verbündeten verlauten, daß er die Teilungsdiskussion insbesondere als Druckmittel gegen Deutschland angesehen habe[79]. Ende Mai 1945 bekundete Stalin jedoch wiederum seine Übereinstimmung mit der Regierung der USA darüber, daß die Teilungsfrage nach wie vor offen sei und daß alle Alliierten hierüber gemeinsam eine Entscheidung zu fällen hätten[80]. Die Richtlinien für die amerikanische Delegation der Potsdamer Konferenz gehen – wie das Potsdamer Abkommen – von einer weitgehenden einheitlichen Verwaltung Deutschlands während der Besatzungszeit aus und betonen insbesondere die Notwendigkeit der Wirtschaftseinheit während der Kontrollzeit[81]. Die USA waren nicht mit der Absicht nach Potsdam gegangen, Deutschland zu teilen[82]. Andererseits wollten die Amerikaner sich aber auch offensichtlich bezüglich der Bildung einer deutschen Zentralregierung nicht binden[83]. Die – überwiegend auf amerikanische Vorschläge zurückgehenden – Passagen des Abkommens, die die einheitliche Behandlung Deutschlands betreffen, wurden (soweit ersichtlich) auf der Konferenz ohne inhaltliche Diskussion angenommen[84].

73 Siehe Europa-Archiv 1949 S. 2179; Backer, Entscheidung S. 30 f.

74 Vgl. etwa Fischer, Teheran S. 112 ff.; Conte, Teilung S. 177, 271, 283; Marienfeld, Konferenzen S. 184 ff., 195, 197; Foreign Relations, Malta und Yalta S. 612 ff.

75 Foreign Relations, a.a.O., S. 978.

76 Vgl. Europa-Archiv 1950 S. 3038.

77 Vgl. Graml, Alliierten S. 31.

78 Vgl. Europa-Archiv 1950 S. 3043.

79 Siehe Fritsch-Bournazel, Sowjetunion S. 20 f. mit Quellennachweisen.

80 Gespräch zwischen Stalin und Hopkins vom 30. Mai 1945 (Sherwood, Roosevelt S. 745 f.).

81 Foreign Relations, The Conference of Berlin Bd. I S. 606 ff., vgl. dazu Deuerlein, Deklamation S. 89 ff.

82 Vgl. Deuerlein, Deklamation S. 50 ff.

83 Siehe die Dokumente in: Kämmerer, Konferenzen S. 161 f.; Foreign Relations, The Conference of Berlin Bd. I S. 164 ff. Dazu ausführlich Deuerlein, Vorformulierungen S. 340 ff.; siehe auch Wettig, Entmilitarisierung S. 40.

Das Problem der Aufteilung wurde überhaupt nicht erörtert und weder positiv noch negativ zu ihm Stellung genommen. Die Frage blieb offen. Auch die Amerikaner, deren Richtlinien für die Konferenz immerhin die Empfehlung enthält, "daß sich die amerikanische Regierung, unabhängig von der Abtretung von Grenzgebieten und der Vornahme von Grenzberichtigungen der Aufteilung Deutschlands in zwei oder mehrere Einzelstaaten widersetzt"[85], machten keinen Versuch, diese grundsätzliche Frage in Potsdam abschließend zu regeln.

Daß die Alliierten sich 1945 hinsichtlich der Einheit Deutschlands noch nicht festlegen wollten, zeigt auch die Stellungnahme der Vier Mächte in der Erklärung "in Anbetracht der Niederlage Deutschlands" vom 5. Juni 1945, wo es heißt: "Die Regierungen ... werden später die Grenzen Deutschlands oder irgend eines Teiles Deutschlands und die rechtliche Stellung Deutschlands oder irgend eines Gebietes, das gegenwärtig einen Teil deutschen Gebietes bildet, festlegen."[86]

Die Alliierten hatten auch gar keinen Grund, in dieser Frage irgendwelche abschließenden Entscheidungen zu fällen. Sie waren es, die die tatsächliche Gewalt in Deutschland ausübten und sie konnten es sich leisten, 1945 eine endgültige Entscheidung aufzuschieben und sie von der Entwicklung in Deutschland abhängig zu machen[87]. Dezidiert hat diese Haltung am längsten Frankreich vertreten, das im Hinblick auf seinen Beitritt zum Potsdamer Abkommen zwar für die Kontrollperiode "die Notwendigkeit einer gewissen Einheitlichkeit der Behandlung für die Bevölkerung des gesamten Deutschlands" anerkannte, zugleich aber betonte, "nicht a priori die Wiederherstellung einer Zentralregierung in Deutschland" akzeptieren zu können, solange nicht alle grundsätzlichen Fragen in bezug auf Deutschland geklärt seien[88]. Die französische Regierung behielt sich auch unabhängig von ihren Gebietsforderungen noch zu einem Zeitpunkt ausdrücklich die Möglichkeit einer (freiwilligen) Aufteilung Deutschlands in mehrere Staaten vor[89], als die anderen Alliierten sich bereits – zumindest nach außen – eindeutig zur Einheit Deutschlands bekannten.

84 Erste Sitzung der Außenminister vom 18. Juli 1945 (Foreign Relations, The Conference of Berlin Bd. II S. 66 ff.; deutsch: Deuerlein, Quellen S. 204 ff., 210). 11. Vollsitzung am 31. Juli 1945 (Amerikanisches Protokoll: Foreign Relations, The Conference of Berlin Bd. II S. 511 ff. deutsch: Sündermann, Potsdam S. 359; sowjetisches Protokoll: Sanakojew, Teheran S. 377 (deutsch).

85 Foreign Relations, The Conference of Berlin Bd. I S. 456 f.

86 Präambel des Potsdamer Abkommens.

87 Allgemein zu den Teilungsplänen vgl. Auch Bosl, Aufteilungspläne S. 24 ff.; Rupp, Geschichte S. 17 ff.; Marienfeld, Konferenzen S. 334 f.; Belezki, Politik S. 14 f., 17 f., 24 f., 41 ff. (mit einseitiger Darstellung der Verantwortung der Westalliierten).

88 Vgl. die Schreiben der Provisorischen Regierung der Französischen Republik vom 7. August 1945 (deutscher Text in: Europa-Archiv 1954 S. 6745 f.).

89 So nicht nur mit Schreiben vom 14. September 1945, sondern auch noch am 10. August 1946 (vgl. die deutschen Texte a.a.O. S. 6747, 6754 f.).

Insgesamt ist damit davon auszugehen, daß die Signatarmächte des Potsdamer Abkommens (und Frankreich) sich einig waren, zunächst von der grundsätzlich fortbestehenden Einheit Deutschlands auszugehen, ohne sich jedoch in bezug auf "Deutschland als Ganzes" für die Zeit nach der Anfangsperiode der Besetzung festzulegen[90].

3.2.2 Die Entwicklung nach Potsdam

Seit 1946 haben die Signatarstaaten des Potsdamer Abkommens sich – jedenfalls nach außen – zunehmend eindeutig für die staatliche Einheit Deutschlands ausgesprochen.

Auf der Pariser Außenministerkonferenz im Juni 1946 votierten der amerikanische und der sowjetische Außenminister für die baldige Bildung einer deutschen Regierung, und nur Frankreich wandte sich entschieden dagegen[91]. Der sowjetische Vorschlag für die politische Ordnung Deutschlands vom 22. März 1947 erklärt schon ausdrücklich: "Deutschland wird als einheitlicher, friedliebender Staat wieder hergestellt"[92]. Auch die Erklärung der Warschauer Konferenz der Ostblockländer vom 24. Juni 1948 verlangt die Schaffung einer gesamtdeutschen Regierung[93].

Die Äußerungen der Westmächte blieben bis 1947 noch deutlich zurückhaltender[94], da Großbritannien und die USA eine Konfrontation mit Frankreich vermeiden wollten, das es nach wie vor ablehnte, die deutsche Einheit als vollendete Tatsache zu schaffen, bevor grundsätzliche Fragen von Gebietsabtretungen, Entmilitarisierung und Demokratisierung Deutschlands geregelt seien[95]. Selbst nach Gründung der Bundesrepulik Deutschland und der DDR stellen die Vier Mächte im Schlußkommuniqué der Pariser Außenministerkonferenz vom Juni 1949 zwar fest, daß keine Einigung über die Herstellung der deutschen Einheit erzielt werden konnte[96], doch nicht nur die sowjetischen Entwürfe dieser Konferenz, sondern

---

90 So auch Külz, Potsdam; Blumenwitz, Grundlagen S. 28 ff., 82; v.d. Heydte, Potsdamer Abkommen; Grewe, Vereinbarungen S. 347 ff.; a. A. Faust, Potsdamer Abkommen S. 241 ff. mit Bezug auf offizielle politische Stellungnahmen der Bundesrepublik; siehe auch Thilenius, Teilung S. 111 ff.

91 Siehe die Stellungnahmen in: Europa-Archiv 1946 S. 105 ff.

92 Abschnitt II1 des sowjetischen Vorschlages über Form und Umfang der zeitweiligen politischen Organisation und staatlichen Ordnung Deutschlands vom 22. März 1947.

93 Ziff. 8 Abs. 4 der Erklärung der Außenminister der UdSSR, Albaniens, Bulgariens, der Tschechoslowakei, Jugoslawiens, Polens, Rumäniens und Ungarns zu den Beschlüssen der Londoner Drei-Mächte-Konferenz vom 24. Juni 1948 (deutsch: Potsdamer Abkommen S. 333 ff.).

94 Vgl. Moskauer Außenministerkonferenz 1947 (Europa-Archiv 1947 S. 675).

95 Bidault nach: Europa-Archiv 1948 S. 675.

96 Ziff. 9 des Schlußkommuniqués der Außenministerkonferenz in Paris vom 20. Juni 1949.

auch der gemeinsame Vorschlag der Westmächte – einschließlich Frankreichs – verlangen die Wiederherstellung der politischen und wirtschaftlichen Einheit Deutschlands[97].

Diese Forderung blieb seitdem Bestandteil der Stellungnahmen der Westmächte und – bis in die Mitte der 60er Jahre – der Sowjetunion zur deutschen Frage.

Der Friedensvertragsentwurf der UdSSR von 1952 erklärt die "Entwicklung Deutschlands zu einem einheitlichen, unabhängigen, demokratischen und friedliebenden Staat in Übereinstimmung mit den Potsdamer Beschlüssen" zum Ziel[98], und ähnlich ist auch der zweite Entwurf der Sowjetunion zu einem Friedensvertrag vom Jahre 1959 eindeutig auf die Wiederherstellung der deutschen Einheit (Art. 2) ausgerichtet. Das Ziel der "Vereinigung Deutschlands zu einem einheitlichen Staat" (Art. 8 II) und das Recht des deutschen Volkes auf Wiederherstellung der Einheit Deutschlands (Art. 22 I) werden hier ausdrücklich hervorgehoben[99].

Diese offiziellen Bekenntnisse zur Einheit Deutschlands können jedoch nicht darüber hinwegtäuschen, daß die praktische Politik der Kontrollmächte in Deutschland dazu häufig im krassen Widerspruch stand. Nicht nur Frankreich – insoweit konsequent und in Übereinstimmung mit seinen gegenüber dem Potsdamer Abkommen angemeldeten Vorbehalten – suchte alle praktischen Maßnahmen zu unterbinden, die den Anschein erweckten, die Bildung einer einheitlichen deutschen Staatsgewalt für die Zukunft zu präjudizieren[100]. Auch die übrigen Mächte gaben schrittweise ihr ursprüngliches Konzept einer gemeinschaftlichen Regelung der deutschen Frage auf[101] und zogen sich angesichts der Schwierigkeiten, im Kontrollrat eine Einigung zu erzielen, auf ihre Machtpositionen in den eigenen Zonen zurück[102]. In dem Maße, wie für die Vereinigten Staaten die Zurückdrängung des Einflusses des Kommunismus zum wesentlichen geopolitischen Ziel wurde, schwand ihre Bereitschaft, mit der Sowjetunion zu einer übereinstimmenden Deutschlandregelung zu kommen. Dabei spielten auch Befürchtungen eine Rolle, bei der gemeinsamen Kontrolle über Gesamtdeutschland gegenüber der Sowjetunion "den Kürzeren zu ziehen"[103]. Außenminister Marshall brachte die amerikanische Haltung im November

---

97 Europa-Archiv 1949 S. 2391.

98 Sowjetischer Entwurf für einen Friedensvertrag mit Deutschland vom 16. März 1952; siehe auch Europa-Archiv 1952 S. 4832 f.

99 Entwurf der Sowjetunion für einen Friedensvertrag mit der Deutschen Demokratischen Republik und der westdeutschen Bundesrepublik vom 10. Januar 1959.

100 Vgl. dazu die folgenden Ausführungen zu einer deutschen Zentralregierung sowie Graml, Alliierten S. 36 f.; Rupp, Geschichte S. 33 f.; Marienfeld, Konferenzen S. 307 f.

101 Vgl. auch etwa Giese, Einheit S. 112 ff.

102 Siehe Graml, Alliierten S. 39 f.

103 Vgl. Backer, Entscheidung S. 148 f.

1947 auf folgenden Nenner: "Wir können im Augenblick nicht auf die Einigung Deutschlands hoffen, wir müssen in dem Gebiet, auf das sich unser Einfluß erstreckt, unser möglichstes tun"[104].

Das Bi-Zonen-Abkommen vom 2. Dezember 1946[105], mit dem die britische und die amerikanische Zone zusammengeschlossen wurden, sollte zwar laut seiner Präambel der erste Schritt in Richtung auf "die wirtschaftliche Einheit ganz Deutschlands in Übereinstimmung mit dem Potsdamer Abkommen" sein, doch in Wirklichkeit war dieser Vertrag – und das war auch bereits bei seinem Abschluß erkennbar – der erste vertraglich normierte Schritt, der dem Prinzip des Potsdamer Abkommens zur Vier-Mächte-Deutschlandpolitik zuwiderlief. Im Vordergrund stand nicht die Einheit Deutschlands, sondern der machtpolitische Aspekt, Teile Deutschlands – und damit auch Westeuropas – zu "schützen" und sie in ein westliches Bündnis zu integrieren[106]. Daß das Bi-Zonen-Abkommen den Beschlüssen von Potsdam widersprach[107], machten nicht erst seine praktischen Auswirkungen deutlich. Schon der Abschluß verstieß sowohl gegen das Abkommen über Kontrollverfahren in Deutschland vom 14. November 1944[108] wie auch gegen zahlreiche Vorschriften des Potsdamer Abkommens[109], da es ganz Deutschland berührende Fragen betraf, die der gemeinsamen Kompetenz und dem Konsensprinzip aller Vier Mächte unterlagen. In gleicher Weise verletzten die sogenannten Londoner Empfehlungen vom 7. Juni 1948[110] – die tatsächlich über unverbindliche Empfehlungen hinausgehende bindende Übereinkünfte enthielten[111] – die Vier-Mächte-Konsens-Klausel. Trotz der Erklärung, "in keiner Weise einem möglichen Vier-Mächte-

---

104 Zitat nach Fritsch-Bournazel, Sowjetunion S. 36 mN.

105 Text siehe bei Pünder, Interregnum S. 368 ff.

106 Vgl. dazu die ausführliche Erörterung bei Giese, Einheit S. 115 ff., 398 ff.

107 Siehe Giese, a.a.O., S. 125.

108 Art. 3b des Abkommens über die Kontrolleinrichtungen in Deutschland vom 14. November 1944 (deutscher Text u.a. abgedruckt bei Schmid, Deutsche Frage S. 94 ff.):
"Die Funktionen des Kontrollrates werden sein:
(I) angemessene Handlungsgemeinschaft der Oberkommandierenden in ihren betreffenden Besatzungszonen zu sichern;
(II) Pläne anzuregen und durch Übereinkommen Entscheidungen über die hauptsächlichen militärischen, politischen, wirtschaftlichen und anderen Deutschland als Ganzes betreffenden Fragen auf der Basis der Instruktionen, die jeder Oberkommandierende von seiner Regierung erhält, zu erreichen;
(III) die deutsche Verwaltung zu kontrollieren, die unter der Leitung des Kontrollrates arbeiten wird und ihm für die Sicherstellung der Entsprechung seiner Forderungen verantwortlich ist;
(IV) die Verwaltung von "Groß-Berlin" durch entsprechende Organe zu lenken."

109 Abschnitt III A1, 2, 3 sowie III B14 Potsdamer Abkommen.

110 deutscher Text in: Europa-Archiv 1948 S. 1349.

111 Vgl. Giese, Einheit S. 162 ff.

Abkommen über das deutsche Problem vorgreifen" zu wollen[112], werden Regelungen über die Ruhrgebietskontrolle, über Grenzfragen und insbesondere über die Errichtung einer deutschen Regierung vorbestimmt, die ohne Zustimmung des vierten Alliierten – der UdSSR – nicht getroffen werden konnten[113].

Sosehr auch die Sowjetunion daran interessiert war, ihre gesellschaftspolitischen Vorstellungen zumindest in einem Teil Deutschlands zu verwirklichen, so schien sich doch zumindest seit Sommer 1945 in der sowjetischen Außenpolitik die Vorstellung durchgesetzt zu haben, daß ein geeintes Deutschland, das auch der sowjetischen Kontrolle unterstand, wesentlich mehr den sowjetischen Vorstellungen eines cordon sanitaire gegenüber der kapitalistischen Staatenwelt entsprach, als ein aufgesplittertes Deutschland, das teilweise unter der alleinigen Kontrolle der Westmächte stand und bei dem insoweit nicht verhindert werden konnte, daß es zum Instrument einer sowjetfeindlichen Politik wurde[114]. In dem Maße, in dem sich die USA bemühten, wenigstens einen Teil Deutschlands in ihren Machtbereich einzugliedern, gab auch die Sowjetunion die anfänglich (zumindest aus ihrer Sicht) durchaus zurückhaltende Politik der Sowjetisierung ihres Einflußgebietes auf. Die UdSSR verfolgte aber zumindest bis 1955 – neben der Festigung des eigenen Machtbereiches – auch das Ziel, den Westen Deutschlands durch verschiedene Wiedervereinigungsgebote wenigstens aus der vollen politisch-militärischen Integration in das westliche Lager herauszuhalten. Soweit dies ohne nähere Kenntnis der sowjetischen Dokumente überhaupt beurteilt werden kann, scheint die Führung der UdSSR ein neutralisiertes, aber geeintes Deutschland, das soweit unter sowjetischem Einfluß stand, daß es nicht zum Gegner der UdSSR werden konnte, als die damals denkbar beste Lösung im Sinne ihrer Sicherheitsvorstellungen angesehen zu haben. Eher als die Westmächte, deren Wiedervereinigungspolitik eindeutiger auf die Eingliederung Mitteldeutschlands in das westeuropäische System hinauslief, scheint die Sowjetunion (zumindest bis 1952) durchaus bereit gewesen zu sein, auf einen dominierenden Einfluß in ihrem ehemaligen Besatzungsgebiet zugunsten einer begrenzten Kontrolle über Gesamtdeutschland zu verzichten. Erst seit 1955 stand auch hier für die UdSSR die Sicherung des Status quo im Vordergrund[115].

Anzumerken bleibt abschließend noch, daß die Bildung der beiden deutschen Staaten unter Mißachtung des – von allen Vier Mächten immer wie-

112 Ziffer 5c der Empfehlungen.

113 Vgl. dazu ausführlich Giese, Einheit S. 163 ff. sowie Vysokij, Deutsche Angelegenheiten S. 385.

114 Vgl. Marienfeld, Konferenzen S. 394; Fritsch-Bournazel, Sowjetunion S. 163 f.; Geyer, Kriegskoalition S. 373 ff.

115 Dazu näher Geyer, a.a.O., S. 370 ff.; Loth, Teilung S. 64 ff.; Fritsch-Bournazel, Sowjetunion S. 164 f.

der und ausdrücklich auch für das deutsche Volk anerkannten[116] – Selbstbestimmungsrechtes erfolgte. Nicht nur die Westmächte, die die Gründung des separaten Weststaates unter Verletzung des Konsensprinzips in Deutschland als Ganzes betreffende Fragen initiierten und nachdrücklich erzwangen, sondern auch die Sowjetunion trifft dieser Vorwurf. Beide Machtblöcke hatten einen Teil Deutschlands vereinnahmt und waren nicht bereit, hier Einflußsphären preiszugeben. Ihre Interessenpolitik ließ es nicht zu, die Deutschen selbst über die Bildung eines Gesamtstaates entscheiden zu lassen, da damit zwangsläufig eine Gefährdung des Einflusses der einen oder der anderen Seite (oder beider Seiten) verbunden gewesen wäre[117].

3.3 Dezentralisierung der politischen Struktur

Nicht nur als ein Mittel zur Vorbeugung gegen eine deutsche Großmachtstellung[118] und als Frage der Verwaltungsorganisation, sondern insbesondere als wesentliche Grundlage einer sich allmählich entwickelnden Demokratie in Deutschland sahen die Alliierten die *"Dezentralisierung der politischen Struktur"* und die *"Entwicklung einer örtlichen Selbstverwaltung"*[119] an. Diesem Prinzip der Dezentralisierung Deutschlands stimmte auch die französische Regierung in vollem Umfang zu[120]. Die noch zu erörternden Vorbehalte gegen die Bildung einer deutschen Zentralregierung resultierten gerade auch aus der Furcht Frankreichs vor der Wiedererrichtung eines zentralistischen deutschen Staates.

Nach Zerschlagung des zentralistischen, nationalsozialistischen Führerstaates[121] bot nach Ansicht der Konferenzmächte nur die Entwicklung der Demokratie von unten her über Selbstverwaltung der Gemeinden, Kreise, Provinzen und Länder die Möglichkeit der Schaffung einer demokratischen Gesellschaft in Deutschland. Dementsprechend wurden auch der lokalen Selbstverwaltung mehrere Unterpunkte des Potsdamer Abkommens gewidmet, und selbst die Regelung[122], daß "bis auf weiteres ... keine zentrale

---

116 Siehe Rabl, Selbstbestimmungsrecht S. 321 ff., 353 ff., 370 ff., 389 ff. (zur Staatengründung und Verfassunggebung); sowie die Nachweise der sowjetischen Haltung bei Meissner, Sowjetunion S. 118 ff., 326 ff.

117 Vgl. zu diesem Komplex auch Rabl, Selbstbestimmungsrecht S. 349 ff., 352 ff., 370 ff.; Abendroth, Zwiespältiges Verfassungsrecht S. 3 ff., 6 f.

118 So Schwarzenberger, Machtpolitik S. 215.

119 Abschnitt III A9 Satz 1 Potsdamer Abkommen.

120 Vgl. die Schreiben des Außenministers der Provisorischen Regierung der Französischen Republik vom 7. August 1945 und vom 1. März 1946 sowie das französische Memorandum vom 25. April 1946 und die Erklärung des französischen Außenministers vom 10. Juli 1946 (deutsche Texte in: Europa-Archiv 1954 S. 6745, 6750, 6752, 6753).

121 Siehe dazu u.a. Rabl, Durchführung S. 295 f.

122 Abschnitt III A9 (IV) Potsdamer Abkommen.

deutsche Regierung errichtet werden" sollte, steht mit diesem Demokratisierungskonzept im Einklang: Die Voraussetzungen für die Übergabe der Regierungsgewalt in Deutschland an Deutsche mußte erst von der Basis her geschaffen werden.

Die Dezentralisierung der politischen Struktur als Grundlage der Verwaltung Deutschlands geht auf amerikanische Vorschläge zurück[123]. Bereits auf der Außenministerkonferenz in Moskau im Oktober 1943[124] sowie wenig später bei der Konferenz in Teheran (November/Dezember 1943) hatten sich die Amerikaner für eine dezentrale Verwaltungsstruktur in Deutschland ausgesprochen[125]. 1945 auf der Konferenz in Jalta erklärten sie jedoch die Wiederherstellung einer dezentralen Verwaltung zur Utopie und forderten – als Reaktion auf den nationalsozialistischen Zentralstaat – die Aufteilung Deutschlands in Einzelstaaten[126]. Bei der Vorbereitung der Potsdamer Konferenz waren für die Amerikaner aber diese Teilungspläne nicht mehr vordringlich[127], und auf der Konferenz selbst war das Ziel der Dezentralisierung – dem die Sowjetunion schon im Oktober 1943 prinzipiell zugestimmt hatte[128] – bereits nicht mehr streitig.

Die alliierten Konferenzen seit dem Jahre 1946 zeigten jedoch, daß man sich über die konkrete Form und das Maß der Dezentralisierung – insbesondere auf der höheren Ebene (den Ländern) – durchaus nicht einig war[129].

Die Sowjetunion tendierte – unterstützt von der SED – zum Modell des Einheitsstaates, in dem lediglich die Verwaltung dezentralisiert sein sollte[130]. Mit dem Hinweis, daß in Potsdam "von keiner Föderalisierung Deutschlands, sondern von der Abschaffung der hitlerischen Zentralisierung die Rede" gewesen sei[131], wandten sich die sowjetischen Vertreter gegen jede zwangsweise Föderalisierung und wollten diese allenfalls nach einem eindeutigen Votum der Deutschen in einer Volksabstimmung zulassen[132]. Eine betont föderale Ordnung erschien ihnen als Erschwerung der

123 Siehe Deuerlein, Verabschiedung S. 676.

124 Vgl. Europa-Archiv 1951 S. 4530 ff.

125 2. Sitzung der Krim-Konferenz vom 5. Februar 1945 (Sanakojew, Teheran, S. 128).

126 A.a.O.; Siehe dazu auch Graml, Jalta.

127 Siehe oben 2. Teil III. 3.2. Auch die amerikanische Richtlinie JCS 1067 vom 26. April 1945 nannte bereits die Dezentralisierung als Ziel der amerikanischen Deutschlandpolitik (Text in: US-Department of State, Germany S. 21 ff.).

128 Vgl. Fritsch-Bournazel, Sowjetunion S. 16; Meissner, Rußland S. 22. Dies bedeutete aber keineswegs eine endgültige Absage an eine mögliche Teilung Deutschlands.

129 Vgl. dazu ausführlich Balfour, Vier-Mächte-Kontrolle S. 290 f.

130 Siehe Huster, Determinanten S. 55 f.; Schwarz, Reich S. 94 f., 240 f.; Meissner, Rußland S. 89, 115, 191 f.; Marienfeld, Konferenzen S. 325 f., 336. Hierbei wurde die Sowjetunion auch von der SED unterstützt (vgl. Meissner, a.a.O., S. 134 mwN.).

131 So ausführlich Wyschinskij am 30. Mai 1949 (nach Meissner, a.a.O., S. 192.).

132 Europa-Archiv 1946 S. 105, 184 (2. Außenministerkonferenz 1946 in Paris); Europa-Ar-

Demokratisierung[133]. – Völlig im Gegensatz hierzu waren die Vorstellungen Frankreichs auf einen Staatenbund mit eng begrenzten Zentralkompetenzen ausgerichtet. Hier war das Verständnis von "Dezentralisation" häufig nicht mehr weit von der Zerstückelung Deutschlands in weitgehend selbständige Staaten entfernt[134]. Gerade auch um eine nach ihren Vorstellungen zu zentralistische Entwicklung zu verhindern, wandten sich die Franzosen gegen jeden Versuch, schon in naher Zukunft eine gesamtdeutsche Regierung zu bilden[135]. Zwischen diesen beiden Positionen lagen die Auffassungen der Amerikaner und Briten, die auch von den Strukturen ihrer eigenen Staaten geprägt waren. Als Föderalisten befürworteten die Amerikaner eine starke Stellung von 9 bis 15 Ländern im Rahmen eines deutschen Bundesstaates und richteten dementsprechend die Besatzungspolitik in ihren Zonen aus[136]. Großbritannien – eher einem zentralen Staatsaufbau zuneigend – verfolgte eine gemäßigte Föderalisierung, die an einem weitgehend ausgewogenen Machtverhältnis zwischen Ländern und Bund orientiert war, wobei letzterem jedoch die wichtigsten und grundlegenden Kompetenzen erhalten bleiben sollten[137]. Deutscherseits wurden die Vorstellungen der Franzosen und Amerikaner vor allem von CDU/CSU (insbesondere in Süddeutschland) geteilt, während die britische Position von der SPD unterstützt wurde[138].

Auf der Moskauer Außenministerkonferenz im März/April 1947 schien sich eine gemeinsame Verhandlungsgrundlage in der Frage der Dezentralisierung Deutschlands abzuzeichnen[139], als Molotow die Weimarer Reichsverfassung zur Ausgangsbasis erklärte und Marshall sowie Bevin für die USA und Großbritannien dem grundsätzlich zustimmten. Aber auch dieser Kompromiß scheiterte an der unnachgiebigen Haltung Frankreichs.

Mangels einer konkreten gemeinsamen Basis in dieser Frage[140] hat der Al-

chiv 1947 S. 677 (Moskauer Außenministerkonferenz 1947); s.a. Meissner, Rußland S. 192.

133 So auch Belezki, Politik S. 34.

134 Vgl. Schwarz, Reich S. 190 f.; Marienfeld, Konferenzen S. 308; Rabl, Selbstbestimmungsrecht S. 352. Auf die Politik Frankreichs trifft die Frage Rupps (Politik S. 29) zu, ob "Dezentralisation" und "Zerstückelung" denn so weit auseinanderliegen.

135 Siehe Europa-Archiv 1946 S. 107 (2. Außenministerkonferenz 1946 in Paris); Europa-Archiv 1947 S. 676, 695 (Moskauer Außenministerkonferenz 1947).

136 Vgl. Graml, Alliierten S. 40; Meissner, Rußland S. 85, 89, 94; Huster, Determinanten S. 46; Rabl, Selbstbestimmungsrecht S. 352.

137 Bevin am 22. Oktober 1946 vor dem Unterhaus (Europa-Archiv 1947 S. 180); vgl. dazu auch Marienfeld, Konferenzen S. 326; Graml, Alliierten S. 40; Jürgensen, Elemente S. 119-123; Europa-Archiv 1946 S. 558.

138 Zur Verfassungspolitik der SPD nach 1945 vgl. Antoni, Wandel und Anpassung S. 77 ff., 139 ff.

139 Siehe Europa-Archiv 1947 S. 710 f.

140 Vgl. Balfour, Viermächtekontrolle S. 305 f.

liierte Kontrollrat lediglich eine Regelung erlassen, die sich unmittelbar mit der Frage der Dezentralisierung befaßt: Das Kontrollratsgesetz Nr. 46 vom 25. Februar 1947 löste den Staat Preußen auf und sah die Bildung mehrerer kleinerer Länder vor[141]. Zum Teil im Vorgriff auf diese Regelung, zum Teil unabhängig davon wurden in den Jahren 1945 bis 1947 im gesamten Besatzungsgebiet die alten Länder wiederhergestellt und – insbesondere auf dem früheren Territorium Preußens – neue Länder gebildet. Damit wurde praktisch die 1918/19 mißlungene gebietsmäßige Neugliederung Deutschlands verwirklicht[142]: Aus den 1945 bestehenden 32 Gebietseinheiten (Länder und Provinzen) entstanden bis zum Juli 1947 (neben den unter besonderen Statusverhältnissen stehenden Gebieten Berlins und des Saarlandes) 16 Länder. Den Anfang machte im September 1945 die amerikanische Zone[143] und abgeschlossen wurde diese Neugliederung mit der Umwandlung der früheren Provinzen der sowjetischen Zone in Länder am 21. Juli 1947[144].

Nur für einen kleinen Teilbereich Deutschlands konkretisierten alle vier Besatzungsmächte ihre gemeinsamen Dezentralisierungsvorstellungen: Mit Inkrafttreten der von der Alliierten Kommandantur in Berlin erlassenen "Vorläufigen Verfassung von Groß-Berlin" vom 13. August 1946[145], die an die vor 1933 für Berlin gültigen Regelungen anknüpfte, wurde die Gliederung der Stadt in Bezirke mit Bezirksverordnetenversammlung (Art. 44 ff) und Bezirksamt (Art. 18 ff) wiederhergestellt und die Rechtsgrundlage für die Wahl einer Stadtverordnetenversammlung (Art. 4 ff) sowie für die Bildung eines demokratisch legitimierten Magistrats (Art. 9 ff) geschaffen.

3.3.1 Deutsche Verwaltungsabteilungen und Zentralregierung

Ohne die Möglichkeit einer Aufteilung Deutschlands in mehrere Staaten auszuschließen, erwogen die USA bereits auf der Moskauer Außenministerkonferenz im Oktober 1943 – "bei entsprechender demokratischer Ent-

---

141 Art. II Kontrollratsgesetz Nr. 46 vom 25. Februar 1947.

142 Vgl. Rabl, Selbstbestimmungsrecht S. 351.

143 Am 19. September 1945 wurden durch US-Proklamation Nr. 2 (US-ABl. A S. 2) die Länder Hessen, Bayern und Württemberg gebildet. Am 18. Juli 1946 folgte der Zusammenschluß der preußischen Provinzen Rheinland und Westfalen zum Land Nordrhein-Westfalen (vgl. Europa-Archiv 1946/47 S. 224). Am 23. August 1946 wurden die übrigen Provinzen in der britischen Zone (Schleswig-Holstein und Niedersachsen) sowie Hamburg zu Ländern (britische Militärregierungsordnung Nr. 57 JO S. 292). Am 21. Januar 1947 wurde das Land Bremen gebildet (US-Proklamation Nr. 3 – US-ABl. C S. 1). Die Länder der französischen Zone (Rheinland-Pfalz, Südbaden, Württemberg-Hohenzollern) waren durch Militärregierungsverordnungen vom 30. August 1946 geschaffen worden (vgl. auch die Nachweise bei Rabl, Selbstbestimmungsrecht S. 351 Anm. 1295; sowie Balfour, Vier-Mächte-Kontrolle S. 292 ff.).

144 Durch SMAD-Befehl Nr. 80 sowie zuvor durch den SMAD-Befehl Nr. 5 vom 9. Juli 1945.

145 Verordnungsblatt der Stadt Berlin, 1946 S. 294.

wicklung" – die Bildung einer deutschen Zentralregierung[146]. Während der Krim-Konferenz wurde im Rahmen der Erörterung der Teilung Deutschlands erneut die Frage der Einsetzung einer – bzw. mehrerer – deutscher Regierungen unter der Aufsicht der Alliierten angesprochen, doch keiner der Konferenzteilnehmer ging hierauf näher ein[147]. In der Phase der Vorbereitung der Potsdamer Konferenz votierten amerikanische Regierungsstellen "vorerst gegen die Schaffung einer zentralen deutschen Regierung im Unterschied zu der Wiedereinsetzung solcher zentralen Verwaltungsstellen, die den Interessen des Kontrollrates dienen würden"[148]. Insbesondere sollten sich die amerikanischen Konferenzteilnehmer nicht sofort auf einen Termin für die Errichtung einer deutschen Zentralregierung festlegen lassen[149]. Demgegenüber zog die Regierung Großbritanniens die Möglichkeit der baldigen Bildung einer deutschen Regierung in Erwägung[150]. Doch obwohl sich neben Churchill auch Stalin auf der Potsdamer Konferenz für eine deutsche Zentralregierung unter Aufsicht des Kontrollrates aussprach[151], orientierten sich die anschließenden Erörterungen nur noch an dem amerikanischen Vorschlag, der lediglich deutsche Zentralverwaltungen vorsah. Dieser ging dann auch – mit geringfügigen Modifizierungen – aber ohne jeden Widerspruch der anderen Mächte in die Endfassung ein[152]. Dies spricht dafür, daß auch die Sowjetunion und Großbritannien – angesichts der noch nicht endgültig aufgegebenen Teilungsvorstellungen – diese Frage hier nicht abschließend entscheiden wollten[153].

Doch nicht einmal die als Rudimente der – "bis auf weiteres" noch nicht zu errichtenden – deutschen Zentralregierung im Potsdamer Abkommen vorgesehenen *"zentralen deutschen Verwaltungsabteilungen" für wichtige wirtschaftliche Bereiche (Finanz-, Transport- und Verkehrswesen, Außenhandel und Industrie)* wurden realisiert.

Trotz permanenter und energischer Vorstöße der Sowjetunion in den Jahren 1945 bis 1947, die im Prinzip von den USA und Großbritannien unter-

146 Vgl. Europa-Archiv 1950 S. 3034 f., 1951 S. 4530 f.

147 Vgl. Marienfeld, Konferenzen S. 185; Sanakojew, Teheran S. 124; s.a. Faust, Potsdamer Abkommen S. 31; Meissner, Rußland S. 50.

148 Siehe Foreign Relations, The Conference of Berlin Bd. I S. 164 ff.

149 A.a.O., S. 462 f.

150 Vgl. den britischen Vorschlag einer Tagesordnung vom 30. Mai 1945 (a.a.O., S. 158 f.).

151 Vgl. Autorenkollektiv, Sowjetische Außenpolitik Bd. I S. 539; Issraelian, Antihitlerkoalition S. 462 f.; Meissner, Sowjetische Besatzungspolitik S. 449; Meissner, Rußland S. 73 mwN.; s.a. Beletzki, Politik S. 18.

152 Protokoll der 1. Sitzung der Außenminister vom 18. Juli 1945 (Foreign Relations, The Conference of Berlin Bd. II S. 66 ff.). Die teilweise verbreitete Darstellung von dem "Einsatz" der Sowjetunion für eine Zentralregierung und dem amerikanischen und britischen "Widerstand" dagegen (vgl. Beletzki, Politik S. 18, Issraelian, Antihitlerkoalition S. 462 f.) findet insoweit in den Konferenzprotokollen keine Bestätigung.

153 Vgl. Backer, Entscheidung S. 131 mwN.

stützt wurden[154], scheiterten die diesbezüglichen Bemühungen endgültig auf der Londoner Außenministerkonferenz der drei Westmächte im Dezember 1947[155] vor allem an dem Veto Frankreichs, das bereits in seiner Stellungnahme vom 7. August 1945 zum Potsdamer Abkommen[156] insoweit Vorbehalte angemeldet hatte. Für Frankreich waren zentrale deutsche Einrichtungen so lange überhaupt kein Diskussionsgegenstand, wie nicht die Frage der deutschen Grenzen (und damit der französischen Gebietsansprüche) geregelt war[157]. Hinzu kamen die Befürchtungen der USA und Großbritanniens, daß deutsche Zentralverwaltungen zu sehr unter den Einfluß der sowjetischen Militärregierung geraten könnten. Hierfür gab es durchaus Gründe: Zum einen hätten diese Behörden sinnvollerweise ihren Sitz in Berlin nehmen müssen, wo der sowjetische Einfluß dominierte, zum anderen waren in der Sowjetischen Besatzungszone bereits frühzeitig auf Zonenebene entsprechende Zentralverwaltungen geschaffen worden, die dann auch den Kern für derartige gesamtdeutsche Behörden bilden konnten[158].

Gelang schon die Bildung deutscher Zentralverwaltungen nicht, so mußten auch die ebenfalls von der Sowjetunion vorgetragenen Vorstöße zur Bildung einer gesamtdeutschen Regierung scheitern. Zwar waren die USA bereits auf der Außenministerkonferenz im Juni/Juli 1946 bereit, der Schaffung einer solchen Regierung zuzustimmen – und sie nahmen diese Forderung dann auch als Ziel in ihre neue Deutschlandrichtlinie vom 11. Juli 1947 auf[159] –, doch die französische Ablehnung war eindeutig. Die übrigen Westmächte waren hier auch nicht bereit zusammen mit der Sowjetunion auf einen Konfrontationskurs gegenüber Frankreich zu gehen[160].

Trotz des offensichtlichen Unvermögens, über die Bildung der Zentralverwaltungen zu einer Einigung zu kommen, waren noch im Frühjahr und im Sommer 1947 die offiziellen Verlautbarungen in dieser Frage von Optimismus geprägt. Die Moskauer Außenministerkonferenz verabschiedete im April 1947 bereits einen Zeitplan über das weitere Vorgehen *nach* Schaf-

154 Vgl. die ausführliche Darstellung bei Meissner, Rußland S. 88 f., 94, 115, 122 ff., 171, 198 ff., 244 ff., 261 ff., 353 ff.; sowie Hacker, Potsdamer Abkommen S. 122 ff.

155 Besonders auf der 6. Tagung der Außenminister im Mai/Juni 1946 (Dokumente, Deutschlandpolitik Bd. I S. 213; Note vom 27. November 1958 in: Europa-Archiv 1958 S. 1302).

156 Siehe oben 1. Teil II. 2.

157 Siehe dazu unten 2. Teil VI. 1.2.

158 Vgl. Schwarz, Reich S. 263 f.; Huster, Determinanten S. 36 f.

159 Die amerikanische Richtlinie für die Militärverwaltung JCS 1779 vom 11. Juli 1947 erklärt die Bildung einer zentralen deutschen Regierung mit begrenzten Machtvollkommenheiten zum Ziel der amerikanischen Deutschlandpolitik (Text siehe US-Department of State, Germany S. 33 ff.).

160 Vgl. zu den Bemühungen um eine deutsche Zentralregierung: Meissner, Rußland S. 88 f., 94, 115, 122 ff., 129, 145 ff., 171, 198 ff., 244 ff., 261 ff., 353 ff. sowie auch Schwarz, Reich S. 238 f.

fung der Zentralverwaltungen: Drei Monate später sollte ein deutscher Beirat gebildet und nach weiteren sechs Monaten eine provisorische deutsche Regierung eingesetzt werden[161]. Ebenso zukunftsorientiert war auch die Direktive Nr. 55 des Kontrollrates vom 25. Juni 1947[162], die bereits der noch nicht existierenden "Zentralregierung" Beschränkungen auferlegte![163]

Jedoch schon bevor das Scheitern der Bemühungen um die Bildung zentraler deutscher Verwaltungseinheiten offensichtlich war, hatte man in den einzelnen Zonen begonnen – im Potsdamer Abkommen nicht vorgesehene – den Ländern übergeordnete, koordinierende Verwaltungskörperschaften zu bilden[164]. Die sowjetische Militärregierung schuf für ihre Zone zwischen Juli und Oktober 1945 zwölf zentrale deutsche Verwaltungsabteilungen, denen im zunehmenden Maße regierungsähnliche Entscheidungskompetenzen übertragen wurden. In der amerikanischen Zone erfolgte im Oktober 1945 die Bildung des Länderrates, dem im Februar 1946 die Konstituierung des Zonenbeirates in der britischen Zone folgte. Für die französische Zone war zwar im Januar 1946 eine Koordinierungsstelle geschaffen worden, die jedoch – in Anbetracht der extremen Föderalisierungsvorstellungen Frankreichs – praktisch keine Befugnisse besaß. Mit dem Zusammenschluß des britischen und des amerikanichen Besatzungsgebietes zur Bi-Zone am 2. Dezember 1946[165] wurde die Bildung zentraler Entscheidungsorgane auf eine höhere Ebene gehoben: Ähnlich wie die Zentralverwaltung der sowjetischen Zone für die DDR, bildeten die Organe der Bi-Zone (aus der unter Einschluß der französischen Zone am 8. April 1948 die Tri-Zone wurde) den Grundstock für die obersten Bundesbehörden der Bundesrepublik Deutschland.

3.3.2 Vorstellungen der Alliierten
von der zukünftigen Regierungsform Deutschlands

Abgesehen von der Festlegung der demokratischen Struktur und dem vagen Dezentralisierungsgebot enthält das Potsdamer Abkommen keine für Deutschland bindenden Aussagen über die Regierungsform. Auch die aufgezählten Zentralverwaltungen können nicht als Vorgabe zukünftiger Ministerien angesehen werden. Ihre Auswahl ist offensichtlich geprägt durch die alliierten Interessen an der raschen Ingangsetzung des wirtschaftlichen Le-

---

161 Siehe Europa-Archiv 1946/47 S. 671 ff.

162 Amtsblatt, Kontrollrat Nr. 16 vom 31. Juli 1947 S. 286.

163 Hinsichtlich des Austausches von Nachrichten und demokratischen Ideen darf "kein Druck irgendwelcher Art durch Verwaltungs- oder wirtschaftliche Maßnahmen von seiten der Zentralregierung ... ausgeübt werden."

164 Vgl. dazu Balfour, Vier-Mächte-Kontrolle S. 300 ff.

165 Text des Abkommens in: US-Department of State, Germany S. 450 ff.

bens in Deutschland – nicht zuletzt zur Erfüllung ihrer Reparationsansprüche.

Doch je geringer die Chancen einer einheitlichen Verwaltung Deutschlands und der Bildung einer gesamtdeutschen Regierung wurden, um so intensiver begannen die einzelnen Besatzungsmächte ihre eigenen Vorstellungen vom möglichen Staatsaufbau Deutschlands zu präzisieren.

Auf der Moskauer Außenministerkonferenz vom März/April 1947 legten alle vier Kontrollmächte Pläne über die zukünftige staatliche Organisation Deutschlands vor. Der sowjetische Vorschlag über "Form und Umfang der zeitweiligen politischen Organisation und staatlichen Ordnung Deutschlands" vom 22. März 1947 strebte nach "Liquidierung der hitlerischen Zentralisierung der Staatsverwaltung" die Wiederherstellung der autonomen Verwaltung der Länder an, "wobei die Landtage und zwei allgemeine deutsche Kammern wiederhergestellt" und eine "provisorische deutsche Regierung geschaffen werden" sollten[166]. Im einzelnen sah dieser Entwurf die Garantie der verfassungsmäßigen Rechte der innerhalb des deutschen Staates bestehenden Länder, die Wahl des Präsidenten der Republik durch das Parlament sowie die Schaffung von demokratischen Verfassungen für Deutschland und dessen Länder vor[167]. Das amerikanische Memorandum vom 24. März regt die Bildung eines Nationalrates als provisorische deutsche Regierung und die Wahl einer verfassunggebenden Versammlung an. Die eigenständige Stellung der Länder sollte garantiert und territoriale Veränderungen nur mit Zustimmung des Kontrollrates zulässig sein[168]. Die britische Delegation legte am 31. März "ergänzende Richtlinien für die Behandlung Deutschlands" vor, die in ihrem politischen Teil die Dezentralisierungsregelungen des Potsdamer Abkommens zu konkretisieren suchten. Danach sollte die Zuständigkeitsvermutung für die Länder sprechen und die Zentralmacht nur die ihr besonders übertragenen Kompetenzen besitzen. Im Hinblick auf die Organisation der Zentralgewalt waren zwei gewählte Kammern (eine als Repräsentation der Länder), ein "konstitutioneller" Staatspräsident, eine vom Parlament gewählte Regierung und ein Verfassungsgerichtshof vorgesehen. Die Länderkammer soll bei internationalen Verträgen und Verfassungsangelegenheiten ein absolutes Vetorecht besitzen[169].

Während die detaillierten britischen Vorschläge vom sowjetischen Außenminister Molotow und vom amerikanischen Außenminister Marshall als Ausgangspunkt für die Lösung einer demokratischen Ordnung in Deutschland akzeptiert wurden[170], wandte sich der französische Außenminister Bi-

166 IB des sowjetischen Vorschlages über Form und Umfang der zeitweiligen politischen Organisation und staatlichen Ordnung Deutschlands vom 22. März 1947.

167 A.a.O. II.

168 Siehe Europa-Archiv 1947 S. 699 f.

169 Siehe a.a.O. S. 704 ff.

170 A.a.O., S. 711.

dault dagegen, Deutschland ein aus allgemeinen Wahlen hervorgegangenes Reichsparlament zuzugestehen und lehnte auch die Bildung einer provisorischen deutschen Regierung ab. Nach dem französischen Entwurf sollte die Macht in den Händen der Länder liegen, die später einen Teil davon auf die Bundesregierung übertragen sollten. Auf zentraler Ebene war ein aus den Kammern der Länder gebildetes Parlament vorgesehen. Die Kompetenzen der zentralen Verwaltungsstellen waren darüber hinaus wesentlich enger gefaßt als nach den Vorschlägen der anderen Konferenzmächte[171].

Obwohl sich drei der vier Besatzungsmächte in grundsätzlichen Fragen im wesentlichen einig waren, gelang es jedoch weder auf der Konferenz in Moskau noch auf den folgenden Konferenzen, einen Konsens in der Frage des künftigen Staatsaufbaus Deutschlands zu erzielen.

3.3.3 Das Dezentralisierungsgebot und die Verfassungsordnung in beiden deutschen Staaten

Trotz der sich bis 1948 anbahnenden Annäherung der alliierten Standpunkte auf der Grundlage einer Wiederherstellung der Staatsorganisation nach dem Muster der Weimarer Republik, kann angesichts der vorher zutage getretenen weitgehenden Diskrepanzen in den Vorstellungen von "Dezentralisation" die diesbezügliche Forderung des Potsdamer Abkommens nicht mit der Verpflichtung zur Wiederherstellung des Staatsaufbaus nach der Weimarer Reichsverfassung gleichgesetzt werden. Als gemeinsamer – und damit verbindlicher – Kern der Vorstellungen vom Inhalt des Dezentralisationsbegriffes bleibt die Gliederung des Staatsgebietes in territoriale Körperschaften mit demokratisch legitimierten Organen, die zumindest im Bereich der Verwaltung eigene Zuständigkeiten besitzen[172].

Da die Alliierten insoweit nicht von der bis 1933 geltenden Staatsorganisation des Deutschen Reiches abwichen, bestehen gegen eine derartige Regelung im Potsdamer Abkommen auch keine völkerrechtlichen Bedenken.

Einem so verstandenen Dezentralisierungsgebot entspricht der föderalistische Aufbau der Bundesrepublik nach dem Grundgesetz zweifellos[173]. Das Konzept des Grundgesetzes folgt in etwa der amerikanischen Position in der Föderalismusdiskussion, die sich seit der Londoner Sechsmächtekonferenz im Frühjahr/Sommer 1948 für die Westzonen weitgehend durchgesetzt hatte[174].

---

171 A.a.O., S. 709 f.

172 Siehe dazu die Erörterungen auf der Moskauer Außenministerkonferenz 1947 (Europa-Archiv 1947 S. 671-758).

173 Siehe insbesondere Art. 20 Abs. 1, 23, 28, 30, 70 GG; vgl. Abendroth, Zwiespältiges Verfassungsrecht S. 19 f.

174 Vgl. zur Londoner Sechs-Mächte-Konferenz insbes. Europa-Archiv 1948 S. 1437 ff.

Insoweit ebenfalls im Einklang mit dem Potsdamer Abkommen befand sich auch die Verfassung der DDR von 1949[175], die eher von der sowjetischen Vorstellung eines Einheitsstaates mit dezentralisierter Verwaltung geprägt war. Demgegenüber sieht die DDR-Verfassung von 1968 die Existenz von Ländern nicht mehr vor. Die Länder hatten in der DDR bereits seit 1950 zunehmend ihre Zuständigkeiten verloren und hörten mit dem "Gesetz über die weitere Demokratisierung des Aufbaus und der Arbeitsweise der staatlichen Organe in den Ländern" vom 23.Juli 1952[176] praktisch auf zu existieren. Die 1952 gebildeten Bezirke besitzen zwar demokratisch legitimierte Organe, verfügen aber nicht mehr über grundlegende eigenständige Kompetenzen[177]. Auch wenn man den Dezentralisierungsbegriff mit den sowjetischen Vorstellungen – als dem kleinsten gemeinsamen Nenner unter den vier Alliierten – gleichsetzt, fällt es schwer, bei dem nach dem Prinzip des "demokratischen Zentralismus" organisierten Staatsaufbau der DDR[178], der der jeweilig höheren Ebene stets den Eingriff in die auf untere Ebene delegierte Aufgabenerfüllung gestattet, als eine dezentrale Staatsverwaltung zu bezeichnen. Bezirke, Kreise und Gemeinden werden nämlich nur insoweit eigenverantwortlich tätig, wie ihnen durch Gesetz der Republik Aufgaben übertragen sind[179]. Verfassungsrechtlich garantierte eigene Kompetenzbereiche besitzen sie weder hinsichtlich der Rechtssetzung noch in bezug auf die Verwaltung, d.h. die Durchführung der Gesetze der Zentralgewalt. Die DDR-Verfassung von 1968 gewährleistete damit also nicht einmal eine Dezentralisation, wie sie der sowjetischen Interpretation dieser Bestimmung des Potsdamer Abkommens als "dezentrale Staatsverwaltung" entspricht. Sie steht damit insoweit im Widerspruch zu dem Abkommen.

3.4 Lokale und regionale Selbstverwaltung

Gewissermaßen als partielle Legaldefinition präzisieren die Ziffern III A 9 (I) und (III) des Potsdamer Abkommens die alliierten Vorstellungen von einer "Dezentralisation der politischen Struktur" in einem Teilbereich: *Die lokale Selbstverwaltung – das heißt auf Gemeinde-, Kreis-, Provinzial- und Landesebene[180] – soll "in ganz Deutschland nach demokratischen Grundsätzen, und zwar durch Wahlausschüsse (Räte) ... wiederhergestellt"* wer-

---

175 Siehe insbesondere Art. 50-116 DDR-Verfassung von 1949; dazu Abendroth, Zwiespältiges Verfassungsrecht S. 12, 19 f.

176 GBl.-DDR 1952 S. 613. Die Auflösung der Länderkammer erfolgte durch Gesetz vom 8. Dezember 1958 (GBl.-DDR I S. 867); siehe dazu Rabl, Durchführung S. 294 f.

177 Art. 47-85, insbes. Art. 81-85 DDR-Verfassung von 1968 (bzw. 1974).

178 Vgl. Art. 47 Abs. 2 DDR-Verfassung von 1968.

179 Siehe a.a.O., Art. 81 ff.

180 Abschnitt III A 9 (III) Potsdamer Abkommen.

den[181]. Auch was unter "demokratischen Grundsätzen" im Hinblick auf die Selbstverwaltung zu verstehen ist, wird ausgeführt: Demokratisch heißt: "Wahlvertretungen"[182], die unter Mitarbeit von Parteien[183] gebildet werden sollten.

Dadurch, daß das Potsdamer Abkommen ausdrücklich von "wiederherstellen" spricht, wird deutlich, daß hier im Prinzip an die während der Weimarer Republik bestehende Selbstverwaltung angeknüpft werden sollte. Damit war vorgesehen, in Deutschland wieder lokale und regionale Instanzen zu schaffen, die – beruhend auf der Autorität gewählter Repräsentativvertretungen – ihre eigenen Angelegenheiten selbst regeln. Die Selbstverwaltung sollte dabei schrittweise entwickelt werden: Die Bildung demokratischer Kreis-, Provinz- und Landesvertretungen wurde von der erfolgreichen Anwendung der Grundsätze demokratischer Selbstverwaltung in den "örtlichen Selbstverwaltungen" – d.h. den Gemeinden – abhängig gemacht[184]. Nach der Ansicht der Alliierten setzte also eine demokratische Selbstverwaltung von Kreisen, Provinzen und Ländern eine bereits funktionierende Selbstverwaltung in den Gemeinden voraus[185]. Damit wurden durch die Alliierten als tragende Grundsätze des demokratischen Wiederaufbaus Deutschlands

– das Prinzip der Selbstverwaltung in eigenen Angelegeheiten,
– das Repräsentationsprinzip und
– der Grundsatz der demokratischen Legitimation der Verwaltung
für Gemeinde-, Kreis-, Provinzial- und Landesebene festgeschrieben.

Gegenüber dem auch diesen Bestimmungen zugrundeliegenden amerikanischen Vorschlag, die örtliche Selbstverwaltung wieder herzustellen[186], enthält die Endfassung des Potsdamer Abkommens eine weitere Einschränkung, die jedoch heute keine Relevanz mehr besitzt: die Wiederherstellung der lokalen Selbstverwaltung wurde davon abhängig gemacht, wie weit dies "mit der Wahrung der militärischen Sicherheit und den Zielen der militärischen Besatzung vereinbar" war[187].

In der ersten Sitzung der Außenminister in Potsdam am 18. Juli 1945[188]

---

181 Abschnitt III A9 (I) Potsdamer Abkommen.

182 Abschnitt III A9 (III) Potsdamer Abkommen.

183 Abschnitt III A9 (II) Potsdamer Abkommen.

184 Abschnitt III A9 (III) Potsdamer Abkommen.

185 Bereits in der Moskauer Deklaration über Italien vom 1. November 1943 war die Bildung demokratischer Organe in örtlichen Verwaltungen für Italien nach der Niederlage des Faschismus vorgesehen (Nr. 6).

186 Zur Formulierung des amerikanischen Vorschlags siehe Foreign Relations, The Conference of Berlin Bd. I S. 146 ff.; dazu Deuerlein, Vorformulierungen S. 347.

187 Abschnitt III A9 (I) Potsdamer Abkommen.

188 1. Sitzung der Außenminister am 18. Juli 1945 (Foreign Relations, The Conference of Berlin Bd. II S. 70 ff.; deutsch: Deuerlein, Quellen S. 210).

hatte Molotow für die UdSSR gegen die uneingeschränkte Fassung des amerikanischen Vorschlages Bedenken angemeldet und die Frage aufgeworfen, ob es für die sofortige Durchführung von Wahlen zu den Gemeindevertretungen nicht noch zu früh sei. Der britische Außenminister Eden schloß sich Molotow an, und so einigte man sich schließlich auf die Endfassung, die – wie Molotow erklärte – die Errichtung demokratischer Selbstverwaltungsorgane in das Ermessen der Besatzungsmächte stellte[189].

Trotz der Bedenken der Sowjetunion gegen eine zu frühzeitige Wahl von lokalen Vertretungen, fanden gerade in der sowjetischen Besatzungszone die ersten Wahlen statt[190]. Nachdem sofort nach dem Einmarsch russischer Truppen durch die Kommandanten neue deutsche Selbstverwaltungsorgane – unter maßgeblicher Beteiligung deutscher Kommunisten aus der Sowjetunion[191] – eingesetzt worden waren, wurden vom 1. bis zum 15. September 1945 in der sowjetischen Zone die Gemeindevertretungen und am 20. Dezember 1946 die Landesparlamente gewählt[192].

In der amerikanischen Zone erfolgten die Wahlen zu den Vertretungen der Landgemeinden am 20./27. Januar 1946, die Wahl der Kreis- und Stadtparlamente im April/Mai 1946 und die Landtagswahlen am 30. Juli 1946. In der britischen Zone fanden am 15. September 1946 die Gemeinde- und am 13. Oktober des gleichen Jahres die Kreistagswahlen statt. Die Landtage wurden hier am 20. April 1947 gewählt. Die französische Zone folgte zuletzt: Hier erfolgten die Gemeindewahlen am 15. September 1946, die Kreistagswahlen am 13. Oktober 1946 und die Landtagswahlen am 18. Mai 1947.

Während in der sowjetischen Zone Gemeinde- und Kreisordnungen – in weitgehend gleichlautenden Fassungen – erst im Anschluß an die Wahlen von den Landesparlamenten verabschiedet wurden[193], war in den westlichen Besatzungszonen umgekehrt verfahren worden. Die amerikanische Militärregierung hatte im September /Oktober 1945 die eingesetzten Landesregierungen angewiesen, nach bestimmten Richtlinien Gemeindeordnungen zu erarbeiten, die von der Militärregierung zu genehmigen waren. Erst auf der Basis dieser – in den Ländern nicht wesentlich divergierenden –

189 A.a.O.

190 Siehe dazu Stöcker, Vorgeschichte S. 61 ff., 341 ff.

191 Vgl. dazu Fischer, Neubeginn.

192 In welchem Maße die SED auch nach den ersten Wahlen zu den kommunalen Organen und den Landtagen von der Verwaltung der sowjetischen Besatzungszone Besitz ergriff, machen Zahlen über die parteipolitische Zusammensetzung der Verwaltung in der sowjetisch besetzten Zone deutlich. Gehörten insgesamt 55,3 % der Mitarbeiter des Staatsapparates einer Partei an, so waren davon 78,8 % (in Mecklenburg sogar 84,2 %) Mitglied der SED, 10 % der CDU und 9,7 der LDPD (nach Norden, Freies Deutschland S. 20). Demgegenüber hatte die SED bei den Wahlen 1946 nur 47,5 %, die CDU jedoch 27,4 % und LDPD 21,6 % der Stimmen erhalten.

193 Vgl. die Nachweise bei Mampel, Verfassung S. 464 Anm. 5 und 6.

Regelungen waren die Wahlen durchgeführt worden, aufgrund der die bereits im Juli 1945 eingesetzten Gemeinde-, Stadt- und Kreisräte durch demokratisch gebildete Organe abgelöst wurden[194]. Auch in der britischen Zone waren im Juli 1945 zunächst von der Besatzungsmacht Gemeinderäte eingesetzt worden[195]. Kurz darauf arbeitete die Militärregierung zusammen mit einem deutschen beratenden Ausschuß eine Gemeindeordnung aus, die im April 1946 durch Verordnung der Militärregierung in Kraft gesetzt wurde[196]. Neu war nach diesem Modell insbesondere die Trennung von Legislativ- und Exekutivfunktionen, d.h. die Aufspaltung der Leitung der Gemeinde in die rein politische Funktion des Bürgermeisters und den Gemeindedirektor als Verwaltungsorgan[197]. In der französischen Besatzungszone blieben die früher geltenden landesrechtlichen Gemeindeverfassungsgesetze und die Deutsche Gemeindeordnung von 1935 — mit geringfügigen Korrekturen — weiterhin gültig.

Die unterschiedliche Entwicklung des Gemeindeverfassungsrechts in den einzelnen Teilen Deutschlands wurde von den Vier Mächten nicht als nachteilig angesehen. Als bewußten Beitrag zur Dezentralisierung Deutschlands verzichtete man auf die Festlegung von Grundprinzipien der kommunalen Selbstverwaltung durch den Kontrollrat. Dieser versuchte allerdings durch Regelungen auf anderen Gebieten den Selbstverwaltungsgedanken zu realisieren. Beispielsweise wurden mit der Direktive Nr. 29 des Kontrollrates vom 17. Mai 1946 Beratungsausschüsse bei den Arbeitsämtern eingerichtet, mit dem erklärten Ziel, "zur weiteren Stärkung des Grundsatzes der demokratischen Selbstverwaltung" beizutragen[198].

Ein weiteres wichtiges Dokument gemeinsamen alliierten Verständnisses von demokratischer Selbstverwaltungen ist wiederum die unter aktiver Mitwirkung aller vier Besatzungsmächte entstandene und von der Alliierten Kommandantur erlassene "vorläufige Verfassung von Groß-Berlin" vom 13. August 1946. Im Vorspruch wird ausdrücklich betont, daß die Neuregelung "in Fortführung des Verfassungsrechts gemäß der Städteordnung vom 30. Mai 1853, dem Gesetz über die Bildung einer neuen Stadtgemeinde Berlin vom 27. April 1920 und dem Gesetz über die vorläufige Regelung verschiedener Punkte des Gemeindeverfassungsrechts für die Hauptstadt Berlin vom 30. März 1931" erfolge. Das interalliierte Begleitschreiben[199]

194 Vgl. Balfour, Vier-Mächte-Kontrolle S. 285 ff.

195 Vgl. auch zu der Bedeutung, die die britische Militärregierung der Selbstverwaltung als Grundlage eines demokratischen Neuaufbaus beimaß: Jürgensen, Elemente S. 118 f.

196 Britische Militärregierungsverordnung Nr. 21 vom 1. April 1946 (Amtsblatt, Britisches Kontrollgebiet S. 127).

197 Diese Struktur besteht — außer in Schleswig-Holstein — noch heute im Gebiet der ehemaligen britischen Besatzungszone.

198 Amtsblatt, Kontrollrat Nr. 7 vom 31. Mai 1946 S. 153.

199 Verordnungsblatt von Groß-Berlin 1946 S. 294.

stellt ebenfalls auf die Tradition demokratischer Selbstverwaltung in Berlin und Deutschland ab: Berlin habe 1920 "zum ersten Mal eine demokratische Verfassung" erhalten und die provisorische Verfassung von 1946 bezwecke "die Wiederherstellung politischer Freiheit und deren Anvertrauung an die Berliner Bevölkerung". Sie lege "die Gesamtheit der Machtbefugnisse in die Hände der vom Volke gewählten Vertreter" und wolle "eine stabilisierte Stadtverwaltung ... aufgrund der allgemeinen Richtlinien der Gesetze von 1883, 1920 und 1931".

Im einzelnen sieht diese Berliner Verfassung mit der Stadtverordneten-Versammlung und den Bezirksverordneten-Versammlungen (Art. 2, 14 ff) gewählte Vertretungskörper vor, die aufgrund allgemeiner, gleicher, unmittelbarer und geheimer Wahl nach dem Verhältnissystem gebildet werden sollen (Art. 3). Aufgabe der Stadtverordneten-Versammlung ist es, einen Magistrat (Art. 5) mit Vertretern aller anerkannten politischen Parteien (Art. 3 Abs. 2) zu wählen. Die Bezirksverordneten-Versammlung hatte dementsprechend das Bezirksamt zu bestellen (Art. 18 ff).

Auch diese von den Alliierten angeordnete Berliner Verfassung macht deutlich, daß die Besatzungsmächte nicht ihre eigenen Verwaltungssysteme auf Deutschland übertragen oder ein völlig neues System schaffen wollten, sondern daß ausdrücklich an die demokratische Entwicklung vor der Zeit des Nationalsozialismus angeknüpft wurde.

Hinsichtlich der Regelung der Selbstverwaltung bestehen zwischen den deutschen Länderverfassungen der Jahre 1946/47 keine entscheidenden Unterschiede. Das Selbstverwaltungsrecht der Gemeinden (und der Länder) wurde in materieller und in personeller Hinsicht (Recht zur Wahrnehmung eigener Angelegenheiten, Bestellung von Regierungen und Magistraten durch Wahl der Volksvertretungen) verfassungsrechtlich gewährleistet[200]. Auch beide deutsche Staatsverfassungen aus dem Jahre 1949 – das Grundgesetz und die DDR-Verfassung – übernahmen diese Prinzipien[201].

Allerdings trat auch auf diesem Gebiet in der DDR rasch ein Wandel ein. Die in den Kreisordnungen der Länder der sowjetischen Zone den Land- und Stadtkreisen zugewiesene Selbstverwaltungsaufgabe der Polizei wurde nie verwirklicht; die Volkspolizei war bereits seit Mitte 1946 zentral auf Zonenebene organisiert. Bereits seit Dezember 1950 gab es einen einheitlichen Staatshaushalt für die DDR, der den Gemeinden die Finanzhoheit nahm[202]. Ein Jahr später verloren diese auch die Gewerbesteuer und die Lohnsteuer als eigene Einnahmequellen[203]. Mit der Auflösung der Länder

---

200 Siehe im einzelnen Rabl, Durchführung Anm. 178.

201 Art. 28, 30 GG; Art. 1 Abs. 1-3, Art. 109, Art. 139-143 DDR-Verfassung von 1949.

202 Gesetz über die Reform des öffentlichen Haushaltswesens vom 15. Dezember 1950 (GBl.-DDR S. 1201).

203 § 13 des Gesetzes über den Staatshaushaltsplan 1951 vom 13. April 1951 (GBl.-DDR S. 282).

durch das Gesetz "über die weitere Demokratisierung des Aufbaus und der Arbeitsweise der staatlichen Organe in den Ländern der DDR" vom 23. Juli 1952[204] wurde dann insgesamt die "alte administrative Gliederung zu einer Fessel der neuen Entwicklung"[205] erklärt und die kommunale Selbstverwaltung praktisch endgültig beseitigt. Kreise und Gemeinden werden daher seit 1952 lediglich noch als untere Verwaltungsorgane des Einheitsstaates angesehen[206]. Insgesamt sind die 50er Jahre durch eine zunehmende Zentralisierung von Aufgaben bei staatlichen Zentralbehörden gekennzeichnet. Mit dem Gesetz vom 17. Januar 1957 "über die örtliche Ordnung der Staatsmacht"[207] wurde der "demokratische Zentralismus" ausdrücklich zum grundsätzlichen Ordnungsprinzip für den "Aufbau der Organe der Staatsmacht in der DDR"[208] erklärt und damit jeder wirklichen Selbstverwaltung der Boden entzogen. Das Nebeneinander von Selbstverwaltung und staatlicher Verwaltung gilt seitdem als "bürgerlicher Dualismus", der der sozialistischen Demokratie fremd ist[209].

Die DDR-Verfassung von 1968 bestimmt zwar, daß jede örtliche Volksvertretung in den Bezirken, Kreisen, Städten, Stadtbezirken, Gemeinden und Gemeindeverbänden "in eigener Verantwortung über alle Angelegenheiten, die ihr Gebiet und seine Bürger betreffen" zu entscheiden hat[210], doch werden die örtlichen Organe zugleich als "Organe der Staatsmacht" bezeichnet[211]. Im übrigen verfügen sie auch über keine eigenen Einnahmequellen mehr (die notwendigen Mittel werden vom Staatshaushalt zugewiesen[212]), und ihre Position ist so in den Rahmen gesamtstaatlicher "straffer zentraler Planung und Leitung"[213] eingebaut, daß von Selbstverwaltung mit eigenständigen Aufgaben, wie sie vom Potsdamer Abkommen vorgesehen ist, nicht mehr gesprochen werden kann[214].

204 GBl.-DDR 1952 S. 613.

205 A.a.O., Präambel.

206 Vgl. die Gesetze über den Aufbau und die Areitswise der staatlichen Organe in den Bezirken, Kreisen und Städten vom 24. Juli 1952 (GBl.-DDR S. 621, 632) und vom 8. Januar 1953 (GBl.-DDR S. 53, 60). Dazu Hochbaum, Rechtsstellung S. 23, 27, 37; Türke, Demokratischer Zentralismus S. 160.

208 Siehe auch Rabl, Durchführung S. 294 ff. mwN.

209 Hieblinger, Rechtsprobleme S. 1455 ff.

210 Art. 81 Abs. 2 DDR-Verfassung 1968 (bzw. 1974).

211 Art. 81 Abs. 1 DDR-Verfassung 1968 (bzw. 1974).

212 Staatshaushaltsordnung der DDR vom 13. Dezember 1968 (GBl.-DDR I S. 383).

213 Vorschrift des Gesetzes über die "Vervollkommnung und Vereinfachung der Arbeit des Staatsapparates in der DDR" vom 11. Februar 1958 (GBl.-DDR I S. 867).

214 Siehe dazu ausführlich Sorgenicht, Verfassung Bd. II S. 370.

3.5 Wahlen

Wahlen sind das grundlegende Kriterium der Verwirklichung von Volks-souveränität im Rahmen einer repräsentativen Demokratie, deren Wieder-herstellung das Potsdamer Abkommen in seinen politischen Grundsätzen anstrebt[215].

Dementsprechend sieht das Abkommen vor, *die lokale Selbstverwaltung "durch Wahlausschüsse (Räte), so schnell wie es mit der Wahrung der mili-tärischen Sicherheit und den Zielen der militärischen Besetzung vereinbar ist", wiederherzustellen*[216] *und den "Grundsatz der Wahlvertretung" in den "Gemeinde-, Kreis-, Provinzial- und Landesverwaltungen so schnell wie es durch die erfolgreiche Anwendung dieser Grundsätze in der örtlichen Selbstverwaltung gerechtfertigt werden kann", einzuführen*[217].

Bereits die gemeinsame Moskauer Erklärung der Alliierten über Italien vom 1. November 1943 sah nach Niederschlagung des Faschismus die "Einführung des Repräsentativ- und Wahlgrundsatzes" für Italien vor[218]. Auf der Krim-Konferenz im Februar 1945 wurde insbesondere die Frage der Ab-haltung von Wahlen in Polen umfassend diskutiert[219]. Übereinstimmend war man der Ansicht, daß in Polen so bald wie möglich allgemeine Wahlen durchgeführt werden müßten[220]. Großbritannien und den USA ging es da-mals vor allem darum, wirklich unbeeinflußte, freie Abstimmungen zu ga-rantieren[221]. Sie schlugen daher die Teilnahme von Beobachtern aller drei Konferenzmächte an den Wahlen in Polen und Italien vor, wie dies bereits für Jugoslawien vorgesehen war[222]. Darüber konnte jedoch mit der Sowjet-union – trotz harter und langdauernder Debatten[223] – weder auf dieser Kon-ferenz noch in Potsdam eine Einigung erzielt werden[224]. Für die Mitteilung über die Konferenz auf der Krim vom 11. Februar 1945 fand man schließlich die Formulierung, daß man die "Errichtung von dem Volkswillen entspre-chenden Regierungen auf dem Weg freier Wahlen" für die Völker der be-freiten europäischen Staaten oder früheren Vasallenstaaten der Achse un-

---

215 Abschnitt III A9 Potsdamer Abkommen; siehe auch oben 2. Teil III. 3.3, III. 3.4 und unten 2. Teil III 3.6.

216 Abschnitt III A9 (I) Potsdamer Abkommen.

217 Abschnitt III A9 (III) Potsdamer Abkommen.

218 Ziff. 6 der Deklaration über Italien von 1943.

219 Siehe Text bei Sanakojew, Teheran S. 165, 175 ff., 179, 185, 187.

220 A.a.O., S. 165, 175.

221 A.a.O., S. 165 f.

222 A.a.O.

223 Vgl. auch Marienfeld, Konferenzen S. 175-178, 183 f.; Mee, Potsdamer Konferenz S. 127.

224 Siehe Protokoll der 6. Vollsitzung auf der Potsdamer Konferenz am 22. Juli 1945 (Sünder-mann, Potsdam S. 269; Sanakojew, Teheran S. 295).

terstützen wollte[225]. In Polen sollten "so bald wie möglich freie und unbehinderte Wahlen auf der Grundlage des allgemeinen Wahlrechts und der geheimen Abstimmung" unter Teilnahme aller "antifaschistischen und demokratischen Parteien" stattfinden[226]. Auch für Österreich sah das noch vor der Potsdamer Konferenz geschlossene Abkommen über den Kontrollmechanismus und die Besatzungszonen vom 4. Juli 1945 die Schaffung einer freigewählten österreichischen Regierung vor[227].

Im Hinblick auf Deutschland stellte im Rahmen der Vorbereitung der Potsdamer Konferenz die amerikanische Stellungnahme zu einem britischen Memorandum vom 14. Juni 1945 die Forderung nach der Schaffung von Wahlvertretungen auf[228], die dann auch in den amerikanischen Formulierungsvorschlag für die politischen Grundsätze des Potsdamer Abkommens einging[229].

In der Sitzung der Außenminister am 18. Juli 1945 in Potsdam warf Molotow – wie bereits erwähnt – die Frage auf, ob es für die Durchführung von Wahlen auf kommunaler Ebene nicht zu früh sei[230]. Selbst nachdem sein amerikanischer Kollege Byrnes darauf hingewiesen hatte, daß die Kontrollkommission über den geeigneten Zeitpunkt entscheiden müsse, und auch bei den größeren politischen Einheiten nach dem amerikanischen Vorschlag Wahlen erst stattfinden sollten, sobald die Ergebnisse der kommunalen Selbstverwaltung dies rechtfertigen, blieb Molotow bei seinen Bedenken. Als man sich dann schließlich darauf geeinigt hatte, daß ein Vorbehalt in das Abkommen aufgenommen werden sollte, schlug er folgende Neufassung vor:

"Die kommunale Selbstverwaltung soll in ganz Deutschland nach den Grundsätzen der Demokratie unter gebührender Berücksichtigung der Wahrung militärischer und staatlicher Sicherheit wiederhergestellt werden"[231].

Molotows Vorschlag erwähnte absichtlich Wahlen nicht, da seiner Ansicht nach dieser Punkt in das Ermessen der Besatzungsmächte gestellt werden sollte. Demgegenüber betonte Byrnes, daß dies nicht angebracht sei, "da in der ganzen Welt Wahlen als das eigentliche Mittel für die Einsetzung demokratischer Regierungen anerkannt würden"[232]. Die schließlich vom Redaktionsausschuß erarbeitete Endfassung lehnte sich zwar eng an die Formulie-

225 Abschnitt V Abs. 2 Buchst. c der Mitteilung über die Konferenz auf der Krim von 1945.

226 A.a.O., Abschnitt VI Abs. 3.

227 Abschnitt I Art. 8 Buchst. a, Art. 14 Abkommen über den Kontrollmechanismus in Österreich vom 4. Juli 1945; siehe auch Abschnitt II Art. 3 Buchst. d a.a.O.

228 Foreign Relations, The Conference of Berlin Bd. I S. 165.

229 Ziff. 7 des amerikanischen Vorschlages (a.a.O. S. 776).

230 A.a.O. Bd. II S. 66 ff.; Deuerlein, Quellen S. 209 ff.; Mee, Potsdamer Konferenz S. 119.

231 A.a.O., S. 210.

232 A.a.O.

rung Molotows an, fügte aber zur Erläuterung der Passage "nach demokratischen Grundsätzen" "und zwar durch Wahlausschüsse (Räte)" ein[233].

Damit erkannte das Potsdamer Abkommen – mit der nachträglichen ausdrücklichen Zustimmung Frankreichs[234] – Wahlen als Mittel zur Bildung demokratischer Regierungsorgane an, enthielt aber keinerlei konkrete Aussagen darüber, was die Konferenzmächte unter Wahlen nach "demokratischen Grundsätzen" verstanden. Insbesondere die Frage des Wahlsystems war nie Verhandlungsgegenstand der Alliierten gewesen – auch nicht im Hinblick auf Polen.

3.5.1 Die Konkretisierung der Wahlregelungen durch die Alliierten

Im Kontrollrat erzielte man zwar eine Übereinkunft über sechs allgemein zu beachtende Wahlgrundsätze[235], nicht jedoch über das Wahlsystem. Nach dem Kontrollratsbeschluß sollten

– alle erwachsenen Personen das allgemeine Wahlrecht besitzen,
– Wählerlisten vorbereitet (mit der Möglichkeit von Ansprüchen und Einsprüchen),
– alle nicht sonstwie ausgeschlossenen erwachsenen Deutschen kandidieren dürfen,
– alle demokratischen Parteien gleiche Rechte und Erleichterungen genießen,
– die Wahlen geheim durchgeführt und
– Vorkehrungen gegen Betrug bei der Stimmenzählung und der Bekanntgabe der Wahlergebnisse getroffen werden.

Ein darüber hinaus gehender Konsens kam jedoch hinsichtlich der von den vier Besatzungsmächten gemeinsam erlassenen "Vorläufigen Verfassung von Groß-Berlin" vom 13. August 1946 zustande: Danach soll die Stadtverordnetenversammlung "aufgrund allgemeiner, gleicher, unmittelbarer und geheimer Wahl ... nach den Grundsätzen der Verhältniswahl" gebildet werden[236].

Während man sich hier für das Berliner Gebiet noch einigen konnte, gelang es auf der Moskauer Außenministerkonferenz im Frühjahr 1947 nicht mehr, volles Einvernehmen über die Frage der Wahlen in ganz Deutschland zu erzielen[237]. Man stimmte zwar grundsätzlich darin überein, daß zukünftige deutsche Machtorgane in ähnlicher Weise durch Wahlen bestimmt

233 Dazu Wettig, Entmilitarisierung S. 96; Deuerlein, Verabschiedung S. 676.

234 Schreiben des Außenministers der Provisorischen Regierung der Französischen Republik vom 7. August 1945 (deutscher Text: Europa-Archiv 1954 S. 6745).

235 Vgl. Balfour, Vier-Mächte-Kontrolle S. 301 Anm. 1.

236 Art. 3 Abs. 1, Art. 15 Abs. 1 Vorläufige Verfassung von Groß-Berlin von 1946.

237 Siehe Europa-Archiv 1947 S. 702 ff.

werden sollten wie nach der Weimarer Reichsverfassung[238], jedoch in der Frage des Wahlsystems und der Beteiligung von Gewerkschaften und gesellschaftlichen Organisationen gingen die Meinungen auseinander. Während Molotow an der "nichtdemokratischen Wahlmechanik" der britischen und amerikanischen Zone mit teilweisem Mehrheitswahlsystem und Sperrklauseln harte Kritik übte und ein Verhältniswahlsystem forderte, da das Mehrheitswahlsystem in der Diktatur ende[239], trat der britische Außenminister Bevin für ein Mehrheitswahlrecht ein und erklärte, daß das Persönlichkeitswahlrecht das beste Mittel sei, zu verhindern, daß die deutsche "kriegerische Bestie" sich wieder in Abenteuer stürzen könne[240].

In diesem Punkt kam es dann aber noch zu einem Kompromiß: man wollte die Deutschen selbst entscheiden lassen, ob das Verhältniswahlsystem eingeführt werden sollte[241]. Insoweit kann also davon ausgegangen werden, daß die Sowjetunion zwar dem Verhältniswahlsystem eindeutig den Vorzug gab, aber auch andere Wahlsysteme nicht als völlig im Widerspruch zu den demokratischen Grundsätzen des Potsdamer Abkommens stehend betrachtete.

In dem anderen Streitpunkt konnte keine Übereinstimmung gefunden werden. Während Molotow (entsprechend der sowjetischen Verfassung von 1936[242]) neben den Parteien auch Gewerkschaften und anti-nazistische Organisationen (wie den Kulturbund, den Frauenbund und die Gegenseitige Bauernhilfe, die bereits in der sowjetischen Besatzungszone existierten) an den Wahlen beteiligt wissen wollte[243], sprachen sich der britische und der amerikanische Außenminister dagegen aus. Der schließlich vorgeschlagene Kompromiß, allein die Gewerkschaften neben den Parteien zu beteiligen, fand wiederum nicht die Zustimmung der Sowjetunion[244].

Der später auf dieser Konferenz unterbreitete sowjetische Vorschlag "über Form und Umfang der zeitweiligen politischen Organisationen und staatlichen Ordnung Deutschlands" vom 22. März 1947 sieht die Bildung eines gesamtdeutschen Parlaments, der Landtage und örtlichen Organe der Selbstverwaltung "auf der Grundlage demokratischer Wahlen" vor, die entsprechend den Verfassungen "aufgrund des allgemeinen, gleichen, direkten Wahlrechts bei geheimer Abstimmung nach dem Proportionalsystem" durchgeführt werden sollten[245]. Hier hatte die Sowjetunion die Frage der

238 A.a.O., S. 713.

239 A.a.O., S. 678, 713.

240 A.a.O., S. 679.

241 A.a.O., S. 709, 713.

242 Art. 141 Verfassung der UdSSR von 1936 (deutsche Übersetzung bei: Dennewitz, Verfassungen).

243 Europa-Archiv 1947 S. 711.

244 A.a.O., S. 712, 713.

245 Abschnitt IA, IC3, II7 und 8 des sowjetischen Vorschlages über Form und Umfang der zeitweiligen politischen Organisation Deutschlands vom 22. März 1947.

Beteiligung von gesellschaftlichen Organisationen an den Wahlen ausge-
klammert, aber am Verhältniswahlsystem festgehalten.

Wie sehr bei den Erörterungen unter den Alliierten über die Frage der Beteiligung gesellschaftlicher Organisationen an den Wahlen handfeste politische Erwägungen eine Rolle spielten, lassen die Auseinandersetzungen
über die Neuregelung der Wahlordnung in Berlin deutlich werden. Während die mit Zustimmung der Sowjetunion erlassene Wahlrechtsregelung
von 1946 nur den in Groß-Berlin zugelassenen Parteien das Recht zuge-
stand, Kandidaten aufzustellen, waren es die sowjetischen Vertreter in der
Kommandatura, die nach der Niederlage der SED bei den unter Aufsicht
von alliierten Beobachtergruppen durchgeführten Wahlen am 20. Oktober
1946[246] eine Novellierung der Wahlordnung wünschten. Im Mai/Juni 1949
erhob der sowjetische Außenminister Wyschinskij die Beteiligung der Massenorganisationen an den geplanten (aber dann nicht durchgeführten)
Wahlen zum neuen Berliner Magistrat zu einem entscheidenden Verhandlungspunkt der Pariser Außenministerkonferenz[247]. Aber eben weil auch
die Westmächte auf diese Weise mit einer Ausweitung des Einflusses von
SED bzw. KPD über die Massenorganisationen in Berlin und in Westdeutschland rechneten, waren sie hier nicht zu grundsätzlichen Zugeständnissen bereit.

Der Österreichische Staatsvertrag von 1955 hält noch einmal den – insoweit unverändert gebliebenen – Kern der gemeinsamen alliierten Wahlvor-
stellungen fest, wenn er bestimmt:

"Österreich wird eine demokratische, auf geheime Wahlen gegründete Regierung
haben und verbürgt allen Staatsbürgern ein freies, gleiches und allgemeines
Wahlrecht, sowie das Recht, ohne Unterschied von Rasse, Geschlecht, Sprache,
Religion oder politischer Meinung zu einem öffentlichen Amt gewählt zu werden"[248].

Damit kann insgesamt festgestellt werden, daß die Signatarmächte des
Potsdamer Abkommens (und Frankreich) sich prinzipiell zu freien[249], allgemeinen, gleichen, unmittelbaren und geheimen Wahlen in Deutschland

---

246 Die SED erhielt insgesamt nur 19,8 % der Stimmen und selbst im Ostsektor nur 29,8 % gegenüber 43,7 % der SPD, 18,7 % der CDU und 7,8 % der LDPD in diesem Sektor der Stadt.
Bei den Reichstagswahlen am 6. November 1932 hatte die KPD in Berlin noch 37,7 % und
die SPD nur 27,9 % der Stimmen erhalten.

247 Vgl. auch Meissner, Rußland S. 196 f.

248 Art. 8 Österreichischer Staatsvertrag von 1955. Siehe insoweit auch Art. 21 Abs. 1 und 3
der Erklärung der Menschenrechte von 1948 (gegen die die Sowjetunion insoweit keine
Bedenken erhob) und die Grundzüge eines Stufenplanes der Westmächte für eine deutsche Friedensregelung vom 14. Mai 1959.

249 Freie Wahlen verstanden als Wahlen ohne Zwang und unzulässige Beeinflussung. Siehe
dazu die Beratungen auf der Krim-Konferenz hinsichtlich Polen (Anm. 219). Kritisch zum
Begriff der freien Wahlen: Ridder, Anmerkungen S. 771.

bekannten[250], wenn auch nicht übersehen werden darf, daß mit der Einigung auf diese Begriffe durchaus nicht auch ein vollständiger Konsens über deren Inhalt vorhanden gewesen sein muß. Immerhin zeigen die rechtlichen Regelungen für die ersten Wahlen in allen Besatzungszonen in den Jahren 1946/47[251] – läßt man die Unterschiede in der praktischen Durchführung außer acht –, daß hier formell weitgehende Übereinstimmung bestand und die theoretischen Vorstellungen sich auch mit der Interpretation der entsprechenden Bestimmungen der Weimarer Reichsverfassung deckten[252].

Keine Übereinstimmung bestand hinsichtlich des Wahlsystems und bezüglich der Beteiligung gesellschaftlicher Organisationen. Im Ergebnis kann nicht davon ausgegangen werden, daß das Potsdamer Abkommen eine bestimmte Wahlform vorschreiben oder – über die Beteiligung der Parteien hinaus – Festlegungen hinsichtlich Berechtigung zur Kandidatenaufstellung treffen wollte[253]. Diesbezüglich ergibt sich weder etwas aus dem Wortlaut des Abkommens, noch waren diese Fragen auf der Konferenz Verhandlungsgegenstand.

3.5.2 Die Wahlregelungen des Potsdamer Abkommens und das deutsche Verfassungsrecht

Während in der sowjetischen Besatzungszone alle Länder in gleicher Weise das Verhältniswahlrecht in ihren Verfassungen und Wahlgesetzen festgelegt hatten, waren die Wahlrechtsregelungen der Länder der Westzonen – je nach Vorstellungen und Einflußnahme der Besatzungsmächte[254] – unterschiedlich ausgefallen. In der amerikanischen und französischen Zone traten Wahlgesetze auf der Basis des Verhältniswahlsystems (teilweise mit Sperregelungen gegen Splittergruppen) in Kraft. Demgegenüber setzte die britische Besatzungsmacht in ihrer Zone ein relatives Mehrheitswahlrecht

---

250 So – bis auf den Begriff "freie" – auch Art. 134 der Verfassung der UdSSR von 1936.

251 Gemeindewahlen fanden am 20./27. Januar 1946 in der US-Zone und Anfang September in allen übrigen Zonen statt. Am 30. Juni 1946 wurden in der US-Zone die verfassunggebenden Landesversammlungen, am 20. Oktober 1946 die Landesparlamente der sowjetischen Zone und am 24. November bzw. 1. Dezember 1946 die Landtage der amerikanischen Zone gewählt. 1947 erfolgten Wahlen zu den Landtagen der britischen Zone am 20. April und der französischen Zone am 18. Mai (vgl. Europa-Archiv 1946/47 S. 223 f., 619, 1023, 1131). Siehe auch Meissner, Rußland S. 98 f.

252 Siehe Art. 22 Weimarer Reichsverfassung und Anschütz, Verfassung Art. 22.

253 Unzutreffend ist damit die Ansicht von Belezki (Politik S. 34), daß das Potsdamer Abkommen ein einheitliches Wahlrecht für ganz Deutschland nach dem Verhältniswahlsystem fordere.

254 Zu den Wahlrechtsverfahren der britischen und amerikanischen Besatzungszone vgl. Balfour, Vier-Mächte-Kontrolle S. 284 f., 287 f.

durch, da nur dieses der wiederentstehenden Demokratie in Deutschland die notwendige Stabilität geben würde[255].

Das Grundgesetz der Bundesrepublik Deutschland von 1949 entspricht der gemeinsamen alliierten Grundvorstellung, wenn es sich in Art. 38 Abs. 1 zu allgemeinen, unmittelbaren, freien, gleichen und geheimen Wahlen bekennt. Das Wahlsystem wird im Grundgesetz ebensowenig festgelegt, wie eine Beteiligung von gesellschaftlichen Organisationen geregelt wird. Das seit 1949 mehrfach geänderte Bundeswahlgesetz sieht zwar ein Mischsystem von Verhältnis- und Mehrheitswahlrecht vor, das von seinen Auswirkungen her weitgehend dem Verhältniswahlrecht entspricht, steht aber im Hinblick auf die 5 %-Klausel im Widerspruch zu den 1947 auf der Moskauer Außenministerkonferenz geäußeren Vorstellungen der Sowjetunion. Eine Beteiligung gesellschaftlicher Organisationen an den Bundestagswahlen schließt das Bundeswahlgesetz zwar nicht ausdrücklich aus, derartige Organisationen müßten aber zu Parteien im Sinne des Bundeswahlgesetzes werden oder sich auf die Aufstellung von Einzelkandidaten beschränken[256].

Auch die DDR-Verfassung von 1949 sah in Art. 51 Abs. 2 allgemeine, gleiche, unmittelbare und geheime Wahlen vor. Darüber hinaus wurde aber (entsprechend den sowjetischen Vorstellungen) auch das Verhältniswahlrecht verfassungsrechtlich festgelegt und Wahlvorschläge aller "Vereinigungen, die die demokratische Gestaltung des öffentlichen Lebens auf der Grundlage dieser Verfassung satzungsgemäß erstreben", zugelassen (Art. 13, 53).

Die Verfassung der DDR vom 6. April 1968 bekennt sich in ihrer ursprünglichen Fassung (ebenso wie nach der Änderung vom 7. Oktober 1974) zu "freier, allgemeiner, gleicher und geheimer Wahl" (Art. 54) und garantiert zugleich allen Bürgern ein Grundrecht auf "Mitwirkung an der Leitung der gesellschaftlichen Entwicklung" (Art. 15 Abs. 1, Art. 21). Darüber hinaus werden "die Leitung der Wahlen durch demokratisch gebildete Wahlkommissionen, die Volksaussprache über die Grundfragen der Politik und Aufstellung und Prüfung der Kandidaten durch die Wähler" zu unverzichtbaren sozialistischen Wahlprinzipien erklärt (Art. 22 Abs. 3). Auch die Beteiligung gesellschaftlicher Organisationen an den Wahlen ist in der Verfassung geregelt (Art. 3, 21, 44)[257], nicht jedoch das Wahlsystem. Dessen Festlegung ist (wie in der Bundesrepublik) dem Wahlgesetz vorbehalten[258]. Durch das Einheitslistensystem der DDR hat aber die Unterscheidung von Mehrheits- und Verhältniswahlrecht ihre praktische Bedeutung verloren.

Damit entsprechen die Bestimmungen der Verfassungen der beiden deutschen Staaten den Grundbedingungen des Potsdamer Abkommens für demokratische Wahlen.

255 Zur damaligen Wahlrechtsdiskussion siehe Fenske, Strukturprobleme S. 177 ff.

256 Siehe z.B. §§ 18, 20 Bundeswahlgesetz vom 1. September 1975 (BGBl. I S. 2325).

257 Siehe auch unten 2. Teil III. 3.9.5.

258 Vgl. das Wahlgesetz der DDR vom 24. Juni 1976 (GBl.-DDR I S. 301).

Die im Grundgesetz (Art. 38 Abs. 1 Satz 1) ebenso wie in der DDR-Verfassung von 1949 (Art. 51 Abs. 3) enthaltene Betonung der Unabhängigkeit des einzelnen Abgeordneten, kann nicht als unabdingbares Essential der Wahlbestimmungen des Potsdamer Abkommens angesehen werden, so daß die imperative Ausgestaltung der Abgeordnetenstellung in der DDR-Verfassung von 1968 (vgl. Art. 56) insoweit dazu nicht im Widerspruch steht. Auf die Bedeutung des Parteiensystems für die Demokratie und Wahl im Sinne der Potsdamer Übereinkünfte wird im folgenden noch einzugehen sein.

3.6 Demokratische Parteien

Im Rahmen des Zieles der Besatzungsmächte, die politische Struktur Deutschlands zu dezentralisieren und örtliche Selbstverwaltung zu entwickeln, weisen die politischen Grundsätze des Potsdamer Abkommens den Parteien eine zentrale Funktion im Demokratisierungsprozeß zu: *"In ganz Deutschland sind alle demokratischen politischen Parteien zu erlauben und zu fördern mit der Einräumung des Rechtes, Versammlungen einzuberufen und öffentliche Diskussionen durchzuführen"*[259].

Bereits die Moskauer Erklärung über Italien vom 1. November 1943 sah für dieses Land die Erlaubnis vor, "antifaschistische politische Gruppen zu bilden"[260].

Auf der Krim-Konferenz war es die sowjetische Delegation, die im Hinblick auf die in Polen durchzuführenden Wahlen die Formulierung vorschlug: "Alle nichtfaschistischen und antifaschistischen demokratischen Parteien sollen das Recht haben, an diesen Wahlen teilzunehmen und ihre Kandidaten aufzustellen"[261]. Die hier vorgenommene Trennung zwischen "nichtfaschistischen" und "antifaschistischen" Parteien wurde aber in der Mitteilung über die Krim-Konferenz aufgegeben, hier war nur noch von der Teilnahme aller "antifaschistischen und demokratischen Parteien"[262] an den Wahlen die Rede.

Mit der Bestimmung, daß in Deutschland nicht nur demokratische Parteien zuzulassen, sondern auch zu fördern seien, ging das Potsdamer Abkommen noch über die in bezug auf Italien und Polen abgegebenen Erklärungen hinaus.

Bereits im Mai 1945 hatte sich die amerikanische Regierung gegenüber Großbritannien für die Zulassung "nicht-nazistischer politischer Parteien mit Rede- und Versammlungsfreiheit" für ganz Deutschland ausgesprochen und angekündigt, daß man damit in der amerikanischen Besatzungszone

---

259 Abschnitt III A9 (II) Potsdamer Abkommen.

260 Ziff. 6 der Deklaration über Italien von 1943.

261 6. Sitzung der Krim-Konferenz vom 9. Februar 1945 (Sanakojew, Teheran S. 179).

262 Abschnitt VI Abs. 2 Satz 2 Mitteilung über die Krim-Konferenz von 1945.

sogleich beginnen wolle[263]. Die Richtlinien für die amerikanische Delegation auf der Potsdamer Konferenz sahen jedoch die Zulassung politischer Parteien zunächst nicht vor. Nachdem aber die sowjetische Militäradministration mit Befehl Nr. 2 vom 10. Juni 1945[264] ohne vorherige Absprache mit den anderen Besatzungsmächten für ihre Zone die Bildung politischer Parteien zugelassen hatte, legte die amerikanische Delegation in Potsdam am 17. Juli 1945 einen Formulierungsvorschlag vor, in dem es heißt: Es "sind in ganz Deutschland nichtfaschistische politische Parteien mit Versammlungsfreiheit und der Freiheit öffentlicher Diskussionen zuzulassen und zu ermutigen"[265]. Statt des Begriffes "nichtfaschistischer" wurde später im Potsdamer Abkommen auf sowjetischen Vorschlag der Begriff "demokratisch" gewählt[266].

Die provisorische französische Regierung stimmte der Parteienregelung des Potsdamer Abkommens grundsätzlich zu, erhob aber bereits mit Schreiben vom 7. August 1945 insoweit Vorbehalte, als sie sich gegen die Organisation von politischen Parteien auf gesamtdeutscher Ebene wandte, solange Gebiets- und Grenzfragen nicht abschließend geklärt seien[267]. Dieser Vorbehalt hat jedoch nur prozessuale Bedeutung: Der Organisation von Parteien auf gesamtdeutscher Ebene wird nicht generell widersprochen, sondern die Zulassung nur vom Vorliegen bestimmter Voraussetzungen abhängig gemacht. Mit der Lösung der von Frankreich für klärungsbedürftig gehaltenen Territorialfragen wäre dieser Vorbehalt hinfällig geworden.

3.6.1 Das alliierte Verständnis von "Demokratischen Parteien"

Unter Berücksichtigung, daß zwar für die USA und Großbritannien voneinander unabhängige, konkurrierende Parteien eine Selbstverständlichkeit waren, in der Sowjetunion aber neben der KPdSU weder andere Parteien existierten, noch die sowjetische Verfassung von 1936 deren Bildung zuließ[268], bedarf die Übereinkunft der Potsdamer Konferenz über die politischen Parteien einer besonders sorgfältigen Ermittlung des gemeinsamen Verständnisses der Vier Mächte. Für die Vorstellungen der Sowjetunion

---

263 Foreign Relations, The Conference of Berlin Bd. I S. 165.

264 Text siehe in: Befehle S. 9; Ulbricht, Geschichte Bd. I, 1. HBd. S. 368 f.; auszugsweise in: Deuerlein, DDR S. 47 f.

265 Foreign Relations, The Conference of Berlin Bd. II S. 776.

266 1. Sitzung der Außenminister vom 18. Juli 1945 (amerikanisches Protokoll a.a.O., Bd. II S. 69 ff.); vgl. auch Mee, Potsdamer Konferenz S. 169.

267 Vgl. das Schreiben der französischen Regierung an die Botschafter der USA, Großbritanniens und der Sowjetunion vom 7. August 1945 (deutscher Text: Europa-Archiv 1954 S. 6745).

268 Art. 126 Verfassung der UdSSR von 1936.

können hierbei insbesondere der SMAD-Befehl Nr. 2 vom 10. Juni 1945[269] sowie die sowjetischen Vertragsvorschläge aus den Jahren 1947 bis 1959 herangezogen werden.

Bereits aus den oben zitierten Dokumenten und Formulierungsvorschlägen ergibt sich, daß als "demokratische Parteien" im Sinne des Potsdamer Abkommens nur solche anzusehen sind, die "antifaschistisch" bzw. "nichtfaschistisch" sind. Insoweit wird also von den zuzulassenden und zu fördernden Parteien verlangt, daß sie sich deutlich von den Zielen des Nationalsozialismus und seiner Staats- und Gesellschaftsauffassung distanzieren[270].

Zugleich bedeutet demokratisch aber auch, daß sich die Parteien für die im Potsdamer Abkommen als "demokratisch" erklärten Zielrichtungen einsetzen. Gerade der SMAD-Befehl Nr. 2 macht deutlich, daß - aus der Sicht der Sowjetunion – "demokratisch" nicht nur eine negative Abgrenzung gegenüber "faschistisch" beinhaltet, sondern darüber hinaus auf einen positiv-konstruktiven Demokratiebegriff hin ausgerichtet ist. Nach diesem Befehl der sowjetischen Besatzungsmacht wird von den antifaschistischen Parteien nicht nur erwartet, daß sie sich für "die endgültige Ausrottung der Überreste des Faschismus" einsetzen, sondern daß "die Festigung der Grundlage der Demokratie und der bürgerlichen Freiheit in Deutschland und die Entwicklung der Initiative und Selbstbetätigung der breiten Masse der Bevölkerung" zu ihren Zielen gehören[271]. Dabei ist jedoch nicht zu verkennen, daß für die Sowjetunion – von Anfang an mehr als für die Westalliierten – bei der Beurteilung des "antifaschistischen und demokratischen Charakters" von Parteien deren Bereitschaft im Vordergrund stand, an der Überwindung der sozialökonomischen Verhältnisse mitzuwirken, die den Nationalsozialismus hervorgebracht und seinen Aggressionskrieg begünstigt hatten[272].

Da nach dem SMAD-Befehl auch "alle faschistischen Gesetze sowie alle faschistischen Beschlüsse, Befehle, Anordnungen, Instruktionen usw. aufzuheben" waren, "die die Tätigkeit der antifaschistischen politischen Parteien ... untersagen und gegen demokratische Freiheiten, bürgerliche Rechte und Interessen des deutschen Volkes gerichtet sind"[273], wurde dadurch zugleich auch der Rechtszustand wiederhergestellt, der für die Parteien in Deutschland galt, bevor die nationalsozialistische Rechtsetzung das pluralistische Parteiensystem zerstörte[274].

Dieses im SMAD-Befehl Nr. 2 dokumentierte sowjetische Verständnis

269 SMAD-Befehl Nr. 2 (abgedruckt in: Befehle S. 9).

270 Auf den Inhalt der Begriffe wird unten noch im Zusammenhang mit den Entnazifizierungsregelungen einzugehen sein.

271 SMAD-Befehl Nr. 2 Nr. 1 (abgedruckt in: Befehle S. 9).

272 Vgl. Huster, Determinanten S. 57.

273 SMAD-Befehl Nr. 2 Nr. 5 (abgedruckt in: Befehle S. 9).

274 So Rabl, Durchführung S. 279

von demokratischen politischen Parteien in Deutschland steht nicht im Widerspruch zu den grundsätzlichen Vorstellungen der beiden westlichen Signatarstaaten zu dieser Frage, so daß insoweit von einem gemeinsamen (minimalen) Grundkonsens ausgegangen werden kann.

Weiter heißt es im Potsdamer Abkommen ausdrücklich, daß "in ganz Deutschland" (ohne den an anderer Stelle verwendeten Vorbehalt "soweit dies praktisch durchführbar"[275]) *alle*[276] demokratischen Parteien zu erlauben sind. Dies bedeutet, daß – soweit die Parteien eine demokratische Zielsetzung besaßen – alle zugelassen werden mußten und zu fördern waren, und somit eine unterschiedliche Behandlung in den einzelnen Besatzungszonen ausgeschlossen werden sollte[277].

Gerade im Hinblick auf das Monopol der NSDAP im faschistischen Deutschland sollte hierdurch eine rechtlich abgesicherte Vormachtstellung einer Partei verhindert werden.

Unter dem Vorbehalt der demokratischen Zielsetzungen ergibt sich folglich für die politischen Parteien aufgrund des Potsdamer Abkommens:

— Gründungsfreiheit,
— Unabhängigkeit (d.h. das Recht, über eigene Angelegenheiten selbst zu entscheiden),
— gleiche Behandlung (insbesondere bei der Förderung) durch staatliche Stellen (bzw. die Besatzungsmächte) und
— das Recht, Versammlungen und öffentliche Diskussionen durchzuführen.

Im Zusammenhang mit den Regelungen des Potsdamer Abkommens über örtliche und regionale Selbstverwaltung für Deutschland läßt sich daraus auch ableiten, daß die Vorstellungen der Signatarmächte des Potsdamer Abkommens auf die Wiederherstellung eines parlamentarischen Mehrparteiensystems – in Anlehnung an die bürgerlich-demokratische Tradition in Deutschland – ausgerichtet waren. Demokratische Parteien sollen sich frei entwickeln und betätigen können. Auch die späteren, Deutschland betreffenden Vertragsentwürfe der Sowjetunion gehen eindeutig von der Existenz mehrerer unabhängiger politischer Parteien in Deutschland aus und verlassen insoweit die Zielsetzungen des Potsdamer Abkommens, ein demokratisches Mehrparteiensystem in Deutschland wiederherzustellen[278], nicht:

— Der sowjetische Vorschlag über Form und Umfang der zeitweiligen politischen Organisation und staatlichen Ordnung Deutschlands vom 22. März 1947 erklärt: "Die Verfassung Deutschlands und die Länderverfassungen

---

275 Bezüglich der Gleichbehandlung der deutschen Bevölkerung: Abschnitt III A2 Potsdamer Abkommen.

276 So auch SMAD-Befehl Nr. 2 Nr. 1.

277 Siehe Rabl, Durchführung S. 282 f.

278 Siehe auch Rabl, Demokratiebegriff S. 484, 487 f., 493, 494, 497.

werden die freie Bildung und Tätigkeit aller demokratischer Parteien ... sicherstellen"[279].

- In dem Entwurf der UdSSR für einen Vertrag über die Entmilitarisierung Deutschlands und über die Verhütung einer deutschen Aggression vom 14. April 1947 heißt es: Die hohen vertragschließenden Teile kommen überein, "dem deutschen Volk allseitige Hilfe zu erweisen bei der Errichtung einer demokratischen Ordnung auf der Grundlage einer vom deutschen Volk gebilligten demokratischen Verfassung Deutschlands, damit dem deutschen Volk ... freie Betätigung der demokratischen Parteien ... bei gebührender Sicherung der Rechte und Interessen der werktätigen Bevölkerung sowie unter Berücksichtigung der Notwendigkeit, die Sicherheit aufrechtzuerhalten, gewährleistet wird"[280].

- Ganz eindeutig verlangt der sowjetische Friedensvertragsentwurf von 1952: "In Deutschland muß den demokratischen Parteien ... freie Betätigung gewährleistet sein; sie müssen das Recht haben, über ihre inneren Angelegenheiten frei zu entscheiden, Tagungen und Versammlungen abzuhalten, Presse- und Publikationsfreiheit zu genießen"[281].

- Diese Formulierung wurde auch nahezu unverändert in den sowjetischen Friedensvertragsentwurf von 1959 übernommen. Dort heißt es: "Deutschland wird die freie Betätigung der politischen Parteien (mit Ausnahme nationalsozialistischer Organisationen) gewährleisten, wobei diese das Recht erhalten, über ihre inneren Angelegenheiten frei zu entscheiden, Kongresse und Versammlungen durchzuführen, die Freiheit der Presse und der Veröffentlichungen wahrzunehmen"[282].

3.6.2 Die Durchführung bis 1949

Auf der Moskauer Außenministerkonferenz im März/April 1947 gelang es nicht – trotz gemeinsamen Bekenntnisses zur freien Entwicklung der demokratischen Parteien in Deutschland –, eine Einigung darüber zu erzielen, ob und wann die Organisation von politischen Parteien auf gesamtdeutscher Ebene zugelassen werden sollte. Während Molotow dies für die Sowjetunion mit dem Hinweis, daß die zonale Zersplitterung ein ernstes Hindernis für die Entwicklung demokratischer Organisationen darstelle, nachdrücklich forderte und die USA sowie Großbritannien dagegen nichts einzuwenden hatten, erneuerte Frankreich seine Vorbehalte und lehnte dies prinzipiell

---

279 Abschnitt II Nr. 4 des sowjetischen Vorschlages über Form und Umfang der zeitweiligen politischen Organisation Deutschlands vom 22. März 1947.

280 Art. IV B des sowjetischen Entwurfs eines Vertrages über die Entmilitarisierung Deutschlands vom 14. April 1947.

281 Nr. 4 der politischen Leitsätze des sowjetischen Friedensvertragsentwurfes von 1952.

282 Art. 16 des sowjetischen Friedensvertragsentwurfes von 1959.

ab, solange keine grundsätzliche Klärung über alle wesentlichen, Deutschland betreffenden Fragen erzielt worden sei[283].

Wahrscheinlich war die permanente Weigerung Frankreichs, die Organisationen der Parteien auf gesamtdeutscher Ebene zuzulassen, mindestens so folgenreich für die Entwicklung der Spaltung Deutschlands, wie die Verhinderung von Zentralverwaltungen[284], da so den Deutschen ein wesentliches Instrument genommen wurde, um gemeinsam gegen die zunehmenden Teilungsinteressen der Besatzungsmächte aufzutreten.

Tatsächlich entwickelte sich auch das Parteienleben in den einzelnen Besatzungszonen sehr unterschiedlich[285]. Die sowjetische Militärverwaltung hatte für ihre Zone mit dem SMAD-Befehl Nr. 2 bereits vor Beginn der Potsdamer Konferenz die Bildung von Parteien auf gesamtzonaler Ebene zugelassen. Hierfür dürften mit Sicherheit auch taktische Erwägungen eine entscheidende Rolle gespielt haben. Je größer der organisatorische Vorsprung gegenüber den anderen Zonen war, um so eher war damit zu rechnen, daß die unter sowjetischer Aufsicht und Kontrolle stehenden Parteigruppierungen dieser Zone mit ihren Zentralorganen in Berlin dominierenden Einfluß für die Gründung von Parteien auf gesamtdeutscher Ebene erlangen konnten[286]. Bezeichnend dafür ist auch, daß die Zulassung und Bildung zentraler Organe in Berlin im Eilverfahren gefördert wurde, so daß die organisatorischen Strukturen der Parteien schon bestanden, als die Westmächte ihre Verwaltungsfunktionen in Berlin übernahmen.

Obwohl die alliierte Kommandantur in Berlin bereits am 1. August 1945 bekannt gab, daß man übereingekommen sei, "die russische Politik weiter zu verfolgen, den deutschen politischen Parteien die Abhaltung öffentlicher Versammlungen zu gestatten"[287], betrieben die Westmächte mit hinhaltender und restriktiver Handhabung der Genehmigung von Parteiorganisationen eher eine Verzögerungstaktik[288], der die Vorstellung von einer langsamen, allmählichen Entwicklung der Parteistrukturen von unten her zugrunde lag. Sie befürchteten offensichtlich, die Kontrolle über die Parteienentwicklung zu verlieren und waren auch schon deswegen an einer Einflußnahme der Parteiorganisationen der Sowjetzone auf den organisatorischen Aufbau der Parteien in ihren Zonen nicht interessiert[289]. Die amerikanische Militärregierung gestattete die Gründung politischer Parteien am 27. August

---

283 Siehe Europa-Archiv 1947 S. 677 ff., 713.

284 Vgl. auch Schwarz, Reich S. 189.

285 Siehe dazu u.a. Kunz, Parteien S. 362 ff.; Rupp, Geschichte S. 50 f., 55, 58; Balfour, Vier-Mächte-Kontrolle S. 306 ff., 310 f.

286 So auch Schwarz, Reich S. 241 f., 244 ff.

287 Siehe Mee, Potsdamer Konferenz S. 255.

288 Siehe auch Belezki, Politik S. 33.

289 Nach Ansicht der britischen Militärregierung, war mit der Parteienzulassung wesentlich zu früh begonnen worden (siehe Thies, Britische Militärverwaltung S. 36 mwN.).

1945 zunächst nur auf Kreisebene[290]. Am 15. September folgte – mit der gleichen Beschränkung – die britische und am 29. Oktober 1945 die französische Zone. Parteienzusammenschlüsse auf Länderebene waren in der britischen Zone ab Oktober, in der amerikanischen ab November 1945 und in der französischen Zone erst ab Januar 1946 zulässig. Offizielle gesamtzonale Arbeit, die in der britischen und amerikanischen Zone ab Januar/Februar 1946 möglich war, verbot die französische Besatzungsmacht ausdrücklich.

In allen Besatzungszonen wurden 1945/46 rasch die SPD und die KPD wieder aktiv, und christliche, liberale und einige regionale Parteien entstanden neu. In keiner der Besatzungszonen war jedoch die Arbeit der politischen Parteien frei von Eingriffen der Kontrollmächte, wie sie insbesondere in der sowjetischen Besatzungszone ab Ende 1945 immer häufiger erfolgten. Auch der Zusammenschluß von KPD und SPD am 22. April 1946 geschah nicht ohne Eingreifen der sowjetischen Militärregierung[291], der sehr wohl klar war, daß eine ihren Vorstellungen entsprechende Durchsetzung der Politik der KPD nur dann möglich war, wenn es zu einem Zusammenschluß mit der anderen großen Arbeiterpartei kam[292]. Doch insbesondere die spätere Nichtwiederzulassung einer sozialdemokratischen Partei in der sowjetischen Zone – lediglich seit den Berliner Wahlen vom Oktober 1946 durfte die SPD auch im sowjetischen Sektor Berlins als eigene Partei auftreten[293] –, verstieß eindeutig gegen die entsprechenden Regelungen des Potsdamer Abkommens und des SMAD-Befehls Nr. 2[294].

Die von der KPD seit 1944 für das Nachkriegsdeutschland propagierte und bereits einen Tag vor Beginn der Potsdamer Konferenz mit Unterstützung der sowjetischen Besatzungsmacht in deren Zone realisierte Blockpolitik, d.h. die Vereinigung der "antifaschistisch-demokratischen Parteien zu einem Block der kämpfenden Demokratie"[295], stand zu dem skizzierten Parteienbegriff des Potsdamer Abkommens formal jedenfalls so lange nicht im Widerspruch, wie auf die Betonung des freiwilligen Zusammenschlusses und der Anerkennung der Selbständigkeit der einzelnen Parteien Wert gelegt wurde[296], und dies auch halbwegs den Realitäten entsprach. Nachdem jedoch die Wahlen in den Ländern der sowjetischen Zone im Oktober 1946

290 Vgl. Clay, Entscheidung S. 490; Warburg, Deutschland S. 85.

291 Dazu insbes. Mattedi, Gründung S. 58 ff.; Antoni, Wandel und Anpassung S. 83 ff.

292 Vgl. Schwarz, Reich S. 247 ff.; Meissner, Rußland S. 59 f.

293 Mattedi, Gründung S. 58 ff. Formell existierten in Ost-Berlin bis zum August 1961 Parteigruppierungen der SPD, die sich jedoch hier weitgehend der SED angenähert hatten.

294 Im einzelnen siehe Rabl, Durchführung S. 283 ff.

295 Siehe im einzelnen mit Nachweisen Fischer, Antifaschismus S. 20, 24; Rabl, Durchführung S. 283 ff.; Meissner, Rußland S. 59 f., 72.

296 Siehe auch das gemeinsame Kommuniqué der "Einheitsfront der antifaschistisch-demokratischen Parteien" vom 14. Juli 1945 (abgedruckt in: Ulbricht, Geschichte Bd. I, 1. HBd. S. 380 f.).

deutlich werden ließen, daß der SED – trotz praktischer Benachteiligung der bürgerlichen Parteien – keineswegs wesentlich größere Stimmenanteile sicher waren, als sie dem Potential von SPD und KPD in den 30er Jahren entsprachen[297], verstärkte sich der Druck der SED und der sowjetischen Militäradministration auf CDU und LDP der sowjetisch besetzten Zone, die ständige Einheitslisten ablehnten[298]. Dieser Widerstand war mit ein Grund für die im Dezember 1947 erfolgende faktische Absetzung der CDU-Führung durch die SMAD. Die formell fortbestehende Freiwilligkeit des Zusammenschlusses wurde von da ab zunehmend fragwürdiger[299].

Das Unvermögen der Außenministerkonferenzen, im Hinblick auf die politischen·Parteien zu einer Einigung zu gelangen, wirkte sich natürlich auch auf die Arbeit des Kontrollrates aus. Zu grundsätzlichen Regelungen über die Zulassung von Parteien und deren Organistionsstrukturen kam es nicht. Lediglich mit der Direktive Nr. 40 vom 12. Oktober 1946[300] wurden Umfang und Grenzen der Meinungsäußerungsfreiheit der Parteien geregelt. Nach diesen "Richtlinien für deutsche Politiker und die deutsche Presse" sollte "es den deutschen demokratischen Parteien ... gestattet sein, deutsche politische Probleme frei zu besprechen" und "Kommentare über die Politik der Besatzungsmächte in Deutschland" abzugeben. Verboten blieb – außer nationalistischer, pangermanischer, militaristischer, faschistischer und antidemokratischer Propaganda – allerdings auch die Kritik an Entscheidungen alliierter Konferenzen oder des Kontrollrates sowie Äußerungen, die die Einheit oder das Ansehen der Alliierten gefährdeten. – Einen gewissen Beitrag zum Aufbau der Parteien leistete der Kontrollrat jedoch noch durch zwei weitere Direktiven, die die Rückerstattung des von den Nationalsozialisten beschlagnahmten Vermögens – auch der Parteien der Weimarer Republik – regelten[301].

---

297 Die Stimmenanteile der SED entsprachen oder lagen 1946 nur geringfügig über den von SPD und KPD bei den Reichstagswahlen vom November 1932 zusammen erzielten Anteilen.

298 Vgl. Meissner, Rußland S. 102 f., 134, 157. Auch die Wahlrechtsvorschläge der DDR-Regierung von 1952 für gesamtdeutsche Wahlen gingen von der Zulässigkeit von Listenverbindungen und Wahlblöcken, die den von der DDR aus gesteuerten Wahlgruppierungen wahrscheinlich einen relativ homogenen Stimmenblock gesichert hätten (vgl. z.B. Meissner, Rußland S. 273), aus.

299 Vgl. dazu Abendroth, Zwiespältiges Verfassungsrecht S. 14 f. sowie zur Entwicklung auch die Übersicht bei Mampel, Verfassung S. 105 ff.

300 Amtsblatt, Kontrollrat Nr. 11 S. 212.

301 Direktive Nr. 50 vom 29. April 1947 und Nr. 57 vom 15. Januar 1948 (Amtsblatt, Kontrollrat Nr. 15 S. 275 und Nr. 18 S. 303).

3.6.3 Die verfassungsrechtlichen Regelungen über Parteien

Das Grundgesetz der Bundesrepublik Deutschland von 1949 wird mit den Bestimmungen des Art. 21 sowie denen in Art. 5 Abs. 1, Art. 8 und Art. 9, den oben aus dem Potsdamer Abkommen entwickelten Kriterien für die Stellung politischer Parteien gerecht. Jedoch würde das Verbot der KPD in der Bundesrepublik Deutschland durch das Bundesverfassungsgericht im Jahre 1956 dann die Bestimmungen des Potsdamer Abkommens verletzt haben, wenn es sich – und davon dürften alle vier Besatzungsmächte bei der Lizenzierung ausgegangen sein – bei der Kommunistischen Partei 1945 um eine demokratische Organisation im Sinne des Potsdamer Abkommens handelte und sie dessen Anforderungen auch noch 1956 entsprach[302].

Auch die DDR-Verfassung von 1949 (Art. 9, 12, 13, 51 und 53) steht formell noch im Einklang mit den die Parteien betreffenden Bestimmungen des Potsdamer Abkommens[303]. Das System des Vielparteienstaates ist übernommen, wenn auch die tatsächliche Verfassungslage nach 1949 mit ihrem straffen Blocksystem dem faktisch nicht mehr entsprochen hat[304]. Verfassungsrechtlich war das Blocksystem jedoch nur im Hinblick auf die Regierungsbildung (Art. 92) festgelegt, wonach alle Fraktionen mit einer bestimmten Mindeststärke automatisch an der Regierung zu beteiligen waren. Jede Fraktion konnte sich allerdings hiervon durch Erklärung ausschließen (Art. 92 Abs. 2)[305].

Die DDR-Verfassung von 1968 hingegen entspricht nicht einmal mehr formal den Kriterien des Potsdamer Abkommens für die Stellung politischer Parteien[306]. Die verfassungsrechtlich festgeschriebene führende Position einer einzigen Partei (Art. 1 Abs. 1 Satz 2)[307] ist mit dem Grundsatz der Chancengleichheit nicht zu vereinbaren. Die Gründungsfreiheit ist zwar vom Wortlaut der Verfassung her nicht beeinträchtigt (vgl. Art. 29), jedoch dadurch, daß jede Partei kraft Verfassungsrecht der Nationalen Front angehört (Art. 3), ist ihre Unabhängigkeit bereits erheblich beschränkt. Die durch die Wahlgesetze festgelegte Sitzverteilung unter den Fraktionen in den Volksvertretungen sowie die ausschließliche Zuständigkeit der Nationalen Front für die Aufstellung von Wahllisten nimmt den Parteien in weiteren entscheidenden Bereichen ihre Eigenständigkeit[308].

---

302 Kröger in: KPD-Prozeß S. 212 ff.; vgl. auch Abendroth, KPD-Verbotsurteil S. 195; Kutscha, KPD-Verbot S. 50 f.

303 A.A. (ohne Begründung) Rabl, Selbstbestimmungsrecht S. 364.

304 Vgl. Abendroth, Zwiespältiges Verfassungsrecht S. 12 f., 14; Mampel, Verfassung S. 104 ff.

305 Siehe Abendroth, Zwiespältiges Verfassungsrecht S. 14 f.; Mampel, Verfassung S. 340 ff.

306 So auch Rabl, Selbstbestimmungsrecht S. 364.

307 Vgl. die Kommentierung zu Art. 1 bei: Sorgenicht, Verfassung.

308 Siehe die Kommentierung zu Art. 3, 22, 29, 79 und 80 bei Mampel, Sozialistische Verfassung.

3.7 Rechtsstaat, Justiz

Als Teil des alliierten Demokratieverständnisses ist auch das Rechtsstaatsprinzip im Potsdamer Abkommen verankert. Für die Justiz wird es ausdrücklich normiert mit der Forderung nach einer *Reorganisation des Gerichtswesens* "*entsprechend den Grundsätzen der Demokratie und der Gerechtigkeit auf der Grundlage der Gesetzlichkeit und Gleichheit aller Bürger vor dem Gesetz*"[309].

Die ausdrückliche Hervorhebung der Reorganisation der Justiz auf der Grundlage von Demokratie und Rechtsstaatlichkeit – die auch von der französischen Regierung nachträglich gebilligt wurde[310] – ist auf sowjetischen Wunsch erfolgt[311]. Damit sollte ein klarer Schlußstrich unter die diskriminierende faschistische Gesetzgebung und die Willkürpraxis der Justiz des Dritten Reiches gezogen und zugleich klargestellt werden, daß eine demokratische Neuordnung Deutschlands nur bei einer umfassenden demokratischen und rechtsstaatlichen Reorganisation der Justiz möglich ist. Der amerikanische Formulierungsvorschlag hatte das Gerichtswesen nicht erwähnt.

Von besonderer Bedeutung ist, daß das Potsdamer Abkommen selbst bereits ausdrücklich von *Reorganisation des Gerichtswesens* spricht und insoweit von der Wiederherstellung der Rechtsordnung der Weimarer Republik ausgeht[312]. Da der diesbezügliche sowjetische Vorschlag sicherlich mit dem in Potsdam anwesenden[313] führenden Rechtswissenschaftler (und späteren Außenminister) der UdSSR Wyschinskij abgestimmt worden war, mußte sich auch die Sowjetunion über die Tragweite dieser Regelung im klaren gewesen sein.

Der gemeinsame alliierte Kontrollrat hat sich – im Vergleich zu anderen Regelungspunkten des Potsdamer Abkommens – sehr ausführlich und umfassend mit der Wiederherstellung einer demokratischen und rechtsstaatlichen Justiz befaßt. Bereits die Proklamation Nr. 3 vom 20. Oktober 1945[314] verkündete erste fundamentale Grundsätze der Rechtspflege: Gleichheit vor dem Gesetz, Diskriminierungsverbot, Sanktionen nur aufgrund eines gesetzmäßigen Gerichtsverfahrens, nulla poena sine lege, Analogieverbot, öffentliches Verfahren, das Recht auf Verteidigung, Abschaffung von Ausnahme- und Sondergerichten sowie die Unabhängigkeit des Richters.

309 Abschnitt II A8 Potsdamer Abkommen. Im englischen Text heißt es noch eindeutiger, "justice under law".

310 Schreiben des Außenminister der Provisorischen Regierung der Französischen Republik vom 7. August 1945 (Europa-Archiv 1954 S. 6745).

311 Molotow auf der ersten Sitzung der Außenminister am 18. Juli 1945 (Foreign Relations, The Conference of Berlin Bd. II S. 68).

312 So auch Abendroth, Haftung S. 77.

313 Vgl. Mee, Potsdamer Konferenz S. 59.

314 Proklamation des Kontrollrates Nr. 3 vom 20. Oktober 1945 (Amtsblatt, Kontrollrat Nr. 1 S. 22).

Das bald darauf erlassene Gesetz des Kontrollrates. Nr. 4 vom 30. Oktober 1945 (Umgestaltung des Gerichtswesens)[315] will "das deutsche Gerichtswesen auf der Grundlage des demokratischen Prinzips, der Gesetzmäßigkeit und der Gleichheit aller Bürger vor dem Gesetz" umgestalten, wobei ausdrücklich an das Gerichtsverfassungsgesetz des Deutschen Reiches vom 27. Januar 1877 in der Fassung vom 22. März 1924 angeknüpft wurde[316]. Im einzelnen wird die Zuständigkeit deutscher Gerichte in Zivil- und Strafsachen geregelt. Die Kontrollratsgesetze Nr. 21 vom 30. März 1946[317] und Nr. 35 vom 20. August 1946[318] betreffen Errichtung, Zuständigkeit und Organisation der Arbeitsgerichte und erklären das Arbeitsgerichtsgesetz vom 23. Dezember 1926 in seiner ursprünglichen Fassung wieder für anwendbar. Mit dem Kontrollratsgesetz Nr. 36 vom 10. Oktober 1946[319] wurden schließlich die Verwaltungsgerichte wieder errichtet und damit die Reorganisation in der Justiz im wesentlichen abgeschlossen.

Mit dem Rückgriff auf die Justizgesetze der Weimarer Republik fand der Kontrollrat, der seit August 1945 die Frage der künftigen Gerichtsverfassungen Deutschlands erörtert hatte, eine für alle Besatzungsmächte tragbare Grundlage für eine einheitliche Regelung in ganz Deutschland[320]. Die Sowjetunion hatte bereits im September 1945 – den Regelungen des Kontrollrates vorgreifend – mit dem SMAD-Befehl Nr. 49 vom 4. September 1945 für ihre Zone die Reorganisation der deutschen Gerichte "in Übereinstimmung mit der Gesetzgebung, wie sie zum 1. Januar 1933 existierte", angeordnet[321].

Diese Rückkehr zur Rechtsordnung der Weimarer Republik kann jedoch nicht dahingehend gedeutet werden, daß nach Ansicht der Alliierten allein diese der Forderung des Potsdamer Abkommens nach rechtsstaatlicher und demokratischer Reorganisation des Gerichtswesens gerecht wurde[322]. So entsprach z.B. die wiederhergestellte Ernennung der Richter auf Lebenszeit[323] weder der Rechtspraxis der USA noch der UdSSR[324]. Daher kann sie wohl kaum als elementares Essential richterlicher Unabhängigkeit im Sinne des Rechtsstaatsverständnisses des Potsdamer Abkommens angesehen

---

315 Kontrollratsgesetz Nr. 4 vom 30. Oktober 1945 (Amtsblatt, Kontrollrat Nr. 2 S. 26).

316 Art. 1 a.a.O.

317 Kontrollratsgesetz Nr. 21 vom 30. März 1946 (Amtsblatt, Kontrollrat Nr. 7 S. 124).

318 Kontrollratsgesetz Nr. 35 vom 20. August 1946 (Amtsblatt, Kontrollrat Nr. 9 S. 174).

319 Kontrollratsgesetz Nr. 36 vom 10. Oktober 1946 (Amtsblatt, Kontrollrat Nr. 11 S. 183).

320 Siehe Autorenkollektiv, Geschichte der Rechtspflege S. 65 f.

321 SMAD-Befehl Nr. 49 vom 4. September 1945 (deutscher Text in: Autorenkollektiv, Geschichte der Rechtspflege S. 64).

322 Rabls (Durchführung S. 256 ff.) Darlegung erweckt allerdings diesen Eindruck.

323 § 6 Gerichtsverfassungsgesetz.

324 Siehe dazu u.a. Schiffer, Deutsche Justiz S. 255 ff., 265 ff.

werden[325]. Auch in der Kontrollratsproklamation Nr. 3 vom 20. Oktober 1945 war die Unabhängigkeit des Richters nur dahingehend definiert worden, daß dieser "frei von Weisungen der ausführenden Gewalt" und "nur dem Gesetz unterworfen" sein sollte. Von persönlicher Unabhängigkeit im Sinne von Unabsetzbarkeit und Unversetzbarkeit war hier nicht die Rede.

Die Alliierten benötigten möglichst rasch eine Rechtsgrundlage für die wiederaufzubauende deutsche Justiz, die den im Potsdamer Abkommen festgelegten Grundsätzen nicht widersprach. Dafür boten sich die Justizgesetze des Deutschen Reiches in der Fassung der Weimarer Republik an[326], da sie ohne grundlegende Neuregelungen die – im Frühjahr 1946 weitgehend abgeschlossene – Wiederaufnahme der Tätigkeit deutscher Gerichte ermöglichten[327].

Aus dem gleichen Grund kann eine generelle Garantie des Rechtsschutzes gegen Akte der öffentlichen Gewalt nicht als unabdingbares Wesensmerkmal einer rechtsstaatlichen, demokratischen Justiz im Sinne des Potsdamer Abkommens betrachtet werden. Dennoch wurde mit Kontrollratsgesetz Nr. 36 die Verwaltungsgerichtsbarkeit für alle Besatzungszonen ausdrücklich wieder eingeführt, und die Ausführungsregelungen aller Besatzungsmächte sahen – wenn auch für die sowjetische Zone nur in beschränktem Umfang – die gerichtliche Kontrolle staatlicher Hoheitsakte vor[328].

Doch gerade hier zeichnete sich rasch eine unterschiedliche Entwicklung in den Zonen ab. Während in den Westzonen bereits im Herbst 1946 bzw. im Frühjahr 1947 die Verwaltungsgerichte wieder errichtet und bis 1948 ihre Zuständigkeiten auf der Grundlage des "Generalklausel"-Systems auf alle Bereiche hoheitlicher Handlungen erstreckt wurde[329], kam es in der sowjetischen Besatzungszone zu keiner umfassenden Wiederherstellung der Verwaltungsgerichtsbarkeit. Das Land Sachsen-Anhalt und der sowjetische Sektor von Berlin blieben ohne Verwaltungsgerichte und die übrigen Länder der sowjetischen Besatzungszone schufen zwar gesetzliche Grundlagen, doch wurden hier der Verwaltungsrechtsschutz von vornherein aufgrund des Enumerationsprinzips erheblich eingeschränkt und die vorgesehenen Gerichte in den meisten Fällen praktisch gar nicht mehr gebildet[330]. Und dies obwohl auch der Verfassungsentwurf der SED vom 14. Novem-

---

325 So aber wohl Rabl, Durchführung S. 270 ff.

326 Im übrigen hätte eine beliebige Neuregelung des deutschen Rechts auch den völkerrechtlichen Besatzungsbefugnissen widersprochen (siehe oben 1. Teil III. 4.).

327 Für die US-Zone vgl. Amerikanischer Hochkommissar, Bericht über Deutschland, Zusammenfassung S. 191, 194 ff.

328 Zur Rechtslage in den Ländern der Westzonen siehe Ule, Verwaltungsprozeßrecht S. 332 ff. Für die sowjetische Zone siehe Lammich, Gerichtliche Kontrolle S. 249 ff.

329 Dazu Menger, System S. 3 ff.

330 Dazu ausführlich Rabl, Durchführung S. 268 ff.; Menger, System S. 12 ff.

ber 1946, der die Grundlage für die Länderverfassungen der sowjetischen Zone und die Verfassung der DDR von 1949 bildete, in Art. 94 bestimmte: "Dem Schutze der Bürger gegen widerrechtliche Anordnungen und Verfügungen der Verwaltung dient die Verwaltungsgerichtsbarkeit"[331]. Trotz einer gleichlautenden und bis 1968 gültigen Regelung in der DDR-Verfassung von 1949 (Art. 138) wurde die Verwaltungsgerichtsbarkeit in der DDR 1952 durch eine Anordnung des Innenministers auch formal beseitigt[332]. Dementsprechend sieht die DDR-Verfassung von 1968 Verwaltungsgerichte auch nicht mehr vor.

Im Gegensatz dazu sind im Grundgesetz die Verwaltungsgerichte verfassungsrechtlich institutionalisiert (Art. 95 Abs. 1), und jedem ist durch Art. 19 Abs. 4 GG der gerichtliche Rechtsschutz gegen Maßnahmen der öffentlichen Gewalt garantiert.

Während der Aufbau des Justizwesens in den westlichen Besatzungszonen sich weitgehend an dem System der Weimarer Republik orientierte, und die Anerkennung des Gewaltenteilungsprinzips weder bei den Besatzungsmächten[333] noch bei den führenden deutschen politischen Kräften umstritten war, beschritt man in der sowjetischen Besatzungszone rasch neue Wege. Bereits die nach der (in dieser Zone wesentlich rigoroser durchgeführten) Entfernung nationalsozialistischer Richter notwendig gewordene Ausbildung neuer Richter und Staatsanwälte verließ eingefahrene Bahnen: seit Ende 1945 wurden in sechs- bis neunmonatigen Kurzlehrgängen "Volksrichter" herangebildet[334]. Die Justiz sollte auch nach dem Verfassungsrecht der Länder der sowjetischen Zone und der DDR-Verfassung von 1949 kein selbständiges, vom Parlament unabhängiges, Machtorgan mehr sein[335]. Die erste DDR-Verfassung enthielt weiterhin auch nicht die starken Sicherungen der persönlichen Rechtsstellung des Richters wie Art. 97 des Grundgesetzes. Die Dominanz der Volksvertretung gegenüber der Judikative wird mehrfach deutlich betont. Sie ist es, die die obersten Richter wählt (Art. 131 Abs. 1 Satz 2) und die Richter auch wieder abberufen kann (Art. 132). Darüber hinaus ist der Justiz ausdrücklich die Nachprüfung der Verfassungsmäßigkeit von Gesetzen verwehrt (Art. 98), während das Grundgesetz auch diese der Prüfungskompetenz des Bundesverfassungs-

---

331 Text u.a. in Wenger, Neue deutsche Verfassungen S. 301 ff.: Autorenkollektiv (Geschichte der Rechtspflege) geht auf die Verwaltungsgerichtsbarkeit und die entsprechende Kontrollratsgesetzgebung überhaupt nicht ein.

332 Siehe dazu Lammich, Gerichtliche Kontrolle S. 249; Rabl, Durchführung S. 272; Mampel, Entwicklung S. 551.

333 Zur Bedeutung des Gewaltenteilungsgrundsatzes beispielsweise für die britische Besatzungspolitik vgl. Scharf, Deutschlandpolitik S. 9 f.

334 Vgl. dazu z.B. Schöneburg, Werden S. 88 f.

335 So Ulbricht auf der Justizkonferenz der SED am 1./2. März 1947 (nach Schöneburg, a.a.O., S. 180 f.)

gerichtes unterwirft (Art. 93 Abs. 1 Nr. 2, Art. 100)[336]. Die sachliche Unabhängigkeit des Richters, d.h. seine alleinige Bindung an Verfassung und Gesetz, ist hingegen in der DDR-Verfassung von 1949 (Art. 127) ebenso festgelegt wie in Art. 97 Abs. 1 des Grundgesetzes, wenn sich auch die Vorstellungen über das Wesen dieser Unabhängigkeit auseinanderentwickelt haben[337]. Im Gegensatz zum Grundgesetz und zu den Länderverfassungen in den Westzonen sprachen sich die Landesverfassungen der sowjetischen Besatzungszone und die Verfassung der DDR von 1949 eindeutig gegen den Grundsatz der Gewaltenteilung aus. Dem Parlament sind hier nicht nur die Justiz, sondern auch die Verwaltung unterworfen[338].

Sieht man die Proklamation Nr. 3 des Kontrollrates vom 20. Oktober 1945 in ihrem Kern als Konkretisierung der Bestimmungen des Potsdamer Abkommens über die Gestaltung von Rechtsstaat und Justiz an, so ergeben sich die folgenden Essentials für eine Reorganisation "entsprechend den Grundsätzen der Demokratie und der Gerechtigkeit":

— Gleichheit aller vor dem Gesetz (unter besonderer Betonung des Verbots jeglicher Diskriminierung);
— Gesetzlichkeit (d.h. Rechtsbeschränkungen nur aufgrund geltenden Rechts);
— Gewährleistung der Rechte des Angeklagten (gesetzmäßiges Gerichtsverfahren, Bestrafung nur auf der Grundlage von zur Tatzeit geltenden Rechts, öffentliches Verfahren, Möglichkeit zur Verteidigung);
— sachliche Unabhängigkeit des Richters;
— Verbot von Ausnahme- und Sondergerichten.

Diesen rechtsstaatlichen Minimalforderungen des Potsdamer Abkommens entsprechen sowohl das Grundgesetz wie auch die beiden Verfassungen der DDR[339], ohne daß damit ein Urteil über die Rechtspraxis gefällt sein soll[340].

Selbst wenn man einen gewissen gerichtlichen Rechtsschutz gegen staatliche Hoheitsakte ebenfalls als wesentliches rechtsstaatliches Gebot im Sinne des Potsdamer Abkommens ansieht[341] (obwohl dies weder aus dem Abkommen selbst noch aus der grundlegenden Proklamation Nr. 3 zu entnehmen ist), so würde auch die Verfassung der DDR von 1968 dem im Prinzip

---

336 Vgl. dazu Abendroth, Zwiespältiges Verfassungsrecht S. 18 f.; Mampel, Verfassung S. 302, 444 ff.

337 Vgl. Mampel, a.a.O., S. 433 ff. mwN.

338 Vgl. Abendroth, Zwiespältiges Verfassungsrecht S. 11 f.; s.a. Rabl, Selbstbestimmungsrecht S. 363.

339 Vgl. Art. 3, 19 Abs. 4, 20 Abs. 2, 92, 97, 101, 103, 104 GG; Art. 6 Abs. 1, 126-128; 133-136, 138 DDR-Verfassung von 1949; Art. 19 Abs. 1, 20, 30, 86, 87, 89, 90, 96, 99-102 DDR-Verfassung von 1968.

340 Vgl. dazu hinsichtlich der DDR etwa Fricke (Politik und Justiz) und hinsichtlich der Bundesrepublik beispielsweise Blank (Rechtsstaat).

341 So wohl Rabl, Durchführung S. 268 ff.

nicht widersprechen. Zwar enthält sie keine Rechtsschutzgarantie gegen Akte der öffentlichen Gewalt wie Art. 19 Abs. 4 GG, doch sie schließt einen solchen Rechtsschutz – zumindest seit der Änderung 1974 – nicht mehr aus: Nach Art. 103 kann sich jeder Bürger mit Beschwerden an die Volksvertretung, ihre Abgeordneten und die staatlichen und wirtschaftlichen Organe wenden. Die Bestimmung des Verfahrens ist hier – ebenso wie bei der Staatshaftung nach Art. 104 – der Regelung durch Gesetz vorbehalten. Nach den verwaltungsrechtlichen Bestimmungen ist allerdings der Rechtsschutz im wesentlichen auf die Überprüfung durch die Volksvertretungen und einen zweistufigen Beschwerdeweg innerhalb der Verwaltung begrenzt[342]. Es gibt jedoch bereits einige Fälle, wo gegen staatliche Verwaltungsentscheidungen Gerichte angerufen werden können[343]. Die Entwicklung geht hier seit den 70er Jahren eindeutig in Richtung Verstärkung und rechtliche Formalisierung des Rechtsschutzes des einzelnen.

3.8 Demokratisierung des Erziehungswesens

Auch das Erziehungswesen wird vom Potsdamer Abkommen ausdrücklich in die Zielsetzungen einer demokratischen Neuordnung Deutschlands mit einbezogen. Es sollen nicht nur *"die nazistischen und militaristischen Lehren völlig entfernt"*, sondern auch *"eine erfolgreiche Entwicklung der demokratischen Ideen"* im Erziehungswesen ermöglicht werden[344].

Zu diesen demokratischen Ideen, deren Entwicklung das Potsdamer Abkommen gewissermaßen zum pädagogischen Ziel des Erziehungswesens erklärt, sind zunächst in jedem Falle die im Potsdamer Abkommen selbst anklingenden Grundprinzipien wie Volkssouveränität, Achtung der Menschenrechte und das Selbstbestimmungsrecht[345] zu rechnen.

Nach der von McLeish im Juli 1945 für die Besatzungspolitik der Vereinigten Staaten aufgestellten "Umerziehungs"-Formel gehören zu den grundlegenden demokratischen Ideen u.a. die Beachtung von Treu und Glauben im Völkerrechtsverkehr, die Unantastbarkeit der Menschenwürde, die aktive Teilnahme an der Regelung öffentlicher Angelegenheiten, das Prinzip staatsbürgerlicher Gleichheit, sowie Informationsfreiheit, Toleranz gegenüber Meinungen, Glaubensbekenntnissen und Wesensunterschieden[346]. Wenn diese Formel auch in keiner Weise für die Signatarstaaten des

---

342 Vgl. dazu Autorenkollektiv, Verwaltungsrecht S. 191, 202 ff., 338 ff., 347, 355 ff.

343 Eine Zuständigkeit der Gerichte auf dem Gebiet des Verwaltungsrechts besteht etwa bei Einwendungen gegen die Nichtaufnahme in die Wählerliste oder bei Impfschäden hinsichtlich der Höhe der Entschädigung (vgl. Autorenkollektiv, Verwaltungsrecht S. 336 f.).

344 Abschnitt III A7 Potsdamer Abkommen.

345 Siehe oben 2. Teil III. 3.1.

346 Vollständiger Wortlaut siehe Foreign Relations, The Conferences at Malta and Yalta, Bd. I S. 482 ff.

Potsdamer Abkommens verbindlich war, so stimmen doch die hier genannten Kriterien mit dem überein, was – wie teilweise noch zu zeigen sein wird – von den Potsdamer Konferenzmächten unter Demokratie verstanden wurde.

Die Zielrichtung des Potsdamer Abkommens geht jedoch über die Wiedereinführung und Wiederanwendung demokratischer Prinzipien, die durch den Nationalsozialismus außer Kraft gesetzt worden waren, hinaus, indem auch die *Entwicklung* neuer demokratischer Ideen zur Aufgabe des Erziehungswesens erklärt wurde. Das deutsche Volk sollte damit nicht nur traditionelle Demokratieformen und Vorstellungen wieder übernehmen, sondern zugleich auch an der Weiterentwicklung demokratischer Ideen und Gesellschaftsformen aktiv mitwirken[347].

Auch wenn an einer anderen Stelle[348] der politischen Grundsätze des Potsdamer Abkommens von der Notwendigkeit der *Überzeugung* des deutschen Volkes von der totalen militärischen Niederlage und seiner Verantwortung dafür gesprochen wird, macht dies deutlich, daß den Alliierten bewußt war, daß eine demokratische Neuordnung Deutschlands nicht auf der zwangsweisen Einführung neuer gesellschaftlicher Formen oder allein auf den von den Alliierten überwachten Verboten beruhen konnte, sondern daß ein wirklicher Neubeginn nur auf der Basis von Erziehung und Überzeugung möglich war.

Dementsprechend engagierten sich alle vier Kontrollmächte – auch über die Maßnahmen zur Entnazifizierung und Entmilitarisierung des Erziehungswesens[349] hinaus – bei der Neuordnung des Bildungssystems in Deutschland, weil sie zu Recht sahen, daß hier entscheidende Wurzeln für die zukünftige Entwicklung Deutschlands lagen. Allerdings kam es nicht zu dem – selbst im amerikanischen Morgenthauplan von 1944 vorgesehenen[350] – allgemeinen alliierten Erziehungsprogramm.

Mit dem Vorrücken der verbündeten Truppen waren zunächst alle Schulen und Bildungseinrichtungen geschlossen und ihre Wiedereröffnung unter Genehmigungsvorbehalt gestellt worden[351]. Lehrer wie Schulbücher wurden auf ihre Eignung überprüft und allmählich seit August 1945 mit der Öffnung allgemeiner Bildungseinrichtungen (angefangen mit den Volks-

---

347 Insoweit geht das Potsdamer Abkommen auch über die entsprechende Regelung des Abkommens über den Kontrollmechanismus in Österreich vom 4. Juli 1945 hinaus, wo die "Aufstellung eines fortschrittlichen Erziehungsprogrammes auf lange Sicht, das die Aufgabe hat … der österreichischen Jugend demokratische Grundsätze einzuprägen", zu einer der "vornehmlichsten Aufgaben" erklärt wurde (Art. 3e).

348 Abschnitt III A3b (II) Potsdamer Abkommen.

349 Siehe dazu unten 2. Teil IV. 2.1.4.

350 Vgl. Warburg, Deutschland S. 293 ff.

351 Vgl. etwa die amerikanische Weisung in JCS 1067 vom 26. April 1945 (Warburg, a.a.O., S. 299 ff.).

schulen) begonnen[352]. Ebenfalls im Sommer 1945 nahmen auch die Universitäten in Berlin und Tübingen ihre Lehrtätigkeit auf und bis zum Ende des Jahres folgten weitere Hochschulen in allen Zonen[353]. In der sowjetischen Zone waren bereits mit SMAD-Befehl Nr. 40 vom 13. September 1945[354] die ersten entscheidenden Weichenstellungen erfolgt: Unter Aufhebung privater und kommunaler Schulen sollte ein einheitliches staatliches Bildungswesen geschaffen werden. Dazu wurde die Ausbildung von Antifaschisten für den Lehrerberuf und die Vorbereitung und Ausarbeitung neuer Lehrpläne und Lehrbücher angeordnet.

Als für alle Zonen verbindliche Maßnahmen hatte der Kontrollrat die Wiedereröffnung aller Volksschulen zum 1. Oktober 1945 angeordnet[355] und mit Direktive vom 23. November 1945 den Fortbestand von Konfessionsschulen geregelt, "bis das deutsche Volk frei und aus eigenem Entschluß seine Wünsche äußern kann"[356]. Zugleich wurde auch festgelegt, daß in aus öffentlichen Mitteln unterhaltenen Schulen Kinder weder zur Teilnahme am Religionsunterricht gezwungen noch sie davon abgehalten werden dürften. Jedoch sorgte weder die französische noch die russische Militärverwaltung für die Einhaltung dieser allgemeinverbindlichen Regelung.

Mit zwei weiteren Kontrollratsdirektiven des Jahres 1947 versuchte das gemeinsame Regierungsorgan der Alliierten ziemlich spät die sich bereits auseinanderentwickelnde Bildungspolitik in allen Zonen auf eine gemeinsame Grundlage zu stellen. Mit Direktive Nr. 54 vom 25. Juli 1947[357] wurden bemerkenswerte Grundsätze für die Demokratisierung des Unterrichts in Deutschland festgelegt, die in ähnlicher Weise durch die Direktive Nr. 56 vom 28. Oktober 1947[358] auch für Volkshochschulen gelten sollten. Im einzelnen waren dies:

1. Chancengleichheit im Bildungswesen.
2. Unentgeltlicher Unterricht in allen aus öffentlichen Mitteln unterhaltenen Lehranstalten; Unterstützung für Bedürftige während der Ausbildung und generelle Lehrmittelfreiheit und Unentgeltlichkeit des Unterrichts in allen Bildungsstufen für diese.
3. Schulpflicht vom 6.–15. Lebensjahr und darüber hinaus zumindest teilweiser Schulbesuch bis zum vollendeten 18. Lebensjahr.
4. Zusammenhängendes Erziehungssystem der Schulen mit Pflichtunterricht.

352 Vgl. für die britische Zone Jürgensen, Elemente S. 111.

353 Vgl. Balfour, Vier-Mächte-Kontrolle S. 349; Jürgensen, Elemente S. 111.

354 Deutsche Volkszeitung, Berlin 13. September 1945.

355 Vgl. Balfour, Vier-Mächte-Kontrolle S. 346.

356 a.a.O., S. 353.

357 Die Direktive wurde offiziell nicht veröffentlicht. Vgl. den deutschen Text in: Hohlfeld, Dokumente S. 247.

358 Ebenfalls offiziell nicht veröffentlicht. Englischer Text in: US-Department of State, Germany S. 550.

5. Entwicklung des Sinns für staatsbürgerliche Verantwortung und Erziehung zur demokratischen Weltanschauung durch Unterrichtsmaterial und Schulorganisation.
6. Erziehung zu Achtung und Verständnis gegenüber andern Nationen (insbesondere in der Sprachausbildung).
7. Anspruch auf Schul- und Berufsberatung.
8. Ärztliche Überwachung von Schülern und Studenten; Entwicklung des Gesundheitsunterrichts.
9. Ausbildung aller Lehrer und Professoren an Universitäten oder Anstalten gleichen Ranges.
10. "Alle erforderlichen Maßnahmen müssen ergriffen werden, damit das Volk wirklich an der Reform, der Organisation und Verwaltung des Schulsystems teilnimmt. "

Zuvor waren in allen Zonen – in mehr oder minder großem Umfang – durch den Nationalsozialismus belastete Lehrer durch neu ausgebildete ersetzt worden[359]. Neue Lehrbücher wurden entwickelt[360] und bereits im November 1945 hatte die britische Militärregierung damit begonnen, im Rundfunk ein eigenes Schulfunkprogramm auszustrahlen[361]. Die Durchführung der Bildungsreform war in den westlichen Besatzungszonen bereits seit Mitte 1946 weitgehend den Bildungspolitikern der Länder überlassen worden, ohne daß die Alliierten jedoch ihre Entscheidungsbefugnisse aufgaben. So wurden in der amerikanischen Zone die ersten Pläne zur Schulreform am 1. April 1947 von der US-Militärregierung als undemokratisch abgelehnt und auch die deutscherseits vorgelegten zweiten Pläne am 1. Oktober des gleichen Jahres nur mit großen Einschränkungen gebilligt[362].

359 Siehe Balfour, Vier-Mächte-Kontrolle S. 347 f., 349, 355, 357.

360 Siehe Jürgensen, Elemente S. 110; Balfour, Vier-Mächte-Kontrolle S. 349.

361 Siehe Jürgensen, a.a.O., S. 111 f.; Balfour, a.a.O., S. 350.

362 US-Department of State, Germany S. 556, 562 f. Zum Beispiel in Bayern kam es 1945 bis 1948 nicht zu einer grundlegenden gesetzlichen Neuregelung des Schulwesens. Auch in den anderen westlichen Ländern erfolgte eine neue Schulgesetzgebung erst im Anschluß an die Verfassunggebung. Das Gesetz zur Demokratisierung der deutschen Schule vom 31. Mai 1946 (Text in: Stulz, Deutsche Demokratische Republik auf dem Weg zum Sozialismus, Teil I S. 104 ff.) für die SBZ spricht zwar von einem "demokratischen Schulsystem", enthält aber lediglich organisatorische Regelungen und keine Erziehungsziele.
Zur Bestimmung von Erziehungszielen in Länderverfassungen siehe Art. 26 Bremer Verfassung vom 21. Oktober 1947; Art. 36 der Verfassung von Württemberg-Baden vom 28. November 1946; Art. 131 Bayerische Verfassung vom 2. Dezember 1946; Art. 56 Abs. 3-5 Hessische Verfassung vom 1. Dezember 1946; Art. 72 Thüringische Verfassung vom 20. Dezember 1946; Art. 88 Verfassung von Sachsen-Anhalt vom 10. Januar 1947; Art. 98 Verfassung von Mecklenburg vom 10. März 1947; Art. 61 Verfassung von Mark-Brandenburg vom 6. Februar 1947; Art. 88 Sächsische Verfassung vom 15. März 1947; Art. 33 Verfassung von Rheinland-Pfalz vom 18. Mai 1947; Art. 26 Badische Verfassung vom 19. Mai 1947; Art. 111 Verfassung von Württemberg-Hohenzollern vom 20. Mai 1947 (Texte in: Wegner, Neue deutsche Verfassungen).

Mit Beginn des Jahres 1947 erfolgte auch in den westlichen Besatzungs-zonen die Übertragung der Verantwortung für das Erziehungswesen auf die Länderregierungen, nachdem die sowjetische Militärverwaltung diesen bereits von Anfang an umfassende Vollmachten erteilt hatte. Diese Phase der mittelbaren Überwachung der Bildungssysteme durch die Alliierten dauerte bis 1949 fort.

In den meisten deutschen Ländern hatte man sich für die Einheitsschule entschieden, deren Konzept am rigorosesten durch die am 4. Juni 1946 verabschiedeten einheitlichen Schulgesetze der Länder und Provinzen der sowjetischen Zone verwirklicht wurde[363]. Hier wurde die Schulerziehung zur ausschließlichen Angelegenheit des Staates erklärt und zugleich betont, daß dies dem Potsdamer Abkommen entspräche[364].

Letzte gemeinsame Maßnahme aller Vier Mächte auf dem Gebiet des Schulwesens war die Annahme des Berliner Schulreformgesetzes durch die Alliierte Kommandantur am 22. Juni 1948 – eine Woche bevor auch diese gemeinsame Institution der Alliierten ihre Tätigkeit einstellte[365]. Ausgehend von der Basis der Kontrollratsdirektive Nr. 54 institutionalisierte das Schulgesetz für Groß-Berlin[366] die zwölfklassige Einheitsschule mit Kurssystem, Vollschulzeitpflicht für 9 Jahre und Berufsschulunterricht bzw. weiterführende Schulbildung bis zum 18. Lebensjahr.

Der Unterricht sollte für beide Geschlechter gemeinsam und einschließlich des Besuchs der Schulkindergärten unentgeltlich und lehrmittelfrei sein. Erziehungshilfen waren für Minderbemittelte ab dem 9. Schuljahr vorgesehen. In engen Grenzen war die Genehmigung von Privatschulen möglich. Der allwöchentliche zweistündige Religionsunterricht (durchgeführt von Religionsgemeinschaften in eigener Verantwortung in Schulräumen) war freiwillig. Mitbestimmung und Selbstverwaltung wurden durch Erziehungsräte, Elternausschüsse und Schüler-selbstverwaltungen garantiert.

Breiten Raum in diesem Schulgesetz nimmt die Bestimmung der Erziehungsziele ein: so wird es zur Aufgabe der Schule erklärt, "ein Höchstmaß an Urteilskraft, gründliches Wissen und Können zu vermitteln. Ziel muß die Herausbildung von Persönlichkeiten sein, welche fähig sind, die vollständige Umgestaltung der deutschen Lebensweise auf demokratischer und friedlicher Grundlage zustandezubringen". Die heranzubildenden Persönlichkeiten sollen sich der "Verantwortung gegenüber der Allgemeinheit be-

---

363 Vgl. beispielsweise das Schulgesetz für das Land Sachsen (Gesetz- und Verordnungsblatt, Sachsen 1946 S. 210); siehe auch Balfour, Vier-Mächte-Kontrolle S. 351 ff.; Jürgensen, Elemente S. 106 ff., 110 ff.

364 Vgl. Amerikanischer Hochkommissar, Bericht über Deutschland, Zusammenfassung S. 91 ff.

365 Vgl. Europa-Archiv 1948 S. 1524.

366 Schulgesetz von Groß-Berlin vom 26. Juni 1948 (Verordnungsblatt, Groß-Berlin 1948 S. 358, 378).

wußt" sein, und ihr Wirken soll bestimmt werden "von der Anerkennung einer grundsätzlichen Gleichberechtigung aller Menschen", der "Notwendigkeit einer fortschrittlichen Gestaltung der gesellschaftlichen Verhältnisse sowie einer friedlichen Verständigung der Völker. Dabei sollen die Antike, das Christentum und die für die Entwicklung zum Humanismus, zur Freiheit und zur Demokratie wesentlichen gesellschaftlichen Bewegungen, d.h. das ganze kulturelle Erbgut der Menschheit, einschließlich des deutschen Erbgutes ihren Platz finden".

Dieses Schulgesetz, daß unter weitgehender Beteiligung aller vier Besatzungsmächte in Berlin entstand, kann zwar sicherlich nicht in seiner Gesamtheit als einzig mögliche Realisierung des Auftrages des Potsdamer Abkommens zur Schaffung eines demokratischen Erziehungswesens angesehen werden, die hier – ebenso wie in der Direktive Nr. 54 – umrissene Aufgabenstellung der Schule jedoch läßt deutlich werden, was die Alliierten als unverzichtbare Grundlage für "eine erfolgreiche Entwicklung der demokratischen Ideen" ansahen.

3.9 Grundrechte

Wesentliche Grundlage eines demokratischen Wiederaufbaus in Deutschland mußte die Gewährung und Sicherung elementarer Grundrechte und Grundfreiheiten bilden. So sehen die politischen Grundsätze des Potsdamer Abkommens – neben der auch insoweit relevanten Bildung von Wahlvertretungen und der Zulassung demokratischer Parteien – die Gewährleistung des Gleichheitsgrundsatzes und grundlegender Freiheitsrechte wie Rede-, Presse-, Religions-, Versammlungs- und Koalitionsfreiheit vor[367].

Bereits mit SMAD-Befehl Nr. 2 vom 10. Juni 1945[368] hatte der sowjetische Oerbefehlshaber für seine Zone alle bisherigen Bestimmungen, die sich gegen die demokratischen Freiheiten und die Bürgerrechte richteten, aufgehoben und damit im Grunde die Geltung der Grundrechte (in Form der formell nicht aufgehobenen Weimarer Reichsverfassung) wiederhergestellt.

Die Bedeutung, die die Kriegsalliierten den Menschenrechten und Grundfreiheiten beimaßen, zeigt auch die Charta der Vereinten Nationen vom 26. Juni 1945, die vom "Glauben an die Grundrechte des Menschen, an Würde und Wert der menschlichen Persönlichkeit, an die Gleichberechtigung von Mann und Frau"[369] ausgeht und "die Achtung der Menschenrechte und der Grundfreiheiten für alle, ohne Unterschied von Rasse, Ge-

---

367 Abschnitt III A4, 8, 9 (II), 10 Potsdamer Abkommen.

368 SMAD-Befehl Nr. 2 vom 10. Juni 1945 Nr. 5.

369 Präambel Abs. 2 UN-Charta.

schlecht, Sprache und Religion zu fördern und zu stärken"[370] zu ihrem Ziel erklärt.

Die Friedensverträge des Jahres 1947 und der österreichische Staatsvertrag von 1955 machen es daher auch den jeweiligen Ländern zur Pflicht, "alle erforderlichen Maßnahmen zu treffen", um allen unter ihrer Staatshoheit lebenden Personen "den Genuß der Menschenrechte und Grundfreiheiten ... zu sichern"[371]. Nahezu gleichlautende Formeln enthalten ebenfalls die Friedensvertragsentwürfe der Sowjetunion für Deutschland von 1952 und 1959[372]. Der Friedensplan der Westmächte von 1959 sieht ebenfalls ausdrücklich die Sicherstellung und Gewährleistung der Menschenrechte in beiden Teilen Deutschlands vor[373]. Eindeutig war insoweit auch die Forderung des sowjetischen Vorschlages über "Form und Umfang der zeitweiligen politischen Organisationen und staatlichen Ordnung Deutschlands" vom 22. März 1947 auf der Moskauer Außenministerkonferenz: "Allen Staatsbürgern Deutschlands ohne Unterschied der Rasse, des Geschlechts, der Sprache und der Religion werden durch die Verfassung Deutschlands und durch die Länderverfassungen die demokratischen Freiheiten einschließlich der Freiheit der Rede, der Presse, der Kultur, der öffentlichen Versammlungen und Verbände sichergestellt sein"[374].

Jedoch spätestens diese Moskauer Außenministerkonferenz von 1947, auf der sich die Alliierten ausführlich und umfassend mit der staatlichen Neugestaltung Deutschlands befaßten, machte deutlich, wo die Grenzen des gemeinsamen Konsens im Hinblick auf Menschen- und Bürgerrechte lagen. Von vornherein hatte zwar Einigkeit darüber bestanden, daß es Aufgabe des Kontrollrates sein sollte, den Deutschen die Grundfreiheiten in allen Zonen zu gewähren und zu garantieren[375]. Keine Übereinstimmung war aber im Hinblick auf die Auslegung und die näheren Modalitäten der Grundrechtsgewährleistungen zu erzielen[376]. Auch der Versuch, die zu schützenden Menschenrechte festzulegen und zu kodifizieren, scheiterte auf dieser Konferenz[377].

Ein Jahr später kam es zwar auf UNO-Ebene mit der allgemeinen Erklärung der Menschenrechte vom 10. Dezember 1948 zu einer grundlegenden Festlegung auf diesem Gebiet, doch auch hier konnte letztlich keine

---

370 A.a.O., Kapitel I Art. 1 Abs. 3.

371 So auch Art. 6 Österreichischer Staatsvertrag von 1955. Ähnlich Art. 15 Italienischer Friedensvertrag von 1947 und die Friedensverträge mit Bulgarien, Finnland und Rumänien.

372 Siehe den politischen Leitsatz Nr. 3 des sowjetischen Friedensvertragsentwurfes von 1952 und Art. 14 des sowjetischen Friedensvertragsentwurfes von 1959.

373 Nr. 9t der Grundzüge eines Stufenplanes der Westmächte für eine deutsche Friedensregelung von 1959.

374 Moskauer Außenministerkonferenz 1947, siehe Europa-Archiv 1947 S. 679, 702, 721.

375 A.a.O., S. 702, 721.

376 A.a.O., S. 732.

377 Siehe Stoecker, Handbuch S. 462; Tunkin, Völkerrechtstheorie S. 106.

völlige Übereinstimmung erreicht werden: Die Sowjetunion begrüßte den Entwurf zwar grundsätzlich, enthielt sich bei der Abstimmung jedoch der Stimme und kritisierte die mangelnde Rechtsverbindlichkeit der Deklaration[378].

In der Folgezeit entwickelten sich auch die grundsätzlichen Positionen zu den Menschenrechten weiter auseinander. Während man in den westlichen Ländern überwiegend die Auffassung von den Menschenrechten als weltweit gültigen und grundsätzlich unveränderlichen Maßstäben für die Tätigkeit jeden Staates vertrat, gingen die sozialistischen Länder nicht von der absoluten Bestandsmacht der Menschenrechte aus, sondern interpretierten sie als Rechtsetzungen der Staatsgewalt, die dem gesellschaftlichen Wandel unterworfen seien[379].

3.9.1 Gleichheitsgrundsatz, Diskriminierungsverbot

Im Zusammenhang mit der Aufhebung diskriminierender nazistischer Gesetze und der Reorganisation einer rechtsstaatlichen Justiz bekennen sich die Signatarstaaten des Potsdamer Abkommens zur fundamentalen Norm des Gleichheitsprinzips. *"Gleichheit aller Bürger vor dem Gesetz ohne Unterschied der Rasse, der Nationalität und der Religion"*[380] und das Verbot jeder *"Diskriminierung aufgrund der Rasse, Religion oder politischen Überzeugung"*[381] sind tragende Leitgedanken der politischen Grundsätze des Potsdamer Abkommens.

Dieses Prinzip wird auch in der Proklamation Nr. 2 des Kontrollrates vom 20. September 1945 wiederholt[382] und als einzige grundrechtliche Bestimmung in die von den Vier Mächten erlassene vorläufige Verfassung von Groß-Berlin vom 13. August 1946 aufgenommen: "Alle Bürger von Groß-Berlin sind im Rahmen der geltenden Gesetze gleichberechtigt, unabhängig von Rasse, Geschlecht, Glaubensbekenntnis und Vermögen"[383].

Ähnliche Regelungen enthalten sowohl der Italienische Friedensvertrag von 1947[384] und der Österreichische Staatsvertrag von 1955[385], wie auch

---

378 Zur westlichen Position zu den Menschenrechten siehe Seidl-Hohenveldern, Völkerrecht Rdnr. 168 ff.; Guradze, Menschenrechtskonvention; Kimminich, Menschenrechte; Kohl, Menschenrechtskatalog.

379 Abschnitt II Nr. 6 des sowjetischen Vorschlages über Form und Umfang der zeitweiligen politischen Organisation Deutschlands vom 22. März 1947. Zu den östlichen Positionen in der Menschenrechtsfrage siehe: Tunkin, Völkerrechtstheorie S. 105 ff.; Autorenkollektiv, Völkerrecht Bd. I S. 229 ff.

380 Abschnitt III A8 Potsdamer Abkommen.

381 Abschnitt III A4 Potsdamer Abkommen.

382 Nr. 43 der Proklamation Nr. 2 des Kontrollrates.

383 Art. 2 Abs. 2 Vorläufige Verfassung von Groß-Berlin von 1946.

384 Art. 15 Italienischer Friedensvertrag von 1947.

die sowjetischen Vorschläge für eine zeitweilige politische Organisation und staatliche Ordnung in Deutschland vom 22. März 1947 – hier wird ausdrücklich die Verankerung des Gleichheitsgrundsatzes in den Verfassungen gefordert[386] – und die Friedensvertragsentwürfe von 1952[387] und 1959. Der letztgenannte Entwurf enthält den umfangreichsten Katalog an Kriterien, die nicht Grundlage der Diskriminierung sein dürfen: Alle sollen die gleichen Rechte "ohne Unterschied der Rasse, des Geschlechts, der Sprache, der Religion, der Nationalität, der Herkunft oder der politischen Überzeugung" genießen[388].

3.9.2 Meinungsfreiheit

Eines der Grundrechte, die das Potsdamer Abkommen ausdrücklich für Deutsche gewährt, ist die *"Freiheit der Rede"[389]*, die für die politischen Parteien noch einmal besonders im Rahmen des *Rechts zur Durchführung "öffentlicher Diskussionen"[390]* bestärkt wird. Während dieses Recht jedoch für die Parteien unbeschränkt gilt, steht es ansonsten *unter dem Vorbehalt der "Berücksichtigung der Notwendigkeit zur Erhaltung der militärischen Sicherheit"[391]*.

Bereits in der Moskauer Erklärung über Italien vom 1. November 1943 hatten die Alliierten die Wiederherstellung von Redefreiheit und Freiheit der politischen Meinungsäußerung im vollen Umfang für Italien in Aussicht genommen[392]. Entsprechende Verpflichtungen auf Gewährung von Redefreiheit, Freiheit der politischen Meinung bzw. Meinungsäußerungsfreiheit kehren später in dem Italienischen Friedensvertrag von 1947[393] und im Österreichischen Staatsvertrag von 1955[394] wieder.

Für Deutschland sah die amerikanische Stellungnahme zum britischen Memorandum vom 14. Juni 1945 in der Phase der Vorbereitung der Potsdamer Konferenz die Herstellung der Redefreiheit für politische Parteien

---

385 Art. 6 Österreichischer Staatsvertrag von 1955.

386 Abschnitt II Nr. 6 des sowjetischen Vorschlages über Form und Umfang der zeitweiligen politischen Organisation Deutschlands vom 22. März 1947.

387 Dies klingt auch (hinsichtlich der Gleichbehandlung ehemaliger Nationalsozialisten) in Nr. 6 der politischen Leitsätze des sowjetischen Friedensvertragsentwurfes von 1952 an.

388 Art. 14 Abs. 1 sowjetischer Friedensvertragsentwurf von 1959 (siehe auch Art. 14 Abs. 2). Ähnlich Art. 2 und 7 Allgemeine Erklärung der Menschenrechte von 1948.

389 Abschnitt III A10 Potsdamer Abkommen.

390 Abschnitt III A9 (II) Potsdamer Abkommen.

391 Abschnitt III A10 Potsdamer Abkommen.

392 Nr. 2 der Erklärung über Italien von 1943.

393 Art. 15 Italienischer Friedensvertrag von 1947.

394 Art. 6 Österreichischer Staatsvertrag von 1955.

vor[395], die dann als allgemeine Garantie (nicht nur beschränkt auf die Parteien) aufgrund des amerikanischen Vorschlages in das Potsdamer Abkommen einging.

Allerdings enthielt bereits die Proklamation Nr. 2 des Alliierten Kontrollrates vom 20. September 1945 eine deutliche Begrenzung des im Potsdamer Abkommen garantierten Grundrechts, die als Ausgestaltung des genannten Vorbehaltes der "militärischen Sicherheit" gewertet werden kann: Die deutschen Behörden wurden hier verpflichtet, Anweisungen der Alliierten bezüglich "Gebrauch, Kontrolle und Zensur aller Mittel zur Beeinflussung von Meinungsäußerungen und Ansichten" zu befolgen[396]. Trotz der allgemeinen Fassung ist im Hinblick auf die Zielrichtung dieser Proklamation – die im wesentlichen die Entnazifizierung und Entmilitarisierung in Deutschland sichern wollte – davon auszugehen, daß die Alliierten insoweit vor allem einem Mißbrauch der Meinungsfreiheit durch nazistische, militaristische und gegen die Alliierten gerichtete Propaganda vorbeugen wollten.

Die Direktive Nr. 40 des Kontrollrates vom 12. Oktober 1946[397] konkretisiert Möglichkeiten und Grenzen der Meinungsäußerungsfreiheit deutscher Parteien und Presseorgane während der Besatzungszeit. Danach war es zwar ausdrücklich gestattet, "deutsche politische Probleme frei zu besprechen. Ebenso sollten "Kommentare über die Politik der Besatzungsmächte in Deutschland" erlaubt sein. Hinsichtlich der "Weltereignisse" hingegen blieb nur die Wiedergabe "objektiver Nachrichten" einschließlich Informationen über "Artikel aus der Auslandspresse gestattet". Bei Strafe verboten war

"a) dazu beizutragen, nationalistische, pangermanische, militaristische, faschistische oder antidemokratische Ideen zu verbreiten;

b) Gerüchte zu verbreiten, die zum Ziel haben, die Einheit der Alliierten zu untergraben oder welche Mißtrauen und Feindschaft des deutschen Volkes gegen eine der Besatzungsmächte hervorrufen;

c) Kritiken, "welche gegen Entscheidungen der Konferenzen der alliierten Mächte bezüglich Deutschlands oder gegen Entscheidungen des Kontrollrates gerichtet" sind;

d) "die Deutschen zur Auflehnung gegen demokratische Maßnahmen, die die Zonenbefehlshaber in ihren Zonen treffen, aufzureizen."

Abgesehen von den sich aus den Entnazifizierungsgrundsätzen des Potsdamer Abkommens ergebenden Schranken ist damit die Meinungsäußerungsfreiheit – zumindest der politischen Parteien und der Presse – noch im Hinblick auf die Kommentierung von Weltereignissen und die Kritik alliierter Maßnahmen erheblich beschränkt.

Die Sicherung der Informationsfreiheit als Teil der Meinungsfreiheit hatte

---

395 Foreign Relations, The Conference of Berlin I S. 164 ff.

396 Abschnitt IV Nr. 10 der Proklamation Nr. 2 des Kontrollrates vom 20. September 1945.

397 Amtsblatt, Kontrollrat Nr. 11 S. 212.

die Direktive Nr. 55 vom 25. Juni 1947 zum Ziel[398], die den "Austausch von Druckschriften und Filmen im Interzonenverkehr" regelt. Sie war das Ergebnis einer Empfehlung der Außenministerkonferenz vom März/April 1947 in Moskau. Danach sollte der Kontrollrat "in ganz Deutschland den freien Austausch von Nachrichten und demokratischem Gedankengut durch alle verfügbaren Mittel fördern und Beschränkungen dieses Austausches nur verfügen, soweit sie aus Gründen der militärischen Sicherheit, der Bedürfnisse der Besatzungsmacht, der Notwendigkeit der Erfüllung der Verpflichtungen Deutschlands gegenüber den Alliierten und der Notwendigkeit einer Verhinderung des Wiederauflebens von Nationalsozialismus und Militarismus geboten sind. Dabei darf dieser Austausch keinem verwaltungsmäßigen oder wirtschaftlichen Druck von seiten der Zentralregierung oder der Länderregierungen unterliegen."[399] Diesen Beschluß der Außenminister konkretisierte der Kontrollrat dahingehend, daß er "den freien Austausch von Zeitungen, Zeitschriften, Filmen und Büchern, die in den einzelnen Besatzungszonen und Berlin erscheinen" genehmigte. Die in der Empfehlung genannten Beschränkungen wurden weitgehend wörtlich übernommen und die Zonenbefehlshaber verpflichtet, den Kontrollrat über Maßnahmen bei Verstößen gegen die Direktive zu unterrichten. Obwohl diese Regelung formell bis Anfang der 50er Jahre in allen Teilen Deutschlands galt, sah die Praxis auch hier anders aus: Seit dem 16. April 1948 war den Zeitungshändlern der sowjetischen Zone untersagt, in den westlichen Besatzungszonen lizenzierte Zeitungen zu verkaufen. Die Militärverwaltungen der westlichen Zonen reagierten entsprechend: Der Vertrieb von Zeitungen, Zeitschriften und anderen Publikationen, welche aus Zonen kamen, die nicht einem Abkommen über gegenseitigen Austausch beitraten, wurde untersagt. Auf westliche Angebote zu einem Vertragsabschluß ging die sowjetische Militärverwaltung aber nicht mehr ein[400]. Zu einem freien Presseaustausch zwischen den Westzonen und der sowjetischen Zone kam es nur noch einmal aufgrund einer alliierten Vereinbarung nach Beendigung der Berliner Blockade, doch auch dies nur für einen Tag.

Die Moskauer Außenministerkonferenz vom Frühjahr 1947 hatte zwar gezeigt, daß alle beteiligten Länder die Gewährleistung der Redefreiheit für Deutschland als wesentlich ansahen[401] – insbesondere auch die sowjetischen Vorschläge aus dieser Zeit, die eine Verankerung dieses Freiheitsrechts in den deutschen Verfassungen forderten[402], zeigen dies. Doch hin-

---

398 Amtsblatt, Kontrollrat Nr. 16 S. 286.

399 Vgl. den deutschen Text in: Europa-Archiv 1947 S. 736.

400 Vgl. Balfour, Vier-Mächte-Kontrolle S. 329 f.

401 Moskauer Außenministerkonferenz 1947 (Europa-Archiv 1947 S. 677, 721).

402 Abschnitt II Nr. 6 des sowjetischen Vorschlages über Form und Umfang der zeitweiligen politischen Organisation Deutschlands vom 22. März 1947; Art. IVB des sowjetischen Entwurfes eines Vertrages über die Entmilitarisierung Deutschlands vom 14. April 1947.

sichtlich der einzelnen Modalitäten der vom Kontrollrat zu gewährleistenden Redefreiheit ließ sich diese grundsätzliche Übereinstimmung nicht herstellen[403]. Aber auch die späteren Vorschläge der Westalliierten und der Sowjetunion sehen die Garantie der Redefreiheit für die demokratische Entwicklung Deutschlands als wesentlich an: Der gemeinsame Vorschlag Frankreichs, Großbritanniens und der Vereinigten Staaten zur Deutschlandfrage vom 26. Mai 1949 fordert zur Wiederherstellung der Einheit Deutschlands die Redefreiheit in allen Zonen[404], und die sowjetischen Friedensvertragsentwürfe von 1952 und 1959 verlangen die Gewährleistung der Menschenrechte und Grundfreiheiten einschließlich der Redefreiheit und der Freiheit der politischen Überzeugung[405] bzw. der Freiheit des Wortes und der politischen Anschauung[406].

Grundsätzlich kann danach von der Absicht der Potsdamer Konferenzmächte ausgegangen werden, – unter dem Vorbehalt der militärischen Sicherheit – die Meinungsfreiheit (einschließlich der Freiheit der politischen Anschauungen und der politischen Meinungsäußerung) zu gewährleisten. Daß jedoch die Übereinstimmung damals so weit ging, in diese Garantie alle die Modalitäten der Meinungsfreiheit (einschließlich der Informationsfreiheit) mit einzubeziehen, die die Allgemeine Erklärung der Menschenrechte von 1948 umschreibt, muß angesichts der Auseinandersetzungen auf der Moskauer Außenministerkonferenz 1947 bezweifelt werden. Nach Art. 19 der Menschenrechtserklärung umfaßt das Recht auf freie Meinungsäußerung die Freiheit, "Meinungen unangefochten anzuhängen und Informationen und Ideen mit allen Verständigungsmitteln ohne Rücksicht auf Grenzen zu suchen, zu empfangen und zu verbreiten".

3.9.3 Presse- und Veröffentlichungsfreiheit

Ebenfalls *"unter Berücksichtigung der Notwendigkeit zur Erhaltung der militärischen Sicherheit"* gewährt das Potsdamer Abkommen für Deutschland die *"Freiheit der Presse"*[407].

Auch hinsichtlich der Pressefreiheit hatte bereits die Moskauer Erklärung über Italien vom 1. November 1943 die volle Wiederherstellung dieses Rechts für das italienische Volk zum Ziel erklärt[408]. Der spätere Friedensvertrag mit Italien 1947 und der Staatsvertrag mit Österreich 1955 gingen noch

---

403 Moskauer Außenministerkonferenz (Europa-Archiv 1947 S. 721).

404 Nr. 2a der Grundzüge eines Stufenplanes der Westmächte für eine deutsche Friedensregelung von 1959.

405 Politische Leitsätze Nr. 3 des sowjetischen Friedensvertragsentwurfes von 1952.

406 Art. 14 des sowjetischen Friedensvertragsentwurfes von 1959.

407 Abschnitt III A10 Potsdamer Abkommen.

408 Nr. 2 der Deklaration über Italien von 1943.

weiter, indem sie die beiden Länder verpflichten, als Teil der Menschen- und Grundrechte nicht nur die Freiheit der Presse, sondern ganz allgemein die Veröffentlichungsfreiheit für ihre Völker zu garantieren[409].

In der ersten Sitzung der Außenminister auf der Potsdamer Konferenz am 18. Juli 1945 erhob der britische Außenminister Eden Bedenken gegen die sofortige Bewilligung der Pressefreiheit für Deutschland. Er regte an, den amerikanischen Vorschlag durch den Vorbehalt zu ergänzen, daß alle bestehenden einschränkenden Vorschriften schrittweise zu lockern seien. Auch nach dem Hinweis des amerikanischen Außenministers Byrnes, daß dieses Grundrecht bereits unter dem Vorbehalt der militärischen Sicherheit stehe, und er ansonsten keine Gründe für eine Einschränkung der Pressefreiheit sähe, blieb Eden zunächst bei seinem Standpunkt. Er erklärte, man würde der Presse nicht gestatten, nazistische Lehren zu verkünden oder die Regierungen der Alliierten anzugreifen. Obwohl auch Molotow sich eine Änderung dieses Regelungspunktes des Potsdamer Abkommens vorbehielt, nahm die Endfassung den amerikanischen Vorschlag letztlich nahezu unverändert auf[410].

Doch auch hier wurde das Freiheitsrecht durch die bereits im Hinblick auf die Redefreiheit zitierte Proklamation Nr. 2 des Kontrollrates vom 20. September 1945 beschränkt, indem sich die Alliierten Überwachung, Kontrolle und Zensur vorbehielten[411]. Vom Wortlaut des Potsdamer Abkommens ausgehend, kann dies jedoch als eine Konkretisierung des dort enthaltenen Vorbehaltes der militärischen Sicherheit gesehen werden.

Eine von den Besatzungsmächten unabhängige deutsche Presse entwickelte sich aber erst sehr allmählich. Die Kontrolle der Besatzungsmächte war anfangs total. Hinzu kam, daß die Papierknappheit der Herausgabe von Zeitungen und Büchern von vornherein Grenzen setzte. Abgesehen von den von den Vier Mächten selbst herausgegebenen deutschsprachigen Zeitungen, lizenzierte die sowjetische Militärverwaltung als erste am 16. Juni 1945 die "Deutsche Volkszeitung" als Zentralorgan der KPD. In der Folgezeit erhielten auch die anderen Parteien in der sowjetischen Zone die Genehmigung, Zeitungen herauszugeben. Doch bis 1947 saß in jeder Redaktion ein russischer Zensor, der jede Ausgabe überprüfte. In den Westzonen leiteten die Amerikaner am 31. Juli 1945 mit der Lizenzierung der "Frankfurter Rundschau" die Zulassung deutscher Presseorgane ein. Franzosen und Briten erteilten die ersten Genehmigungen im Dezember 1945 bzw. im Januar 1946[412].

In bezug auf den – vom Potsdamer Abkommen nicht erwähnten – Rund-

---

409 Art. 15 Italienischer Friedensvertrag von 1947; Art. 6 Österreichischer Staatsvertrag von 1955.

410 Siehe Foreign Relations, The Conference of Berlin Bd. II S. 775 ff.

411 Abschnitt IV Nr. 11 der Proklamation Nr. 2 des Kontrollrates vom 20. September 1945.

412 Vgl. Balfour, Vier-Mächte-Kontrolle S. 320, 360; Clay, Entscheidung S. 485.

funk als weiteres wesentliches Informations- und Kommunikationsmittel hatte den Oberbefehlshabern der drei westlichen Besatzungszonen zunächst die Inbetriebnahme des Berliner Deutschlandsenders als Vier-Mächte-Station vorgeschwebt, doch die sowjetische Militärverwaltung zeigte keine Neigung, diesen Sender mit den anderen Besatzungsmächten zu teilen. Im Jahre 1946 bauten daher alle vier Zonenbefehlshaber in ihrem Gebiet eigene Rundfunkanstalten (zum Teil auf Länderebene) auf, die zunächst noch vollständig unter alliierter Kontrolle standen. Im November 1948 wurde der Westdeutsche Rundfunk in deutsche Hände übergeben. Ihm folgten im Januar 1949 die Sender München und Frankfurt, im April Bremen und erst nach Gründung der Bundesrepublik im Juli 1949 Stuttgart[413].

Auf der Moskauer Außenministerkonferenz im Frühjahr 1947 wurde erneut die Übereinstimmung bekräftigt, daß die Pressefreiheit in allen Zonen gesichert und garantiert werden müsse[414]. Molotow stimmte auch Marshalls Erklärungen im Prinzip zu, daß zur Schaffung einer wahren Demokratie Presse- und Rundfunkfreiheit notwendig seien, machte aber zur Frage der Pressefreiheit die Einschränkung, daß die Deutschen keine Gelegenheit haben dürften, für einen Angriffskrieg Propaganda zu machen[415]. Aber auch hier konnte man sich über die Modalitäten zur Sicherung der Pressefreiheit durch den Alliierten Kontrollrat nicht einigen[416]. Die bereits im Zusammenhang mit der Meinungsfreiheit erwähnten Direktiven Nr. 40 und 55 des Kontrollrates steckten nur unzureichend den Rahmen für die Entfaltung der Presse in Deutschland ab. Weitgehend war es dem Gutdünken der verantwortlichen Besatzungsoffiziere überlassen, was zugelassen wurde und was nicht.

Auch die späteren Regelungsentwürfe der Vier Mächte führten zu keinen Übereinkünften mehr: Der gemeinsame Vorschlag der drei Westmächte vom 26. Mai 1949 zur Vorbereitung der Wiederherstellung der Einheit Deutschlands verlangte wiederum neben der Herstellung der Pressefreiheit auch die Freiheit auf dem Gebiet des Rundfunks in allen Zonen Deutschlands[417] und nahm insoweit die Forderung Marshalls von der Moskauer Außenministerkonferenz, gegen die auch Molotow keine Bedenken angemeldet hatte, wieder auf. Der sowjetische Friedensvertragsentwurf von 1959

413 Vgl. Balfour, Vier-Mächte-Kontrolle S. 330-335; Europa-Archiv 1949 S. 1930.

414 Moskauer Außenministerkonferenz 1947 (Europa-Archiv 1947 S. 678 ff.). Siehe auch Abschnitt II Nr. 6 des sowjetischen Vorschlages über Form und Umfang der zeitweiligen politischen Organisation Deutschlands vom 22. März 1947 und Abschnitt IVB des sowjetischen Entwurfes zu einem Vertrag über die Entmilitarisierung Deutschlands vom 14. April 1947.

415 Moskauer Außenministerkonferenz 1947 (Europa-Archiv 1947 S. 669 f.).

416 A.a.O., S. 721; vgl. auch Meissner, Rußland S. 116, 123.

417 Nr. 2a des gemeinsamen Vorschlages der Westmächte zur Deutschlandfrage vom 26. Mai 1949; vgl. auch Meissner, Rußland S. 176.

ging – in Anlehnung an den Italienischen Friedensvertrag von 1947 und den Österreichischen Staatsvertrag von 1955 – insofern noch weiter, als er ganz allgemein die Garantie der Freiheit der Veröffentlichung forderte[418] und damit der allgemeinen Erklärung der Menschenrechte von 1948, die jede Form der Meinungsverbreitung verbürgt[419], weitgehend entsprach.

Daß die praktische Realisierung der als Teil einer allgemeinen Veröffentlichungsfreiheit durch das Potsdamer Abkommen selbst unmittelbar garantierten Pressefreiheit angesichts der Lizenzierungs- und Überwachungspolitik der Alliierten in allen Besatzungszonen zu wünschen übrig ließ, kann hier nicht im einzelnen erörtert werden[420], ist aber im Prinzip wohl unbestritten[421]. Auch die mit der Direktive Nr. 40 erlassenen Richtlinien des Kontrollrates für die deutsche Presse waren beispielsweise nicht zustande gekommen, um zumindest eine gewisse Pressefreiheit in Deutschland zu sichern, sondern im Gegenteil, weil britische und sowjetische Militärbehörden verhindern wollten, daß sie durch Presseorgane der anderen Zonen angegriffen wurden[422]. Dies alles modifiziert jedoch die durch das Potsdamer Abkommen ausgesprochene – und für die Vier Mächte ebenso wie für die beiden deutschen Staaten verbindliche – Garantie der Pressefreiheit nicht.

3.9.4 Religionsfreiheit

Eine besondere Betonung erfährt im Potsdamer Abkommen die Gewährung der *"Freiheit der Religion"* in Deutschland: Sie wird (unter Berücksichtigung der Notwendigkeit zur Erhaltung der militärischen Sicherheit) ausdrücklich gewährt[423], *eine Diskriminierung aufgrund der Religion wird untersagt[424]*, und *"religiöse Einrichtungen sollen respektiert werden"[425]*.

Bereits im Zusammenhang mit der Unterzeichnung der Deklaration der Vereinten Nationen vom 1. Januar 1942 durch die Sowjetunion hatten die USA größten Wert darauf gelegt, daß ausdrücklich die Notwendigkeit der Garantie der "religiösen Freiheit" akzeptiert wurde. In einer offiziellen Erklärung vom 4. Oktober 1941 gab die sowjetische Regierung daher einen Be-

---

418 Art. 14 des sowjetischen Friedensvertragsentwurfes von 1949 (Der sowjetische Friedensvertragsentwurf von 1952 erwähnt nur die Gewährleistung der Pressefreiheit – Nr. 3 der politischen Leitsätze).

419 Art. 19 der Allgemeinen Erklärung der Menschenrechte von 1948.

420 Für die sowjetische Besatzungszone hier z.B. Rabl, Durchführung S. 276 mwN.

421 Zur alliierten Pressepolitik siehe: Frankenfeld, Wiederaufbauphase; Greuner, Lizenzpresse; Habe, Im Jahre Null; Hurwitz, Stunde Null; Matthäus, Behörde; Pross, Presse; SPD, Presse.

422 Vgl. Balfour, Vier-Mächte-Kontrolle S. 328 f.

423 Abschnitt III A10 Potsdamer Abkommen.

424 Abschnitt III A4, 8 Potsdamer Abkommen.

425 Abschnitt III A10 Potsdamer Abkommen.

richt über die Stellung der Kirche in der Sowjetunion und erklärte, daß im Sowjetstaat bei völliger Trennung von Kirche und Staat die Freiheit der Religion bestünde, soweit kirchliche Bestrebungen nicht gegen die Regierung gerichtet seien. Diese ausdrückliche Anerkennung der Religionsfreiheit durch die Sowjetunion mit Unterzeichnung der Erklärung der Vereinten Nationen trug erheblich dazu bei, in der amerikanischen Öffentlichkeit das Klima für eine Zusammenarbeit mit der Sowjetunion zu verbessern[426].

Ähnliche Garantien der "Freiheit des religiösen Kultus", der "freien Religionsausübung" sowie der "Konfessionsfreiheit" sehen auch die Moskauer Erklärungen über Italien von 1943[427], der Italienische Friedensvertrag von 1947[428] und der Österreichische Staatsvertrag von 1955[429] vor. Das gleiche gilt für die Entwürfe der Sowjetunion zu einem Abkommen über Form und Umfang der zeitweiligen politischen Organisation und staatlichen Ordnung Deutschlands vom 22. März 1947[430], für einen Vertrag über die Entmilitarisierung vom 14. April 1947[431] sowie für ihre Friedensvertragsentwürfe von 1952 und 1955[432]. Auch auf der Moskauer Außenministerkonferenz im Frühjahr 1947 konnte hinsichtlich dieses Grundrechts grundsätzlich Einigkeit erzielt werden[433].

Die Kirchenpolitik aller vier Alliierten war sehr zurückhaltend, direkte Einflußnahmen wurde vermieden[434]. Das letzte Gesetz, das der Kontrollrat am 20. Februar 1948 verabschiedete[435], hob nationalsozialistische Rechtsvorschriften, die die Betätigungsfreiheit der Kirchen betrafen, auf. Berücksichtigt man, daß die sowjetische Regierung ihre Kirchenpolitik während des Zweiten Weltkrieges im eigenen Lande erheblich liberalisiert hatte[436], und auch die sowjetische Verfassung von 1936 in Art. 124 aus-

---

426 Vgl. Schwarzenberger, Machtpolitik S. 174 f.

427 Nr. 2 der Deklaration über Italien von 1949.

428 Art. 15 Italienischer Friedensvertrag von 1947.

429 Art. 6 Österreichischer Staatsvertrag von 1955.

430 Abschnitt II Nr. 6 des sowjetischen Vorschlages über Form und Umfang der zeitweiligen politischen Organisation Deutschlands vom 22. März 1947.

431 Art. IVB des sowjetischen Entwurfes eines Vertrages über die Entmilitarisierung Deutschlands vom 14. April 1947.

432 Nr. 3 der politischen Leitsätze des sowjetischen Friedensvertragsentwurfes von 1952; Art. 14 Abs. 1 des sowjetischen Friedensvertragsentwurfes von 1959.

433 Moskauer Außenministerkonferenz 1947 (Europa-Archiv 1947 S. 721). Auch hier bestand allerdings Uneinigkeit über die Modalitäten.

434 Vgl. Balfour, Vier-Mächte-Kontrolle S. 370 ff.

435 Kontrollratsgesetz Nr. 62 vom 20. Februar 1948 (Kontrollrat, Amtsblatt Nr. 19 S. 313); siehe auch das Kontrollratsgesetz Nr. 49 vom 20. März 1947 über die Aufhebung des Reichsgesetzes über die Verfassung der deutschen Evangelischen Kirche (Kontrollrat, Amtsblatt Nr. 14 S. 265).

436 Obwohl dies sicherlich weitgehend aus taktischen Erwägungen geschah, um den Einfluß der orthodoxen Kirche mit für den Abwehrkampf gegen die Aggressoren zu mobilisieren.

drücklich die Gewissensfreiheit für die Bürger der UdSSR sowie die Freiheit der Ausübung religiöser Kulthandlungen (aber auch die Freiheit der antireligiösen Propaganda) garantiert, kann die Gewährleistung der Religionsfreiheit durch das Potsdamer Abkommen objektiv so verstanden werden, wie sie die Allgemeine Erklärung der Menschenrechte von 1948 präzisiert: "Jeder Mensch hat Anspruch auf Gedanken-, Gewissens- und Religionsfreiheit; dieses Recht umfaßt die Freiheit, seine Religion oder seine Überzeugung zu wechseln, sowie die Freiheit, seine Religion oder seine politische Überzeugung allein oder in Gemeinschaft mit anderen, in der Öffentlichkeit oder privat, durch Lehre, Ausübung, Gottesdienst und Vollziehung von Riten zu bekunden"[437].

3.9.5 Vereinigungs- und Koalitionsfreiheit

Die Vereinigungsfreiheit spricht das Potsdamer Abkommen nur hinsichtlich zweier – jedoch wichtiger – Bereiche an: einmal wird – wie bereits dargestellt – die Bildung demokratischer politischer Parteien erlaubt und diesen besondere Förderung zugesagt[438], zum anderen wird *"die Schaffung freier Gewerkschaften, gleichfalls unter Berücksichtigung der Notwendigkeit der Erhaltung der militärischen Sicherheit"* gestattet[439].

In der sowjetischen Besatzungszone waren Gewerkschaften ebenso wie Parteien bereits mit Befehl der SMAD Nr. 2 vom 10. Juni 1945[440] erlaubt und die Bildung von Gewerkschaftsorganisationen zugelassen worden. In den anderen Besatzungszonen geschah dies wesentlich zögernder ab September 1945.

Der Alliierte Kontrollrat regelte durch Gesetz Nr. 22 vom 10. April 1946[441] zunächst einmal die "Wahrnehmung der beruflichen, wirtschaftlichen und sozialen Interessen der Arbeiter und Angestellten in den einzelnen Betrieben" durch "die Errichtung und Tätigkeit von Betriebsräten in ganz Deutschland". Den Betriebsräten wird ausdrücklich das Recht zu Zusammenkünften im Betrieb, ein Anhörungs- und Informationsrecht gegenüber dem Unternehmer sowie das Recht zum Abschluß von Vereinbarungen mit diesem eingeräumt. Weiterhin werden zahlreiche Mitsprachebefugnisse anerkannt. Die Funktion der Gewerkschaften als Arbeitnehmerorganisationen ist insoweit berücksichtigt, als die Betriebsräte "ihre Aufgaben in Zusammenarbeit mit den anerkannten Gewerkschaften" ausführen sol-

---

437 Art. 18 der Allgemeinen Erklärung der Menschenrechte von 1948.

438 Siehe oben 2. Teil III. 3.6.

439 Abschnitt III A10 Potsdamer Abkommen.

440 Nr. 1, 2 und 4 des SMAD-Befehls Nr. 2 vom 10. Juni 1945; Ulbricht, Geschichte Bd. 1, HBd. S. 368 f.

441 Amtsblatt, Kontrollrat Nr. 6 S. 133.

len und die Gewerkschaften (ebenso wie die einzelnen Arbeiter und Angestellten eines Betriebes) das Recht erhalten, Kandidaten für die Betriebsrats-
wahlen aufzustellen[442]. Eine Verpflichtung zur Bildung von Betriebsräten
oder wirtschaftliche Mitbestimmungsrechte enthielt dieses Gesetz jedoch
nicht.

Zwei Monate später folgten mit der Direktive Nr. 31 vom 3. Juni 1946[443]
Grundsätze über die Errichtung von Gewerkschaftsverbänden. Durch sie
wurden die Zonenbefehlshaber verpflichtet, für jeden Industriezweig auf
Zonenebene Gewerkschaften zuzulassen und zwischengewerkschaftliche
Verbände zu gestatten. Dem Ermessen der Zonenbefehlshaber war aber insoweit ein breiter Spielraum eingeräumt, als diese darüber zu entscheiden
hatten, wann die Voraussetzungen für den Zusammenschluß gegeben waren.

Da die Militärbefehlshaber der westlichen Zonen – anders als ihr sowjetischer Kollege – zentralen Gewerkschaftsorganisationen mit Mißtrauen ge-
genüberstanden und nur eine allmähliche Entwicklung für sinnvoll ansahen, verlief die Bildung von Gewerkschaftsorganisationen in den einzelnen
Zonen recht unterschiedlich[444]. Während in der sowjetischen Zone mit
dem bereits vor Beschluß des Potsdamer Abkommens am 13. Juli 1945 ge-
gründeten Freien Deutschen Gewerkschaftsbund (FDGB) ein geschlosse-
ner Zentralverband bestand, der auch in den Westzonen Einfluß zu gewinnen versuchte, war durch das bürokratische Genehmigungsverfahren ein
überlokaler Zusammenschluß in der britischen Zone erst 1946 möglich.
Die Bildung des DGB als zonalem Dachverband wurde hier erst im April
1947 gestattet, als sich das Industrie-Verbandssystem (mit starken Einzelge-
werkschaften) durchgesetzt hatte[445]. Das Recht zum Tarifvertragsabschluß
erhielten die Gewerkschaften der britischen Zone jedoch erst am 6. April
1948[446]. In der amerikanischen Zone verlief die Entwicklung zu zentralen
Verbänden noch langsamer. Hier entstanden zunächst unzählige Betriebs-
gewerkschaften (etwa 1400), die sich allmählich zu Landesverbänden zu-
sammenschließen konnten. Die Bildung einer zentralen Organisation auf
Zonenebene wurde – ganz wesentlich auch aus Furcht vor kommunisti-
scher Einflußnahme – bis zur Gründung des DGB für das Gebiet der Bundesrepublik im Oktober 1949 nicht gestattet[447]. Auch in der französischen
Zone blieben "allgemeine Arbeitergewerkschaften" bis dahin ausdrücklich

442 Vgl. Art. I, III-VII.
443 Amtsblatt, Kontrollrat Nr. 8 S. 160.
444 Vgl. Rupp, Geschichte S. 52 f.; Balfour, Vier-Mächte-Kontrolle S. 360-368; Trittel, Hauptprobleme S. 141 ff.; Backer, Entscheidung S. 130 f.; Amerikanischer Hochkommissar, Bericht über Deutschland, Zusammenfassung S. 30 ff.
445 Siehe Trittel, Hauptprobleme s. 141 f.; Balfour, Vier-Mächte-Kontrolle S. 361 ff.
446 Vgl. Europa-Archiv 1948 S. 1363.
447 Siehe Schmidt, Verhinderte Neuordnung S. 25 ff., 97 ff.; Balfour, Vier-Mächte-Kontrolle
S. 365.

verboten, und nur unterhalb der Länderebene waren Organisationen zugelassen.

Nirgendwo konnten sich Gewerkschaften ohne Eingriffe der Besatzungsmächte bilden[448]. Der Kontrollrat schuf zwar die rechtlichen Grundlagen und ließ das von den Nationalsozialisten beschlagnahmte Gewerkschaftsvermögen aufgrund der Kontrollratsdirektiven Nr. 50 vom 29. April 1947 und Nr. 57 vom 15. Januar 1948 zurückerstatten[449], eine halbwegs koordinierte Entwicklung konnte er jedoch nicht sichern. Während die Besatzungsmächte in den westlichen Zonen den Zusammenschluß regionaler und auf Branchenebene organisierter Gewerkschaften lange Zeit verhinderten, war in der sowjetischen Besatzungszone mit Genehmigung des FDGB als Dachverband hier die Bildung von ihm unabhängiger Gewerkschaften unterbunden. Entgegen dem Betriebsrätegesetz des Kontrollrates wurde im Machtbereich der sowjetischen Militärverwaltung auch der Einfluß nicht organisierter Arbeiter in den Betrieben zurückgedrängt. Zudem beseitigten bald die Bitterfelder Beschlüsse des FDGB vom 26. November 1948 den "Dualismus in der Tätigkeit der Betriebsgewerkschaftsleitungen und der Betriebsräte", indem die Aufgaben der gewählten Betriebsräte einfach auf die Betriebsgewerkschaftsleitungen übertragen wurden[450].

In der Frage der von den deutschen Gewerkschaften angestrebten – im Betriebsrätegesetz des Kontrollrates jedoch nicht vorgesehenen – Mitbestimmung in wirtschaftlichen Fragen kam es zu erheblichen Auseinandersetzungen zwischen den deutschen Gewerkschaften und den alliierten Militärverwaltungen. Nachdem zunächst auch in der britischen Zone die Tätigkeit der Betriebsräte weitgehend auf rein soziale Bereiche beschränkt gewesen war, erfolgte allein in dieser Zone im Februar 1947 in 25 Betrieben der Montanindustrie die Einführung der paritätischen Mitbestimmung[451]. Die Briten waren zwar bereit, diesen ersten Ansatz einer Verankerung gewerkschaftlicher Mitbestimmung gegen die Ablehnung der Amerikaner zu verteidigen, doch verhinderte gerade der zunehmende Einfluß der USA im Rahmen von Bi- und Tri-Zone einen weiteren Ausbau der Mitbestimmung in den Westzonen[452]. Soweit dann deutscherseits versucht wurde, gesetzliche Mitbestimmungsregelungen durchzusetzen, wurden diese von den Militärregierungen abgelehnt. So etwa auch das Hessische Betriebsrätegesetz, das der amerikanische Militärgouverneur Clay am 30. August 1948 zwar genehmigte, die Vorschriften über die wirtschaftliche Mitbestimmung des Betriebsrates hiervon jedoch ausdrücklich ausnahm[453]. Auch in der sowjeti-

448 Vgl. dazu insbesondere Schmidt, a.a.O.

449 Amtsblatt, Kontrollrat Nr. 15 S. 278 und Nr. 18, S. 302.

450 Bitterfelder Beschlüsse des Bundesvorstandes des FDGB vom 26. November 1948 (Neues Deutschland vom 28. November 1948).

451 Vgl. Schmidt, Verhinderte Neuordnung S. 82.

452 Siehe Trittel, Hauptprobleme S. 142 f.

453 Vgl. Europa-Archiv 1948 S. 1635.

schen Besatzungszone kam es zu keinen Regelungen über echte Mitbestimmung in wirtschaftlichen Fragen auf betrieblicher Ebene. Zudem wurde hier mit zunehmender Einbindung des FDGB in die staatliche Aufgabenstellung dessen Rolle als unabhängige Vertretung der Beschäftigten immer fragwürdiger[454].

Auf der Moskauer Außenministerkonferenz im März/April 1947 bildete die Diskussion um die Zulassung von Gewerkschaften noch einmal einen wesentlichen Punkt der Debatte über die Demokratisierungsregelungen. Molotow forderte mit Verweis auf das Potsdamer Abkommen die Zulassung freier Gewerkschaften und deren Förderung auf gesamtdeutscher Ebene und betonte, daß die zonale Zersplitterung dieser Gruppen ein ernstes Hindernis für die Entwicklung der demokratischen Organisationen bilde. Die Sowjetunion habe seit Oktober 1945 ein Kontrollratsgesetz gewollt, das Gewerkschaften das Recht einräumt, sich im gesamtdeutschen Rahmen zu vereinigen, Tagungen und Konferenzen frei durchzuführen, ihre Zentralorgane zu wählen und Zeitungen und Zeitschriften herauszugeben. Sie sei darüber hinaus der Ansicht, daß die zonale Teilung der Gewerkschaften dem Potsdamer Abkommen widerspräche[455].

Dieser Position der UdSSR entsprechend fordert auch der auf der Moskauer Außenministerkonferenz vorgelegte sowjetische Vorschlag über "Form und Umfang der zeitweiligen politischen Organisationen und staatlichen Ordnung Deutschlands" vom 22. März 1947, die Freiheit der Verbände in allen deutschen Verfassungen festzulegen[456] und "die freie Bildung und Tätigkeit ... auch der Gewerkschaften und anderer demokratischer Organisationen und Institutionen sicherzustellen"[457]. Noch präziser ist insoweit der sowjetische Entwurf eines Vertrages über die Entmilitarisierung Deutschlands vom 14. April 1947, nach dem die "freie Betätigung der ... Gewerkschaften und anderer antinazistischer Organisationen in gesamtdeutschem Maßstab bei gebührender Sicherung der Rechte und Interessen der werktätigen Bevölkerung sowie unter Berücksichtigung der Notwendigkeit, die Sicherheit aufrechtzuerhalten, gewährleistet" werden soll[458].

Während Marshall und der Außenminister Großbritanniens Molotow in Moskau zustimmten, daß für die Schaffung einer wahren Demokratie in ganz Deutschland das Recht der freien Gewerkschaftsbildung auf gesamtdeutscher Ebene gewährleistet werden müsse[459], vertrat der französische Außenminister Bidault insoweit die gleiche Position wie zu den politischen Parteien und lehnte einen für ganz Deutschland geltenden Status der Ge-

454 Siehe etwa Abendroth, Zwiespältiges Verfassungsrecht S. 9.

455 Moskauer Außenministerkonferenz 1947 (Europa-Archiv 1947 S. 677 f.).

456 Abschnitt II Nr. 6 des sowjetischen Vorschlages über Form und Umfang der zeitweiligen politischen Organisation Deutschlands vom 22. März 1947.

457 A.a.O., Abschnitt II Nr. 5.

458 Art. IVB des sowjetischen Entwurfes eines Vertrages über die Entmilitarisierung Deutschlands vom 11. April 1947.

459 Moskauer Außenministerkonferenz (Europa-Archiv 1947 S. 679, 713).

werkschaften ab, solange nicht alle grundsätzlichen Entscheidungen für die Zukunft Deutschlands getroffen seien[460]. Eine Einigung konnte daher nicht erzielt werden, Frankreich wollte die Gewerkschaftsbildung nur auf Länderebene zulassen[461].

Auch die späteren Vorschläge aller Besatzungsmächte zur Wiederherstellung der deutschen Einheit und zum Abschluß eines Friedensvertrages mit Deutschland enthalten die Forderung nach Garantie der Vereinsfreiheit in allen Zonen[462]. Wobei die sowjetischen Friedensvertragsvorschläge noch ausdrücklich die Gewährleistung der freien Betätigung für alle demokratischen Organisationen, ihr Recht zur freien Entscheidung innerer Angelegenheiten, Tagungs- und Versammlungsfreiheit, Presse- und Publikationsfreiheit hervorheben und von diesen Rechten faschistische und militaristische Organisationen ausgeschlossen wissen wollen[463].

Unabhängig von der von der Erfüllung von Bedingungen abhängigen Zustimmung Frankreichs zu einer gesamtdeutschen Organisation der Gewerkschaften kann insgesamt davon ausgegangen werden, daß die Signatarmächte des Potsdamer Abkommens die Vereinigungsfreiheit umfassend gewähren wollten und dieses Freiheitsrecht nur besonders für Parteien und Gewerkschaften hervorhoben. Für das Recht auf freie Gewerkschaftsbildung muß damit auch das gleiche gelten, wie für die politischen Parteien[464]: Es schließt Gründungsfreiheit, Unabhängigkeit, Gleichbehandlung und freie Betätigung der Organisationen mit ein, sowie das Recht des einzelnen, einer Gewerkschaft beizutreten oder sie zu verlassen[465]. Dabei gilt (neben dem auf die alliierte Kontrollphase bezogenen Vorbehalt der militärischen Sicherheit) nach dem Selbstverständnis der Signatarstaaten das Gebot der antinazistischen und antimilitaristischen Ausrichtung der Organisationen.

3.9.6 Versammlungsfreiheit

Die Versammlungsfreiheit wird im Potsdamer Abkommen ausdrücklich nur als Recht der politischen Parteien genannt[466], doch beinhaltet – wie eben ausgeführt – zumindest auch das Recht zur Bildung "freier Gewerk-

---

460 A.a.O., S. 679.

461 A.a.O., S. 709, 713.

462 Nr. 2a des gemeinsamen Vorschlages der Westmächte zur Deutschlandfrage vom 26. Mai 1949; Politische Leitsätze Nr. 4 des sowjetischen Friedensvertragsentwurfes von 1952; Art. 14 des sowjetischen Friedensvertragsentwurfes von 1959.

463 Politische Leitsätze Nr. 4 des sowjetischen Friedensvertragsentwurfes von 1952; Art. 16 des sowjetischen Friedensvertragsentwurfes von 1959.

464 Siehe oben 2. Teil III. 3.6.

465 Siehe auch Art. 20 Abs. 1, 23 Abs. 4 der Allgemeinen Erklärung der Menschenrechte von 1948.

466 Abschnitt III A9 (II) Potsdamer Abkommen.

schaften" die Möglichkeit, Versammlungen durchzuführen, denn ohne dies könnte nicht von einer freien Betätigung der Gewerkschaften gesprochen werden.

Darüber hinaus kann auch davon ausgegangen werden, daß die Versammlungsfreiheit von den Signatarmächten des Potsdamer Abkommens nicht für andere Organisationen und die Bevölkerung allgemein ausgeschlossen werden sollte. Wie bereits die Moskauer Erklärung über Italien vom 1. November 1943[467], der spätere Friedensvertrag mit Italien von 1947[468] und der Österreichische Staatsvertrag von 1955[469] sahen die Regelungsvorschläge aller Besatzungsmächte zur deutschen Frage die allgemeine Herstellung und Garantie der Versammlungsfreiheit in Deutschland vor[470] und entsprechen insoweit auch der Allgemeinen Erklärung der Menschenrechte von 1948[471].

3.9.7 Gewährleistung weiterer Grundrechte?

Das Potsdamer Abkommen hebt vor allem die Notwendigkeit des Schutzes politischer und individueller Grundrechte hervor, die während des Nationalsozialismus in Deutschland besonders bedroht waren. Diese Beschränkung auf die Nennung einiger weniger Grundfreiheiten kann jedoch nicht dahin gedeutet werden, daß dem deutschen Volk andere Freiheitsrechte verwehrt bleiben sollten.

Ausdrücklich genannt wurden vor allem die Grundrechte, die für einen demokratischen Wiederaufbau Deutschlands von prinzipieller und grundlegender Bedeutung waren. Die Aufhebung der nationalsozialistischen Gesetze[472] und die damit im wesentlichen verbundene Wiederherstellung der Rechtslage der Weimarer Republik, der SMAD-Befehl Nr. 2 vom 10. Juni 1945, der für die sowjetische Besatzungszone alle freiheitsbeschränkenden Gesetze aufhob[473], und insbesondere die zahlreichen Erklärungen aller vier Kontrollmächte in Deutschland über die Wiederherstellung der Menschenrechte und Grundfreiheiten, in denen die im Potsdamer Abkommen aufge-

---

467 Nr. 2 der Deklaration über Italien von 1943.

468 Art. 15 des Italienischen Friedensvertrages von 1947.

469 Art. 6 des Österreichischen Staatsvertrages von 1955.

470 Abschnitt II Nr. 6 des sowjetischen Vorschlages über Form und Umfang der zeitweiligen politischen Organisation Deutschlands vom 22. März 1947; Art. IVB des sowjetischen Entwurfes eines Vertrages über die Entmilitarisierung Deutschlands vom 14. April 1947; Nr. 2a des gemeinsamen Vorschlages der Westmächte zur Deutschlandfrage vom 26. Mai 1949; Politische Leitsätze Nr. 3 des sowjetischen Friedensvertragsentwurfes von 1952; Art. 14 des sowjetischen Friedensvertragsentwurfes von 1959.

471 Art. 20 der Allgemeinen Erklärung der Menschenrechte von 1948.

472 Siehe oben 2. Teil III. 4.; siehe unten 2. Teil IV. 1.1.2.

473 Nr. 5 des SMAD-Befehls Nr. 2 vom 10. Juni 1945.

führten Grundrechte lediglich als Beispiele genannt wurden[474], zeigen, daß eine umfassende Wiederherstellung der Grundrechte auch für Deutschland beabsichtigt war. Dies machen auch die folgenden Beispiele deutlich: Die Notwendigkeit des besonderen Schutzes der Freiheit der Person heben der gemeinsame Vorschlag der Westmächte zur Deutschlandfrage vom 26. Mai 1949[475] und der sowjetische Friedensvertragsvorschlag von 1959[476] hervor, wobei ersterer zusätzlich noch den Schutz gegen willkürliche Verhaftung verlangt.

Auf der Moskauer Außenministerkonferenz im März/April 1947 forderte der Außenminister Großbritanniens die Herstellung der "Bewegungsfreiheit für Personen, Handel und Ideen in ganz Deutschland" als Voraussetzung zur Wiederherstellung der vom Potsdamer Abkommen angestrebten Wirtschaftseinheit[477]. Während Frankreich und die Sowjetunion sich zunächst dagegen wandten, erreichte man schließlich insoweit grundsätzliches Einvernehmen, wenn auch hier über die praktischen Modalitäten nur in wenigen Bereichen eine Einigung zu erzielen war[478].

Immerhin versuchte der Kontrollrat mit der Direktive Nr. 49 vom 23. April 1947 wenigstens in gewissen Grenzen den Interzonenreiseverkehr zu erleichtern[479]. Auch die bereits erwähnte Direktive Nr. 55 über den Austausch von Druckschriften und Filmen vom 25. Juni 1947 ist als ein Schritt in diese Richtung zu werten, obwohl natürlich die praktischen Ergebnisse weit entfernt von der Gewährleistung einer allgemeinen Freizügigkeit waren. Selbst von einer der westlichen Zonen in die andere blieb bis zur Bi-Zonen- bzw. der Tri-Zonenbildung der Reiseverkehr ganz erheblichen Beschränkungen unterworfen[480]. Zwischen der sowjetischen Besatzungszone und den Westzonen war überhaupt erst mit der Kontrollratsdirektive Nr. 43 vom 29. Oktober 1946[481] ein gewisser offizieller Reiseverkehr in geschäftlichen oder dringenden Familienangelegenheiten möglich geworden. Nach der völligen Verkehrssperre vom Juni 1948 bis Mai 1949 verzichteten die westalliierten Militärgouverneure (nach vergeblichen Einigungsbemühungen mit dem Hohen Kommissar der Sowjetunion) zwar auf den Interzonenpaßzwang, doch zu einem freizügigen Reiseverkehr zwischen der Bundesrepublik und der DDR kam es nicht mehr, da die DDR nun an Stelle des (eben-

474 Siehe oben, Teil III. 3.9.

475 Nr. 2a des gemeinsamen Vorschlages der Westmächte zur Deutschlandfrage vom 26. Mai 1949.

476 Art. 14 des sowjetischen Friedensvertragsentwurfes von 1959.

477 Moskauer Außenministerkonferenz 1947 (Europa-Archiv 1947 S. 702, 707).

478 A.a.O., S. 702.

479 Kontrollrat, Amtsblatt Nr. 16, S. 286.

480 Die Aufhebung des Passierscheinzwanges zwischen der Bi-Zone und der französischen Zone erfolgte erst am 20. August 1948 (Europa-Archiv 1948 S. 1635).

481 Kontrollrat, Amtsblatt Nr. 11 S. 215.

falls abgeschafften Interzonenpasses) eine Aufenthaltsgenehmigung verlangte[482].

Auch spätere Regelungsvorschläge der Westmächte von 1949 und 1959 forderten wiederum Verkehrsfreiheit[483] bzw. Freizügigkeit von Personen, Ideen und Veröffentlichungen zwischen beiden Teilen Deutschlands[484], während die sowjetischen Entwürfe aus dieser Zeit keine entsprechenden Regelungsvorschläge[485] enthalten.

3.9.8 Grundrechtsschranken

Aussagen über Schranken und Begrenzungsmöglichkeiten der Grundrechte enthält das Potsdamer Abkommen nur ansatzweise. Die Freiheit der Rede, der Presse und der Religion sowie die Koalitionsfreiheit waren ausdrücklich nur unter dem Vorbehalt der "Berücksichtigung der Notwendigkeit zur Erhaltung der militärischen Sicherheit" gewährt[486]. Dabei ist zu berücksichtigen, daß diese Beschränkung primär auf die Sicherung der alliierten Streitkräfte in Deutschland ausgerichtet und vor allem in der Anfangsperiode der Kontrolle der Vier Mächte bis zur Wiederherstellung eines geordneten öffentlichen Lebens in Deutschland von Bedeutung war.

Aus dem Gesamtzusammenhang der Deutschland betreffenden Bestimmungen des Potsdamer Abkommens ist weiter zu entnehmen, daß – wie die freie Betätigung von Parteien und Gewerkschaften[487] – jede Grundrechtsausübung da ihre Grenzen haben soll, wo sie nationalsozialistischen und militärischen Zielen dient[488].

Dementsprechend wurden von den Alliierten diejenigen, die im Rahmen der Entnazifizierungsverfahren als Hauptschuldige, Belastete, Minderbelastete oder Mitläufer eingestuft wurden – auch nach Abbüßung verhängter Freiheitsstrafen – erheblichen Grundrechtsbeschränkungen unterworfen: Keiner der so eingestuften besaß das passive Wahlrecht, Hauptschuldige und Belastete verloren automatisch das aktive Wahlrecht, sie durften nicht Mitglied einer Partei, einer Gewerkschaft oder einer wirtschaftlichen Vereinigung sein, sie unterlagen Wohnraum- und Aufenthaltsbeschränkungen, durften kein öffentliches Amt (einschließlich

---

482 Vgl. Europa-Archiv 1954 S. 6187 f., 6242.

483 Nr. 2a des gemeinsamen Vorschlages der Westmächte zur Deutschlandfrage vom 26. Mai 1949.

484 Abschnitt II Nr. 9b der Grundzüge eines Stufenplanes der Westmächte für die deutsche Wiedervereinigung vom 14. Mai 1959.

485 Zur Freizügigkeit siehe auch Art. 13 Abs. 1 der Allgemeinen Erklärung der Menschenrechte von 1948.

486 Abschnitt III A 10 Potsdamer Abkommen.

487 Siehe oben 2. Teil III. 3.6 und 3.9.5.

488 Vgl. dazau im einzelnen 2. Teil IV.

dem des Notars und des Rechtsanwaltes) bekleiden und ihr Vermögen konnte eingezogen werden. Für bestimmte Fristen (2-10 Jahre) war es Hauptschuldigen, Belasteten und Minderbelasteten zudem verboten, selbständig in einem freien Beruf oder als Lehrer, Prediger, Schriftsteller, Redakteur oder Rundfunkkommentator tätig zu sein. Hauptschuldige und Belastete durften während bestimmter Fristen (5-10 Jahre) auch als abhängige Beschäftigte nur einfache Tätigkeiten ausüben[489]. Diese Beschränkungen wurden jedoch weitgehend bald durch die in den einzelnen Zonen bzw. Ländern erlassenen Gesetze über die Beendigung des Entnazifizierungsverfahrens aufgehoben.

3.9.9 Berücksichtigung der Grundrechtsgarantien von Potsdam in den deutschen Verfassungen

Die formelle Bildungswirkung des Potsdamer Abkommens in bezug auf die Grundrechte beschränkt sich auf die dort explizit angesprochenen Freiheitsrechte und den allgemeinen Gleichheitssatz als unverzichtbares Minimum für eine demokratische Entwicklung in Deutschland. Die danach notwendigen verfassungsrechtlichen Gewährleistungen sind sowohl in dem Grundgesetz der Bundesrepublik Deutschland von 1949[490] wie auch in den DDR-Verfassungen von 1949[491] und 1968[492] enthalten. Über die Verfassungswirklichkeit sagt dies freilich noch nichts[493].

3.10 Kontrolle wirtschaftlicher Macht

Während die sich im Potsdamer Abkommen manifestierenden gemeinsamen Vorstellungen der Kriegsalliierten von einer Neuordnung Deutschlands an traditionelle Demokratiestrukturen anknüpfen, geht das Abkommen hinsichtlich der Wirtschaft in einem Punkt über bürgerlich-liberale Demokratievorstellungen hinaus[494]. Aufbauend auf der gemeinsamen Ansicht

---

489 Vgl. Kontrollratsdirektive Nr. 38 vom 12. Oktober 1946 Abschnitt II Art. VIII (Kontrollrat, Amtsblatt Nr. 11 vom 31. Oktober 1946 S. 184 ff.).

490 Art. 3 (Gleichheitssatz), Art. 5 Abs. 1 Satz 1 (Meinungsfreiheit), Art. 5 Abs. 1 Satz 2 (Pressefreiheit), Art. 4 (Religionsfreiheit), Art. 9 (Vereinigungsfreiheit), Art. 8 (Versammlungsfreiheit) des Grundgesetzes der Bundesrepublik Deutschland von 1949.

491 Art. 6 Abs. 1, Art. 7 (Gleichheitssatz), Art. 9 (Meinungsfreiheit, Pressefreiheit), Art. 41, 42 (Religionsfreiheit), Art. 12-14 (Vereinigungsfreiheit), Art. 9 Abs. 1 (Versammlungsfreiheit) Verfassung der DDR von 1949.

492 Art. 19, 20 (Gleichheitssatz), Art. 27 (Rede- und Pressefreiheit), Art. 20, 39 (Religionsfreiheit), Art. 29 (Vereinigungsfreiheit), Art. 28 (Versammlungsfreiheit), Verfassung der DDR von 1968 (bzw. von 1974).

493 Vgl. etwa die sicherlich noch nicht befriedigenden Ansätze bei Mampel, Verfassung S. 69-126 sowie – in eindeutiger Ausrichtung gegen die Praxis in der DDR – Löw, Grundrechte.

494 Stuby, Anti-Hitler-Koalition S. 63.

der Alliierten, daß die nationalsozialistische Machtergreifung und der Aggressionskrieg Hitlers erst durch die massive Unterstützung des nationalsozialistischen Regimes durch führende Wirtschaftsmonopole in Deutschland möglich geworden war, verlangt das Potsdamer Abkommen in seinen wirtschaftlichen Grundsätzen:

"In praktisch kürzester Frist ist das deutsche Wirtschaftsleben zu dezentralisieren mit dem Ziel der Vernichtung der bestehenden übermäßigen Konzentration der Wirtschaftskraft, dargstellt insbesondere durch Kartelle, Syndikate, Trusts und andere Monopolvereinigungen"[495].

Als am 19. Juli 1945 der Wirtschaftsausschuß der Potsdamer Konferenz die wirtschaftlichen Grundsätze beriet, bat zunächst der sowjetische Vertreter Maiskij um eine Erläuterung des amerikanischen Vorschlages, wonach die deutsche Wirtschaft "zu dezentralisieren"[496] sei. Clayton präzisierte für die USA diese Vorstellungen (die bereits in die Richtlinie für die amerikanische Deutschlandpolitik JCS 1067 vom April 1946 eingegangen waren[497]) dahingehend, daß die Empfehlung sich auf die Auflösung aller Kartelle und Monopole richte. Der britische Vertreter betonte darüber hinaus, damit sei die Ausschaltung einer straffen, zentralistischen Kontrolle der Wirtschaft gemeint. Schließlich einigte man sich auf eine begriffliche Festlegung der Zielrichtung der Dezentralisation, die der Endfassung des Potsdamer Abkommens entspricht[498]. Hinzugefügt wurde später lediglich der Zusatz "in praktisch kürzester Frist".

Die Aussage Wettigs[499], die von der Konferenz akzeptierte Forderung der UdSSR auf Verbot monopolistischer Wirtschaftsformen sollte als Ansatzpunkt für eine antiwestliche politisch-gesellschaftliche Umwälzung in Deutschland dienen, ist damit insoweit unzutreffend, als auch hier die Initiative nicht von der UdSSR, sondern wiederum von den USA ausging.

Die Alliierten sahen damals übereinstimmend die straffe Lenkung und Zentralisierung der Wirtschaft im nationalsozialistischen Deutschland[500] als eine Ursache des Krieges an und betrachteten unkontrollierte wirtschaftliche Machtzusammenballungen als Herd neuer Kriegsgefahren sowie als Hindernis für eine friedliche demokratische Neuordnung. Dies machen bereits die ersten drei Absätze des Abschnitts III des Potsdamer Abkommens klar, die die Motive der Alliierten für die politischen und wirtschaftlichen Grundsätze des Potsdamer Abkommens dokumentieren. Nicht zu verkennen ist natürlich auch, daß diese Bestimmung den sowjetischen Vorstellun-

---

495 Abschnitt III B12 Potsdamer Abkommen.

496 Foreign Relations, The Conference of Berlin Bd. II S. 778.

497 Text der Weisung JCS 1067 in: Warburg, Deutschland S. 299 ff.

498 Foreign Relations, The Conference of Berlin Bd. II S. 110 f.

499 Wettig, Entmilitarisierung S. 96.

500 Zur zentralstaatlichen Wirtschaftsgestaltung Deutschlands siehe Rabl, Durchführung S. 300 ff. mwN.

gen vom Abbau kapitalistischer Macht entsprach. Andererseits kam diese Regelung auch eindeutig der amerikanischen und britischen Wirtschaft entgegen, die so vor der Konkurrenz starker deutscher Großbetriebe auf dem Weltmarkt von vornherein geschützt werden konnten[501]. Insofern enthält diese Bestimmung des Potsdamer Abkommens durchaus einen Rest der früheren Pläne zur völligen wirtschaftlichen Entmachtung Deutschlands[502]. Andererseits übernehmen die Alliierten hiermit – in Abkehr von reiner Vernichtungspolitik – auch die Verantwortung für eine demokratische Neuentwicklung der deutschen Nachkriegswirtschaft.

3.10.1 Grundsätzlicher Konsens

Der im Potsdamer Abkommen formulierte Grundkonsens über die Dezentralisierung der Wirtschaft wurde auch während der Außenministerkonferenzen der Jahre 1946/47 nicht in Frage gestellt. Alle Beteiligten – einschließlich Frankreichs – unterstützten diese Forderung des Abkommens immer wieder[503].

Darüber hinaus verlangten die Briten die Verstaatlichung von Kohleförderung und Stahlindustrie, da erst dann, wenn das deutsche Volk insoweit "Eigentümer und Betriebsführer" sei, ein positiver Aufbau in Deutschland und eine dauernde Sicherung des Friedens gewährleistet werden könne[504]. Der britische Vorschlag für "ergänzende Richtlinien für die Behandlung Deutschlands" von 1947[505] sah zudem eine deutsche Beteiligung an der raschen Entflechtung der Wirtschaft vor[506]. Selbst über die insbesondere von der Sowjetunion geforderte Durchführung einer Bodenreform herrschte grundsätzlich Einvernehmen[507].

Die am weitestgehenden Forderungen der Sowjetunion faßt deren Entwurf eines Vertrages über die Entmilitarisierung Deutschlands vom 14. April 1947 zusammen. Danach sollte, "um die Ausnutzung der deutschen Industrie für Kriegszwecke zu verhüten", die "Liquidierung der deutschen Konzerne, Kartelle, Syndikate und Truste sowie der sie kontrollierenden Bankmonopole, die Inspiratoren und Organisatoren der deutschen Aggression

---

501 Siehe dazu Stuby, Anti-Hitler-Koalition S. 63; Kröger, Staatsrechtliche Bedeutung S. 216.

502 Vgl. Schwarzenberger, Machtpolitik S. 216.

503 Zu den Äußerungen auf der Konferenz siehe Europa-Archiv 1946 S. 180 f.; a.a.O., 1947 S. 698 f., 702, 707, 736.

504 Bevin, am 22. Oktober 1942 vor dem Unterhaus (Europa-Archiv 1946 S. 180) und am 22. März 1947 auf der Moskauer Außenministerkonferenz (Europa-Archiv 1947 S. 698).

505 B XXVI des britischen Vorschlages von ergänzenden Richtlinien für die Behandlung Deutschlands (Europa-Archiv 1947 S. 407).

506 Siehe Europa-Archiv 1947 S. 702, 736.

507 A.a.O., S. 736.

waren, in kürzester Frist zum Abschluß" gebracht, die "Betriebe, die ihnen gehörten, in das Eigentum des deutschen Staates" überführt "und eine Wiederherstellung monopolistischer Industrie- und Finanzvereinigungen in Deutschland in Zukunft nicht" zugelassen werden[508]. Weiterhin war danach, "um die deutschen Aggressionen in der Wurzel zu kappen und Deutschland zu einem friedlichen demokratischen Staat umzugestalten ... in ganz Deutschland eine Bodenreform durchzuführen, damit den Bauern der Boden der junkerlichen Großgrundbesitzer übergeben wird, die stets die Inspiratoren deutscher Aggression waren und die Kader der gefährlichsten deutschen Militaristen stellten"[509].

Wenn auch diese sowjetischen Formulierungen nicht in allen Punkten die Zustimmung der anderen Besatzungsmächte finden konnten, so macht dennoch dieser Regelungsvorschlag die grundlegenden gemeinsamen Motive der Alliierten und ihre Ziele im Hinblick auf eine Kontrolle wirtschaftlicher Macht deutlich. Dies bestätigt auch das Gesetz über das "Verbot der übermäßigen Konzentration deutscher Wirtschaftskraft" für die amerikanische Zone vom 28. Januar 1947[510], das seine Zielrichtung wie folgt zusammenfaßt:

"(I) Um zu verhindern, daß Deutschland die Sicherheit seiner Nachbarn gefährdet und den internationalen Frieden von neuem bedroht;

(II) um Deutschlands wirtschaftliche Fähigkeit, Kriege zu führen, zu zerstören;

(III) um sicherzustellen, daß die für den Wiederaufbau Deutschlands ergriffenen Maßnahmen mit friedlichen demokratischen Zielen in Einklang stehen;

(IV) um die Grundlagen für den Aufbau einer gesunden und demokratischen deutschen Wirtschaft zu schaffen."

3.10.2 Unterschiedliche Durchführung

Trotz prinzipieller Übereinstimmung in den grundsätzlichen Fragen dieser Bestimmungen des Potsdamer Abkommens, gestaltete sich die Dekonzentrierung (Entflechtung), d.h. die Auflösung von Konzernen und marktbeherrschenden Unternehmen und ihre Aufteilung in kleinere selbständige Einheiten[511], in den einzelnen Besatzungszonen Deutschlands sehr unterschiedlich[512]. Das beabsichtigte Kartellgesetz des Kontrollrates zur Durchführung des im Potsdamer Abkommen umrissenen Programms kam infolge der sich zuspitzenden Gegensätze zwischen den Alliierten nie zustande[513].

---

508 Art. III B des sowjetischen Entwurfes eines Vertrages über die Entmilitarisierung Deutschlands vom 14. April 1947.

509 A.a.O., Art. IV C.

510 Amtsblatt, Amerikanisches, Ausgabe C S. 2.

511 Zu den Begriffen siehe Cartellieri, Dekartellierung S. 716 ff.

512 Bezügl. der Westzonen siehe dazu ausführlich Schmoller, Handbuch § 44.

513 Vgl. Balfour, Vier-Mächte-Kontrolle s. 240 f.

Als einzige wesentliche Maßnahme des Kontrollrates in dieser Frage erging am 30. November 1945 das Gesetz Nr. 9 über die Beschlagnahme und Kontrolle des Vermögens der I.G.-Farbenindustrie[514]. Das Reinvermögen des Konzerns betrug im Juni 1948 immerhin 5,3 Milliarden Reichsmark, von dem sich etwa die Hälfte in den westlichen Besatzungszonen, ein Drittel in der sowjetischen Besatzungszone und den Ostgebieten und der Rest im Ausland befand. Nach dem Kontrollratsgesetz wurde das gesamte Vermögen beschlagnahmt und die Rechte auf den Kontrollrat übertragen. Die Anlagen sollten teils Reparationszwecken dienen, teils – soweit es sich um Rüstungsbetriebe handelte – zerstört werden. Ansonsten sollten die Betriebe der I.G.-Farben – unter Aufspaltung der Eigentumsrechte, nach Liquidierung aller Kartellbeziehungen und unter Kontrolle der Alliierten – als voneinander unabhängige deutsche Wirtschaftsbetriebe fortbestehen. Das Gesetz regelt jedoch nicht, wem die Eigentumsrechte an den dezentralisierten Betrieben zu übertragen waren.

Bereits während des Vormarsches der amerikanischen und britischen Truppen 1945 war durch allgemeine Verfügung aufgrund des SHAEF-Gesetzes Nr. 52[515] das gesamte Vermögen der I.G.-Farbenindustrie AG beschlagnahmt worden. Insoweit stellte das Kontrollratsgesetz Nr. 9 lediglich eine Bestätigung dar.

Nachdem die Tätigkeit des Kontrollrates in Berlin 1948 zum Stillstand gekommen war, wurde in der sowjetischen Besatzungszone die Übertragung der Vermögenswerte der I.G.-Farben auf sowjetische Aktiengesellschaften oder auf volkseigene Betriebe vorgenommen[516]. Für den Bereich der Bundesrepublik Deutschland erfolgte mit AHK-Gesetz Nr. 35 vom 17. August 1950[517] in Durchführung des Kontrollratsgesetzes Nr. 9 die Aufspaltung des Vermögens der I.G.-Farben[518]. In äußerst langwierigen Verhandlungen zwischen der Bundesregierung und den West-Alliierten wurde dann 1952 die Entflechtung der I.G.-Farben durch die Bildung von drei großen und neun kleineren Nachfolgegesellschaften abgeschlossen[519].

Im übrigen erließen in den Westzonen die Besatzungsmächte 1947 weitgehend gleichlautende Dezentralisierungsregelungen[520], nach denen Un-

---

514 Amtsblatt, Kontrollrat Nr. 2 vom 30. November 1945 S. 34.

515 Dieses Gesetz wurde im Zuge der fortschreitenden Besetzung durch Maueranschlag verkündet.

516 Siehe dazu Schmoller, Handbuch § 44 S. 43.

517 Amtsblatt, Alliierte Hohe Kommission S. 534 (in Kraft seit 1. September 1950).

518 So die Präambel des Gesetzes Nr. 35 der Alliierten Hohen Kommission vom 17. August 1950 (Amtsblatt, Alliierte Hohe Kommission S. 534).

519 Siehe ausführlich Schmoller, Handbuch § 44 S. 48 ff.

520 Vgl. das amerikanische Militärregierungsgesetz Nr. 56 vom 28. Januar 1947 (Amtsblatt, Amerikanisches, Ausgabe C S. 2); Britische Militärregierungsverordnung Nr. 78 vom 28. Januar 1947 (Amtsblatt, Britisches S. 412); Französische Militärregierungsverordnung Nr.

ternehmen mit mehr als 10000 Beschäftigten oder Aktiva im Wert von mehr als 50 Millionen Mark (Stand 1938) "aufgespalten" und "entflochten" werden sollten. Wettbewerbsbeschränkende Abreden wurden grundsätzlich verboten[521]. Aufgrund dieser und anderer alliierter Regelungen wurden beispielsweise bis 1952 die Firmen Bosch[522], Krupp und Mannesmann[523] sowie die dem Reich gehörende Filmindustrie[524] in mehrere Betriebe aufgeteilt.

Bevor sich die Westalliierten jedoch auf diese gemeinsame Linie einigen konnten, hatten Briten und Amerikaner eine durchaus erheblich divergierende Wirtschaftspolitik betrieben. Die britische Labour-Regierung neigte zu umfangreichen Sozialisierungsmaßnahmen als Mittel zur Entmachtung der privatwirtschaftlichen Monopole. So wurde durch die britische Militärverwaltung bereits im November 1945 das gesamte Krupp-Vermögen beschlagnahmt, im Dezember alle Zechen der britischen Zone entschädigungslos enteignet und im August 1946 die gesamte Stahlindustrie dieser Zone in treuhänderische Verwaltung übernommen. Doch in dem Maße wie Großbritannien in wirtschaftliche Abhängigkeit von den USA geriet, war auch die britische Militärverwaltung in Deutschland gezwungen, sich hier der amerikanischen Politik anzupassen. Die USA beschränkten ihre Maßnahmen aber im wesentlichen auf die Aufspaltung der früheren Großunternehmen, ohne die Eigentumsverhältnisse grundlegend anzutasten. Da sie nach ihren eigenen wirtschaftspolitischen Vorstellungen wenig Interesse an umfangreichen Sozialisierungsmaßnahmen hatten, leisteten sie bei allem Widerstand, was eine dahingehende Präjudizierung der zukünftigen deutschen Wirtschaftsordnung bedeutet hätte. Hierüber sollte nach Ansicht der Amerikaner der deutsche Verfassunggeber entscheiden. Mit dieser Begründung wurden dann auch die Sozialisierungsvorstöße der Deutschen in den einzelnen Ländern verzögert und aufgeschoben[525].

---

96 vom 9. Juni 1947 (Amtsblatt, Französisches S. 784); Gesetz Nr. 27 der Alliierten Hohen Kommission vom 16. Mai 1950 (Amtsblatt, Alliierte Hohe Kommission S. 299).

521 Zu Einzelheiten siehe Günther, Dekartellierung S. 321 ff. und Schmoller, Handbuch § 44 S. 11 ff.; vgl. auch Balfour, Vier-Mächte-Kontrolle S. 240.

522 Die Anordnung der Entflechtung von Bosch war bereits am 17. März 1948 erfolgt, wurde aber erst am 5. Februar 1952 abgeschlossen (vgl. Schmoller, Handbuch § 110 S. 42 mN.).

523 Mit Durchführungsverordnung Nr. 1 vom 14. September 1950 zum Gesetz der Alliierten Hohen Kommission Nr. 27 (Amtsblatt, Alliierte Hohe Kommission S. 521).

524 Gesetz der Alliierten Hohen Kommission Nr. 32 vom 20. Juli 1950 (a.a.O., S. 498); vgl. dazu auch Amerikanischer Hochkommissar, Bericht über Deutschland, Zusammenfassung S. 150 ff.

525 Siehe dazu Lademacher, Sozialisierungspolitik S. 51 ff.; Trittel, Hauptprobleme S. 138 ff.; Rupp, Geschichte S. 64 ff.; Balfour, Vier-Mächte-Kontrolle S. 236 ff.; Schmidt, Verhinderte Neuordnung S. 55, 58 f.; Amerikanischer Hochkommissar, Bericht über Deutschland, Zusammenfassung S. 141 ff., 153 ff.; Huster, Determinanten S. 47 ff.; Graml, Alliierten S. 40 f.; Link, Marshall-Plan S. 11 ff.; Watt, Hauptprobleme S. 23 f., 42.

Die amerikanische Haltung bestimmte auch die Besatzungspolitik in der Bi-Zone. Die Sozialisierungsmaßnahmen der britischen Zone wurden gestoppt und am 15. Juli 1948 untersagten sowohl der amerikanische wie der britische Militärgouverneur die Regelung der vorgesehenen Sozialisierungsmaßnahmen im Ruhrbergbau vor Inkrafttreten einer deutschen Verfassung[526]. Damit war die Sozialisierung innerhalb der westlichen Besatzungszonen, die bis dahin kaum über erste Anfänge hinaus gekommen war, praktisch beendet. Eingriffe in die Eigentumsordnung wurden von da an im Rahmen der Maßnahmen zur Dezentralisierung der Wirtschaft vermieden[527].

Hinzu kam, daß die Amerikaner – wohl nicht zuletzt zur Stärkung Westdeutschlands im Rahmen ihrer antikommunistischen Eindämmungspolitik – seit Mitte des Jahres 1947 auch die Entflechtung der Wirtschaftsunternehmen nicht mehr mit dem gleichen Nachdruck verfolgten wie vorher[528]. Ähnlich trat auch auf deutscher Seite – wo anfangs von allen politischen Kräften die Entflechtungsmaßnahmen unterstützt und teilweise in erheblichem Umfang Sozialisierungsforderungen erhoben worden waren[529] – ein weitreichender Meinungswandel ein. Dies ging so weit, daß im November 1951 die Westalliierten sich gezwungen sahen, gegen den ihrer Ansicht nach völlig unzureichenden Kartellgesetzentwurf der Bundsregierung Einspruch einzulegen und einige Änderungen durchzusetzen[530].

Die sowjetische Besatzungsmacht beschritt in ihrer Zone vielfach andere Wege als die Westalliierten. Hier wurden keine vergleichbaren Entflechtungsregelungen erlassen. In noch stärkerem Maße als für die Briten entsprach die Entmachtung privatwirtschaftlicher Monopole durch umfassende Sozialisierungsmaßnahmen ihren Vorstellungen einer demokratischen Gestaltung der Wirtschaft. Wenn auch für die Sowjetunion (zumindest bis Anfang der 50er Jahre) eine vollsozialisierte Wirtschaft in dem von ihr unmittelbar kontrollierten Teil Deutschlands nicht primäres Ziel ihrer Politik war, so stellte für sie doch die Verstaatlichung von Schlüsselbereichen der Wirtschaft eine Sicherung gegen die Bildung eines der Sowjetunion feindlich gesinnten Regimes in Deutschland dar[531].

Obwohl die Sowjetunion in Potsdam – anders als auf den nachfolgenden Außenministerkonferenzen[532] – die Sozialisierungsfrage mit keinem Wort angesprochen hatte, wurden in ihrer Zone bereits während der Konferenz am 23. Juli 1945 mit der Schließung der Banken erste Schritte dazu eingelei-

---

526 Vgl. Europa-Archiv 1952 S. 1636; siehe auch Balfour, Vier-Mächte-Kontrolle S. 241.

527 Vgl. Vogel, Besatzungspolitik S. 137 f.

529 Siehe dazu Schmidt, Verhinderte Neuordnung S. 59 f.

529 Vgl. auch Rupp, Geschichte S. 11, 63 f.

530 Vgl. Presse- und Informationsamt, Bulletin Nr. 21/1951 S. 165.

531 So etwa auch Meissner, Rußland S. 72.

532 Vgl. zu den Außenministerkonferenzen in Moskau (Frühjahr 1947) und London (Dezember 1947): Meissner, Rußland S. 117, 143.

tet. Die rasch folgenden Beschlagnahmebefehle über Vermögen des Deutschen Reiches, der Wehrmacht, der NSDAP und anderer verbotener Vereinigungen gingen wesentlich weiter als in den Westzonen. Im November 1945 begann die entschädigungslose Enteignung nationalsozialistischer Industrieller der sich bis Ende 1946 die Sozialisierung der gesamten Schlüsselindustrie anschloß. Das beschlagnahmte und enteignete Vermögen wurde durch SMAD-Befehl Nr. 154/181 vom 21. Mai 1946 den jeweiligen Landesverwaltungen unterstellt[533]. In der Regel verloren die Betriebe nach der Beschlagnahme ihre eigenständige Stellung und bildeten als staatliche Unternehmen unselbständige Einzelglieder in den Wirtschaftsverwaltungen der Länder der sowjetischen Besatzungszone[534]. Darüber hinaus wurden einzelne Betriebe zu sogenannten Sowjetischen Aktiengesellschaften (SAG) umgestaltet, welche unter der unmittelbaren Aufsicht der Besatzungsmacht standen und für die diese Reparationsleistungen erbringen sollten[535]. Bereits im Jahre 1947 entfiel in der sowjetischen Zone auf die Privatindustrie lediglich noch ein Produktionsanteil von 43,7%. Bis 1949 reduzierte sich dieser auf 31,5%, wohingegen die sozialisierten Betriebe 46,6% und die SAG'en 21,9% erwirtschafteten[536].

Während in den Westzonen die Aufspaltung größerer Betriebe im Vordergrund stand, erfolgte in der sowjetischen Besatzungszone nach grundsätzlicher Umwandlung der Eigentumsverhältnisse eine zunehmende Zentralisierung der Wirtschaftsmacht bei staatlichen Organen. Diese Entwicklung wurde im wesentlichen im Frühjahr 1948 durch die Bildung der "Deutschen Wirtschaftskommission" abgeschlossen[537].

Bemerkenswert ist in diesem Zusammenhang, daß sowohl zwei Länderverfassungen der sowjetischen Besatzungszone[538] wie auch die DDR-Verfassung von 1949 (Art. 24 Abs. 4) in Anlehnung an die Formulierung des Potsdamer Abkommens Regelungen enthalten, nach denen "Monopolorganisationen, wie Kartelle, Syndikate, Konzerne, Trusts und ähnliche auf Gewinnsteigerung durch Produktions-, Preis- und Absatzregelung gerichtete" Organisationen aufgehoben und verboten wurden, zugleich aber diese Beschränkungen ausdrücklich auf private Betriebe beschränkt blieben.

---

533 Siehe Nr. 1 und 2 des Befehls (Wortlaut in: Amtsblatt der Landesverwaltung Mecklenburg-Pommern 1946 S. 76).

534 Dazu Deuerlein, Auslegung S. 81 ff.; Rabl, Durchführung S. 306 ff.

535 Vgl. allgemein zu Entwicklung: Fritsch-Bournazel, Sowjetunion S. 32 f.; Balfour, Vier-Mächte-Kontrolle S. 242 f.; Belezki, Politik S. 35 ff.

536 Nach: Schöneburg, Werden S. 316.

537 SMAD-Befehl Nr. 32 vom 12. Februar 1948 (Zentralverordnungsblatt für die sowjetische Besatzungszone S. 138).

538 Art. 74 Mecklenburgische Verfassung von 1947 (Wegner, Neue deutsche Verfassung S. 195 ff.); Art. 73 Sächsische Verfassung von 1947 (a.a.O., S. 219 ff.).

3.10.3 Nichterfüllung der Verpflichtung zur Dezentralisierung der Wirtschaft?

Aus der tatsächlich vorgenommenen Zentralisierung – und damit auch Monopolisierung – wesentlicher Wirtschaftsbereiche innerhalb der sowjetischen Zone und der späteren DDR schließt Rabl[539] auf eine Nichterfüllung des Potsdamer Abkommens, da dessen Verpflichtung, Zentralverwaltungswirtschaft als solche zu beseitigen, nicht befolgt worden sei.

Da aber auch die britische Regierung von der Notwendigkeit einer Verstaatlichung grundlegender Teile der Wirtschaft ausging – was zwangsläufig auch zu einer Konzentration wirtschaftlicher Macht in der Hand des Staates führen mußte –, und dies nicht als Widerspruch zur Regelung des Potsdamer Abkommens sah, kann man nicht so ohne weiteres davon ausgehen, daß diese Bestimmungen des Potsdamer Abkommens – trotz ihrer Zielrichtung gegen die zentralistische Wirtschaft des nationalsozialistischen Staates – jede Zusammenfassung wirtschaftlicher Macht in der Hand staatlicher Organe ausschließen sollte. Weil im nationalsozialistischen Deutschland trotz staatlicher Lenkung die privatwirtschaftliche Verfügungsbefugnis über Kapital und Betriebe weiter bestanden hatte, existierten 1945 im wesentlichen auch nur privatwirtschaftliche Konzerne, so daß die Bestimmungen des Potsdamer Abkommens – soweit sie sich auf die Beseitigung vorhandener Monopolisierungen in Deutschland bezogen – in erster Linie auch gegen privatwirtschaftliche Unternehmen gerichtet waren.

Soweit Monopolbindungen für die Zukunft verhindert werden sollten, kann daher wohl nicht angenommen werden, daß grundsätzlich auch eine wirtschaftliche Machtkonzentration in der Hand des Staates dem Potsdamer Abkommen widerspricht, wenn demokratische Kontrolle wirtschaftlichen Machtmißbrauch verhindert. Es ist unwahrscheinlich, daß die Sowjetunion ihr Wirtschaftsmodell – die staatliche Planwirtschaft – in Deutschland nicht zulassen wollte. Auch die Westmächte, bei denen zumindest Großbritannien einen starken staatlichen Sektor der Wirtschaft besaß, genehmigten Bestimmungen in den Länderverfassungen und im Grundgesetz (Art. 15), die durch Sozialisierung wirtschaftliche Machtkonzentration in der Hand des Staates zulassen.

3.10.4 Völkerrechtliche Gültigkeit

Die wirtschaftlichen Bestimmungen des Potsdamer Abkommens gehen zwar nicht so weit, daß dem zukünftigen Deutschland ein bestimmtes Wirtschaftssystem vorgeschrieben wird, dennoch bedeutet die Dezentralisierung der Wirtschaft und die Auflösung übermäßiger Machtkonzentrationen

---

539 Rabl, Durchführung S. 302 f.

bei einzelnen Unternehmen einen tiefen Eingriff in die deutsche Wirtschaft und mußte in bedeutenden Wirtschaftszweigen (vor allem in der Grundstoffindustrie) zu grundlegenden Umgestaltungen führen.

Auch hier durchbricht das Potsdamer Abkommen den in Art. 43 HLKO normierten Nichtinterventions-Grundsatz des klassischen Völkerrechts[540] und verlangt unter Außerachtlassung deutschen Rechts die Schaffung neuer Rechtsverhältnisse in der Wirtschaft. Das Abkommen schuf die Grundlage für einschneidende Eingriffe in die gesamte Wirtschaftsstruktur und in die private Eigentumssphäre des besetzten Deutschlands. Dies sind Maßnahmen, die der innerstaatliche Gesetzgeber ohne entsprechende verfassungsrechtliche Vollmachten in der Regel nicht treffen kann. Im herkömmlichen Okkupationsrecht läßt sich ebensowenig wie in der bisherigen Okkupationspraxis eine Legitimation oder ein Beispiel für derartiges Vorgehen von Besatzungsmächten finden.

In Anbetracht des dieser politischen Intervention zugrunde liegenden Zieles, durch die Kontrolle wirtschaftlicher Macht zukünftige militärische Aggressionen Deutschlands zu verhindern, neigt jedoch die völkerrechtliche Literatur – selbst bei Annahme eines fortbestehenden, nur besetzten Deutschen Reiches – dazu, die Entflechtungsmaßnahmen dann als nicht völkerrechtswidrig zu betrachten, wenn der in Art. 46 Abs. 2 HLKO normierte Schutz des Privateigentums grundsätzlich gewährleistet bleibt[541].

Daher setzte die deutsche Kritik an den konkreten Entflechtungsmaßnahmen auch vorwiegend bei der Frage der Entschädigung an, denn hier wurden teilweise schwerwiegende Eingriffe vorgenommen, bei denen es durchaus fraglich erscheinen kann, ob sie erforderlich waren, um die Interventionsziele zu erreichen[542]. Diese Bedenken betreffen jedoch die Ausführung der grundlegenden Bestimmungen des Potsdamer Abkommens, nicht aber dieses selbst, da dessen Regelungen eine Entschädigung oder beispielsweise die Aufspaltung des Aktienkapitals dezentralisierter Großbetriebe nicht ausschließen, soweit dies dem grundlegenden Ziel der Entflechtung – Verhinderung von Wirtschaftszusammenballungen – nicht zuwider läuft.

Insoweit kann auch diese Bestimmung des Potsdamer Abkommens – unabhängig von der Beurteilung der Rechtslage Deutschlands nach 1945 – als eine unter Berücksichtigung der spezifischen deutschen Situation nach 1945 zulässige Intervention der Vier Mächte zur Verfolgung legitimer Sicherheitsinteressen und zur Wahrung des Friedens angesehen werden.

---

540 Siehe oben 1. Teil III. 4.

541 Kaufmann, Rechtslage S. 32 f.; Geiler, Rechtsgutachten S. 25; siehe auch Mueller, Dekartellierung S. 61 ff.; Huber, Wirtschaftsverwaltungsrecht S. 437.

542 Siehe Schmoller, Handbuch § 44 S. 11.

3.10.5 Regelungen der Wirtschaftsordnung in den Verfassungen der Bundesrepublik Deutschland und der DDR

Das Grundgesetz der Bundesrepublik Deutschland enthält keine spezielle Regelung, die der Bestimmung des Potsdamer Abkommens über die Dezentralisierung der Wirtschaft entspricht. Die wenigen die Wirtschft betreffenden Verfassungsbestimmungen (Art. 14 und 15), die zwar beschränkte Sozialisierungsmaßnahmen zulassen, ansonsten die Wirtschaftsordnungen aber nicht verfassungsrechtlich festlegen, stehen jedoch der Regelung des Potsdamer Abkommens nicht entgegen. Die Gesetzgebungskompetenz des Bundes für Maßnahmen zur Verhütung des Mißbrauchs wirtschaftlicher Machtstellung (Art. 74 Nr. 16 GG) ermöglicht insoweit auch wirtschaftsordnende Bestimmungen im Sinne des Abkommens.

Demgegenüber enthält die DDR-Verfassung von 1949 über das bereits erwähnte, dem Potsdamer Abkommen nachgebildete, Verbot privatwirtschaftlicher Monopolorganisationen (Art. 24 Abs. 4) hinaus eine umfassende Regelung der Wirtschaftsordnung. Die gesamte Wirtschaft ist dem durch das Parlament zu erstellenden Wirtschaftsplan unterworfen (Art. 21), alle Bodenschätze und wirtschaftlich nutzbaren Naturkräfte werden einschließlich der ihrer Ausbeutung dienenden Betriebe in Volkseigentum überführt (Art. 25) und umfassende Enteignungs- und Sozialisierungsmöglichkeiten sind gegeben (Art. 27 Abs. 1 sowie Art. 24 Abs. 2 und 3)[543].

Die DDR-Verfassung von 1968 legt in den Art. 9 ff, die sozialistische Planwirtschaft mit zentraler staatlicher Leitung als Wirtschaftsordnung für die DDR fest und erklärt ausdrücklich einige Wirtschaftsbereiche zu staatlichen Monopolen (Außenhandel, Valutawirtschaft, Bergwerke, Industriebetriebe, Banken und Versicherungseinrichtungen, Eisenbahn, Seeschiffahrt, Luftfahrt, Post- und Fernmeldeanlagen[544]. Art. 9 Abs. 1 der DDR-Verfassung in der Fassung von 1968 konstatierte noch "die Entmachtung der Monopole und Großgrundbesitzer, durch Abschaffung der kapitalistischen Profitwirtschaft", womit die "Quelle der Kriegspolitik und die Ausbeutung des Menschen durch den Menschen beseitigt" worden sei; doch diese Passage wurde 1974 gestrichen.

Das Verfassungsrecht in beiden deutschen Staaten widerspricht damit der Verpflichtung des Potsdamer Abkommens zur Dezentralisierung der Wirtschaft nicht. Dies liegt aber auch mit daran, daß die wirtschaftlichen Dezentralisierungsregelungen inhaltlich – auch aufgrund der fehlenden gemeinsamen Ausführungsbestimmungen der Vier Mächte – nur wenig kon-

---

543 Vgl. dazu und zu weiteren Regelungen der Wirtschaftsordnung: Abendroth, Zwiespältiges Verfassungsrecht S. 10 f.; Mampel, Verfassung (Anmerkungen zu den Art. 19-29).

544 Art. 9 Abs. 5, Art. 12 Abs. 1 DDR-Verfassung von 1968 (bzw. 1974). Während diese Verfassung in ihrer Fassung von 1968 nur den Privatbesitz von großen Industriebetrieben untersagte, wurde dieses Verbot mit der Änderung von 1974 auf alle Industriebetriebe ausgedehnt.

kretisiert sind. Ob aber die heutigen Wirtschaftsstrukturen der Bundesrepublik Deutschland und der DDR dem dennoch erkennbaren Minimalkonsens über die Verhinderung von Monopolstellungen und über demokratische Kontrolle der Wirtschaft entsprechen, bedürfte einer eingehenden Untersuchung.

3.10.6 Bodenreform

Aus der Forderung des Potsdamer Abkommens nach Dezentralisierung der Wirtschaft leitet die Sowjetunion auch die Verpflichtung zur Durchführung einer Bodenreform ab. Ihre Zweckmäßigkeit und Bedeutung im Rahmen einer Demokratisierung Deutschlands bestritten die Westmächte zu keiner Zeit[545], doch wurde die praktische Realisierung in den Westzonen nicht annähernd so forciert wie in der sowjetisch besetzten Zone.

Dort wurden nach anfänglichen "spontanen" Vertreibungen von Großgrundbesitzern seit September 1945 bis 1950 auf der Grundlage von Rechtsverordnungen der Länder 3,3 Millionen Hektar – das waren 35% der landwirtschaftlichen Nutzfläche – neu verteilt. Alle landwirtschaftlichen Betriebe über 100 ha sowie der Grundbesitz von Nationalsozialisten und Kriegsverbrechern wurden entschädigungslos enteignet und etwa zu zwei Dritteln an private Bauern und zu einem Drittel an öffentliche Körperschaften abgegeben[546]. Die Zahl der landwirtschaftlichen Betriebe erhöhte sich dadurch gegenüber 1939 um 38%, während der Anteil von Großgrundbesitz (über 100 ha) an der landwirtschaftlichen Nutzfläche von 28,3% (1939) auf 4,4% – überwiegend Staatsgüter – zurückging. Die DDR-Verfassung von 1949 schrieb die Grundsätze dieser (bei Inkrafttreten der Verfassung weitgehend abgeschlossenen) Bodenreform verfassungsrechtlich fest: Art. 24 Abs. 5 erklärte Großbetriebe über 100 ha für aufgelöst und ordnete ihre entschädigungslose Enteignung an. Zugleich aber wurde nach Abschluß dieser Maßnahmen das Privateigentum an Grund und Boden für Bauern ausdrücklich und uneingeschränkt gewährleistet[547].

Zu einer ähnlichen Entwicklung kam es in den Westzonen nicht. Zwar gehörte auch hier – insbesondere bei den Briten – die langfristige Veränderung der agrarischen Besitzstruktur zu den Forderungen für den Aufbau einer lebensfähigen Demokratie in Deutschland[548] und man sprach ähnlich wie in der sowjetischen Zone von der "Entwaffnung der deutschen Landwirtschaft", doch die Schaffung der rechtlichen Grundlagen kam nur

---

545 Vgl. beispielsweise für Großbritannien: Trittel, Hauptprobleme S. 135 f.

546 Siehe dazu Schöneburg, Werden S. 317 ff.; Belezki, Politik S. 73; Balfour, Vier-Mächte-Kontrolle S. 113 f., 234; Fritsch-Bournazel, Sowjetunion S. 32.

547 Vgl. dazau auch Mampel, Verfassung S. 160, 162 f.

548 Siehe Trittel, Hauptprobleme S. 105.

schleppend in Gang und die praktische Durchführung blieb weitgehend auf der Strecke. Anders als in der sowjetischen Besatzungszone, wo die Bodenreform von hier tätigen führenden Kommunisten bereits während des Krieges vorbereitet worden war[549] und prinzipiell von allen politischen Parteien unterstützt wurde, scheiterte sie in den Westzonen insbesondere auch an dem Widerstand in den deutschen Landesregierungen und Landesverwaltungen[550]. Entgegen dem – der Forderung des Potsdamer Abkommens nach Wirtschaftseinheit Deutschlands im Prinzip widersprechenden – Alleingang in der sowjetischen Zone wollten die Westmächte zunächst eine Regelung des Kontrollrates abwarten. Da man hier nicht weiterkam, entschlossen sich die Briten im Sommer 1946 zu eigenen Maßnahmen in ihrer Zone. Nachdem bereits im Juni Grundeigentum über 500 ha beschlagnahmt worden war, geriet die Bodenreform erneut ins Stocken, und der Erlaß der Rechtsgrundlagen erfolgte erst im September 1947 – d.h. nach der Moskauer Außenministerkonferenz vom Frühjahr 1947, wo man den Abschluß der Bodenreform bis zum Ende des Jahres vereinbart hatte[551]. Doch die vorgesehene Enteignung von Grundbesitz von über 150 ha kam noch immer nicht richtig in Gang. Die Bemühungen um eine einheitliche Regelung für die Bi-Zone scheiterten und die Landesparlamente ließen sich Zeit, notwendige Ausführungsregelungen zu treffen. Für Nordrhein-Westfalen und Niedersachsen sah sich die britische Militärregierung gezwungen, im Frühjahr 1949 (!) selbst Durchführungsverordnungen zu erlassen. Da jedoch auch dann noch die praktische Ausführung bei den Ländern verblieb, verlief die Bodenreform in der britischen Zone weitgehend im Sande[552].

In der amerikanischen und der französischen Zone sah es nicht anders aus. Erst unter dem starken Druck der Militärregierungen erließen die Länder Gesetze "zur Beschaffung von Siedlungsland und zur Bodenreform", die von Grundbesitz über 100 ha eine anteilsmäßige Landabgabe vorsahen. Doch auch hier geschah in praxi wenig[553]. Insgesamt wurden so bis Ende 1951 im Gebiet der Bundesrepublik Deutschland nur 144000 ha eingezogener Grundbesitz an private Landwirtschaftsbetriebe verteilt[554].

Bei aller berechtigten Kritik – insbesondere von seiten der Sowjetunion[555] – an der mangelnden Realisierung der von allen vier Alliierten gewollten Bodenreform, ist jedoch auch zu berücksichtigen, daß in den Westzonen die tatsächlichen Ausgangsbedingungen ganz andere waren, als im übrigen

549 Vgl. Balfour, Vier-Mächte-Kontrolle S. 113 f. mwN.

550 Siehe Trittel, Bodenreform S. 52 ff.

551 Verordnung Nr. 103 (Amtsblatt, Britisches Nr. 21 (1947) S. 595 f.).

552 Trittel, Bodenreform S. 165 ff.

553 Vgl. Balfour, Vier-Mächte-Kontrolle S. 235 f.; siehe auch Huster, Determinanten S. 51.

554 Begünstigt wurden überwiegend Heimatvertriebene.

555 Vgl. etwa die Äußerungen Molotows am 8. Dezember 1947 (Molotow, Fragen der Außenpolitik S. 596).

Deutschland. Der Anteil von "Großgrundbesitz" im Sinne der Bodenreform der SBZ – also Betriebe über 100 ha – an der landwirtschaftlichen Nutzfläche betrug im Gebiet der Westzonen auch 1939 nur 4,8 %[556] und war damit weitaus geringer als in Mitteldeutschland (28,3 %). Nur in Schleswig-Holstein – dem einzigen westdeutschen Land, wo es zu einer halbwegs umfassenden Bodenreform kam – und in Niedersachsen war dieser Anteil um einiges höher. Trotz der vereinzelt gebliebenen Reformmaßnahmen in den Westzonen war daher Mitte der 50er Jahre in der Bundesrepublik der Anteil an "Großgrundbesitz" mit 3,5 % noch geringer als in der DDR[557].

Auch bei der mangelhaften Durchführung der Bodenreform in den Westzonen kann daher im Ergebnis für den Bereich der Landwirtschaft nicht von einem Verstoß gegen die Verpflichtungen des Potsdamer Abkommens zur Dezentralisierung des Wirtschaftslebens ausgegangen werden. Interpretiert man – angesichts der fehlenden Konkretisierung gemeinsamer Vorstellungen über den Umfang der Bodenreform – die von den Alliierten getroffenen und unterstützten Maßnahmen dahingehend, daß ihrer Ansicht nach landwirtschaftlicher Grundbesitz über 100 ha weitgehend aufgehoben werden sollte, so entsprachen die Verhältnisse in der Bundesrepublik und der DDR diesen Anforderungen Anfang der 50er Jahre zweifellos. Weitere Aspekte einer Bodenreform – etwa ob die Enteignung entschädigungslos (so in der SBZ) oder gegen angemessene Entschädigung (so in den Westzonen) erfolgen sollte – lassen sich dem Potsdamer Abkommen sicherlich nicht entnehmen.

Für die spätere – zunehmend zentralistisch orientierte – Organisation der Landwirtschaft in der DDR gilt im Prinzip das gleiche wie für die dortige Industrieentwicklung: Im Sinne das Potsdamer Abkommens ist nicht die formale Größe entscheidend, sondern die durch Monopolstellung gegebene Gefahr des wirtschaftlichen Machtmißbrauchs, der auch durch demokratische Kontrolle verhindert werden kann. Das Anwachsen des Anteils der von landwirtschaftlichen Betrieben der Bundesrepublik über 100 ha bewirtschafteter Nutzfläche (5,8 % im Jahre 1979) ist jedoch aus dem Gesichtspunkt der Dezentralisationsforderung des Potsdamer Abkommens kaum relevant.

---

556 Nach: Statistisches Jahrbuch des Deutschen Reiches 1941.

557 Nach: Statistisches Jahrbuch der Bundesrepublik Deutschland 1953. Auch in Schleswig-Holstein lag der Anteil des Großgrundbesitzes nur unter 10 %.

4. Klare Leitbilder einer demokratischen Neuordnung Deutschlands

Zusammenfassend kann damit zum Demokratieverständnis der Alliierten festgehalten werden, daß die Konferenzmächte von Potsdam sehr wohl eine klare Vorstellung von den demokratischen Mindeststandards einer zukünftigen deutschen Gesellschaft hatten. Der Demokratiebegriff erschöpft sich keineswegs in der bloßen Verneinung des Nationalsozialismus.

In wesentlichen Grundpositionen übereinstimmend, gaben die Alliierten Deutschland ein verbindliches Leitbild für eine zukünftige Verfassungsordnung mit auf den Weg, das in entscheidenden Bereichen an die demokratische Tradition Deutschlands anknüpft, und somit dem deutschen Volke – unter Achtung des ihm zugestandenen Selbstbestimmungsrechts – die Chance gab, die demokratische Entwicklung fortzusetzen, wo sie durch den Nationalsozialismus unterbrochen wurde[558].

Die für Deutschland von den Alliierten im Potsdamer Abkommen festgelegten Grundsätze einer demokratischen Neuordnung – die durchaus im Kern mit den Demokratievorstellungen der Deutschen nach dem Zweiten Weltkrieg übereinstimmen[559] – sind orientiert an der Geltung von Menschenrechten und Grundfreiheiten, dem Rechtsstaatsprinzip, einer dezentralen Struktur des politischen Lebens, der Volkssouveränität in Form einer repräsentativen Demokratie mit Parteienpluralismus und Kontrolle wirtschaftlicher Macht. Darüber hinaus soll es dem deutschen Volk überlassen bleiben, seine Gesellschafts- und Wirtschaftsordnung und die demokratische Idee nach eigenen Vorstellungen weiter zu entwickeln.

Die politischen und wirtschaftlichen Grundsätze des Potsdamer Abkommens sind zwar in diesem selbst ausdrücklich als Grundsätze charakterisiert, "deren man sich bei der Behandlung Deutschlands in der Anfangsperiode der Kontrolle bedienen muß", doch ergibt sich aus dem Zweck der Demokratisierungsregelungen des Potsdamer Abkommens und dem damit verfolgten Ziel, eine zukünftige Bedrohung in der Welt durch Deutschland zu verhindern, daß es sich hier um Essentials handelt, ohne die sich die Signatarstaaten des Potsdamer Abkommens eine friedliche Entwicklung Deutschlands nicht vorstellen konnten. Insoweit mußten diese im Potsdamer Abkommen manifestierten demokratischen Grundsätze auch prinzipiell über die Periode der Kontrolle und Besetzung hinaus Gültigkeit behalten. Für Deutschland nach dem Zweiten Weltkrieg sind daher auch alle De-

---

558 Von diesem Verständnis ging bereits vor Abschluß der Potsdamer Konferenz der Wiedergründungsaufruf der KPD vom 11. Juni 1945 aus, wo es heißt: "Mit der Vernichtung des Hitlerismus gilt es gleichzeitig, die Sache der Demokratisierung Deutschlands, die Sache der bürgerlich-demokratischen Umbildung, die 1848 begonnen wurde, zu Ende zu führen" (Text: Ulbricht, Geschichte Bd. I 1. HBd. S. 370).

559 Siehe dazu u.a. Rupp, Geschichte S. 9-12.

mokratisierungsbestimmungen des Potsdamer Abkommens als Ausgangsbasis einer demokratischen Entwicklung für verbindlich anzusehen[560].

Eine Konkretisierung der ausfüllungsbedürftigen Demokratiebestimmungen des Potsdamer Abkommens ist jedoch nur zu einem sehr geringen Teil durch den Kontrollrat als dem gemeinsamen Regierungsorgan der Vier Mächte erfolgt. Im Zuge der sich verschärfenden Gegensätze gingen die Alliierten hier weiteren Konflikten nach Möglichkeit aus dem Wege. Die schwindende Bereitschaft, einen umfassenden und detaillierten Konsens über die demokratische Entwicklung Deutschlands herbeizuführen, trug erheblich zur Auseinanderentwicklung der Teile Deutschlands bei. In dem Maß wie die gemeinsamen alliierten Organe als Kontrollinstrumente versagten, wurden die unterschiedlichen Grundpositionen der einzelnen Besatzungsmächte zu den alleinigen Kriterien für die Entwicklung der Demokratie in den Zonen. Die Westmächte leiteten den Aufbau eines liberalen Verfassungsstaates unter Rekonstruktion kapitalistischer Produktionsbedingungen ein[561], während die Sowjetunion eine forcierte ökonomische Umgestaltung forderte und die Aushöhlung formal-demokratische Prinzipien förderte und begünstigte.

Dennoch entsprechen die beiden von den Besatzungsmächten genehmigten deutschen Verfassungen des Jahres 1949 – das Grundgesetz der Bundesrepublik Deutschland und die Verfassung der Deutschen Demokratischen Republik[562] – den Demokratievorgaben des Potsdamer Abkommens. Für die (hier nicht im einzelnen untersuchte) Verfassungspraxis in den entstehenden beiden deutschen Staaten sowie für die Verfassung der DDR von 1968 kann dies jedoch nicht mehr uneingeschränkt gesagt werden[563].

---

560 Siehe auch Rabl, Durchführung S. 247. Insoweit unverständlich ist daher die Ansicht Menzels (Friedensvertrag S. 27), daß dieser Komplex des Potsdamer Abkommens offensichtlich der Vergangenheit angehöre.

561 Vgl. etwa Vogel, Besatzungspolitik S. 138.

562 Zur Legitimität beider Verfassungen vgl. Abendroth, Zwiespältiges Verfassungsrecht S. 3-5, 6 f.

563 Vgl. die Aussagen zu den einzelnen Demokratiebestimmungen oben.

IV. Entnazifizierung und Entmilitarisierung

Der Zweck der Bestimmungen des Potsdamer Abkommens über die Ausrottung von Nationalsozialismus und Militarismus in Deutschland liegt auf der Hand: Es soll *"für immer der Wiedergeburt oder Wiederaufrichtung des deutschen Militarismus und Nazismus" vorgebeugt werden*[1]. Nach Meinung der Konferenzmächte konnte erst die völlige Beseitigung aller Wurzeln des Militarismus und Nazismus in Deutschland garantieren, *daß "Deutschland niemals mehr seine Nachbarn oder die Erhaltung des Friedens in der ganzen Welt bedrohen kann"*[2]; *erst dadurch würde es möglich, Deutschland "auf einer demokratischen und friedlichen Grundlage von neuem wieder aufzubauen"*[3].

Diese grundsätzlichen Ziele des Potsdamer Abkommens dürfen bei der Interpretation der einzelnen Bestimmungen zur Entmilitarisierung und Entnazifizierung und der Beurteilung der Frage, wie weit die Regelungen auch über die Besatzungszeit hinaus Gültigkeit haben, nicht aus den Augen verloren werden.

Auch Frankreich hat die Entnazifizierungs- und Entmilitarisierungsbestimmungen des Potsdamer Abkommens ausdrücklich als wesentliches Ziel der Besetzung anerkannt und gebilligt[4]. Insoweit können sich demnach aus den französischen Vorbehalten zu den Übereinkünften der Drei Mächte in Potsdam keine rechtlichen Geltungsbeschränkungen für Frankreich und Deutschland[5] ergeben.

Die Frage der prinzipiellen Zulässigkeit von Entnazifizierungs- und Entmilitarisierungsbestimmungen wirft keine grundsätzlichen völkerrechtlichen Probleme auf. Dies gilt nicht nur aus der Sicht der Lehre vom Untergang des Deutschen Reiches, sondern auch vom Standpunkt der Kontinuitätstheorie. Auch die Haager Landkriegsordnung – deren Bestimmungen insoweit als allgemeine Völkerrechtsregeln zur Begrenzung der alliierten Befugnisse herangezogen werden können[6] – läßt der Besatzungsmacht weitgehend

---

1 Abschnitt III A3 (I)a letzter Halbsatz Potsdamer Abkommen.

2 Abschnitt III (Einleitung) Potsdamer Abkommen; siehe auch Abschnitt II Abs. 2 der Mitteilung über die Krim-Konferenz von 1945.

3 Abschnitt III (Einleitung) Potsdamer Abkommen sowie Abschnitt V Abs. 3 der Mitteilung über die Krim-Konferenz von 1945.

4 Schreiben des Außenministers der Provisorischen Regierung der Französischen Republik an die Botschafter der Vereinigten Staaten, des Vereinigten Königreiches und der Sowjetunion vom 7. August 1945 (deutscher Text: Europa-Archiv 1954 S. 6745). Siehe auch die Erklärung des französischen Außenministers auf der Konferenz des Rates der Außenminister am 10. Juli 1946 (a.a.O., S. 6753).

5 Siehe oben 1. Teil III. 3.3 (am Ende).

6 Siehe oben 1. Teil III. 4.1, IV. 2.

freie Hand, wenn es um den Schutz ihrer militärischen Interessen geht[7]. Weiterhin sind danach Besatzungsmächte berechtigt und verpflichtet, Vorkehrungen zu treffen, "um nach Möglichkeit die öffentliche Ordnung und das öffentliche Leben wieder herzustellen und aufrechtzuerhalten"[8]. Daher können sie Staatseigentum – insbesondere auch Waffen – konfiszieren und selbst verwenden[9], Rechtsvorschriften erlassen[10] und Militärgerichte zur Bestrafung von Kriegsverbrechern errichten[11]. Auch wird man Maßnahmen nicht in Frage stellen können, die eindeutig völkerrechtswidrige Zustände beseitigen[12].

Unter diesen Gesichtspunkten kann die Zulässigkeit von Entwaffnung, Auflösung militärischer Verbände und die Bestrafung von Kriegsverbrechern kaum angezweifelt werden. Auch die Aufhebung nazistischer Gesetze, die Entfernung aktiver Nationalsozialisten aus führenden Positionen sowie die Entnazifizierung und Entmilitarisierung des Erziehungswesens können prinzipiell nicht als völkerrechtswidrig bezeichnet werden, soweit es sich hier um Beseitigung inhumaner, gegen grundlegende Menschenrechte gerichtete Gesetze und Praktiken des Nationalsozialismus handelt[13], und die Einleitung neuer kriegerischer Aggressionen von Deutschland aus verhindert werden soll. Im einzelnen mögen verschiedene Maßnahmen der Besatzungsmächte über den völkerrechtlich zulässigen Rahmen hinausgegangen sein, doch dies betrifft grundsätzlich nicht die Bestimmungen des Potsdamer Abkommens selbst, sondern deren praktische Durchführung.

1. Entnazifizierungsbestimmungen des Potsdamer Abkommens

Die Entnazifizierungsregelungen im Potsdamer Abkommen enthalten zwei grundlegende Komponenten[14]: Einmal verfolgen sie das Ziel, die Überreste des Nationalsozialismus im besiegten Deutschland zu beseiti-

---

7 Siehe Berber, Völkerrecht Bd. II S. 130 ff.

8 Art. 43 HLKO.

9 Siehe ausführlich mwN.: Berber, Völkerrecht Bd. II S. 132; Ipsen in: Menzel, Völkerrecht S. 548 f.; Seidl-Hohenveldern, Völkerrecht Rdnr. 1139 ff.

10 Berber, a.a.O., s. 133; Menzel, a.a.O.; Seidl-Hohenveldern, a.a.O.

11 Berber, a.a.O., S. 135; Seidl-Hohenveldern Rdnr. 1352 ff.; s.a. unten 2. Teil IV. 2.1.3.

12 Siehe auch Berber, Völkerrecht Bd. II S. 133 f.; s.a. oben 1. Teil III. 4.1, 4.2.

13 Siehe auch Berber, Völkerrecht Bd. II S. 134 mwN.

14 Ähnlich auch Absatz 1 der Moskauer Deklaration über Italien von 1943: "...daß die alliierte Politik Italien gegenüber von dem fundamentalen Grundsatz ausgehen muß, den Faschismus mit seinem ganzen üblen Einfluß und seinen üblen Auswirkungen völlig zu zerstören und dem italienischen Volk jede Möglichkeit zu geben, seine Regierung und die sonstigen Einrichtungen auf demokratischer Grundlage zu schaffen".

gen, zum anderen soll durch geeignete Maßnahmen verhindert werden, daß in Deutschland jemals wieder der Nazismus Fuß greifen und maßgebenden Einfluß gewinnen kann.

Die Vernichtung der nationalsozialistischen Weltanschauung gehörte von Anfang an zu den unumstrittenen ideologischen Zielen der Anti-Hitler-Koalition[15]. Bereits im Januar 1943 auf der Konferenz von Casablanca hatten sich Churchill und Roosevelt darauf geeinigt, daß diese Weltanschauung, die auf Eroberung und Untergang anderer Völker ausgerichtet sei, zerstört werden müsse[16]. Auf der Moskauer Außenministerkonferenz im Oktober des gleichen Jahres wurden dementsprechende amerikanische Vorschläge erörtert und an die Europäische Beratende Kommission in London überwiesen[17]. Im Februar 1945 in Jalta ist dann über die Entnazifizierung nicht mehr grundsätzlich debattiert worden, aber das Kommuniqué der Konferenz zeigt, daß bereits damals Einvernehmen über die auch in das Potsdamer Abkommen aufgenommenen Regelungen bestand[18].

Obwohl man sich frühzeitig der bevorstehenden Aufgabe bewußt war und von vornherein Einigkeit über die Grundlinien der zu ergreifenden Politik bestand, verabsäumten es die Alliierten, die Entnazifizierung (z.B. durch die Europäische Beratende Kommission) detailliert vorzubereiten. Etwa ein Fünftel der deutschen Bevölkerung (12 Millionen) gehörten als Mitglieder der NSDAP oder ihrer an Zahl kaum zu übersehenden Unterorganisationen an. Nach britischen Schätzungen waren 10% der Erwachsenen Bevölkerung "eingefleischte" Nazis, 25% "Gläubige mit Vorbehalten", 40% unpolitische Mitläufer und nur 15% passive und 5% aktive Nazigegner[19]. Auch die Amerikaner, die sich seit 1944 intensiv mit weitreichenden Entnazifizierungsmaßnahmen beschäftigt hatten[20], besaßen im Zeitpunkt der deutschen Kapitulation – abgesehen von den in der JCS-Weisung 1067 enthaltenen Grundlinien, die die Beschlüsse von Jalta nur unzureichend konkretisierten[21] – kein praktikables Programmm.

15 Vgl. Moltmann, Deutschlandpolitik S. 169.

16 Moltmann, Deutschlandpolitik S. 64.

17 Vgl. Meissner, Rußland S. 22.

18 Vgl. die Mitteilung über die Krim-Konferenz vom 11. Februar 1945.

19 Vgl. Balfour, Vier-Mächte-Kontrolle S. 86 ff., 261; Jürgensen, Elemente S. 109; Huster, Determinanten S. 52.

20 Auch hier ist der Einfluß Morgenthaus bemerkbar (vgl. Koß, Vorstellungen S. 26 f.).

21 Vgl. Balfour, Vier-Mächte-Kontrolle S. 264.

1.1 Beseitigung der Überreste des Nationalsozialismus

Auf diese erste Komponente der Entnazifizierung zielen vor allen Dingen Bestimmungen der Abschnitte III A 3 (III) (Teilsätze 1, 2) und III A 4 (Sätze 1, 5-7) des Potsdamer Abkommens ab. Im einzelnen sind zur Vernichtung der Reste des Faschismus in Deutschland die Auflösung nationalsozialistischer Organisationen, die Aufhebung nazistischer Gesetze, die Bestrafung von Nationalsozialisten, deren Entfernung aus wichtigen Positionen und die Entnazifizierung des Erziehungswesens vorgesehen.

1.1.1 Auflösung der NSDAP und ihrer Gliederungen

Entsprechend der Mitteilung über die Konferenz auf der Krim vom 11. Februar 1945[22] verlangt das Potsdamer Abkommen (in nahezu unveränderter Übernahme des diesbezüglichen amerikanischen Vorschlages[23]): *"Die Nationalsozialistische Partei mit ihren angeschlossenen Gliederungen und Unterorganisationen ist zu vernichten; alle nationalsozialistischen Ämter sind aufzulösen"*[24].

Diese Forderung wird durch die Proklamation des Kontrollrates Nr. 2 vom 20. September 1945 wiederholt und zugleich werden die deutschen Stellen zur Mitarbeit verpflichtet[25]. Mit dem Kontrollratsgesetz Nr. 2 vom 10. Oktober 1945 erfolgte dann die offizielle Auflösung von 62 nationalsozialistischen Organisationen und die Beschlagnahme ihres Vermögens. Aber auch dies geschah nicht ohne Ausnahmen: In der britischen Zone blieb der "Reichsnährstand" zunächst von der Auflösung verschont, weil man 1945 sonst eine Katastrophe in der Lebensmittelversorgung der Bevölkerung befürchtete[26].

1.1.2 Aufhebung nationalsozialistischer Gesetze

Wie auch die Mitteilung der Krim-Konferenz[27] sieht das Potsdamer Abkommen vor, *daß "alle nazistischen Gesetze, welche die Grundlage für das Hitlerregime geliefert haben oder eine Diskriminierung aufgrund der Rasse,*

---

22 Abschnitt II Abs. 4 Satz 3 6. Teilsatz der Mitteilung über die Krim-Konferenz von 1945.

23 Deuerlein, Vorformulierungen S. 346.

24 Eine ähnliche Regelung enthält auch die Moskauer Deklaration über Italien von 1943 (Abs. 3 Nr. 3) und der Österreichische Staatsvertrag von 1955 (Art. 9 Abs. 1, 2).

25 Abschnitt IX Nr. 38-40 der Proklamation Nr. 2 des Kontrollrates vom 20. September 1945.

26 Vgl. Balfour, Vier-Mächte-Kontrolle S. 267.

27 Abschnitt II Abs. 4 Satz 2 6. Teilsatz der Mitteilung über die Krim-Konferenz von 1945.

Religion oder politischer Überzeugung errichten", abgeschafft werden müssen[28].

Bei den Beratungen des Potsdamer Abkommens wünschte Molotow als Außenminister der UdSSR ursprünglich generell die Beseitigung aller während des Dritten Reiches erlassenen Gesetze[29], sah aber später von einer diesbezüglichen Formulierung ab, da durch eine totale Außerkraftsetzung aller von 1933 bis 1945 erlassenen Normen eine zu große Rechtsunsicherheit aufgrund fehlender rechtlicher Regelungen in weiten Bereichen entstanden wäre[30]. Gegenüber dem amerikanischen Vorschlag – der weitgehend in die Endfassung des Potsdamer Abkommens einging (gestrichen wurde lediglich die ausdrückliche Abschaffung nationalsozialistischer Gerichte)[31] – legte Molotow zunächst eine wesentlich ausführlichere Fassung vor, in der – als Konkretisierung dessen, was unter faschistischen Gesetzen verstanden werden sollte – insbesondere "Verordnungen, Vorschriften und Urkunden, die sich gegen die demokratische Freiheit, die Bürgerrechte und die Interessen des deutschen Volkes richten", aufgeführt wurden[32]. Letztlich einigte man sich jedoch auf die kürzere amerikanische Formulierung, ohne daß aber gegen die im sowjetischen Vorschlag vorgenommenen Konkretisierungen Bedenken angemeldet wurden[33].

Auch diese Bestimmung des Abkommens wurde in der Proklamation Nr. 2 des Kontrollrates vom 20. September 1945 wiederholt und zugleich die deutschen Stellen zur Beachtung der diesbezüglichen Anweisungen verpflichtet. Die Gesetze Nr. 1 und 11 des Kontrollrates vom 20. September 1945 bzw. 30. Januar 1946[34] beseitigen im Sinne der Abschnitte III A 4,8 und 9 des Potsdamer Protokolls u.a. nationalsozialistische Vorschriften über die Abschaffung der Gewaltenteilung[35] und über das Einparteiensystem[36] sowie Regelungen bezüglich der Einschränkung oder Beseitigung

---

28 Abschnitt III A4 Satz 1 Potsdamer Abkommen.

29 Auf der 1. Sitzung der Außenminister vom 18. Juli 1945 (Foreign Relations, The Conference of Berlin Bd. II S. 70).

30 Eine solche Regelung wäre nach dem Besatzungsrecht der HLKO kaum erlaubt gewesen, da hier der zulässige Rahmen der notwendigen besatzungsrechtlichen Regelungen eindeutig überschritten worden wäre.

31 Siehe Deuerlein, Vorformulierungen S. 346.

32 1. Sitzung der Außenminister vom 18. Juli 1945 (Foreign Relations, The Conference of Berlin Bd. II S. 776; deutsch: Deuerlein, Quellen S. 209).

33 3. Plenarsitzung vom 19. Juli 1945 (deutsch: Deuerlein, Quellen S. 244 f. (amerikanisches Protokoll); Sanakojew, Teheran S. 241 f. (sowjetisches Protokoll)).

34 Amtsblatt, Kontrollrat Nr. 1 S. 6 bzw. Nr. 3 S. 53 (s.a. Brandl, Recht S. 492 ff.).

35 U.a. Gesetz zur Behebung der Not von Volk und Staat (Ermächtigungsgesetz vom 24. März 1933, RGBl. 1933 I S. 141).

36 Z.B. das Gesetz gegen die Neubildung von Parteien vom 14. Juni 1933 (RGBl. 1933 I S. 479) und Gesetz zur Sicherung der Einheit von Partei und Staat vom 1. Dezember 1933 (RGBl. 1933 I S. 1016).

von Menschenrechten und Grundfreiheiten (insbesondere des Gleichheitsgrundsatzes[37]). Weiterhin wurden strafrechtliche bzw. strafverfahrensrechtliche Bestimmungen, die den Gedanken der Rechtsstaatlichkeit und Menschlichkeit widersprachen[38], außer Kraft gesetzt. Bis 1948 folgten dann noch einige weitere Kontrollratsgesetze, die nationalsozialistische Rechtsvorschriften aufhoben[39].

1.1.3 Bestrafung von Nationalsozialisten

Ebenso wie Kriegsverbrecher[40] sollten nach Nr. 5 der politischen Grundsätze *"alle diejenigen, die an der Planung oder Verwirklichung nazistischer Maßnahmen, die Greuel oder Kriegsverbrechen nach sich zogen oder als Ergebnis hatten, teilgenommen haben"*, verhaftet und den Gerichten übergeben werden. *"Nazistische Parteiführer, einflußreiche Nazianhänger und die Leiter der nazistischen Ämter und Organisationen und alle anderen Personen, die für die Besetzung und ihre Ziele gefährlich sind"*, waren *"zu verhaften und zu internieren"*.

Bereits die Moskauer Deklaration über Grausamkeiten vom 1. November 1943[41] hatte verlangt, daß jene Mitglieder der Naziparteien, die für Grausamkeit, Massaker und Exekution verantwortlich gewesen sind oder an ihnen zustimmend teilgenommen haben, vor Gericht gestellt und bestraft werden sollten. Demgegenüber verlangte der amerikanische Finanzminister Morgenthau mit seinen Vorschlägen zur Deutschlandpolitik von 1944 die summarische Exekution führender Nationalsozialisten ohne Verfahren. Bei der Vorbereitung der Konferenzen von Jalta und Potsdam setzte sich aber insoweit das US-Kriegsministerium mit der Forderung eines internationalen Gerichtsverfahrens durch[42]. In Potsdam wurde dann auch in diesem Punkt der amerikanische Vorschlag durch die Konferenzmächte übernommen.

---

37 So z.B. das Gesetz zur Wiederherstellung des Berufsbeamtentums vom 7. April 1933 (RGBl. 1933 I S. 175) und die sog. Nürnberger Gesetze vom 15. September 1935 (RGBl. 1935 I S. 1146, 1419).

38 Gesetz Nr. 11 des Kontrollrates vom 30. Januar 1946.

39 Die Kontrollratsgesetze Nr. 24 (Militärstrafgerichtsordnung) vom 29. April 1946 (Amtsblatt, Kontrollrat S. 137), Nr. 37 (erbrechtliche Bestimmungen) vom 30. Oktober 1946 (a.a.O., S. 220), Nr. 44 (Maßnahmen im Interesse des totalen Krieges) vom 10. Januar 1947 (a.a.O., S. 256), Nr. 45 (Erbhofgesetz) vom 20. Februar 1947 (a.a.O., S. 256), Nr. 55 (Strafrecht) vom 20. Juni 1947 (a.a.O., S. 284), Nr. 56 (Gesetz zur Ordnung der Arbeit) vom 30. Juni 1947 (a.a.O., S. 287) und Nr. 62 (Rechtsvorschriften betreffend Kirchenangelegenheiten) vom 20. Februar 1948 (a.a.O., S. 313).

40 Siehe unten 2. Teil III. 2.1.3.

41 Moskauer Deklaration über Grausamkeiten von 1943 (Abs. 3); ähnlich auch Nr. 5 der Moskauer Deklaration über Italien von 1943.

42 Morgenthau, Our Policy S. 2, 18; Moltmann, Deutschlandpolitik S. 169.

Mit der Proklamation Nr. 2 des Kontrollrates wurden wiederum die deutschen Behörden zur Mitarbeit bei der Ermittlung verantwortlicher Nationalsozialisten verpflichtet[43]. Gemeinsame alliierte Rechtsgrundlagen für die Bestrafung von Nationalsozialisten bildeten das Londoner Statut für den internationalen Militärgerichtshof vom 8. August 1945 und insbesondere das Gesetz Nr. 10 des Kontrollrates vom 20. Dezember 1945, welches die Moskauer Deklaration über Grausamkeiten vom 1. November 1943 und das Londoner Abkommen über die Verurteilung der Kriegsverbrecher vom 8. August 1945 zu untrennbaren Bestandteilen des Gesetzes erklärte. In Anlehnung an die Kontrollratsdirektive Nr. 24 vom 12. Januar 1946, die die Entfernung von Nationalsozialisten aus Ämtern und verantwortlichen Stellen betraf, erließ der Länderrat der amerikanischen Besatzungszone das Gesetz Nr. 104 vom 5. März 1946 zur Befreiung von Militarismus und Nationalsozialismus[44], dessen Bestimmungen dann durch die Kontrollratsdirektive Nr. 38 vom 12. Oktober 1946 auf die anderen Besatzungszonen übertragen wurden.

Erst mit dieser sehr detaillierten Richtlinie waren die Voraussetzungen für ein halbwegs gleichlaufendes Entnazifizierungsverfahren in allen Zonen gegeben. Da man sich im Kontrollrat jedoch erst 17 Monate nach der Kapitulation auf diese Ausführungsvorschriften zum Entnazifizierungsprogramm des Potsdamer Abkommens einigen konnte, hatte sich in den einzelnen Zonen eine höchst unterschiedliche Verfahrenspraxis entwickelt. Zudem war nach dieser langen unkoordinierten Phase die Bereitschaft in der französischen und der sowjetischen Zone nicht übermäßig groß, nun nach diesen neuen Richtlinien zu verfahren[45]. Die in der Direktive vorgesehenen Spruchkammern wurden in der französischen und britischen Besatzungszone erst im August des Jahres 1947 errichtet[46]. Die sowjetische Militäradministration beschränkte für ihren Amtsbereich schon am 16. August 1947 die Entnazifizierung auf nationalsozialistische Funktionäre; nur nominelle Mitglieder der NSDAP wurden nicht mehr einbezogen[47].

In der sowjetischen Zone hatte die Entnazifizierung mit dem SMAD-Befehl Nr. 42 vom 27. August 1945 begonnen, der (neben Militärpersonen) alle Partei-, SA-, SS- und Gestapomitglieder verpflichtete, sich binnen einem Monat bei der Militärkommandantur zu melden. Hieran schlossen sich umfangreiche Verhaftungsaktionen an, die teilweise auch mit Deportationen in die Sowjetunion verbunden waren. Mit Befehl vom 30. Oktober 1945[48] erfolgte die formelle Enteignung des Parteivermögens. Die sowjetischen Mili-

43 Abschnitt X Nr. 36a der Proklamation Nr. 2 des Kontrollrates vom 20. September 1945.

44 Siehe auch das entsprechende bayerische Gesetz (Bayerisches GVBl. 1946 S. 145 ff.).

45 Vgl. Balfour, Vier-Mächte-Kontrolle S. 270.

46 Deuerlein, Auslegung S. 18.

47 SMAD-Befehl Nr. 201, Zentralverordnungsblatt SBZ 1947 Nr. 13 vom 25. August 1947.

48 SMAD-Befehl Nr. 124 vom 30. Oktober 1945.

tärbehörden beteiligten sehr bald nach der Kapitulation deutsche "antifa-schistische Ausschüsse" am Entnazifizierungsverfahren, was den Besat-zungsorganen die Arbeit erheblich erleichtert haben dürfte. Einen Über-blick über das allgemeine Entnazifizierungsverfahren in der sowjetischen Besatzungszone läßt sich bisher nicht gewinnen, da kaum Material und kei-ne umfassenden Zahlen veröffentlicht wurden. Laut Angaben aus der DDR wurden in ihrem Gebiet 1945/46 18328 aktive Nazis vor Gericht gestellt und davon 18061 verurteilt[49]. Nach nur achtmonatiger Tätigkeit erfolgte durch SMAD-Befehl Nr. 35 vom 26. Februar 1948[50] mit Wirkung vom 10. März die Auflösung der Spruchkammern. Abgesehen von der Tätigkeit in Justiz- und Polizeiorganen sollten ehemalige Nationalsozialisten wieder am demokratischen und wirtschaftlichen Aufbau mitwirken[51]. Damit waren zu-gleich auch die Voraussetzungen für den Aufbau der "Nationaldemokrati-schen Partei Deutschlands" – NDPD (die im Juni genehmigt wurde und ehe-malige Nationalsozialisten ansprechen sollte) gegeben. Bereits ein Monat nach der Konstituierung der provisorischen Volkskammer der DDR erließ diese ein "Gesetz über den Erlaß von Sühnemaßnahmen und die Gewäh-rung staatsbürgerlicher Rechte für ehemalige Mitglieder und Anhänger der Nazipartei und Offiziere der faschistischen Wehrmacht" vom 11. Novem-ber 1949[52], das allen ehemaligen Nazis – außer denen, die "sich der Straf-vollstreckung entzogen haben" oder zu mehr als einem Jahr Haft verurteilt worden waren, das aktive und passive Wahlrecht gab. Mit Gesetz vom 2. Oktober 1952[53] wurden dann alle Einschränkungen für ehemalige Natio-nalsozialisten und Offiziere – bis auf verurteilte Kriegsverbrecher – aufgeho-ben. Diese Entwicklung in der sowjetischen Besatzungszone seit dem Früh-jahr 1948 erfolgte (schon wegen des faktischen Zusammenbruchs der Vier-Mächte-Verwaltung) ohne Abstimmung mit den anderen Kontrollmächten.

In den westlichen Zonen zog sich das Entnazifizierungsverfahren wesent-lich länger hin. Die französischen Besatzungsbehörden neigten dazu, den Deutschen generell zu mißtrauen und sie insgesamt für eingefleischte Nazis zu halten. Anderseits bemühten sie sich vor Errichtung der Spruchkam-mern im Februar 1947 auch nicht um eine systematische Entnazifizierung[54]. Am intensivsten und umfassendsten – kaum aber in jeder Hinsicht effektiv – war das Entnazifizierungsverfahren der Amerikaner, die durch Formalisie-

---

49 Schöneburg, Werden S. 224. Zu der (häufig zweifelhaften) Praxis in der sowjetischen Zone (und später der DDR) vgl. auch Fricke, Politik S. 13-287.

50 Zentralverordnungsblatt SBZ 1948 S. 88.

51 A.a.O., Nr. 3 Satz 2 des Befehls Nr. 35.

52 GBl.-DDR 1949 I S. 59.

53 Gesetz über die staatsbürgerlichen Rechte der ehemaligen Offiziere der faschistischen Wehrmacht und der ehemaligen Mitglieder und Anhänger der Nazi-Partei vom 2. Oktober 1952 (GBl.-DDR I S. 981).

54 Vgl. Balfour, Vier-Mächte-Kontrolle S. 269; Vogel, Besatzungspolitik S. 134.

rung und Bürokratisierung von Anfang an eine vollständige Überprüfung der gesamten deutschen Bevölkerung anstrebten. Die Regierungsstellen in Washington versuchten aus nicht unbegründetem Mißtrauen gegenüber dem Pragmatismus der Militärverwaltung in Deutschland mit detaillierten Vorschriften die Verfahren zu steuern. Die sich ergebenden praktischen Unzulänglichkeiten waren jedoch nahezu vorprogrammiert: Die militärischen Besatzungsbehörden, die sich in ihrem Bemühen um Wiederherstellung und Aufrechterhaltung eines halbwegs geordneten Lebens in Deutschland sowieso kaum lösbaren Problemen gegenüber sahen, waren weder vom personellen Umfang noch von ihrer Qualifikation her in der Lage, eine wirklich befriedigende Überprüfung durchzuführen. Sie mußten sich weitestgehend auf die Angaben der Betroffenen selbst verlassen oder waren auf die Hilfe gerade der Deutschen angewiesen, die sie überprüfen wollten. Mit der Verlagerung des Verfahrens auf deutsche Spruchkammern bedienten sie sich zwar einerseits deren größeren Sachkenntnis, legten damit aber häufig – da sie auf juristisch vorgebildete Personen nicht verzichten wollten – die Arbeit in die Hände der überwiegend selbst belasteten Richterschaft des Dritten Reiches, die wenig geneigt war, die Verfahren im Sinne ihrer amerikanischen Initiatoren durchzuführen. Bald entartete das gesamte Entnazifizierungsverfahren zu einer formellen Verwaltungsprozedur, die es irgendwie zu bewältigen galt[55]. Dies trifft in ähnlicher Weise auch für die britische Zone zu, in der man sich von Anfang an sehr weitgehend dem amerikanischen Verfahren angepaßt hatte[56]. Zu besonderen Verzögerungen und erheblichen Unzulänglichkeiten führte auch, daß man zwar schon in den ersten Wochen der Besetzung in großem Umfang führende Nationalsozialisten interniert hatte (etwa 67000 in der amerikanischen und 70000 in der britischen Zone), das Verfahren gegen sie jedoch erst dann einleiten wollte, nachdem durch das alliierte Militärtribunal in Nürnberg grundsätzliche Entscheidungen über die Beurteilung der einzelnen nationalsozialistischen Organisationen getroffen worden waren. Da dies jedoch erst im Herbst 1946 geschah, und es andererseits im britischen Unterhaus sowie in der amerikanischen Öffentlichkeit zu erheblichen Protesten gegen diese "Inhaftierung ohne Gerichtsverfahren" kam, wurde die Zahl der Internierten so rasch vermindert, daß kaum eine gründliche Überprüfung jedes Einzelfalles möglich war. Viele erheblich Belastete und anfänglich inhaftierte Deutsche kamen auf diese Weise glimpflicher davon, als wenn sie das normale Entnazifizierungsverfahren durchlaufen hätten[57]. Im Anschluß an die ersten Landtagswahlen 1946/47 erfolgte in den Westzonen eine weitgehende Kompetenzübertragung auf rein deutsche Behörden, deren Tätigkeit for-

---

55 Vgl. Huster, Determinanten S. 51 ff.; Vogel, Besatzungspolitik S. 133 f.; Balfour, Vier-Mächte-Kontrolle S. 266 f.

56 Vgl. insbes. Jürgensen, Elemente S. 109 f.; Balfour, Vier-Mächte-Kontrolle S. 266 ff., 270 ff.

57 Jürgensen, Elemente S. 109 f.; Balfour, Vier-Mächte-Kontrolle S. 273 f.; Huster, Determinanten S. 51 f.

mell erst Anfang der 50er Jahre durch – auf Empfehlungen des Bundestages zurückgehende – Gesetze der Länder beendet wurde[58].

Nach den nicht ganz vollständigen Angaben für die Westzonen[59] wurden im Rahmen des Entnazifizierungsverfahrens hier etwa 6,1 Millionen Deutsche – d.h. 12,8% der Bevölkerung (20,2% in der amerikanischen, 8,4% in der britischen und 7,5% in der französischen Zone) überprüft. Nicht nur der Gesamtumfang der Entnazifizierung, auch ihre Ergebnisse waren in den einzelnen Zonen höchst unterschiedlich: Bei knapp 2/3 der Personen wurden die Verfahren – überwiegend aufgrund der seit 1947 vorgenommenen Amnestien – eingestellt. Während in der amerikanischen und der britischen Zone darunter etwa 83% der Erfaßten fielen, war dies in der französischen Zone nur bei 29% der Fall. Eine Einstufung in die nach der Kontrollratsdirektive Nr. 38 vorgesehenen fünf Kategorien erfolgte damit in den Westzonen nur für insgesamt 4,5% der Bevölkerung. Von diesen wurden als "Entlastete" und "Mitläufer" in der britischen Zone 98%, in der amerikanischen Zone 80% und in der französischen Zone 75% angesehen. Als "Minderbelastete" stufte man in der französischen Zone 24%, in der amerikanischen Zone 17% und in der britischen Zone nur 2% ein. "Belastete" und "Hauptschuldige" gab es nach den Ermittlungen in der britischen Zone überhaupt nicht, während in der amerikanischen Zone immerhin 22000 Personen als "belastet" und 1654 als "Hauptschuldige" eingestuft wurden (in der französischen Zone waren dies 938 Belastete und 13 Hauptschuldige). Als Minderbelastete, Belastete und Hauptschuldige wurden damit in allen drei West-Zonen 175152 Personen zur Rechenschaft gezogen. Dies waren noch nicht einmal 3% der Überprüften und kaum 0,4% der Gesamtbevölkerung.

Eine umfassende Bestandsaufnahme der Entnazifizierung in den Besatzungszonen Deutschlands steht – trotz einiger Bemühungen[60] – nach wie vor aus. Insbesondere die Frage der Effektivität und der Wirkung auf die deutsche Bevölkerung bedürfte einer grundlegenden Klärung, um zu einem Urteil über die Wirksamkeit und den Grad der Erfüllung dieses immerhin von allen vier Siegermächten für wesentlich gehaltenen Zieles des Potsdamer Abkommens zu gelangen.

Wie auch noch im Hinblick auf die Bestrafung von Kriegsverbrechern im

58 Empfehlung des Bundestages (stenographischer Bericht des Bundestages I/3431C ff.). Siehe dazu die Ländergesetze: Rheinland-Pfalz vom 19. Januar 1950 (GVBl. S. 11); Württemberg-Baden vom 3. April 1950 (RegBl. S. 30); Hamburg vom 10. Mai 1950 (GVBl. S. 98); Bremen vom 4. April 1950 (GBl. S. 43); Bayern vom 27. Juli 1950 (GVBl. S. 107); Württemberg-Hohenzollern vom 9. Januar 1951 (RegBl. S. 7); Schleswig-Holstein vom 17. März 1951 (GVBl. S. 85); Berlin vom 14. Juli 1951 (GVBl. S. 405) und Niedersachsen vom 18. Dezember 1951 (GVBl. S. 231). Vgl. auch die Übersicht bei Münch, Grundgesetz Bd. III, Anhang zu Art. 139.

59 Vom Bundesministerium des Innern zusammengestellte (nicht veröffentlichte) Zahlen.

60 Neben den bereits zitierten Veröffentlichungen siehe insbes. Fürstenau, Entnazifizierung.

einzelnen zu erörtern sein wird, ergeben sich bei der allgemeinen Entnazifizierung (und Entmilitarisierung) aus völkerrechtlicher Sicht nicht unwesentliche Bedenken, die hier (da sie nicht das Potsdamer Abkommen unmittelbar, sondern nur dessen Ausführung betreffen) nur angedeutet werden können. Die durchgeführten Entnazifizierungsverfahren überschritten teilweise nicht nur den – für eine Beurteilung aus der Sicht der Kontinuitätslehre maßgebenden – Rahmen der alliierten Besatzungsbefugnisse zum Schutz ihrer militärischen Interessen, zur Wiederherstellung der öffentlichen Ordnung und zur Beseitigung völkerrechtswidriger Zustände. Die Verantwortlichen zur Rechenschaft zu ziehen, wäre auch weitgehend auf der Basis des geltenden deutschen Straf- und Disziplinarrechts möglich gewesen. Die Ahndung von bis zur Kapitulation weder strafbaren noch rechtswidrigen Verhaltensweisen – wie z.B. der bloßen Innehabung bestimmter Positionen in nationalsozialistischen Organisationen – verstößt nicht nur gegen grundlegende Rechtsgrundsätze, sondern zumindest für die Amerikaner auch gegen eigene – für ihre Besatzungszone aufgestellte – Prinzipien: In Art. IV Nr. 7 des Gesetzes Nr. 1 der (amerikanischen) Militärregierung heißt es nämlich: "Anklagen dürfen nur erhoben werden, falls ein zur Zeit der Begehung der Handlung in Kraft befindliches Gesetz diese Handlung ausdrücklich für strafbar erklärt"[61].

1.1.4 Entfernung von Nationalsozialisten aus wichtigen Funktionen

Entsprechend der auf der Krim-Konferenz getroffenen Übereinkunft, daß "alle nationalsozialistischen und militaristischen Einflüsse aus den öffentlichen Dienststellen sowie dem kulturellen und wirtschaftlichen Leben des deutschen Volkes auszuschalten" seien[62], enthält das Potsdamer Abkommen in Abschnitt III A 6 die Regelung, *daß "alle Mitglieder der nazistischen Partei, welche mehr als nominell an ihrer Tätigkeit teilgenommen haben, und alle Personen, die den alliierten Zielen feindlich gegenüberstehen, … aus den öffentlichen oder halböffentlichen Ämtern und verantwortlichen Posten in wichtigen Privatunternehmungen zu entfernen" sind*[63]. Zusammen mit dem Ausschluß der Nazis aus wichtigen Funktionen regelt das Potsdamer Abkommen in einer Bestimmung, die auf sowjetische Initiative zurückgeht, zugleich die Neubesetzung dieser Stellen: *Sie sollen durch Personen ausgefüllt werden,* "welche nach ihren politischen und moralischen

---

61 Gesetz Nr. 1 der Militärregierung-Deutschland vom September 1945 (in: Gesetzliche Vorschriften).

62 Abschnitt II Abs. 4 Satz 2 der Mitteilung über die Krim-Konferenz von 1945.

63 Ähnlich heißt es auch in der Deklaration über Italien von 1943 (Abs. 3 Nr. 4): "Alle faschistischen Elemente sollen aus der Verwaltung und aus den Einrichtungen und Organisationen öffentlichen Charakters entfernt werden".

Eigenschaften fähig erscheinen, an der Entwicklung wahrhaft demokratischer Einrichtungen in Deutschland mitzuwirken"[64].

Der amerikanische Vorschlag enthielt auch die Formulierung: "Diejenigen Deutschen, die in amtlichen Stellen belassen oder in diesen eingesetzt werden (z.B. in der Polizei oder in der Verwaltung), müssen sich darüber im klaren sein, daß sie diese Stellung nur bei ganz guter Führung bekleiden dürfen"[65]. Molotow wollte aber jede Möglichkeit einer Ausflucht für die Beibehaltung von Nazis in Ämtern ausschalten und so einigte man sich auf der Konferenz in der ersten Sitzung der Außenminister vom 18. Juli 1945 auf die Formulierung, wie sie in die Endfassung des Potsdamer Abkommens einging[66]. Auch in bezug auf diese Regelung wurden die deutschen Behörden durch die Kontrollratsproklamation Nr. 2[67] ausdrücklich verpflichtet, die alliierten Anweisungen zu befolgen, die dann relativ rasch – insbesondere mit der Direktive des Kontrollrates Nr. 24 vom 12. Januar 1946 und den entsprechenden Ausführungsregelungen der Militärregierungen – ergingen. Diese Direktive Nr. 24 modifizierte die bereits vorher in der amerikanischen Zone geltenden Regelungen nur geringfügig und geht im Kern auf die amerikanische JCS-Weisung 1067 vom 26. April 1945 zurück[68]. Mit dieser umfassenden und detaillierten Regelung lag ein praktikables Instrumentarium für Überprüfung und Entlassung aller führender Funktionsträger in Wirtschaft und Verwaltung vor. Dennoch entwickelte sich auch hier die Praxis in den einzelnen Besatzungszonen unterschiedlich. Die sowjetischen und die französischen Besatzungstruppen hatten bereits unmittelbar nach dem Einmarsch in deutsche Gebiete die dortigen Behörden vollständig aufgelöst, während die Amerikaner und die Briten sich zunächst auf die Entlassung exponierter Vertreter und Behördenleiter beschränkten. Gerade in der amerikanischen und auch der britischen Zone war der Widerstand der Militärbehörden in Deutschland gegen eine rigorose Durchführung der erlassenen Vorschriften groß. Entgegen ausdrücklichen Weisungen ihrer Regierung entließen amerikanische Besatzungsbehörden bis zum Ende des Jahres 1945 nur nach Gutdünken; General Patton weigerte sich, die JCS-Wei-

---

64 Abschnitt III A6 Satz 2 Potsdamer Abkommen. Diese Bestimmung hat ebenfalls nahezu gleichlautende Vorgänger in Nr. 4 und 7 der Moskauer Deklaration über Italien von 1943 und Abschnitt VI Abs. 1 Satz 2 u. Abs. 2 Satz 1 der Mitteilung über die Krim-Konferenz von 1945.

65 Foreign Relations, The Conference of Berlin Bd. II S. 777. Molotow wollte aber jede Möglichkeit, Nationalsozialisten in öffentlichen Ämtern zu behalten, ausschalten und so einigte man sich in der ersten Sitzung der Außenminister am 18. Juli 1945 auf die in der Endfassung enthaltene Formulierung (a.a.O., S. 70 f.).

66 Siehe das Protokoll der 2. Plenarsitzung vom 18. Juli 1945 (deutsch: Sündermann, Potsdam S. 205 (amerikanisches Protokoll); Sanakojew, Teheran S. 235 (sowjetisches Protokoll)).

67 Abschnitt IX Nr. 39, 41 der Proklamation Nr. 2 des Kontrollrates vom 20. September 1945.

68 Deutscher Text in: Deuerlein, Einheit S. 238 ff.; vgl. auch Balfour, Vier-Mächte-Kontrolle S. 264 f.

sung 1067 insoweit durchzuführen[69]. Unter General Clay kam es zwar in der amerikanischen Besatzungszone zu umfangreichen Entlassungen, doch auch hier neigte man bald – insbesondere im Bereich der Wirtschaft – zu einer pragmatischen Handhabung der Bestimmungen des Kontrollrates. Insbesondere zugunsten von Wirtschaftsführern, die man dringend zu benötigen glaubte, wurden Ausnahmen gemacht. Im Bereich von Verwaltung und Justiz der britischen Zone führte der Mangel an entsprechend ausgebildetem, unbelastetem Personal dazu, wieder auf – an sich zu entlassende und nicht wieder einzustellende – Personen zurückzugreifen. Auch bei den Franzosen standen pragmatische Erwägungen im Vordergrund: eingestellt wurde, wen man für geeignet hielt, unabhängig davon, ob es die Kontrollratsvorschriften zuließen[70]. Selbst in der sowjetischen Besatzungszone kam dies in zahlreichen Fällen vor[71]. Dennoch war die Entlassungspraxis unter der sowjetischen Besatzungsmacht unbestritten am rigorosesten. Hier ging man häufig auch über die Kontrollratsvorschriften hinaus. So waren bereits durch SMAD-Befehl Nr. 49 vom 3. Oktober 1945 alle Justizbediensteten, die zu irgendeiner Zeit der NSDAP oder ihren Gliederungen angehört hatten, ohne Unterschied aus dem Dienst entlassen worden. Auch die mit SMAD-Befehl Nr. 66 vom 17. September 1945 erfolgte faktische Auflösung des Berufsbeamtentums für die sowjetische Zone trug erheblich mit zur Entnazifizierung der Behörden bei. Auch in dieser Zone kam es zu Widerstand gegen die ausnahmslose Entlassung aller NSDAP-Mitglieder. So waren in dem zunächst durch die Amerikaner besetzten Thüringen noch Ende Oktober 1945 – entgegen den Rechtsvorschriften[72] – ein Drittel der Stellen der Landesverwaltung mit ehemaligen Nationalsozialisten besetzt[73].

Nach den offiziellen Zahlenangaben wurden in der sowjetisch besetzten Zone 1945/46 390000, 1947 weitere 60000 und schließlich 1948 noch einmal 70000 Beschäftigte in Verwaltungs- und Wirtschaftsbetrieben nach den Entnazifizierungsvorschriften entlassen. In Brandenburg waren beispielsweise im März 1948 nur noch 4,3 % der in öffentlichen Dienststellen und sozialisierten Betrieben Beschäftigten ehemalige Nationalsozialisten[74]. In der britischen Zone betrug die Zahl der Entlassungen bis zum Juni 1946 etwa 200000[75]. Dennoch mußte für die britische und amerikanische Zone im Dezember 1948 im Parlamentarischen Rat festgestellt werden, daß noch

---

69 Vgl. Balfour, Vier-Mächte-Kontrolle S. 266.

70 Vogel, Besatzung S. 134; Balfour, Vier-Mächte-Kontrolle S. 269.

71 Siehe jüngst: Kappel, Braunbuch der DDR, Berlin 1981.

72 Siehe dazu das thüringische Gesetz vom 23. Juli 1945 (Regierungsblatt Thüringen 1945 I S. 6).

73 Schöneburg, Werden S. 76 f.

74 Vgl. Fritsch-Bournazel, Sowjetunion S. 32; Schöneburg, Werden S. 124 ff.; Autorenkollektiv, Geschichte der DDR S. 44 f.; Belezki, Politik S. 30 f.

75 Jürgensen, Elemente S. 109 f.

70–80% der Richter ehemalige Nationalsozialisten waren[76]. Den formellen Abschluß der Entlassungen bildeten die bereits erwähnten Gesetze zum Abschluß des Entnazifizierungsverfahrens[77].

1.1.5 Beseitigung nazistischer Lehren aus dem Erziehungswesen

Als Voraussetzung für "eine erfolgreiche Entwicklung der demokratischen Ideen" sollten im Bereich des Erziehungswesens in Deutschland die nazistischen Lehren "völlig entfernt werden"[78]. Bei dieser Bestimmung des Abkommens wurde ebenfalls der amerikanische Vorschlag übernommen[79].

Die Proklamation Nr. 2 des Kontrollrates verpflichtete auch hier die deutschen Behörden zur Beachtung der Anweisungen der Alliierten[80]. Vom Kontrollrat wurden insoweit der Befehl Nr. 4 (Einziehung der Literatur und Werke nationalsozialistischen und militaristischen Charakters) vom 13. Mai 1946[81] sowie die Direktive Nr. 32 (Strafmaßnahmen gegen Personal von Lehranstalten, die sich militaristischer, nationalsozialistischer oder antidemokratischer Propaganda schuldig machen) vom 26. Juni 1946[82] erlassen.

Im Grunde bildet diese Zielsetzung zur Überwindung nationalsozialistischer Ideologie den wesentlichen Kernpunkt des Entnazifizierungsprogrammes des Potsdamer Abkommens und eine grundlegende Voraussetzung für die demokratische Neugestaltung Deutschlands. Nur wenn es gelang, die deutsche Bevölkerung – und insbesondere die Jugend – von der Notwendigkeit der bewußten Überwindung der nationalsozialistischen Ideenwelt zu überzeugen, konnten die Voraussetzungen für eine von den Deutschen selbst getragene demokratische Neugestaltung geschaffen werden. Auflösung und Verbot der NSDAP und ihrer Gliederungen sowie die Entfernung von Nationalsozialisten aus führenden Positionen konnten dafür nur flankierende Bedingungen schaffen. Ein entscheidender Mangel des "Umerziehungsprogrammes" des Potsdamer Programmes war es jedoch, daß die vier Siegermächte der inhaltlichen Bestimmung dessen, was als "nazistische Lehren" anzusehen war, kaum Aufmerksamkeit geschenkt haben

---

76 Renner und Stock in: Parlamentarischer Rat, Verhandlungen des Hauptausschusses S. 288.

77 Siehe oben 2. Teil IV. 1.1.4.

78 Abschnitt III A7 Potsdamer Abkommen; s.a. Abschnitt II Abs. 4 der Mitteilung über die Krim-Konferenz von 1945.

79 Deuerlein, Vorformulierungen S. 347; Wettig, Entmilitarisierung S. 95.

80 Abschnitt IX Nr. 41 der Proklamation Nr. 2 des Kontrollrates vom 20. September 1945.

81 Befehl Nr. 4 des Kontrollrates vom 13. Mai 1946 (Amtsblatt, Kontrollrat Nr. 7 vom 31. Mai 1946 S. 51).

82 Direktive Nr. 32 des Kontrollrates vom 26. Juni 1946 (Amtsblatt, Kontrollrat Nr. 8 vom 30. Juni 1946 S. 162).

und diesbezüglich zu keinen gemeinsamen Festlegungen gelangten. Die eher plakativen und formelhaften Begriffe in den Vorschriften des Kontrollrates machen jedoch deutlich, daß aus der Sicht der Alliierten die zu bekämpfende nationalsozialistische Ideologie geprägt war durch Ablehnung der Demokratie (im Sinne des Potsdamer Abkommens), eine Rassenlehre, aus der der absolute Herrschaftsanspruch einer Rasse gegenüber anderen begründet wurde, und dem Bestreben, diesen Herrschaftsanspruch mit Gewalt gegenüber anderen Völkern durchzusetzen.

Im kulturellen und bildungspolitischen Bereich entfaltete der Kontrollrat allein auf dem Gebiet des Pressewesens gewisse Aktivitäten, indem er Ende April 1946 beim Direktorat Politik einen Untersuchungsausschuß für das Nachrichtenwesen bildete, der aber nicht mehr zu gemeinsamen Ergebnissen kam. Durch die Lizenzierungspflicht für alle Presseerzeugnisse kontrollierten die Besatzungsbehörden (nach eigenem Gutdünken) von Anfang an alle Neuerscheinungen. Mit dem auf sowjetische Initiative zustande gekommenen Befehl Nr. 4 wurden die deutschen Bibliotheken, Buchhandlungen, Verlage, Erziehungs- und Wissenschaftsinstitutionen aller Art angewiesen, sämtliche Bücher, Karten, Filme, bildliche Darstellungen etc., "welche nationalsozialistische Propaganda, Rassenlehre und Aufreizung zu Gewalttätigkeit oder gegen die Vereinten Nationen gerichtete Propaganda enthalten", den alliierten Behörden zur Vernichtung zu übergeben. Die Regelungen gingen im einzelnen so weit, daß sich der Kontrollrat im August 1946 genötigt sah, den Befehl abzuändern, um wenigstens einige Exemplare von Literatur nationalsozialistischen Charakters für wissenschaftliche Forschungs- und Studienzwecke ("unter strenger Aufsicht der alliierten Kontrollbehörde") zu erhalten[83].

Aber auch hier fehlte es an praktikablen Kriterien, nach denen die zu vernichtenden Druckerzeugnisse eingestuft werden konnten. Die Briten waren der Ansicht, daß eine buchstabengetreue Durchführung dieses Befehls unmöglich sei[84], und in den einzelnen Besatzungszonen dürfte im wesentlichen die politische Grundeinstellung der zuständigen Militärorgane den Ausschlag dafür gegeben haben, was vernichtet werden mußte und was nicht. Deutsche Kommunisten in verantwortlichen Positionen und sowjetische Besatzungsoffiziere sind dabei sicherlich über Literatur mit konservativer Grundhaltung zu anderen Ergebnissen gekommen, als die zuständigen Organe in den westlichen Besatzungszonen. Ob mit der massenhaften Vernichtung von Druckerzeugnissen tatsächlich eine positive Überwindung nationalsozialistischen Gedankengutes erreicht werden konnte (und kann), muß sowieso fraglich erscheinen. Manches wäre sicherlich durchaus geeig-

---

83 Der Befehl wurde am 10. August 1946 geändert (Amtsblatt, Kontrollrat Nr. 10 vom 31. August 1946 S. 172; abgedruckt auch bei Brandl, Recht S. 741).

84 Balfour, Vier-Mächte-Kontrolle S. 236.

net gewesen als Demonstrationsobjekt zu einer positiven Erziehung beizutragen"[85].

1.2 Verpflichtung Deutschlands, den Nationalsozialismus zu bekämpfen und seine Wiedergeburt in Deutschland zu verhindern

Die bisher erörterten Entnazifizierungsbestimmungen des Potsdamer Abkommens wurden – mit Ausnahme der Bestrafung nationalsozialistischer Verbrechen – weitgehend durch die Alliierten selbst oder unter Aufsicht ihrer Militärregierungen bis zum Anfang der 50er Jahre durchgeführt und können insoweit im wesentlichen als erfüllt gelten.

Trotz wiederholter Kritik der Sowjetunion und der DDR an der mangelnden Entnazifizierung in den Westzonen und der Bundesrepublik Deutschland[86] ist auch die Sowjetunion – zumindest seit 1952 – vom Abschluß der Entnazifizierung in ganz Deutschland (in bezug auf die Beseitigung der Überreste des Nationalsozialismus) ausgegangen. Der sowjetische Friedensvertragsentwurf vom 16. März 1952 bringt dies deutlich zum Ausdruck, wenn es dort heißt: "Allen ehemaligen Angehörigen der deutschen Armee einschließlich der Offiziere und Generale, allen ehemaligen Nazis, mit Ausnahme derer, die nach Gerichtsurteil eine Strafe für von ihnen begangene Verbrechen verbüßen, mögen die gleichen bürgerlichen und politischen Rechte wie allen anderen deutschen Bürgern gewährt werden zur Teilnahme am Aufbau eines friedliebenden, demokratischen Deutschlands"[87]. Diese Bestimmung nimmt auch der Friedensvertragsentwurf der UdSSR von 1959 wieder auf, indem Art. 14 Abs. 3 die Regelung vorsieht: "Die frühere Zugehörigkeit einer Person deutscher Staatsbürgerschaft zur Nationalsozialistischen Partei oder ihren Gliederungen und unter ihrer Kontrolle befindlichen Organisationen kann kein Grund für die Beschränkung der ... Rechte und Freiheiten sein, wenn diese Personen nicht durch Gerichtsbeschluß in ihren Rechten beschränkt wurden"[88]. Auf diesem Hintergrund kann eine ernstgemeinte Kritik von seiten der UdSSR und der DDR an der Entnazifizierung in der Bundesrepublik Deutschland aber dahingehend verstanden werden, daß die Bundesrepublik Deutschland ihren Verpflichtungen im Hinblick auf die Verhinderung eines Wiederauflebens des Nationalsozialismus in Deutschland nicht nachkommt. Insoweit ergäbe sich

---

85 Auch über Umfang und Erfolg der Entnazifizierung im Bildungswesen fehlt es heute noch an umfassenden Untersuchungen.

86 Siehe Deuerlein, Auslegung S. 78 f. mwN.; Kegel, Vierteljahrhundert S. 114 ff.; Meissner, Rußland S. 116, 349.

87 Nr. 6 der politischen Leitsätze des sowjetischen Friedensvertragsentwurfes 1952.

88 Deutscher Text u.a. Stoecker, Handbuch S. 656.

dann kein grundsätzlicher Widerspruch zu den Friedensvertragsentwürfen der Sowjetunion[89].

In der Tat enthalten die Entnazifizierungsbestimmungen des Potsdamer Abkommens unter Berücksichtigung von Sinn und Zweck der ihnen zugrundeliegenden Zielrichtung[90] dauernde, auf die Zukunft ausgerichtete Verpflichtungen, die nach wie vor als verbindlich anzusehen sind. Hierzu gehören:

1) *Das Verbot der Neugründung von Organisationen nationalsozialistischen Charakters.* Dies ergibt sich aus dem Text des Potsdamer Abkommens selbst, wo es heißt, *daß Sicherheiten dafür zu schaffen seien, daß die nationalsozialistischen Organisationen "in keiner Form wieder auferstehen können"*[91]. Dementsprechende Formulierungen enthalten auch die Kontrollratsproklamation Nr. 2[92] und das Gesetz Nr. 2 des Kontrollrates vom 10. Oktober 1945[93]. Eine ähnliche Verpflichtung ist beispielsweise auch in den italienischen Friedensvertrag von 1947 aufgenommen. Sie macht das Ziel der Bestimmung besonders deutlich, da Italien ausdrücklich verpflichtet wird, das Wiederaufleben von solchen politischen Organisationen "nicht zu gestatten, deren Ziel es ist, das Volk seiner demokratischen Rechte zu berauben"[94]. In ähnlicher Zielrichtung verlangt der sowjetische Friedensvertragsvorschlag für Deutschland von 1959, daß "das Wiedererstehen, die Existenz und Tätigkeit der Nationalsozialistischen Partei und ihrer Gliederungen oder unter ihrer Kontrolle befindlichen Organisationen auf dem Territorium Deutschlands" nicht zugelassen werden darf[95].

Mit diesem Gebot zur Unterbindung der Neubildung nationalsozialistischer Gruppierungen sind zugleich weitere Verpflichtungen logisch verbunden:

2) *Nichtzulassung von nazistischer Betätigung und Propaganda* (III A 3 (III) des Potsdamer Abkommens) und dementsprechend die Verhinderung von Verbreitung nazistischer Lehren im Erziehungswesen (siehe III A 7 des Potsdamer Abkommens) sowie

3) *Verhinderung diskriminierender Gesetze* (im Sinne von III A 4 des Potsdamer Abkommens).

4) Weiterhin bleibt auch das Gebot zur *Verfolgung von noch nicht geahn-*

---

89 A. A. Deuerlein, Auslegung S. 79.

90 Siehe oben 2. Teil IV.

91 Abschnitt III A 3 (III) Potsdamer Abkommen.

92 Abschnitt XI Nr. 39, 40 der Proklamation Nr. 2 des Kontrollrates vom 20. September 1945.

93 Art. 1 Abs. 3 des Gesetzes Nr. 2 des Kontrollrates vom 10. Oktober 1945.

94 Art. 17 des Italienischen Friedensvertrages von 1947. Diesbezügliche Regelungen enthält auch die Moskauer Deklaration über Italien von 1943 (Abs. 3 Nr. 3).

95 Art. 17 des sowjetischen Friedensvertragsentwurfes von 1959.

deten nationalsozialistischen Verbrechen bestehen[96]. (Eine ähnliche Verpflichtung enthält auch Art. 45 des Italienischen Friedensvertrages von 1947.)

Für die Bundesrepublik Deutschland und die DDR ergeben sich aus diesen für sie nach wie vor gültigen Regelungen des Potsdamer Abkommens die völkerrechtlich bindenden Verpflichtungen, jedes Wiederaufleben nationalsozialistischer Betätigung im Ansatz zu verhindern. Für Opportunitätserwägungen – wie etwa im Hinblick auf das nur fakultativ auf Antrag erfolgende Parteienverbot nach Art. 21 Abs. 2 GG – bleibt insoweit kein Raum. Auch dem sich aus dem Potsdamer Abkommen ergebenden Gebot zur Verfolgung noch nicht geahndeter nationalsozialistischer Verbrechen können deutsche Verjährungsvorschriften nicht entgegengehalten werden[97]. Dies gilt um so mehr da, wo die bisher nicht erfolgte Bestrafung von solchen Tätern allein der Nachlässigkeit deutscher Staatsorgane anzulasten ist.

2. Abrüstungs- und Entmilitarisierungsbestimmungen

Ein weiteres erklärtes Ziel der Besetzung ist nach dem Potsdamer Abkommen die *"völlige Abrüstung und Entmilitarisierung Deutschlands und die Ausschaltung der gesamten deutschen Industrie, welche für eine Kriegsproduktion benutzt werden kann, oder deren Überwachung"*[98].

Die Entmilitarisierung Deutschlands war eines der wesentlichen Kriegsziele der Alliierten über das auf den Kriegskonferenzen stets Übereinstimmung bestand. Nicht nur für die Sowjetunion und das sich von Deutschland stets bedroht fühlende Frankreich bildete die Zerschlagung des "preußischdeutschen Militarismus" eine grundlegende Forderung, auch für die führenden politischen Gruppen in den USA war die vollständige und dauerhafte Demilitarisierung des Reiches selbstverständlich. Sie bildete auch einen Kernbestandteil des Morgenthau-Planes, der wesentliche Impulse für die spätere Demontage aller kriegswichtigen Industrien lieferte. Allein Churchill, der im Frühjahr 1945 gelegentlich mit dem Gedanken spielte, notfalls einen Teil der deutschen Kriegsmaschinerie gegen die Sowjetunion in Gang zu setzen, verstand die Entmilitarisierungsforderung weniger prinzipiell und

---

96 Siehe diesbezüglich Abschnitt III A5 Potsdamer Abkommen und Abschnitt I Nr. 1b der Direktive Nr. 38 des Kontrollrates vom 12. Oktober 1946.

97 Zur Debatte über die Verjährung von Naziverbrechen vgl. beispielsweise Arndt, Zur Verjährung von NS-Verbrechen; Calvelli-Adorno, Verlängerung der Verjährungsfrist; Calvelli-Adorno, Schlußwort zur Verjährungsfrist für NS-Verbrechen; Klug, Die Verpflichtung des Rechtsstaates zur Verjährungsverlängerung; Wassermann, Verjährungsdebatte.

98 Abschnitt III A3 Potsdamer Abkommen.

grundsätzlich[99]. Bereits in der "Erklärung in Anbetracht der Niederlage Deutschlands" vom 5. Juni 1945 hatten die vier Alliierten betont, sie würden "diejenigen Maßnahmen treffen, die sie zum künftigen Frieden und zur künftigen Sicherheit für erforderlich halten, darunter auch die vollständige Abrüstung und Entmilitarisierung Deutschlands"[100]. Worum es den Alliierten ging, veranschaulicht ein Memorandum des amerikanischen State Departments vom 18. Juli 1945, das im Prinzip auch die Vorstellungen aller Konferenzmächte in Potsdam wiedergibt. Es heißt darin, daß man weder eine "Zerstörung des deutschen Volkes" noch eine Teilung Deutschlands wünsche. In Anbetracht der Tatsache, daß es höchst zweifelhaft sei, daß die "Besetzung selbst dauerhaft sein" werde, reiche es nicht aus, das hauptsächliche Kriegspotential Deutschlands abzubauen. Da man Deutschland nicht für immer unter äußerer Kontrolle halten könne, gebe es keine andere Friedensmöglichkeit als den Versuch, "eine Änderung in der Haltung des deutschen Volkes gegenüber dem Krieg zustande zu bringen"[101].

Dementsprechend gliedern sich die Entmilitarisierungsbestimmungen des Potsdamer Abkommens – wie die Entnazifizierungsbestimmungen – von den Zielrichtungen her einmal in Regelungen der Beseitigung der Militärmacht des besiegten Deutschen Reiches und zum anderen in Bestimmungen, die das Wiederaufleben des Militarismus in Deutschland verhindern sollen.

2.1 Ausrottung des Militarismus

Die Beseitigung der Reste des militärischen Machtapparates und die Ausrottung des Militarismus ist im Potsdamer Abkommen insbesondere in vier Bereichen vorgesehen: Auflösung aller militärischen und paramilitärischen Verbände[102]; Beschlagnahme oder Vernichtung aller Waffen, Kriegsgeräte und Rüstungsbetriebe[103]; Bestrafung von Kriegsverbrechern[104]; Reinigung des Erziehungswesens von militaristischen Lehren[105].

Solange der alliierte Kontrollrat funktionsfähig war, wurden die Entmilitarisierungsgebote des Potsdamer Abkommens, die durch zahlreiche Rege-

99 Vgl. Moltmann, Deutschlandpolitik S. 24, 30, 33 f., 36, 55, 81, 83, 124, 126, 140, 143 ff., 155; Meissner, Rußland S. 21 f., 57; Schwarz, Reich S. 95.

100 Art. 13a der Erklärung in Anbetracht der Niederlage Deutschlands vom 5. Juni 1945.

101 Foreign Relations, The Conference of Berlin Bd. II S. 780 ff.

102 Abschnitt III A3 (I) a Potsdamer Abkommen; s.a. schon vorher Abschnitt II Abs. 4 und 5 der Mitteilung über die Krim-Konferenz von 1945.

103 Abschnitt III A3 (I) b Potsdamer Abkommen.

104 Abschnitt III A5 Potsdamer Abkommen.

105 Abschnitt III A7 Potsdamer Abkommen.

lungen konkretisiert worden waren[106], von allen Besatzungsmächten im wesentlichen befolgt. Mit der Zuspitzung der machtpolitischen Gegensätze zwischen den Westmächten und der Sowjetunion gaben hier alle Besatzungsmächte zunehmend die gemeinsame Basis des Potsdamer Abkommens auf. Welche Bedeutung dies für dessen Gültigkeit hat, wird noch näher zu erörtern sein. Zunächst soll jedoch der materielle Inhalt der einzelnen Bestimmungen des Potsdamer Abkommens untersucht werden.

2.1.1 Auflösung militärischer und paramilitärischer Organisationen

Nr. 3(I)a der politischen Grundsätze bestimmt: *Zum Zweck der völligen Abrüstung und Entmilitarisierung Deutschlands, "werden alle Land-, See- und Luftstreitkräfte Deutschlands, SS, SA, SD und Gestapo mit all ihren Organisationen, Stäben und Ämtern, einschließlich des Generalstabes, des Offizierskorps, der Reservisten, der Kriegsschulen, der Kriegsvereine und aller anderen militärischen und halbmilitärischen Organisationen zusammen mit ihren Vereinen und Unterorganisationen, die den Interessen der Erhaltung der militärischen Tradition dienen, völlig und endgültig aufgelöst".*
Bereits in der Mitteilung über die Krim-Konferenz vom 11. Februar 1945 war gefordert worden, alle deutschen Streitkräfte zu entwaffnen und aufzulösen[107]. Davon ausgehend hatte der amerikanische Formulierungsvorschlag für die Potsdamer Konferenz auch nur die "deutschen Streitkräfte einschließlich des Generalstabes und aller paramilitärischen Organisationen" aufgeführt[108]. Einem Text der Europäischen Beratenden Kommission in London folgend, wurde jedoch die Auflösungsanordnung auch aus-

---

106 Siehe dazu die folgenden Maßnahmen des Alliierten Kontrollrates: Befehl Nr. 1 (Uniformverbot) vom 30. August 1945 (Amtsblatt, Kontrollrat S. 5), Proklamation Nr. 2 (zusätzliche Forderung an Deutschland) vom 20. September 1945 (a.a.O., S. 8), Gesetz Nr. 8 (Ausschaltung und Verbot militärischer Ausbildung) vom 30. November 1945 (a.a.O., S. 33), Direktive Nr. 18 (Entlassung und Auflösung der Streitkräfte) vom 12. November 1945 (a.a.O., S. 43), Direktive Nr. 23 (Entmilitarisierung des Sportwesens) vom 17. Dezember 1945 (a.a.O., S. 49), Gesetz Nr. 10 (Bestrafung von Kriegsverbrechen) vom 20. Dezember 1945 (a.a.O., S. 50), Befehl Nr. 2 (Einbeziehung und Ablieferung von Waffen und Munition) vom 7. Januar 1946 (a.a.O., S. 130), Gesetz Nr. 23 (Verbot militärischer Bauten) vom 10. April 1946 (a.a.O., S. 136), Befehl Nr. 4 (Einziehung militärischer Literatur) vom 13. Mai 1946 (a.a.O., S. 151) – geändert durch Befehl vom 10. August 1946 (a.a.O., S. 172), Direktive Nr. 30 (Beseitigung militärischer Denkmäler) vom 13. Mai 1946 (a.a.O., S. 154), Gesetz Nr. 25 (Überwachung wissenschaftlicher Forschung) vom 29. April 1946 (a.a.O., S. 138), Gesetz Nr. 34 (Auflösung der Wehrmacht) vom 20. August 1946 (a.a.O., S. 172), Direktive Nr. 38 (Kriegsverbrecher, Liquidierung von Kriegspotential) vom 12. Oktober 1946 (a.a.O., S. 184), Gesetz Nr. 43 (Verbot der Herstellung von Kriegsmaterial) vom 20. Dezember 1946 (a.a.O., S. 234).

107 Abschnitt II Abs. 4 Satz 2 der Mitteilung über die Krim-Konferenz von 1945.

108 Siehe Deuerlein, Vorformulierungen S. 345.

drücklich auf alle Traditionsvereine ausgedehnt[109]. Allein zivile Polizeiabteilungen zur Aufrechterhaltung von Ruhe und Ordnung, die nur mit Handwaffen ausgerüstet sein sollten, waren nach der Erklärung in Anbetracht der Niederlage Deutschlands vom 5. Juni 1945 erlaubt[110].

Am 20. September 1945 verkündete der Kontrollrat "zusätzliche an Deutschland gestellte Forderungen" als Proklamation Nr. 2[111]. Die Anordnung wiederholt die Potsdamer Beschlüsse über die Auflösung aller deutschen militärischen und paramilitärischen Institutionen und Organisationen. Alle militärischen Übungen, Propagandaaktivitäten oder ähnliche Tätigkeiten wurden untersagt, auch bei Gruppen mit zivilem Anstrich[112]. Mit dem Befehl Nr. 1 des Kontrollrates vom 30. August 1945 war bereits allen Deutschen verboten worden, "militärische Uniformen in ihrer jetzigen Farbe sowie irgendwelche militärischen Rangabzeichen, Orden oder andere Abzeichen zu tragen". Den Zonenkommandanten wurde zur Pflicht gemacht, die Anordnungen bis spätestens zum 1. Dezember 1945 durchzuführen[113]. Ein generelles Uniformtrageverbot (auch für Vereine und Blaskapellen) war bereits auf Vorschlag Roosevelts in den Deutschland-Plan des amerikanischen Finanzministers Morgenthau von 1944 aufgenommen worden[114]. Dennoch hielt man es 1945/46 in den Westzonen – angesichts des Mangels an Bekleidungsstücken – für ausreichend, wenn die Uniformen ohne Rangabzeichen getragen wurden, während die sowjetische Besatzungsverwaltung das Tragen von Uniformstücken generell verbot.

Jede militärische Schulung, Schaustellung, Bekleidung und Dekoration wurde dann noch einmal ausdrücklich durch das Gesetz Nr. 8 des Kontrollrates vom 30. November 1945 für illegal erklärt[115] und die unverzügliche Auflösung aller militärischen Traditionsvereine angeordnet. Mit der Direktive Nr. 23 vom 17. Dezember 1945 erfolgte die Entmilitarisierung des Sportbetriebes: Organisationen mit wehrpolitischen Tendenzen waren untersagt; nichtmilitärische Sportvereine wurden nur unter strikter Kontrolle zugelassen[116]. Das Gesetz Nr. 34 des Kontrollrates vom 20. August 1946 löste schließlich die Wehrmacht formell auf[117].

Dennoch existierten zunächst noch deutsche militärische Einheiten (wenn auch unbewaffnet) als Arbeitskommandos der Besatzungsmächte

---

109 Abschnitt III A3 (I) a Potsdamer Abkommen.

110 Art. 2c der Erklärung in Anbetracht der Niederlage Deutschlands vom 5. Juni 1945.

111 Amtsblatt, Kontrollrat Nr. 1 vom 31. Oktober 1945 S. 8.

112 Abschnitt 12 der Proklamation Nr. 2 des Kontrollrates vom 20. September 1945 (a.a.O.).

113 Amtsblatt, Kontrollrat Nr. 1 vom 31. Oktober 1945 S. 5.

114 Vgl. Blum, Deutschland S. 224.

115 Amtsblatt, Kontrollrat Nr. 2 vom 30. November 1945 S. 3 und 30.

116 Amtsblatt, Kontrollrat Nr. 3 vom 31. Dezember 1945 S. 49; s.a. Occupation of Germany S. 103.

117 Amtsblatt, Kontrollrat S. 172.

unter deutscher Führung fort. Im November 1945 protestierte die Sowjetunion im Kontrollrat dagegen, daß in der britischen Zone eine Heeresgruppe mit 200000 Mann weiter bestand, und in Schleswig-Holstein deutsche Einheiten in einer Gesamtstärke von 1 Million Soldaten unter deutscher Führung existierten, die "nicht wie Kriegsgefangene behandelt wurden"[118]. Die Briten bestritten dies nicht, erklärten aber, daß die Demobilisierung und Entlassung von mehreren Millionen Soldaten Zeit benötige und es als sinnvoll erachtet würde, sie bis dahin unter deutscher Führung zu belassen[119]. In diesem Punkt kam es auf der Außenministerkonferenz im April 1946 in Paris zu einer erneuten Auseinandersetzung zwischen den Westmächten und der Sowjetunion, die befürchtete, deutsche Truppen würden zum Einsatz gegen die Sowjetunion bereitgehalten. Daraufhin berief der Alliierte Kontrollrat einen Untersuchungsausschuß ein, der die Entwaffnung in allen vier Zonen überprüfen sollte. Die von den USA geforderte Miteinbeziehung der Demontage der Rüstungsindustrie in den Untersuchungsauftrag wurde jedoch von der sowjetischen Seite abgelehnt, so daß der Untersuchungsausschuß praktisch nicht tätig werden konnte[120].

Nach Angaben der amerikanischen und britischen Militärverwaltung gehörten noch im Herbst 1946 in ihren Zonen etwa 90000 deutsche Soldaten zu Dienstgruppen der Besatzungsmächte[121]. Während die Westmächte diese Einheiten nicht mehr als aufzulösende "deutsche Streitkräfte" im Sinne des Potsdamer Abkommens ansahen, bezog sich die Forderung auf Auflösung militärischer, deutscher Einheiten im sowjetischen Entwurf eines Vertrages über die Entmilitarisierung Deutschlands vom 22. März 1947[122] gerade auch auf diese Gruppen.

Insgesamt kann man dennoch die Auflösung militärischer und paramilitärischer Organisationen Ende 1947 als im wesentlichen abgeschlossen betrachten[123], da bis dahin auch die deutschen Dienstgruppen in den West-Zonen noch erheblich reduziert wurden. Diese Vorschrift des Potsdamer Abkommens ist damit als erledigt anzusehen.

118 Vgl. Belezki, Politik S. 26.

119 Siehe a.a.O. sowie Balfour, Vier-Mächte-Kontrolle S. 247 f.

120 Vgl. Balfour, a.a.O., S. 248.

121 Belezki, Politik S. 26; Balfour, Vier-Mächte-Kontrolle S. 248. Zum Fortbestand deutscher Einheiten in westlichen Besatzungszonen siehe die Erklärung der sowjetischen Delegation auf der Sitzung des Rates der Außenminister vom 11. März 1947 (Dokumente, Deutschlandpolitik Bd. I S. 40 ff.).

122 Art. I A des sowjetischen Entwurfes eines Vertrages über die Entmilitarisierung Deutschlands vom 14. April 1947. Auch der Österreichische Staatsvertrag von 1955 enthielt in Art. 9 noch einmal eine derartige Auflösungsverpflichtung.

123 So auch – aus sowjetischer Sicht – Belezki, Politik S. 25.

2.1.2 Beseitigung von Kriegsgerät

Zur völligen Abrüstung Deutschlands bestimmt das Potsdamer Abkommen weiter, *daß sich "alle Waffen, Munition und Kriegsgerät und alle Spezialmittel zu deren Herstellung in der Gewalt der Alliierten befinden oder vernichtet werden" müssen*[124].

Bereits durch die Kapitulationsurkunde vom 8. Mai 1945 waren die deutschen Truppen zur völligen Entwaffnung verpflichtet worden[125]; die Erklärung der Alliierten "in Anbetracht der Niederlage Deutschlands" vom 5. Juni 1945[126] präzisierte diese Entwaffnungsbestimmung und ordnete die Ablieferung von Waffen und Gerät aller Streitkräfte und bewaffneter Verbände an die alliierten Befehlshaber an[127]. Auf der Potsdamer Konferenz wurde der diesbezügliche amerikanische Formulierungsvorschlag fast wörtlich übernommen[128].

Mit Befehl des Kontrollrates Nr. 2 vom 7. Januar 1946 wurde den Deutschen jeder Besitz von Waffen, Munition und Explosivstoff untersagt. Für die Polizei sowie für Bergwerks- und Steinbruchsprengungen waren in dem unerläßlich notwendigen Umfang einzelne, genehmigungspflichtige, scharf kontrollierte Ausnahmen vorgesehen[129].

Entsprechend der allgemeinen alliierten Praxis – aber über den Wortlaut des Potsdamer Abkommens hinaus – fordert der sowjetische Entwurf eines Vertrages zur Entmilitarisierung Deutschlands vom 14. April 1947 ausdrücklich auch die Zerstörung militärischer Anlagen, Einrichtungen und Institutionen, wie militärische Flugplätze, Stützpunkte, Lager und Befestigungsanlagen[130]. Die Vernichtung bzw. der Abtransport von Waffen und Munition sowie die Beseitigung von militärischen Anlagen, soweit sie (wie etwa Flugplätze) von den Besatzungsmächten selbst nicht unmittelbar benötigt wurden, war jedoch in allen vier Zonen bereits Anfang 1947 weitgehend abgeschlossen[131].

Hinsichtlich der Rüstungsindustrie enthielten die wirtschaftlichen Grund-

---

124 Abschnitt III A 3 (I) b Satz 1 Potsdamer Abkommen.

125 § 2 der Kapitulationsurkunde (Amtsblatt, Kontrollrat, Ergänzungsheft Nr. 1 (1946) S. 6).

126 A.a.O., S. 7 ff.

127 Art. 2-5 der Erklärung in Anbetracht der Niederlage Deutschlands vom 5. Juni 1945.

128 Siehe Deuerlein, Vorformulierungen S. 346; dazu auch die 2. Plenarsitzung vom 16. Juli 1946 (Sündermann, Potsdam S. 205 (amerikanisches Protokoll), Sanakojew, Teheran S. 235 (sowjetisches Protokoll)).

129 Amtsblatt, Kontrollrat Nr. 6 vom 31. Januar 1946 S. 130. Eine ähnlich detaillierte Regelung – wenn auch mit umfangreichen Ausnahmen – enthält der Österreichische Staatsvertrag von 1955 (Art. 14 Nr. 2 mit Anlage).

130 Art. I E des sowjetischen Entwurfes eines Vertrages über die Entmilitarisierung Deutschlands vom 14. April 1947.

131 Vgl. Balfour, Vier-Mächte-Kontrolle S. 248 f.

sätze des Potsdamer Abkommens eine eindeutige Regelung: *"Die Produktionskapazität, entbehrlich für die Industrie, welche erlaubt sein wird"* – d.h. die Friedensindustrie –, *"ist entsprechend dem Reparationsplan... entweder zu entfernen, oder, falls sie nicht entfernt werden kann, zu vernichten"*[132]. Über die praktische Ausführung dieses Beschlusses konnten sich die Alliierten aber – insbesondere wegen der gegensätzlichen Ansichten in der Reparationsfrage und der zunehmenden Konfrontation der Westmächte mit der Sowjetunion im Kontrollrat und auf den Außenministerkonferenzen – nicht einig werden[133]. Entsprechend unterschiedlich fiel auch die Praxis in den einzelnen Zonen aus.

Während die sowjetische Militärverwaltung Anfang 1948 für sich in Anspruch nahm, daß in ihrer Zone die Vernichtung militärischer Anlagen, Objekte und Materialien zu 99,1 % erfüllt und 733 Rüstungsbetriebe entweder demontiert oder auf Friedensproduktion umgestellt worden seien, warf sie den Besatzungsmächten der westlichen Zonen vor, daß dort die Demontage von Rüstungsbetrieben verzögert würde und man sich aktiv auf die Wiederaufrüstung Deutschlands vorbereite[134]. Demgegenüber wiesen die Westmächte darauf hin, daß die Sowjetunion in ihrer Besatzungszone in beträchtlichen Mengen Rüstungsgüter für sich herstellen ließe[135]. Die Auseinandersetzungen über diese Fragen waren eng mit dem allgemeinen Reparationsproblem verknüpft, auf das noch näher einzugehen sein wird. Umstritten war besonders, was als Rüstungsindustrie anzusehen war und in welchem Maße man den Deutschen eine industrielle Produktion überhaupt zugestehen wollte. Die Extremvorstellungen Morgenthaus, die bis 1945 die Kriegskonferenzen der Alliierten mit beeinflußten, sahen die Zerstörung der gesamten deutschen Industrie, die in irgendeiner Weise zur Produktion von Rüstungsgütern geeignet war, vor[136]. Auch der Kohlebergbau wurde insoweit als gefährlich angesehen[137]. Aber nicht nur Morgenthau, auch die Franzosen waren bestrebt, das gesamte Industriepotential des Ruhrgebietes der deutschen Einflußnahme zu entziehen[138], um damit Deutschland "in endgültiger Form des Kriegspotentials" zu berauben, "das die Industrie- und Rohstoffreserven des rheinisch-westfälischen Raumes darstellen".

---

132 Abschnitt III B11 letzter Satz und 15a, d; e Potsdamer Abkommen.

133 Siehe hierzu auch die Erklärung der sowjetischen Delegation auf der Sitzung des Rates der Außenminister in Moskau zur Abrüstung und Entmilitarisierung Deutschlands vom 11. März 1947 (Dokumente, Deutschlandpolitik Bd. I S. 40 ff.) und den sowjetischen Entwurf eines Vertrages über die Entmilitarisierung Deutschlands vom 14. April 1947 (auch a.a.O. S. 113 ff.). Insgesamt dazu: Wettig, Entmilitarisierung S. 103 ff.

134 Vgl. Belezki, Politik S. 28 mwN.

135 Clay, Decision S. 128; s.a. Balfour, Vier-Mächte-Kontrolle S. 229.

136 Blum, Deutschland S. 218.

137 A.a.O., S. 226.

138 Vgl. etwa das französische Memorandum vom 25. April 1946 (deutscher Text: Europa-Archiv 1954 S. 6751).

Dennoch wurden gerade in den Westzonen – insbesondere infolge des wachsenden Interesses der USA an einer wirtschaftlichen Entwicklung dieses Gebietes – die Demontagen zunehmend auf ausgesprochene Waffenfabriken beschränkt. Die endgültigen Demontagenlisten für die Westzonen vom Oktober/November 1947 umfaßten nur noch 496 Betriebe in der britischen, 186 in der amerikanischen und 236 in der französischen Zone[139]. Unter dem Eindruck deutscher Proteste und Streiks wurden auch von diesen Listen noch 159 Industriebetriebe ganz oder teilweise gestrichen[140]. Ausgesprochene Rüstungsbetriebe, von denen für die amerikanische Zone 117 registriert waren, wurden jedoch in den Westzonen bis zum Ende der Besatzungszeit durchweg zerstört oder demontiert.

Insgesamt können daher auch diese Regelungen des Potsdamer Abkommens über die Beseitigung von Kriegsgerät als durch die Besatzungsmächte selbst ausgeführt angesehen werden[141].

2.1.3 Bestrafung von Kriegsverbrechern

Gemäß Nr. 5 der politischen Grundsätze sind *"Kriegsverbrecher ... zu verhaften und dem Gericht zu übergeben"*. Auch Frankreich hat dieser Bestimmung durch Erklärung vom 7. August 1945 ausdrücklich zugestimmt[142]. Die Formulierungen des Potsdamer Abkommens im Hinblick auf die Kriegsverbrecher gehen auf einen britischen Vorschlag zurück[143], wobei aber längere Zeit strittig war, ob die Hauptkriegsverbrecher – wie dies die Sowjetunion wünschte – namentlich genannt werden sollten[144]. Auch Churchill hatte bereits auf der Krim-Konferenz eine solche Liste gefordert[145], sein Nachfolger Attlee und Truman lehnten aber die diesbezüglichen Wünsche Stalins ab, da man im vorhinein keine vollständige Aufzählung treffen könne.

Mit dem Potsdamer Abkommen vergleichbare Regelungen enthalten das Abkommen über den Kontrollapparat in Österreich vom 28. Juni 1946[146] sowie die Friedensverträge mit Italien, Bulgarien, Rumänien, Finnland und

---

139 Vgl. Treue, Demontagepolitik S. 36.

140 Vgl. Europa-Archiv 1949 S. 2113 f.; Benz, Wirtschaftspolitik.

141 Siehe Menzel, Friedensvertrag S. 21; Hacker, Sowjetunion S. 42 ff. mwN.

142 Vgl. auch Conte, Teilung S. 313.

143 11. Plenarsitzung vom 31. Juli 1945 (Sündermann, Potsdam S. 363 (amerikanisches Protokoll), Sanakojew, Teheran S. 381 (sowjetisches Protokoll)).

144 A.a.O. (Sündermann, Potsdam S. 363 ff., 375 f.; Sanakojew, Teheran S. 381 ff., 393 ff.).

145 Schreiben des französischen Außenministers an die Botschafter der drei anderen Siegermächte vom 7. August 1945 (deutscher Text in: Europa-Archiv 1954 S. 6746).

146 Art. 5 VII des Abkommens über den Kontrollmechanismus in Österreich vom 28. Juni 1946 (Ermittlung, Verhaftung und Auslieferung von Kriegsverbrechern).

Ungarn[147]. Bereits die Moskauer Deklaration über Italien vom 1. November 1943 hatte die Festnahme und gerichtliche Belangung von Kriegsverbrechern gefordert[148], und die Moskauer Erklärung über Grausamkeiten vom gleichen Tage zählte die "Grausamkeiten, Massaker und Exekutionen" auf, für die die verantwortlichen Deutschen verurteilt werden sollten. Dementsprechend bestimmte die Mitteilung über die Konferenz auf der Krim vom 11. Februar 1945 die schnelle Bestrafung aller Kriegsverbrecher zu einer notwendigen Maßnahme, um "den deutschen Militarismus und Nationalsozialismus zu zerstören"[149]. Auch Art. 11 der "Erklärung in Anbetracht der Niederlage Deutschlands" vom 5. Juni 1945 fordert die Festnahme von Personen, die "im Verdacht stehen, Kriegs- oder ähnliche Verbrechen begangen, befohlen oder ihnen Vorschub geleistet zu haben", sowie ihre Übergabe an die Alliierten.

Bereits im Oktober 1941 hatte Roosevelt die Weltöffentlichkeit auf Massenhinrichtungen von in deutscher Gewalt befindlichen Geiseln hingewiesen, und Churchill hatte etwa zur gleichen Zeit verlangt, daß die Bestrafung dieser Verbrechen in Zukunft eines der wesentlichen Kriegsziele der alliierten Mächte sein müsse[150]. Mit diesem Ziel bildeten am 20. Oktober 1943 17 Nationen, die sich im Kriegszustand mit den Achsenmächten befanden (allerdings ohne die Sowjetunion), in London einen Ausschuß zur Erforschung von Kriegsverbrechen, der dort bis zum März 1948 arbeitete. Seine Aufgabe war es vor allem, Material über Kriegsverbrechen zu sammeln und zu veröffentlichen[151].

Während in der amerikanischen Regierung im Jahre 1943 die Tendenz zu verspüren war, Kriegsverbrecher ohne gerichtliches Verfahren zu erschießen und Morgenthau dies in seinen Deutschlandplänen von 1944 aufgriff, so sprachen sich die Kriegsalliierten auf der Moskauer Außenministerkonferenz im Oktober 1943 doch übereinstimmend für die Feststellung individueller Schuld von Kriegsverbrechern in ordentlichen Gerichtsverfahren aus[152]. Auf der Konferenz in Teheran stellte Stalin am 29. November 1943 zwar noch einmal die Forderung nach physischer Liquidierung von "wenigstens 50000 und vielleicht 100000 Angehörigen des deutschen Generalstabes", doch nach energischem Widerspruch Churchills wurde seitdem die gerichtliche Untersuchung und Verurteilung von Kriegsverbrechen nicht mehr ernsthaft in Frage gestellt[153].

147 Siehe Europa-Archiv 1946 S. 101, 103.

148 Nr. 7 der Moskauer Deklaration über Italien von 1943.

149 Abschnitt II Abs. 4 der Mitteilung über die Krim-Konferenz von 1945; s.a. das Protokoll der Krim-Konferenz (Sanakojew, Teheran S. 187 ff.).

150 Vgl. Schwarzenberger, Machtpolitik S. 175.

151 Vgl. vor allem History of the United Nations War Crimes Commission; Kraus, Kontrollratsgesetz Nr. 10 S. 9 ff.; Jescheck, Verantwortlichkeit S. 121 ff.

152 Vgl. Koß, Vorstellung S. 26 f. mwN.

153 Zur Erörterung dieser Frage in Teheran vgl. Meissner, Rußland S. 34 f.; Koß, Vorstellung S. 27; Churchill, Weltkrieg Bd. VI S. 210.

Zur Durchführung dieser Gerichtsverfahren wurden am 8. August 1945 in London durch die Vereinigten Staaten, die Sowjetunion, Großbritannien und Frankreich ein Abkommen über die Verfolgung und Bestrafung der Hauptkriegsverbrecher[154] getroffen und das Statut für den zu errichtenden internationalen Militärgerichtshof[155] festgelegt. Das Kontrollratsgesetz Nr. 10 vom 20. Dezember 1945 über die Bestrafung von Personen, die sich Kriegsverbrechen, Verbrechen gegen den Frieden oder gegen die Menschlichkeit schuldig gemacht haben, stimmt inhaltlich weitgehend mit dem Londoner Abkommen überein[156]. Dieses Kontrollratsgesetz wurde durch die Direktive Nr. 38 vom 12. Oktober 1946 ("Verhaftung und Bestrafung von Kriegsverbrechern, Nationalsozialisten und Militaristen und Internierung, Kontrolle und Überwachung von möglicherweise gefährlichen Deutschen") präzisiert und weiter ausgestaltet.

Zur Verfolgung und Bestrafung von Vergehen und Verbrechen gegen das Kriegsrecht gilt im Prinzip das zur Bestrafung von Nationalsozialisten Gesagte, auch hierüber gibt es kein vollständiges statistisches Material. Die Verfahren wurden überwiegend durch die einzelnen Besatzungsmächte in ihren Zonen entsprechend dem Kontrollratsgesetz Nr. 10 und der Direktive Nr. 38 durchgeführt. In erheblichem Umfang wurden auch Verdächtige auf Antrag an verbündete Staaten zur Aburteilung ausgeliefert. Aus der amerikanischen Zone waren dies bis zum Juli 1952 4243 Personen (darunter 1485 an Frankreich und 1304 an Polen). Lediglich die Gruppe der 24 sogenannten "Hauptkriegsverbrecher" wurde durch den von allen vier Besatzungsmächten gemeinsam besetzten Internationalen Militärgerichtshof in Nürnberg, der vom 14. November 1945 bis zum 1. Oktober 1946 tagte, zur Verantwortung gezogen. Der Gerichtshof erklärte – als Voraussetzung für die weiteren Entmilitarisierungs- und Entnazifizierungsverfahren – vier Organisationen (SS, SD, Gestapo und das Führungskorps der NSDAP) für "verbrecherisch". Weitere (ursprünglich vorgesehene) Verfahren fanden vor diesem Gerichtshof der Alliierten nicht statt. Die Amerikaner setzten von Dezember 1946 bis zum April 1949 in eigener Regie die Prozesse in Nürnberg fort und stellten dort 185 weitere Kriegsverbrecher vor Gericht[157].

Mit diesem Tribunal wollten die Siegermächte ein Signal setzen: Wie auch schon durch die Androhung der Verfolgung von Kriegsverbrechen

---

154 Londoner Vier-Mächte-Abkommen über die Verfolgung und Bestrafung der Hauptkriegsverbrecher vom 8. August 1945 (Text: Jahrbuch für Internationales Recht 1948 I S. 388 f.).

155 Londoner Statut für den internationalen Militärgerichtshof vom 8. August 1948 (a.a.O., S. 390 ff.).

156 Siehe auch Proklamation Nr. 2 des Kontrollrates vom 20. September 1945, die die Forderungen der Erklärung in Anbetracht der Niederlage Deutschlands vom 5. Juni 1945 wiederholte.

157 Vgl. hierzu und zum folgenden: Taylor, Die Nürnberger Prozesse; Gilbert, Nürnberger Tagebuch; Das Urteil von Nürnberg; Amerikanischer Hochkommissar, Berichte über Deutschland, Zusammenfassung S. 124 ff.

während des Krieges, sollte von ihm eine Warnungs- und Abschreckungs-funktion für alle zukünftigen kriegerischen Auseinandersetzungen ausge-hen. Daß der Alliierte Gerichtshof in Nürnberg – genauso wie der in Tokio – diese Aufgabe nicht erfüllt hat, haben die zahlreichen kriegerischen Aus-einandersetzungen seitdem deutlich gezeigt[158].

Es gehört zweifellos ebenso zu den Rechten von Kondominialstaaten wie von Besatzungsmächten, Kriegsverbrechen – verstanden als Verletzungen des Kriegsrechts[159] – zu verfolgen[160]. Insoweit bestehen auch keine völker-rechtlichen Bedenken gegen diese Bestimmung des Potsdamer Abkom-mens. Fragwürdig ist allerdings die Ausführung dieser Regelungen der Pots-damer Konferenz, soweit dabei Personen für Handlungen zur Rechenschaft gezogen wurden, die bis dahin nicht zu den Kriegsverbrechen im engeren Sinne gerechnet wurden. Wie sich bereits in der "Erklärung in Anbetracht der Niederlage Deutschlands" abzeichnete, sah das Londoner Abkommen vom 8. August 1945 sowie das Kontrollratsgesetz Nr. 10 über die Verfol-gung von Verletzungen der Kriegsgesetze oder -gebräuche auch die Abur-teilung von "Verbrechen gegen den Frieden" und "Verbrechen gegen die Menschlichkeit" vor. Der internationale Militärgerichtshof in Nürnberg be-rief sich bei der Begründung seiner Zuständigkeit auf das Londoner Abkom-men und das Statut des Militärgerichtshofes sowie darauf, daß die vier Hauptsiegermächte gemeinsam das getan hätten, was jede einzeln von ih-nen hätte tun können[161].

Das Londoner Abkommen vom 8. August 1945 konnte jedoch nur Rech-te und Pflichten zwischen den vier Vertragsmächten begründen und kein allgemeines Völkerrecht oder für Deutschland verbindliches Recht schaf-fen[162]. Eine Billigung der dort aufgestellten Grundsätze durch die gesamte Völkerrechtsgemeinschaft kann nicht angenommen werden[163]. Eine Zu-stimmung Deutschlands ist auch nicht durch das Potsdamer Abkommen er-folgt, das sich weder auf den (späteren) Londoner Vertrag bezieht, noch dessen Grundsätze enthält. Die Herleitung einer Rechtsgrundlage für die Kriegsverbrecherprozesse aus der bedingungslosen Kapitulation[164] muß angesichts deren Beschränkung auf den militärischen Bereich[165] ebenfalls abgelehnt werden. Damit konnten die vier Besatzungsmächte – sowie ihr

158 Siehe auch Schwarzenberger, Machtpolitik S. 189 f.

159 Zur Definition von Kriegsverbrechen siehe Berber, Völkerrecht Bd. II S. 240.

160 Siehe z.B. Berber, Völkerrecht Bd. II S. 240 ff.; Dahm, Völkerrecht Bd. III S. 288 ff.; Seidl-Hohenveldern, Völkerrecht Rdnr. 1352 ff.; Ipsen in: Menzel, Völkerrecht S. 378 ff.; Dahm, Problematik S. 19 ff.

161 Militärgerichtshof Bd. I S. 244.

162 Berber, Völkerrecht Bd. II S. 225.

163 Siehe dazu im einzelnen Berber, Völkerrecht Bd. II S. 255; Dahm, Völkerrecht Bd. III S. 291.

164 So aber Berber, Völkerrecht Bd. II S. 253 Anm. 1-4, 6.

165 Siehe oben 1. Teil III. 3.1; s.a. Berber, Völkerrecht Bd. II S. 254.

Organ, der Nürnberger Militärgerichtshof – nur in dem Rahmen Handlungen gerichtlich verfolgen, wie dies von ihren Kompetenzen – entweder als Inhaber der Souveränität über Deutschland oder (vom Standpunkt der Lehre vom Fortbestand des Deutschen Reiches aus) als Besatzungsmacht – gedeckt war[166]. Demnach konnten sie Kriegsverbrechen im eigentlichen Sinne – wie sie auch in Art. 6b des Londoner Abkommens vom 8. August 1945 sowie in Art. II Nr. 1a des Kontrollratsgesetzes Nr. 10 vom 20. Dezember 1945 aufgezählt sind – ahnden. Darüber hinaus hätten sie – als Träger der deutschen Hoheitsgewalt – auch deutsches Strafrecht anwenden können[167]. Insgesamt waren aber auch der im Völkerrecht gültige Grundsatz "nulla crimen sine lege" sowie minimale Garantien eines fairen Verfahrens (wie sie schon das Kriegsgefangenenabkommen von 1929 enthielt[168]) zu beachten. Hiervon ausgehend sind gegen die – moralisch sicherlich zu rechtfertigenden[169] – Kriegsverbrecherprozesse zahlreiche juristische Bedenken angemeldet worden, die nicht von der Hand zu weisen sind. Da diese aber nicht die Gültigkeit des Potsdamer Abkommens an sich, sondern allein dessen Durchführung betreffen, sollen die Argumente hier nur kurz angedeutet werden.

– Die Zulässigkeit einer Bestrafung wegen "Verbrechen gegen den Frieden" – d.h. wegen Mitwirkung an der Planung, Vorbereitung, Einleitung und Durchführung eines Angriffskrieges[170] – erscheint zweifelhaft, da zwar durch den Kellogg-Pakt von 1928[171] der Krieg geächtet wurde, das Abkommen aber keine Strafandrohung enthielt und nur Staaten – nicht aber Einzelpersonen verpflichtete[172]. Eine Herleitung der Strafbarkeit aus Art. 2 Nr. 4 der UN-Charta vom 26. Juni 1945 ("alle Mitglieder enthalten sich in ihren internationalen Beziehungen der Gewaltandrohung oder Gewaltanwendung"), aus dem sich nach der Feststellung der Deklaration über die Prinzipien des Völkerrechts vom 24. Oktober 1970 (!)[173] der

166 Siehe Dahm, Völkerrecht Bd. III S. 290 f.; Berber, Völkerrecht Bd. II S. 253 ff.

167 Dies ist aber gerade in Nürnberg nicht der Fall gewesen. Das Tribunal verstand sich als "internationales Gericht".

168 Siehe auch Art. 52 des Kriegsgefangenenabkommens vom 27. Juli 1929 sowie später Art. 86, 99 des III. Genfer Abkommens vom 12. August 1949 (BGBl. 1954 II S. 838). Dazu: Berber, Völkerrecht Bd. II S. 243 f.; Dahm, Völkerrecht Bd. III S. 290 f.

169 Seidl-Hohenveldern, Völkerrecht Rdnr. 1358.

170 So Art. 6 IIa des Londoner Abkommens über die Bestrafung der Hauptkriegsverbrecher vom 8. August 1945 (Text: Jahrbuch für internationales Recht 1948 I S. 388 f.); Art. 2 Abs. 1a Kontrollratsgesetz Nr. 10 vom 20. September 1945.

171 Briand-Kellogg-Pakt vom 27. August 1928 (Auswärtiges Amt, Deutsches Weißbuch S. 116 ff.).

172 Berber, Völkerrecht Bd. II S. 257; Dahm, Völkerrecht Bd. III S. 290 f.; ausführlich auch Jeschek, Verantwortlichkeit S. 174; s.a.: Ipsen in: Menzel, Völkerrecht S. 381; Dahm, Problematik S. 48 f.; Ridder, Kriegsverbrechen S. 134 f.

173 Deklaration über die Prinzipien des Völkerrechts vom 24. Oktober 1970 (deutscher Text: Wünsche, Entstehung S. 336 ff.).

Grundsatz ergibt, daß "ein Aggressionskrieg ... ein Verbrechen gegen den Frieden" darstellt, "das die Verantwortlichkeit aufgrund des Völkerrechts nach sich zieht" oder aus Art. 6 IIa des Londoner Abkommens vom 8. August 1945[174], widerspricht dem Grundsatz nulla crimen sine lege, da insoweit nur rückwirkend Straftatbestände geschaffen werden konnten[175].

– Die Möglichkeit des Militärgerichtshofes Gruppen oder Vereinigungen zu "verbrecherischen Organisationen" zu erklären[176] und Angehörige dieser Organistionen allein wegen ihrer Mitgliedschaft abzuurteilen[177], entfernt sich von dem Grundsatz der individuellen Verantwortlichkeit, da die Mitgliedschaft – ohne den Nachweis konkreter eigener Handlungen – eine unwiderlegliche Vermutung der Teilnahme an verbrecherischen Aktivitäten beinhaltet[178].

– Weiterhin wird gegen die Kriegsverbrecherprozesse vorgebracht, daß Grundprinzipien eines fairen Verfahrens mißachtet worden seien. So sei der Grundsatz der Gleichheit und Gegenseitigkeit bei der Verfolgung von Kriegsverbrechen (das "tu-quoque-Prinzip") nur in wenigen Fällen angewandt[179], die Verteidigung erheblich erschwert und die Angeklagten seien schon von vornherein als Verurteilte behandelt worden[180].

2.1.4 Entmilitarisierung des Erziehungswesens

Nach Nr. 7 der politischen Grundsätze sollten *aus dem Erziehungswesen "militärische Lehren völlig entfernt werden"*. Zu dieser Regelung gilt grundsätzlich das bereits zu der entsprechenden Entnazifizierungsbestimmung Gesagte, worauf insoweit verwiesen werden kann.

In der Proklamation Nr. 2 des Kontrollrates vom 20. September 1945 mit den zusätzlich an Deutschland gestellten Forderungen waren alle Arten militärischer Ausbildung und militärischer Propaganda untersagt worden[181]. Zu diesem Thema folgte am 30. November 1945 das Kontrollratsgesetz

---

174 Autorenkollektiv, Völkerrecht Bd. II S. 252

175 Zur Ablehnung der Führung eines Angriffskrieges als Straftat siehe auch Berber, Völkerrecht Bd. II S. 259 Anm. 2-4; Wengler, Völkerrecht S. 564 Anm. 1.

176 Art. IX des Londoner Abkommens über die Bestrafung der Hauptkriegsverbrecher vom 8. August 1945.

177 A.a.O., Art. X sowie Art. IId des Kontrollratsgesetzes Nr. 10 vom 20. Dezember 1945.

178 So u.a. Ipsen in: Menzel, Völkerrecht S. 381.

179 Nur bezüglich Nichtbefolgung des Londoner Protokolls vom 6. November 1936 über den U-Bootkrieg und hinsichtlich Luftkriegsverletzungen (siehe Seidl-Hohenveldern, Völkerrecht Rdnr. 1357 ff.; Berber, Völkerrecht Bd. II S. 256 mwN.; s.a. Erläuterungen von Kraus, Kontrollratsgesetz Nr. 10 S. 22, 37, 58).

180 Siehe im einzelnen Berber, Völkerrecht Bd. II S. 256 ff. mwN.

181 Abschnitt I Nr. 2 Proklamation des Kontrollrates Nr. 2 vom 20. September 1945.

Nr. 8, das sämtliche militärische Erziehungsanstalten für gesetzwidrig erklärte und erneut jede Propaganda oder Agitation, die darauf abzielte, militärischen Geist zu fördern oder die Verherrlichung des Krieges zum Gegenstand hatte, verbot[182]. Dieselbe Absicht verfolgte die Direktive Nr. 30 vom 13. Mai 1946, die die Beseitigung aller Denkmäler, Museen und sonstigen Hinweise auf die deutsche militärische Tradition (einschließlich Gedenktafeln, Straßenschilder und Abzeichen) anordnete, um jeder Möglichkeit der öffentlichen Verherrlichung von kriegerischen Ereignissen vorzubeugen[183]. Bemerkenswert ist dabei, daß hier die Begriffe "militärisch", "Militarismus" und "kriegerische Ereignisse" ausdrücklich auf Kriegshandlungen nach dem 1. August 1914 beschränkt wurden[184]. Dies legt die Vermutung nahe, daß unter den vier Alliierten – trotz der häufig bemühten historischen Wurzeln des "preußisch-deutschen Militarismus" – über die zu bekämpfenden und zu vernichtenden aggressiven Formen deutscher Militärpolitik und Wehrideologie nur hinsichtlich der Zeit seit dem Beginn des Ersten Weltkrieges ein Konsens bestand.

2.2 Verhinderung einer erneuten Militarisierung Deutschlands

Entsprechend den Entnazifizierungsbestimmungen enthält das Potsdamer Abkommen auch konkrete Regelungen, wie ein Wiederaufleben des Militarismus in Deutschland verhindert werden soll. Trotz der – noch zu erörternden – Schwierigkeiten, ein gemeinsames Militarismusverständnis der Signatarmächte des Potsdamer Abkommens zu ermitteln, ist der Kern der Zielvorstellungen des Potsdamer Abkommens insoweit zunächst eindeutig: Nach dem Willen der Sieger des Zweiten Weltkrieges sollte Deutschland nicht nur jeglicher militärischer Möglichkeiten beraubt, sondern zugleich auch in eine geistige Welt versetzt werden, in der der Krieg keinen Platz hat. Grundlage dafür war, daß das deutsche Volk die Sinnlosigkeit des verbrecherischen Krieges Hitlers erkannte. Dementsprechend verlangt das Potsdamer Abkommen, daß das deutsche Volk von der totalen militärischen Niederlage und ihren Folgen überzeugt werden sollte[185]. Die Verpflichtung, nach Abbau aller bestehenden deutschen militärischen Einrichtungen jede Neuschaffung zu verhindern, ist durch das Potsdamer Abkommen zeitlich nicht begrenzt. Die Möglichkeit der Wiederbewaffnung Deutschlands war damit in Potsdam nicht in Betracht gezogen worden[186].

182 Art. II, VII des Kontrollratsgesetzes Nr. 8 vom 30. November 1945.

183 Kontrollratsdirektive Nr. 30 (Amtsblatt, Kontrollrat Nr. 7 vom 31. Mai 1946 S. 154).

184 A.a.O., Art. 5.

185 Abschnitt III A3 (II) Potsdamer Abkommen.

186 So auch Fritsch-Bournazel, Sowjetunion S. 45.

Die völlige Entwaffnung mußte damit so lange gelten, wie keine davon abweichende gemeinsame Neuregelung der Vier Mächte getroffen oder ein Friedensvertrag abgeschlossen wurde. Einseitige Abweichungen von den Übereinkünften ließen die auf der Krim-Konferenz und mit den Berliner Erklärungen vom 5. Juni 1945 sowie dem Potsdamer Abkommen eingegangenen Verpflichtungen zur kollektiven Regelung dieser Frage nicht zu[187].

2.2.1 Verbot militärischer und paramilitärischer Verbände und Traditionsvereine

Entsprechend dem Ziel zu verhindern, daß Deutschland jemals wieder "seine Nachbarn oder die Erhaltung des Friedens in der ganzen Welt bedrohen kann"[188], bestimmen die politischen Grundsätze, daß die militärischen und paramilitärischen Verbände und Vereine "völlig und endgültig aufgelöst" werden müssen, "um damit für immer der Wiedergeburt oder Wiederaufrichtung des deutschen Militarismus und Nazismus vorzubeugen"[189].
Aus dieser Bestimmung ist also auch zu entnehmen, daß Deutschland nach dem Willen der Konferenzmächte von Potsdam in der Zukunft keinerlei Streitkräfte unterhalten sollte. Auch die Proklamation Nr. 2 des Kontrollrates vom 20. September 1945 spricht ausdrücklich von einer endgültigen Auflösung aller militärischen Verbände[190]. Ebenso will der sowjetische Entwurf eines Vertrages über die Entmilitarisierung Deutschlands vom 14. April 1947 eine Regelung darüber treffen, "daß die Wiederherstellung der aufgelösten deutschen Streitkräfte, der oben genannten Organisationen und Hilfsformationen, welcher Art auch immer, in keiner Form zugelassen wird"[191]. Lediglich "die Formierung und der Einsatz solcher Abteilungen der deutschen Zivilpolizei und ihrer Ausrüstung mit solchen Arten und Mengen importierter Schußwaffen, die für die Aufrechterhaltung der öffentlichen Sicherheit erforderlich sein mögen"[192], sollten danach erlaubt sein.

---

187 Siehe Abschnitt II Abs. 4 der Mitteilung über die Krim-Konferenz von 1945; Art. 2a, 13a der Berliner Erklärung in Anbetracht der Niederlage Deutschlands vom 5. Juni 1945; Abschnitt III A3 (I) und (III) Potsdamer Abkommen.

188 Abschnitt III (Einleitung) Potsdamer Abkommen.

189 Abschnitt III A3 (I) a Potsdamer Abkommen; Hervorhebung durch den Verfasser.

190 Abschnitt II Ziff. 1 der Proklamation Nr. 2 des Kontrollrates vom 20. September 1945.

191 Art. I A des sowjetischen Entwurfes eines Vertrages über die Entmilitarisierung Deutschlands vom 14. April 1947.

192 A.a.O., Art. I F. Allerdings deutet sich auch in diesem Entwurf bereits eine Wende der sowjetischen Position an, die noch zu erörtern sein wird (siehe unten 2. Teil IV. 2.3).

2.2.2 Verbot jeglicher Rüstungsindustrie

Genauso deutlich wird der Wille der Alliierten auf der Potsdamer Konferenz, die völlige Abrüstung Deutschlands auch in Zukunft aufrechtzuerhalten, durch die Bestimmungen, die die Produktion von militärischen Gütern betreffen: *"Der Unterhaltung und Herstellung aller Flugzeuge und aller Waffen, Ausrüstungen und Kriegsgeräte wird vorgebeugt werden"*[193]. *"Mit dem Ziele der Vernichtung des deutschen Kriegspotentials ist die Produktion von Waffen, Kriegsausrüstung und Kriegsmitteln, ebenso die Herstellung aller Typen von Flugzeugen und Seeschiffen zu verbieten und zu unterbinden"*[194].

Dieses Programm der industriellen Entwaffnung war gegenüber dem amerikanischen Vorschlag während der Konferenz im Unterausschuß für deutsche Wirtschaftsfragen – auf Drängen der sowjetischen Delegierten – genauer umrissen und dabei verschärft worden[195]; die generellen Produktionsverbote wurden auf den Hochseeschiffbau erweitert[196]. Bereits die Richtlinien für die amerikanische Delegation hatten sich eindeutig nicht nur für eine vollständige Entwaffnung Deutschlands, sondern auch für ein Verbot der Herstellung von Waffen, Munition und Kriegsgerät einschließlich aller Luftfahrzeuge ausgesprochen. Die gesamte Industrie, die zu militärischer Produktion verwendet werden konnte, sollte eliminiert oder unter Kontrolle gestellt werden[197].

Von besonderem Interesse war in diesem Zusammenhang die Kontrolle des Industriepotentials des Ruhrgebietes, die von allen Vier Mächten als Hauptbasis der deutschen Rüstungsproduktion angesehen wurde, und die damit auch für die Zukunft am ehesten die industriellen Voraussetzungen für eine deutsche Wiederaufrüstung bot. Für die Sowjetunion war die Ruhrindustrie darüber hinaus auch im Hinblick auf die zu leistenden Reparationen von besonderer Bedeutung. Bereits auf der Konferenz in Teheran hatte Roosevelt am 1. Dezember 1943 die internationale Kontrolle des Ruhrgebietes (und auch des Saargebietes) durch die Vereinten Nationen oder die europäischen Mächte angesprochen[198]. Dies wurde noch im Mai 1945 von Truman befürwortet[199]. Am 2. Mai 1945 verlangte deshalb die provisori-

---

193 Abschnitt III A3 (I) b Satz 2 Potsdamer Abkommen.

194 Abschnitt III B11 Satz 1 Potsdamer Abkommen.

195 Siehe das Protokoll der Sitzung des Unterausschusses für Wirtschaftsfragen am 20. Juli 1945 (Foreign Relations, The Conference of Berlin Bd. II S. 141 f.).

196 Siehe auch Deuerlein, Einheit S. 120.

197 Foreign Relations, The Conference of Berlin Bd. I S. 452 f., Bd. II S. 755 ff.

198 Vgl. Sanakojew, Teheran S. 102; Foreign Relations, The Conferences at Cairo and Teheran S. 253 f.

199 Vgl. die amerikanischen Aufzeichnungen über die 3. amerikanisch-sowjetische Besprechung am 28. Mai 1945 im Kreml (deutscher Text: Deuerlein, Potsdam S. 111).

sche. französische Regierung die alliierte Kontrolle über das Ruhrgebiet als Hauptbasis der deutschen Rüstungsproduktion[200]. Die amerikanische Regierung hatte jedoch bis zum Beginn der Potsdamer Konferenz ihren ursprünglichen Standpunkt aufgegeben. Zumindest seit Juni 1945 lehnte sie jede Form der Abtrennung oder internationalen Kontrolle des Ruhrgebietes ab[201]. In Potsdam war das Ruhrgebiet zwar ein wesentlicher Verhandlungsgegenstand für die Sowjetunion, doch obwohl von ihrer Seite bereits zu Beginn der Konferenz in einem Unterausschuß Vorschläge für die Unterstellung der Ruhrindustrie unter eine besondere Organisation der vier Besatzungsmächte gemacht wurden, die die Kontrolle des dortigen deutschen industriellen Kriegspotentials gewährleisten sollte[202], beschäftigten sich die folgenden Beratungen ausschließlich mit den aus diesem Gebiet an die Sowjetunion zu leistenden Reparationen[203]. Als gegen Ende der Konferenz die Frage· der internationalen Kontrolle noch einmal erwähnt wurde, sprach sich keiner der drei Regierungschefs mehr dafür aus[204]. Auch für Stalin scheinen die getroffenen Vereinbarungen über die Reparationsfrage und die Möglichkeit der Einflußnahme über den Kontrollrat ausreichend gewesen zu sein, so daß er eine unmittelbare Beteiligung an der Kontrolle des Ruhrgebietes damals nicht mehr als entscheidend ansah. Außerdem behielten sich die Konferenzmächte vor, gegebenenfalls später für das Ruhrgebiet besondere Regelungen zu treffen[205].

In Durchführung des Potsdamer Abkommens betonte die Proklamation Nr. 2 des Kontrollrates das Verbot von Waffenherstellung, Konstruktion, Einfuhr und Ausfuhr aller militärischen Güter noch einmal ausdrücklich[206]. Das Gesetz Nr. 23 des Kontrollrates vom 10. April 1946 stellte das Planen, Bauen und Aufrechterhalten militärischer Anlagen unter Strafe[207]. Die wissenschaftliche Forschung wurde mit dem Kontrollratsgesetz Nr. 25 vom 29.

200 Pressekonferenz des Außenministers der Provisorischen Regierung Frankreichs Georges Bidault (zitiert nach: Duroselle, Histoire S. 488). – Vgl. auch die Richtlinien der amerikanischen Delegation für die Potsdamer Konferenz vom 23. Juni 1945 (deutscher Text: Deuerlein, Potsdam S. 149 f.).

201 Vgl. die Richtlinien für die amerikanische Delegation für die Potsdamer Konferenz vom 30. Juni 1945 (Foreign Relations, The Conference of Berlin Bd. I S. 590).

202 Sitzung des Unterausschusses für Wirtschaftsfragen am 20. Juli 1945 (a.a.O., Bd. II S. 183 f.).

203 Vgl. die Übersetzung der amerikanischen Konferenzprotokolle bei Deuerlein, Potsdam S. 292, 295, 299, 302 ff.

204 11. Vollsitzung am 31. Juli 1945 (vgl. Deuerlein, Potsdam S. 315 f.; Sanakojew, Teheran S. 376 f.).

205 A.a.O.

206 Abschnitt V Nr. 13a, b der Proklamation Nr. 2 des Kontrollrates vom 20. September 1945.

207 Als solche galten auch große Treibstofflager, unlizenzierte Funkeinrichtungen und bombensichere Produktionsstätten. Kontrollratsgesetz Nr. 23 vom 10. April 1946 (Amtsblatt, Kontrollrat Nr. 6 vom 30. April 1946 S. 136).

April 1946 auf militärisch nicht relevante Zweige beschränkt; die Forschungsinstitutionen, die genehmigt wurden, standen unter alliierter Aufsicht und hatten ständig genau Rechenschaft über ihr Wirken abzulegen[208]. Mit dem Gesetz Nr. 43 des Kontrollrates vom 20. Dezember 1946 wurde weiterhin die Produktion, Ein- wie Ausfuhr, Beförderung und Lagerung von Kriegsmaterial grundsätzlich untersagt[209]. Insbesondere die Sowjetunion hob darüber hinaus in den 40er Jahren immer wieder die Notwendigkeit einer völligen militärischen und wirtschaftlichen Entwaffnung Deutschlands sowie die Verhinderung des Wiederentstehens deutscher Kriegsindustrie[210] hervor, und regte mit ihrem Entwurf eines Vertrages über die Entmilitarisierung Deutschlands vom 14. April 1947 auch diesbezüglich detaillierte Regelungen an[211].

Als es 1946 zunehmend zu Unstimmigkeiten über Reparationsleistungen aus den Westzonen an die Sowjetunion kam, die dann zur weitgehenden Einstellung der Lieferungen seit Mai 1946 führten, erklärte die Sowjetunion die Kontrolle des Ruhrgebietes zu einem entscheidenden Prüfstein für die militärische und wirtschaftliche Entmilitarisierung Deutschlands, die eine friedliche Entwicklung des Landes garantieren sollte. Seit Juli 1946 forderte Molotow immer wieder in zahlreichen Äußerungen auf den Außenministerkonferenzen und durch Vorlage sowjetischer Vertragsentwürfe eine "interalliierte Vierstaatenkontrolle" über das Ruhrgebiet als zwingende Voraussetzung für die Garantie der vollständigen militärischen und wirtschaftlichen Entwaffnung Deutschlands[212]. Diese Forderung war ebenso wesentlicher Bestandteil des sowjetischen Vertragsentwurfes über die Entmilitarisierung Deutschlands vom 14. April 1947[213] wie der Erklärung der Warschauer Konferenz vom 24. Juni 1948 zur Londoner Konferenz der Westmächte vom Juni 1948[214]. Den hohen Stellenwert dieses Komplexes für die Sowjetunion beleuchtet auch eine Äußerung des Parteisekretärs Shadanow vom September 1947, der "die Deutschlandfrage und insbesondere das Pro-

---

208 Occupation of Germany S. 98.

209 Amtsblatt, Kontrollrat Nr. 13 vom 31. Dezember 1946, S. 234.

210 So Molotow etwa auf der Pariser Außenministerkonferenz 1946 (Europa-Archiv 1946 S. 105).

211 Art. I C, D, F, Art. II, Art. III A des sowjetischen Entwurfes eines Vertrages über die Entmilitarisierung Deutschlands vom 14. April 1947.

212 Vgl. Molotow, Fragen S. 71 f. (10. Juli 1946), S. 389 f. (17. März 1947), S. 419, 421 (19. März 1947), S. 436 ff. (11. April 1947), S. 473 f. (14. April 1947), S. 556, 570 f., 598 (6. Dezember 1947).

213 Art. 3 des sowjetischen Vertragsentwurfes über die Entmilitarisierung Deutschlands vom 14. April 1947.

214 Nr. 8 der Erklärung der Außenminister der UdSSR, Albaniens, Bulgariens, der Tschechoslowakei, Jugoslawiens, Polens, Rumäniens und Ungarns zu den Beschlüssen der Londoner Drei-Mächte-Konferenz vom 24. Juni 1948 (deutscher Text in: Das Potsdamer Abkommen, Dokumentensammlung S. 336 ff.).

blem des Ruhrgebietes als potentielle rüstungsindustrielle Basis eines der UdSSR feindlichen Blocks die wichtigste Frage der internationalen Politik" nannte[215]. Die drei Westalliierten waren zwar 1946/47 bereit, mit der Sowjetunion einen Vertrag über die Entmilitarisierung Deutschlands für 25 oder sogar 40 Jahre abzuschließen, Entmilitarisierungsbestimmungen in den Friedensvertrag mit Deutschland aufzunehmen und deren Einhaltung durch eine Kontrollkommission der Vier Mächte in Deutschland überwachen zu lassen. Eine Beteiligung der Sowjetunion an der Kontrolle des Ruhrgebietes lehnten sie doch stets entschieden ab[216], da sie – auch angesichts der zunehmenden Auseinanderentwicklung der alliierten Deutschlandpolitik – kein Interesse daran hatten, die Sowjetunion an dem in ihren Zonen liegenden gewaltigen Industriepotential des Ruhrgebietes zu beteiligen. Einen – über die Einflußnahme durch den alliierten Kontrollrat hinausgehenden – Rechtsanspruch auf Beteiligung an der Kontrolle des Ruhrgebietes konnte die UdSSR auch aufgrund des Potsdamer Abkommens und der übrigen alliierten Vereinbarungen letztlich nicht geltend machen. Der separate Erlaß des Ruhrstatuts vom 22. April 1949[217] durch die Westmächte stand allerdings nicht im Einklang mit den Vereinbarungen der vier Alliierten, da das Statut als Ausübung oberster Regierungsgewalt in Deutschland des Konsenses der Vier Mächte bedurft hätte[218].

2.3 Die Verbindlichkeit der Entmilitarisierungsbestimmungen des Potsdamer Abkommens

Die Frage, in welchem Umfang die Entmilitarisierungsbestimmungen für Deutschland gültig waren und ob sie heute noch Bindungswirkung besitzen, wirft grundsätzliche Probleme auf.

Zunächst einmal können die Bestimmungen über die Auflösung der deutschen Wehrmacht, der bewaffneten Verbände und der paramilitärischen Vereinigungen ebenso wie die Regelungen über Beschlagnahme und Vernichtung von Waffen als erfüllt betrachtet werden, da sie bereits im wesentlichen von den Alliierten selbst während der Besatzungszeit abschließend durchgeführt wurden[219].

Ebenso wie bei der Entnazifizierung ergibt sich aus dem Sinn der Vorschriften auch eindeutig, daß eine fortdauernde Verpflichtung bestehen

215 Shadanow in: Neue Welt 1947 S. 17.

216 Vgl. Meissner, Rußland S. 88, 121 mwN.; Marienfeld, Konferenzen S. 336 ff.

217 Quelle: Siegler, Wiedervereinigung Bd. II S. 21 ff.

218 Vgl. Giese, Einheit S. 174 ff.

219 Zur Auseinandersetzung über in der britischen und amerikanischen Zone weiterbestehende deutsche Truppenteile siehe oben Anm. 119 ff.

sollte, Kriegsverbrecher zu bestrafen[220] und das Erziehungswesen frei von militärischer Ideologie zu halten[221].

Problematisch ist jedoch die Geltung der Bestimmungen über das Verbot der Aufstellung von Streitkräften[222] und das Verbot der Produktion von Waffen und Rüstungsgütern[223]. Die Literatur zum Potsdamer Abkommen schweigt sich über diese Frage weitgehend aus. DDR-Autoren werfen der Bundesrepublik Deutschland im Hinblick auf die Wiederbewaffnung in den 50er Jahren zwar einen Verstoß gegen das Potsdamer Abkommen vor, gehen aber auf die Frage der Vereinbarkeit des Aufbaus der Armee in der DDR mit Beschlüssen von Potsdam nicht ein[224].

Im Grunde genommen sind die einzelnen Bestimmungen des Potsdamer Abkommens völlig eindeutig[225]: Die *"völlige Abrüstung und Entmilitarisierung* Deutschlands und die Ausschaltung der gesamten deutschen Industrie, welche für eine Kriegsproduktion benutzt werden kann"[226], ist eines der ausdrücklich genannten Ziele. Unmißverständlich sollen in Deutschland auch in Zukunft weder militärische Verbände existieren, noch Rüstungswirtschaft betrieben werden. Folgerichtig enthält daher auch das Besatzungsstatut für die Westzonen (bzw. die Bundesrepublik) vom 10. April 1949[227] die Regelung: "Um sicherzustellen, daß die Grundziele der Besetzung erreicht werden, bleiben auf folgenden Gebieten Befugnisse ausdrücklich vorbehalten…, die Abrüstung und Entmilitarisierung einschließlich der damit zusammenhängenden Gebiete der wissenschaftlichen Forschung, die Verbote und Beschränkungen der Industrie und der zivilen Luftfahrt". In Übereinstimmung mit dem Ziel der dauernden Entwaffnung Deutschlands wurde die Bundesregierung dann auch durch das Petersberger Abkommen vom 22. November 1949, das den Prozeß der Souveränitätserlangung der Bundesrepublik Deutschland einleitete, verpflichtet, "die Neubildung irgendwelcher Streitkräfte zu verhindern"[228]. Auch in der neugegründeten DDR nahm die sowjetische Kontrollkommission weiterhin die Aufsicht über die Erfüllung des Potsdamer Abkommens – also u.a. der Entmilitarisierungsbestimmungen – wahr[229] und die Provisorische Regierung

220 Abschnitt III A5 Potsdamer Abkommen.

221 Abschnitt III A7 Potsdamer Abkommen.

222 Abschnitt III A3 (I) a Potsdamer Abkommen.

223 Abschnitt III A3 (I) b Satz, III B11 Potsdamer Abkommen.

224 Siehe z.B. Kröger, Staatsrechtliche Bedeutung S. 224 ff.; Kröger, Potsdamer Abkommen S. 1477 f.; Guhl, Bestimmung S. 921 ff.

225 Siehe auch Giese, a.a.O., S. 263.

226 Abschnitt III A3 (I) Potsdamer Abkommen; Hervorhebung durch den Verfasser.

227 Europa-Archiv 1949 S. 2047.

228 Bundesanzeiger 1949 Nr. 28 S. 1.

229 Erklärung des obersten Chefs der SMAD vom 10. Oktober 1949 (Quelle: Beziehungen DDR–UdSSR Bd. I S. 100).

der DDR betonte in ihrer Erklärung zur Staatsgründung am 24. Oktober 1949 die vorbehaltlose Anerkennung der Vereinbarungen von Potsdam und ihren festen Entschluß, die dort auferlegten Verpflichtungen zu erfüllen[230].

Doch die Realität sah anders aus. Im Zuge der wachsenden Konfrontation zwischen den Westmächten und der Sowjetunion bezog man in Washington in die Planung zur wirtschaftlichen und politischen Stärkung der Westzonen seit 1947 bereits die Möglichkeit der militärischen Bewaffnung eines (west)deutschen Staates ein[231]. Auch deutscherseits – sowohl in den Westzonen, wie in der sowjetischen Zone – wurde die Bildung deutscher Truppen nicht mehr prinzipiell abgelehnt[232]. Auch die SED hatte damit begonnen, sorgfältig zwischen Militarismus und einem fortschrittlichen (deutschen) Heer zu differenzieren[233].

In der sowjetischen Besatzungszone plante die Militärregierung bereits im Sommer 1947 die Schaffung einer schlagkräftigen Polizeitruppe, "damit die SMAD nach und nach ihre Truppen verringern und schließlich ganz zurückziehen könne[234]. Mit Befehl vom 3. Juni 1948 der sowjetischen Militäradministration wurde die "Hauptabteilung Grenzpolizei und -bereitschaften" errichtet und ihr die kasernierte Polizeitruppe unterstellt, deren Ausbildung zunehmend militärischen Charakter annahm[235]. Im April 1949 wurde dann die kasernierte Volkspolizei einer eigenen "Hauptverwaltung für Schulung" unterstellt und damit der Aufbau einer Armee auch äußerlich eingeleitet[236]. Mit Gesetz Nr. 16 der Alliierten Hohen Kommission vom 16. Dezember 1949 hoben die Westmächte einseitig das Kontrollratsgesetz Nr. 34 über die Auflösung der Wehrmacht auf, ersetzten es aber zunächst im wesentlichen noch durch entsprechende Regelungen[237]. 1951 entstand

230 Erklärung der Provisorischen Regierung der DDR zur Gründung der DDR und zur Herstellung diplomatischer Beziehungen zwischen der Provisorischen Regierung der DDR und den Regierungen anderer Länder vom 24. Oktober 1949 (Quelle: Beziehungen DDR–UdSSR Bd. I S. 136 ff.).

231 Vgl. Albrecht, Wiederaufrüstung S. 11 ff., 19 ff.; vgl. auch Rupp, Geschichte S. 41 ff.

232 Vgl. die Nachweise bei Bredthauer, Dokumentation S. 5 ff. und Albrecht, Wiederaufrüstung S. 25 ff. Die erste offizielle Stellungnahme des SPD-Parteivorstandes auf dem Düsseldorfer Parteitag im September 1948 zur Frage der Wiederbewaffnung geht zwar noch davon aus, daß eine deutsche Wiederaufrüstung nicht der gegenwärtigen politischen Situation entspräche, lehnt aber einen Verteidigungsbeitrag auch nicht grundsätzlich ab, wenn dies nur im Rahmen einer gleichberechtigten Stellung Deutschlands in einer europäischen Staatengemeinschaft und innerhalb eines internationalen Systems kollektiver Sicherheit erfolge (Jahrbuch der SPD 1948/49 S. 136).

233 Oelßner, Unser Kampf gegen den Militarismus, Neues Deutschland vom 18. Juli 1946.

234 Gniffke, Jahre S. 262 ff.

235 Wettig, Der sowjetische Entschluß S. 446 ff.

236 Bohn, Aufrüstung S. 102.

237 Gesetz Nr. 16 der Alliierten Hohen Kommission über die Ausschaltung des Militarismus vom 16. Dezember 1949 (Amtsblatt, Alliierte Hohe Kommission S. 72).

in der Bundesrepublik Deutschland der Bundesgrenzschutz, 1955 wurden die Bundeswehr und die Nationale Volksarmee gebildet. Die Einführung der allgemeinen Wehrpflicht erfolgte in der Bundesrepublik 1956 und in der DDR 1962[238]. Auch die Produktion von militärischem Gerät (zunächst nur für die Besatzungsmächte) wurde in allen Besatzungszonen in mehr oder minder großem Umfang bereits unter den alliierten Oberbefehlshabern wieder aufgenommen[239].

Doch während sich die Sowjetunion und die Westmächte Anfang der 50er Jahre gegenseitig der Verletzung der Entmilitarisierungsbestimmungen des Potsdamer Abkommens beschuldigten, wurden jeweils eigene Verstöße gegen diese Beschlüsse der Konferenz von Potsdam bestritten[240].

An dieser Stelle können nicht die politischen Hintergründe für diese Entwicklung erörtert und es kann nicht derjenige gesucht werden, der zuerst eindeutig gegen die Entmilitarisierungsbestimmungen des Potsdamer Abkommens verstoßen hat[241]. Fest steht jedoch, daß spätestens mit dem offiziellen Aufbau der Bundeswehr und deren Billigung durch die Westmächte, sowie durch die Bildung der Nationalen Volksarmee in der DDR unter Zustimmung der Sowjetunion, alle Signatarmächte des Potsdamer Abkommens und beide deutsche Staaten bewußt eine Position bezogen haben, die im Gegensatz zu dem Wortlaut der Übereinkunft der Potsdamer Konferenz stand. Zumindest zu diesem Zeitpunkt also – Mitte der 50er Jahre – wurde von allen Beteiligten das Verbot der Wiederbewaffnung Deutschlands im Potsdamer Abkommen für obsolet angesehen.

Bereits auf der Pariser Außenministerkonferenz 1946 war deutlich geworden, daß die Signatarmächte des Potsdamer Abkommens nicht mehr von einer völligen Entwaffnung Deutschlands für alle Zeit ausgingen. Man diskutierte Vorschläge der USA und der Sowjetunion über die Dauer der Entwaffnung. Während die USA von etwa 25 Jahren ausgingen (Byrnes-Plan), sah die Sowjetunion mindestens 50 Jahre als notwendig an[242]. Der sowjetische Entwurf eines Vertrages zur Entmilitarisierung Deutschlands vom 14. April 1947 forderte in seinen Artikeln zwar noch die völlige Abrüstung und das Verbot jeglicher Rüstungsindustrie in Deutschland (sowie die

238 Wettig, Entmilitarisierung S. 106 ff.; Czempiel, Sicherheitssystem; Deuerlein, Auslegung S. 73.

239 Siehe Wettig, Entmilitarisierung S. 221 ff. und Dokumentationen wie: Bericht über Rüstungsproduktion.

240 Siehe insbes. den Notenwechsel der Jahre 1950/51: Kommuniqué der Westmächte vom 22. Dezember 1950, sowjetische Note vom 30. Dezember 1950, britische Note vom 5. Februar 1951, Note der Westmächte vom 23. Januar 1951, sowjetische Note vom 5. Februar 1951, Note der Westmächte vom 21. Februar 1951 (Texte in: Dokumente, Deutschlandpolitik Bd. I; Siegler, Dokumentation). Vgl. auch Deuerlein, Auslegung S. 73 ff.; Meissner, Rußland S. 50, 242.

241 Dazu z.B. auch Badstübner, Restauration S. 409 ff.; Wettig, Entmilitarisierung S. 106 ff.

242 Europa-Archiv 1946 S. 106; siehe dazu auch Deuerlein, Auslegung S. 37.

alliierte Kontrolle über das Ruhrgebiet)[243], jedoch die Präambel enthält einen Satz, der darauf hinweist, daß auch diese Entwaffnung nicht unbedingt endgültig sein sollte: "Es muß gewährleistet werden, daß Deutschland in einem Zustand völliger Entwaffnung und Entmilitarisierung bleibt, *solange*[244] dies erforderlich ist, damit Deutschland nie wieder seine Nachbarn oder die Aufrechterhaltung des Friedens in der ganzen Welt bedroht, und *solange*[245] die Aufgabe, eine deutsche Aggression zu verhüten, dies erfordert"[246]. Damit war auch nach sowjetischer Ansicht eine Entwaffnung Deutschlands nur so lange notwendig, wie die Gefahr einer Friedensbedrohung durch Deutschland bestand.

Während in Kreisen der amerikanischen Armee bereits seit 1947 die Aufstellung von militärischen Einheiten der deutschen Westzonen gefordert wurde[247], lehnte die amerikanische Regierung bis zum September 1950 offiziell die Aufstellung deutscher Streitkräfte ab. Doch zu Beginn der Konferenz der Außenminister der USA, Großbritanniens und Frankreichs im September 1950 warf die amerikanische Regierung die Frage nach der Möglichkeit deutscher Truppen auf. Am 26. Oktober 1950 stimmte die französische Nationalversammlung dem sogenannten Plevenplan zu, der eine gemeinsame europäische Armee unter Einschluß deutscher Einheiten vorsah. Am 19. Dezember 1950 ermächtigten die Außen- und Verteidigungsminister der im Atlantikpakt (NATO) vom April 1949 verbündeten Staaten die Hochkommissare, mit der Regierung der Bundesrepublik Deutschland über die Aufstellung von deutschen Truppen zu verhandeln[248].

Gegen diese offenen und eindeutigen Versuche der Wiederbewaffnung legte die Sowjetunion wiederholt scharfen Protest ein und wies auf die Verletzung des Potsdamer Abkommens hin[249]. Seit 1952 faßte jedoch auch die sowjetische Regierung offiziell die Möglichkeit deutscher Truppen ins Auge[250]. Hiervon geht der Friedensvertragsentwurf der Sowjetunion für Deutschland von 1952 aus, der (ähnlich dem Friedensvertrag mit Italien[151] und dem späteren Staatsvertrag mit Österreich)[252] deutsche Streitkräfte grundsätzlich zulassen wollte und auch eine – wenn auch begrenzte – Rüstungsindustrie erlaubte. Vorgesehen waren nationale deutsche Streitkräfte

243 Siehe oben 2. Teil IV. 2.1.2 und VI. 2.2.2.

244 Hervorhebung vom Verfasser.

245 Hervorhebung vom Verfasser.

246 Vgl. dazu Marienfeld, Konferenzen S. 337 ff.

247 Matien in: Stein, American S. 646 ff.

248 Dormann, Demokratie S. 150 ff.

249 Siehe oben Anm. 240.

250 Vgl. auch Meissner, Rußland S. 351.

251 Art. 51, 52 des Italienischen Friedensvertrages von 1947.

252 Art. 12, 13 des Österreichischen Staatsvertrages von 1955.

aller drei Waffengattungen in einem Umfang, wie diese "für die Verteidigung des Landes notwendig sind"[253]. Weiterhin sollte Deutschland auch "Kriegsmaterial und -ausrüstungen" in der für seine Streitkräfte erforderlichen Menge erzeugen dürfen[254]. Der Friedensvertragsentwurf der UdSSR von 1959 geht ebenfalls von nationalen Streitkräften (Art. 26) aus, regelt zusätzlich das Verbot der Beschäftigung bestimmter Personengruppen (insbesondere verurteilte Kriegsverbrecher) in den Streitkräften (Art. 27), enthält ein Produktionsverbot (Art. 28) für bestimmte Waffenarten (Kernwaffen, Raketen, Bombenflugzeuge und Unterseeboote) und eine Beschränkung der Produktion von Kriegsmaterial auf den für Deutschland notwendigen Bedarf (Art. 29). Hier werden die Parallelen zum österreichischen Staatsvertrag besonders deutlich.

Doch ist die sowjetische Haltung nicht eindeutig: Auch noch Ende 1954 ist für die Sowjetunion "die Remilitarisierung Westdeutschlands und seine Einbeziehung in militärische Gruppierungen … mit jenen internationalen Verpflichtungen zur Verhinderung der Wiedergeburt des deutschen Militarismus unvereinbar, die die Vereinigten Staaten von Amerika, Großbritannien und dann auch Frankreich durch das Potsdamer Abkommen auf sich genommen haben"[255]. Aber nach dem Text dieser "Deklaration der Moskauer Konferenz europäischer Länder zur Gewährung des Friedens und der Sicherheit in Europa" vom 2. Dezember 1954 wird im Grunde die Verletzung des Potsdamer Abkommens weniger in der Aufstellung deutscher Streitkräfte überhaupt, als vielmehr in der angestrebten Größe der Armee der Bundesrepublik Deutschland (500000 Mann), der Verwendung von "Hitlergenerälen", der Möglichkeit einer atomaren Bewaffnung und vor allen Dingen in der Einbeziehung der Streitkräfte in den gegen die Sowjetunion gerichteten Militärblock der NATO gesehen. Doch auch noch am 24. November 1958 erklärte Chruschtschow: "Man muß im Auge behalten, daß Deutschland gemäß dem Potsdamer Abkommen nicht aufgerüstet werden darf"[256]; und dies, obwohl auch die DDR zu diesem Zeitpunkt bereits Streitkräfte von über 100000 Mann unterhielt und am 14. Mai 1955 den Warschauer Pakt mitbegründet hatte!

Trotz dieser teilweise widersprüchlichen Äußerungen lassen die Erklärungen und Maßnahmen der Vier Mächte insgesamt aber deutlich werden, daß sie sich von den strikten Abrüstungsforderungen des Potsdamer Abkommens gelöst hatten.

Welche Folgen hat nun diese Entwicklung auf die völkerrechtliche Gültigkeit der betreffenden Bestimmungen des Potsdamer Abkommens gehabt? Zur Unwirksamkeit des Abkommens insgesamt haben jedenfalls – wie be-

253 Nr. 1 der militärischen Leitsätze des sowjetischen Friedensvertragsentwurfes von 1952.

254 A.a.O., Nr. 2.

255 Beziehungen DDR–UdSSR Bd. II S. 274.

256 Neues Deutschland vom 29. November 1958.

reits ausgeführt[257] – die dem Wortlaut der Bestimmungen zuwiderlaufenden Verhaltensweisen der Signatarmächte nicht geführt. In gewissem Umfang wird hier aber wohl von einer Übereinstimmung der Modifizierung des Potsdamer Abkommens[258] auszugehen sein. Dementsprechend muß die Interpretation der Bestimmungen der Potsdamer Beschlüsse nun unter Berücksichtigung der politischen Entwicklung seit 1945 vorgenommen werden[259]. Drei Gesichtspunkte sind dabei maßgeblich:

1. Die Entstehung zweier deutscher Staaten auf dem Gebiet des Deutschen Reiches,
2. die Tatsache, daß beide Staaten mit Billigung der Signatarmächte des Potsdamer Abkommens Streitkräfte unterhalten und
3. der bisher noch nicht erfolgte Abschluß eines Friedensvertrages der Anti-Hitler-Koalition mit Deutschland.

Keine der Signatarmächte des Potsdamer Abkommens ist bei dessen Abschluß davon ausgegangen, daß mehrere Jahrzehnte nach Niederschlagung des Nationalsozialismus immer noch kein formeller Friedensvertrag mit Deutschland geschlossen sein würde Das Potsdamer Abkommen hatte das Ziel, Grundsätze für die gemeinsame Besatzungspolitik der Alliierten aufzustellen und die Voraussetzungen für eine europäische Friedensordnung zu schaffen. Es weist bereits für 1945 dem Rat der Außenminister die Aufgabe zu, eine "friedliche Regelung für Deutschland" vorzubereiten[260]. Schon in der ersten Session (vom 25. April bis 16. Mai 1946) der zweiten Außenministerkonferenz in Paris war von amerikanischer Seite durch Byrnes die Ausarbeitung eines Friedensvertrages mit Deutschland angeregt worden[261], und seit der zweiten Session dieser Außenministerkonferenz (15. Juni bis 12. Juli 1946) waren sich zumindest die USA und die UdSSR grundsätzlich einig, daß ein Friedensvertrag mit Deutschland in absehbarer Zeit geschlossen werden sollte. Molotow erklärte am 10. Juli 1946: "Nun ist die Zeit gekommen, wo wir die Frage des Schicksals Deutschlands und des Friedensvertrages mit Deutschland erörtern müssen"[262].

Hieraus ergibt sich, daß den Deutschland betreffenden Regelungen des Potsdamer Abkommens ursprünglich nur eine begrenzte Geltungsdauer zugemessen war und daß sie durch einen umfassenden Friedensvertrag abgelöst werden sollten. Selbst wenn das Potsdamer Abkommen auch schon Grundzüge dieses Friedensvertrages vorzeichnete, so wären doch im Friedensvertrag im einzelnen abweichende – den geänderten Verhältnissen an-

---

257 Siehe oben 1. Teil II.

258 Seidl-Hohenveldern, Völkerrecht Rdnr. 267.

259 Zur völkerrechtlichen Zulässigkeit einer derartigen Uminterpretation siehe Abendroth, Bedeutung S. 4952 f.

260 Abschnitt II 3 (I) letzter Satz Potsdamer Abkommen.

261 Byrnes, Offenheit S. 229.

262 Dokumente, Deutschlandpolitik Bd. I S. 17 ff.

gepaßte – Bestimmungen möglich gewesen[263]. Daher muß auch das von den Alliierten auf der Potsdamer Konferenz ausgesprochene Verbot jeglicher deutscher Streitkräfte nicht für alle Ewigkeit bestimmt gewesen sein. In der Atlantik-Charta vom 12. August 1941[264] hatten der Präsident der Vereinigten Staaten und der britische Premierminister (mit späterer Zustimmung der Sowjetunion[265]) erklärt: "Da künftig kein Friede erhalten werden kann, wenn von Nationen, die mit Angriffen außerhalb ihrer Grenzen drohen oder drohen können, weiterhin ihre Land-, See- und Lufträstungen aufrechterhalten werden, glauben sie, daß bis zur Schaffung eines umfassenderen und dauerhaften Systems allgemeiner Sicherheit die Entwaffnung solcher Nationen wesentlich ist." Dies bezog sich zweifellos auf die Kriegsgegner der Alliierten[266] und bereits damals wollte man also ihre erneute militärische Bewaffnung nicht prinzipiell ausschließen.

Auch die Existenz zweier deutscher Staaten kann auf Inhalt und Geltung dieser Bestimmungen des Potsdamer Abkommens nicht ohne Bedeutung sein, denn grundsätzlich besitzt ein souveräner Staat – wie in Art. 51 der UN-Charta anerkannt wird – ein Recht auf Selbstverteidigung und damit auch prinzipiell ein Recht auf Unterhaltung von Streitkräften zur Realisierung dieser Selbstverteidigung[267].

Nicht zuletzt verlangt auch die bloße Tatsache, daß zumindest seit 1955 unter offizieller Billigung aller Signatarmächte des Potsdamer Abkommens in Deutschland Streitkräfte aufgestellt wurden, bei der heutigen Interpretation des Abkommens Berücksichtigung. Zeugnis für ein gewandeltes Verständnis der Abrüstungs- und Entmilitarisierungsregelungen des Potsdamer Abkommens sind insbesondere die oben zitierten jeweiligen Formulierungen der sowjetischen Vorschläge zu einem Friedensvertrag, die insoweit auch von den Westmächten nicht kritisiert wurden. An Stelle des strikten Verbotes jeglicher Streitkräfte und jeder militärisch orientierten Industrieproduktion, wie es das Potsdamer Abkommen in den Bestimmungen der politischen[268] und wirtschaftlichen[269] Grundsätze enthielt, trat die Anerkennung des grundsätzlichen Rechts Deutschlands "eigene nationale Streitkräfte zu besitzen" und Kriegsgerät und militärische Ausrüstungen zu erzeugen, soweit dies für die Verteidigung des Landes notwendig ist[270]. Insoweit dürfte

263 Eine derartige Möglichkeit hatte das Potsdamer Abkommen ausdrücklich in der Grenzfrage, auf die noch einzugehen sein wird (2. Teil VI. 3.), offengelassen (Abschnitt IXb Potsdamer Abkommen). Auch hieraus kann die Absicht der Konferenzmächte, die Souveränität Deutschlands zu achten, entnommen werden.

264 Deutscher Text: Deuerlein, Einheit S. 212 f.

265 Die Zustimmung der Sowjetunion zur Atlantik-Charta erfolgte am 24. September 1941.

266 Vgl. Moltmann, Deutschlandpolitik S. 24.

267 Autorenkollektiv, Völkerrecht Bd II S. 185 ff.

268 Abschnitt III A3 (I) a Potsdamer Abkommen.

269 Abschnitt III B11 Potsdamer Abkommen.

270 Etwa entsprechend den genannten Formulierungen der sowjetischen Friedensvertragsent-

zumindest seit 1952 ein grundsätzliches Einvernehmen zwischen allen am Potsdamer Abkommen beteiligten Staaten bestanden haben.

Mit der praktischen Beendigung der Entwaffnung und der Bildung von militärischen Einheiten in Deutschland unter Billigung der Vier Mächte gaben diese konkludent zu verstehen, daß sie insoweit die Demilitarisierungsvereinbarungen von Jalta und Potsdam nicht mehr für gültig hielten[271]. Völkerrechtlich nicht haltbar sind hingegen Kommentierungsweisen, die die Rechtmäßigkeit der Wiederbewaffnung Westdeutschlands allein damit begründen, daß diese von "der Sowjetunion hervorgerufen worden" sei[272]. Will man das Prinzip "pacta sunt servanta" nicht völlig ad absurdum führen, kann man nicht jeden Vertragsbruch der einen Seite mit dem der anderen Seite rechtfertigen[273].

Geht man nun davon aus, daß durch übereinstimmende Ansicht aller Vier Mächte das Verbot des Potsamer Abkommens zur Bildung und Bewaffnung deutscher militärischer Einheiten obsolet geworden ist, so sind damit aber nicht die Entmilitarisierungsbestimmungen des Potsdamer Abkommens in ihrer Gesamtheit außer Kraft gesetzt. Es verbleibt eine entscheidende Grundsubstanz des Ziels der Entmilitarisierung Deutschlands, die aber von ihrem Inhalt her nur schwer konkretisierbar ist.

Während auf der Konferenz selbst der Begriff der "Entmilitarisierung" nicht Diskussionsgegenstand war, wurde er insbesondere in den 50er Jahren von seiten der Sowjetunion und der DDR sehr umfassend ausgedeutet. Von dieser Seite wurde immer wieder auf die Verknüpfung des "preußisch-deutschen Militarismus" mit der "Junkerkaste" und den "finanzkapitalistischen Monopolen" als Hauptträgern des Militarismus hingewiesen und als Voraussetzung für dessen Ausrottung insbesondere die Vernichtung der kapitalistischen Monopole und eine grundlegende Bodenreform in Deutschland genannt. Letztlich sei (ein so definierter) Militarismus nur in einem sozialistischen Staat ausgeschlossen[274]. Dieses Militarismusverständnis kann aber wohl kaum als das aller drei Konferenzmächte in Potsdam angesehen werden, sonst hätten sich die USA und Großbritannien selbst in die Nähe von militaristischen Staaten gerückt, was sicherlich nicht ihre Absicht gewesen sein dürfte.

Trotz der Vieldeutigkeit des Militarismus-Begriffes gibt das Potsdamer Ab-

würfe. Am engsten ist der auf der Berliner Außenministerkonferenz am 1. Februar 1954 vorgelegte neue Entwurf der Sowjetunion, wo es heißt: "Die Stärke der Streitkräfte wird entsprechend den Aufgaben innerer Art, der örtlichen Grenzverteidigung und des Luftschutzes beschränkt" (Dokumente, Deutschlandpolitik Bd. I S. 289 ff.).

271 So auch Heinze, Völkerrechtsprobleme S. 4858, Dahm, Völkerrecht Bd. III S. 125; Giese, Einheit S. 261 ff.

272 Z.B. Grewe, Außenpolitik S. 68, 272, 446; Blömer, Europa S. 31.

273 Vgl. auch Giese, Einheit S. 264.

274 Siehe unter anderem Oelßner, Neues Deutschland vom 18. Juli 1946; Autorenkollektiv, Völkerrecht (1. Aufl.) Bd. II S. 232; Kegel, Ein Vierteljahrhundert S. 134 ff.

kommen selbst deutliche Hinweise, was im Sinne der Signatarstaaten hier-
unter zu verstehen ist: Wenn alle Maßnahmen getroffen werden sollten,
"damit Deutschland niemals mehr seine Nachbarn oder die Erhaltung des
Friedens in der ganzen Welt bedrohen kann"[275], dann ergibt sich daraus,
daß die Führung von Aggressionskriegen und eine auf Gewalt ausgerichtete
Politik wesentliche Merkmale des Militarismus sind. Der Kontrollrat der Vier
Mächte hat in seiner Gesetzgebung zur Ausführung des Potsdamer Abkommens – über die allgemeinen Abrüstungsregelungen hinaus – durchaus die
Kriterien eines gemeinsamen Militarismusverständnisses aller vier Besatzungsmächte verdeutlicht: Im Befehl Nr. 4 vom 13. Mai 1946 (Einziehung
von Literaturwerken nationalsozialistischen und militaristischen Charakters)
wird u.a. "Aufreizung zur Gewalttätigkeit" als "militaristisch" angesehen.
Die Direktive Nr. 38 vom 12. Oktober 1946 über die Verhaftung und Bestrafung von Kriegsverbrechern, Nationalsozialisten und Militaristen gibt
sogar eine umfassende Legaldefinition vom Begriff des "Militaristen", der
durch folgende Merkmale charakterisiert wird:
"1) Wer das Leben des deutschen Volkes auf eine Politik der militaristi-
    schen Gewalt hinzulenken versucht hat;
2) wer für die Beherrschung fremder Völker, ihre Ausbeutung und Ver-
    schleppung eingetreten oder verantwortlich ist;
3) wer die Aufrüstung für diese Ziele gefördert hat."
Im einzelnen werden weiter u.a. "die planmäßige Ausbildung der Jugend
für den Krieg", "sinnlose Zerstörung von Städten und Dörfern" und die
"brutale Mißhandlung Untergebener" als typische militaristische Verhaltensweisen genannt.
Auf dieser Linie des gemeinsamen Militarismus- und Entmilitarisierungs-
verständnisses der Vier Mächte liegen auch zahlreiche offizielle sowjetische
Äußerungen, die insoweit auch von den Westmächten akzeptiert wurden.
Ähnlich wie in den Beratungen der Konferenzen von Jalta und Potsdam
wird in der Erklärung der sowjetischen Delegation auf der Sitzung des Rates
der Außenminister in Moskau vom 11. März 1947[276] das Begriffspaar "demokratisch" und "friedliebend" immer wieder besonders deutlich in Gegensatz zu "militaristisch" gesetzt. Auf die Unvereinbarkeit von Demokratie
und Militarismus weist auch Art. 17 des Friedensvertrages mit Italien vom
10. Februar 1947 hin, wenn dort Italien im Rahmen der Bestimmungen zur
Verhütung von Faschismus und Militarismus verpflichtet wird, "das Wiederaufleben solcher politischer, militärischer oder halbmilitärischer Organisationen auf italienischem Boden" nicht zu gestatten, "deren Ziel es ist, das
Volk seiner demokratischen Rechte zu berauben". Der sowjetische Friedensvertragsentwurf von 1959 geht insoweit ebenfalls von dem gemeinsamen Militarismusverständnis aus, wenn er Deutschland verpflichten will, in

275 Abschnitt III (Einleitung) Potsdamer Abkommen.
276 Dokumente, Deutschlandpolitik Bd. I S. 40 ff.

Zukunft "seine internationalen Streitigkeiten nur mit friedlichen Mitteln zu lösen…, sich in den internationalen Beziehungen der Drohung mit Gewalt oder der Gewaltanwendung gegen die territoriale Unverletztlichkeit oder politische Unabhängigkeit eines jeden anderen Staates zu enthalten und keinem Staat oder keiner Gruppe von Staaten, die den internationalen Frieden und die Sicherheit verletzt haben, ihre Unterstützung zu gewähren" (Art. 4 Abs. 2)[277].

Sieht man die absoluten Abrüstungsbestimmungen des Potsdamer Abkommens heute als obsolet an, so wendet sich also der noch gültige Inhalt der Potsdamer Entmilitarisierungsbestimmungen nicht gegen Militär an sich, sondern gegen die aggressive Ausprägung militärischen Denkens, wie sie insbesondere in der Unterhaltung einer Angriffsarmee, der Planung und Vorbereitung von Aggressionskriegen, der Absicht zur Unterdrückung fremder Völker, der Verherrlichung militärischer Gewalt sowie der Erziehung der Jugend in diesem Sinne und der Unterordnung der Politik unter aggressive militärische Zielsetzungen zum Ausdruck kommt[278].

Ein besonderes Problem stellen in diesem Zusammenhang die Beitritte der Bundesrepublik Deutschland zur Westeuropäischen Union sowie zur NATO und der DDR zum Warschauer Pakt dar. Dieser Komplex bedürfte – unter der Perspektive der Geltung des Potsdamer Abkommens für beide Staaten – einer umfassenden Untersuchung, die im Rahmen dieser Arbeit nicht geleistet werden kann. Mit der völligen Einbeziehung eines Teilgebietes von Deutschland in das Militärbündnis der NATO wurde jedenfalls die nach wie vor gültige Vier-Mächte-Konsensklausel tangiert, nach der grundlegende Entscheidungen über Deutschland nicht ohne Übereinstimmung der Vier Mächte getroffen werden können[279]. Zumindest seit dem Beitritt der Bundesrepublik Deutschland zur NATO im Jahre 1955 ist die Aussage des Art. 8 des NATO-Vertrags, "daß keine der internationalen Verpflichtungen … in Widerspruch zu den Bestimmungen dieses Vertrages stehen"[280] unrichtig. Formal weniger angreifbar ist insoweit der Beitritt der DDR zum Warschauer Vertrag, weil dieser – anders als Art. 10 des NATO-Vertrages – in Art. 9 ein echtes Offenheitsprinzip statuiert, in Art. 2 Abs. 2 die Bereitschaft zu einem überregionalen Abrüstungsvertrag enthält[281], und die DDR

---

277 Dabei bleibt das sowjetische Militarismusverständnis jedoch nicht stehen: Nach Art. 17 des Friedensvertragsentwurfes von 1959 sollen auch solche Organisationen als "militaristisch" verboten werden, "die eine Überprüfung der Grenzen Deutschlands fordern oder territoriale Ansprüche auf andere Staaten zum Ausdruck bringen".

278 Siehe dazu Senghaas, Rüstung; Kühnl, Formen Bd. I S. 95; Sauer, Militarismus; Kardelj, Vermeidbarkeit.

279 Vgl. Giese, Einheit S. 266.

280 Vgl. den deutschen Text bei Kraus, völkerrechtliche Urkunden Nr. 26 S. 6. Ebenso Art. VII des Brüsseler Vertrages (Westeuropäische Union) vom 17. März 1948 (Text a.a.O., Nr. 19).

281 Deutscher Text in: GBl.-DDR 1955 I S. 382.

schon bei Gründung des Paktes am 14. Mai 1955 den Vorbehalt erklärte, "daß das wiedervereinigte Deutschland von den Verpflichtungen frei sein wird, die ein Teil Deutschlands in militärisch-politischen Verträgen und Abkommen, die vor der Wiedervereinigung abgeschlossen wurden, eingegangen ist"[282]. Tatsächlich ist natürlich nicht zu leugnen, daß der Warschauer Pakt auch eine Folge des Anschlusses der Bundesrepublik Deutschland an die NATO war[283] und klar gegen diese gerichtet ist.

3. Die Vereinbarung des Grundgesetzes der Bundesrepublik Deutschland sowie der Verfassungen der DDR mit den Entnazifizierungs- und Entmilitarisierungsbestimmungen des Potsdamer Abkommens

Weder das Grundgesetz der Bundesrepublik Deutschland vom 23. Mai 1949 noch die Verfassungen der DDR vom 7. Oktober 1949 enthalten in ihren ursprünglichen Fassungen Bestimmungen, die im Widerspruch zu den Entnazifizierungs- und Entmilitarisierungsbestimmungen des Potsdamer Abkommens stehen. Beide Verfassungen sehen eine demokratische Staatsform mit einem parlamentarischen Regierungssystem vor und garantieren Freiheit und Gleichheit des einzelnen. Damit grenzen sich beide Verfassungen eindeutig gegen das nationalsozialistische Herrschaftssystem des totalen Staates ab, das durch Führungsprinzip, Einparteiensystem, Vorrang des Staates, Ablehnung von Rechten des einzelnen und eine Rassendoktrin geprägt war[284].

Die entscheidende Ablehnung der nationalsozialistischen Gesellschafts- und Staatsauffassung wird im Grundgesetz insbesondere in Art. 3 Abs. 3 und Art. 139 deutlich. Insoweit kann Art. 139 GG auch nicht als bloße Übergangsvorschrift mit Ausnahmecharakter angesehen werden, die das Fortgelten sogenannten Entnazifizierungsrechtes des Kontrollrates und der Länder trotz seiner Unvereinbarkeit mit einer Reihe von grundgesetzlichen Vorschriften (etwa den Grundrechten)[285] gestatten sollte. Art. 139 ist – trotz der verfassungsrechtlichen Bedenken, die er hervorruft[286] – zugleich auch ein

282 Text: Beziehungen DDR–UdSSR Bd. II S. 918.

283 Vgl. Korowin/Koschewnikow, Völkerrecht S. 385 sowie etwa Voerster, Militärpolitik S. 25 ff.

284 Zum Begriff des Antifaschismus vgl. auch Rupp, Geschichte S. 10.

285 Jess in: Bonner Kommentar, Einleitung II 1 zu Art. 139; dazu Ipsen, Enteignung S. 81 (Stellungnahme von Scheuner a.a.O., S. 59); Klein, Rechtliche Verbindlichkeit S. 150 ff.; Münch, Grundgesetz Bd. III Art. 139 (hier mit statistischen Angaben).

286 Siehe die Bemerkungen bei Hamann-Lenz (Grundgesetz Art. 139 Anm. D2) bezüglich der

fortdauerndes eindeutiges Bekenntnis des Grundgesetzes zur Ablehnung des Nationalsozialismus[287].

Die Verfassung der DDR von 1949 enthält ähnliche Aussagen in Art. 6 Abs. 2 und 3 (Verbot der Bekundung von Glaubens-, Rassen- und Völkerhaß)[288], Art. 37 (Erziehung der Jugend im Geiste des friedlichen und freundschaftlichen Zusammenlebens der Völker und einer echten Demokratie zu wahrer Humanität) und Art. 144 Abs. 2 (Fortgeltung von Entnazifizierungsvorschriften)[289].

Beide Verfassungen – die ursprünglich auch keine militärischen Streitkräfte vorsahen – sprechen sich eindeutig gegen Krieg und Gewalt im zwischenstaatlichen Bereich aus[290]. Das Grundgesetz betont in seiner Präambel den Willen, "dem Frieden der Welt zu dienen", Art. 24 GG sieht in Abs. 2 und 3 die Einordnung der Bundesrepublik in ein System kollektiver Sicherheit zur Wahrung des Friedens vor, um "eine friedliche und dauerhafte Ordnung in Europa und zwischen den Völkern herbeizuführen und zu sichern", und bekennt sich zur internationalen Schiedsgerichtsbarkeit für die Regelung zwischenstaatlicher Streitigkeiten. Art. 25 GG erklärt die allgemeinen Regeln des Völkerrechts zu Bestandteilen des Bundesrechts, in Art. 26 Abs. 1 GG werden friedensstörende Handlungen unter Strafe gestellt und die Führung und Vorbereitung eines Angriffskrieges für verfassungswidrig erklärt. Nach Art. 139 werden auch die vorkonstitutionellen Entmilitarisierungsbestimmungen durch das Grundgesetz nicht angetastet.

Die DDR-Verfassung von 1949 betont die Notwendigkeit, "die Freundschaft mit allen Völkern zu fördern und den Frieden zu sichern" (Präambel),

Nichtanwendbarkeit vorstaatlicher überpositiver Rechtsgrundsätze und auch Scheuner VVDStRL Bd. X 1952 S. 155; Krüger, Mißbrauch S. 100.

287 Klein, Rechtliche Verbindlichkeit S. 153; sehr weitgehend Abendroth, Das Grundgesetz – sein antifaschistischer und sozialer Auftrag S. 18; anderer Ansicht Maunz-Dürig-Herzog, Grundgesetz Art. 3 Rdnr. 274 Anm. 1. Durch die Setzung der Anführungszeichen wollte der Parlamentarische Rat klargestellt wissen, daß sich dieser Artikel nur auf die entsprechenden Kontrollratsbestimmungen und die diesbezüglichen Landesgesetze beziehen sollte (so Heuss in: Parlamentarischer Rat, Stenographischer Bericht S. 231). Insoweit können höchstens die unmittelbaren Entnazifizierungs- und Entmilitarisierungsbestimmungen des Potsdamer Abkommens, die Grundlage für die diesbezügliche Kontrollratsgesetzgebung sind, als Rechtsvorschrift im Sinne des Art. 139 GG angesehen werden, wenn man sie als – für Deutschland verbindliche – Rechtsvorschriften ansieht (a. A. Klein, Rechtliche Verbindlichkeit S. 155). Keinesfalls kann aber das Potsdamer Abkommen insgesamt – im Hinblick auf seine gegen Nationalsozialismus und Militarismus gerichteten Ziele – als Regelung im Sinne des Art. 139 GG angesehen werden (so auch Klein, a.a.O. S. 154; a. A. wohl Stuby, in: Kittner, Streik S. 528).

288 Vgl. zur Handhabung dieser Regelung in der DDR: Mampel, Verfassung S. 82 f.

289 Im Gegensatz zum Grundgesetz ließ die DDR-Verfassung von 1949 auch für die Zukunft den Erlaß von mit der Verfassung nicht in Einklang stehenden Entnazifizierungs- und Entmilitarisierungsbestimmungen zu.

290 Vgl. zum Begriff des Antimilitarismus auch Rupp, Geschichte S. 10 f.

erklärt die anerkannten Regeln des Völkerrechts für die Staatsgewalt und jeden Bürger für bindend (Art. 5 Abs. 1), stellt militaristische Propaganda und Kriegshetze unter Strafe (Art. 6 Abs. 2) und regelt die Fortgeltung der Entmilitarisierungsbestimmungen in Art. 144 Abs. 2.

Auch die später in beide Verfassungen eingefügten Regelungen über Wehrdienst und Wehrgesetzgebung (Art. 12a, 73 Nr. 1, 115a–e GG und Art. 5 Abs. 3, 112 Abs. 2 DDR-Verfassung 1949) widersprechen – nachdem alle Signatarstaaten des Potsdamer Abkommens (und Frankreich) die Forderung nach Entwaffnung Deutschlands aufgegeben hatten[291] – nicht den Entmilitarisierungsbestimmungen. Die Regelungen beider Verfassungen sind ausdrücklich auf den Verteidigungsfall (Art. 115aff GG) bzw. den "Schutz des Vaterlandes" (Art. 5 Abs. 3, 112 Abs. 2 DDR-Verfassung 1949) ausgerichtet.

Gleichermaßen widerspricht auch die DDR-Verfassung vom 6. April 1968 (sowohl in ihrer ursprünglichen Fassung wie auch nach der Änderung vom 7. Oktober 1974) nicht den unmittelbaren Entnazifizierungs- und Entmilitarisierungsgrundsätzen des Potsdamer Abkommens. Die Präambel von 1968 betont den "antifaschistisch-demokratischen" Charakter der Gesellschaftsordnung, Art. 6 Abs. 1 Satz 1 stellt fest, daß der "Nazismus ausgerottet" sei und Art. 20 Abs. 1 enthält ein ausdrückliches Diskriminierungsverbot. Der Wille zur Friedenssicherung und Völkerverständigung wird sowohl in der Präambel wie in Art. 6 Abs. 1-4; Art. 7 Abs. 2; Art. 8; Art. 23 Abs. 1 und Art. 91 immer wieder betont. Art. 6 erklärt zudem den "deutschen Militarismus" für ausgerottet (Abs. 1 Satz 1), spricht sich für die "Verwirklichung der Prinzipien der friedlichen Koexistenz von Staaten unterschiedlicher Gesellschaftsordnung" (Abs. 3 Satz 2) sowie für eine stabile Friedensordnung in der Welt und für die allgemeine Abrüstung" (Abs. 4) aus, und militärische Propaganda, Kriegshetze und Völkerhaß werden unter Strafe gestellt (Abs. 5). "Die allgemein anerkannten, dem Frieden und der friedlichen Zusammenarbeit der Völker dienenden Regeln des Völkerrechts sind für die Staatsmacht und jeden Bürger verbindlich" (Art. 8 Abs. 1); Art. 8 Abs. 2 enthält die ausdrückliche Absage an einen Eroberungskrieg und den Einsatz von Militär gegen die Freiheit eines anderen Volkes. Die Streitkräfte werden auf den "Schutz des Friedens und des sozialistischen Vaterlandes" verpflichtet (Art. 7 Abs. 2, Art. 23, Abs. 1) und die Teilnahme an kriegerischen Handlungen und deren Vorbereitung zur Unterdrückung eines Volkes sind verboten (Art. 23 Abs. 2). Zudem werden in Art. 91 "die allgemein anerkannten Normen des Völkerrechts über die Bestrafung von Verbrechen gegen den Frieden, gegen die Menschlichkeit und von Kriegsverbrechen" zu unmittelbar geltendem Recht erklärt[292].

---

291 Siehe oben 2. Teil IV. 2.3.

292 Vgl. zu den einzelnen Bestimmungen der DDR-Verfassung von 1968 Sorgenicht, Verfassung.

V. Reparationen und andere wirtschaftliche Regelungen

Die Reparationsregelungen und die übrigen wirtschaftlichen Bestimmungen des Potsdamer Abkommens sind – mit Ausnahme der bereits erörterten Verpflichtungen zur Dezentralisierung der Wirtschaft[1] – heute kaum noch relevant. Da aber insbesondere die Reparationsfrage – zumindest aus der Sicht der Sowjetunion – ein Kernproblem der Deutschlandpolitik war und die Auseinandersetzungen hierüber das Verhältnis der Vier Mächte untereinander entscheidend beeinflußt haben, liefert die Behandlung dieser Regelungen des Abkommens wesentliche Aufschlüsse für die Gesamtbeurteilung der Nachkriegsentwicklung Deutschlands.

1. Reparationen

Die Reparationsregelungen gehören zu den auf der Konferenz in Potsdam[2] – und bereits vorher[3] – lang diskutierten und heftig umstrittenen Fragen. Fand man auf der Konferenz nur mühsam zu Kompromissen und ließ wesentliche Punkte offen, so trugen die sich später noch weiter auseinanderentwickelnden Interessen und Ansichten der Vier Mächte zu diesem Punkt entscheidend zur Spaltung Deutschlands bei.

Zusammengefaßt auf das Wesentliche erzielte man hinsichtlich der Reparationen in Potsdam "in Übereinstimmung mit der Entscheidung der Krim-Konferenz" folgende Übereinkünfte[4]:

– *Grundsätzlich sollten die Reparationsansprüche der UdSSR aus der von ihr besetzten Zone und die der USA und Großbritanniens aus den Westzonen befriedigt werden.*

– *Weiterhin sollte die Sowjetunion aus den westlichen Zonen 15 % der für die deutsche Friedenswirtschaft nicht benötigten und daher zu demontierenden Industrieanlagen erhalten und im Gegenzug hierfür Nahrungsmittel und Rohstoffe in die westlichen Zonen liefern. Weitere 10 % der genannten industriellen Ausrüstungen sollte sie ohne Gegenleistung erhalten.*

– *Die deutschen Auslandsguthaben in Bulgarien, Finnland, Ungarn, Rumänien und Ostösterreich standen der Sowjetunion, die übrigen den Westmächten zu.*

1 Siehe oben 2. Teil III. 3.10 (Kontrolle wirtschaftlicher Macht).

2 2. Sitzung vom 5. Februar 1945 und 6. Sitzung vom 9. Februar 1945 der Krim-Konferenz (Text des sowjetischen Protokolls: Sanakojew, Teheran S. 132-140, 180 f.).

3 Siehe amerikanische Aufzeichnungen von der Potsdamer Konferenz bei Deuerlein, Quellen insbes. S. 203-206, 231 ff., 273-278, 303-309; zu den sowjetischen Aufzeichnungen siehe Sanakojew, Teheran S. 360-371.

4 Siehe Abschnitt III B11, 14 f., 15a, 18, 19, IV, V Potsdamer Abkommen.

— Die Entnahme der industriellen Ausrüstungen sollte so bald wie möglich beginnen und innerhalb zweier Jahre nach der (binnen 6 Monaten erfolgenden) Festsetzung des Umfanges der aus den westlichen Zonen zu entnehmenden Anlagen abgeschlossen sein.

— Die Lieferung der als Gegenleistung vorgesehenen Produkte aus der sowjetisch besetzten Zone war in zu vereinbarenden Teillieferungen innerhalb von 5 Jahren nach der Festsetzung der Mengen vorgesehen.

— Die Bestimmung des Umfanges der für Reparationszwecke zur Verfügung stehenden industriellen Ausrüstungen sollte entsprechend den vom Kontrollrat zu erlassenden Richtlinien erfolgen, "wobei die endgültige Entscheidung durch den Kommandierenden der Zone getroffen wird, aus der die Ausrüstung entnommen werden soll".

— Bereits vor Festlegung des Gesamtumfanges der Reparationen sollte die Sowjetunion Vorschußlieferungen aus den Westzonen erhalten.

Der einzige im Abkommen selbst enthaltene Anhaltspunkt für die Entscheidung, was "für die deutsche Friedenswirtschaft unnötig" sein sollte und damit auf das Reparationskonto gehen konnte, ergibt sich im Umkehrschluß aus der Festlegung des zu gewährleistenden Wirtschaftsniveaus in Deutschland: Sichergestellt werden sollten die Warenproduktion und die Dienstleistungen, "die wesentlich sind für die Erhaltung eines mittleren Lebensstandards in Deutschland, der den mittleren Lebensstandard der europäischen Länder nicht übersteigt" (wobei in dem Vergleich das Vereinigte Königreich und die Sowjetunion nicht miteinzubeziehen waren)[5].

Die französische Regierung hat mit Schreiben vom 7. August 1945 zwar ihrer Teilnahme an der alliierten Reparationskommission zugestimmt, "hinsichtlich der für eine Regelung des Reparationsproblems in Aussicht genommenen Grundlagen" des Potsdamer Abkommens sich aber eine spätere Darlegung ihres Standpunktes vorbehalten[6]. Im Kontrollrat wirkte Frankreich in der Folgezeit jedoch ohne Einschränkung an der Ausarbeitung des Reparationsprogrammes auf der Grundlage des Potsdamer Abkommens mit, um insoweit die Durchführung des Abkommens nicht zu behindern. Daher hat es auch – trotz fehlender Klärung der von Frankreich für so entscheidend erachteten Grenzfragen im Westen – hinsichtlich der Reparationen "vorläufig die Idee der deutschen Wirtschaftseinheit" akzeptiert[7]. Damit kann auch hier von einer grundsätzlichen Zustimmung Frankreichs zu den Reparationsregelungen des Potsdamer Abkommens ausgegangen werden.

---

5 Abschnitt III B15b Potsdamer Abkommen.

6 Vgl. das Schreiben der Provisorischen Französischen Regierung an die Signatarstaaten des Potsdamer Abkommens vom 7. August 1945 (deutscher Text: Europa-Archiv 1954 S. 6746).

7 Erklärungen des Außenministers der Provisorischen Französischen Regierung auf der Außenministerkonferenz am 10. Juli 1946 (deutscher Text: a.a.O., S. 6753).

1.1 Der Stellenwert der Reparationen für die Siegermächte

Für die Sowjetunion war die Reparationsfrage ein Schlüsselproblem ihrer Deutschlandpolitik. Einmal hatte sie ein vehementes Interesse daran, die durch die deutsche Invasion verursachten Kriegsschäden wenigstens teilweise zu kompensieren und mit Hilfe der in Deutschland demontierten Industriebetriebe ihre schwer geschädigte Wirtschaft wiederaufzubauen. Ein entscheidendes Moment war aber auch, daß mit der industriellen Abrüstung Deutschlands der Gefahr eines raschen Erstarkens des besiegten Kriegsgegners vorgebeugt werden sollte, um langfristig eine Bedrohung der Sowjetunion durch Deutschland auszuschalten[8]. Die gleichen Ziele verfolgte die französische Reparationspolitik, während Großbritannien und die USA ein primäres Interesse an der Ausschaltung der wirtschaftlichen Konkurrenz Deutschlands hatten. Für die USA, denen zunächst auch die Bestrafung Deutschlands im Vordergrund stand, gewannen allerdings bald geostrategische Gesichtspunkte an Bedeutung, die es sinnvoll erscheinen ließen, die deutsche Wirtschaft unter amerikanische Protektion zu nehmen und sie nicht auf ein absolutes Existenzminimum herabzudrücken.

In dem Maße wie die Vereinigten Staaten die Sowjetunion als politischen Kontrahenten in Europa sahen, verstärkten sich die Befürchtungen über einen rasch wachsenden sowjetischen Einfluß auf ein unterentwickeltes Deutschland. In seinem wirtschaftlichen Erstarken (unter amerikanischer Kontrolle) sah man hingegen ein wirksames Mittel zur Eindämmung des russischen Machtbereiches auf dem europäischen Kontinent[9]. Mit diesem Wandel in der Deutschlandpolitik der USA war auch in der Reparationsfrage der Dissens mit der Sowjetunion vorprogrammiert. Ging es den amerikanischen Vertretern auf den Kriegskonferenzen im wesentlichen nur darum, daß die Reparationsentnahmen der Sowjetunion keinen Umfang annahmen, der Deutschland zum Almosenempfänger des amerikanischen Steuerzahlers werden ließ, paßten seit 1947 Reparationen im Grunde genommen überhaupt nicht mehr in das Deutschlandkonzept der Vereinigten Staaten.

---

8 Vgl. Fritsch-Bournazel, Sowjetunion S. 27.

9 Vgl. etwa Huster, Determinanten S. 39 f.; Backer, Entscheidung S. 46; siehe auch Link, Marshall-Plan S. 10.

1.2 Die Erörterung der Reparationsfrage vor Potsdam

Die amerikanische Regierung hatte bereits frühzeitig damit begonnen, sich intensiv mit der Reparationsfrage zu befassen. Insbesondere seit 1943 wurden zahlreiche Untersuchungen und Berichte erstellt, die die deutsche Leistungsfähigkeit beurteilen sollten. Dabei stand stets im Vordergrund, die tatsächlichen und vermeintlichen Fehler des Versailler Vertrages zu vermeiden: Man wollte auf jeden Fall ausschließen, daß – wie man meinte – die Reparationen wie nach dem Ersten Weltkrieg letztlich aus amerikanischen Anleihen finanziert würden[10]. Dennoch glaubte man 1943 Deutschland mit Reparationsverpflichtungen in Höhe von 30 Milliarden Dollar (verteilt auf 12 Jahre) belasten zu können, wobei der Schwerpunkt auf Lieferungen aus laufender Produktion liegen sollte[11]. Eine völlig andere Konzeption verfolgte der amerikanische Finanzminister Morgenthau, dessen Deutschlandpläne eine nahezu völlige Entindustrialisierung anstrebten und in der Reparationsentnahme aus laufender Produktion die Gefahr einer wirtschaftlichen Förderung Deutschlands sahen. Der amerikanische Präsident Roosevelt war in seiner Haltung zur Reparationsfrage schwankend. Zunächst votierte er für Reparationen, die es der deutschen Industrie erlaubten sich zu erholen soweit dies für den deutschen Bedarf notwendig war und bekräftigte diesen Standpunkt nach Erörterung der Deutschlandpläne Morgenthaus zusammen mit Churchill im September 1944 in Quebec[12]. Doch unmittelbar danach sprach er sich schon wieder eindeutig gegen Reparationen aus[13]. 1945 drehte sich die Diskussion innerhalb der amerikanischen Regierung vor allem um die Frage der Reparationsentnahme. Dabei standen sich die harte Linie Morgenthaus (Demontage) und eine von Wirtschaftskreisen beeinflußte Position gegenüber, die die Entwicklung der deutschen Wirtschaft befürwortete und Reparationen nur aus der laufenden Produktion entnehmen wollte[14].

Auch die sowjetische Regierung hatte bereits frühzeitig damit begonnen, den durch die deutsche Invasion verursachten Schaden – der auf 128 Milliarden Dollar beziffert wurde[15] – zu erfassen. 1943 wurde zudem eine Kommission für Reparationen gebildet, die ein Programm für die Reparationsleistungen Deutschlands erarbeitete. Diese sprach sich – ebenso wie die Amerikaner – gegen Reparationen in Geldform aus, forderte statt dessen

---

10 Vgl. dazu Backer, Entscheidung S. 33, 61 f.

11 Vgl. Backer, a.a.O., S. 34 ff. mwN.

12 Vgl. Europa-Archiv 1950 S. 3034, 4532.

13 Foreign Relations, General 1944 S. 414.

14 Siehe zu diesem Komplex: Backer, Entscheidung S. 34 ff., 37; Huster, Determinanten S. 25.

15 siehe Issraelian, Antihitlerkoalition S. 381f mwN; vgl. auch Huster, Determinanten S. 40; Backer, Entscheidung S. 67 ff.

aber sowohl die Demontage von Betrieben wie auch Lieferungen aus laufender Produktion[16].

Auf der Krim-Konferenz im Februar 1945 legte die Sowjetunion einen detaillierten Reparationsplan vor, der den Abtransport von Industrieanlagen und Ausrüstungsgegenständen aus Deutschland im Zeitraum von zwei Jahren sowie Lieferungen aus laufender Produktion in einer Periode von 10 Jahren vorsah. Die sowjetischen Vertreter gingen dabei davon aus, daß 80 % der deutschen Schwerindustrie abtransportiert werden könnte. Aus Gründen der internationalen Sicherheit sollte die deutsche Industrie auch darüber hinaus unter alliierter Kontrolle bleiben. Für die Verteilung der Reparationen in einer Gesamthöhe von 20 Milliarden Dollar – wovon die Hälfte der Sowjetunion zustehen sollte – war eine alliierte Kommission vorgesehen[17]. Dieses "sowohl als auch" des russischen Planes – Demontage und Lieferung aus laufender Produktion – war insoweit etwas widersinnig, als mit dem weitgehenden Abtransport deutscher Industrieanlagen die Grundlagen beseitigt worden wären, die eine deutsche Überschußproduktion zur Begleichung von Reparationsverpflichtungen ermöglicht hätten[18]. Auf dieses Dilemma wies Churchill auch auf der Konferenz hin und meldete zugleich erhebliche Bedenken über die Gesamthöhe der Reparationen an. Roosevelt erläuterte den amerikanischen Standpunkt, daß es keineswegs wieder dazu kommen dürfe, daß die USA wie nach dem Ersten Weltkrieg viel Geld verlören. Außer an dem deutschen Kapital in den USA sei er im Grunde genommen an nichts interessiert. Im übrigen reiche es aus, wenn Deutschland gerade genügend Industrie und Arbeitsmöglichkeiten habe, um sich vor dem Verhungern zu bewahren. Prinzipiell war Roosevelt daher bereit, die sowjetischen Reparationsansprüche zu unterstützen[19]. Die kontroverse Diskussion der Außenminister über die Höhe der berechtigten Ansprüche und den Gesamtumfang der zu leistenden Reparationen führte zu einer weitgehenden Übereinstimmung der amerikanischen und sowjetischen Standpunkte, ohne daß die USA jedoch auf eine bestimmte Reparationssumme eingingen. Dies war aber gerade für die Sowjetunion die entscheidende Frage. Als auch die Briten deutlich zu verstehen gaben, daß sie sich in keiner Weise festlegen wollten, erklärte Stalin die Reparationen zur "heiligen Forderung der Sowjetunion". Die Amerikaner gaben nach, der vorgeschlagene Gesamtbetrag von 20 Milliarden Dollar wurde als "Diskussionsbasis" akzeptiert. Die britischen Vertreter lehnten jedoch selbst dies ab. Obwohl auch die Erörterung der von den Sowjets aufgeworfenen "Frage deutscher Arbeitskräfte als Teil der Reparationsleistungen" auf einen

16 Issraelian, Antihitlerkoalition S. 383

17 Vgl. Sanakojew, Teheran S. 131 ff; Conte, Teilung S. 265; s.a. Issraelian, Antihitlerkoalition
    S. 383 ff

18 Schwarz, Reich S 224ff

19 Vgl. Conte, Teilung S., 265 ff; Sanakojew, Teheran S. 133 ff

späteren Zeitpunkt verschoben wurde, war es den sowjetischen Vertretern gelungen, im wesentlichen ihr Reparationsprogramm zur Grundlage der weiteren Verhandlungen zu machen. Diese sollten insbesondere durch die nach Moskau einzuberufende alliierte Reparationskommission geführt werden[20].

Die Mitteilung über die Krim-Konferenz vom 11. Februar 1945 konstatiert die gemeinsam erzielte Einigung über die deutschen Reparationsleistungen: "Wir haben ... für Recht befunden, daß Deutschland in größtmöglichem Umfang verpflichtet wird, in gleicher Form Ersatz für den verursachten Schaden zu leisten"[21]. Das gleichfalls verabschiedete (zunächst geheim gehaltene) Protokoll über die Reparationen vom gleichen Tage[22] legt in detaillierter Form den mühsam erreichten Kompromiß fest:

"2. Die Reparationen sollen von Deutschland in drei Formen eingezogen werden:

a) einmalige Konfiskation innerhalb von zwei Jahren nach der Kapitulation Deutschlands ... sowohl auf dem Territorium Deutschlands selbst als auch außerhalb Deutschlands (Industrieeinrichtungen, Werkzeugmaschinen, Schiffe, rollendes Material, deutsche Aktiva im Ausland, Aktien von deutschen Industrie-, Verkehrs-, Schiffahrts- und anderen Unternehmungen usw.), wobei diese Konfiskationen hauptsächlich mit dem Ziel vorgenommen werden sollen, das Kriegspotential Deutschlands zu vernichten;

b) alljährliche Warenlieferungen aus der laufenden Produktion nach Kriegsende innerhalb eines Zeitabschnitts, dessen Dauer festzusetzen ist;

c) Verwendung deutscher Arbeit."

Die sowjetische und die amerikanische Delegation kamen weiterhin überein, daß die Moskauer Reparationskommission als Diskussionsgrundlage von dem sowjetischen Vorschlag ausgehen soll, "daß die Gesamtsumme der Reparationen gemäß Art. 2 Punkt a) und b) zwanzig Milliarden Dollar betragen soll und daß die Hälfte dieser Summe der Sowjetunion zukommt". Ausdrücklich festgehalten wurde auch, daß nach Ansicht der britischen Delegation "vor Prüfung der Reparationsfrage durch die Moskauer Reparationskommission keinerlei Reparationsziffern genannt werden können"[23].

In den "Instruktionen für den Repräsentanten der Vereinigten Staaten in der Alliierten Reparationskommission"[24] setzte Morgenthau seine harte Li-

---

20 Zu den Erörterungen auf der Konferenz vgl. Sanakojew, Teheran S. 180ff, 192ff; Marienfeld, Konferenzen S. 184f, 192ff, 196f, 199ff; s.a. Conte, Teilung S. 309f, 320f; Issraelian, Antihitlerkoalition S. 384; Schwarzenberg, Machtpolitik S. 192; Faust, Postdamer Abkommen S. 32f; Huster, Determinanten S. 25; Fritsch-Bournazel, Sowjetunion S. 19f

21 Abschnitt III der Mitteilung über die Krim-Konferenz von 1945

22 Amtsblatt, Kontrollrat, Ergänzungsblatt Nr. 1 (1946) S. 6

23 Ziff. 2 und 4 des Reparationsprotokolls vom 11. Februar 1945 (Dokumente, Deutschlandpolitik Bd. I S. 63f)

24 Foreign Relations, Europe 1945, S. 1322ff

nie von der Entindustrialisierung Deutschlands durch[25]. Das Schwergewicht lag auf Demontage und Abtransport von Wirtschaftsgütern, die nur in geringem Umfang durch Lieferungen aus laufender Produktion ergänzt werden sollten. In Moskau waren die Verhandlungen allerdings wenig erfolgreich. Bis zum Juli 1945 wurden praktisch keine Ergebnisse erzielt, außer daß auf amerikanischen Antrag das ursprünglich in Jalta zu Grunde gelegte Aufteilungsverhältnis – 50 % für die UdSSR, jeweils 20 % für die USA und Großbritannien sowie 10 % für kleinere Staaten – durch einen Verteilungsschlüssel von 56:22:22 ersetzt wurde[26].

1.3 Potsdam – ungelöste Grundfragen

Auf der Potsdamer Konferenz verhärteten sich die Fronten. Die Reparationen wurden zur umstrittensten Frage, da die Amerikaner kaum noch zu Zugeständnissen an die Sowjetunion bereit waren; Truman wollte keine Reparationen[27]. Obwohl im Grunde genommen die sowjetischen Forderungen angesichts des erlittenen Schadens bescheiden und auch nach amerikanischen Vorstellungen den deutschen Möglichkeiten entsprachen[28], sträubten sich Amerikaner und Briten gegen irgendeine Festlegung der Größenordnung. Die Sowjetunion hielt aber an ihrer Forderung von Reparationsleistungen an sie in Höhe von 10 Milliarden Dollar fest.

Gestützt auf Berichte von Wirtschaftsverständigen vertraten die Amerikaner die Auffassung, daß zunächst einmal die deutsche Wirtschaft durch Einfuhren wieder in Gang gesetzt werden müsse, um die Minimalversorgung der deutschen Bevölkerung zu sichern. Die Finanzierung der Importe sollte daher der Entnahme von Reparationen vorgehen. Dem wollten die sowjetischen Vertreter jedoch keineswegs folgen, für sie hatten die Reparationen absoluten Vorrang. Doch Amerikaner und Briten blieben bei ihrem Standpunkt, daß man den Reparationen keinen höheren Stellenwert geben dürfe als den notwendigen Einfuhren. Dies machte eine Einigung nahezu unmöglich. Der am 31. Juli 1945 dann doch gefundene Kompromiß bedeutete in entscheidenden Punkten einen Sieg der amerikanischen Vorstellungen: Die Höhe der Reparationen wurde nicht präzisiert. Mit der Regelung, daß jede Besatzungsmacht sich zunächst aus ihrer eigenen Zone bedienen sollte, wurde der Sowjetunion zwar weitgehend der Einfluß auf die westdeutschen Industriegebiete (insbesondere an der Ruhr) genommen, andererseits er

---

25 Vgl. Backer, Entscheidung, S. 45ff mwN
26 Siehe a.a.O. S. 47f
27 Vgl. a.a.O. S. 62; Fritsch-Bournazel, Sowjetunion S. 23
28 Vgl. Backer, Entscheidung S. 63ff, 72f

hielt sie aber auch freie Hand in ihrer eigenen Zone. Mit der Verknüpfung der zusätzlichen Reparationsleistungen aus den Westzonen für die UdSSR mit Gegenleistungen an Lebensmitteln und Rohstoffen aus der sowjetischen Zone setzten wieder die Briten und Amerikaner ihren Standpunkt durch[29]. Entscheidend blieb aber für die Westmächte, daß sie sich auf keinen bestimmten Umfang der Reparationsleistungen festgelegt hatten[30].

Ungeklärt blieb auf der Potsdamer Konferenz, in welchem Verhältnis die Vereinbarungen zu denen von Jalta stehen sollten. Dies ist insofern von Bedeutung, als etwa im Potsdamer Abkommen nicht nur keine Zahlen genannt sind, sondern auch "Arbeitsleistungen" nicht mehr erwähnt werden, obwohl alle Besatzungsmächte später Deutsche zur Zwangsarbeit heranzogen – nicht ohne sich dies gegenseitig vorzuwerfen[31]. Auch die Frage der Anrechnung von "Kriegsbeute" – unter die die Sowjetunion das gesamte deutsche Eigentum in den Ostgebieten sowie typisches Kriegsmaterial rechnete – blieb ungeklärt, obwohl bereits der von Deutschen zurückgelassene Besitz jenseits der Oder-Neiße-Linie auf 60–70 Milliarden Mark geschätzt wurde[32]. Diese Beispiele machen deutlich, wie wenig präzise hier die Potsdamer Beschlüsse waren und daß angesichts der verschiedenen Grundstandpunkte die Auseinandersetzungen in der Reparationsfrage durch das Potsdamer Abkommen förmlich vorprogrammiert wurden.

Wesentlich zur Verschärfung der Gegensätze trug auch bei, daß die wirtschaftliche Situation der Sowjetunion durch die plötzliche erhebliche Reduzierung der amerikanischen Lieferungen aus den Leih- und Pachtvereinbarungen (die allerdings ausdrücklich auf die Zeit des Krieges beschränkt waren) im Mai 1945 und deren spätere völlige Einstellung erheblich belastet wurde, und die UdSSR nicht das ihr von den Vereinigten Staaten in Aussicht gestellte Darlehen erhielt. Auch hier wurde der Wandel der amerikanischen Politik gegenüber der Sowjetunion deutlich. Die Amerikaner zogen nach der Potsdamer Konferenz ihr Angebot zurück, weil man sich über die Konditionen des von der Sowjetunion erbetenen Kredits über 1 Milliarde Dollar nicht einigen konnte, obwohl das amerikanische Finanzministerium zuvor Vorschläge für ein Darlehen von 6 Milliarden mit weitaus günstigeren Bedingungen, als die Sowjetunion sie wünschte, unterbreitet hatte[33].

29 Siehe Deuerlein, Potsdam S. 195, 203ff, 226, 231ff, 239, 242f, 245, 248, 256f, 264, 268f, 273ff, 292ff, 299f, 303ff, 313ff, 323, 326f, 329, 337f, 342, 344; Sanakojew, Teheran S. 223, 286f, 291f, 294, 340, 343f, 360ff, 374ff, 384ff, 401ff; Mee, Potsdamer Konferenz S. 121f, 173-178, 180ff, 227f, 237f, 240ff, 251f; s.a. Faust, Potsdamer Abkommen S. 120ff; Issraelian, Antihitlerkoalition S. 463; Backer, Entscheidung S. 49, 88ff

30 Siehe dazu Schwarzenberger, Machtpolitik S. 193; Fritsch-Bournazel, Sowjetunion S. 23

31 Vgl. Faust, Wirtschaft S 8f mwN

32 Backer, Entscheidung S. 91ff; vgl. Ginsberg, Future S. 23; Bonn, Potsdam S. 11

33 Siehe die ausführliche Schilderung bei Backer, Entscheidung S. 74-86

1.4 Durchführung der Reparationsregelungen

Nach siebenmonatigen intensiven Bemühungen fanden alle vier Besatzungsmächte mit dem "Plan des Alliierten Kontrollrats für Reparationen und das Niveau der Nachkriegswirtschaft in Deutschland" vom 26. März 1946[34] noch einmal zu einem Kompromiß. Selbst Frankreich war bereit, hier von der wirtschaftlichen Einheit Deutschlands auszugehen. Doch auch dieser Plan blieb in entscheidenden Punkten (etwa hinsichtlich dessen, was für die deutsche Friedenswirtschaft nicht notwendig war) recht unbestimmt und die vorgegebenen Produktionsdaten waren für die deutsche Wirtschaft wenig ermutigend[35]. Seine Durchführung kam auch nicht über erste Ansätze hinaus. Bereits gut einen Monat, nachdem die Lieferungen von in den Westzonen demontierten Industrieanlagen in die Sowjetunion begonnen hatten, stoppte die amerikanische Militärregierung am 4. Mai 1946 den Abtransport aus ihrer Zone (mit Ausnahme reiner Rüstungsbetriebe), "bis die wirtschaftliche Einheit erreicht ist, die die Grundlage für die Reparationsleistungen darstellt"[36]. Der Sowjetunion wurde vor allem vorgeworfen, sie käme ihren Gegenleistungsverpflichtungen an Lebensmitteln und Rohstoffen nicht nach[37].

Die folgenden Außenministerkonferenzen der Vier Mächte waren angefüllt mit Auseinandersetzungen und gegenseitigen Vorwürfen über die Nichterfüllung der Reparationsverpflichtungen. Amerikaner wie Russen forderten die Herstellung der vereinbarten wirtschaftlichen Einheit Deutschlands. Doch es waren nicht nur der ständige Widerspruch Frankreichs, sondern auch die unterschiedlichen wirtschaftspolitischen Zielvorstellungen der USA und der Sowjetunion, die die Bildung einer effektiven Wirtschaftsverwaltung – mit deutschen Zentralbehörden – und die damit erst mögliche konstruktive Durchführung der vereinbarten Reparationsmaßnahmen verhinderten[38]. Im übrigen war der Konflikt bereits in den Bestimmungen des Potsdamer Abkommens selbst angelegt: Die Regelung, die Reparationen primär der eigenen Zone zu entnehmen, widerspricht dem postulierten Prinzip der Wirtschaftseinheit Deutschlands.

Die Vorstöße der Amerikaner im Sommer 1946 zur Festlegung einer gemeinsamen Wirtschaftspolitik mußten zwangsläufig auf das Mißtrauen der Sowjetunion stoßen, die – angesichts der amerikanischen Vorstellungen vom Vorrang des wirtschaftlichen Wiederaufbaus Deutschlands – nun auch

---

34 Text in: Europa-Archiv, Dokumente Bd. VI S. 90

35 Siehe Backer, Entscheidung S. 94f

36 Clay zitiert nach: Gimbel, Besatzungspolitik S. 90

37 Siehe dazu Huster, Determinanten S. 41f; Rupp, Geschichte S. 33; Fritsch-Bournazel, Sowjetunion S. 29; Beleziki, Politik S. 33

38 Siehe oben 2. Teil III.3.2, III.3.3

ihre Zone als Reparationsquelle gefährdet sah. Zudem hatten die West-mächte kein Interesse, daß die Sowjetunion über eine einheitliche Wirt-schaftsverwaltung ihre Reparationsvorstellungen in den Westzonen durch-setzte[39]. Im übrigen brach nun auch ein grundlegender Dissens über die Fortgeltung der Vereinbarungen von Jalta aus. Die Westmächte kritisierten die von den Sowjets praktizierte Entnahme aus der laufenden Produktion, da sie im Potsdamer Abkommen nicht vorgesehen sei. Die Sowjetunion be-rief sich demgegenüber auf die Vereinbarungen der Krim-Konferenz und brachte erneut ihre damalige 10-Milliarden-Dollar-Forderung ins Spiel. Sie war zwar bereit die Daten des Reparations- und Industrieplanes zugunsten der deutschen Wirtschaftsentwicklung zu korrigieren und notfalls auch ihre Ansprüche zu reduzieren, die Vorrangigkeit der Reparationsansprüche war für sie jedoch unabdingbar. Die Außenministerkonferenz in Moskau vom März/April 1947 führte zwar in zahlreichen Punkten der politischen und staatsrechtlichen Struktur Deutschlands zu Übereinstimmungen, auch hin-sichtlich genereller Wirtschaftspläne schien man sich näher zu kommen, doch bezüglich der Reparationen fehlte es bereits am grundlegenden Wil-len zur Einigung, wie der damalige amerikanische Außenminister Marshall selbst eingestand[40].

Ein halbwegs zutreffender und umfassender Überblick über die tatsächli-che Reparationspraxis in allen vier Besatzungszonen Deutschlands läßt sich auch heute nur schwer verschaffen[41]. Erst recht gehen die Angaben von al-liierter und deutscher Seite über den Wert der tatsächlich geleisteten Repa-rationen erheblich auseinander. So variieren die Schätzungen über den Wert aller Industrieanlagen und Ausrüstungsgegenstände, die aus den drei westlichen Zonen entnommen worden sind, zwischen 270 und 625 Millio-nen Dollar[42]. Der offizielle Bericht über die Reparationen aus der Sowjetzo-ne beziffert den Wert auf 4,3 Milliarden Dollar, während Berechnungen der Bundsrepublik Deutschland für diese Zone Reparationsleistungen von etwa 12 Milliarden Dollar (ohne Besatzungskosten aber einschließlich des "Beu-tegutes") annehmen[43]. Unbestreitbar haben die sowjetische Besatzungszo-ne und die DDR in erheblich größerem Umfang Reparationen erbracht als die drei Westzonen und die Bundesrepublik. Insgesamt aber dürften die Re-parationsleistungen kaum den Umfang von 20 Milliarden Dollar erreicht ha-ben, den die Sowjetunion 1945 in Jalta vorgeschlagen hatte und der damals im Prinzip von den Amerikanern akzeptiert worden war[44].

---

39 Vgl. Huster, Determinanten S. 37f; Backer, Entscheidung S. 90f, 137

40 Vgl. Backer, Entscheidung S. 90f, 137

41 Vgl. etwa die Hinweise bei Scriverius, Demontagepolitik S. 93ff; Hacker, Potsdamer Ab-kommen S. 117ff; Backer, Entscheidung S. 93ff, 96ff; Amerikanischer Hochkommissar, Be-richt über Deutschland, Zusammenfassung S. 159; Ahrens, Demontage

42 Vgl. Clay, Decision S. 325 und Harmsen, Am Abend S. 176

43 Vgl. Hacker, Potsdamer Abkommen S. 118; Rupp, Reparationsleistungen

44 Siehe auch Balfour, Vier-Mächte-Kontrolle S. 253ff

1.5 Kriegs- und Handelsmarine

Die Inanspruchnahme der deutschen Kriegs- und Handelsmarine – die abgesehen vom Bezug zur Entmilitarisierung ebenfalls dem Reparationskomplex zuzuordnen ist – findet im Potsdamer Abkommen gesonderte Erwähnung: In Abschnitt V des Abkommens wird festgehalten, daß man *"im Prinzip eine Einigung hinsichtlich der Maßnahmen über die Ausnutzung und die Verfügung über die ausgelieferte deutsche Flotte und die Handelsschiffe"* erzielt habe. Die eigentliche Vereinbarung ist nur im Protokoll der Potsdamer Konferenz enthalten, wo in Abschnitt IV detailliert die *Aufteilung "zu gleichen Teilen unter die UdSSR, das Vereinigte Königreich und die Vereinigten Staaten"* geregelt wird. Die Verteilung der Handelsflotte – von der auch andere alliierte Staaten Anteile erhalten sollten[45] – war aber erst nach Abschluß des Krieges gegen Japan vorgesehen. *Ausgenommen von der Aufteilung waren lediglich "die deutschen Küsten- und Binnenschiffe, die der alliierte Kontrollrat in Deutschland als unerläßlich zur Aufrechterhaltung der Grundlagen der Friedenswirtschaft Deutschlands einstuft".*

Wie der gesamte Reparationskomplex waren auch die deutschen Schiffe während der Potsdamer Konferenz Streitobjekt zwischen den Vier Mächten, selbst wenn diese Auseinandersetzung nicht offen ausgetragen wurde. Die Sowjetunion – der bei der deutschen Kapitulation kaum Schiffe in die Hände gefallen waren – hatte ein immenses Interesse, an den im Machtbereich der Westmächte befindlichen Schiffen zu partizipieren. In Verhandlungen der Außenminister gelang es Molotow aber nicht, seinen britischen und seinen amerikanischen Kollegen auf eine Verteilungsregelung festzulegen. Auch in den Plenarsitzungen versuchten Churchill und Truman sich nicht zu binden und die Verhandlungen bis nach Beendigung des Krieges gegen Japan hinauszuschieben. Stalin war jedoch auch hier hartnäckig, und die Westmächte kamen nicht umhin, der Sowjetunion einen prinzipiellen Anspruch auf ein Drittel der deutschen Kriegs- und Handelsflotte zuzubilligen. Damit hatte Stalin sein Ziel erreicht und drängte (erfolgreich) auf eine möglichst präzise vertragliche Festlegung dieser Abmachung[46].

---

45 So erhielt Frankreich beispielsweise am 28. Mai 1946 von den USA 31 Schiffe und ein Trockendock (vgl. Schmoller, Handbuch §110 S. 18).

46 Vgl. die Protokolle bei: Deuerlein, Potsdam S. 190, 200, 205 ff., 224-230, 234, 263 ff. 283, 294, 300, 314 f., 342; Sanakojew, Teheran S. 223, 229 f., 242 ff., 326, 348, 379 f., 407; s.a. Mee, Teilung S. 120, 134 ff.

1.6 Rechtsfragen

Der Reparationsanspruch ist im internationalen Recht grundsätzlich anerkannt[47]. Der Reparationsbegriff umfaßt heute die prinzipielle Schadensersatzpflicht eines besiegten Staates für den gesamten Schaden, der durch seine Kriegshandlungen verursacht worden ist. Hierzu gehören der Schaden der Zivilbevölkerung, die Unterstützung von Kriegsgefangenen und Kriegsopfern sowie das zerstörte Staatseigentum der Sieger, soweit dies nicht militärischen Zwecken diente[48]. Die auferlegten Reparationsleistungen müssen in einem angemessenen Verhältnis zum Schaden stehen.

Da die einseitige Festsetzung der Reparationen durch die Sieger prinzipiell unzulässig ist[49], bedurfte es auch nach dem Zweiten Weltkrieg einer völkerrechtlichen Vereinbarung zwischen Deutschland und den Siegermächten. Geht man von der hier vertretenen Ansicht aus, daß Deutschland (als neues Völkerrechtssubjekt bzw. als fortbestehendes Deutsches Reich) Vertragspartner des Potsdamer Abkommens war, so können die dementsprechenden Regelungen des Abkommens als eine solche Vereinbarung über Umfang und Art der Reparationen angesehen werden. Da das Völkerrecht von der grundsätzlichen Wiedergutmachungspflicht für völkerrechtliches Unrecht ausgeht[50], erfüllten die Alliierten – indem sie in Potsdam für Deutschland handelten – nur eine völkerrechtliche Verpflichtung des Deutschen Reiches als Aggressorstaat. Damit überschritten sie grundsätzlich nicht einmal die Befugnisse von Besatzungsmächten. Bei den Reparationsbestimmungen des Potsdamer Abkommens handelt es sich jedoch weitgehend lediglich um Rahmenvereinbarungen, die nach ihrem Wortlaut ausdrücklich noch konkreter Ausführungsregelungen bedurften[51]. Weder der Gesamtumfang der Reparationen war festgelegt, noch war die für Reparationszwecke bestimmte – "für die deutsche Friedenswirtschaft unnötige" – industrielle Ausrüstung hinreichend bestimmt. Nur hinsichtlich eines Teilbereiches wurden durch den Industrieplan des Kontrollrates vom 26. März 1946 Richtlinien erlassen[52]. Zu den weiteren vorgesehenen Konkretisierungen und zu einer Gesamtregelung der Reparationen – insbesondere im Hinblick auf die Höhe – kam es jedoch nie[53]. Daher konnte es sich bei den tat-

---

47 Oppenheim-Lauterpacht, International Law Bd. I S. 31 mwN.; Liszt-Fleischmann, Völkerrecht S. 286 ff., 559.

48 So Strupp-Schlochauer, Wörterbuch Bd. II S. 242.

49 Dazu – wenn auch mit anderem Ergebnis – Kelsen, Unrecht S. 565, 569; Faust, Potsdamer Abkommen S. 128.

50 Siehe z.B. Wengler, Völkerrecht S. 511 ff.; Berber, Völkerrecht Bd. I S. 238 ff.; Autorenkollektiv, Völkerrecht Bd. II S. 258 ff.; Ipsen in: Menzel, Völkerrecht S. 353 ff.

51 Vgl. Abschnitt IV 5-7 Potsdamer Abkommen.

52 Text in: Dokum. . . . . B . . . . Europa-Archivs Bd. VI S. 90 ff.

53 Siehe dazu Faust, Wirtschaftliche und politische Einheit S. 129 f.; Cornides, Deutsche Frage S. 759 ff.

sächlich geleisteten Reparationen nur um die "vor der Festlegung des Gesamtumfanges" zu leistenden "Vorschußlieferungen"[54] handeln. Doch auch bei einer weiten Auslegung dieser Vereinbarung dürften die tatsächlichen Entnahmen der Alliierten zu Reparationszwecken den zulässigen Rahmen derartiger Vorauslieferungen überschritten haben. Abgesehen von der fehlenden Vereinbarung über die Gesamthöhe und den übermäßigen Vorweg-Entnahmen können aus einem weiteren Gesichtspunkt Bedenken gegen die Rechtmäßigkeit der Reparationspraxis angemeldet werden: Nicht nur aus dem Schadensumfang, sondern auch aus dem Grundsatz der Substanzerhaltung ergibt sich eine völkerrechtliche Begrenzung der Reparationsansprüche. Alle völkerrechtlich garantierten Rechtspositionen der Staaten, insbesondere die auf Souveränität, Unabhängigkeit und Nichteinmischung, basieren auf dem Recht eines Staates an der Erhaltung seiner Existenz[55]. Daher können Reparationen nur insoweit zulässig sein, als der lebensnotwendige Eigenbedarf des besiegten Staates gesichert ist. Ohne daß diese Frage im einzelnen hier untersucht werden kann, ist jedoch festzuhalten, daß – unabhängig von dem Gesamtumfang der Reparationen – durch die Entnahme aus der laufenden deutschen Produktion, die weitgehende Demontage von Industrieanlagen (die auch für die Friedensproduktion benötigt wurden) und durch Zwangsverpflichtungen deutscher Betriebe zu Reparationsarbeiten die wirtschaftliche Selbstversorgung Deutschlands erheblich beeinträchtigt wurde. Die dadurch entstandenen Krisen konnten nur durch umfangreiche ausländische Wirtschaftshilfen überwunden werden[56]. Insoweit verstieß die Reparationspraxis häufig auch gegen das Potsdamer Abkommen selbst, daß die "Sicherung der Warenproduktion und der Dienstleistungen, die ... wesentlich sind für die Erhaltung eines mittleren Lebensstandards in Deutschland"[57] verlangt.

Ein Problembereich für sich bildete im Rahmen der Reparationsleistungen die Enteignung deutscher Auslandsguthaben. Der Abschnitt IV des Potsdamer Abkommens sieht die teilweise Befriedigung der Reparationsansprüche der Siegermächte durch "deutsche Auslandsguthaben" vor[58], ohne jedoch zu präzisieren, welche Vermögenswerte man darunter verstanden wissen wollte. Auch die Konferenzprotokolle geben darüber keine Auskunft, ob zu diesen "deutschen Auslandsguthaben" nur das Auslandsvermögen des Deutschen Reiches oder auch privates deutsches Auslandsvermögen gerechnet werden sollte. Erst die Kontrollratsproklamation Nr. 2 vom 20. September 1945[59] und das Kontrollratsgesetz Nr. 5 vom 30. Okto-

---

54 Abschnitt IV 7 Potsdamer Abkommen.

55 Dazu Kelsen, Unrecht S. 565; Jerusalem, Völkerrechtliche Stellung S. 1259.

56 Vgl. Cornides, Deutsche Frage S. 759 ff.

57 Abschnitt III B15b Potsdamer Abkommen.

58 Abschnitt IV1, 3, 8, 9 Potsdamer Abkommen.

59 Amtsblatt, Kontrollrat Nr. 1 vom 29. Oktober 1945 S. 8.

ber 1945[60] machten deutlich, daß nicht nur an die Enteignung des Vermögens des Deutschen Reiches und der nationalsozialistischen Organisationen gedacht war, sondern daß man beabsichtigte, auch das private Auslandsvermögen aller deutschen Staatsangehörigen miteinzubeziehen.

Doch bereits durch Art. 46 Abs. 2, Art. 47 HLKO von 1907 war die Einziehung bzw. Plünderung von privatem Eigentum ausdrücklich verboten. Trotz einer gegenläufigen Praxis nach beiden Weltkriegen – die Einbeziehung privaten deutschen Auslandsvermögens in Reparationsleistungen war auch schon durch den Versailler Friedensvertrag erfolgt[61] – muß jedoch in Übereinstimmung mit der völkerrechtlichen Literatur davon ausgegangen werden, daß die Konfiszierung privaten Feindvermögens sowohl im Kriege wie während einer Besetzung nach Abschluß der Feindseligkeiten grundsätzlich unzulässig ist[62]. Dementsprechend ist natürlich auch die Enteignung von Auslandsvermögen Privater – insbesondere in neutralen Ländern – völkerrechtlich nicht gestattet[63].

Sieht man die Alliierten als Besatzungsmächte des (fortbestehenden) Deutschen Reiches, so konnten die Signatarstaaten des Potsdamer Abkommens – in Anbetracht der in Art. 46, 47 HLKO zum Ausdruck kommenden und für sie gültigen Verpflichtungen zur Respektierung des Privateigentums – auf der Konferenz auch nicht im Namen des Deutschen Reiches über deutsche Auslandsvermögen verfügen, denn so weit gingen ihre besatzungsrechtlichen Befugnisse nicht[64]. Die mit dem Pariser Reparationsabkommen vom 14. Januar 1946[65] erfolgte Verteilung des deutschen Auslandsvermögens und die dann vorgenommene Einziehung in zahlreichen Ländern ließ sich auch nicht damit rechtfertigen, daß dies – wie die Präambel des Kontrollratsgesetzes Nr. 5 postuliert – "zur Förderung des Weltfriedens und der allgemeinen Sicherheit" geschähe, "um die Ausschaltung des deutschen Kriegspotentials zu gewährleisten". Das gesamte private deutsche Auslandsvermögen kann kaum pauschal als "Kriegspotential" angesehen werden. Beseitigt werden sollten wohl vielmehr wirtschaftliche Machtpositionen Deutschlands im Ausland[66].

Auch wenn man davon ausgeht, daß die Vier Mächte nach 1945 Souverän eines neuen Völkerrechtssubjektes Deutschland waren, so kann man angesichts der auch hier wirksamen völkerrechtlichen Grenzen[67] bezwei-

---

60 Amtsblatt, Konrollrat Nr. 2 vom 30. November 1945 S. 27.

61 Dazu Schmoller, Handbuch § 51 S. 2 Anm. 1.

62 Siehe u.a. Berber, Völkerrecht Bd. II S. 207; Guggenheim, Völkerrecht Bd. II S. 375; Meyer-Lindenberg, Völkerrecht S. 234; Seidl-Hohenveldern, Völkerrecht Rdnr. 1338.

63 Berber, Völkerrecht Bd. II S. 207; Guggenheim, Völkerrecht Bd. II S. 377.

64 Allgemein zu den Grenzen der Besatzungsbefugnisse siehe oben 1. Teil III. 4.

65 Text in: Jahrbuch für Internationales Recht II/III (1945/46) S. 435 (insbes. Part I Art. 6).

66 Schmoller, Handbuch § 51, S. 2, 7.

67 Vgl. oben 1. Teil III. 4.

feln, ob derartig weitgehende einseitige Eingriffe zulässig waren, die weder zur Durchführung der Reparationsverpflichtungen Deutschlands noch zur Realisierung der anderen alliierten Kriegsziele in dieser Form geboten waren.

Tatsächlich hat auch die Staatenpraxis wenigstens die unmittelbare Anwendung des Kontrollratsgesetzes Nr. 5 (mit Ausnahme Japans) verneint. Dieser normative Akt der Kontrollmächte konnte keine Wirksamkeit außerhalb Deutschlands für sich beanspruchen, weil er eine Enteignung von Privateigentum ausspricht, die nach völkerrechtlichen Grundsätzen nur innerhalb des eigenen Territoriums eines Staates erfolgen kann[68].

Mit dem Überleitungsvertrag vom 26. Mai 1952[69] hat die Bundesrepublik Deutschland allerdings erklärt, keine Einwendungen gegen dieses Vorgehen zu erheben. Ähnliches läßt sich auch für die DDR aus dem Sinn des Protokolls über den Erlaß der Reparationen vom 22. August 1953[70] entnehmen, so daß aus dieser rechtlich zweifelhaften Praxis der Alliierten die beiden deutschen Staaten keine völkerrechtlichen Ansprüche mehr herleiten können.

1.7 Erledigung des Reparationskomplexes

Sieht man einmal von den genannten – gewichtigen – Bedenken ab, so hielten sich die tatsächlich geleisteten Reparationen im großen und ganzen – angesichts der grundsätzlichen deutschen Wiedergutmachungspflicht und des immensen Schadens des durch Deutschland verursachten Krieges – im völkerrechtlich zulässigen Rahmen. In jedem Falle kann der Reparationskomplex des Potsdamer Abkommens heute als abgeschlossen angesehen werden[71].

Soweit nach den Bestimmungen des Abkommens Reparationsansprüche von den Besatzungsmächten jeweils aus ihren eigenen Zonen befriedigt werden sollten[72], bestehen für den Bereich der sowjetischen Zone und späteren DDR aufgrund des Protokolls mit der Sowjetunion über den Erlaß der deutschen Reparationen vom 22. August 1953 seit dem 1. Januar 1954 keine Reparationsverpflichtungen mehr[73]. Für die Westzonen bzw. die Bundesrepublik Deutschland beendeten die Pariser Verträge vom 23. Oktober 1954 rechtlich im Verhältnis zu den USA, Großbritannien und Frank-

---

68 Schmoller, Handbuch § 51 S. 8 (mit zahlreichen Nachweisen über die vertretene Position).

69 Vertrag zur Regelung aus Krieg und Besatzung entstandener Fragen, BGBl. 1955 II S. 405.

70 Beziehungen DDR–UdSSR Bd. I S. 462 ff.

71 Siehe auch Hacker, Einführung S. 23; Menzel, Friedensvertrag S. 22 f.

72 Abschnitt IV Potsdamer Abkommen (Nr. 1 für die UdSSR, Nr. 3 für die Westmächte).

73 Text siehe: Beziehungen DDR–UdSSR Bd. I S. 462 f.

reich die Reparationsleistungen, nachdem bereits nach Abschluß des Londoner Schuldabkommens im Februar 1953 die Westalliierten die Reparationsleistungen praktisch für beendet erklärt hatten. Auch die Regelungen über die deutsche Flotte sind heute überholt, da die Aufteilung 1946/47 durch die Alliierten erfolgte[74]. Die USA gaben später (im August 1953) 382 Schiffseinheiten der ehemaligen deutschen Handelsflotte an die Bundesrepublik zurück[75].

Soweit die Sowjetunion Anspruch auf Reparationslieferungen aus den Westzonen hatte[76], waren diese durch die Westmächte bereits im Sommer 1946 gestoppt worden[77]. Hier blieben die Reparationsregelungen des Potsdamer Abkommens eindeutig unerfüllt. Jedoch auch dieser noch bestehende Restanspruch der Sowjetunion ist zumindest seit August 1953 durch Verzicht erloschen. Dies gab die UdSSR zum einen bereits in ihrer Note an die Westmächte vom 15. August 1953[78] (betreffend die Notwendigkeit der Befreiung Deutschlands von Reparationsschulden) zu erkennen, zum anderen enthält das Protokoll über den Erlaß der deutschen Reparationsleistungen vom 22. August 1953 die zweifellos nicht nur für die DDR, sondern für ganz Deutschland gültige Erklärung, "daß Deutschland von der Zahlung staatlicher Nachkriegsschulden an die Sowjetunion frei ist"[79]. Damit sind alle die Reparationen betreffenden Regelungen des Potsdamer Abkommens obsolet geworden.

Auch ein Anspruch der DDR – wie ihn Ulbricht vor dem neunten Plenum des ZK der SED am 27. April 1965 anmeldete[80] – gegenüber der Bundesrepublik Deutschland auf Erstattung von Reparationsleistungen, die von der DDR für die Bundesrepublik an die Sowjetunion geleistet worden seien, besteht aufgrund des Potsdamer Abkommens nicht.

Soweit von den Westmächten der Sowjetunion zustehende Lieferungen nicht geleistet, und soweit Reparationsverpflichtungen aus den Westzonen nicht eingehalten wurden, bestand für die sowjetische Besatzungszone und die DDR keine rechtliche Verpflichtung (aus der sich ein Rückforderungsanspruch ergeben könnte) diese "fremde Schuld" zu bezahlen[81].

74 Vgl. Menzel, Friedensvertrag S. 23.

75 Vgl. Europa-Archiv 1954 S. 5979.

76 Abschnitt IV 4 des Potsdamer Abkommens wurde durch den vom Alliierten Kontrollrat am 26. März 1946 fertiggestellten "Plan für die Reparationen und das Niveau der deutschen Nachkriegswirtschaft in Übereinstimmung mit dem Berliner Protokoll" (Text: Dokumente und Berichte des Europa-Archivs Bd. VI S. 90 ff.) konkretisiert.

77 Siehe Amerikanischer Hochkommissar, Berichte über Deutschland, Zusammenfassung S. 160 ff.

78 Dokumente, Deutschlandpolitik Bd. I S. 329.

79 Text in: Beziehungen DDR–UdSSR Bd. I S. 464.

80 Neues Deutschland vom 28. April 1965.

81 Siehe insgesamt zu den Reparationen: Faust, Potsdamer Abkommen S. 117 ff.; Huster, Determinanten S. 29 ff.; Feis, Krieg S. 236; Wyssozki, Terminal S. 174 f.

Zwar war Deutschland insgesamt Reparationsschuldner, doch mit der ausdrücklichen Bestimmung des Abkommens, daß bestimmte Reparationsforderungen aus bestimmten Zonen befriedigt werden sollten, war eine räumliche Anspruchsbegrenzung erfolgt. Die UdSSR konnte insoweit nur Leistungen aus den westlichen Zonen verlangen. Die ausdrückliche Leistungsverweigerung der Westmächte schließt auch die Annahme einer "Geschäftsführung ohne Auftrag" durch die sowjetische Zone bzw. die DDR aus.

2. Wirtschaftliche Grundsätze

Die "wirtschaftlichen Grundsätze" des Abschnitts III B des Potsdamer Abkommens enthalten – über die bereits erörterten Regelungen hinaus, die die Dezentralisierung der Wirtschaft[82], die Reparationen[83] und die Entmilitarisierung[84] betreffen – lediglich Übereinkünfte, die die Aufrechterhaltung der Versorgung der Besatzungstruppen und der deutschen Bevölkerung "während der Besatzungszeit" regeln sollten[85]. Sie sind insoweit zeitlich überholt und damit obsolet geworden. Ihre völkerrechtliche Zulässigkeit steht außer Zweifel, da es sich um typische Bestimmungen handelt, die auch dann in die Kompetenzen der vier Alliierten fielen, wenn man sie (bei Annahme des Fortbestandes des Deutschen Reiches) als Besatzungsmächte mit völkerrechtlich begrenzten Befugnissen ansieht.

2.1 Maßnahmen zur Gewährleistung der Wirtschaftseinheit

Abgesehen von eher programmatischen Prioritätsfestlegungen alliierter Wirtschaftspolitik (Abschnitt III B 17: Unverzügliche Instandsetzung des Verkehrswesens, Hebung der Kohleerzeugung, Vergrößerung der landwirtschaftlichen Produktion und Instandsetzung des Wohnraumes) sind die wirtschaftlichen Bestimmungen insoweit heute noch von Interesse, als sie darüber Auskunft geben, auf welchen Gebieten die Konferenzmächte zur

---

82 Siehe oben 2. Teil III. 3.10 (Kontrolle wirtschaftlicher Macht – Abschnitt III B12 Potsdamer Abkommen).

83 Siehe oben 2. Teil V. 1. (Reparationen – Abschnitt III B11 (Satz 3), 14 f., 15a, 18, 19 Potsdamer Abkommen).

84 Siehe oben 2. Teil IV. 2. (Entmilitarisierung – Abschnitt III B11, 13, 15a, 15b, 15d, 15e Potsdamer Abkommen).

85 Insbesondere Abschnitt III B14a-e, 14g, 15c, 16, 17 Potsdamer Abkommen.

Erreichung des Zieles, *Deutschland in der Besatzungszeit "als eine wirtschaftliche Einheit zu betrachten"* (Abschnitt III B 14) gemeinsame Richtlinien für unbedingt notwendig erachteten. Zu diesen Bereichen gehörten nach dem Abkommen: Erzeugung und Verteilung von Bergbau- und Industrieprodukten; Landwirtschaft, Forstwirtschaft und Fischerei; Löhne, Preise und Rationierungen; Import und Export; Währung, Bankwesen, zentrale Steuern und Zölle; Transport- und Verkehrswesen. Die für notwendig erachteten Richtlinien sind jedoch nur zu einem sehr geringen Teil erlassen worden, so daß die einzelnen Zonen sich auch auf diesen Gebieten zunehmend auseinanderentwickelten und das Ziel der wirtschaftlichen Einheit Deutschlands nach 1945 nie mehr erreicht wurde. Lediglich im Bereich der Steuergesetzgebung war der Kontrollrat wirklich produktiv: vom Oktober 1945 bis zum Dezember 1947 erließ er insgesamt 17 Steuergesetze[86]. Hinsichtlich der Löhne erging eine Direktive[87] und in minimalem Umfang wurden Arbeitsverwaltung und Arbeitszeit geregelt[88]. Bestimmungen über Rationierungen kamen nur auf dem Gebiet von Elektrizität und Gas zustande[89], und den Interzonenverkehr versuchte man durch vier Direktiven in Gang zu halten[90]. In den meisten übrigen Bereichen scheiterten gemeinsame Regelungen an den nicht überbrückbaren unterschiedlichen Auffassungen.

Die gesamte alliierte Wirtschaftspolitik in Deutschland war abhängig von der Lösung der Reparationsfrage, bei der die Vier Mächte aber keinen gemeinsamen Nenner fanden[91]. Die zunehmende Verschlechterung der wirtschaftlichen Situation in den Westzonen, die unter Nahrungsmittelmangel litten und deren ökonomische Lage mit der faktischen Abtrennung des Saargebietes durch Frankreich nicht gerade verbessert wurde, diente den Westmächten als Begründung für den Zusammenschluß zunächst zur Bi-Zone

---

86 Gesetz Nr. 3 vom 20. Oktober 1945 (Amtsblatt, Kontrollrat S. 23), Gesetze Nr. 12-15 vom 11. Februar 1946 (a.a.O., S. 60, 71, 73, 75), Gesetz Nr. 17 vom 28. Februar 1946 (a.a.O., S. 94), Gesetze Nr. 26-28 vom 10. Mai 1946 (a.a.O., S. 146, 149, 150), Gesetz Nr. 30 vom 20. Juni 1946 (a.a.O., S. 161), Gesetze Nr. 41, 42 vom 30. November 1946 (a.a.O., S. 229, 231), Gesetz Nr. 51 vom 31. März 1947 (a.a.O., S. 267), Gesetz Nr. 53 vom 31. Mai 1947 (a.a.O., S. 282), Gesetz Nr. 54 vom 10. Juni 1947 (a.a.O., S. 284), Gesetz Nr. 59 vom 20. Oktober 1947 (a.a.O., S. 294), Gesetz Nr. 61 vom 19. Dezember 1947 (a.a.O., S. 297).

87 Direktive Nr. 14 vom 12. Oktober 1945 (a.a.O., S. 40).

88 Befehl Nr. 3 vom 17. Januar 1946 (a.a.O., S. 131), Direktive Nr. 26 vom 26. Januar 1946 (a.a.O., S. 115), Direktive Nr. 29 vom 17. Mai 1946 (a.a.O., S. 153).

89 Gesetz Nr. 7 vom 30. November 1945 (a.a.O., S. 32), Gesetz Nr. 19 vom 20. März 1946 (a.a.O., S. 122), Gesetz Nr. 50 vom 20. März 1947 (a.a.O., S. 266).

90 Direktive Nr. 35 vom 13. September 1946 (nicht veröffentlicht), Direktive Nr. 42 vom 24. Oktober 1946 (a.a.O., S. 213), Direktive Nr. 43 vom 29. Oktober 1946 (a.a.O., S. 215), Direktive Nr. 49 vom 23. April 1947 (a.a.O., S. 274).

91 Vgl. auch Huster, Determinanten S. 36 f., 56 f.

(1947) und dann zur Tri-Zone (1948) als Überleitung zur separaten Staats-gründung der Bundesrepublik Deutschland[92]. Als am 26. März 1946 der er-ste Industrieplan des Kontrollrates verkündet wurde[93], der eine Reduktion der industriellen Kapazität Deutschlands auf etwa 50–55 % des Standes von 1938 vorsah, entsprach er schon nicht mehr den amerikanischen Inter-essen. Er folgte den Vorstellungen Morgenthaus von einer Ausschaltung Deutschlands aus der zukünftigen Entwicklung Europas und war damit nicht geeignet, dem neuen Konzept der USA vom Wiederaufbau eines wirt-schaftlich starken Europas – unter Einschluß Deutschlands – zu dienen. Auf diese Weise sollte ein Gegengewicht zur Sowjetunion geschaffen und dem befürchteten wachsenden Einfluß der UdSSR auf Westeuropa vorgebeugt werden[94]. Der Abbruch des kaum begonnenen Abtransports von Industrie-anlagen zu Reparationszwecken aus der amerikanischen Zone in die So-wjetunion am 4. Mai 1946[95] ist auch hiermit in unmittelbarem Zusammen-hang zu sehen. Die Amerikaner wollten damit direkten Druck auf die So-wjetunion ausüben, und zwar nicht allein, um so Regelungen zur Herbei-führung der Wirtschaftseinheit Deutschlands zu erreichen, sondern vor al-lem um einen Industrieplan zu erzwingen, der die Reparationen reduzierte und eine verstärkte ökonomische Entwicklung Deutschlands erlaubte[96]. Die nächsten Schritte in diese Richtung waren dann der wirtschaftliche Zu-sammenschluß der Westzonen[97] sowie die Konzipierung und Durchfüh-rung des Marshallplanes[98].

2.2 Währungsreform

Endgültig vereitelt wurde das Ziel der Wirtschaftseinheit Deutschlands mit der separaten Währungsreform für die drei Westzonen am 20. Juni 1948, die den Schlußstrich unter die Auseinandersetzungen um die wirtschaftli-che Gleichbehandlung aller vier Zonen setzte und währungspolitisch die

92 Siehe Backer, Entscheidung S. 100 ff.; Huster, Determinanten S. 31 ff., 34 ff.; Fritsch-Bour-nazel, Sowjetunion S. 33 ff.; Balfour, Vier-Mächte-Kontrolle S. 190 ff.

93 Deutscher Text: Dokumente und Berichte des Europa-Archivs Bd. VI S. 90; dazu auch Bal-four, Vier-Mächte-Kontrolle S. 194 ff.

94 Vgl. auch Huster, Determinanten S. 31 ff.

95 Siehe Europa-Archiv 1952 S. 3285.

96 Vgl. dazu die Erörterungen auf der Außenministerkonferenz vom 15. Juni bis 12. Juli 1946 (Europa-Archiv 1946 S. 102 ff., 107, 182 ff.) sowie die Rede Byrnes vom 6. September 1946 (a.a.O., S. 261 ff.).

97 Durch den entsprechenden Vertrag vom 2. Dezember 1946 und die Einsetzung des Wirtschaftsrates am 10. Juni 1947 (vgl. Europa-Archiv 1946/47 S. 786, 1317).

98 Angekündigt durch die Rede Marshalls vom 5. Juni 1947 (vgl. Europa-Archiv 1946 S. 821).

Gründung der Bundesrepublik Deutschland vorwegnahm. Diese Schlüsselfunktion der Währungsreform, mit der sich die Westalliierten auch nach eigener Beurteilung eindeutig über die Verpflichtung des Potsdamer Abkommens zur gemeinsamen Regelung des Währungswesens[99] hinwegsetzten, rechtfertigt, auf ihre Hintergründe hier etwas näher einzugehen.

Ein Hauptproblem der Nachkriegswirtschaft in Deutschland war das praktische Fehlen einer Währung. International besaß die Reichsmark keine Gültigkeit mehr und im Inland hatte sie ihren Nutzen als Tauschmittel weitgehend verloren. In der sowjetischen Besatzungszone waren die Probleme insoweit weniger gravierend, weil hier nicht nur – wie in den Westzonen – die Konten führender Nationalsozialisten und Nazi-Organisationen eingefroren worden waren, sondern die sowjetische Militärregierung sofort alle Banken geschlossen und alle Einlagen gesperrt hatte. Nach Wiedereröffnung der Sparkassen waren nur Auszahlungen an diejenigen zulässig, deren Einlagen nicht mehr als 3000 Mark betrugen und auch für diese wurde der Verfügungsbetrag auf 300 Mark begrenzt. Selbst später wurde diese Sperre nur geringfügig gelockert[100]. Darüber hinaus erfolgte eine Annullierung aller finanziellen Forderungen und Verbindlichkeiten der Banken und der Schulden des Reiches. Zusammen mit der Auflösung des privaten Banksystems wurden auf diese Weise 4/5 der monitären Guthaben in der sowjetischen Besatzungszone gesperrt. Die damit verbundene drastische Abnahme der Kaufkraft der Bevölkerung verringerte den inflationären Druck und erhöhte zugleich die Arbeitsanreize[101].

Für die Amerikaner kam zur – ebenfalls als notwendig erkannten – schnellen Elemenierung des Geldüberganges nur eine Währungsreform in Frage, über die seit März 1946 im Kontrollrat auf der Basis des Vorschlags einer amerikanischen Expertenkommission (der von einem zukünftigen Wechselkurs von 25 Cents ausging) verhandelt wurde[102]. Hier machten weniger die Währungsreform als solche Schwierigkeiten, sondern vielmehr die Bemühungen, diese mit grundsätzlichen Maßnahmen der Vermögenssteuerung und des Lastenausgleiches zu koppeln. Letztlich führte aber allein der amerikanisch-sowjetische Disput über den Standort der Banknoten-Druckanlagen zu einer Eskalation.

Seit Herbst 1946 stand zudem für die Amerikaner eine bizonale Lösung zusammen mit den Briten zunehmend im Vordergrund, die ihr Interesse an einer Vier-Mächte-Reform immer mehr schwinden ließ. Bereits im Dezember 1946 wurden die Militärgouverneure der britischen und der amerikani-

99 Abschnitt III B14e Potsdamer Abkommen. Zur Haltung der Alliierten siehe Schenk, Vier-Mächte-Verantwortung S. 52 f.

100 Seit 1946 keine Beschränkungen mehr auf Konten unter 3000 Mark, der Verfügungsbetrag wurde auf 400 Mark erhöht.

101 Vgl. u.a. Backer, Entscheidung S. 113 ff.; Abeken, Geld- und Bankwesen.

102 Vgl. Backer, Entscheidung S. 14 ff.

schen Zone angewiesen, mit dem Druck einer bizonalen Währung zu beginnen, um weitere Verzögerungen der Währungsreform nach Möglichkeit zu vermeiden[103]. Derartige Maßnahmen erschienen für die Westzonen deswegen um so dringlicher, als hier – nicht zuletzt wegen der unhaltbaren monetären Situation – die industrielle Produktion trotz größeren Potentials beträchtlich hinter der Sowjetzone zurückblieb[104].

Inzwischen waren aber im Finanzdirektorium des Kontrollrates in der Währungsfrage entscheidende Fortschritte erzielt worden. Bis Ende Dezember 1946 hatte man sich im wesentlichen auf die amerikanischen Vorschläge geeinigt. Doch dann stieß man auf Schwierigkeiten: Die Amerikaner wollten die neuen Banknoten in Berlin drucken lassen, während die sowjetischen Vertreter vorschlugen, dies – unter Vier-Mächte-Kontrolle – auch in Leipzig zu tun[105]. Die Außenministerkonferenz in Moskau im März/April 1947 konnte über diesen eher formalen Punkt keine Einigung erzielen. Die weiteren Verhandlungen im Kontrollrat – die sich praktisch nur um diese eine Frage drehten – zogen sich in die Länge. Franzosen und Briten waren bereit, entweder den amerikanischen oder den sowjetischen Plan zu akzeptieren[106], doch die Sowjetunion bestand auf zwei Druckorten, während die Amerikaner zwar notfalls bereit waren, diese Frage offen zu lassen, sich keineswegs aber im sowjetischen Sinne festlegen wollten. Die Gespräche wurden unterbrochen – auch weil man inzwischen im amerikanischen Außenministerium beschlossen hatte, die Banknoten in den USA zu drucken[107]. Die Londoner Vier-Mächte-Konferenz im November/Dezember 1947 faßte zwar noch einmal den grundsätzlichen Beschluß zur Durchführung einer Währungsreform in ganz Deutschland (10. Dezember 1947)[108], doch die Amerikaner wollten nicht mehr. Dies trat in aller Klarheit zu Tage, als der Alliierte Kontrollrat am 11. Februar 1948 erneut über die Währungsreform beriet. Zum größten Bedauern des amerikanischen Militärgouverneurs Clay[109] stimmten die sowjetischen Vertreter plötzlich den amerikani-

103 U.S.-Department of State, Germany S. 452.

104 Gottlieb, Peace Settlement S. 80; Backer, Entscheidung S. 117 ff.

105 Vgl. Gottlieb, Failure S. 409; Backer, Entscheidung S. 126.

106 Foreign Relations, Council of Foreign Ministers 1947 S. 881.

107 Clay, Decision S. 211.

108 Vgl. Europa-Archiv 1947 S. 1068.

109 Eine vertrauliche Botschaft Clays aus dieser Zeit wirft ein deutliches Licht auf die amerikanische Entschlossenheit, trotz allem die Teilung anzustreben: "Gestern stimmten die Sowjets dem Druck der neuen Währung in Berlin unter Vier-Mächte-Kontrolle zu, und die Errichtung einer zentralen Finanzverwaltung war keine Bedingung für eine Währungsreform. Wir mußten diesen Vorschlag annehmen, oder uns in eine Position gedrängt sehen, vor den Augen der deutschen Bevölkerung ohne besonderen Grund den nächsten Schritt in Richtung auf eine Teilung zu machen. Immerhin muß den technischen Details innerhalb von 60 Tagen voll zugestimmt werden. Wenn tatsächlich über die Details keine Übereinstimmung erzielt wird, werden wir keine Zeit verlieren, da wir zugleich mit den bizonalen Plänen weitermachen..." (Clay Papers S. 561).

schen Vorstellungen, die neue Währung allein in Berlin unter Vier-Mächte-Kontrolle zu drucken, zu. Doch zumindest die Amerikaner hatten sich endgültig für ein separates Vorgehen entschieden. Über letzte technische Details, die im Grunde genommen von keiner Seite für wesentlich gehalten wurden[110], ließ man es zu keiner Übereinstimmung kommen. Noch innerhalb der zur Einigung gesetzten Frist von 60 Tagen begann am 23. Februar 1948 die Londoner Sechs-Mächte-Konferenz, auf der die Westmächte sich über die separate Staatsgründung der Westzonen einigten. Diese Konferenz war das auslösende Moment für das Auseinanderbrechen des Kontrollrates am 20. März[111], womit auch den Währungverhandlungen ein Ende gesetzt wurde. Am 20. Juni 1948 führten die Westmächte die Währungsreform in ihren Zonen durch[112] – mit der Folge einer starken wirtschaftlichen Belebung aber auch erheblichen sozialen Belastungen[113]. Die Sowjetunion war jedoch sehr gut vorbereitet: Mit nur dreitägiger Verzögerung folgte eine eigene Währungsreform in ihrer Zone[114].

110 So jedenfalls der britische Vertreter im Finanzdirektorium des Kontrollrates Chambers (Post-War Finances S. 373).
111 Vgl. Europa-Archiv 1948 S. 1436 ff.
112 Vgl. Europa-Archiv 1947 S. 1242.
113 Vgl. Rupp, Geschichte S. 68 ff.
114 Siehe Europa-Archiv 1948 S. 1523.

VI. Territoriale Regelungen

1. Grenzfragen

Die Konferenzmächte hatten sich in Potsdam geeinigt, Deutschland in seinen Grenzen von 1937 als Ausgangspunkt für die Verhandlungen zu wählen[1]. Auf dieser Grundlage wurden im Abkommen zwei Regelungen über zukünftige Gebietsveränderungen getroffen.

Zum einen *stimmte die Konferenz "vorbehaltlich der endgültigen Bestimmung der territorialen Frage bei der Friedenskonferenz... grundsätzlich dem Vorschlag der Sowjetregierung hinsichtlich der endgültigen Übergabe der Stadt Königsberg und des anliegenden Gebiets an die Sowjetunion" zu* (gemäß einer im Abkommen selbst vorgenommenen Beschreibung der Grenze, deren genauer Verlauf einer sachverständigen Prüfung vorbehalten bleiben sollte). Die Regierungschefs der USA und Großbritanniens verpflichteten sich weiterhin, diesen Vorschlag der Sowjetunion bei der Friedenskonferenz zu unterstützen[2].

Zum anderen *wurde nach Prüfung der Gebietswünsche der polnischen Regierung vereinbart, "daß die endgültige Festlegung der Westgrenze Polens bis zu der Friedenskonferenz zurückgestellt werden soll" und daß bis dahin "die früher deutschen Gebiete östlich der Linie, die von der Ostsee unmittelbar westlich von Swinemünde und von dort die Oder entlang bis zur Einmündung der westlichen Neiße und die westliche Neiße entlang bis zur tschechoslowakischen Grenze verläuft, einschließlich des Teiles Ostpreußens, der nicht unter die Verwaltung der Union der Sozialistischen Sowjetrepubliken ... gestellt wird, und einschließlich des Gebiets der früheren Freien Stadt Danzig, unter die Verwaltung des polnischen Staates kommen und in dieser Hinsicht nicht als Teil der sowjetischen Besatzungszone Deutschlands betrachtet werden sollen"*[3].

Hierzu hat die französische Regierung am 7. August 1945 gegenüber den Signatarstaaten des Potsdamer Abkommens erklärt, sie habe "keine grundsätzlichen Einwendungen bezüglich der Übernahme der östlich der angegebenen Linie gelegenen Gebiete in polnische Verwaltung zu machen, ebensowenig wie gegen die Einsetzung der sowjetischen Verwaltung in einem Teile Ostpreußens". Zugleich wurde aber auch betont, "daß die Frage der Grenzen in Deutschland ein Ganzes bildet und daß sie erst dann eine Lösung finden kann, wenn sie von all den interessierten Mächten gemein-

---

1 Vgl. Protokoll der 2. und 5. Vollsitzung in Potsdam (Deuerlein, Potsdam S. 214 f., 239; Potsdamer Abkommen, Dokumentensammlung S. 61 f.).

2 Abschnitt IV Potsdamer Abkommen.

3 Abschnitt IXb Potsdamer Abkommen.

sam geprüft worden ist"[4]. Hier machte Frankreich seine Zustimmung zu endgültigen Gebietsabtretungen im Osten Deutschlands von einer für Frankreich befriedigenden Gebietsregelung im Westen – auf die noch näher einzugehen sein wird – abhängig.

1.1 Gebietsveränderungen im Osten

Entscheidender Ausgangspunkt für die Frage von Gebietsregelungen im Osten war, daß für die Sowjetunion eine Rückgabe der 1939 besetzten Ostgebiete Polens im Prinzip nicht mehr zur Diskussion stand[5]. Thema der Verhandlungen konnte damit nur noch die Kompensation der polnischen Gebietsverluste zu Lasten Deutschlands sein.

1.1.1 Erörterungen in Teheran und Jalta

Bereits auf den Konferenzen in Teheran und Jalta waren sich die USA, die Sowjetunion und Großbritannien grundsätzlich darüber einig, daß die Sowjetunion Teile Ostpreußens bekommen sollte und Polen auf Kosten Deutschlands einen "beträchtlichen Gebietszuwachs im Norden und Westen" erhalten mußte[6].

Im November 1943 in Teheran hatte Stalin schon am ersten Sitzungstag – unwidersprochen von Churchill und Roosevelt – die Oder als neue polnische Westgrenze gefordert. Auch Churchill leitete aus den Bündnisverpflichtungen Englands gegenüber Polen für sich die Verpflichtung ab, Polen für die Gebietsverluste im Osten auf Kosten Deutschlands angemessen zu entschädigen[7]. Da auch der Wunsch der Sowjetunion auf die Stadt Königsberg und einen Teil Ostpreußens nicht auf die Ablehnung der USA und Großbritanniens stieß, kann man davon ausgehen, daß – ohne Festlegung auf einen bestimmten Grenzverlauf – Einigkeit darüber bestand, daß Deutschland zugunsten Polens und der Sowjetunion in etwa seine Gebiete

4 Schreiben des Außenministers der Provisorischen Regierung der Französischen Republik vom 7. August 1945 (deutscher Text: Europa-Archiv 1954 S. 6746).

5 Vgl. Koß, Vorstellungen S. 15 f.; Schwarz, Reich S. 223 f.

6 Abschnitt VI Abs. 5 der Mitteilung über die Krim-Konferenz von 1945; siehe auch die sowjetischen Aufzeichnungen über die Konferenz in Teheran 1943 (Sanakojew, Teheran S. 101, 104) und auf der Krim (a.a.O., S. 126, 156, 165, 190). Vgl. Auch Huster, Determinanten S. 23 f.; Sherwood, Roosevelt S. 638.

7 Vgl. die sowjetischen Protokolle bei: Fischer, Teheran S. 82 f.; Sanakojew, Teheran S. 99; sowie die amerikanischen Protokolle in: Foreign Relations, The Conference at Cairo S. 510, 512, 598; s.a. Rhode, Quellen S. 30 f.

östlich der Oder abtreten sollte[8]. 1944 begann dann die Sowjetunion ihre Bündnispartner vor vollendete Tatsachen zu stellen: Am 11. Januar wurde öffentlich bekannt gegeben, daß man "die 1939 Rußland angegliederten Ostgebiete Polens als Teil der Sowjetunion" ansehe. Die unter sowjetischem Einfluß stehende polnische Regierung in Lublin beanspruchte infolgedessen seit dem 28. August 1944 "Oder und Neiße" als künftige deutschpolnische Grenze, und beim Besuch des Ministerpräsidenten der (Londoner) polnischen Exilregierung Mikolajczyk im gleichen Jahr nannte Stalin selbst – in Gegenwart Churchills, der ebenfalls von einer Entschädigung Polens mit "Ostpreußen und Schlesien" sprach –, die Oder-Neiße-Linie als zukünftige Westgrenze Polens[9]. Auch de Gaulle gab dazu im Dezember 1944 gegenüber Stalin seine Zustimmung in der Hoffnung, dieser werde ihn in der Frage des Rheins als deutsch-französischer Grenze unterstützen; doch Stalin legte sich hier in keiner Weise fest[10].

Drei Monate später – während der Beratungen der Krim-Konferenz – erörterten die Regierungschefs der USA, der UdSSR und Großbritanniens den möglichen Grenzverlauf ausführlich[11]. Roosevelt und Churchill stimmten ausdrücklich einer Ostgrenze Polens etwa entlang der sogenannten Curzon-Linie zu und erkannten erneut den gebietsmäßigen Kompensationsanspruch Polens im Westen an[12]. Stalin forderte die polnische Westgrenze entlang der Oder und – dies zum ersten Mal in aller Deutlichkeit – entlang der *westlichen* Neiße[13]. Churchill und Roosevelt waren jedoch nicht bereit, sich sofort festzulegen. Gerade auch im Hinblick darauf, daß die Sowjetunion wenig Bereitschaft zeigte, die Regierungsbildung und die Abhaltung freier Wahlen in Polen entsprechend den Vorstellungen der Westmächte zu garantieren, waren diese bemüht, im Hinblick auf Polen und die deutsche Ostgrenze für die Zukunft einen gewissen Verhandlungsspielraum offen zu halten. Churchill äußerte die Befürchtung, daß Polen mit den umfangreichen Gebietserwerbungen gar nicht fertig werden könne, und Roosevelt zog sich darauf zurück, daß er derartige Fragen nicht ohne Zustimmung des Kongresses entscheiden dürfe und diese Frage im übrigen sowieso nur auf einer Friedenskonferenz zu regeln sei[14]. Die im wesentlichen übereinstimmenden amerikanischen und britischen Vorschläge auf der Konferenz hielten nur eine Verschiebung der polnischen Westgrenze

---

8 Vgl. die Protokolle bei Fischer, Teheran S. 86 f.; Sanakojew, Teheran S. 103 f.; Foreign Relations, The Conference at Cairo S. 602; s.a. Koß, Vorstellungen S. 60 f.

9 Vgl. dazu Conte, Teilung S. 76f; Koß, Vorstellungen S. 17 mwN.

10 Siehe de Gaulle, Mémoires s. 75, 79, 82, 381 f., 384, 391.

11 Sanakojew, Teheran S. 165; vgl. auch Marienfeld, Konferenzen S. 157, 159 ff., 166 f., 173, 179 ff.

12 Vgl. auch Byrnes, Offenheit S. 48 f.; Churchill, Zweiter Weltkrieg Bd. IV S. 39, 42.

13 Fischer, Teheran S. 136; Sanakojew, Teheran S. 156.

14 Fischer, Teheran S. 146, 152; Sanakojew, Teheran S. 166, 172, 191; Conte, Teilung S. 288.

bis zur Oder und östlichen Neiße für gerechtfertigt[15]. Über die weiteren Gebiete bis zur westlichen Neiße fand man zu keiner Einigung. Demzufolge enthielt die Mitteilung über die Krimkonferenz auch nur die vage Feststellung, daß man der Ansicht sei, "daß die endgültige Festlegung der Westgrenze Polens bis zur Friedenskonferenz" zurückgestellt werden müsse[16].

Obwohl in dieser Erklärung auf die Atlantik-Charta vom 14. August 1941 Bezug genommen worden war[17], standen die ins Auge gefaßten Gebietsveränderungen im eindeutigen Widerspruch zur Charta, in der es ausdrücklich heißt, daß man "keine territorialen oder sonstigen Erwerbungen" erstrebe und "keine Gebietsänderungen, die nicht mit den frei zum Ausdruck gebrachten Wünschen der davon betroffenen Völker übereinstimmen", wünsche[18]. Trotz dieser eindeutigen Aussage brachten jedoch immer wieder einzelne Vertreter der alliierten Mächte zum Ausdruck, daß die Atlantik-Charta für Deutschland keine Gültigkeit habe[19]. Auch in der Erklärung zur Niederlage Deutschlands vom 5. Juni 1945 nahmen die Alliierten für sich in Anspruch, Gebietsveränderungen vorzunehmen: "Die Regierungen … werden später die Grenzen Deutschlands oder irgend eines Teiles Deutschlands … festlegen"[20].

Nachdem es der Sowjetunion in Jalta nicht gelungen war, ihre Position zur polnischen Westgrenze voll durchzusetzen, versuchte sie dies erneut durch die Schaffung von Fakten zu erreichen. Schon im März 1945 schuf die Lubliner Regierung fünf neue Wojwodschaften, die auch die strittigen Gebiete bis zur westlichen Neiße für Polen reklamieren[21]. Dem daraufhin folgenden amerikanischen Protest wich die Sowjetunion weitgehend aus und betonte es "als selbstverständlich, daß die endgültige Festlegung der polnischen Westgrenze in Übereinstimmung mit den Jaltabeschlüssen auf der Friedenskonferenz erfolge"[22]. Doch diese sowjetische Politik der vollendeten Tatsachen zeigte ihre Wirkungen: In den Richtlinien der amerikanischen Delegation für die Potsdamer Konferenz werden zwar die von der Sowjetunion und Polen geforderten umfangreichen Gebietsabtretungen abgelehnt, zugleich heißt es aber auch: "Die amerikanische Regierung ist nicht

---

15 Vgl. Moltmann, Amerika S. 159 f. mwN.; Sanakojew, Teheran S. 172, 190 f.

16 Abschnitt VI Abs. 5 der Mitteilung über die Krim-Konferenz 1945.

17 Abschnitt V vorletzter Absatz a.a.O.

18 Nr. 1 und 2 der Atlantik-Charta.

19 Vgl. Szekeres, Recht S. 31; Schwarzenberger, Machtpolitik S. 169, 172; sowie die Äußerungen von Churchill im Jahre 1944 (vgl. auch Europa-Archiv 1951 S. 4224).

20 Präambel Abs. 6 der Erklärung in Anbetracht der Niederlage Deutschlands vom 5. Juni 1945.

21 Vgl. Meissner, Rußland s. 55 mwN.; Marienfeld, Konferenzen S. 213; vgl. auch Foreign Relations, The Conference of Berlin Bd. I S. 743 ff.

22 S.a. Marienfeld, Konferenzen S. 215 f.

bereit, diese Angelegenheit zum Streitpunkt zu erheben, wenn die Russen, wie gewiß ist, mit Nachdruck auf ihr bestehen"[23].

1.1.2 Der Kompromiß von Potsdam

In Potsdam bildete dann – neben der Reparationsfrage – die Ostgrenze Deutschlands den am meisten diskutierten Verhandlungspunkt. Der Meinungsstand war im Prinzip nicht anders als in Jalta[24]. Doch Großbritannien und die USA waren nun in der Defensive, da bereits in den von der Sowjetunion Polen zugebilligten Gebieten polnische Verwaltungen etabliert waren und die deutsche Bevölkerung ausgewiesen wurde. Die Westmächte kritisierten das einseitige Vorgehen der Sowjetunion, während diese immer wieder darauf verwies, daß die fraglichen Gebiete nun zwar faktisch polnisch seien, auf dem Papier jedoch noch so lange deutsch, bis eine verbindliche Regelung getroffen worden sei. Die Positionen der USA und Großbritanniens waren schwierig. Einerseits hatten sie sich bereits hinsichtlich der Polen zuzusprechenden Gebiete weitgehend festgelegt und waren auch bemüht, zur Unterstützung der polnischen Exilregierung in London polnische Interessen zu vertreten, andererseits jedoch wollten sie gerade wegen der noch immer nicht geklärten Frage der Bildung einer für alle Seiten akzeptablen, demokratisch legitimierten polnischen Regierung sowie im Hinblick auf die zukünftige Entwicklung Deutschlands Faustpfänder behalten[25]. Die kompromißlose Haltung der Sowjetunion bewog die USA und Großbritannien aber weiter nachzugeben: Zu Ende der Konferenz am 31. Juli 1945 erklärten sie sich mit der "vorläufigen" Übertragung der – bereits realisierten – Verwaltung der Gebiete östlich von Oder und westlicher Neiße an Polen einverstanden, ohne sich formell festzulegen, ob das gesamte Gebiet endgültig Polen zufallen sollte. Damit war der Kompromiß gefunden und gemeinsam mit der Sowjetunion bekräftigte man, "daß die endgültige Festlegung der Westgrenze Polens bis zur Friedenskonferenz zurückgestellt werden soll"[26].

Soweit es demnach auf der Potsdamer Konferenz zwischen den beteiligten Mächten tatsächlich eine übereinstimmende Ansicht (als kleinster gemeinsamer Nenner) zur Frage der endgültigen Grenzziehung zwischen

23 Foreign Relations, The Conference of Berlin Bd. I S. 550 f.; siehe auch Deuerlein, Vorformulierung S. 353.

24 Siehe die amerikanischen Aufzeichnungen bei Deuerlein, Quellen S. 214 f., 233, 236, 239-246, 251, 254, 261 f., 264-267, 270, 291, 297, 299 f., 303, 310 f., 316 f., 322, 338, 344 sowie die entsprechenden Passagen in den sowjetischen Aufzeichnung bei Sanakojew, Teheran S. 262 f., 277-285, 287-293, 296-304, 326 f., 337, 339, 343, 346, 348, 350 ff., 356, 360, 362, 364, 371-374, 377 f., 383, 389, 396 f., 401 f., 407.

25 Vgl. auch Mee, Teilung S. 148-155, 159f, 169-171, 183f, 236, 239f

26 Abschnitt IXb Potsdamer Abkommen

Deutschland und Polen gegeben hat[27], dürfte sie etwa dieser Art gewesen sein: Polen soll auf Kosten Deutschlands einen Gebietszuwachs mindestens bis zu der Linie Oder/östliche Neiße erhalten. Im einzelnen sollte auf der Friedenskonferenz noch die Möglichkeit einer Grenzkorrektur, insbesondere im Gebiet zwischen westlicher und östlicher Neiße und im Raum Stettin, gegeben sein. D.h., für die Konferenzmächte war in Potsdam bereits – abgesehen von kleineren Grenzkorrekturen – die Grundentscheidung über die zukünftige deutsche Ostgrenze gefallen. Insoweit waren die Gebietsabtretungen im Osten für die Konferenzmächte faktisch endgültig[28]. Anders wäre auch die Umsiedlung der deutschen Bevölkerungsteile aus den unter polnischer Verwaltung stehenden Gebieten mit Zustimmung der Vertragsmächte des Potsdamer Abkommens kaum verständlich. Wären nämlich die USA, die UdSSR und Großbritannien davon ausgegangen, daß nach der Friedenskonferenz – die eigentlich noch in den 40er Jahren stattfinden sollte[29] – erhebliche Teile der unter polnischer Verwaltung stehenden Gebiete wieder in den deutschen Staat eingegliedert werden sollten, so hätten sie sicher darauf gedrängt, die Umsiedlung bis zur endgültigen Grenzziehung zu verschieben.

Wesentlich präziser als der Polen betreffende Abschnitt IXb ist der Abschnitt VI über die "Stadt Königsberg und das anliegende Gebiet". Hier ist der Wille der Alliierten eindeutig. Dieses Gebiet soll der Sowjetunion zufallen, der Grenzverlauf liegt im groben fest, im einzelnen soll er einer sachverständigen Prüfung (nicht aber der Friedenskonferenz) vorbehalten bleiben[30].

1.1.3 Rechtliche Bedeutung der Gebietsregelung

Der rechtliche Inhalt und die Verbindlichkeit der Regelungen des Potsdamer Abkommens über die Gebiete Deutschlands östlich von Oder und westlicher Neiße sind häufig und kontrovers erörtert worden[31]. Da angesichts der Komplexität dieser Frage ihre umfassende Klärung den Rahmen dieser Untersuchung sprengen würde, kann hier nur ein Lösungsweg angedeutet werden.

Entgegen der – durch die vorzunehmende Umsiedlung sehr klar erkennbaren – Vorstellung der Alliierten, wie letztendlich im großen und ganzen die endgültige Gebietsregelung im Osten Deutschlands aussehen sollte, be-

---

27 Dazu Kraus, Oder-Neiße-Linie S. 17f

28 Vgl. Rupp, Geschichte S. 29ff; Lehmann, Entstehung S. 21

29 Siehe oben 2. Teil IV.2.3

30 Abschnitt VI Potsdamer Abkommen

31 Einen gewissen Überblick gibt insoweit Faust, Potsdamer Abkommen S. 134-221; Schenk, Viermächteverantwortung S. 44f; Giese, Einheit S. 189-207.

tont der Wortlaut des Potsdamer Abkommens die Vorläufigkeit der getroffenen Regelungen. Die endgültige Festlegung sowohl der Westgrenze Polens wie auch der Gebietsansprüche der Sowjetunion werden ausdrücklich der "bevorstehenden Friedensregelung" vorbehalten bzw. bis zu der Friedenskonferenz "zurückgestellt". Zugleich werden die fraglichen Gebiete "unter die Verwaltung der Union der Sozialistischen Sowjetrepubliken" bzw. "die Verwaltung des polnischen Staates" gestellt und wird erklärt, daß die unter polnischer Verwaltung stehenden Gebiete "in dieser Hinsicht nicht als Teil der sowjetischen Besatzungszone in Deutschland betrachtet werden sollen"[32]. Gerade auch dieser letzte Satz ist ein deutlicher Hinweis dafür, daß das Potsdamer Abkommen selbst eine Zession der Ostgebiete zugunsten Polens nicht herbeiführen sollte, sonst wäre diese Abgrenzung zur sowjetischen Besatzungszone selbstverständlich und damit sinnlos und überflüssig gewesen[33]. Im Ergebnis sollten also sowohl die Grenzziehung wie auch die Übertragung der Verwaltungsbefugnisse – juristisch gesehen – nur vorläufigen Charakter haben.

Es bleibt aber die Frage, wie diese vorläufige Übertragung der Verwaltungsbefugnisse rechtlich zu qualifizieren ist. Hier bietet sich die Möglichkeit der Verwaltungszession[34] hinsichtlich der Oder-Neiße-Gebiete an. Eine "Verwaltungszession" ist dann anzunehmen, wenn der Gebietssouverän einem anderen Staat die Befugnis einräumt, in einem bestimmten Teil seines Gebiets die Staatsgewalt auszuüben[35]. Diese in der Völkerrechtspraxis häufig vorkommende Überlassung der Gebietshoheit[36] ist möglich, da (wie im Privatrecht bei Eigentum und Besitz) das Innehaben der territorialen Souveränität von dem Recht ihrer Ausübung – also der Gebietshoheit – getrennt werden kann[37]. Legt man dies zugrunde, so enthält das Potsdamer Abkommen eine – durch die friedensvertragliche Regelung auflösend befristete – Übertragung der Gebietshoheit der deutschen Ostgebiete an Polen und die Sowjetunion[38].

Da die USA, die Sowjetunion und Großbritannien bei der Potsdamer Konferenz zugleich auch als Regierung Deutschlands – d.h. des unter alliierter Oberhoheit entstandenen neuen Völkerrechtssubjekts bzw. (aus der Sicht der Kontinuitätslehre) des Deutschen Reiches – auftraten[39], konnte

---

32 Abschnitt IX b Abs.2 Potsdamer Abkommen

33 Siehe auch Knittel, Völkerrechtlicher Status S. 9

34 A.a.O., S. 8

35 So Verdross, Völkerrecht S. 226; Dahm, Völkerrecht Bd. I S. 541; Berber, Völkerrecht, Bd. I S. 301; siehe auch Weser in: Menzel, Völkerrecht S. 173

36 Siehe die Beispiele bei Knittel, Völkerrecht Bd. I S. 544

37 So auch Berber, Völkerrecht. Bd. I S. 101; Dahm, Völkerrecht Bd. I S. 544

38 Knittel, Völkerrechtlicher Status S. 10

39 Siehe oben 1. Teil, III.3.3

hier grundsätzlich eine Übertragung der Gebietshoheit durch Deutschland erfolgen. Fraglich ist nur, ob sich die Siegermächte dabei im Rahmen ihrer völkerrechtlichen Befugnisse gehalten haben. Geht man zunächst einmal von den weitgehenderen Kompetenzbeschränkungen der Alliierten bei Annahme eines lediglich besetzten Deutschen Reiches aus, so hätte eine echte Abtretung der Ostgebiete ihre Rechtsgrundlage weder in den analog anwendbaren Regelungen der Art. 42-56 HLKO noch in den auf eine Besetzung nach Abschluß der Kampfmaßnahmen anwendbaren Rechtsinstituten des Treuhandverhältnisses bzw. einer Geschäftsführung ohne Auftrag[40] finden können. Aber auch bei der Übertragung der Gebietshoheit über die Ostgebiete an die Sowjetunion und Polen im Rahmen einer Verwaltungszession waren diese beiden Staaten bezüglich des betroffenen Gebiets nicht an die völkerrechtlichen Beschränkungen der Befugnisse von Besatzungsmächten gebunden und konnten auf dem nach wie vor fremden Territorium eigene Gebietshoheit ausüben[41]. Doch im Hinblick darauf, daß keine endgültige Gebietsabtretung vorgenommen und die Verwaltungszession ausdrücklich bis zum Abschluß des Friedensvertrages befristet wurde, kann davon ausgegangen werden[42], daß die Signatarmächte des Potsdamer Abkommens insoweit nicht die Grenzen ihrer Befugnisse als Interventionsbesatzungsmächte überschritten haben.

Ergeben sich also schon vom Standpunkt der Kontinuitätslehre keine entscheidenden völkerrechtlichen Bedenken, so war den Alliierten erst recht nicht als Souveränitätsinhabern eines neuen Völkerrechtssubjektes die Übertragung von Verwaltungsbefugnissen über deutsche Gebiete verwehrt.

Schließt man sich dieser Beurteilung an, so stellte damit die durch Polen und die Sowjetunion in den deutschen Gebieten östlich der Oder-Neiße-Linie ausgeübte Herrschaftsgewalt eine völkerrechtlich zulässige Ausübung übertragener Gebietshoheit dar[43], während die territoriale Souveränität über diese Gebiete nach wie vor Deutschland (verstanden als Deutsches Reich oder als neues Völkerrechtssubjekt) verblieben war.

1.1.4 Aufgabe des Kompromisses

Während der Rechtszustand der Ostgebiete bis zum Sommer 1946 kein Streitobjekt zwischen den Vier Mächten bildete, wurden seit September 1946 deutliche Auslegungsunterschiede erkennbar, die letztlich auf die ver-

---

40 A.a.O.

41 Dazu Ridder in: Strupp-Schlochauer, Wörterbuch Bd. I S. 627

42 Thode in: Menzel, Völkerrecht S. 81

43 Knittel, Völkerrechtlicher Status S. 11; Von einer Verwaltungszession geht auch Seidl-Hohenveldern (Völkerrecht Rdnr. 823) aus.

schärften Interessengegensätze zwischen der Sowjetunion und den Westmächten zurückzuführen sind[44].

Noch im Juli 1946 war Clay für die Oder-Neiße-Linie als Ostgrenze Deutschlands eingetreten[45]. Doch als die Vereinigten Staaten begannen, ihre Verständigungspolitik mit der Sowjetunion aufzugeben und sich deren Zurückdrängung aus Europa zum Ziel setzten, war die Oder-Neiße-Linie plötzlich ein "gravierender Fehler". Der amerikanische Geschäftsträger in Moskau, Kennan, forderte sogar aus diesem Grund, die USA sollten sich vom Potsdamer Abkommen lossagen[46]. Mit diesem Positionswechsel wurden die USA zum Protektor und Nutznießer der deutschen Revisionsbestrebungen und die Sowjetunion zu deren einzigem Gegner. Auch auf diese Weise wurde die Stoßrichtung der öffentlichen Meinung in Deutschland gegen die Sowjetunion gelenkt[47].

Die antipolaren politischen und militärischen Hegemonialwünsche mußten es nahelegen, das umstrittene Gebiet, über das in Potsdam nur mühsam eine Kompromißregelung gefunden worden war, für den eigenen Machtbereich zu retten. Als Reaktion auf die in der Rede des amerikanischen Außenministers Byrnes vom 6. September 1946 nun klar zum Ausdruck kommende Position von der völligen Offenheit des Schicksals der Ostgebiete[48], vertrat die Sowjetunion seit Mitte September 1946[49] den Standpunkt, daß es sich bei den Potsdamer Beschlüssen zur Grenzregelung im Osten Deutschlands um eine endgültige Entscheidung gehandelt habe, die "von niemandem erschüttert werden" könne. Diese Haltung – die nach der hier vorgenommenen Auslegung mit dem Wortlaut des Potsdamer Abkommns nicht zu vereinbaren ist – wird seitdem auch im völkerrechtlichen Schrifttum der sozialistischen Länder vertreten[50]. Immerhin ist bei der Ansicht der Sowjetunion bemerkenswert, daß Art. 3 Abs. 1 des sowjetisch-polnischen Vertrages vom 16. August 1945 keineswegs dem später eingenommenen Standpunkt der Sowjetunion entspricht, denn dort heißt es: "Vorbehaltlich der endgültigen Regelung der Gebietsfragen bei der Friedensregelung wird der

---

44 Vgl. dazu Lehmann, Entstehung S. 21ff, 31; Europa-Archiv 1946 S. 201

45 Vgl. die Grundsatzerklärung Clays vom 19. Juli 1946 (Gimbel, besatzungspolitik S. 109ff); Pressekonferenz Trumans vom 8. März 1946 (Public Papers, Truman 1946 S. 144ff)

46 Kenan an Byrnes am 6. März 1946 (Foreign Relations, Europe S. 519); s.a. Marienfeld, Konferenzen S. 317

47 Vgl. Lehmann, Entstehung S. 35

48 Vgl. Europa-Archiv 1946 S. 201; Lehmann Entstehung S. 21f, 31

49 Am 16. September 1946 als Antwort auf die bekannte Rede von Byrnes (Molotow, Fragen S. 256ff). Vgl. für die Folgezeit die Zitate bei Hacker, Potsdamer Abkommen S. 50f; Meister, Völkerrecht; Bollinger und Süss, Zur völkerrechtlichen Regelung S. 214; Poeggel, Staatennachfolge S. 42; Belezki, Politik S. 18f

50 Wiewora, Polish-German-Frontier; Klafkowski, Potsdam Agreement; Tulpanow, Potsdamer Abkommen S. 50f; Meister, Völkerrecht; Bollinger und Süss, Zur völkerrechtlichen Regelung S. 214; Poeggel, Staatennachfolge S. 42; Belezki, Politik S. 18f

Teil der polnisch-sowjetischen Staatsgrenze, der sich bis zur Ostsee anschließt, entlang einer Linie laufen..."[51]. Selbst der sowjetische Friedensvertragsentwurf vom 10. Januar 1959 zeigt, daß die Sowjetunion im Grunde genommen davon ausging, daß die Änderung der Gebietszugehörigkeit der deutschen Ostgebiete noch einer vertraglichen Vereinbarung mit Deutschland bedürfe. Dementsprechend lautet Art. 9 des Entwurfes: "In Übereinstimmung mit dem Potsdamer Abkommen von 1945 ... verzichtet Deutschland auf alle Rechte, Rechtstitel und Ansprüche auf die ehemaligen deutschen Gebiete östlich der Linie ...". Deutschland konnte aber eben nur auf die Rechte "verzichten", die es besaß.

Im übrigen deuten einige Anzeichen darauf hin, daß selbst die Sowjetunion – zumindest bis Sommer 1946 – die deutsche Ostgrenze in gewissem Umfang als Verhandlungsobjekt ansah, um eine Aufhebung des im Mai 1946 verfügten Stopps der Reparationslieferungen aus der amerikanischen Zone zu erreichen[52]. Auch die SED warb in der sowjetischen Zone bei den Wahlen bis Mitte September 1946 mit der möglichen Revision der Oder-Neiße-Linie[53]. Erst seit dem 17. September 1946 ließ die Sowjetunion keinen Zweifel mehr daran, daß sie die reale Grenzlinie als endgültig betrachte. Die Unterstützung des polnischen Standpunktes und damit die Sicherung des sowjetischen Einflusses auf Polen erschien offensichtlich in der Phase der zunehmenden Konfrontation mit den Westmächten wichtiger, als die ungewisse Möglichkeit der Ausweitung sowjetischen Einflusses auf die Entwicklung Deutschlands.

In besonders hartnäckiger Form versuchte jedoch die französische Regierung ihre Zustimmung zu der Grenzziehung im Osten von der Anerkennung ihrer Gebietsansprüche im Westen abhängig zu machen. Ebenso wie im Hinblick auf die Bildung deutscher Zentralverwaltungen, die Zulassung von Parteien auf gesamtdeutscher Ebene und die Wiederherstellung einer deutschen Zentralregierung setzte Frankreich auch bezüglich der Ostgrenze Deutschlands das vereinbarte Prinzip der Einstimmigkeit bei Entscheidungen aller vier Besatzungsmächte massiv zu seinen Gunsten ein[54]. Alle Deutschland betreffenden französischen Verlautbarungen der Jahre 1945 bis 1947 unterstreichen den für Frankreich wichtigen Punkt: Keine Entscheidung über die künftige Entwicklung Deutschlands, "solange man die Grenzen Nachkriegsdeutschlands nicht festgelegt hat"[55]. Frankreich war zwar bereit, anzuerkennen, daß hinsichtlich Ostdeutschlands in Potsdam tat-

---

51 Text in: Jahrbuch für Internationales Recht 1948 Bd. I S. 20ff

52 Vgl. Lehmann, Entstehung S. 29; Schwarz, Reich S. 226f

53 Vgl. Lehmann, a.a.O., s. 29, 32 mwN

54 Siehe auch Abendroth, Frankreich, S. 73f

55 Vgl. die im Europa-Archiv 1954 abgedruckten Dokumente insbes. S. 6746 (7. August 1945), 6747f (14. September 1945), 6748 (12. Februar 1946), 6751 (25. April 1946), 6752 (10. Juli 1946), 6755 (9. Dezember 1946)

sächlich endgültige Regelungen getroffen worden seien, machte aber seine Zustimmung zur Umwandlung der formell vorläufigen Grenzregelung in eine rechtlich endgültige von der Berücksichtigung der französischen Vorstellungen bezüglich des Ruhr-, Rhein- und Saargebietes abhängig[56].

1.1.5 Übergang der Gebietshoheit an Polen und die Sowjetunion?

Geht man von dem bisher gewonnenen Ergebnis aus, so waren auf der Potsdamer Konferenz völkerrechtlich keine abschließenden Regelungen über die deutschen Ostgebiete getroffen worden, wenn auch die Alliierten keinen Zweifel daran gelassen hatten, daß Deutschland erhebliche Gebietsopfer im Osten bringen sollte. Da bis heute kein Friedensvertrag – dem die Konferenz die endgültige Grenzregelung vorbehielt – geschlossen worden ist, dauert die Verwaltungszession der Ostgebiete noch an, wenn nicht auf andere Weise eine Änderung der Rechtslage eingetreten ist. Die damit zusammenhängenden Fragen können hier jedoch nur kurz angedeutet werden.

Eine Ersitzung der Ostgebiete durch die Volksrepublik Polen und die Sowjetunion[57] kommt so lange nicht in Betracht, wie es an der Unangefochtenheit der Besitzausübung als einer Voraussetzung der Ersitzung fehlt, wenn man überhaupt den verflossenen Zeitraum als ausreichend ansehen will. Von seiten der Bundesrepublik Deutschland ist jedoch immer wieder gegen die endgültige Eingliederung der Ostgebiete in den polnischen und sowjetischen Staat protestiert worden[58].

Als weitere Möglichkeit kommt die Annexion der Ostgebiete durch die Sowjetunion und Polen in Frage. Dem allgemein anerkannten Annexionsverbot als Folge des generellen Verbotes von Angriffskriegen entspricht nach der neueren deutschen[59] und anglo-amerikanischen[60] Literatur die Unzulässigkeit von Annexionen, welche sich einem Verteidigungskrieg anschließen. Dieser Standpunkt wird vom Sicherheitsrat der Vereinten Nationen geteilt[61] und widerspricht auch nicht der sowjetischen völkerrechtlichen Literatur[62]. Insofern kommt durch die völlige Eingliederung der deut-

---

56 Siehe vor allem die Erklärung der Französischen Regierung auf der Außenministerkonferenz vom 10. Juli 1946 (deutsch: Europa-Archiv 1954 S. 6752f)

57 Bücking, Rechtsstatus S. 98 Anm. 24

58 Ausführlich Bücking, Rechtsstatus S. 98f

59 Blumenwitz, Grundlagen S. 155 Anm. 43 mwN; Kimminich, Souveränität S. 35; Kimminich, Moskauer Vertrag S. 47ff

60 Brownlie, Principles S. 172ff

61 Siehe Münch, Rechtsstellung S. 30, 36; Münch, Deutsche Frage S. 135; Greig, International Law S. 683f

62 Diese äußern sich – außer Tunkin, Völkerrecht S. 221 – sehr zurückhaltend. Vgl. Lewin, Grundprobleme S. 190 ff.

schen Ostgebiete in den polnischen Staatsverband nur der Versuch einer Annexion in Betracht, dem jedoch zunächst rechtlich kein Erfolg beschieden war.

Ein völkerrechtlich wirksamer Übergang der Gebietshoheit der ehemaligen deutschen Ostgebiete an die Sowjetunion und Polen kann jedoch im Zusammenhang mit den Ostverträgen von 1970[63] angenommen werden. Mit dem Moskauer Vertrag vom 12. August 1970[64] und dem Warschauer Vertrag vom 7. Dezember 1970[65] hat die Bundesrepublik Deutschland für sich – wie bereits die DDR durch den Görlitzer Vertrag mit Polen vom 6. Juli 1950 – die bestehenden Grenzen Polens und der Sowjetunion als verbindlich anerkannt[66].

Eine endgültige Entscheidung über den Status der deutschen Ostgebiete konnte jedoch nur im Einvernehmen mit allen Vier Mächten erfolgen[67]. Dies ergibt sich sowohl aus den fortbestehenden alliierten Vorbehaltsrechten wie auch aus dem Potsdamer Abkommen selbst, das die abschließende Grenzregelung ausdrücklich einer friedensvertraglichen Regelung mit den Vier Mächten vorbehielt[68]. In diesem Sinne können auch die sogenannten Nichtberührtheitsklauseln der Ostverträge ausgelegt werden[69]. Weiterhin ist den Noten der drei westlichen Alliierten zu den Verträgen zu entnehmen, daß sie ihre Rechte und Verantwortlichkeiten in bezug auf Deutschland als Ganzes nicht aufgeben und auch nicht durch die jeweiligen Ostverträge berührt sehen[70]. Demnach konnten weder die Bundesrepublik Deutschland[71] noch die DDR noch beide gemeinsam in konstitutiver Weise Polen und der Sowjetunion einen endgültigen völkerrechtlichen Titel über die Ostgebiete verschaffen[72]. Die notwendige Zustimmung der Alliierten muß jedoch nicht

---

63 Zur rechtlichen Wirkung der Ostverträge vgl. auch Schenk, Viermächteverantwortung S. 101 ff.

64 BGBl. 1972 II S. 353.

65 BGBl. 1972 II S. 361.

66 Vgl. Kimminich, Moskauer Vertrag S. 61; vgl. auch Schenk, Viermächteverantwortung S. 108 ff. mwN.

67 Vgl. Schenk, Viermächteverantwortung S. 114; Kimminich, Rechtsprobleme S. 334.

68 Vgl. Steinberger, Ostverträge S. 74; Wengler, Moskauer Vertrag S. 633 f.; Schenk, Viermächteverantwortung S. 101 ff., 108 ff.; dazu ausführlich Bücking, Rechtsstatus S. 106 ff. mwN. Für die Bundesrepublik Deutschland ergibt sich dies auch aus Art. 2 Satz 1 Deutschlandvertrag in der Fassung von 1954 (BGBl. 1955 II S. 301). Zur rechtlichen Bedeutung der diesbezüglichen Verträge und Erklärungen der sozialistischen Staaten siehe Giese, Einheit S. 198 ff.

69 Siehe Bücking, Rechtsstatus S. 150 ff.

70 Siehe die Texte in: Presse- und Informationsamt, Verträge S. 15 ff., 157 ff. Dazu Kimminich, Rechtsprobleme S. 342 ff.; Blumenwitz, Unberührtheitsklausel S. 101 f.; Arndt, Verträge S. 124.

71 Arndt, a.a.O., S. 124; Kimminich, a.a.O., 344 f.; Blumenwitz, a.a.O., S. 101.

72 Steinberger, Ostverträge S. 74; Wengler, Moskauer Vertrag S. 634.

zwangsläufig mit einem Friedensvertrag verbunden sein, sie könnte auch getrennt davon erteilt werden[73], zumal die Alliierten auch in der Lage gewesen wären, den formellen Friedensvertragsvorbehalt im Potsdamer Abkommen selbst aufzuheben. Die notwendige Bindung der Grenzregelungen an den Friedensvertrag erscheint auch deswegen heute widersinnig, weil ein solcher Vertrag mit einem wiedervereinigten Deutschland allmählich zur Utopie geworden ist. Im übrigen entspricht die Regelung einzelner Deutschland als Ganzes betreffender Fragen in Übereinstimmung mit allen vier Alliierten durchaus im Kern der Vereinbarung von Potsdam[74].

Wenn zwar von vornherein das Einverständnis der Sowjetunion zu einer endgültigen Festschreibung der bestehenden Grenzen anzunehmen ist[75], so sind aber die Noten der Westmächte zum Moskauer und Warschauer Vertrag[76] nicht eindeutig. Die Verträge werden zwar "in vollem Umfang" und im Fall des Warschauer Vertrages sogar "zustimmend" zur Kenntnis genommen, weiter wird jedoch ausdrücklich betont, daß "die Rechte und Verantwortlichkeiten der Vier Mächte" in bezug auf Deutschland "nicht berührt werden und nicht berührt werden können". Wenn sich aus den erstgenannten Passagen möglicherweise eine Billigung der getroffenen Vereinbarungen über die Grenzen entnehmen läßt, kann die Betonung der Vorbehaltsrechte wiederum dahingehend verstanden werden, daß die Westmächte sich gerade ihrer nach dem Potsdamer Abkommen notwendigen Beteiligung an einer endgültigen Grenzregelung entziehen wollten. Berücksichtigt man jedoch, daß einer völkerrechtlich wirksamen Ersitzung bzw. der Vollendung der Annexion der Ostgebiete durch Polen und die Sowjetunion 1970 allein die ständigen Proteste der Bundesrepublik Deutschland und der Westmächte[77] entgegenstanden, kommt diesen Noten der Westmächte und ihren Erklärungen der Folgezeit entscheidende Bedeutung zu, da die Bundesrepublik Deutschland ja bereits mit den Verträgen auf weitere Rechtsverwahrungen verzichtet hatte[78]. Nur unmißverständliche Proteste könnten die Ersitzung verhindern[79]. Dies gilt auch für Proteste dritter Staaten, die (wie die Westmächte) durch die Rechtsänderung Rechte (nämlich die Beteiligung an der Grenzregelung nach dem Potsdamer Abkommen) verlieren würden[80]. Ebenso muß die Aufgabe von Rechtsverwahrungen die Vollendung einer (bis dahin nur versuchten) Annexion herbeiführen[81].

73 So auch Scheel in seiner Antwort vom 6. Mai 1970 auf die große Anfrage der CDU/CSU (BT-Drucksache 6/757 S. 6).

74 Vgl. dazu auch Schenk, Viermächteverantwortung S. 121 f.

75 Schenk, a.a.O., S. 146 mwN.

76 Text der Noten in: Schmid, Deutsche Frage S. 138 f., 143.

77 Vgl. beispielsweise die Nachweise Krülle, Oder-Neiße S. 229 f.

78 Vgl. Schenk, Viermächteverantwortung S. 116.

79 Vgl. Berber, Völkerrecht Bd. I S. 346; Dahm, Völkerrecht Bd. I S. 595, 640 ff.

80 Krülle, Oder-Neiße S. 219.

81 Krülle, a.a.O., S. 208 ff.

Selbst wenn man die Noten der Westmächte nicht als Zustimmung zu den im Moskauer und Warschauer Vertrag getroffenen Vereinbarungen über die Grenzen verstehen will, so fehlt es doch in den Noten zweifellos an einer eindeutigen Artikulierung von Widerstand gegen Annexion bzw. Ersitzung der Gebiete durch Polen und die Sowjetunion[82], obwohl dies – hätte man den bisher vertretenen Standpunkt aufrechterhalten wollen – im Hinblick auf die in den Verträgen geregelten Materien notwendig gewesen wäre. Die Westmächte mußten sich darüber im klaren sein, daß die Vollendung des Gebietserwerbs durch Polen und die Sowjetunion nach Aufgabe des Widerstandes der Bundesrepublik Deutschland allein von ihnen abhing. Ein Verhalten, daß die Vollendung des Gebietserwerbes aufhalten konnte, mußte jedoch absolut eindeutig sein[83]. Dies waren aber die Noten der Westmächte zu den Ostverträgen nicht.

Für die Westalliierten lag auch kein Grund vor, weiter deutsche Gebietsinteressen zu verfolgen, die nicht nur die DDR, sondern auch die Bundesrepublik Deutschland aufgegeben hatten[84]. Frankreich hatte bereits zuvor des öfteren eine positive Haltung zur Oder-Neiße-Grenze zu erkennen gegeben[85] und den Friedensvertragsvorbehalt des Potsdamer Abkommens immer weniger betont[86]. Die britische Regierung erklärte in einer Verlautbarung vom 20. November 1970 unter ausdrücklicher Bezugnahme auf die Anerkennung der polnischen Westgrenze ihre volle Unterstützung zum Warschauer Vertrag, woraus The Times auf eine de jure Anerkennung der Oder-Neiße-Linie als Polens Westgrenze schloß[87]. Eine ähnliche Erklärung gab der amerikanische Präsident Nixon am 1. Juni 1972 bei seinem Besuch in Polen ab[88]. Nach alledem dürfte wohl die Entscheidung – nicht nur faktisch, sondern auch völkerrechtlich – zugunsten der vollen territorialen Souveränität Polens und der Sowjetunion über die deutschen Ostgebiete mit Einverständnis der beiden deutschen Staaten und der Vier Mächte gefallen sein. Nachdem sich alle beteiligten und unmittelbar betroffenen Staaten in dieser Weise festgelegt haben, könnte in einem Friedensvertrag kaum mehr als eine deklaratorische Feststellung des bestehenden Zustandes getroffen werden[89]. Die in Zusammenhang mit dem Warschauer Vertrag 1970 von der Bundesregierung abgegebene Erklärung, "daß sie nur im Namen

82 Kimminich, Moskauer Vertrag S. 46.

83 Vgl. Krülle, Oder-Neiße S. 110, 222 mwN.; Berber, Völkerrecht Bd. I S. 347.

84 Siehe auch Scheel, Der deutsch-polnische Vertrag S. 196.

85 Vgl. die Äußerungen de Gaulles vom 25. März 1959 und vom 11. September 1967 – vor der polnischen Volkskammer – (Text: Archiv der Gegenwart 1959 S. 7628 B, 1967 S. 1340 D, 13404); dazu Krülle, Oder-Neiße S. 245.

86 Vgl. die Äußerungen de Gaulles vom 25. März 1959 (Anm. 85).

87 The Times vom 21. November 1970 S. 1 Spalte 7.

88 Text: U.S.-Department of State, Bulletin vom 26. Juni 1972 S. 914.

89 Vgl. Schenk, Viermächteverantwortung S. 151 mwN.

der Bundesrepublik Deutschland handeln kann ... Ein wiedervereinigtes Deutschland kann also durch den Vertrag nicht gebunden werden"[90], muß wohl auch als venire contra factum proprium (und damit als unbeachtlich) angesehen werden, wenn man – wie die Bundesregierung – vom Fortbestand des Deutschen Reiches ausgeht. Die Bundesrepublik Deutschland kann nicht einerseits die rechtliche Identität mit dem Deutschen Reich als Staat für sich in Anspruch nehmen[91] und andererseits behaupten, nicht für dieses handeln zu wollen.

1.2 Grenzregelungen im Westen

Nicht nur im Osten, auch im Westen waren die Grenzen Deutschlands umstritten. Neben Gebietsforderungen Dänemarks, der Niederlande und Belgiens, war es insbesondere Frankreich, das die Abtrennung des Rheinlandes, des Ruhrgebietes und der Saarregion von Deutschland forderte[92]. Bei der Vorbereitung der Potsdamer Konferenz ging man auf amerikanischer Seite davon aus, daß Frankreich aus wirtschafts- und sicherheitspolitischen Beweggründen diese Forderungen mit äußerster Hartnäckigkeit vertreten werde und zu Konzessionen an anderer Stelle bereit sei, um hier seine Ziele zu erreichen[93]. Die Amerikaner hatten sich im Sommer 1945 lediglich hinsichtlich des Ruhrgebietes eindeutig gegen die französischen Vorstellungen ausgesprochen[94]. Trotz der erkannten Bedeutung dieses Themas wurde es auf der Potsdamer Konferenz nur einmal kurz von Truman angesprochen, der die französischen Gebietsforderungen denen Polens entgegenhielt; zum Verhandlungsgegenstand wurde dieser Punkt jedoch nicht[95]. Dementsprechend ist im Potsdamer Abkommen von Veränderungen der Westgrenze Deutschlands nicht die Rede. Lediglich mittelbar wird durch die Statuierung des Grundsatzes der Wirtschaftseinheit Deutschlands und der Übereinkunft, ungelöste territoriale Fragen der friedensvertraglichen Regelung vorzubehalten[96], die einseitige Abtrennung irgendwelcher deutscher Gebiete ausgeschlossen.

90 Bundestagsdrucksache VI/3156 S. 12.

91 So BVerfGE 36,1,16.

92 Vgl. die französischen Erklärungen aus den Jahren 1945/46 (deutscher Text in: Europa-Archiv 1954 insbes. S. 6747, 6748, 6751, 6754 f., 6755); dazu Abendroth, Frankreich S. 54 f.; Deuerlein, Deklamation S. 101 ff.; Marienfeld, Konferenzen S. 307; Gramel, Alliierten S. 33.

93 Foreign Relations, The Conference of Berlin Bd. I S. 586 ff.

94 A.a.O., S. 590 f.

95 Vgl. das sowjetische Protokoll bei: Sanakojew, Teheran S. 289.

96 Abschnitt II 3, III B14, Potsdamer Abkommen.

Dennoch hat Frankreich nach der deutschen Kapitulation damit begonnen, sich das Saarland (mit dem Ziel des späteren politischen Anschlusses) zunächst wirtschaftlich einzuverleiben[97]. Schon im Juli 1945 hatte das Saargebiet eine eigene Verwaltung erhalten und am 9. Dezember 1946 unterrichtete Frankreich den Außenministerrat über die faktische Abtrennung des Saarlandes von Deutschland[98]. Begründet wurde diese Maßnahme mit "völkerrechtlichem Notstand" und einer als Reparationsleistung anzusehenden notwendigen Schadloshaltung[99]. Tatsächlich hatte Frankreich hier begonnen, seine Vorstellungen vom Junktim zwischen der deutschen West- und Ostgrenze zu verwirklichen: Erst eine territoriale Amputation im Westen schuf nach französischer Ansicht ein entsprechendes Gegengewicht zu den Gebietsverlusten Deutschlands im Osten. Dementsprechend machte Frankreich auch im Kontrollrat Zugeständnisse im Hinblick auf die wirtschaftliche und politische Einheit Deutschlands stets davon abhängig, daß es zumindest das Saargebiet erhalte[100]. 1947 wurde im Saarland die französische Währung eingeführt und eine auf den künftigen wirtschaftlichen Anschluß an Frankreich und die politische Unabhängigkeit von Deutschland zugeschnittene Verfassung geschaffen. Durch die Zollunion mit Frankreich von 1948 und durch mehrere Verträge in den Jahren 1950 bis 1953 mit der Saarregierung (den sog. Saarkonventionen) wurden die Bindungen an Frankreich weiter verfestigt[101].

Die Sowjetunion hat sich stets auf den Außenministerkonferenzen, im Kontrollrat und durch öffentliche Proteste gegen das einseitige französische Vorgehen gewandt[102], und die sowjetischen Friedensvertragsentwürfe von 1952 und 1959 sehen das Saargebiet als zu Deutschland gehörig an[103]. Auch Großbritannien und die USA lehnten zunächst die eigenmächtigen Maßnahmen Frankreichs ab. Doch bereits in der Rede des amerikanischen Außenministers Byrnes vom 6. September 1946 wird eingeräumt, daß man

97 Vgl. Abendroth, Frankreich S. 75. Dabei wurden auch einige umliegenden Gemeinden, die ursprünglich nicht zum Saargebiet gehörten, mit einbezogen.

98 Note der Provisorischen Regierung Frankreichs vom 9. Dezember 1946 (deutscher Text: Europa-Archiv 1954 S. 6755).

99 Für einen echten Notstandseinwand fehlt es bereits an einer wirklich akuten existenzbedrohenden Gefahr für den französischen Staat oder die Versorgung der Bevölkerung (vgl. Heydte, Völkerrecht Bd. I S. 314).

100 Vgl. die Erklärungen Bidaults vom 4. Dezember 1945 und vom 17. Januar 1946 (deutsch: Europa-Archiv 1946/47 S. 267); Foreign Relations, Council of Foreign Ministers 1946 S. 109 ff.; Foreign Relations, Western and Central Europe S. 500, 502, 507 ff.

101 Vgl. die Texte in: Europa-Archiv 1950 S. 2915 ff.

102 Siehe etwa die sowjetischen Proteste auf der Moskauer Außenministerkonferenz vom 10. März bis 24. April 1947 (Europa-Archiv 1947 S. 725 f.).

103 Der sowjetische Friedensvertragsentwurf von 1952 umschreibt das deutsche Territorium als "durch die Beschlüsse der Potsdamer Konferenz der Großmächte festgelegt" und der Vertragsentwurf von 1959 bestimmt in Art. 11 Abs. 2 das Saargebiet als "zum Gebietsstand Deutschlands" gehörig.

Frankreich "seinen Anspruch auf das Saargebiet ... nicht verweigern" könne[104]. Um Frankreichs Einverständnis zum Zusammenschluß der drei Westzonen Deutschlands zu erreichen, waren sowohl die USA wie Großbritannien zu weitgehenden Konzessionen bereit[105]. Am 11. April 1947 erklärten Briten und Amerikaner offiziell ihre Zustimmung und beschlossen am 20. Februar 1948 förmlich die Eingliederung des Saargebietes in das französische Wirtschaftssystem[106]. Wenn sie auch weiterhin einer völligen Annexion durch Frankreich widersprachen, wurde jedoch die Loslösung von Deutschland praktisch unterstützt und eindeutig gebilligt[107]. Da aber nach dem Potsdamer Vertragssystem auch hierzu eine einstimmige Vier-Mächte-Entscheidung notwendig gewesen wäre, haben damit alle drei Westmächte insoweit das Potsdamer Abkommen verletzt. Diese Entwicklung der Saarfrage dürfte im übrigen mit eine Ursache für die Sprengung des Kontrollrates im April 1948 gewesen sein[108]. Auch das sogenannte Saarstatut von 1954[109], in dem Frankreich und die Bundesrepublik Deutschland den Status quo weitgehend festschrieben, ist aus den genannten Gründen als nichtiger völkerrechtlicher Vertrag anzusehen[110]. Auf die weitere Entwicklung der Saarfrage[111] braucht jedoch nicht im einzelnen eingegangen zu werden, da mit der "Rückgliederung" des Saargebiets seit dem 1. Januar 1957 ein dem Potsdamer Abkommen nicht mehr widersprechender Zustand hergestellt worden ist[112].

Dies gilt jedoch nicht so ohne weiteres für andere Veränderungen der Westgrenze Deutschlands gegenüber dem Zustand von 1937.

Entsprechend den Empfehlungen der Londoner Sechs-Mächte-Konferenz vom 7. Juli 1948[113] nahmen die westlichen Militärregierungen mit Wirkung vom 23. April 1949 "geringfügige Berichtigungen der Westgrenze in Deutschland" vor, die durch weitere Grenzregelungen der Besatzungsmächte bis zum 9. Februar 1950 noch ergänzt wurden[114]. Dabei handelt es

---

104 Vgl. die deutsche Übersetzung der Rede in: Europa-Archiv 1946/47 S. 261 ff.; s.a. Lehmann, Entstehung S. 31.

105 Vgl. Schwarzenberger, Machtpolitik S. 218.

106 Vgl. Abendroth, Frankreich S. 75; Meissner, Rußland S. 161.

107 So auch Abendroth, Frankreich S. 75; Giese, Einheit S. 369.

108 Der sowjetische Vertreter verließ den Kontrollrat einen Monat nach der Zustimmung der USA und Großbritanniens zu der französischen Saarregelung.

109 BGBl. 1955 II S. 296 ff.

110 Vgl. Giese, Einheit S. 369 f.

111 Siehe dazu: Amerikanischer Hochkommissar, Bericht über Deutschland, Zusammenfassung S. 32 ff.; Giese, Einheit S. 391 ff.

112 Dazu Giese, Einheit S. 372 ff.

113 Deutscher Text in: Europa-Archiv 1948 S. 1437 (Zu den Grenzen im Westen siehe unten VI. 4.).

114 Vgl. die bei Rauschning (Gesamtverfassung S. 690 ff.) abgedruckte Verlautbarung über das

sich keineswegs um geringfügige landschaftsbedingte oder grenztechnisch gebotene "Berichtigungen", die man als unbeachtet ansehen könnte. Immerhin waren 135 qkm mit 13 500 Bewohnern betroffen[115]. Diese Gebietsabtrennungen können mangels eines Rechtsgrundes und angesichts der auch von der Bundesregierung vorgetragenen (jedoch von den Westmächten zurückgewiesenen) Proteste[116] nur als rechtlich unzulässige und damit unwirksame Annexionen angesehen werden[117]. Nach den Vereinbarungen der Anti-Hitler-Koalition (und insbesondere denen des Potsdamer Abkommens) waren die Westmächte – ganz abgesehen von der wohl notwendigen deutschen Beteiligung – nicht befugt, ohne Zustimmung der Sowjetunion Grenzänderungen vorzunehmen. Die UdSSR erhob aber in einer Note vom 4. April 1949 ausdrücklich Protest gegen diese Maßnahmen[118]. Auch die Deklarierung der Gebietsabtretungen durch die Westmächte als "vorläufig bis zu einer Friedensregelung" rechtfertigt sie nicht[119]. Nach den Übereinkünften des Potsdamer Abkommens muß davon ausgegangen werden, daß jede auch nur vorübergehend ganz Deutschland betreffende Regelung – wie eben gerade eine Grenzziehung – der Kollektiventscheidung der Vier Mächte bedurfte[120]. Angesichts der Verantwortung der Vier Mächte für Deutschland als Ganzes betreffende Fragen konnten auch die Grenzverträge der Bundesrepublik Deutschland mit Belgien vom 24. September 1956 und den Niederlanden vom 8. April 1960 ohne deren Zustimmung keine "endgültigen" Grenzregelungen vornehmen, wie sie nach den zu den Verträgen abgegebenen Erklärungen angestrebt wurden[121].

Es kann jedoch hier inzwischen von einer übereinstimmenden Anerkennung der einseitig vorgenommenen Grenzveränderungen durch die Vier Mächte sowie durch die beiden deutschen Staaten ausgegangen werden. Während die Sowjetunion noch in ihrem Friedensentwurf von 1952 von den Grenzen Deutschlands entsprechend dem Potsdamer Abkommen (d.h. der Oder-Neiße-Linie und ansonsten den Grenzen von 1937) ausging, sollten nach Art. 8 des sowjetischen Friedensvertragsentwurfes von

geheim gehaltene Protokoll sowie die Verordnung 212 des französischen Oberkommandos vom 23. April 1949 und die britische Militärregierungsverordnung 184 mit Änderungen vom 10. September 1949 und 9. Februar 1950; siehe auch Huber, Quellen Bd. II S. 647.

115 Siehe Menzel, Vertragliche Regelungen S. 2230; Abendroth, Zwiespältiges Verfassungsrecht S. 2 Anm. 3.

116 Siehe Huber, Quellen Bd. II S. 647.

117 So Menzel, Vertragliche Regelungen S. 2230.

118 Vgl. Thilenius, Teilung S. 102.

119 A. A. Thilenius, a.a.O.

120 Siehe auch Giese, Einheit S. 198.

121 Text der Verträge: BGBl. 1958 II S. 262; 1963 II S. 458; s.a. den Vertrag mit den Niederlanden vom 30. Oktober 1980 (BGBl. 1982 II S. 734). Zu weiteren Grenzregelungen vgl. Schenk, Viermächteverantwortung S. 81 f.

1959 die Grenzen Deutschlands so festgeschrieben werden, "wie sie am 1. Januar 1959 waren". In Art. 12 war weiterhin vorgesehen, daß Deutschland "die Veränderungen und Festlegungen seiner Grenzen, die gemäß den mit den Nachbarstaaten in der Zeit vom Mai 1945 bis zum 1. Januar 1959 abgeschlossenen Abkommen vorgenommen worden sind", bestätigt und anerkennt. Hieraus läßt sich auf eine sowjetische Zustimmung zu den im Westen bis 1959 vorgenommenen Grenzänderungen schließen. Die Sowjetunion hat auch – ebenso wie die DDR, die sich die sowjetischen Friedensvertragsvorschläge am 21. Januar 1959 voll zu eigen machte[122] – seitdem keine Vorbehalte gegen die West-Grenzregelungen geltend gemacht. Daß die Verträge der Bundesrepublik Deutschland mit Belgien und den Niederlanden erst nach dem in dem sowjetischen Friedensvertragsentwurf genannten Zeitpunkt abgeschlossen wurden, ist hier insofern nicht mehr von entscheidender Bedeutung, da beide Verträge die von den Militärgouverneuren 1949/50 vorgenommenen Grenzregelungen entweder bestätigen oder zugunsten der deutschen Seite revidieren. Damit stehen die heutigen Westgrenzen der Bundesrepublik Deutschland nicht mehr im Widerspruch zu den Grundsätzen des Potsdamer Abkommens[123].

2. Ordnungsgemäße Überführung deutscher Bevölkerungsteile

Der Abschnitt XIII des Potsdamer Abkommens, der sich mit der Umsiedlung Deutscher aus Polen, der Tschechoslowakei und Ungarn befaßt, ist zum einen die Konsequenz aus den für eine Friedensvertragsregelung in Aussicht genommenen Gebietsveränderungen im Osten, zum anderen die Reaktion der Konferenzmächte auf die in den genannten Ländern bereits laufenden Ausweisungsaktionen. *"Die drei Regierungen" (der USA, der UdSSR und Großbritanniens) "erkennen an, daß die Überführung der deutschen Bevölkerung oder Bestandteile derselben, die in Polen, Tschechoslowakei und Ungarn zurückgeblieben sind, nach Deutschland durchgeführt werden muß" und "in ordnungsgemäßer und humaner Weise erfolgen soll"*[124].
Die französische Regierung hat mit Schreiben vom 7. August 1945 diese Vereinbarung zur Kenntnis genommen und ausdrücklich erklärt, daß sie

---

122 Erklärung Ulbrichts vor der Volkskammer am 21. Januar 1959 (Neues Deutschland vom 22. Januar 1959).

123 A. A. wohl Giese, Einheit S. 376. Auch die durch Verordnung 212 des französischen Oberkommandos vom 23. April 1949 (Abl. franz. Oberk. Nr. 262 S 1967) erfolgte Beschlagnahme des "Mundat-Waldes" bei Weißenburg wird aufgrund des Notenwechsels zwischen der Bundesrepublik Deutschland und Frankreich 1985 aufgehoben.

124 Abschnitt XIII Abs. 2 Potsdamer Abkommen.

"keine Einwendungen gegen den Grundsatz dieser Umsiedlung" erhebe, sich aber gegenwärtig "zu einer endgültigen, festgelegten Stellungnahme nicht in der Lage" sehe[125]. Dieser Vorbehalt bezog sich jedoch nur auf die praktische Durchführung der Umsiedlung.

Bereits auf den Kriegskonferenzen in Teheran Ende 1943 und auf der Krim im Februar 1945 war die Frage der Aussiedlung deutscher Bevölkerungsteile erörtert worden. Hier war es insbesondere Churchill, der bei der Festlegung neuer Grenzen eine Zwangsumsiedlung für notwendig und erforderlich hielt[126]. Insoweit bestand von vornherein Übereinstimmung zwischen den USA, Großbritannien und der UdSSR. Die Umsiedlung großer deutscher Bevölkerungsteile war für die Alliierten in Jalta im Grunde genommen nur noch ein technisches Problem[127].

Dennoch waren bis zur deutschen Kapitulation keine Vereinbarungen der Alliierten zu dieser Frage getroffen worden. Die Besatzungsmächte wurden rasch von den Realitäten eingeholt: In Polen, der Tschechoslowakei und den durch Polen übernommenen deutschen Ostgebieten wurde nahezu unmittelbar nach Rückzug der deutschen Truppen damit begonnen, die deutsche Bevölkerung auszuweisen, die dann in die Besatzungszonen Deutschlands strömte.

Auf der Potsdamer Konferenz war es Churchill, der nun – im Rahmen der Bemühungen der Westmächte, sich hinsichtlich der Grenzregelungen im Osten für die Zukunft wiederum einen Verhandlungsspielraum zu bewahren[128] – erhebliche Bedenken gegen die Ausweisung von 8 bis 9 Millionen Deutschen geltend machte und befürchtete, Polen könne die großen deutschen Gebietsteile gar nicht verkraften[129]. Auch Truman erhob Einwände gegen die sofortige Entscheidung dieser schwierigen Frage[130]. Insgesamt lassen jedoch die Protokolle der Potsdamer Konferenz deutlich werden, daß es im Kern weniger um die Frage der Zulässigkeit derartiger Maßnahmen, als um die Probleme ihrer praktischen Bewältigung ging[131]. Dementsprechend *erhielt im Potsdamer Abkommen der Kontrollrat den Auftrag,*

125 Deutscher Text in: Europa-Archiv 1954 S. 6747.

126 Churchill, Zweiter Weltkrieg Bd. V S. 9; Ciechanowski, Defeat S. 269; Parliamentary Debates Bd. 406 Spalte 1480 ff.

127 Vgl. Sherwood, Roosevelt S. 582; Meissner, Rußland S. 30; Churchill, Zweiter Weltkrieg Bd. VI S. 49; Byrnes, Offenheit S. 49.

128 Siehe oben 2. Teil VI. 1.1.2.

129 Vgl. Foreign Relations, The Conference of Berlin Bd. II S. 210, 212; Churchill, Zweiter Weltkrieg Bd. VI S. 355 f., 358.

130 Vgl. Foreign Relations, The Conference of Berlin Bd. II S. 208, 212, 215; dazu Byrnes, Offenheit S. 213.

131 Vgl. die Protokolle der Konferenz: Foreign Relations, The Conference of Berlin Bd. II S. 210 ff., 217 ff., 262, 353 f., 356 f., 362, 383 ff., 603, 1012 ff., 1035 f.; deutsch: Sanakojew, Teheran S. 284 ff., 340 ff., 378 f.; Deuerlein, Potsdam S. 241 ff., 252, 265 f., 270, 291, 316 f., 344; siehe auch Deuerlein, Deklamation S. 105 ff.

"das Problem unter besonderer Berücksichtigung der Frage einer gerechten Verteilung dieser Deutschen auf die einzelnen Besatzungszonen" zu prüfen. Zugleich wurden die tschechoslowakische und die polnische Regierung sowie der Alliierte Kontrollrat in Ungarn ersucht, "inzwischen weitere Ausweisungen der deutschen Bevölkerung einzustellen"[132].

Am 20. November 1945 legte der Kontrollrat einen Umsiedlungsplan[133] vor, der die schrittweise Aufnahme von insgesamt 6,65 Millionen ausgewiesener Deutscher aus Polen, der Tschechoslowakei, Österreich und Ungarn in den einzelnen Besatzungszonen bis zum Juli 1946 regelte. Danach sollten in der sowjetischen Zone 2,75 Millionen, in der britischen 1,5 Millionen, in der amerikanischen 1,75 Millionen sowie in der französischen Zone 150 000 Personen untergebracht werden. Diese gewaltige Bevölkerungsverschiebung verlief jedoch keineswegs so planmäßig und auch überwiegend nicht in der gewünschten "ordnungsgemäßen und humanen Weise"[134]. Die Umsiedlungsaktionen zogen sich länger hin, als vorgesehen, und selbst nach Einstellung des Verfahrens nach dem Umsiedlungsplan im Winter 1946/47 hielt der Strom der Vertriebenen an. Verläßliche Gesamtzahlen sind kaum vorhanden, die Angaben divergieren im einzelnen stark[135]. Die offiziellen Daten aus der sowjetischen Besatzungszone geben für diese bis Ende März 1949 die Zahl der "Neubürger" mit 4,4 Millionen an, für die Westzonen wurden bis September 1950 7,8 Millionen registriert[136]. Hierzu ist noch die große Zahl der vor und während des Transportes Umgekommenen zu rechnen.

Für Deutschland – bzw. die Bundesrepublik Deutschland und die DDR – ergibt sich schon aus dem Wortlaut dieses Abschnitts über die "Überführung deutscher Bevölkerungsteile" eindeutig keine Bindungswirkung. Lediglich die Signatarmächte (und später Frankreich) haben die "Notwendigkeit" der Ausweisungen anerkannt und damit gebilligt. Im übrigen sind die Ausweisungen von den staatlichen Organen Polens, Ungarns, der Tschechoslowakei und der Sowjetunion (hinsichtlich des übernommenen Teiles Ostpreußens) als eigene Angelegenheiten durchgeführt worden, nicht jedoch von den Besatzungsmächten als Inhaber der Hoheitsgewalt in Deutschland. Diese regelten allein die Aufnahme und Verteilung innerhalb ihrer Zonen. Mit Abschluß der Umsiedlung – im wesentlichen im Jahr 1947,

132 Abschnitt XIII Abs. 3 und 4 Potsdamer Abkommen.

133 Umsiedlungsplan der Alliierten vom 20. November 1945 (Foreign Relations, The Conference of Berlin S. 65 f.; deutsch: Potsdamer Abkommen, Dokumentensammlung S. 265 ff.).

134 Vgl. beispielsweise die Schilderungen bei Turnwald, Dokumente; Zipfel, Vernichtung; Dokumente der Menschlichkeit; s.a. Faust, Potsdamer Abkommen S. 226 f.; Rupp, Geschichte S. 30 f.; Balfour, Vier-Mächte-Kontrolle S. 138 ff.

135 Vgl. Balfour, a.a.O., S. 185 Anm. 5; Faust, Potsdamer Abkommen S. 227.

136 Vgl. Amerikanischer Hochkommissar, Berichte über Deutschland, Zusammenfassung S. 279; SBZ von A bis Z, Stichwort "Flüchtlinge".

teilweise noch bis 1951 – ist auch dieser Abschnitt des Potsdamer Abkommens gegenstandslos geworden[137].

Ohne im einzelnen auf diese Frage einzugehen, muß aber die völkerrechtliche Zulässigkeit der einseitigen, zwangsweisen Ausweisung derartig großer Bevölkerungsgruppen als Verstoß gegen die Menschenrechte, den Minderheitsschutz und auch das Selbstbestimmungsrecht der Völker verneint werden[138]. Die Verbrechen des nationalsozialistischen Deutschlands gegenüber den Völkern Osteuropas lassen deren Reaktion gegenüber den Deutschen nach dem Kriege verständlich werden, rechtlich legitimieren können sie sie wohl nicht. Auch der zunächst möglicherweise – insbesondere bei den USA und Großbritannien – vorhandene Irrtum über den tatsächlichen Umfang der in den Ostgebieten verbliebenen deutschen Bewohner kann den Abschnitt XIII des Potsdamer Abkommens und die in ihm von den Signatarmächten ausgesprochene Billigung der zwangsweisen Vertreibung (womit sie selbst Verantwortung für diese übernommen haben) nicht rechtfertigen. Selbst wenn es sich nur um 6,5 Millionen – wie auf der Potsdamer Konferenz vermutet wurde[139] – und nicht um die tatsächlich betroffenen ca. 16 Millionen Menschen gehandelt hätte, wären die zwangsweisen Vertreibungsmaßnahmen völkerrechtlich nicht zulässig gewesen[140].

Abgesehen von der generellen Völkerrechtswidrigkeit der Umsiedlungsmaßnahmen, deckt der Wortlaut des Potsdamer Abkommens im übrigen nicht einmal formell die Vertreibung der deutschen Bevölkerung aus den Oder-Neiße-Gebieten und Ostpreußen. In der Bestimmung ist allein von der Ausweisung Deutscher aus Polen, der Tschechoslowakei und Ungarn die Rede. Die Oder-Neiße-Gebiete konnten aber im August 1945 – wie oben nachgewiesen wurde – formell nicht zum polnischen Staatsgebiet gerechnet werden, da Polen diese Gebiete (zumindest bis zum Friedensvertrag) nur verwalten sollte. Selbst wenn man in die Bezeichnung "aus Polen" auch die Ausweisung aus den von Polen verwalteten Gebieten mit einbeziehen würde, fehlte dennoch jede Erstreckung der Regelung auf die Teile Ostpreußens, die der Verwaltung der UdSSR unterliegen sollten[141].

137 Siehe Menzel, Friedensvertrag S. 24; Hacker, Einführung S. 23.

138 Vgl. im einzelnen zum Meinungsstand Faust, Potsdamer Abkommen S. 222.

139 Siehe insbesondere die Beratungen in der 5. Vollsitzung der Potsdamer Konferenz am 21. Juli 1945 (amerikanische Aufzeichnungen in: Deuerlein, Quellen S. 238 ff und Sündermann, Potsdam S. 251 ff; sowjetische Aufzeichnungen in: Sanakojew, Teheran S. 276 ff.).

140 Siehe auch Hacker, Einführung S. 19 f.

141 Siehe Hacker, Einführung S. 19 Anm. 57.

VII. Die Geltung der übrigen Bestimmungen des Potsdamer Abkommens

Abgesehen von den bisher behandelten Regelungskomplexen der Potsdamer Übereinkünfte haben nur zwei weitere Themenbereiche des Abkommens grundsätzliche Relevanz für Nachkriegsdeutschland: Die Ausübung der Regierungsgewalt in Deutschland (Abschnitt III A 1) und die damit verbundene Frage der alliierten Vorbehaltsrechte, sowie der Abschluß eines Friedensvertrages (Abschnitt II 3 (I)).

Die Errichtung des Außenministerrates[1] durch die Potsdamer Konferenz betrifft lediglich die Beziehungen unter den Alliierten selbst. Die Abschnitte VII (Kriegsverbrecher)[2], VIII (Österreich)[3], IXa (Polen)[4], X (Abschluß der Friedensverträge und Zulassung zur Organisation der Vereinten Nationen)[4], XI (territoriale Treuhandschaft), XII (alliierte Kontrollkommissionen in Rumänien, Bulgarien und Ungarn)[5] und XIV (militärische Besprechungen)[6] betreffen entweder Deutschland oder deutsche Interessen nicht oder enthalten lediglich unverbindliche Mitteilungen.

Das gleiche gilt für die nicht in die Mitteilung über die Potsdamer Konferenz aufgenommenen (heute überholten)[7] Abschnitte des Protokolls der Berliner Konferenz der Drei Mächte (Protocol of Proceedings)[8]: XIII (Erdölanlagen in Rumänien)[9], XIV (Iran), XV (internationale Zone von Tanger), XVI (Schwarzmeerengen), XVII (internationale Binnenwasserstraßen)[10],

---

1 Abschnitt II des Potsdamer Abkommens (d.h. der Mitteilung über die Drei-Mächte-Konferenz von Berlin) und – etwas ausführlicher – Abschnitt I des Verhandlungsprotokolls der Konferenz von Potsdam (siehe Anhang).

2 Das Londoner Statut für den internationalen Militärgerichtshof wurde am 8. August 1945 beschlossen. Die Verfahren sind beendet (siehe auch Hacker, Einführung S. 17, 23). Zur Zulässigkeit der Bestrafung von Kriegsverbrechen siehe u.a. Berber, Völkerrecht Bd. II S. 240 ff.; Seidl-Hohenveldern, Völkerrecht Rdnr. 636 ff. Zur Verfolgung deutscher Kriegsverbrechen siehe 2. Teil IV. 2.1.3.

3 Auch diese Bestimmung ist überholt, die Autorität der österreichischen Regierung wurde anerkannt (siehe Menzel, Friedensvertrag S. 23; Hacker, Einführung S. 17).

4 Die Verträge mit den genannten Ländern wurden 1947 geschlossen und diese Staaten (auch Spanien) in die Vereinten Nationen aufgenommen (siehe Hacker, Einführung S. 17).

5 Auch diese Bestimmung ist überholt (siehe auch Menzel, Friedensvertrag S. 24).

6 Hier handelt es sich lediglich um eine Mitteilung ohne rechtlichen Regelungsinhalt.

7 Siehe auch Menzel, Friedensvertrag S. 24.

8 Text im Anhang.

9 Dieser Abschnitt ist in der sowjetischen Veröffentlichung des Protokolls ebensowenig enthalten, wie die Beratung dieses Punktes am 1. August 1945 in der 12. Vollsitzung in den veröffentlichten Niederschriften der sowjetischen Delegation von den Verhandlungen erwähnt wird.

10 Die Internationalisierung von Wasserstraßen war eine Lieblingsidee Präsident Trumans, die

XVIII (Konferenz über den europäischen Binnentransport), XIX (Direktiven an die Militärbefehlshaber beim Alliierten Kontrollrat in Deutschland) und XX (Verwendung alliierten Eigentums als Reparationen oder als Kriegsbeute).

1. Alliierte Regierungsgewalt in Deutschland

Die Ziffer 1 der politischen Grundsätze des Potsdamer Abkommens (Abschnitt III A) nennt die vereinbarten Grundsätze für die Ausübung der – als Kollektivgewalt anzusehenden[11] – Regierungsgewalt der Vier Mächte in Deutschland. Danach *"wird die höchste Regierungsgewalt in Deutschland durch die Oberbefehlshaber der Streitkräfte der Vereinigten Staaten von Amerika, des Vereinigten Königreichs, der Union der Sozialistischen Sowjetrepubliken und der Französischen Republik nach den Weisungen ihrer entsprechenden Regierungen ausgeübt, und zwar von jedem in seiner Besatzungszone, sowie gemeinsam in ihrer Eigenschaft als Mitglieder des Kontrollrates in den Deutschland als Ganzes betreffenden Fragen"*. Dies ist die ausdrückliche Bestätigung des bereits früher zwischen den vier Besatzungsmächten im Abkommen über das Kontrollsystem vom 14. November 1944[12] sowie in der Feststellung der Vier Mächte über das Kontrollverfahren in Deutschland vom 5. Juni 1945[13] vereinbarten "Verfahrens der alliierten Kontrolle in Deutschland während der Zeit, in der Deutschland die grundlegenden Forderungen der bedingungslosen Kapitulation erfüllt".

Struktur und Entwicklung dieser alliierten Regierung in Deutschland[14] bedürfen hier keiner näheren Erörterung, da diese heute im wesentlichen keine Relevanz mehr besitzen. Die Ausübung der Regierungsgewalt durch die Vier Mächte war – selbst wenn man sie nicht als Ausübung souveräner Staatsgewalt eines nach dem Untergang des Deutschen Reiches entstande-

gut in sein weltweites Freihandelskonzept paßte. Nach seinen Vorschlägen auf der Potsdamer Konferenz sollte in Deutschland "für den Anfang" erst einmal der Nord-Ostseekanal sowie Rhein und Donau internationalisiert werden. Churchill unterstützte diese Pläne, während Stalin dafür nicht zu begeistern war. Die Potsdamer Konferenz kam insoweit zu keinen Festlegungen, die Frage wurde vertagt (vgl. die Konferenzprotokolle bei: Deuerlein, Potsdam S. 321, 335 ff. (amerikanisches Protokoll); Sanakojew, Teheran S. 383 f., 399 ff. (sowjetisches Protokoll); sowie Mee, Teilung s. 186).

11 Vgl. Abendroth, Potsdamer Abkommen S. 4948; Stödter, Rechtslage S. 200 ff.; s.a. oben 1. Teil III. 1.2.

12 Abgedruckt u.a. bei Deuerlein, Einheit S. 227 f. (Art. 1).

13 Amtsblatt, Kontrollrat, Ergänzungsblatt Nr. 1 (1946) S. 10.

14 Siehe dazu detailliert Virally, Verwaltung und auch Faust, Potsdamer Abkommen S. 102.

nen neuen Völkerrechtssubjekts Deutschland betrachtet[15] – völkerrechtlich zulässig, da auch in einem aus der Sicht der Kontinuitätslehre fortbestehenden Deutschen Reich die Alliierten als Besatzungsmächte nach dem insoweit analog anwendbaren Art. 43 HLKO die gesetzmäßge Gewalt ausüben konnten[16].

Die von den Alliierten in Anspruch genommene Regierungsgewalt ist durch Übertragung von Souveränitätsrechten auf deutsche Organe in den 40er und 50er Jahren zunehmend reduziert worden[17]. Dies geschah für die westlichen Zonen insbesondere durch das Besatzungsstatut vom 10. April 1949[18], den Deutschlandvertrag vom 26. Mai 1952[19] und dessen Neufassung vom 24. Oktober 1954[20] sowie die späteren diesbezüglichen Änderungen[21]. Die wesentlichen entsprechenden Regelungen für die sowjetische Zone waren die Vereinbarung über die Übertragung von Verwaltungsfunktionen vom 10. Oktober 1949[22], die Erklärung der UdSSR über die Beziehungen zur DDR vom 25. März 1954[23], der Beschluß der Sowjetunion über die Aufhebung der sowjetischen Militäradministration und der sowjetischen Kontrollkommission in Deutschland vom 6. August 1954[24], der Beschluß der UdSSR über die Auflösung der Hohen Kommission in Deutschland vom 20. September 1955[25] und insbesondere der Vertrag über die Beziehungen zwischen der DDR und der UdSSR vom 20. September 1955[26].

---

15 Siehe oben 1. Teil III. 1.2.1.

16 Siehe oben 1. Teil III. 4.

17 Zur rechtlichen Problematik vgl. Schenk, Viermächteverantwortung S. 60 ff. mwN.

18 Amtsblatt, Alliierte Hohe Kommission 1949 S. 13 ff. (s.a. Europa-Archiv 1949 S. 2074).

19 United Nations Treaty Series Bd. I Nr. 4759, Bd. 331 Nr. 327; siehe auch die entsprechenden Zusatzverträge (Finanzvertrag, Truppenvertrag, Überleitungsvertrag).

20 BGBl. 1955 II S. 305.

21 Siehe das Abkommen über das Außerkrafttreten des Truppenvertrages, des Finanzvertrages und des Steuerabkommens vom 3. August 1959 (BGBl. 1961 II S. 1352), das Protokoll über die Beendigung des Besatzungsregimes vom 23. Oktober 1954 (BGBl. 1955 II S. 215), die Proklamation betreffend die Aufhebung des Besatzungsstatutes und die Auflösung der Alliierten Hohen Kommission vom 5. Mai 1955 (Amtsblatt, Alliierte Hohe Kommission S. 3272) und die Bekanntmachung der Ablösung der alliierten Vorbehaltsrechte gemäß Art. 5 Abs. 2 des Deutschlandvertrages vom 18. Juni 1968 (BGBl. I S. 714).

22 Text in: Beziehungen DDR–UdSSR Bd. I S. 95 ff.

23 Text in: Europa-Archiv 1954 S. 6534; Beziehungen DDR–UdSSR Bd. II S. 639 ff.

24 Text in: Beziehungen DDR–UdSSR Bd. II S. 1001.

25 Europa-Archiv 1955 S. 8317 f.

26 Text: a.a.O., S. 992 ff.

1.1 Alliierte Vorbehaltsrechte

Durch den Deutschlandvertrag mit der Bundesrepublik Deutschland und durch den Vertrag über die Beziehungen zwischen der DDR und der UdSSR sollte zwar zweifellos das Besatzungsregime für das Gebiet der Bundesrepublik Deutschland und der DDR (nicht aber für Berlin) beendet werden[27], doch die Westmächte und die Sowjetunion behielten sich die Ausübung der obersten Gewalt in "Deutschland als Ganzes" betreffenden Fragen weiterhin vor[28]. Da alle Signatarstaaten des Potsdamer Abkommens und auch Frankreich diese Vorbehaltsrechte – bei zunächst schwankender Haltung der Sowjetunion in den 60er Jahren – im Grunde nach wie vor nicht aufgegeben haben[29], besteht insoweit – unabhängig von der Beantwortung der Frage, ob die Bundesrepublik und die DDR souveräne Staaten geworden sind[30] – ein Rest oberster Regierungsgewalt der Alliierten in Deutschland fort[31]. Deutlich bringt dies eine britische Stellungnahme vom 15. Juli 1974 zum Ausdruck, wo es heißt: "Trotz des Auszugs der UdSSR oder ihrer Vertreter aus dem Kontrollrat … oder trotz der Änderung in der Stellung der Vier Mächte, die jeweils mit der Wahrnehmung von Deutschland betreffenden Aufgaben betraut waren, oder trotz aller Einschränkungen der Aufgaben der Vier Mächte in Deutschland oder Berlin konnten und können gewisse Dinge, für welche die Vier Mächte zuständig blieben, nur auf der Grundlage der Vier-Mächte-Kontrolle und nicht der Einzelkontrolle erledigt werden"[32].

---

27 Siehe Kimminich, Souveränität S. 80; s.a. Giese, Einheit S. 291 ff., 315.

28 Art. 2 Deutschlandvertrag 1954; Art. 1 Nr. 2 Abs. 1 und Nr. 3 Abs. 2 des Vertrages über die Beziehung der DDR und der UdSSR von 1955. Zu den von den einzelnen Besatzungsmächten gegenüber der Bundesrepublik bzw. der DDR ausdrücklich geltend gemachten Vorbehaltsrechten vgl.: Schenk, Viermächteverantwortung S. 73 ff., 90 ff.; Hacker, Potsdamer Abkommen S. 69 ff.; Giese, Einheit S. 315 ff.

29 Bezugnahmen auf die Viermächteverantwortung erfolgten in jüngerer Zeit in der Erklärung der Vier Mächte zum UN-Beitritt der Bundesrepublik und der DDR vom 9. November 1972 (Bulletin Nr. 157 vom 11. November 1972); indirekt in Art. 10 des Freundschaftsvertrages der DDR mit der UdSSR vom 7. Oktober 1975 (GBl.-DDR 1975 II S. 238) und in der Erklärung der Westmächte zu diesem Vertrag vom 14. Oktober 1975 (Bulletin Nr. 124 vom 21. Oktober 1975); siehe dazu ausführlich Hacker, Einführung S. 28 ff. Vgl. auch Schenk, Vier-Mächte-Verantwortung S. 90 ff., 107, 132, 146 f., 162.

30 Dazu Kimminich, Souveränität; Giese, Einheit S. 283 ff.

31 Siehe für viele Giese, Einheit S. 315; Kimminich, Ostverträge S. 43; Hacker, Einführung S. 29 ff.; Schenk, Viermächteverantwortung S. 63 ff. mwN.

32 Nr. 20 der britischen Stellungnahme vom 15. Juli 1974 (Blumenwitz, Feindstaatenklausel S. 51).

1.2 Deutschland als Ganzes betreffende Angelegenheiten

Mit der Regelung der "gemeinsamen" Ausübung der höchsten Regierungsgewalt in Deutschland durch die Oberbefehlshaber "in ihrer Eigenschaft als Mitglieder des Kontrollrates in den Deutschland als Ganzes betreffenden Fragen"[33] bestätigen die Beschlüsse der Potsdamer Konferenz die im Abkommen über das Kontrollverfahren vom 14. November 1944[34] eingegangene Verpflichtung, "Deutschland als Ganzes" betreffende Angelegenheiten nur gemeinsam und einvernehmlich zu entscheiden. Auch Frankreich hat sich durch ausdrückliche Erklärung an diese Verfahrensweise gebunden[35].

Solange das Potsdamer Abkommen für die Vier Mächte Gültigkeit besitzt, sind diese folglich verpflichtet, in Deutschland als Ganzes betreffenden Fragen nur gemeinsam und übereinstimmend Regelungen vorzunehmen. Jeder Versuch, ohne Einvernehmen mit den anderen Mächten Maßnahmen zu treffen, widerspricht dieser "Konsensklausel". Da das Potsdamer Abkommen bisher nicht außer Kraft gesetzt worden ist und damit diese Vereinbarung über die Zulässigkeit aller von den Vier Mächten in bezug auf Deutschland getroffenen und noch zu treffenden Regelungen mit entscheidet, kommt der Inhaltsbestimmung des Begriffes der "Deutschland als Ganzes betreffenden Fragen" bis heute Bedeutung zu. Er umschreibt die allseits beschworene Vier-Mächte-Verantwortung für Deutschland[36] sowie die daraus abgeleiteten Vorbehaltsrechte der Alliieren. Regelungsfähige (und regelungsbedürftige) Fragen in diesem Sinne liegen heute allerdings nur noch insoweit vor, wie diesem Bereich zuzuordnende Angelegenheiten nicht breits übereinstimmend geregelt worden sind. Auch die Aufhebung des Rechts und der Verpflichtung zur gemeinsamen Regelung Deutschland als Ganzes betreffender Fragen bedarf des Konsens aller Vier Mächte, die sich nicht einseitig der vertraglichen Bindung entziehen können.

Der gesamte Umfang der zu den "Deutschland als Ganzes betreffenden Angelegenheiten" zu rechnenden Materien ist jedoch schwer zu ermitteln, da er von den Vier Mächten selbst nie umrissen wurde. Die Tätigkeit des Kontrollrates kann hierfür auch nur gewisse Anhaltspunkte bieten, da der

33 Abschnitt III A1 Potsdamer Abkommen.

34 Fundstelle siehe Anm. 13.

35 U.a. durch das Abkommen mit den Signatarstaaten des Potsdamer Abkommens über die Änderung des Abkommens über das Kontrollverfahren vom Mai 1945, die Feststellung der Vier Mächte über das Kontrollverfahren in Deutschland vom 5. Juli 1945 sowie durch die Zustimmung Frankreichs zum Potsdamer Abkommen (vgl. das Schreiben des Außenministers der Provisorischen Regierung der Französischen Republik an die Botschafter der Vereinigten Staaten, des Vereinigten Königreiches und der Sowjetunion vom 7. August 1945, deutscher Text: Europa-Archiv 1954 S. 6744).

36 Vgl. Rabl, Selbstbestimmungsrecht S. 694 ff.; Schenk, Viermächteverantwortung S. 35 ff.

Kontrollrat – unter Einschränkung der ansonsten von den einzelnen Mächten in ihren Zonen ausgeübten Hoheitsgewalt[37] – jede Frage einheitlich für alle Zonen regeln konnte, ohne daß es sich dabei von vornherein um eine Angelegemheit handeln mußte, die nur gemeinsam geregelt werden durfte. Auch kann die Nicht-Regelung durch den Kontrollrat (mangels einer Einigung der Vier Mächte) nicht Indiz dafür sein, daß es sich um keine "Deutschland als Ganzes" betreffende Frage handelt[38].

Der Begriff "Deutschland" ist bereits definiert worden[39]: Unter ihm verstanden die Alliierten das Gebiet, das durch die Grenzen des Deutschen Reiches am 31. Dezember 1937 umschrieben ist. Zu den "Deutschland als Ganzes betreffenden Fragen" sind zunächst einmal Angelegenheiten zu rechnen, für die die Alliierten selbst im Potsdamer Abkommen oder in vorhergehenden und nachfolgenden Vereinbarungen eine gesamthänderische Zuständigkeit festgelegt haben. Hierzu gehören nach der "Erklärung in Anbetracht der Niederlage Deutschlands" vom 5. Juni 1945 die Festlegung der "Grenzen Deutschlands oder irgend eines Teiles Deutschlands" sowie die "rechtliche Stellung Deutschlands oder irgend eines Gebietes, das gegenwärtig einen Teil deutschen Gebietes bildet"[40]. Umfaßt sind davon also jegliche Grenzregelungen und Gebietsabtrennungen von Teilen Deutschlands sowie die Teilung Deutschlands und die Bildung mehrerer Staaten auf deutschem Boden[41]. Dementsprechend ist dann auch – selbst bei nicht übereinstimmend vorgenommener Teilung – die Wiedervereinigung an eine gemeinschaftliche Regelung gebunden[42], wenn nicht insoweit zuvor die Vier-Mächte-Verantwortung einvernehmlich aufgehoben worden ist. Zu dem Bereich gehören nach dem Potsdamer Abkommen weiterhin die Vorbereitung und der Abschluß einer friedensvertraglichen Regelung mit Deutschland[43]. Als "Deutschland als Ganzes" betreffende Fragen sind darüber hinaus solche Angelegenheiten anzusehen, die ein ehemaliges oder zukünftiges (gesamt)deutsches Völkerrechtssubjekt betreffen: Etwa die Bildung einer gesamtdeutschen Regierung[44], die völkerrechtliche Vertretung Gesamtdeutschlands nach außen[45] oder auch die Materie einer einheitlichen

---

37 Siehe dazu u.a. Schenk, Viermächteverantwortung S. 31 ff., 37 ff., 39 ff. mwN.

38 Vgl. dazu Schenk, a.a.O., S. 36 ff.

39 Siehe oben 1: Teil III 1.1.3 am Ende.

40 Abs. 6 des Vorspruchs der Erklärung in Anbetracht der Niederlage Deutschlands vom 5. Juni 1945.

41 Vgl. dazu Mann, Deutschlands Rechtslage S. 621; Menzel, Verfassungswidrigkeit S. 370; Arndt, Staat S. 26, 28; Blumenwitz, Friedensvertrag S. 103, 105 ff.

42 Kimminich, Souveränität S. 98.

43 Abschnitt II 3 (I) Potsdamer Abkommen; vgl. auch Schenk, Viermächteverantwortung S. 37.

44 Vgl. Bücking, Grundlagen S. 264; s.a. Schenk, Viermächteverantwortung S. 66.

45 Vgl. dazu Mann, Deutschlands Rechtslage S. 586; Virally, Internationale Verwaltung S. 71.

Staatsangehörigkeit. Auch die Regelung wirtschaftlicher Grundsatzfragen (die ganz Deutschland betreffen) – wie etwa eine einheitliche Währung – sind hierzu zu zählen[46].

Davon gingen im Prinzip auch alle Vier Mächte bei der Durchführung der Währungsreform in den Westzonen im Juni 1948 aus[47]. Die Westmächte hielten sich zu einer separaten Regelung für berechtigt, weil keine Einigung mit der Sowjetunion erzielt werden konnte[48].

Nicht zuletzt sind zu den "Deutschland als Ganzes betreffenden Angelegenheiten" aber auch die "zum künftigen Frieden und zur künftigen Sicherheit" erforderlichen Maßnahmen zu rechnen, wie insbesondere "Abrüstung und Entmilitarisierung Deutschlands"[49], wie sie im Potsdamer Abkommen definiert sind. Überhaupt umschreiben die Deutschland betreffenden Übereinkünfte des Potsdamer Abkommens das, was die drei (bzw. vier) Mächte im Hinblick auf die Verwaltung und die Entwicklung Deutschlands für wesentlich hielten. Damit sind die Grundsätze des Potsdamer Abkommens – einschließlich der Demokratisierung Deutschlands – als "Deutschland als Ganzes" betreffende Angelegenheiten anzusehen. Die Verantwortlichkeit für die Einhaltung diesbezüglicher Regelungen sowie die Unzulässigkeit einer einseitigen Abweichung von ihnen ergibt sich hier bereits unmittelbar aus der Bindungswirkung des Potsdamer Abkommens als völkerrechtlicher Vertrag.

Zu den heute von den Vier Mächten praktisch noch gemeinsam ausgeübten Zuständigkeiten gehören die Arbeit der Berliner Flugsicherungszentrale[50], die Verwaltung und Beaufsichtigung des alliierten Gefängnisses in Spandau[51] sowie der weitere Vollzug der Urteilssprüche des Nürnberger Militärgerichtshofes einschließlich der Herabsetzung von Strafen und die Begnadigung von Verurteilten[52]. Ebenso sind die westalliierten Militärmissionen in Potsdam und die sowjetische Militärmission in Bünde, Frankfurt und Baden-Baden, die aufgrund des Londoner Abkommens vom 14. November 1944 über das Kontrollsystem in Deutschland errichtet wurden, fortbestehender Ausdruck der Vier-Mächte-Verantwortung für Deutschland als Ganzes[53].

46 Dies ergibt sich bereits aus Abschnitt III B 14 des Potsdamer Abkommens selbst.

47 Vgl. das Schreiben des britischen an den sowjetischen Militärgouverneur vom 18. Juni 1948 sowie das Schreiben des sowjetischen Militärgouverneurs an Clay vom 22. Juni 1948 (deutscher Text in: Dokumente zur Berlinfrage S. 67, 69 f.).

48 Siehe dazu Schenk, Viermächteverantwortung S. 52.

49 Art. 13a der Erklärung in Anbetracht der Niederlage Deutschlands vom 5. Juni 1945.

50 Sie wurden begründet durch die Flugvorschriften für die Flugzeuge, die die Luftkorridore in Deutschland und die Kontrollzone Berlin beflogen, vom 22. Oktober 1946 (Text: Dokumente zur Berlinfrage S. 48 ff.).

51 Nr. 18 der britischen Stellungnahme vom 15. Juli 1974 sowie Nr. 9 der britischen Stellungnahme vom 13. Dezember 1974 (zitiert nach: Schenk, Viermächteverantwortung S. 64 Anm. 79).

52 Nr. 18 der britischen Stellungnahme vom 15. Juli 1974 (a.a.O.).

53 Vgl. Rumpf, Land S. 23 f.; Schenk, Viermächteverantwortung S. 71 f.

1.3 Fortbestand des Kontrollrates?

Eine weitere Frage ist es, ob die Institution des Alliierten Kontrollrates[54] de jure noch existiert, obwohl er faktisch seit dem 20. März 1948 nicht mehr arbeitet[55].

Nachdem der Kontrollrat 1945/46 durchaus eine maßgebliche Funktion bei der Koordinierung der Vier-Mächte-Verwaltung Deutschlands besaß und in weiten Bereichen wichtige Grundlagen für die Entwicklung Deutschlands entsprechend den im Potsdamer Abkommen manifestierten Vorstellungen der Alliierten schuf[56], hatte der zunehmende Gegensatz von Interessen und Auffassungen unter den Vier Mächten — insbesondere zwischen den Westmächten und der Sowjetunion — zur Folge, daß die vom Kontrollrat geregelten Angelegenheiten ständig abnahmen und sich schließlich auf Null reduzierten. Die Westzonen und die sowjetisch besetzte Zone entwickelten sich dementsprechend am Kontrollrat vorbei zu eigenständigen, autonom organisierten Systemen[57]. Im Alleingang leiteten die drei Westmächte zusammen mit den Beneluxstaaten auf der Londoner Konferenz vom 23. Februar bis 2. Juni 1948 die Bildung eines westdeutschen Staatsgebildes ein[58]. Darin sah die Sowjetunion (zu Recht) ein Unterlaufen des vereinbarten Kontrollmechanismus in Deutschland. Als weitere Reaktion behauptete ihr Vertreter im Kontrollrat am 20. März 1948, daß dieser als Organ der obersten Gewalt in Deutschland von den westlichen Delegationen zerstört worden sei und faktisch nicht mehr bestehe[59].

Formell ist jedoch der Kontrollrat als oberste deutsche Regierungsbehörde[60] nach seiner Vertagung am 20. März 1948 niemals aufgelöst worden[61]. Die Funktionsunfähigkeit des Kontrollrates bedeutete nicht automatisch seinen rechtlichen Untergang[62]. Er war durch die kollektive Entscheidung der

---

54 Zu Aufbau, Funktion und Bedeutung des Kontrollrates sowie der Vier-Mächte-Verwaltung vgl. insbesondere Schenk, Viermächteverantwortung S. 29-42; Virally, Internationale Verwaltung; Faust, Potsdamer Abkommen S. 104-116; Thies, Militärverwaltung S. 29 ff., 37 f.

55 Dazu u.a. Balfour, Vier-Mächte-Kontrolle; Faust, Potsdamer Abkommen S. 104 ff.; Meissner, Vereinbarung S. 53.

56 Vgl. auch Rupp, Geschichte S. 42.

57 Virally, Internationale Verwaltung S. 111.

58 Vgl. die Darstellung bei Kimminich, Souveränität S. 52 ff.; Rumpf, Land ohne Souveränität S. 75 f.

59 Vgl. die Erklärung des sowjetischen Marschalls Sokolowski vom 20. März 1948 (deutscher Text in: Dokumente zur Berlinfrage S. 63).

60 Dazu Faust, Potsdamer Abkommen S. 108 mwN.; s.a. die sowjetische Note vom 9. April 1952 (Amerikanischer Hochkommissar, Berichte über Deutschland, Zusammenfassung S. 223).

61 Siehe auch Kimminich, Souveränität S. 53.

62 Siehe Schenk, Viermächteverantwortung S. 55.

Vier Mächte geschaffen worden und konnte folglich im Prinzip auch nur durch übereinstimmenden Beschluß aller Vier Mächte aufgehoben werden[63]. Nachdem zunächst – insbesondere auch von der Sowjetunion[64] – die Wiederbelebung des Kontrollrates vorgeschlagen worden war, lehnten im Jahre 1952 dann sowohl die Westmächte als auch die UdSSR in einem Notenwechsel die Rückkehr zum Kontrollratssystem ab[65]. Seitdem ist von keiner Seite die Wiederherstellung des Kontrollrates gefordert worden. Daraus kann insgesamt auf eine stillschweigende, vollständige Auflösung des Kontrollrates geschlossen werden. Die Vereinbarungen, die das Organ Kontrollrat betreffen, sind damit als aufgehoben oder zumindest obsolet zu betrachten[66]. Seine Funktionen fielen an die Regierungen der Vier Mächte zurück.

2. Anspruch auf Abschluß eines Friedensvertrages?

Das Potsdamer Abkommen erwähnt an drei Stellen eine friedensvertragliche Regelung mit Deutschland. Zum einen soll *der Rat der Außenminister "zur Vorbereitung einer friedlichen Regelung für Deutschland benutzt werden, damit das entsprechende Dokument durch die für diesen Zweck geeignete Regierung Deutschlands angenommen werden kann, nachdem eine solche Regierung gebildet sein wird*[67]. Zum anderen *wird "die endgültige Festlegung"* der Ostgrenze Deutschlands – und damit die deutschen Gebietsabtretungen an Polen und die Sowjetunion – *der "Friedensregelung" vorbehalten* bzw. *"bis zu der Friedenskonferenz zurückgestellt"*. Weiterhin verpflichten sich der Präsident der USA und der britische Premierminister, die Abtretung eines Teiles Ostpreußens an die Sowjetunion *"bei der bevorstehenden Friedensregelung"* zu unterstützen[68].

63 Allgemein hierzu Giese, Einheit S. 151 f.

64 So der Vorschlag des sowjetischen Außenministers auf der Außenministerkonferenz in Paris vom 23. Mai bis 20. Juni 1949 (U.S.-Department of State, Germany S. 69).

65 Siehe die sowjetische Note vom 10. März 1952 (Amerikanischer Hochkommissar, Bericht über Deutschland Nr. 10 S. 107); Note der Westmächte vom 10. Juli 1952 (Europa-Archiv 1952 S. 5093 ff.); sowjetische Note vom 23. August 1952 (Jaenicke, Kontrollratsgesetzgebung S. 44 f. Anm. 75); Note der Westmächte vom 23. September 1952 (Europa-Archiv 1952 S. 5207 ff.).

66 Vgl. Schenk, Viermächteverantwortung S. 56 mwN.; wohl auch Faust, Potsdamer Abkommen S. 115; a. A. – allerdings in den Jahren 1950-1952: Laun, Legal Status S. 271; Dernedde, Justiz S. 27; v.d. Heydte, Deutschlands Rechtslage S. 330 Anm. 9; Heize, Völkerrechtsprobleme S. 4717.

67 Abschnitt II 3 (I) Potsdamer Abkommen.

68 Abschnitt VI und IXb Potsdamer Abkommen.

Daraus ergibt sich, daß die Signatarstaaten des Potsdamer Abkommens auf der Konferenz vom Abschluß eines Friedensvertrages mit Deutschland ausgegangen sind, bestimmte Fragen ausdrücklich einer friedensvertraglichen Regelung vorbehalten haben und mit der Beauftragung des Rates der Außenminister mit dessen Vorbereitung sowie durch die Formulierung von der "bevorstehenden Friedensregelung" zum Ausdruck bringen wollten, daß dieser Vertragsabschluß in absehbarer Zeit erfolgen sollte. Tatsächlich hat es bis 1960 an (erfolglosen) Bemühungen – sowohl von seiten der einzelnen Alliierten wie der Bundesrepublik Deutschland und der DDR – um den Abschluß eines Friedensvertrages nicht gefehlt. Schon die Außenministerkonferenzen der Vier Mächte befaßten sich in den 40er Jahren mehrfach mit dieser Frage. Wesentlicher Streitpunkt war dabei vor allem, welche Anforderungen an die "geeignete" Regierung Deutschlands zu stellen seien und wie sie gebildet werden sollte.

Aus den genannten Bestimmungen des Potsdamer Abkommens ist immer wieder – von den Vier Mächten ebenso wie von der Bundesrepublik Deutschland und der DDR – ein Anspruch auf Abschluß eines Friedensvertrages hergeleitet worden[69]. Auch aus der Unterzeichnung der Friedensverträge mit Italien, Ungarn, Bulgarien, Rumänien, Finnland und Österreich in den Jahren 1947 und 1955 kann nicht nur entnommen werden, von welchen Zeitvorstellungen die Vier Mächte für die vertragliche Friedensregelung in Europa ausgingen, auch hieraus kann der Anspruch eines Friedensvertrags für Deutschland abgeleitet werden. Eine derart krasse Ungleichbehandlung der ehemaligen europäischen Kriegsgegner der Alliierten – von denen allein Deutschland nach 40 Jahren nach Beendigung der Kampfhandlungen keine friedensvertragliche Regelung besitzt – läßt sich nicht rechtfertigen[70].

Viele der 1945 noch zur Regelung anstehenden Materien sind sicherlich mittlerweile entweder überholt oder bereits einvernehmlich geregelt worden. Auch erfüllt das Potsdamer Abkommen in der hier vorgenommenen Auslegung in weiten Teilen die Funktion eines Friedensvertrages, wie ihn die Vier Mächte mit einer deutschen Regierung in den 40er oder 50er Jahren abgeschlossen hätten. Dies läßt sich aus zahlreichen Parallelen zwischen dem Potsdamer Abkommen einerseits und den Friedensverträgen mit den anderen Kriegsgegnern der Alliierten bzw. den diversen Friedensvertragsentwürfen für Deutschland andererseits entnehmen. Dennoch bleiben – solange von seiten der Vier Mächte noch Vorbehaltsrechte über Deutschland geltend gemacht werden – Bereiche übrig, die der Regelung bedürfen. Dazu ist jedoch heute nicht unbedingt ein formeller Friedensvertrag notwendig, der sowieso mittlerweile ein historischer Anachronismus wäre. Da es "die" deutsche Regierung als Vertragskontrahent der Siegerstaaten nicht

---

69 Vgl. dazu Faust, Potsdamer Abkommen S. 355-369.

70 Dazu ausführlich Giese, Einheit S. 137 f.

gibt und in absehbarer Zeit kaum geben wird, und die Alliierten sich in Potsdam auch gar nicht auf den Bestand eines gesamtdeutschen Staates mit einer entsprechenden Regierung festgelegt haben[71], müssen die Aussagen des Potsdamer Abkommens zum Friedensvertrag entsprechend ihrem Sinn und ihrer eigentlichen Zielrichtung interpretiert werden: Die Vier Mächte[72] wollten sich verpflichten, gemeinsam vertragliche Abmachungen über die sich aus der Niederlage des nationalsozialistischen Deutschland 1945 ergebenden Fragen mit dem oder den deutschen Völkerrechtssubjekten zu treffen, das oder die in dem 1945 auf der Konferenz mit "Deutschland" bezeichneten Gebiete bestehen. Dies sind gegenwärtig die Bundesrepublik Deutschland und die Deutsche Demokratische Republik.

Damit haben nach der hier vertretenen Ansicht sowohl die Vier Mächte wie auch die Bundesrepublik Deutschland und die DDR einen Anspruch auf einvernehmliche Regegung der im Hinblick auf "Deutschland" (im Sinne des Potsdamer Abkommens verstanden als Gebietsumschreibung) offenen Fragen. Der einseitige Abschluß von Verträgen, die Deutschland als Ganzes betreffende Angelegenheiten regeln, zwischen einzelnen Signatarstaaten des Potsdamer Abkommens (und Frankreich) mit einem der beiden deutschen Staaten würde – wie der von der Sowjetunion Anfang der 60er Jahre angedrohte separate Friedensvertrag mit der DDR[73] – gegen die Verpflichtung des Potsdamer Abkommens zu gemeinschaftlicher Regelung deutscher Fragen verstoßen.

---

71 Siehe oben 2. Teil III 3.2.

72 Frankreich hat bei der Zustimmung zum Potsdamer Abkommen keine Vorbehalte gegen friedensvertragliche Regelungen erhoben.

73 Vgl. die Nachweise bei Hacker, Potsdamer Abkommen S. 91 ff.

Dritter Teil

Konsequenzen

3. Teil   Konsequenzen

Gliederung

I. Thesen zu Geltung und Inhalt des
Potsdamer Abkommens und dessen Bedeutung für Deutschland

Grundlegende außenpolitische Interessen

1. Die Vier Hauptsiegermächte des Zweiten Weltkrieges (die Vereinigten Staaten von Amerika, die Sowjetunion, Großbritannien und Frankreich) waren 1945 – wenn auch aus unterschiedlichen Motiven –, daran interessiert, gemeinsame Festlegungen im Hinblick auf das zukünftige Schicksal Deutschlands und die europäische Friedensordnung zu treffen. Für die Sowjetunion und Frankreich standen hierbei Sicherheitsinteressen sowie das Bedürfnis nach Entschädigung der durch die deutsche Aggression verursachten materiellen Schäden im Vordergrund. Es sollten Bedingungen geschaffen werden, die eine zukünftige Bedrohung Europas durch Deutschland unmöglich werden ließen. Großbritannien ging es darüber hinaus vor allem um die Schaffung einer europäischen Gleichgewichtsordnung, die eine deutsche oder eine sowjetische Vormachtstellung in Europa ausschloß und Großbritannien eine Führungsrolle sicherte. Die noch von Roosevelt beeinflußte amerikanische Außenpolitik war vorrangig auf die Absicherung einer globalen Friedensordnung mit einer Organisation der Vereinten Nationen ausgerichtet, die den amerikanischen Wirtschaftsinteressen durch ein weltweites Freihandelssystem Rechnung trug. Deutschland war damit weitgehend nur das Objekt, auf dessen Kosten die für die Verwirklichung des globalen Konzepts der Amerikaner notwendige Annäherung und Einigung der Großmächte herbeigeführt werden sollte[1].

Bedeutung der Potsdamer Konferenz

2. Ergebnis der Konferenz von Potsdam (17. Juli bis 2. August 1945), an der Großbritannien, die Sowjetunion und die Vereinigten Staaten von Amerika – vertreten durch ihre Regierungschefs – teilnahmen, war die (für Jahrzehnte letzte) Festlegung einer von allen Beteiligten als akzeptabel angesehenen Plattform für zukünftiges gemeinsames Vorgehen in Deutschland und Europa. Die getroffenen Abmachungen bildeten einen Kompromiß divergierender Interessen. Wesentliche Problembereiche, die nicht konsensfähig waren, wurden ausgespart, so daß jeder Konferenzmacht Spielraum für die Verfolgung eigener Ziele verblieb.

Die Nichtbeteiligung Frankreichs an der Konferenz in Potsdam sowie insbesondere die seit 1947 verstärkt auf Zurückdrängung sowjetischen Einflusses in Europa gerichtete Politik der Vereinigten Staaten trugen erheblich da-

---

1   Siehe oben Prolog.

zu bei, daß der Versuch einer gemeinsamen Gestaltung der Zukunft Deutschlands durch die Alliierten (für den das Potsdamer Abkommen den Grundstein legte und den Rahmen absteckte) mißlang. Dennoch erfolgten 1945 in Potsdam entscheidende Weichenstellungen für die deutsche Nachkriegsentwicklung, die bis heute ihre Wirkung nicht verloren haben.

Begriff und Gegenstand des Potsdamer Abkommens

3. Die Ergebnisse der Potsdamer Konferenz wurden in der "Mitteilung über die Drei-Mächte-Konferenz von Berlin" vom 2. August 1945 zusammengefaßt und im Amtsblatt des Kontrollrates für Deutschland veröffentlicht. Das gleichzeitig angenommene, aber erst später veröffentlichte "Verhandlungsprotokoll" (Protocol of Proceedings) stimmt in großen Teilen wörtlich mit der "Mitteilung" überein, enthält aber einige zusätzliche Abschnitte und ist stellenweise ausführlicher gefaßt. Die so dokumentierten Beschlüsse der Potsdamer Konferenz werden gewöhnlich (so auch hier) als "Potsdamer Abkommen" bezeichnet, obwohl dieser Begriff von den Signatarstaaten nicht verwandt wurde[2].

4. Neben einigen unverbindlichen Absichtserklärungen enthält das Abkommen Beschlüsse über die Errichtung eines Rates der Außenminister zur Vorbereitung der Friedensverträge, politische und wirtschaftliche Grundsätze für die Behandlung Deutschlands sowie Vereinbarungen über deutsche Reparationen, zukünftige Grenzregelungen im Osten und die Umsiedlung deutscher Bevölkerungsteile sowie Übereinkünfte, die das gemeinsame Vorgehen der Alliierten in anderen Ländern betreffen[3].

5. Das Potsdamer Abkommen bildet nur eine – wenn auch die wesentlichste – der von den drei Kriegsalliierten über das Vorgehen in Deutschland getroffenen Vereinbarungen. Es darf daher nicht isoliert betrachtet werden, sondern muß im Zusammenhang mit den anderen Abmachungen der Siegermächte interpretiert werden[4].

Rechtsnatur, Bindung der Alliierten

6. Unabhängig von der offiziellen Bezeichnung als "Mitteilung" bzw. als "Protokoll" handelt es sich bei den Beschlüssen der Potsdamer Konferenz um einen völkerrechtlichen Vertrag, da die beteiligten Parteien eine völkerrechtlich wirksame Willenseinigung über Rechte und Pflichten herbeigeführt haben. Dem Vertragscharakter tut es keinen Abbruch, daß der Text

2 Siehe oben 1. Teil I., II. 1.
3 Siehe oben 1. Teil I.
4 Siehe oben 2. Teil I.

Passagen enthält, die erkennbar keine rechtliche Bindung begründen soll-ten. Es lagen auch keine formellen Mängel vor, die die Verbindlichkeit der Übereinkünfte beeinträchtigen konnten, so daß das Potsdamer Abkommen 1945 für die Sowjetunion, die USA und Großbritannien als Signatarstaaten rechtsverbindlich geworden ist[5].

7. Frankreich stimmte den Konferenzergebnissen am 7. August 1945 unter Vorbehalten zu. Da diese sich aber nicht gegen die grundlegenden Ziele des Abkommens richteten, ist damit auch Frankreich – wenn auch mit Einschränkungen – zum Vertragspartner geworden[6].

8. Das Potsdamer Abkommen ist insgesamt weder durch Kündigung oder Rücktritt noch aus einem anderen Grund ungültig geworden. Es bindet damit auch noch heute die Signatarstaaten und Frankreich[7].

Geltung für Deutschland

9. Soweit "Deutschland" Gegenstand der Beschlüsse der Potsdamer Konferenz und ihrer Durchführung durch die Alliierten war, wurde damit das Gebiet des Deutschen Reiches in seinen Grenzen vom 31. Dezember 1937 bezeichnet, ohne daß dadurch eine Aussage über den völkerrechtli-chen bzw. staatsrechtlichen Status dieses Territoriums getroffen wurde[8].

10. Zur Verwirklichung der grundlegenden Deutschland betreffenden Übereinkünfte (wie Entnazifizierung, Entmilitarisierung und demokratischer Neuaufbau) bedurfte es der aktiven Mitwirkung der Deutschen. Aus diesem Grunde beabsichtigten die Signatarstaaten deren Verpflichtung auf die Grundsätze des Abkommens. Dieser Wille allein begründete jedoch noch keine völkerrechtliche Verbindlichkeit der Potsdamer Beschlüsse für Deutschland[9].

11. Mit dem Abschluß des Potsdamer Abkommens durch drei bzw. vier Staaten konnten keine neuen, allgemeingültigen Völkerrechtsprinzipien ge-schaffen werden. Daher kommt eine Bindung Deutschlands an dessen Be-schlüsse als Kodifizierung von Grundsätzen des allgemeinen Völkerrechts nicht in Betracht[10].

12. Geht man von einer Völkerrechtssubjektivität des deutschen Volkes aus, so könnte unter den besonderen Bedingungen in Folge der deutschen Aggression, die zum Zweiten Weltkrieg führte, das Potsdamer Abkommen als restringierende Konkretisierung des Selbstbestimmungsrechts das deut-

5 Siehe oben 1. Teil II. 1.
6 Siehe oben 1. Teil II. 2.
7 Siehe oben 1. Teil II. 3.
8 Siehe oben 1. Teil III. 1.1.3 (am Ende).
9 Siehe oben 1. Teil III.
10 Siehe oben 1. Teil III. 2.1.

sche Volk unmittelbar verpflichtet haben. Angesichts der – insbesondere für den in Frage kommenden Zeitpunkt von 1945 – umstrittenen Frage der Subjekteigenschaft von Völkern im Sinne des Völkerrechts sowie der Problematik der Beschränkbarkeit des Selbstbestimmungsrechts ist eine solche Annahme jedoch sehr anfechtbar[11].

13. Eine Anerkennung aller zukünftigen Maßnahmen und Anordnungen der Alliierten durch das Deutsche Reich konnte nicht durch den – rein militärischen – Kapitulationsvertrag vom 8. Mai 1945 erfolgen[12]. Ebensowenig kann das Potsdamer Abkommen als ein – im Völkerrecht grundsätzlich unzulässiger – "Vertrag zu Lasten Dritter" qualifiziert werden[13].

14. Für die Frage der vertraglichen Bindung deutscher Völkerrechtssubjekte an das Potsdamer Abkommen ist die Rechtsstellung Deutschlands zum Zeitpunkt des Vertragsschlusses am 2. August 1945 von Bedeutung. Diese ist umstritten. Den divergierenden Positionen liegen unterschiedliche völkerrechtliche Begriffsverständnisse zu Grunde, die systemimmanent kaum angreifbar sind. Den tatsächlichen Verhältnissen im Jahre 1945, den Absichten der Alliierten und der historischen Entwicklung seit dieser Zeit entspricht am ehesten die Annahme des Untergangs des Deutschen Reiches als Völkerrechtssubjekt sowohl in faktischer wie auch in rechtlicher Hinsicht (Diskontinuitätslehre). An Stelle des Deutschen Reiches ist dann ein neues Völkerrechtssubjekt getreten, für das die Vier Mächte – die USA, die Sowjetunion, Großbritannien und Frankreich – kollektiv die Staatsgewalt ausübten[14].

Die Regierungspolitik sowie die überwiegende völker- und staatsrechtliche Literatur der Bundesrepublik Deutschland gehen hingegen vom rechtlichen Fortbestand des Deutschen Reiches aus, das zwar seine Handlungs-, nicht aber seine Rechtsfähigkeit verloren habe (Kontinuitätslehre). Demnach übten die Alliierten nur vorübergehend "Besatzungsgewalt" über das Deutsche Reich aus[15].

"Deutschland" ist im folgenden das auf dem Territorium des Deutschen Reiches bestehende Völkerrechtssubjekt, also – je nach vertretener Ansicht – das neu entstandene Völkerrechtssubjekt oder das fortbestehende Deutsche Reich.

15. Die von den Vier Mächten in Anspruch genommene "oberste Regierungsgewalt in Deutschland" ist vom Standpunkt der Diskontinuitätslehre Ausübung der Souveränität des an die Stelle des Deutschen Reiches getretenen neuen Völkerrechtssubjekts. Dieses konnten die Alliierten in Wahrnehmung ihrer kollektiven Staatsgewalt auch nach außen vertreten[16].

11 Siehe oben 1. Teil III. 2.2.

12 Siehe oben 1. Teil III. 3.1.

13 Siehe oben 1. Teil III. 3.2.

14 Siehe oben 1. Teil III. 1.1.2, III. 1.2.1.

15 Siehe oben 1. Teil III. 1.1.3, III. 1.1.1.

16 Siehe oben 1. Teil III. 1.2.1.

Aus der Sicht der Kontinuitätslehre übten die Alliierten aufgrund einer völkerrechtlichen Rechtsposition als Besatzungsmächte inhaltlich beschränkte hoheitliche Gewalt als Regierung des besetzten Staates aus. Im Rahmen ihrer Besatzungsgewalt konnten sie dabei das Deutsche Reich auch völkerrechtlich nach außen vertreten[17].

16. Wenn man davon ausgeht, daß die Alliierten nur Besatzungsmächte des fortbestehenden Deutschen Reiches waren, so setzten die – als Völkergewohnheitsrecht verbindlichen – Grundsätze der Haager Landkriegsordnung und die allgemeinen Prinzipien des Völkerrechts ihren Befugnissen in Deutschland Grenzen. Politische Interventionen in die rechtlichen und gesellschaftlichen Gegebenheiten Deutschlands waren danach nur insoweit zulässig, wie sie durch militärische Notwendigkeiten geboten oder zur Beseitigung der Ursachen vorangegangenen völkerrechtswidrigen Verhaltens des besetzten Staates – d.h. zur Wiederherstellung einer völkerrechtskonformen Ordnung – notwendig waren. Unter Berücksichtigung der besonderen Bedingungen des völkerrechtswidrigen Verhaltens des nationalsozialistischen Deutschlands und dessen Ursachen sind dennoch die wesentlichen Interventionsziele des Potsdamer Abkommens im Hinblick auf Deutschland – Entmilitarisierung, Entnazifizierung und Demokratisierung – vom Grundsatz her als völkerrechtlich zulässig anzusehen[18].

Bestimmt man die Position der Vier Mächte in Deutschland als Inhaber der Staatsgewalt eines neuentstandenen Völkerrechtssubjektes, so ergeben sich grundsätzlich keine Beschränkungen ihrer Befugnisse aus dem völkerrechtlichen Besatzungsrecht. Da die Alliierten jedoch von vornherein selbst der Ausübung ihrer Souveränität insoweit Grenzen setzten, als sie das Gebiet des Deutschen Reiches nicht annektierten, seine Einwohner als Ausländer behandelten und die Ausübung der obersten Staatsgewalt von Anfang an zu einer vorübergehenden Maßnahme erklärten, ähnelt ihre Hoheitsausübung in Deutschland in vielem der Besetzung des Territoriums eines fremden Staates. Daraus ergibt sich wiederum die Verpflichtung der Beachtung grundsätzlicher Normen des humanitären Völkerrechts, des völkerrechtlichen Fremdenrechts und weiterer allgemeiner Grundsätze, die jedoch ebenfalls nicht der Verwirklichung der Prinzipien des Potsdamer Abkommens entgegenstehen[19].

17. Die Alliierten konnten damit nach der – am 5. Juni 1945 proklamierten – Übernahme der obersten Gewalt in Deutschland auf der Potsdamer Konferenz nicht nur jeweils im Namen ihres Landes, sondern alle drei Mächte gemeinsam auch in ihrer Funktion als Regierung Deutschlands handeln. Aufgrund des Bindungswillens der Konferenzmächte konnte damit Deutschland – soweit sich die Signatarstaaten im Rahmen ihrer völkerrecht-

17 Siehe oben 1. Teil III. 1.2.2.

18 Siehe oben 1. Teil III. 4.1.

19 Siehe oben 1. Teil III. 4.2.

lichen Befugnisse hielten und Frankreich als Mitinhaber der Regierungsgewalt den Vereinbarungen der Konferenz zustimmte – vertraglich an die Deutschland betreffenden Bestimmungen des Potsdamer Abkommens gebunden werden[20].

18. Wie immer man das Verhältnis der Bundesrepublik Deutschland und der Deutschen Demokratischen Republik zum (fortbestehenden oder untergegangenen) Deutschen Reich bzw. einem an seine Stelle getretenen neuen Völkerrechtssubjekt bestimmt, in jedem Falle sind beide deutsche Staaten an das Potsdamer Abkommen gebunden: sei es wegen Identität mit dem Deutschen Reich, sei es aufgrund dessen fortdauernder Existenz als "Dach" über den beiden staatlichen Teilordnungen, sei es aufgrund von Rechtsnachfolge oder wegen vertraglicher Übernahme der Verpflichtungen[21].

19. Das Potsdamer Abkommen verpflichtet die Bundesrepublik und die DDR ihre innere Rechtsordnung in Übereinstimmung mit den für sie gültigen Bestimmungen des Vertrages zu gestalten. Ein Verstoß hat die Haftung gegenüber den anderen Vertragsbeteiligten zur Folge[22].

Grundsätze

20. Grundlegender Zweck des Potsdamer Abkommens ist die Schaffung einer dauerhaften Friedensregelung in Europa. Dieses Ziel sollte mit der Ausrottung des deutschen Militarismus und des Nationalsozialismus sowie durch den Wiederaufbau Deutschlands auf demokratischer und friedlicher Grundlage erreicht werden. Dieses einerseits repressiv-negative (Entmilitarisierung und Entnazifizierung), andererseits aber konstruktiv-positive (Demokratisierung) Konzept, dessen wirksame Realisierung nur durch aktive Mitarbeit der Deutschen möglich war, verpflichtet noch heute die Signatarstaaten des Abkommens, Frankreich, die Bundesrepublik Deutschland und die Deutsche Demokratische Republik[23].

21. Die notwendige Konkretisierung der durchzuführenden Veränderungen in Deutschland erfolgte durch die im Abkommen selbst festgelegten politischen und wirtschaftlichen Grundsätze und die ürigen Deutschland betreffenden Beschlüsse der Potsdamer Konferenz, sowie mit den im Rahmen der Ausübung der Regierungsgewalt in Deutschland von den Vier Mächten – in Ausführung des Abkommens – gemeinsam getroffenen Regelungen[24].

20 Siehe oben 1. Teil III. 3.3.

21 Siehe oben 1. Teil IV.

22 Siehe oben 1. Teil IV. 2 (am Ende).

23 Siehe oben 2. Teil II.

24 Siehe oben 2. Teil II. und auch I.

Demokratisierung

22. Mit der Forderung nach einer "endgültigen Umgestaltung des deutschen politischen Lebens auf demokratischer Grundlage" enthielt das Potsdamer Abkommen ein neues Ziel, das über die destruktive Vernichtungskonzeption der vorhergehenden Vereinbarungen der Anti-Hitler-Koalition hinausging[25].

23. Der *Demokratiebegriff* des Potsdamer Abkommens ist keine Leerformel, die bestenfalls die Aufgabe gehabt hätte, als Antithese eine negative Abgrenzung zum Nationalsozialismus zu liefern und ansonsten nur den Dissens der Signatarmächte über seinen Inhalt verdecken sollte[26].

24. Trotz divergierender Weltanschauungen und den damit verbundenen unterschiedlichen Demokratievorstellungen bestand unter den Konferenzmächten ein theoretischer Grundkonsens über *allgemein-demokratische Prinzipien* wie Selbstbestimmungsrecht, Menschenrechte und Volkssouveränität[27].

25. Äußerungen und gemeinsame Beschlüsse während des Zweiten Weltkrieges (insbesondere die Atlantik-Charta von 1941), sowie die Aufzeichnungen über die Verhandlungen auf der Potsdamer Konferenz lassen den Schluß auf einen (zumindest formellen) Konsens der Konferenzmächte über den Kern der Demokratisierungsregelungen des Potsdamer Abkommens zu. Von besonderer Bedeutung bei der Interpretation dieser Bestimmungen ist, daß die Alliierten – vor allem auch bei der Durchführung der Beschlüsse durch den Kontrollrat – immer wieder ausdrücklich oder konkludent an die Rechtsordnung der Weimarer Republik von vor 1933 anknüpften[28].

26. Der Prozeß der angestrebten Entwicklung Nachkriegsdeutschlands wird generalklauselartig durch das Ziel der alliierten Besatzungspolitik vorgezeichnet, in Deutschland die endgültige politische Umgestaltung auf demokratischer Grundlage einzuleiten und eine zukünftige friedliche Mitarbeit Deutschlands am internationalen Leben vorzubereiten. Diesen Rahmen sollten die Demokratisierungsregelungen des Potsdamer Abkommens ausfüllen und grundlegende Schwerpunkte der demokratischen Neuordnung setzen[29].

27. Das Abkommen geht zwar von einer einheitlichen alliierten Kontrollpolitik in Deutschland aus, enthält aber keine Garantien für die *staatliche Einheit* Deutschlands. Der Inhalt des Vertrages und die vorangegangenen Äußerungen der Signatarstaaten zur territorialen Organisation

25 Siehe oben 2. Teil III.

26 Siehe oben 2. Teil III., III. 4.

27 Siehe oben 2. Teil III. 1.

28 Siehe oben 2. Teil III. 2., III. 4.

29 Siehe oben 2. Teil III. 3.1.

Deutschlands legen vielmehr nahe, daß die Alliierten zwar zunächst von dem Fortbestand der Einheit Deutschlands ausgingen, aber keine eindeutige Festlegung über den staatlichen Bestand in der Zukunft treffen wollten, um sich in dieser Frage nicht ihrer Handlungsfreiheit zu berauben. Aus dem Potsdamer Abkommen läßt sich damit kein Anspruch auf Wiederherstellung der staatlichen Einheit Deutschlands herleiten. Die – trotz offizieller Propagierung der Einheitsforderung – von den Kontrollmächten in Deutschland zur Sicherung ihrer Einflußbereiche eingeleiteten Schritte zur Bildung separater deutscher Teilstaatsgebilde widersprechen jedoch sowohl dem von den Vier Mächten immer wieder ausdrücklich auch für das deutsche Volk anerkannten Selbstbestimmungsrecht wie auch der vertraglichen Verpflichtung der Alliierten, Deutschland als Ganzes betreffende Fragen nur übereinstimmend zu regeln[30].

28. *"Dezentralisierung* der politischen Struktur" Deutschlands im Sinne des Abkommens beinhaltet als Minimalkonsens der Signatarstaaten jedenfalls die Gliederung des Staates in Territorialkörperschaften mit demokratisch legitimierten Organen, die zumindest im Bereich der Verwaltung originäre Zuständigkeiten besitzen. Das Potsdamer Abkommen trifft darüber hinaus keine Festlegungen hinsichtlich der Stellung der Länder (Föderalismus?) und der Regierungsform eines zukünftigen Staates. Ein zentralistisch organisierter Einheitsstaat aber – gegen dessen nationalsozialistische Ausprägung sich diese Bestimmung explizite richtet – widerspricht dem Potsdamer Abkommen[31].

29. In partieller Konkretisierung des Dezentralisierungsgebotes verpflichtet das Abkommen (in Anknüpfung an die demokratische Tradition in Deutschland) zur Wiederherstellung lokaler und regionaler *Selbstverwaltung*skörperschaften, die auf der Basis des Repräsentationsprinzips und des Grundsatzes der demokratischen Legitimation ihre eigenen Angelegenheiten selbst regeln sollen[32].

30. Als Mittel zur Bildung demokratischer Regierungsorgane bestimmt das Potsdamer Abkommen *Wahlen* nach "demokratischen Grundsätzen" und bekennt sich damit grundsätzlich zur repräsentativen Demokratie. Als "demokratisch" wurden insoweit die Allgemeinheit, die Gleichheit, die Unmittelbarkeit und die Geheimheit der Wahl angesehen. Im Hinblick auf weitere Wahlmodalitäten – wie das Wahlsystem und die Beteiligung weiterer Gruppierungen neben politischen Parteien – bleibt das Abkommen (mangels eines Konsenses der Signatarstaaten) offen[33].

31. Für die Entwicklung der Demokratie in Nachkriegsdeutschland wird den politischen *Parteien* eine zentrale Funktion zugewiesen. Dies kommt

30 Siehe oben 2. Teil III. 3.2.

31 Siehe oben 2. Teil III. 3.3.

32 Siehe oben 2. Teil III. 3.4.

33 Siehe oben 2. Teil III. 3.5.

insbesondere darin zum Ausdruck, daß gerade ihnen ausdrücklich Grundrechte und Förderung zugesichert werden. Das Potsdamer Abkommen
zielt auf die Wiederherstellung eines parlamentarischen Mehrparteiensystems. Den Parteien wird – unter dem Vorbehalt der demokratischen Zielsetzung (d.h. dem Bekenntnis zu den Zielen des Abkommens) – Gründungsfreiheit, Unabhängigkeit, Chancengleichheit sowie das Recht, Versammlungen und öffentliche Diskussion durchzuführen, garantiert[34].

32. Auch das *Rechtsstaatsprinzip* ist in wesentlichen Grundelementen
als Teil des alliierten Demokratieverständnisses im Potsdamer Abkommen
verankert. Gerechtigkeit aller vor dem Gesetz und das Verbot jeglicher Diskriminierung aufgrund von Rasse, Religion, Nationalität und politischer
Überzeugung werden ausdrücklich genannt.

Davon ausgehend sollte die *Justiz* in Anknüpfung an die rechtsstaatlichen
Traditionen vor 1933 reorganisiert werden. Über die genannten Grundprinzipien hinaus sind einige Grundsätze der Rechtspflege – wie die Unabhängigkeit der Rechtsprechung von Weisungen der Exekutive und die Gewährleistung grundlegender Rechte des Angeklagten – als unverzichtbare
Kriterien einer Reorganisation des Gerichtswesens im Sinne des Potsdamer
Abkommens anzusehen. Die Anknüpfung an die Gestaltung der Justiz in
der Weimarer Republik bedeutet jedoch nicht, daß alle deren Institutionen
als elementare Essentials des Rechtsstaatsgebotes des Abkommens anzusehen sind. Dies gilt insbesondere für die Verwaltungsgerichtsbarkeit und die
Ernennung der Richter auf Lebenszeit, die nicht der Rechtspraxis der Signatarstaaten entsprachen[35].

33. Das Potsdamer Abkommen legt auch für das *Erziehungswesen* (neben der Beseitigung und Bekämpfung nazistischer und militaristischer Lehren) die Entwicklung von "demokratischen Ideen" als ein positives Erzie-
hungsziel fest. Zu diesen demokratischen Ideen sind vor allem die in den
Potsdamer Beschlüssen selbst anklingenden Grundprinzipien wie Volkssouveränität, Achtung der Menschenrechte, Selbstbestimmungsrecht und
Völkerverständigung zu rechnen. Bestimmte Schul- und Bildungsysteme
werden nicht präjudiziert. Deren Entwicklung solle den Deutschen überlassen bleiben. Die gemeinsamen alliierten Grundvorstellungen von einer Demokratisierung des Bildungswesens schließen aber die Herstellung von
Chancengleichheit (u.a. durch unentgeltlichen Unterricht und materielle
Unterstützung Bedürftiger) sowie die unmittelbare Beteiligung des Volkes
an Reform und Verwaltung der Bildungseinrichtungen mit ein[36].

34. Als wesentliche Voraussetzung eines demokratischen Wiederaufbaus in Deutschland verpflichtet das Potsdamer Abkommen ausdrücklich
zur Gewährleistung elementarer *Grundrechte* und knüpft damit an die

---

34 Siehe oben 2. Teil III. 3.6.

35 Siehe oben 2. Teil III. 3.7.

36 Siehe oben 2. Teil III. 3.8.

Charta der Vereinten Nationen vom 26. Juni 1945 an. Trotz mangelnder Übereinstimmung unter den Signatarstaaten über die näheren Modalitäten der Grundrechtssicherung, lag auch hier ein zurechenbarer Minimalkonsens über den Inhalt der Rechte vor[37].

35. Zu den garantierten Grundrechten gehören zunächst der *Gleichheitsgrundsatz* und das Verbot jeder Diskriminierung aufgrund von Rasse, Religion und politischer Überzeugung[38]. Darüber hinaus wurden folgende *Freiheitsrechte* ausdrücklich gewährleistet:

— Meinungsfreiheit (einschließlich der Freiheit der politischen Anschauung und der politischen Meinungsäußerung)[39],
— Presse- und Veröffentlichungsfreiheit[40],
— Gedanken-, Gewissens- und Religionsfreiheit (einschließlich der freien Religionsausübung)[41],
— Vereinigungs- und Koalitionsfreiheit (unter besonderer Hervorhebung des Rechts zur Bildung von Gewerkschaften, das Gründungsfreiheit, Unabhängigkeit, Recht auf Gleichbehandlung und freie Betätigung einschließt)[42] sowie
— Versammlungsfreiheit[43].

36. Das Abkommen nennt ausdrücklich nur die Grundrechte, die während des Nationalsozialismus besonders bedroht und die für einen demokratischen Wiederaufbau Deutschlands von grundlegender Bedeutung waren. Aber auch darüber hinaus gingen die Alliierten von einer umfassenden Wiederherstellung von Grundrechten für die Deutschen aus[44].

37. Aussagen über *Schranken und Begrenzungsmöglichkeiten der Grundrechte* enthält das Potsdamer Abkommen nur ansatzweise. Der für die meisten Freiheitsrechte ausdrücklich genannte Vorbehalt der "Erhaltung der militärischen Sicherheit" galt primär zur Sicherung der alliierten Streitkräfte in der Anfangsperiode der Kontrolle für Deutschland. Aus dem Gesamtzusammenhang des Abkommens ergibt sich aber, daß die Grundrechtsausübung da ihre Grenzen haben soll, wo sie nationalsozialistischen oder militaristischen Zielen dient[45].

38. Als Pendant zum Gebot der Dezentralisierung der politischen Struktur verpflichtet das Potsdamer Abkommen — ebenfalls mit dem Ziel der Verhinderung von Machtmißbrauch und zur Ermöglichung einer umfassenden

37 Siehe oben 2. Teil III. 3.9, III. 4.
38 Siehe oben 2. Teil III. 3.9.1.
39 Siehe oben 2. Teil III. 3.9.2.
40 Siehe oben 2. Teil III. 3.9.3.
41 Siehe oben 2. Teil III. 3.9.4.
42 Siehe oben 2. Teil III. 3.9.5.
43 Siehe oben 2. Teil III. 3.9.6.
44 Siehe oben 2. Teil III. 3.9.7.
45 Siehe oben 2. Teil III. 3.9.8.

Demokratisierung – zur *Dezentralisierung des Wirtschaftslebens*. Übermäßige Konzentration der Wirtschaftskraft, monopolartige Zusammenballungen und Kartelle sollen aufgelöst, deren Neubildung sowie eine straffe, zentralistische Führung der Wirtschaft unmöglich gemacht werden[46]. Mitumfaßt von diesem Dezentralisierungsgebot ist auch die Landwirtschaft, in der im Wege einer Bodenreform ebenfalls übermäßige Besitzzusammenballungen an Grund und Boden beseitigt werden sollen[47].

Die Konferenzmächte sahen Lenkung und Zentralisierung der Wirtschaft im nationalsozialistischen Deutschland als eine Ursache des Krieges an und betrachteten unkontrollierte wirtschaftliche Machtzusammenballung sowohl als Herd neuer Kriegsgefahren wie auch als Hindernis für eine friedliche demokratische Neuordnung. Im Kern ist damit die Ermöglichung demokratischer Kontrolle zur Verhinderung wirtschaftlichen Machtmißbrauchs das Ziel dieser Dezentralisierungsbestimmung. Die wirtschaftlichen Regelungen des Potsdamer Abkommens gehen jedoch nicht so weit, ein bestimmtes Wirtschaftssystem vorzuschreiben.

39. Die Demokratisierungsbestimmungen des Potsdamer Abkommens mit ihrem grundlegenden Ziel, zu verhindern, daß jemals wieder von deutschem Boden ein Krieg ausgeht[48], überschreiten bei Brücksichtigung der spezifischen deutschen Situation den völkerrechtlichen Rahmen der Kompetenzen der Vier Mächte nicht. Demokratie – die in Deutschland wiederhergestellt werden sollte – ist Ausdruck des Selbstbestimmungsrechts eines Volkes. Mit der Wiederanknüpfung an die Rechtsverhältnisse der Weimarer Republik wurde auch der völkerrechtlichen Verpflichtung, nach Möglichkeit Landesrecht zu beachten, entsprochen[49].

Entnazifizierung und Entmilitarisierung

40. Die Entnazifizierungs- und Entmilitarisierungsregelungen des Potsdamer Abkommens enthalten zwei grundlegende Komponenten: Zum einen verfolgen sie das Ziel, die Überreste des Nationalsozialismus und der Militärmacht des Deutschen Reiches zu beseitigen, zum anderen soll verhindert werden, daß in Deutschland jemals wieder nazistisches und militaristisches Denken Fuß greifen und maßgebenden Einfluß gewinnen kann[50].

41. Die auf Beseitigung der Überreste des Nationalsozialismus gerichteten Bestimmungen des Potsdamer Abkommens (Auflösung der NSDAP und ihrer Gliederungen, Aufhebung nationalsozialistischer Gesetze, Bestrafung

46 Siehe oben 2. Teil III. 3.10.

47 Siehe oben 2. Teil III. 3.10.6.

48 Siehe oben 2. Teil III. 1.

49 Siehe oben 2. Teil III. 3.2, III. 3.10.

50 Siehe oben 2. Teil III. 1. und 2.

von Nationalsozialisten und deren Entfernung aus wichtigen Funktionen, sowie Beseitigung nazistischer Lehren aus dem Erziehungswesen) wurde – wenn auch teilweise in sehr unterschiedlichem Grade – weitgehend von den Alliierten selbst durchgeführt. Sie können heute – mit Ausnahme der Bestrafung nationalsozialistischer Verbrechen – als im wesentlichen erfüllt angesehen werden. Die Regelungen des Abkommens sind, da sie auf Beseitigung inhumaner, menschenrechtswidriger Zustände gerichtet waren, als völkerrechtskonform zu betrachten. Dennoch haben die Besatzungsmächte bei ihrer Durchführung den Rahmen des völkerrechtlich Zulässigen überschritten[51].

42. Die Entnazifizierungsregelungen enthalten – unter Berücksichtigung der grundlegenden Zielrichtung des Abkommens – auch dauernde, auf die Zukunft ausgerichtete Verpflichtungen, die nach wie vor als verbindlich anzusehen sind. Hierzu gehören:

— das Verbot der Neugründung von Organisationen nationalsozialistischen Charakters,

— die Nichtzulassung von nazistischer Betätigung und Propaganda,

— die Verhinderung diskriminierender Gesetze und

— das Gebot zur Verfolgung noch nicht geahndeter nationalsozialistischer Verbrechen[52].

43. Die Abrüstungs- und Entmilitarisierungsbestimmungen können – soweit sie die Beseitigung der Reste des militärischen Machtapparates des nationalsozialistischen Deutschlands betreffen (Auflösung der Verbände, Beschlagnahme und Vernichtung des Kriegspotentials, Unterbindung militaristischer Lehren) – als durch die Kontrollmächte selbst durchgeführt und abgeschlossen betrachtet werden[53]. Allein die Verfolgung von Kriegsverbrechen ist noch nicht völlig beendet.

Die Entmilitarisierungsbestimmungen, die die Verhinderung einer erneuten militärischen Aggression Deutschlands zum Ziel haben, sind nicht völkerrechtswidrig – auch nicht, soweit sie die Bestrafung von Kriegsverbrechern betreffen. Die Vier Mächte waren jedoch in Ausführung des Potsdamer Abkommens nicht berechtigt, aufgrund erst nachträglich geschaffener Rechtsgrundlagen, Personen für Handlungen zur Rechenschaft zu ziehen, die bis dahin nicht zu den strafbaren Kriegsverbrechen im engeren Sinne gerechnet wurden[54].

44. Das gleichfalls enthaltene Verbot der Remilitarisierung Deutschlands besteht heute in seinem ursprünglichen Geltungsumfang – Verbot jeglicher militärischer Verbände sowie jeder Rüstungsindustrie[55] – trotz des in-

51 Siehe oben 2. Teil IV. 1.1.1-1.1.5.

52 Siehe oben 2. Teil IV. 1.2.

53 Siehe oben 2. Teil IV. 2.1, 2.1.1, 2.1.2, 2.1.4.

54 Siehe oben 2. Teil IV. 2.1.3.

55 Siehe oben 2. Teil IV. 2.2.1, 2.2.2.

soweit eindeutigen Wortlautes des Potsdamer Abkommens nicht mehr. Die Alliierten selbst strebten keine Entwaffnung Deutschlands für alle Zeiten an. Zumindest seit Mitte der 50er Jahre, als sowohl in der Bundesrepublik Deutschland wie in der DDR mit Zustimmung der jeweiligen Kontrollmächte Streitkräfte geschaffen wurden, betrachteten alle Beteiligten das absolute Verbot der Wiederbewaffnung Deutschlands im Potsdamer Abkommen als obsolet. Da ein Friedensvertrag zwischen den Siegermächten und Deutschland, dessen Abschluß bereits für Ende der 40er Jahre geplant war und in dem eine Neuregelung der Frage der Streitkräfte hätte getroffen werden können, bis heute nicht zustande gekommen ist, und Staaten auch nicht auf Dauer die Realisierung des in Art. 51 UN-Charta anerkannten Selbstverteidigungsrechtes vorenthalten werden kann, muß insoweit von einer übereinstimmenden Abänderung des Potsdamer Abkommens ausgegangen werden.

45. Damit sind aber die Entmilitarisierungsbestimmungen nicht in ihrer Gesamtheit obsolet geworden. Über die Fortdauer der Verpflichtung, noch nicht geahndete Kriegsverbrechen zu verfolgen und das Erziehungswesen frei von militaristischen Lehren zu halten, verbleibt eine (allerdings nur schwer bestimmbare) Grundsubstanz des Zieles der Entmilitarisierung Deutschlands. Reduziert auf das gemeinsame Grundverständnis der Signatarstaaten vom Inhalt des Militarismusbegriffes verbietet das Potsdamer Abkommen heute nicht mehr Streitkräfte an sich, sondern die Duldung und Förderung aggressiver Ausprägungen militärischen Denkens, die Unterhaltung einer Angriffsarmee (mit entsprechenden Truppenstärken und Ausrüstungen), die Planung und Vorbereitung von Aggressionskriegen, die Verherrlichung militärischer Gewalt und die Unterordnung der Politik unter aggressive militärische Zielsetzungen[56].

46. Die Einbeziehung der Bundesrepublik Deutschland und der DDR in zwei gegeneinander gerichtete Militärbündnisse verstößt (ebenso wie das zur Kontrolle des rüstungsrelevanten Industriepotentials von den Westmächten 1949 erlassene Ruhrstatut) gegen Sinn und Zweck des Potsdamer Abkommens sowie gegen die Verpflichtung der Vier Mächte, grundlegende Entscheidungen über Deutschland nur übereinstimmend zu treffen[57].

Reparationen, Wirtschaftsregelungen

47. Hinsichtlich der Reparationen enthält das Potsdamer Abkommen zwar eine völkerrechtlich zulässige Rahmenregelung, die Praxis der Reparationsentnahme durch die Alliierten war jedoch ohne Vereinbarungen über die Gesamthöhe völkerrechtlich bedenklich, verstieß teilweise gegen

---

56 Siehe oben 2. Teil IV. 2.3.
57 Siehe oben 2. Teil IV. 2.2.2, 2.3 (am Ende).

die Bestimmungen des Potsdamer Abkommens und war in bezug auf die Enteignung privaten deutschen Auslandsvermögens völkerrechtswidrig. Da jedoch zum einen die Kontrollmächte – nach jahrelangen harten Auseinandersetzungen – die Reparationsleistungen für abgeschlossen erklärt und zum anderen die Bundesrepublik Deutschland und die DDR auf die Erhebung von Einwendungen verzichtet haben, ist auch dieser Komplex des Potsdamer Abkommens als erledigt anzusehen. Ansprüche der DDR gegenüber der Bundesrepublik Deutschland auf Erstattung von Reparationsleistungen bestehen nicht[58].

48. Die übrigen wirtschaftlichen Grundsätze des Potsdamer Abkommens – soweit sie nicht die Dezentralisierung der Wirtschaft oder die Entmilitarisierung betreffen – sind als Regelungen für die Kontrollzeit überholt und obsolet[59]. Die dort vorgesehenen Maßnahmen zur Erhaltung der Wirtschaftseinheit Deutschlands sind nur zu einem geringen Teil verwirklicht worden. Die Bildung von Bi- und Trizone sowie die Durchführung der separaten Währungsreform in den drei Westzonen im Juni 1948 leiteten die Schaffung zweier Staatsgebilde in Deutschland ein. Dies geschah unter Verletzung der dem Potsdamer Abkommen zu Grunde liegenden Verpflichtung der Vier Mächte zur übereinstimmenden Regelung Deutschland als Ganzes betreffender Angelegenheiten.

Territoriale Bestimmungen

49. Das Potsdamer Abkommen enthält keine verbindlichen Grenzregelungen. Es beinhaltet allerdings im Hinblick auf die deutschen Grenzen im Osten eine eindeutige (und für sie grundsätzlich bindende) Absichtserklärung der Signatarstaaten, welche Gebietsänderungen im Rahmen einer friedensvertraglichen Regelung mit Deutschland angestrebt werden sollen[60].

50. Die Ausübung der Gebietshoheit in den Ostgebieten (nicht aber die territoriale Souveränität an sich) wurde durch eine Verwaltungszession wirksam auf Polen und die Sowjetunion bis zum Abschluß einer friedensvertraglichen Regelung übertragen. Einem völkerrechtlich wirksamen Erwerb dieser Gebiete im Wege der Ersitzung oder der (grundsätzlich unzulässigen) Annexion standen bis 1970 die ständigen Rechtsverwahrungen der Bundesrepublik Deutschland und der Westmächte entgegen. Seit dem Abschluß der Verträge von Moskau und Warschau, in denen die Bundesrepublik Deutschland für sich die bestehenden Grenzen als verbindlich anerkannte, fehlen auch eindeutige Proteste der Westmächte, so daß der vollständige Gebietserwerb durch Polen und die Sowjetunion nun nicht nur

58 Siehe oben 2. Teil V. 1.
59 Siehe oben 2. Teil V. 2.
60 Siehe oben 2. Teil VI. 1.

faktisch, sondern auch völkerrechtlich möglich ist. Ein Friedensvertrag kann, da sich alle beteiligten und unmittelbar betroffenen Staaten festgelegt haben, nur noch eine deklaratorische Feststellung des bestehenden Zustandes vornehmen[61].

51. Die bis 1957 andauernde Abtrennung des Saargebietes von Deutschland infolge einseitiger Maßnahmen Frankreichs widersprach der Verpflichtung des Potsdamer Abkommens zum Konsens der Vier Mächte bei Grenzregelungen. Das gleiche gilt für die anderen Änderungen der Westgrenzen durch die Westmächte bis zur erfolgten Zustimmung durch die Sowjetunion[62].

52. Hinsichtlich der Aussiedlung deutscher Bevölkerungsteile aus Polen, der Tschechoslowakei und Ungarn enthält das Potsdamer Abkommen keinen für Deutschland bindenden Beschluß. Lediglich die USA, die UdSSR und Großbritannien erkennen die Notwendigkeit der Ausweisung an, ohne aber insoweit eine Rechtsgrundlage schaffen zu wollen. Mit dem Abschluß der völkerrechtswidrigen Umsiedlungen ist dieser Abschnitt des Potsdamer Abkommens gegenstandslos geworden[63].

Sonstige Regelungen

53. Von den übrigen Deutschland betreffenden Bestimmungen des Potsdamer Abkommens besitzen nur noch zwei Komplexe – die Ausübung der Regierungsgewalt der Vier Mächte (einschließlich der damit verbundenen Frage alliierter Vorbehaltsrechte) sowie der Abschluß eines Friedensvertrages – Relevanz[64].

54. Die gemeinsam durch den Kontrollrat und in jeder Zone durch die einzelnen Oberbefehlshaber ausgeübte Regierungsgewalt der Alliierten in Deutschland wurde durch Rückübertragung von Souveränitätsrechten auf deutsche Stellen seit Ende der 40er Jahre schrittweise reduziert. Der Kontrollrat als oberste Regierungsbehörde der Alliierten in Deutschland ist heute als aufgelöst zu betrachten[65]. Geblieben sind jedoch Vorbehaltsrechte der vier Kontrollmächte bezüglich Deutschland als Ganzes betreffender Fragen. Ohne Verstoß gegen das dem Potsdamer Abkommen insoweit zu Grunde liegende Konsensprinzip können diese Angelegenheiten nur übereinstimmend mit den Vier Mächten geregelt werden[66].

55. Bei Abschluß des Potsdamer Abkommens sind die Signatarstaaten

---

61 Siehe oben 2. Teil VI. 1.1.

62 Siehe oben 2. Teil VI. 1.2.

63 Siehe oben 2. Teil VI. 2.

64 Siehe oben 2. Teil VII.

65 Siehe oben 2. Teil VII. 1., VII. 1.1.3.

66 Siehe oben 2. Teil VII. 1.1, VII. 1.2.

von der Notwendigkeit einer friedensvertraglichen Regelung der Kriegsfolgen für Deutschland ausgegangen. Viele der 1945 noch zur abschließenden Klärung anstehenden Materien sind jedoch mittlerweile entweder überholt oder bereits einvernehmlich geregelt worden. Auch das Potsdamer Abkommen erfüllt in gewissem Umfang durch seine Bindung beider deutscher Staaten ersatzweise die Funktion eines Friedensvertrages. Solange jedoch von seiten der Vier Mächte noch Vorbehaltsrechte in Deutschland geltend gemacht werden, bleiben Bereiche übrig, die der Regelung (nicht jedoch unbedingt in Form eines "Friedensvertrages") bedürfen. Jede der Vier Mächte sowie die Bundesrepublik Deutschland und die Deutsche Demokratische Republik (als die auf deutschem Boden bestehenden Staaten) haben damit einen Anspruch auf einvernehmliche Regelung der im Hinblick auf "Deutschland" (d.h. das Gebiet des Deutschen Reiches) offen gebliebenen Fragen. Separate Abmachungen einzelner Kontrollmächte mit einem der beiden deutschen Staaten verstoßen aber gegen die Verpflichtung des Potsdamer Abkommens zur gemeinschaftlichen Regelung Deutschland als Ganzes betreffender Angelegenheiten[67].

Potsdamer Abkommen und deutsches Verfassungsrecht

56. Das Grundgesetz der Bundesrepublik Deutschland sowie die Verfassung der DDR von 1949 entsprechen den für Deutschland bindenden Bestimmungen des Potsdamer Abkommens[68].

Demgegenüber steht die Verfassung der DDR von 1968 (und ebenso ihre Neufassung von 1974) in drei Bereichen nicht im Einklang mit den Regelungen über einen demokratischen Neuaufbau Deutschlands: Die verfassungsrechtliche Stellung der Bezirke, Kreise und Gemeinden in dem nach dem Prinzip des "demokratischen Zentralismus" organisierten Staatsaufbau der DDR entspricht weder den Vorgaben des Potsdamer Abkommens zur "Dezentralisierung der politischen Struktur" noch der Verpflichtung zur Gewährleistung lokaler Selbstverwaltung, da die territorialen Körperschaften seit Mitte der 50er Jahre keine originären Kompetenzen mehr besitzen[69]. Darüber hinaus verstößt die ausdrücklich festgeschriebene führende Stellung einer Partei ebenso gegen das sich aus dem Potsdamer Abkommen ergebende Gebot der Gewährleistung von Chancengleichheit für alle politischen Parteien[70], wie das seit 1968 verfassungsrechtlich abgesicherte, bereits aber seit 1948 verpflichtend praktizierte Blocksystem mit bindenden Einheitslisten die Parteien in wesentlichen Bereichen ihrer durch das Pots-

---

67 Siehe oben 2. Teil VII. 2.

68 Siehe insbesondere 2. Teil III. 3.3, III. 3.4, III. 3.5, III. 3.6, III. 3.7, III. 3.9, III. 10, IV. 3.

69 Siehe oben 2. Teil III. 3.3, III. 3.4.

70 Siehe oben 2. Teil III. 3.6.

damer Abkommen garantierten Eigenständigkeiten und Unabhängigkeiten beraubt. Wie weit die politische und rechtliche Praxis in beiden deutschen Staaten mit dem Potsdamer Abkommen in Einklang steht, bedarf einer weitergehenden Untersuchung.

57. Aufgrund der sich aus den Beschlüssen der Potsdamer Konferenz noch heute ergebenden rechtlichen Bindungen sind beide deutsche Staaten verpflichtet, für die Einhaltung und Beachtung der Regelungen des Abkommens in ihrem Land zu sorgen. Die gleiche Verpflichtung trifft die Vier Mächte, denen im Hinblick auf die Deutschland betreffenden Bestimmungen Aufsichtsfunktionen zukommen. Bei Verstößen gegen bindende Regelungen kann von den Signatarstaaten, Frankreich, der DDR und der Bundesrepublik Deutschland mit bei Vertragsverletzungen zulässigen Mitteln auf die Einhaltung des Abkommens hingewirkt werden[71].

71 Siehe dazu unten 3. Teil II.

II. Exkurs:
Rechtsfolgen der Verletzung des Potsdamer Abkommens

Die Feststellung der Verbindlichkeit des Potsdamer Abkommens für die Signatarstaaten und Frankreich sowie die Bundesrepublik Deutschland und die DDR wirft die Frage nach den rechtlichen Folgen von Verletzungen der sich aus dem Potsdamer Abkommen ergebenden Verpflichtungen auf. Zum Abschluß der Untersuchung soll daher allgemein das Instrumentarium umrissen werden, das das Völkerrecht zur Durchsetzung der Geltung von Abkommen und zur Sanktionierung von Vertragsverletzungen zur Verfügung stellt und das von den an das Potsdamer Abkommen gebundenen Staaten bei Fortdauer der angedeuteten und bei zukünftigen neuen Vertragsverletzungen angewandt werden könnte. Dabei darf natürlich nicht verkannt werden, daß gerade auf dem Gebiet zwischenstaatlicher Beziehungen die Durchsetzung von Rechtspositionen immer noch mehr eine Frage des politisch Machbaren als des rechtlich Zulässigen ist.

1. Einvernehmliche Beilegung von Streitigkeiten

Während in der innerstaatlichen Rechtsordnung im Falle eines Vertragsbruches der Verletzte seine Ansprüche in der Regel im Klageweg mit Hilfe der Staatsgewalt durchsetzen kann, fehlt es auf internationaler Ebene sowohl an einem Gegenstück zur Staatsmacht, die notfalls mit Gewalt die Erfüllung von Rechtsansprüchen erzwingt, wie auch an einer klaren Ausformulierung der Rechtsfolgen der Verletzung eines völkerrechtlichen Vertrages[1].
Der einfachste Weg zur Beilegung völkerrechtlicher Streitigkeiten – dies muß zunächst einmal festgestellt werden – ist der von diplomatischen Verhandlungen zwischen den Streitparteien (eventuell unter Vermittlung der UNO oder dritter Staaten)[2] mit dem Ziel, eine Einigung über die Rechtsfolgen der Vertragsverletzung herbeizuführen. Im übrigen ist auch jeder Staat verpflichtet, bevor er versucht, seine Ansprüche aus einer Rechtsverletzung auf internationaler Ebene durchzusetzen, den möglicherweise gegebenen nationalen Rechtsweg auszuschöpfen[3]. Ein wesentlicher Grund hierfür liegt

---

1   Zum völkerrechtlichen Vertragsrecht allgemein siehe die Übersicht bei Seidl-Hohenveldern, Völkerrecht Rdnr. 141-321; Lagonie in: Menzel, Völkerrecht § 38 (S. 296 ff.); Autorenkollektiv, Völkerrecht Bd. I S. 127 ff.; zu den Rechtsfolgen einer Vertragsverletzung umfassend Duckwitz, Rechtsfolgen.

2   Strupp, Delikt S. 222.

3   Schüle, Delikt S. 338.

darin, daß das nationale Recht aufgrund seiner präziseren Durchnormierung eher als Mittel zur Durchsetzung von Ansprüchen geeignet ist. Dies kommt jedoch im Hinblick auf das Potsdamer Abkommen kaum in Betracht.

Die Einschaltung internationaler Schiedsgerichtsbarkeit setzt eine vertragliche Schiedsverpflichtung – die im Falle des Potsdamer Abkommens nicht besteht –, eine generelle Unterwerfung unter die Gerichtsbarkeit eines internationalen Gerichtshofes oder die ad-hoc Anerkennung eines Schiedsgerichtes voraus[4]. Von den im Hinblick auf das Potsdamer Abkommen in Frage kommenden Staaten erkennen heute aber nur Großbritannien und die Vereinigten Staaten von Amerika die Gerichtsbarkeit des Internationalen Gerichtshofes in Den Haag (IGH) als obligatorisch an[5]. Abgesehen von Streitfällen zwischen diesen beiden Staaten, für die der IGH in jedem Falle zuständig wäre, kommt damit eine internationale Schiedsgerichtsbarkeit bei Auseinandersetzungen über Inhalt oder Erfüllung des Potsdamer Abkommens nur dann in Frage, wenn sich alle Beteiligten für den konkreten Streitfall auf die Zuständigkeit des IGH oder eines anderen Schiedsgerichtes einigen.

2. Einseitige Streitbeilegung

Solange es keine für alle Staaten obligatorische Gerichtsbarkeit in völkerrechtlichen Streitigkeiten gibt, wird die Möglichkeit der einseitigen Rechtsdurchsetzung durch die in ihren vertraglichen Rechten verletzten Staaten eine zentrale Rolle einnehmen.

Während bei der einvernehmlichen Streitbeilegung die beteiligten Parteien bei der Festlegung der Rechtsfolgen weitgehend frei sind, sind die (zulässigen) Mittel – im Falle der einseitigen Rechtsdurchsetzung – beschränkt.

---

4 Zur richterlichen Streitbeilegung siehe allgemein Weber, Grundkurs S. 172; Seidl-Hohenveldern, Völkerrecht Rdnr. 1263 ff.; Thode in: Menzel, Völkerrecht S. 482 ff.

5 Siehe die Nachweise in: BGBl. 1974 II S. 1423, 1424. Frankreich hat seine ursprüngliche Anerkennung vom Mai 1966 widerrufen. Die Sowjetunion und die DDR lehnen eine generelle Unterwerfung als Verstoß gegen die Souveränitätsrechte der Staaten grundsätzlich ab (Autorenkollektiv, Völkerrecht Bd. II S. 176; Wünsche, Entstehung S. 56). – Eine Unterwerfungserklärung durch die Bundesrepublik ist bisher nicht erfolgt, da noch kein Einvernehmen hinsichtlich der (auch von den westlichen ehemaligen Besatzungsmächten erwünschten) Ausklammerung von Bereichen noch bestehender alliierter Vorbehaltsrechte (Deutschland als Ganzes betreffende Fragen, Berlin) erzielt werden konnte.

3. Haftung für die Einhaltung völkerrechtlicher Verträge

Grundlagen für das Recht internationaler Verträge ist heute die Wiener Konvention über das Recht der Verträge (WVK) von 1969[6], deren Inhalt weitgehend auch bereits vor Inkrafttreten als rechtsverbindlich anzusehen war, da die Konvention – wie auch die breite Zustimmung der überwiegenden Mehrheit aller Staaten zu ihr zeigt – im wesentlichen die Kodifizierung des bis dahin geltenden Völkergewohnheitsrechts auf diesem Gebiet darstellt[7]. Die Wiener Konvention ist jedoch hinsichtlich möglicher Folgen bei Verletzung von völkerrechtlichen Verträgen wenig hilfreich, da sie lediglich das Rücktrittsrecht bei Vertragsverletzung regelt (Art. 60). Dieses Rücktrittsrecht kann jedoch allein nicht ausreichen, da in vielen Fällen der verletzte Vertragspartner kein Interesse am Rücktritt, sondern vielmehr an der Wiederherstellung des vertragsgemäßen Zustandes hat.

Da das Potsdamer Abkommen selbst keine Regelung für den Fall einer Verletzung enthält, können sich die Rechtsfolgen eines Verstoßes gegen diese Abmachung allein aus dem Völkergewohnheitsrecht ergeben.

Die Wiener Vertragskonvention[8] geht ebenso wie schon vorher die internationale Rechtsprechung[9] und die allgemeine Meinung der Literatur[10] davon aus, daß der Satz "pacta sunt servanda" als völkerrechtlicher Grundsatz alle Staaten bindet und seine Verletzung ein völkerrechtliches Delikt darstellt[11]. Damit sind die im völkerrechtlichen Deliktsrecht entwickelten Regeln auf Vertragsverletzungen anwendbar[12]. Hieraus ergibt sich eine haftungsbegründende völkerrechtliche Verantwortlichkeit des die Vertragsverletzung begehenden Staates[13].

---

6 Text in: Wünsche, Entstehung S. 362 ff.

7 Z.B. Ago, Droit S. 328 f.; Seidl-Hohenveldern, Völkerrecht Rdnr. 149.

8 Präambel der Wiener Vertragsrechtskonvention (WVK)

9 Siehe den Junghans-Fall (Seidl-Hohenveldern in: Strupp-Schlochauer, Wörterbuch Bd. II S. 178); den Martini-Fall (Thomas in: a.a.O. S. 486).

10 Kelsen, Unrecht S. 505; Kägi, pacta S. 712; Schweisfurth, Vertrag S. 287.

11 Martini-Fall (Thomas in: Strupp-Schlochauer, Wörterbuch Bd. II S. 486) Münch, Delikt S. 134.

12 Lais, Rechtsfolgen S. 94; Münch, Delikt S. 86. Siehe weiterhin die guten Übersichten zum Deliktsrecht bei Seidl-Hohenveldern, Völkerrecht Rdnr. 1202 sowie Ipsen in: Menzel, Völkerrecht S. 344 ff. und Autorenkollektiv, Völkerrecht Bd. II S. 263 ff.

13 Siehe Kelsen, Unrecht S. 489; Spiropoulos, Haftung S. 89; Levin, Verantwortlichkeit S. 14; Eagleton, Responsibility S. 21.

4. Rechtswidrige Vertragsverletzung

Die Voraussetzung dafür, daß überhaupt Rechtsfolgen eintreten können, ist, daß eine Vertragsverletzung vorliegt und diese zumindest rechtswidrig ist.

Eine Vertragsverletzung kann nur von einem Völkerrechtssubjekt (i.d.R. einem Staat), das an den Inhalt des Vertrages gebunden ist, begangen werden und damit kann auch die Verletzung nur durch deliktisches Verhalten in unmittelbarer Ausübung hoheitlicher Gewalt erfolgen[14].

Hoheitliche Gewalt wird grundsätzlich nur von staatlichen Organen – also der Legislative, der Judikative und der Exekutive – ausgeübt[15]. Eine Völkerrechtsverletzung kann damit nicht nur bei vertragswidrigem Regierungs- oder Verwaltungshandeln, sondern auch durch den Erlaß von Gesetzen oder durch die Verkündung von Urteilen erfolgen, die den vertraglichen Verpflichtungen widersprechen[16].

Grundsätzlich können Verträge durch positives Tun oder durch ein Unterlassen verletzt werden[17], wobei das Unterlassen nur dann Rechtsfolgen auslösen kann, wenn eine Verpflichtung zum Tätigwerden bestand[18].

Eine sehr häufige Art der Vertragsverletzung – die insbesondere auch im Hinblick auf das Potsdamer Abkommen relevant ist – besteht darin, daß innerstaatliches Recht nicht den Vertragsbestimmungen entspricht, daß also innerstaatliches Recht nicht dem Vertrag angepaßt oder nachträglich in einer dem Vertrag widersprechenden Form geschaffen oder geändert wurde, obwohl der betroffene Staat aufgrund seines Unterworfenseins[19] unter das Völkerrecht verpflichtet ist, das nationale Recht dem internationalen anzupassen[20].

Ein Beispiel für eine derartige Vertragsverletzung durch Schaffung einer vertragswidrigen Verfassungsnorm bietet Art. 61 Abs. 2 WRV (Anschluß Österreichs an das Deutsche Reich), der für ungültig erklärt werden mußte, weil die Siegermächte des Ersten Weltkrieges behaupteten, er verletze Art. 80 des Friedensvertrages von Versailles vom 28. Juni 1919[21].

Eine weitere Möglichkeit der Vertragsverletzung, die auch im Zusammenhang mit dem Potsdamer Abkommen von Bedeutung sein kann, ist die

---

14 Münch, Delikt S. 138.

15 Ago, Délit S. 450.

16 Siehe die Beispielsfälle bei Duckwitz, Rechtsfolgen S. 36 ff.

17 Ago, Délit S. 447.

18 A.a.O., S. 500.

19 Hoijer, Responsabilité S. 62.

20 Guggenheim/Marek, Vertrag S. 538; siehe auch Art. 27 WVK.

21 Strupp, Delikt S. 210.

Verhinderung des Eintritts des Vertragszwecks. Dazu sind Maßnahmen eines Vertragsstaates zu rechnen, die das Ziel haben zu verhindern, daß ein mit dem Vertrag beabsichtigter Erfolg eintritt. Hier liegt ein Fall des Verstoßes gegen den auch im Völkerrecht gültigen Grundsatz von Treu und Glauben vor[22].

Ein typischer Fall der Vertragsverletzung durch Unterlassen ist die Nichtdurchführung von Vereinbarungen, wie die Nichterfüllung übernommener finanzieller Verpflichtungen oder eine vertragswidrige Aufrüstung[23]. Demgegenüber liegt eine Vertragsverletzung durch positives Tun vor, wenn ein neuer völkerrechtlicher Vertrag mit anderen Vertragspartnern abgeschlossen wird, der den vertraglichen Verpflichtungen aus dem früheren Vertrag widerspricht.

Eine Vertragsverletzung und damit ein völkerrechtliches Delikt liegt aber erst bei rechtswidrigem Verhalten vor[24]. Ein Delikt ist also auch im Völkerrecht dann nicht gegeben, wenn Rechtfertigungsgründe vorliegen. Dabei besteht aber im Völkerrecht eine Vermutung gegen die Rechtmäßigkeit des einseitigen – nicht im Vertrag selbst vorgesehenen – Vorgehens einer Partei[25].

Als Rechtfertigungsgründe kommen in Frage:
- Einwilligung der anderen Vertragspartner[26] (Dabei muß die Einwilligung vor der Verletzungshandlung erklärt werden[27]; wird sie nachträglich geäußert, so liegt lediglich ein Verzicht auf bestehende Ansprüche durch den geschädigten Staat vor[28].);
- Notstand[29] (Wenn eine unverschuldete, unmittelbare Not vorliegt, die nicht durch ein weniger einschneidendes Mittel abgewendet werden kann[30].);
- Notwehr[31];
- Unmöglichkeit bzw. Unvermögen (Nach Art 61 WVK hat eine Partei das Recht, die Beendigung eines Vertrages zu verlangen oder zurückzutreten, wenn ihr die weitere Erfüllung der Vertragspflichten unmöglich ist. Zeitweilige Unmöglichkeit ist als Grund für eine Suspendierung des Vertrages anzusehen. Auf Unmöglichkeit kann man sich nicht berufen, wenn diese das Ergebnis einer eigenen Vertragsverletzung oder einer sonstigen Völkerrechtswidrigkeit[32] ist.);

22 Dahm, Völkerrecht Bd. II S. 130. Siehe auch Duckwitz, Rechtsfolgen S. 32 (mit Beispielen).

23 weitere Beispiele Duckwitz, Rechtsfolgen S. 34.

24 Schüle, Wiedergutmachung S. 843; Verdross, Völkerrecht S. 411; Schüle, Delikt S. 329.

25 Mc Nair, Law S. 351.

26 Ago, Délit S. 533.

27 A.a.O., S. 534.

28 A.a.O., S. 534.

29 Kelsen, Unrecht S. 564; Seidl-Hohenveldern, Völkerrecht Rdnr. 1224 f.

30 Verdross, Völkerrecht S. 412 f.

31 A.a.O., S. 429 ff.; Ago, Délit S. 538.

32 Siehe Dahm, Völkerrecht Bd. III S. 59 ff., 140; Schweisfurth, Vertrag S. 297 f.

– clausula rebus sic stantibus (Sie ist zwar als völkerrechtliches Rechtsinstitut allgemein anerkannt[33] (s.a. Art. 62 WVK[34]), ist jedoch als Rechtfertigungsgrund noch umstritten. Danach können wesentliche Änderungen in den Umständen (unter strengen Voraussetzungen) zu einem Rücktritt vom Vertrage berechtigen[35]).

Die nach wie vor umstrittene Frage, ob für völkerrechtliche Verantwortlichkeit das Verschuldensprinzip oder die Erfolgshaftung gilt[36], besitzt für Vertragsverletzungen relativ geringe Bedeutung[37]. Ein Staat, der vertragliche Regelungen nicht einhält, hat im allgemeinen Kenntnis von dem Bestehen des Vertrages oder es trifft ihn zumindest bei Nichtkenntnis ein Verschulden, da er die Pflicht hat, über die ihn bindenden Verträge informiert zu sein.

Liegt eine rechtswidrige (und schuldhafte) Vertragsverletzung vor, so hat jeder durch die Verletzung betroffene Vertragspartner Anspruch auf Rechtsfolgen gegen den Staat, dem die Vertragsverletzung zuzurechnen ist[38].

5. Rechtsfolgen einer Vertragsverletzung

Völkerrechtliche Lehre und Rechtsprechung haben ein umfangreiches Instrumentarium möglicher Rechtsfolgen bei völkerrechtlichen Delikten entwickelt, die der Staatenpraxis entsprechen und damit als Völkergewohnheitsrecht anzusehen sind.

Dabei herrscht weitgehend Einigkeit darüber, daß der Geschädigte verpflichtet ist, zunächst Wiedergutmachung zu verlangen, ehe er zu Zwangsmaßnahmen schreiten darf[39]. Dies ergibt sich auch schon aus dem Grundzweck des Völkerrechts, Gewaltanwendungen zwischen Staaten soweit als möglich zu vermeiden[40].

33 Siehe Fontes, Handbuch S. 185.
34 Siehe Ago, Droit S. 318, 320.
35 Siehe dazu Mc Nair, Law S. 503, 682 ff.; Wengler, Völkerrecht Bd. I S. 372 ff.; Schweisfurth, Vertrag S. 312 ff.
36 Siehe Autorenkollektiv, Völkerrecht Bd. II S. 267 f.; Seidl-Hohenveldern, Völkerrecht Rdnr. 1202, 1206a; ausführlich auch Duckwitz, Rechtsfolgen S. 56 ff.
37 Münch, Delikt S. 168.
38 Seidl-Hohenveldern, Völkerrecht Rdnr. 1207 f.
39 Anderer Ansicht nur Kelsen, Unrecht S. 546.
40 Siehe auch das Gewaltverbot in Art. 2 Nr. 4 UN-Charta.

5.1 Naturalrestitution

Es besteht ein grundsätzliches Interesse des durch einen Vertragsbruch betroffenen Staates, von dem Verletzer einen Ausgleich für den entstandenen Schaden zu erhalten. Die größte Bedeutung kommt dabei der Naturalrestitution als dem am weitestgehenden Wiedergutmachungsmittel zu[41]. Dies gilt insbesondere auch für das Potsdamer Abkommen, da die Erfüllung der vertraglichen Bestimmungen und die Wiederherstellung eines vertragsgemäßen Zustands den ursprünglichen Interessen aller Vertragspartner am ehesten gerecht wird. Neben der Pflicht zur Wiederherstellung des Status quo, d.h. des Zustandes, der vorliegen würde, wenn das rechtswidrige Tun oder Unterlassen nicht stattgefunden hätte[42], umfaßt die Naturalrestitution auch die Pflicht zur Beseitigung schädlicher Folgen der Vertragsverletzung und zur Nachholung eines eventuell versäumten Aktes[43]. Zu den Möglichkeiten der Naturalrestitution zählen auch die Aufhebung vertragswidriger nationaler Gesetze und Verfassungsbestimmungen[44] sowie die Aufhebung von Gerichtsurteilen, die einer Vertragsbestimmung widersprechen[45].

So hat in dem bereits erwähnten Fall des Verstoßes der Weimarer Reichsverfassung gegen den Versailler Friedensvertrag von 1919 die deutsche Reichsregierung erklären und anerkennen müssen, daß "der Abs. 2 des Art. 61 der erwähnten Verfassung ungültig ist"[46].

5.2 Schadensersatz

An die Stelle der Naturalrestitution tritt für den Fall, daß diese nicht möglich ist, der Schadensersatz, der auch immaterielle Schäden abdeckt[47]. Er stellt praktisch die häufigste Form der Wiedergutmachung bei Vertragsverletzungen dar und ist auch neben einer – nicht vollständigen – Naturalrestitution denkbar[48].

Die völkerrechtlichen Regeln über Umfang des Schadensersatzes entsprechen denen des deutschen Zivilrechtes. Hierauf braucht im einzelnen

---

41 Siehe Berber, Völkerrecht Bd. II S. 23; Wengler, Völkerrecht Bd. I S. 510; Levin, Verantwortlichkeit S. 156; Lais, Rechtsfolgen S. 27.

42 Siehe Strupp, Delikt S. 209; Lais, Rechtsfolgen S. 27.

43 Siehe Wengler, Völkerrecht S. 510.

44 Lais, Rechtsfolgen S. 30, 33; Autorenkollektiv, Völkerrecht Bd. II S. 268 f.

45 Lais, Rechtsfolgen S. 33; Autorenkollektiv, Völkerrecht Bd. II S. 269.

46 Strupp, Delikt S. 210. Der Gedanke des Vorrangs internationaler Verträge vor nationalem Recht ergibt sich aus Art. 27 WVK.

47 Siehe Duckwitz, Rechtsfolgen S. 113 f.

48 Schüle, Wiedergutmachung S. 844; Lais, Rechtsfolgen S. 35.

49 Siehe Wengler, Völkerrecht Bd. I S. 514.

nicht eingegangen zu werden, da im Hinblick auf die Regelungsmaterien des Potsdamer Abkommens die Leistung von Schadensersatz kaum in Frage kommt. Festzuhalten bleibt hier aber, daß der Schadensersatz nur so weit gehen darf, als dadurch der Schädigerstaat nicht in seiner Existenz gefährdet wird[49].

5.3 Genugtuung

Eine weitere – auch bei Vertragsverletzungen denkbare – Rechtsfolge eines völkerrechtlichen Deliktes ist die Genugtuung[50]. Sie dient zum Ausgleich erlittener, immaterieller Schäden und kann insoweit Naturalrestitution und Schadenserstz ergänzen[51]. Ihr Zweck ist es, die Verletzung von Würde und Ehre eines Staates zu heilen; sie stellt daher eine symbolische Realisierung des Vergeltungsprinzips dar[52].

Eine Genugtuung ist denkbar in der Form einer Entschuldigung[53], einer Erklärung des Bedauerns[54], durch Bestätigung von Rechten[55], im Wege der Auslieferung[56] oder Bestrafung[57] des Schuldigen, durch Leistung von Garantien[58], oder in Form der Zahlung einer Geldbuße[59] sowie auf zahlreiche andere Weisen[60].

50 Bissonnette, Satisfaction S. 25, 139.

51 A.a.O., S. 45; Lais, Rechtsfolgen S. 26; Schüle, Wiedergutmachung S. 844; Strupp, Delikt S. 210.

52 Kelsen, Unrecht S. 559.

53 So Levin, Verantwortlichkeit S. 173; Schüle, Wiedergutmachung S. 844; Verdross, Völkerrecht S. 405; Eagleton, Responsibility S. 183.

54 Siehe Strupp, Delikt S. 216; Levin, Verantwortlichkeit S. 173; Bissonnette, Satisfaction S. 94.

55 O'Connell, Law Vol. Bd. II S. 1117.

56 Siehe Lais, Rechtsfolgen S. 123.

57 Siehe Verdross, Völkerrecht S. 405; Schüle, Wiedergutmachung S. 844; Wedler, Strafanspruch S. 252.

58 Kelsen, Unrecht S. 560; Bissonnette, Satisfaction S. 121.

59 Siehe Schüle, Wiedergutmachung S. 844; Levin, Verantwortlichkeit S. 173; Verdross, Völkerrecht S. 405.

60 So kommen z.B. die Huldigung der Flagge oder die Errichtung eines Denkmals in Frage (siehe Verdross, Völkerrecht S. 405; Levin, Verantwortlichkeit S. 173; Strupp, Delikt S. 216).

5.4 Rücktritt

Das Recht der betroffenen Vertragspartner, vom Vertrag zurückzutreten bzw. ihn zu kündigen oder zu suspendieren, ist die einzige[61] Rechtsfolge der Verletzung eines völkerrechtlichen Vertrages, die die Wiener Vertragskonvention (Art. 60) ausdrücklich nennt.

Der Rücktritt bzw. die Kündigung kann sich auf den gesamten Vertrag oder Teile von ihm beziehen[62]. Ein Rücktritt ist aber in der Regel wohl nur bei schwereren Vertragsverletzungen zulässig, da sonst eine geringfügige Mißachtung des Vertrages von einer Vertragspartei zum Anlaß genommen werden kann, sich von einem unbequemen Vertrag zu lösen[63]. Als schwer wird dabei eine Vertragsverletzung insbesondere dann gelten, wenn sie gegen grundlegende Vorschriften des Vertrages verstößt oder die Erreichung des Vertragszweckes ernsthaft gefährdet.

Im Falle der Kündigung ist eine ausdrückliche Erklärung notwendig, da der Verletzte auch die Möglichkeit haben muß, am Vertrage festzuhalten und Wiedergutmachung zu verlangen[64]. Die Erklärung hat in einem angemessenen Zeitraum nach der Vertragsverletzung zu erfolgen[65], da auch das Vertrauen der anderen Vertragspartner in den Bestand eines Vertrages schutzwürdig ist und eine Nichtgeltendmachung des Kündigungsrechtes als Verzicht angesehen werden kann.

Diese Grundsätze gelten im Prinzip für multilaterale Verträge ebenso wie für bilaterale Verträge. Art. 60 Abs. 2 WVK trifft darüber hinaus eine Sonderregelung für multilaterale Verträge, nach der die übrigen Vertragspartner das Wahlrecht haben, gemeinsam den Vertrag – teilweise oder insgesamt – gegenüber dem Vertragsbrecher zu kündigen oder zu suspendieren (dies entspricht in der Wirkung einem Ausschluß) oder zwischen allen Parteien aufzuheben. Weiterhin kann jede betroffene Partei den Vertrag zwischen ihr und dem Verletzer suspendieren[66].

Zu derartigen Maßnahmen ist es – wie bereits oben dargestellt[67] – in bezug auf das Potsdamer Abkommen bisher nicht gekommen.

61 Siehe Duckwitz, Rechtsfolgen S. 73 f.

62 Mc Nair, Law S. 571.

63 Siehe Wengler, Völkerrecht S. 537.

64 Dahm, Völkerrecht Bd. III S. 137.

65 Mc Nair, Law S. 571.

66 Siehe dazu allgemein Wengler, Völkerrecht Bd. I S. 537; Mc Nair, Law S. 580; Schweisfurth, Vertrag S. 301.

67 Siehe oben 1. Teil II. 3.

5.5 Einseitige Zwangsmaßnahmen gegen Vertragsverletzer

Der Anwendung repressiver Zwangsmaßnahmen steht zunächst einmal das zum Gewohnheitsrecht erstarkte Gewaltverbot entgegen[68]. Dabei besteht allerdings über den Inhalt des Gewaltbegriffes keine einheitliche Meinung[69]. Während in der westlichen Völkerrechtslehre unter das Gewaltverbot im wesentlichen nur die militärische Gewalt gefaßt wird, dehnt die Lehre der sozialistischen Länder (entsprechend der Präambel der Prinzipiendeklaration der UNO[70]) den Gewaltbegriff extensiv auf politische und wirtschaftliche Formen des Zwanges aus[71].

Dennoch wird einseitiger Zwang – als Selbsthilfemaßnahme, die den anderen Staat zu vertragsmäßigem Verhalten veranlassen soll[72] – in gewissem Umfang nach wie vor für zulässig erachtet[73]. Er kann, da er keine Kompensation bedeutet, neben die Wiedergutmachung treten[74] bzw. diese erzwingen. Krieg kann jedoch niemals Rechtsfolge einer Vertragsverletzung sein[75]; er ist lediglich als Notwehrmaßnahme rechtmäßig[76].

Zulässige Zwangsmaßnahmen sind:

— *Die Retorsion.* Sie ist im Grunde kein echter Zwangsakt[77], da es sich um Maßnahmen des Druckes (wie z.B. Einfuhrsperre, Abbruch der diplomatischen Beziehungen) handelt, die in der Regel auch ohne vorhergehendes völkerrechtliches Delikt erlaubt sind. Eine Retorsion kann als Rechtsfolge einer Vertragsverletzung unbegrenzt angewandt werden, da sie auch schon bei nur unfreundlichem Verhalten zulässig wäre[78].

— *Die Repressalie.* Hierbei handelt es sich um ein an sich rechtswidriges Verhalten als Reaktion auf die Verletzung einer völkerrechtlichen Verpflichtung durch einen anderen Staat[79]. Die Ausübung des Repressalienrechtes in Form der Nichtdurchführung vertraglicher Verpflichtun-

---

68 Siehe Art. 2 UN-Charta; Strupp, Delikt S. 222; Mc Nair, Law S. 578; Levin, Verantwortlichkeit S. 179.

69 Siehe Autorenkollektiv, Völkerrecht Bd. I S. 110 f.

70 Text der Deklaration über die Prinzipien des Völkerrechts vom 24. Oktober 1970 in: Wünsche, Entstehung S. 336 ff.

71 Siehe Autorenkollektiv, Völkerrecht Bd. I S. 111 und auch Seidl-Hohenveldern, Völkerrecht Rdnr. 1294.

72 Lais, Rechtsfolgen S. 124.

73 Dazu Duckwitz, Rechtsfolgen S. 131; Autorenkollektiv, Völkerrecht Bd. II S. 271 f.; Seidl-Hohenveldern, Völkerrecht Rdnr. 1285 ff.

74 So Ago, Délit S. 525.

75 Siehe Strupp, Delikt S. 222; Levin, Verantwortlichkeit S. 179.

76 So Wengler, Völkerrecht Bd. I S. 527.

77 Mc Nair, Law S. 576.

78 Siehe Duckwitz, Rechtsfolgen S. 132.

79 Siehe Wengler, Völkerrecht Bd. I S. 515.

gen bedeutet aber keine Vertragsverletzung, sondern ist als Rechtsfolge rechtmäßig[80], soweit sie als Erwiderung einer anderen Völkerrechtsverletzung vorgenommen wird[81]. Jede Völkerrechtsverletzung löst grundsätzlich das Repressalienrecht aus, wobei aber der Verhältnismäßigkeitsgrundsatz gewahrt werden muß: die Repressalie darf nicht zu einem größeren Übel führen als die Rechtsverletzung selbst[82]. Repressalien sind auch sofort einzustellen, wenn der Rechtsverletzer die Folgen der Vertragsverletzung beseitigt hat und glaubhaft versichert, in Zukunft die Bestimmungen des Vertrages einzuhalten[83].

Die Formen möglicher Repressalien sind nahezu unbegrenzt: Sie reichen von der Beschlagnahme von Gütern des Schädigerstaates oder seiner Angehörigen über die Unterbrechung der Wirtschaftsbeziehungen, die Ausweisung von Staatsangehörigen des Schädigers, der Rücknahme von Begünstigung bis zur militärischen Intervention. Dabei ist jedoch der Einsatz bewaffneter Gewalt nur bei schwersten Verletzungen des Völkerrechts – insbesondere völkerrechtlichen Verbrechen wie Friedensbedrohung und Friedensverletzung – zulässig[84]. Hier ist insbesondere auch an die Möglichkeit der militärischen Intervention im Auftrage der Vereinten Nationen nach Art. 42 der UN-Charta zu denken. Gerade bei multilateralen Verträgen (wie dem Potsdamer Abkomemen) sind jedoch Maßnahmen des Boykotts im Bereich der Wirtschaft, der Finanzen und des Verkehrs am ehesten wirksam, wenn sie von mehreren Vertragspartnern gegen einen Vertragsverletzer angewandt werden[85].

Die Feindstaatenklauseln der Art. 53 und 107 UN-Charta, die die Gegner der Siegerstaaten des Zweiten Weltkrieges vom allgemeinen Gewaltverbot ausnehmen und bereits bei einer akuten Bedrohung des Friedens und der internationalen Sicherheit durch ehemalige Feindstaaten militärische Zwangsmaßnahmen zulassen, sind nach Ansicht der westlichen Völkerrechtslehre spätestens seit dem Beitritt der Bundesrepublik Deutschland und der DDR zur UNO im Jahre 1973 überholt[86]. Demgegenüber vertritt die völkerrechtliche Literatur der DDR die Ansicht, daß diese Artikel noch grundsätzliche Geltung haben, aber in bezug auf die DDR, "die die Grundsätze des Potsdamer Abkommens konsequent verwirklicht hat und eine dem Frieden und dem Sozialismus, der Völkerverständigung und der Sicherheit dienende Außenpolitik betreibt", gegenstandslos geworden sind[87]

---

80 So Dahm, Völkerrecht Bd. III S. 136.

81 Siehe Kelsen, Unrecht S. 571; Ago, Délit S. 536.

82 Siehe Kelsen, Unrecht S. 573; Hoijer, Responsabilité S. 284; Mc Nair, Law S. 578.

83 So Wengler, Völkerrecht Bd. I S. 554.

84 Siehe Autorenkollektiv, Völkerrecht Bd. II S. 271.

85 Dazu Duckwitz, Rechtsfolgen S. 82.

86 Seidl-Hohenveldern, Völkerrecht Rdnr. 116.

87 Siehe Autorenkollektiv, Völkerrecht (1. Aufl.) Bd. II S. 242 f.

6. Gründe, die bestehende Ansprüche undurchführbar machen

Auch wenn Ansprüche wegen Verletzung völkerrechtlicher Verträge entstanden sind, können diese ihre Durchsetzbarkeit verlieren. Hierbei kommen insbesondere die Institute der Verwirkung und der Verjährung in Betracht.

Im Falle der Verwirkung verliert ein Staat die ihm eigentlich zustehenden Ansprüche auf Rechtsfolgen, wenn er sich nach einer Rechtsverletzung nicht in angemessener Zeit eindeutig äußert oder ausdrücklich oder konkludent den Verzicht auf gegebene Ansprüche erklärt. Eine Verwirkung kann insbesondere dann vorliegen, wenn der geschädigte Staat sich nicht auf die Vertragsverletzung beruft und weiterhin die vertraglichen Vereinbarungen seinerseits ausführt[88]. Unklarheiten und Zweifel gehen dabei stets zu Lasten des verletzten Staates.

Rechtsfolgen einer Vertragsverletzung können auch dann nicht mehr durchgesetzt werden, wenn sie verjährt, d.h. wenn die Ansprüche nicht innerhalb einer bestimmten Frist geltend gemacht worden sind[89]. Da das Völkerrecht aber keine festen Verjährungsfristen kennt, ist es im Einzelfall schwierig, eine Verjährung festzustellen.

7. Aktiv- und Passivlegitimation im Falle des Potsdamer Abkommens

Grundsätzlich kann jeder durch die Verletzung betroffene Vertragspartner Ansprüche auf Rechtsfolgen gegen jeden den Vertrag verletzenden Vertragsstaat geltend machen[90]. Im Falle des Potsdamer Abkommens sind aber dabei einige Einschränkungen vorzunehmen:

– Zunächst einmal können die Bundesrepublik Deutschland und die DDR (bzw. vom Standpunkt der Kontinuitätslehre auch das Deutsche Reich) nur insoweit haften und nur in dem Umfang Ansprüche aufgrund des Abkommens geltend machen, wie die Besatzungsmächte auf der Potsdamer Konferenz Deutschland (als Deutsches Reich oder als neues Völkerrechtssubjekt) binden konnten und wollten. Soweit also Abmachungen Deutschland nicht betreffen oder die Alliierten im Rahmen ihrer völkerrechtlich begrenzten Befugnisse Deutschland nicht verpflich-

---

88 Siehe Hoijer, Responsabilité S. 259; Dahm, Völkerrecht Bd. III S. 138; siehe auch Art. 45 WVK.

89 Dazu Seidl-Hohenveldern, Völkerrecht Rdnr. 1229; Duckwitz, Rechtsfolgen S. 137.

90 A.a.O., S. 62.

ten konnten[91], können weder von noch gegenüber deutschen Staaten Ansprüche geltend gemacht werden.

— Gleichermaßen rechtlich irrelevant sind für alle vertragsgebundenen Staaten einzelne Bestimmungen des Abkommens, wenn sie (wie die Anerkennung der Notwendigkeit zwangsweiser Umsiedlung deutscher Bevölkerungsteile[92]) insgesamt völkerrechtswidrig und damit nichtig sind.

— Soweit Frankreich gegen einzelne Regelungen wirksame Vorbehalte erhoben hat, ist der Geltungsumfang dieser Bestimmungen insoweit sowohl gegenüber Frankreich wie auch gegenüber den deutschen Staaten beschränkt, da Deutschland nur gemeinsam von den Vier Mächten als kollektiven Inhabern deutscher Staatsgewalt gebunden werden konnte[93].

— Von deutscher Seite können aber Rechtsfolgen im Zusammenhang mit dem Potsdamer Abkommen auch nur in dem Umfang geltend gemacht werden, wie hier eine Aktivlegitimation besteht. Im Hinblick auf "Deutschland als Ganzes" gelten nach wie vor alliierte Vorbehaltsrechte. Insoweit ist die Souveränität der Bundesrepublik Deutschland und der DDR beschränkt, und die Entscheidungsgewalt liegt noch in den Händen der ehemaligen Kontrollmächte[94].

Solange diese souveränitätsbeschränkenden Vorbehaltsrechte bestehen, ist keine deutsche Regierung einseitig berechtigt, Deutschland als Ganzes betreffende Fragen — wie die der Wiedervereinigung, des Friedensvertrages mit Deutschland oder der Abtretung von Gebieten des Deutschen Reiches — rechtsverbindlich zu regeln. Dies schließt jedoch nicht aus, daß die Bundesrepublik Deutschland oder die DDR für sich auf die Geltendmachung von Ansprüchen verzichten. Dies stellt aber — formalrechtlich gesehen — keine Präjudizierung möglicher Entscheidungen der Vier-Mächte dar.

---

91 Siehe oben 1. Teil III. 4.

92 Siehe oben 2. Teil V. 4.

93 Siehe oben 1. Teil II. 2., III. 3.3.

94 Siehe oben 2. Teil V. 1. und auch Giese, Einheit S. 291-315 mit zahlreichen Nachweisen sowie Kimminich, Souveränität S. 80.

ANHANG

Mitteilung über die Dreimächtekonferenz von Berlin

I.

Am 17. Juli 1945 trafen sich der Präsident der Vereinigten Staaten von Amerika, Harry S. Truman, der Vorsitzende des Rates der Volkskommissare der Union der Sozialistischen Sowjetrepubliken, Generalissimus J. W. Stalin, und der Premierminister Großbritanniens, Winston S. Churchill, sowie Herr Clement R. Attlee auf der von den drei Mächten beschickten Berliner Konferenz. Sie wurden begleitet von den Außenministern der drei Regierungen, W. M. Molotow, Herrn D. F. Byrnes und Herrn A. Eden, den Stabschefs und anderen Beratern.

In der Periode vom 17. bis 25. Juli fanden neun Sitzungen statt. Darauf wurde die Konferenz für zwei Tage unterbrochen, an denen in England die Wahlergebnisse verkündet wurden.

Am 28. Juli kehrte Herr Attlee in der Eigenschaft als Premierminister in Begleitung des neuen Außenministers, Herrn E. Bevin, zu der Konferenz zurück. Es wurden noch vier Sitzungen abgehalten. Während der Konferenz fanden regelmäßige Begegnungen der Häupter der drei Regierungen, von den Außenministern begleitet, und regelmäßige Beratungen der Außenminister statt.

Die Kommissionen, die in den Beratungen der Außenminister zur vorherige Vorbereitung der Fragen eingesetzt worden waren, tagten gleichfalls täglich. Die Sitzungen der Konferenz fanden in Cäcilienhof bei Potsdam statt.

Die Konferenz schloß am 2. August 1945. Es wurden wichtige Entscheidungen und Vereinbarungen getroffen. Es fand ein Meinungsaustausch über eine Reihe anderer Fragen statt. Die Beratung dieser Probleme wird durch den Rat der Außenminister, der auf dieser Konferenz geschaffen wurde, fortgesetzt.

Präsident Truman, Generalissimus Stalin und Premierminister Attlee verlassen diese Konferenz, welche das Band zwischen den drei Regierungen fester geknüpft und den Rahmen ihrer Zusammenarbeit und Verständigung erweitert hat, mit der verstärkten Überzeugung, daß ihre Regierungen und Völker, zusammen mit anderen Vereinten Nationen, die Schaffung eines gerechten und dauerhaften Friedens sichern werden.

II.

Die Einrichtung eines Rates der Außenminister

Die Konferenz erreichte eine Einigung über die Errichtung eines Rates der Außenminister, welche die fünf Hauptmächte vertreten, zur Fortsetzung der notwendigen vorbereitenden Arbeit zur friedlichen Regelung und zur Beratung anderer Fragen, welche nach Übereinstimmung zwischen den Teilnehmern in dem Rat der Regierungen von Zeit zu Zeit an den Rat übertragen werden können.

Der Text der Übereinkunft über die Errichtung des Rates der Außenminister lautet:

1. Es ist ein Rat zu errichten, bestehend aus den Außenministern des Vereinigten Königreiches, der Union der Sozialistischen Sowjetrepubliken, Chinas, Frankreichs und der Vereinigten Staaten von Amerika.

2. (I) Der Rat tagt normalerweise in London, wo der ständige Sitz des Vereinigten Sekretariats sein wird, das durch den Rat zu schaffen ist. Jeder Außenminister wird durch einen Stellvertreter von hohem Rang begleitet werden, welcher gegebenenfalls bevollmächtigt ist, während seiner, des Außenministers, Abwesenheit die Arbeit weiterzuführen, sowie von einem kleinen Stab technischer Mitarbeiter.

   (II) Die erste Sitzung des Rates findet in London nicht später als am 1. September 1945 statt. Die Sitzungen können nach allgemeiner Übereinkunft nach anderen Hauptstädten einberufen werden; diese Übereinkunft kann von Zeit zu Zeit herbeigeführt werden.

3. (I) Als eine vordringliche und wichtige Aufgabe des Rates wird ihm aufgetragen, Friedensverträge für Italien, Rumänien, Bulgarien, Ungarn und Finnland aufzusetzen, um sie den Vereinten Nationen vorzulegen, und Vorschläge zur Regelung der ungelösten territorialen Fragen, die in Verbindung mit der Beendigung des Krieges in Europa entstehen, auszuarbeiten. Der Rat wird zur Vorbereitung einer friedlichen Regelung für Deutschland benutzt werden, damit das entsprechende Dokument durch die für diesen Zweck geeignete Regierung Deutschlands angenommen werden kann, nachdem eine solche Regierung gebildet sein wird.

   (II) Zwecks Lösung jeder dieser Aufgaben wird der Rat aus Mitgliedern bestehen, welche diejenigen Regierungen vertreten, die die Bedingungen in Kraft der Übereinkunft unterschrieben haben, diktiert an den Feindstaat, den die gegebene Aufgabe betrifft. Bei der Betrachtung der Fragen der Friedensregelung mit Italien wird Frankreich als Unterschriftleistende der Kapitulationsbedingungen Italiens betrachtet werden. Andere Mitglieder werden zur Teilnahme am Rat eingeladen werden, wenn Fragen erörtert werden, die sie direkt betreffen.

   (III) Andere Angelegenheiten werden von Zeit zu Zeit dem Rat übertragen werden nach Übereinkunft zwischen den Regierungen, die seine Mitglieder sind.

4. (I) Wenn der Rat eine Frage erörtern wird, an der unmittelbar ein Staat interessiert ist, der in ihm nicht vertreten ist, so muß dieser Staat eingeladen werden, seine Vertreter zur Teilnahme an der Beratung und Prüfung dieser Frage zu entsenden.

(II) Der Rat kann seine Arbeitsweise dem Charakter des gestellten, von ihm zu prüfenden Problems anpassen. In gewissen Fällen kann er die Frage zunächst in seiner Zusammensetzung vor der Teilnahme anderer interessierter Staaten vorberaten. In anderen Fällen kann der Rat zu einer offiziellen Konferenz den Staat einberufen, der hauptsächlich an der Lösung eines besonderen Problems interessiert ist.

Der Entschließung der Konferenz entsprechend, schickte jede der drei Regierungen gleichlautende Einladungen an die Regierungen von China und Frankreich, diesen Text anzunehmen und sich ihnen zur Errichtung des Rates anzuschließen.

Die Errichtung des Rates der Außenminister für besondere Ziele, die in diesem Text genannt worden sind, widerspricht nicht der auf der Krim-Konferenz erzielten Übereinkunft über die Abhaltung periodischer Beratungen der Außenminister der Vereinigten Staaten, der Union der Sozialistischen Sowjetrepubliken und des Vereinigten Königreiches.

Die Konferenz überprüfte auch die Situation der europäischen konsultativen Kommission im Sinne der Übereinkunft über die Errichtung des Rates der Außenminister. Mit Genugtuung wurde festgestellt, daß die Kommission erfolgreich ihre Hauptaufgaben bewältigt hat, indem sie die Vorschläge betreffend die bedingungslose Kapitulation, die Besatzungszonen Deutschlands und Österreichs und das internationale Kontrollsystem in diesen Ländern vorlegte. Es wurde für richtig befunden, daß die speziellen Fragen, die die gegenseitige Angleichung der Politik der Alliierten hinsichtlich der Kontrolle über Deutschland und Österreich betreffen, in Zukunft der Zuständigkeit des Kontrollrats in Berlin und der Alliierten Kommission in Wien unterliegen sollen. Demgemäß ist man darüber einig geworden, die Auflösung der Europäischen Konsultativen Kommission zu empfehlen.

III.

Deutschland

Alliierte Armeen führen die Besetzung von ganz Deutschland durch, und das deutsche Volk fängt an, die furchtbaren Verbrechen zu büßen, die unter der Leitung derer, welche es zur Zeit ihrer Erfolge offen gebilligt hat und denen es blind gehorcht hat, begangen wurden. Auf der Konferenz wurde eine Übereinkunft erzielt über die politischen und wirtschaftlichen Grundsätze der gleichgeschalteten Politik der Alliierten in bezug auf das besiegte Deutschland in der Periode der alliierten Kontrolle.

Das Ziel dieser Übereinkunft bildet die Durchführung der Krim-Deklaration über Deutschland. Der deutsche Militarismus und Nazismus werden ausgerottet, und die Alliierten treffen nach gegenseitiger Vereinbarung in der Gegenwart und in der Zukunft auch andere Maßnahmen, die notwendig sind, damit Deutschland niemals mehr seine Nachbarn oder die Erhaltung des Friedens in der ganzen Welt bedrohen kann.

Es ist nicht die Absicht der Alliierten, das deutsche Volk zu vernichten oder zu versklaven. Die Alliierten wollen dem deutschen Volk die Möglichkeit geben, sich darauf vorzubereiten, sein Leben auf einer demokratischen und friedlichen Grundlage von neuem wiederaufzubauen. Wenn die eigenen Anstrengungen des deutschen Volkes unablässig auf die Erreichung dieses Zieles gerichtet sein werden, wird es ihm möglich sein, zu gegebener Zeit seinen Platz unter den freien und friedlichen Völkern der Welt einzunehmen.

Der Text dieser Übereinkunft lautet:

„Politische und wirtschaftliche Grundsätze, deren man sich bei der Behandlung Deutschlands in der Anfangsperiode der Kontrolle bedienen muß:

A. Politische Grundsätze

1. Entsprechend der Übereinkunft über das Kontrollsystem in Deutschland wird die höchste Regierungsgewalt in Deutschland durch die Oberbefehlshaber der Streitkräfte der Vereinigten Staaten von Amerika, des Vereinigten Königreichs, der Union der Sozialistischen Sowjetrepubliken und der Französischen Republik nach den Weisungen ihrer entsprechenden Regierungen ausgeübt, und zwar von jedem in seiner Besatzungszone, sowie gemeinsam in ihrer Eigenschaft als Mitglieder des Kontrollrates in den Deutschland als Ganzes betreffenden Fragen.

2. Soweit dieses praktisch durchführbar ist, muß die Behandlung der deutschen Bevölkerung in ganz Deutschland gleich sein.

3. Die Ziele der Besetzung Deutschlands, durch welche der Kontrollrat sich leiten lassen soll, sind:

(I) Völlige Abrüstung und Entmilitarisierung Deutschlands und die Ausschaltung der gesamten deutschen Industrie, welche für eine Kriegsproduktion benutzt werden oder deren Überwachung. Zu diesem Zweck:

a) werden alle Land-, See- und Luftstreitkräfte Deutschlands, SS, SA, SD und Gestapo mit allen ihren Organisationen, Stäben und Ämtern, einschließlich des Generalstabes, des Offizierkorps, der Reservisten, der Kriegsschulen, der Kriegervereine und aller anderen militärischen und halbmilitärischen Organisationen zusammen mit ihren Vereinen und Unterorganisationen, die den Interessen der Erhaltung der militärischen Tradition dienen, völlig und endgültig aufgelöst, um damit für immer der Wiedergeburt und Wiederaufrichtung des deutschen Militarismus und Nazismus vorzubeugen;

b) müssen sich alle Waffen, Munition und Kriegsgerät und alle Spezialmittel zu deren Herstellung in der Gewalt der Alliierten befinden oder vernichtet werden. Der Unterhaltung und Herstellung aller Flugzeuge und aller Waffen, Ausrüstung und Kriegsgeräte wird vorgebeugt werden.

(II) Das deutsche Volk muß überzeugt werden, daß es eine totale militärische Niederlage erlitten hat und daß es sich nicht der Verantwortung entziehen kann für das, was es selbst dadurch auf sich geladen hat, daß seine eigene mitleidlose Kriegführung und der fanatische Widerstand der Nazis die deutsche Wirtschaft zerstört und Chaos und Elend unvermeidlich gemacht haben.

(III) Die Nationalsozialistische Partei mit ihren angeschlossenen Gliederungen und Unterorganisationen ist zu vernichten; alle nationalsozialistischen Ämter sind aufzulösen; es sind Sicherheiten dafür zu schaffen, daß sie in keiner Form wieder auferstehen können; jeder nazistischen und militaristischen Betätigung und Propaganda ist vorzubeugen.

(IV) Die endgültige Umgestaltung des deutschen politischen Lebens auf demokratischer Grundlage und eine eventuelle friedliche Mitarbeit Deutschlands am internationalen Leben sind vorzubereiten.

4. Alle nazistischen Gesetze, welche die Grundlagen für das Hitlerregime geliefert haben oder eine Diskriminierung auf Grund der Rasse, Religion oder politischer Überzeugung errichteten, müssen abgeschafft werden. Keine solche Diskriminierung, weder eine rechtliche noch eine administrative oder irgendeiner anderen Art, wird geduldet werden.

5. Kriegsverbrecher und alle diejenigen, die an der Planung oder Verwirklichung nazistischer Maßnahmen, die Greuel oder Kriegsverbrechen nach sich zogen oder als Ergebnis hatten, teilgenommen haben, sind zu verhaften und dem Gericht zu übergeben. Nazistische Parteiführer, einflußreiche Nazianhänger und die Leiter der nazistischen Ämter und Organisationen und alle anderen Personen, die für die Besetzung und ihre Ziele gefährlich sind, sind zu verhaften und zu internieren.

6. Alle Mitglieder der nazistischen Partei, welche mehr als nominell an ihrer Tätigkeit teilgenommen haben, und alle anderen Personen, die den alliierten Zielen feindlich gegenüberstehen, sind aus den öffentlichen oder halböffentlichen Ämtern und von den verantwortlichen Posten in wichtigen Privatunternehmungen zu entfernen. Diese Personen müssen durch Personen ersetzt werden, welche nach ihren politischen und moralischen Eigenschaften reif erscheinen, an der Entwicklung wahrhaft demokratischer Einrichtungen in Deutschland mitzuwirken.

7. Das Erziehungswesen in Deutschland muß so überwacht werden, daß die nazistischen und militaristischen Lehren völlig entfernt werden und eine erfolgreiche Entwicklung der demokratischen Ideen möglich gemacht wird.

8. Das Gerichtswesen wird entsprechend den Grundsätzen der Demokratie und der Gerechtigkeit auf der Grundlage der Gesetzlichkeit und der Gleichheit aller Bürger vor dem Gesetz ohne Unterschied der Rasse, der Nationalität und der Religion reorganisiert werden.

9. Die Verwaltung Deutschlands muß in Richtung auf eine Dezentralisation der politischen Struktur und der Entwicklung einer örtlichen Selbstverantwortung durchgeführt werden. Zu diesem Zwecke:

(I) Die lokale Selbstverwaltung wird in ganz Deutschland nach demokratischen Grundsätzen, und zwar durch Wahlausschüsse (Räte), so schnell wie es mit der Wahrung der militärischen Sicherheit und den Zielen der militärischen Besatzung vereinbar ist, wiederhergestellt.

(II) In ganz Deutschland sind alle demokratischen politischen Parteien zu erlauben und zu fördern mit der Einräumung des Rechtes, Versammlungen einzuberufen und öffentliche Diskussionen durchzuführen.

(III) Der Grundsatz der Wahlvertretung soll in die Gemeinde-, Kreis-, Provinzial- und Landesverwaltungen, so schnell wie es durch die erfolgreiche Anwendung dieser Grundsätze in der örtlichen Selbstverwaltung gerechtfertigt werden kann, eingeführt werden.

(IV) Bis auf weiteres wird keine zentrale deutsche Regierung errichtet werden. Jedoch werden einige wichtige zentrale deutsche Verwaltungsabteilungen errichtet werden, an deren Spitze Staatssekretäre stehen, und zwar auf den Gebieten des Finanzwesens, des Transportwesens, des Verkehrswesens, des Außenhandels und der Industrie. Diese Abteilungen werden unter der Leitung des Kontrollrates tätig sein.

10. Unter Berücksichtigung der Notwendigkeit zur Erhaltung der militärischen Sicherheit wird die Freiheit der Rede, der Presse und der Religion gewährt. Die religiösen Einrichtungen sollen respektiert werden. Die Schaffung Freier Gewerkschaften, gleichfalls unter Berücksichtigung der Notwendigkeit der Erhaltung der militärischen Sicherheit, wird gestattet werden.

B. Wirtschaftliche Grundsätze

11. Mit dem Ziele der Vernichtung des deutschen Kriegspotentials ist die Produktion von Waffen, Kriegsausrüstung und Kriegsmitteln, ebenso die Herstellung aller Typen von Flugzeugen und Seeschiffen zu verbieten und zu unterbinden. Die Herstellung von Metallen und Chemikalien, der Maschinenbau und die Herstellung anderer Gegenstände, die unmittelbar für die Kriegswirtschaft notwendig sind, ist streng zu überwachen und zu beschränken, entsprechend dem genehmigten Stand der friedlichen Nachkriegsbedürfnisse Deutschlands, um die in dem Punkt 15 angeführten Ziele zu befriedigen. Die Produktionskapazität, entbehrlich für die Industrie, welche erlaubt sein wird, ist entsprechend dem Reparationsplan, empfohlen durch die interalliierte Reparationskommission und bestätigt durch die beteiligten Regierungen, entweder zu entfernen oder, falls sie nicht entfernt werden kann, zu vernichten.

12. In praktisch kürzester Frist ist das deutsche Wirtschaftsleben zu dezentralisieren mit dem Ziel der Vernichtung der bestehenden übermäßigen Konzentration der Wirtschaftskraft, dargestellt insbesondere durch Kartelle, Syndikate, Trusts und andere Monopolvereinigungen.

13. Bei der Organisation des deutschen Wirtschaftslebens ist das Hauptgewicht auf die Entwicklung der Landwirtschaft und der Friedensindu-

strie für den inneren Bedarf (Verbrauch) zu legen.

14. Während der Besatzungszeit ist Deutschland als eine wirtschaftliche Einheit zu betrachten. Mit diesem Ziel sind gemeinsame Richtlinien aufzustellen hinsichtlich:

a) der Erzeugung und der Verteilung der Produkte der Bergbau- und der verarbeitenden Industrie;

b) der Landwirtschaft, Forstwirtschaft und der Fischerei;

c) der Löhne, der Preise und der Rationierung;

d) des Import- und Exportprogramms für Deutschland als Ganzes;

e) der Währung und des Bankwesens, der zentralen Besteuerung und der Zölle;

f) der Reparationen und der Beseitigung des militärischen Industriepotentials;

g) des Transport- und Verkehrswesens.

Bei der Durchführung dieser Richtlinien sind gegebenenfalls die verschiedenen örtlichen Bedingungen zu berücksichtigen.

15. Es ist eine alliierte Kontrolle über das deutsche Wirtschaftsleben zu errichten, jedoch nur in den Grenzen, die notwendig sind:

a) zur Erfüllung des Programms der industriellen Abrüstung und Entmilitarisierung, der Reparationen und der erlaubten Aus- und Einfuhr;

b) zur Sicherung der Warenproduktion und der Dienstleistungen, die zur Befriedigung der Bedürfnisse der Besatzungsstreitkräfte und der verpflanzten Personen in Deutschland notwendig sind und die wesentlich sind für die Erhaltung eines mittleren Lebensstandards in Deutschland, der den mittleren Lebensstandard der europäischen Länder nicht übersteigt. (Europäische Länder in diesem Sinne sind alle europäischen Länder mit Ausnahme des Vereinigten Königreiches und der Sowjetunion);

c) zur Sicherung — in der Reihenfolge, die der Kontrollrat festsetzt — einer gleichmäßigen Verteilung der wesentlichsten Waren unter den verschiedenen Zonen, um ein ausgeglichenes Wirtschaftsleben in ganz Deutschland zu schaffen und die Einfuhrnotwendigkeit einzuschränken;

d) zur Überwachung der deutschen Industrie und aller wirtschaftlichen und finanziellen internationalen Abkommen einschließlich der Aus- und Einfuhr mit dem Ziel der Unterbindung einer Entwicklung des Kriegspotentials Deutschlands und der Erreichung der anderen genannten Aufgaben;

e) zur Überwachung aller deutschen öffentlichen oder privaten wissenschaftlichen Forschungs- und Versuchsanstalten, Laboratorien usw., die mit einer Wirtschaftstätigkeit verbunden sind.

16. Zur Einführung und Unterstützung der wirtschaftlichen Kontrolle, die durch den Kontrollrat errichtet worden ist, ist ein deutscher Verwaltungsapparat zu schaffen. Den deutschen Behörden ist nahezulegen, in möglichst vollem

Umfange die Verwaltung dieses Apparates zu fördern und zu übernehmen. So ist dem deutschen Volk klarzumachen, daß die Verantwortung für diese Verwaltung und deren Versagen auf ihm ruhen wird. Jede deutsche Verwaltung, die dem Ziel der Besatzung nicht entsprechen wird, wird verboten werden.

17. Es sind unverzüglich Maßnahmen zu treffen zur:

a) Durchführung der notwendigen Indstandsetzungen des Verkehrswesens,

b) Hebung der Kohlenerzeugung,

c) weitestmöglichen Vergrößerung der landwirtschaftlichen Produktion und

d) Durchführung einer beschleunigten Instandsetzung von Wohnungen und der wichtigsten öffentlichen Einrichtungen.

18. Der Kontrollrat hat entsprechende Schritte zur Verwirklichung der Kontrolle und der Verfügung über alle deutschen Guthaben im Auslande zu übernehmen, welche noch nicht unter die Kontrolle der alliierten Nationen, die an dem Krieg gegen Deutschland teilgenommen haben, geraten sind.

19. Die Bezahlung der Reparationen soll dem deutschen Volke genügend Mittel belassen, um ohne eine Hilfe von außen zu existieren. Bei der Aufstellung des Haushaltsplanes Deutschlands sind die nötigen Mittel für die Einfuhr bereitzustellen, die durch den Kontrollrat in Deutschland genehmigt worden ist. Die Einnahmen aus der Ausfuhr der Erzeugnisse der laufenden Produktion und der Warenbestände dienen in erster Linie der Bezahlung dieser Einfuhr. Die hier erwähnten Bedingungen werden nicht angewandt bei den Einrichtungen und Produkten, die in den Punkten 4a und 4b der Übereinkunft über die deutschen Reparationen erwähnt sind.

IV.

Reparationen aus Deutschland

In Übereinstimmung mit der Entscheidung der Krim-Konferenz, wonach Deutschland gezwungen werden soll, in größtmöglichem Ausmaß für die Verluste und die Leiden, die es den Vereinten Nationen verursacht hat, und wofür das deutsche Volk der Verantwortung nicht entgehen kann, Ausgleich zu schaffen, wurde folgende Übereinkunft über Reparationen erreicht:

1. Die Reparationsansprüche der UdSSR sollen durch Entnahmen aus der von der UdSSR besetzten Zone in Deutschland und durch angemessene deutsche Auslandsguthaben befriedigt werden.

2. Die UdSSR wird die Reparationsansprüche Polens aus ihrem eigenen Anteil an den Reparationen befriedigen.

3. Die Reparationsansprüche der Vereinigten Staaten, des Vereinigten Königreiches und der anderen zu Reparationsforderungen berechtigten Länder werden aus den westlichen Zonen und den entsprechenden deutschen Auslandsguthaben befriedigt werden.

343

4. In Ergänzung der Reparationen, die die UdSSR aus ihrer eigenen Besatzungszone erhält, wird die UdSSR zusätzlich aus den westlichen Zonen erhalten:

a) 15 % derjenigen verwendungsfähigen und vollständigen industriellen Ausrüstung, vor allem der metallurgischen, chemischen und Maschinen erzeugenden Industrien, soweit sie für die deutsche Friedenswirtschaft unnötig und aus den westlichen Zonen Deutschlands zu entnehmen sind, im Austausch für einen entsprechenden Wert an Nahrungsmitteln, Kohle, Kali, Zink, Holz, Tonprodukten, Petroleumprodukten und anderen Waren, nach Vereinbarung.

b) 10 % derjenigen industriellen Ausrüstung, die für die deutsche Friedenswirtschaft unnötig ist und aus den westlichen Zonen zu entnehmen und auf Reparationskonto an die Sowjetregierung zu übertragen ist ohne Bezahlung oder Gegenleistung irgendwelcher Art.

Die Entnahmen der Ausrüstung, wie sie oben in a) und b) vorgesehen sind, sollen gleichzeitig erfolgen.

5. Der Umfang der aus den westlichen Zonen zu entnehmenden Ausrüstung, der auf Reparationskonto geht, muß spätestens innerhalb sechs Monaten von jetzt an bestimmt sein.

6. Die Entnahme der industriellen Ausrüstung soll so bald wie möglich beginnen und innerhalb von zwei Jahren, gerechnet vom Zeitpunkt der in § 5 spezifizierten Bestimmung, abgeschlossen sein. Die Auslieferung der in § 4 a) genannten Produkte soll so schnell wie möglich beginnen, und zwar in durch Vereinbarung bedingten Teillieferungen seitens der Sowjetunion, und innerhalb von fünf Jahren von dem erwähnten Datum ab erfolgen. Die Bestimmung des Umfanges und der Art der industriellen Ausrüstung, die für die deutsche Friedenswirtschaft unnötig ist und der Reparation unterliegt, soll durch den Kontrollrat gemäß den Richtlinien erfolgen, die von der alliierten Kontrollkommission für Reparationen, unter Beteiligung Frankreichs, festgelegt sind, wobei die endgültige Entscheidung durch den Kommandierenden der Zone getroffen wird, aus der die Ausrüstung entnommen werden soll.

7. Vor der Festlegung des Gesamtumfanges der der Entnahme unterworfenen Ausrüstung sollen Vorschußlieferungen solcher Ausrüstung erfolgen, die als zur Auslieferung verfügbar bestimmt werden in Übereinstimmung mit dem Verfahren, das im letzten Satz des § 6 vorgesehen ist.

8. Die Sowjetregierung verzichtet auf alle Ansprüche bezüglich der Reparationen aus Anteilen an deutschen Unternehmungen, die in den westlichen Besatzungszonen in Deutschland gelegen sind. Das gleiche gilt für deutsche Auslandsguthaben in allen Ländern, mit Ausnahme der weiter unten in § 9 gekennzeichneten Fälle.

9. Die Regierungen der USA und des Vereinigten Königreichs verzichten auf ihre Ansprüche im Hinblick auf Reparationen hinsichtlich der Anteile an deutschen Unternehmungen, die in der östlichen Besatzungszone in Deutschland gelegen sind. Das gleiche gilt für deutsche Auslandsguthaben in Bulgarien, Finnland, Ungarn, Rumänien und Ostösterreich.

10. Die Sowjetregierung erhebt keine Ansprüche auf das von den alliierten Truppen in Deutschland erbeutete Gold.

V.

Die deutsche Kriegs- und Handelsmarine

Die Konferenz erzielte im Prinzip eine Einigung hinsichtlich der Maßnahmen über die Ausnutzung und die Verfügung über die ausgelieferte deutsche Flotte und die Handelsschiffe. Es wurde beschlossen, daß die drei Regierungen Sachverständige bestellen, um gemeinsam detaillierte Pläne zur Verwirklichung der vereinbarten Grundsätze auszuarbeiten. Eine weitere gemeinsame Erklärung wird von den drei Regierungen gleichzeitig zu gegebener Zeit veröffentlicht werden.

VI.

Stadt Königsberg und das anliegende Gebiet

Die Konferenz prüfte einen Vorschlag der Sowjetregierung, daß vorbehaltlich der endgültigen Bestimmung der territorialen Fragen bei der Friedensregelung derjenige Abschnitt der Westgrenze der Union der Sozialistischen Sowjetrepubliken, der an die Ostsee grenzt, von einem Punkt an der östlichen Küste der Danziger Bucht in östlicher Richtung nördlich von Braunsberg—Goldap und von da zu dem Schnittpunkt der Grenzen Litauens, der Polnischen Republik und Ostpreußens verlaufen soll.

Die Konferenz hat grundsätzlich dem Vorschlag der Sowjetregierung hinsichtlich der endgültigen Übergabe der Stadt Königsberg und des anliegenden Gebietes an die Sowjetunion gemäß der obigen Beschreibung zugestimmt, wobei der genaue Grenzverlauf einer sachverständigen Prüfung vorbehalten bleibt.

Der Präsident der USA und der britische Premierminister haben erklärt, daß sie den Vorschlag der Konferenz bei der bevorstehenden Friedensregelung unterstützen werden.

VII.

Kriegsverbrecher

Die drei Regierungen haben von dem Meinungsaustausch Kenntnis genommen, der in den letzten Wochen in London zwischen britischen, USA-, sowjetischen und französischen Vertretern mit dem Ziele stattgefunden hat, eine Vereinbarung über die Methoden des Verfahrens gegen alle Hauptkriegsverbrecher zu erzielen, deren Verbrechen nach der Moskauer Erklärung von Oktober 1943 räumlich nicht besonders begrenzt sind.

Die drei Regierungen bekräftigen ihre Absicht, diese Verbrecher einer schnellen und sicheren Gerichtsbarkeit zuzuführen. Sie hoffen, daß die Verhandlungen in London zu einer schnellen Vereinbarung führen, die diesem Zwecke dient, und sie betrachten es als eine Angelegenheit von größter Wichtigkeit, daß der Prozeß gegen diese Hauptverbrecher zum frühestmöglichen Zeitpunkt beginnt.

Die erste Liste der Angeklagten wird vor dem 1. September dieses Jahres veröffentlicht werden.

VIII.

Österreich

Die Konferenz hat einen Vorschlag der Sowjetregierung über die Ausdehnung der Autorität der österreichischen provisorischen Regierung auf ganz Österreich geprüft.

Die drei Regierungen stimmten darin überein, daß sie bereit seien, diese Frage nach dem Einzug der britischen und amerikanischen Streitkräfte in die Stadt Wien zu prüfen.

IX.

Polen

Die Konferenz hat die Fragen, die sich auf die Polnische Provisorische Regierung der Nationalen Einheit und auf die Westgrenze Polens beziehen, der Betrachtung unterzogen.

Hinsichtlich der Polnischen Provisorischen Regierung der Nationalen Einheit definierten sie ihre Haltung in der folgenden Feststellung:

a) Wir haben mit Genugtuung von dem Abkommen Kenntnis genommen, das die polnischen Vertreter aus Polen selbst und diejenigen aus dem Auslande erzielt haben, durch das die in Übereinstimmung mit den Beschlüssen der Krim-Konferenz erfolgte Bildung einer Polnischen Provisorischen Regierung der Nationalen Einheit möglich geworden ist, die von den drei Mächten anerkannt worden ist. Die Herstellung diplomatischer Beziehungen mit der Polnischen Provisorischen Regierung durch die britische Regierung und die Regierung der Vereinigten Staaten hatte die Zurückziehung ihrer Anerkennung der früheren polnischen Regierung in London zur Folge, die nicht mehr besteht.

Die Regierungen der Vereinigten Staaten und Großbritanniens haben Maßnahmen zum Schutze der Interessen der Polnischen Provisorischen Regierung der Nationalen Einheit als der anerkannten Regierung des polnischen Staates hinsichtlich des Eigentums getroffen, das den polnischen Staate gehört, in ihren Gebieten liegt und unter ihrer Kontrolle steht, unabhängig davon, welcher Art dieses Eigentum sein mag.

Sie haben weiterhin Maßnahmen zur Verhinderung einer Übereignung derartigen Eigentums an Dritte getroffen.

Der Polnischen Provisorischen Regierung der Nationalen Einheit werden alle Möglichkeiten zur Anwendung der üblichen gesetzlichen Maßnahmen geboten werden zur Wiederherstellung eines beliebigen Eigentumsrechtes des Polnischen Staates, das ihm ungesetzlich entzogen worden sein sollte.

Die drei Mächte sind darum besorgt, der Polnischen Provisorischen Regierung der Nationalen Einheit bei der Angelegenheit der Erleichterung der möglichst baldigen Rückkehr aller Polen im Ausland nach Polen behilflich zu sein, und zwar für alle Polen im Ausland, die nach Polen zurückzukehren wünschen, einschließlich der Mitglieder

der polnischen bewaffneten Streitkräfte und der polnischen Handelsmarine. Sie erwarten, daß den in die Heimat zurückkehrenden Polen die gleichen persönlichen und eigentumsmäßigen Rechte zugebilligt werden wie allen übrigen polnischen Bürgern.

Die drei Mächte nehmen zur Kenntnis, daß die Polnische Provisorische Regierung der Nationalen Einheit in Übereinstimmung mit den Beschlüssen der Krim-Konferenz der Abhaltung freier und ungehinderter Wahlen, die so bald wie möglich auf der Grundlage des allgemeinen Wahlrechts und der geheimen Abstimmung durchgeführt werden sollen, zugestimmt hat, wobei alle demokratischen und antinazistischen Parteien das Recht zur Teilnahme und zur Aufstellung von Kandidaten haben und die Vertreter der alliierten Presse volle Freiheit genießen sollen, der Welt über die Entwicklung der Ereignisse in Polen vor und während der Wahlen zu berichten.

b) Bezüglich der Westgrenze Polens wurde folgendes Abkommen erzielt:

In Übereinstimmung mit dem bei der Krim-Konferenz erzielten Abkommen haben die Häupter der drei Regierungen die Meinung der Polnischen Provisorischen Regierung der Nationalen Einheit hinsichtlich des Territoriums im Norden und Westen geprüft, das Polen erhalten soll. Der Präsident des Nationalrates Polens und die Mitglieder der Polnischen Provisorischen Regierung der Nationalen Einheit sind auf der Konferenz empfangen worden und haben ihre Auffassungen in vollem Umfange dargelegt. Die Häupter der drei Regierungen bekräftigen ihre Auffassung, daß die endgültige Festlegung der Westgrenze Polens bis zu der Friedenskonferenz zurückgestellt werden soll.

Die Häupter der drei Regierungen stimmen darin überein, daß bis zur endgültigen Festlegung der Westgrenze Polens, die früher deutschen Gebiete östlich der Linie, die von der Ostsee unmittelbar westlich von Swinemünde und von dort die Oder entlang bis zur Einmündung der westlichen Neiße und die westliche Neiße entlang bis zur tschechoslowakischen Grenze verläuft, einschließlich des Teiles Ostpreußens, der nicht unter der Verwaltung der Union der Sozialistischen Sowjetrepubliken in Übereinstimmung mit dem auf dieser Konferenz erzielten Vereinbarungen gestellt wird und einschließlich des Gebietes der früheren Freien Stadt Danzig, unter die Verwaltung des polnischen Staates kommen und in dieser Hinsicht nicht als Teil der sowjetischen Besatzungszone in Deutschland betrachtet werden sollen.

X.

Der Abschluß der Friedensverträge und Zulassung zur Organisation der Vereinten Nationen

Die Konferenz einigte sich auf die folgende Erklärung über eine gemeinsame Politik zur möglichst baldigen Schaffung der Bedingungen für einen dauerhaften Frieden nach der siegreichen Beendigung des Krieges in Europa.

Die drei Regierungen betrachten es als wünschenswert, daß die gegenwärtige anormale Stellung Italiens, Bulgariens, Finnlands, Ungarns und Rumäniens durch den Abschluß von Friedensverträgen beendigt werden soll. Sie vertrauen darauf, daß auch die anderen interessierten alliierten Regierungen diese Ansicht teilen.

Für ihren Teil haben die drei Regierungen die Vorbereitung eines Friedensvertrages für Italien als erste unter den vordringlichen und wichtigen Aufgaben vorgesehen, denen sich der Rat der Außenminister unterziehen soll. Italien war die erste der Achsenmächte, die mit Deutschland gebrochen hat, zu dessen Niederlage es materiell erheblich beigetragen hat, und es hat sich jetzt den Alliierten in ihrem Kampf gegen Japan angeschlossen. Italien hat sich selbst vom faschistischen Regime befreit und macht gute Fortschritte auf dem Wege zur Wiederherstellung einer demokratischen Regierung und demokratischer Einrichtungen. Der Abschluß eines solchen Friedensvertrages mit einer anerkannten und demokratischen italienischen Regierung würde es den drei Regierungen ermöglichen, ihrem Wunsche entsprechend einen Antrag Italiens auf die Mitgliedschaft in der Organisation der Vereinten Nationen zu unterstützen.

Die drei Regierungen haben ferner den Rat der Außenminister mit der Aufgabe der Vorbereitung von Friedensverträgen für Bulgarien, Finnland, Ungarn und Rumänien beauftragt. Der Abschluß von Friedensverträgen mit anerkannten demokratischen Regierungen in diesen Staaten würde ebenfalls die drei Regierungen befähigen, deren Anträge auf Mitgliedschaft in den Vereinten Nationen zu unterstützen.

Die drei Regierungen kommen überein, jede für sich in naher Zukunft im Lichte der dann vorherrschenden Bedingungen die Herstellung diplomatischer Beziehungen zu Finnland, Rumänien, Bulgarien und Ungarn zu untersuchen, soweit dies vor Abschluß von Friedensverträgen mit diesen Ländern möglich ist.

Die drei Regierungen zweifeln nicht, daß im Hinblick auf die veränderten Umstände, bedingt durch das Kriegsende in Europa, die Vertreter der alliierten Presse volle Freiheit genießen, der Welt über die Ereignisse in Rumänien, Bulgarien, Ungarn und Finnland zu berichten.

Hinsichtlich der Zulassung anderer Staaten zur Organisation der Vereinten Nationen erklärt Artikel 4 der Charte der Vereinten Nationen folgendes:

„1. Die Mitgliedschaft in den Vereinten Nationen steht allen anderen friedliebenden Staaten offen, die die in der vorliegenden Charte enthaltenen Verpflichtungen akzeptieren und nach dem Urteil der Organisation willens und in der Lage sind, diese Verpflichtungen durchzuführen.

2. Die Zulassung jedes derartigen Staates zur Mitgliedschaft der Vereinten Nationen erfolgt durch Beschluß der Generalversammlung auf Empfehlung des Sicherheitsrates."

Die drei Regierungen werden ihrerseits Anträge auf Mitgliedschaft seitens solcher Staaten, die während des Krieges neutral geblieben sind und die oben aufgeführten Bedingungen erfüllen werden, unterstützen.

Die drei Regierungen fühlen sich jedoch verpflichtet, klarzustellen, daß sie für ihren Teil einen Antrag auf Mitgliedschaft seitens der gegenwärtigen spanischen Regierung, die sich mit Unterstützung der Achsenmächte gebildet hat, nicht begünstigen werden, da diese angesichts ihres Ursprunges, ihres Charakters, ihrer Geschichte und ihrer engen Verbindung mit den Angreiferstaaten nicht die notwendigen Qualifikationen zur Rechtfertigung einer derartigen Mitgliedschaft besitzt.

XI.

Territoriale Treuhänderschaft

Die Konferenz prüfte einen Vorschlag der Sowjetregierung hinsichtlich einer Treuhänderschaft über Territorien, wie sie in dem Beschluß der Krim-Konferenz und in der Charte der Vereinten Nationen definiert sind.

Nach einem Meinungsaustausch über diese Frage wurde beschlossen, daß die Verfügung über frühere italienische Kolonialgebiete im Zusammenhang mit der Vorbereitung eines Friedensvertrages für Italien geklärt und im September vom Rat der Außenminister beraten werden soll.

XII.

Verfahrensrevision bei der alliierten Kontrollkommission in Rumänien, Bulgarien und Ungarn

Die drei Regierungen nahmen zur Kenntnis, daß die Sowjetvertreter bei den alliierten Kontrollkommissionen in Rumänien, Bulgarien und Ungarn ihren britischen und amerikanischen Kollegen Vorschläge zur Verbesserung der Arbeit der Kontrollkommissionen übermittelt haben, nachdem die Feindseligkeiten in Europa aufgehört haben.

Die drei Regierungen kamen überein, daß die Revision des Verfahrens der alliierten Kontrollkommission in diesen Ländern jetzt durchgeführt werden könne, wobei die Interessen und Verantwortlichkeiten der drei Regierungen berücksichtigt sind, die gemeinsam die Waffenstillstandsbedingungen den jeweiligen Ländern vorgelegt haben, und wobei die vereinbarten Vorschläge als Grundlage dienen sollen.

XIII.

Ordungsmäßige Überführung deutscher Bevölkerungsteile

Die Konferenz erzielte folgendes Abkommen über die Ausweisung Deutscher aus Polen, der Tschechoslowakei und Ungarn:

Die drei Regierungen haben die Frage unter allen Gesichtspunkten beraten und erkennen an, daß die Überführung der deutschen Bevölkerung oder Bestandteile derselben, die in Polen, Tschechoslowakei und Ungarn zurückgeblieben sind, nach Deutschland durchgeführt werden muß. Sie stimmen darin überein, daß jede derartige Überführung, die stattfinden wird, in ordnungsmäßer und humaner Weise erfolgen soll. Da der Zustrom einer großen Zahl Deutscher nach Deutschland die Lasten vergrößern würde, die bereits auf den Besatzungsbehörden ruhen, halten sie es für wünschenswert, daß der alliierte Kontrollrat in Deutschland zunächst das Problem unter besonderer Berücksichtigung der Frage einer gerechten Verteilung dieser Deutschen auf die einzelnen Besatzungszonen prüfen soll. Sie beauftragen demgemäß ihre jeweiligen Vertreter beim Kontrollrat, ihren Regierungen so bald wie möglich über den Umfang zu berichten, in dem derartige Personen schon aus Polen, der Tschechoslowakei und Ungarn nach Deutschland gekommen sind, und eine Schätzung über Zeitpunkt und Ausmaß vorzulegen, zu dem die weiteren Überführungen durchgeführt werden könnten, wobei die gegenwärtige Lage in Deutschland zu berücksichtigen ist. Die tschechoslowakische Regierung, die Polnische Provisorische Regierung und der Alliierte Kontrollrat in Ungarn werden gleichzeitig von obigem in Kenntnis gesetzt und er-

sucht werden, inzwischen weitere Ausweisungen der deutschen Bevölkerung einzustellen, bis die betroffenen Regierungen die Berichte ihrer Vertreter an den Kontrollausschuß geprüft haben.

XIV.

Militärische Besprechungen

Während der Konferenz fanden Sitzungen zwischen den Stabschefs der drei Regierungen über militärische Themen gemeinsamen Interesses statt.

2. August 1945.

(Dieser Bericht ist von *J. W. Stalin, Harry S. Truman* und *C. R. Attlee* unterzeichnet.)

Verhandlungsprotokoll der Konferenz von Potsdam
Berlin, 2. August 1945[1]

Die Potsdamer Konferenz der drei Regierungschefs der Union der Sozialistischen Sowjetrepubliken, der Vereinigten Staaten von Amerika und des Vereinigten Königreiches, die vom 17. Juli bis 2. August 1945 stattfand, kam zu den folgenden Ergebnissen:

I.
Errichtung eines Rates der Außenminister

A.
Die Konferenz erzielte die folgende Vereinbarung über die Errichtung eines Rates der Außenminister, um die notwendige vorbereitende Arbeit für die Friedensregelungen vorzunehmen[2]:

B.
Es wurde vereinbart, daß die drei Regierungen eine gleichlautende Einladung an die Regierungen Chinas und Frankreichs richten werden, diesen Text anzunehmen und sich an der Errichtung des Rates zu beteiligen. Der Text der gebilligten Einladung lautet wie folgt: Rat der Außenminister.

Entwurf einer gleichlautenden Einladung, die von jeder der drei Regierungen getrennt an die Regierungen Chinas und Frankreichs abzusenden ist.

"Die Regierungen des Vereinigten Königreiches, der Vereinigten Staaten und der Union der Sozialistischen Sowjetrepubliken halten es für notwendig, unverzüglich mit der wichtigen vorbereitenden Arbeit für die Friedensregelung in Europa zu beginnen. Sie sind sich darüber einig, daß zu diesem Zweck ein Rat der Außenminister der fünf Großmächte errichtet werden sollte, um Friedensverträge mit den europäischen Feindstaaten zur Vorlage bei den Vereinten Nationen vorzubereiten. Der Rat würde ferner ermächtigt sein, für die ungelösten territorialen Fragen in Europa Regelungen vorzuschlagen und die anderen Fragen zu behandeln, die nach Übereinkunft zwischen den Mitgliedregierungen an ihn verwiesen werden könnten.

Der von den drei Regierungen angenommene Text lautet wie folgt: (Hier ist der endgültige vereinbarte Wortlaut des Vorschlages einzusetzen.)

Im Einvernehmen mit den Regierungen der Vereinigten Staaten und der Union der Sozialistischen Sowjetrepubliken, der Regierung Seiner Majestät im Vereinigten Königreich und der Union der Sozialistischen Sowjetrepubli-

---

1 Übersetzung nach: The Conference of Berlin 1945. II, S. 1478 ff. (Nr. 1383).

2 Die folgenden Abschnitte entsprechen Abschnitten II. 1-4 des Potsdamer Abkommens.

ken übermitteln die Regierung der Vereinigten Staaten, die Regierung des Vereinigten Königreiches und die sowjetische Regierung der Regierung Chinas (Frankreichs) die herzliche Einladung, den oben zitierten Text anzunehmen und sich an der Errichtung des Rates zu beteiligen. Die Regierung Seiner Majestät, die Regierung der Vereinigten Staaten und die sowjetische Regierung messen der Beteiligung der chinesischen Regierung (französischen Regierung) an den vorgeschlagenen Abmachungen große Bedeutung bei und hoffen, eine baldige und günstige Antwort auf diese Einladung zu erhalten."[3]

IV.
Verfügung über die deutsche Kriegs- und Handelsmarine

A.

Folgende Grundsätze wurden für die Verteilung der deutschen Kriegsmarine vereinbart:

1) Der Gesamtbestand der deutschen Überwasser-Kriegsmarine, ausgenommen die versenkten und die von den alliierten Nationen übernommenen Schiffe, aber einschließlich der im Bau oder in Reparatur befindlichen Schiffe soll zu gleichen Teilen unter die Union der Sozialistischen Sowjetrepubliken, das Vereinigte Königreich und die Vereinigten Staaten von Amerika aufgeteilt werden.

2) Unter im Bau oder in Reparatur befindlichen Schiffen werden die Schiffe verstanden, deren Bau oder Reparatur entsprechend dem Schiffstyp innerhalb von drei oder sechs Monaten abgeschlossen werden kann. Ob diese im Bau oder in Reparatur befindlichen Schiffe fertiggestellt oder repariert werden sollen, soll von der unten erwähnten und von den Drei Mächten ernannten technischen Kommission bestimmt werden unter Berücksichtigung des Grundsatzes, daß ihre Fertigstellung oder Reparatur innerhalb der oben vorgesehenen Frist durchgeführt sein muß, und zwar ohne irgendeine Vermehrung der Fachkräfte in den deutschen Werften und ohne die Wiederaufnahme irgend eines deutschen Schiffsbaues oder verwandter Industrien zuzulassen. Unter dem Zeitpunkt der Fertigstellung ist der Zeitpunkt zu verstehen, zu dem ein Schiff zu seiner ersten Fahrt auslaufen kann oder, nach Friedensmaßstäben, der übliche Zeitpunkt der Übergabe durch die Werft an die Regierung.

3) Der größere Teil der deutschen U-Bootflotte soll versenkt werden. Nicht mehr als dreißig Unterseeboote sollen erhalten bleiben und zu gleichen Teilen unter die Union der Sozialistischen Sowjetrepubliken, das Vereinigte Königreich und die Vereinigten Staaten von Amerika zu Versuchs- und technischen Zwecken aufgeteilt werden.

---

3 Die folgenden Abschnitte entsprechen den Abschnitten II, III und IV des Potsdamer Abkommens.

4) Alle Waffen-, Munitions- und Vorratslager der deutschen Kriegsmarine, die zu den gemäß Ziffer 1 und 3 übergebenen Schiffen gehören, sollen den betreffenden Mächten übergeben werden, die diese Schiffe erhalten.

5) Die drei Regierungen kommen überein, eine Drei-Mächte-Kommission für die Kriegsmarine zu bilden, die sich aus zwei Vertretern für jede Regierung mit dem erforderlichen Stab zusammensetzt, um den drei Regierungen vereinbarte Empfehlungen für die Zuweisung bestimmter deutscher Kriegsschiffe vorzulegen und um andere einzelne Fragen, die sich aus der Vereinbarung zwischen den drei Regierungen bezüglich der deutschen Flotte ergeben, zu behandeln. Die Kommission wird ihre erste Sitzung spätestens am 15. August 1945 in Berlin abhalten, wo ihr Hauptsitz sein soll. Jede Delegation bei der Kommission wird auf der Grundlage der Gegenseitigkeit das Recht haben, deutsche Kriegsschiffe, wo immer sie liegen, zu inspizieren.

6) Die drei Regierungen vereinbaren, daß die Übergabe, einschließlich der im Bau oder in Reparatur befindlichen Schiffe so bald wie möglich, spätestens aber am 15. Februar 1946, abgeschlossen sein soll. Die Kommission wird alle zwei Wochen Berichte vorlegen, die auch Vorschläge für die allmähliche Zuweisung der Schiffe enthalten, wenn die Kommission sich darüber geeinigt hat.

B.

Folgende Grundsätze wurden für die Verteilung der deutschen Handelsmarine vereinbart:

1) Die deutsche Handelsmarine, die den Drei Mächten übergeben worden ist, soll, wo immer sie sich befindet, zu gleichen Teilen unter die Union der Sozialistischen Sowjetrepubliken, das Vereinigte Königreich und die Vereinigten Staaten von Amerika aufgeteilt werden. Die tatsächliche Übergabe der Schiffe an die betreffenden Länder soll stattfinden, sobald das nach dem Ende des Krieges gegen Japan durchführbar ist. Das Vereinigte Königreich und die Vereinigten Staaten werden aus ihren Anteilen an den übergebenen deutschen Handelsschiffen angemessene Mengen für andere alliierte Staaten bestimmen, deren Handelsmarine im Kampf für die gemeinsame Sache gegen Deutschland schwere Verluste erlitten hat, mit der Ausnahme, daß die Sowjetunion Polen aus ihrem Anteil versorgen soll.

2) Die Zuweisung, Bemannung und der Einsatz dieser Schiffe während der Dauer des Krieges gegen Japan soll unter die Zuständigkeit und die Befugnis des Gemeinsamen Ausgleichsamts für die Schiffahrt und der Vereinigten Schiffahrtsbehörde fallen.

3) Wenn die tatsächliche Übergabe der Schiffe auch bis nach dem Ende des Krieges gegen Japan aufgeschoben werden soll, so soll doch eine Drei-Mächte-Schiffahrtskommission alle verfügbaren Schiffe inventarisieren und abschätzen und in Übereinstimmung mit Ziffer 1 eine bestimmte Verteilung empfehlen.

4) Deutsche Binnen- und Küstenschiffe, die vom Alliierten Kontrollrat in Deutschland als für die Erhaltung der grundlegenden deutschen Friedenswirtschaft notwendig bestimmt werden, sollen nicht in den Schiffbestand miteinbezogen werden, der auf diese Weise auf die Drei Mächte verteilt wird.

5) Die drei Regierungen kommen überein, eine Drei-Mächte-Kommission für die Handelsmarine zu bilden, die sich aus zwei Vertretern für jede Regierung mit dem erforderlichen Stab zusammensetzt, um den drei Regierungen vereinbarte Empfehlungen für die Zuweisung bestimmter deutscher Handelsschiffe vorzulegen und andere einzelne Fragen, die sich aus der Vereinbarung zwischen den drei Regierungen bezüglich der deutschen Handelsschiffe ergeben, zu behandeln. Die Kommission wird ihre erste Sitzung spätestens am 1. September 1945 in Berlin abhalten, wo ihr Hauptsitz sein soll. Jede Delegation bei der Kommission wird auf der Grundlage der Gegenseitigkeit das Recht haben, deutsche Handelsschiffe, wo immer sie liegen, zu inspizieren[4].

XIII.
Erdölanlagen in Rumänien

Die Konferenz kam überein, zwei bilaterale Sachverständigenkommissionen einzusetzen, von denen die eine aus britischen und sowjetischen Mitgliedern, die andere aus amerikanischen und sowjetischen Mitgliedern besteht, um die Fakten zu untersuchen und die Dokumente zu prüfen als Grundlage für die Regelung von Fragen, die sich aus der Entnahme von Erdölanlagen aus Rumänien ergeben. Ferner wurde vereinbart, daß diese Sachverständigen innerhalb von zehn Tagen an Ort und Stelle mit ihrer Arbeit beginnen sollen.

XIV.
Iran

Es wurde vereinbart, daß die alliierten Truppen unverzüglich aus Teheran abgezogen werden sollten und daß der stufenweise Truppenabzug aus dem Iran auf der Sitzung des Rates der Außenminister, die im September 1945 in London abgehalten wird, geprüft werden sollte.

---

4 Die folgenden Abschnitte entsprechen den Abschnitten VI, VII, VIII, IX, X, XI, XII und XIII des Potsdamer Abkommens.

XV.
Die internationale Zone von Tanger

Es wurde ein Vorschlag der sowjetischen Regierung geprüft und folgende Beschlüsse gefaßt.

Nachdem wir die Frage der Zone von Tanger geprüft haben, sind wir übereingekommen, daß diese Zone, die die Stadt Tanger und das angrenzende Gebiet umfaßt, in Anbetracht ihrer besonderen strategischen Bedeutung international bleiben soll.

Die Frage von Tanger wird in naher Zukunft auf einer Konferenz der Vertreter der Regierungen der Union der Sozialistischen Sowjetrepubliken, der Vereinigten Staaten von Amerika, des Vereinigten Königreiches und Frankreichs in Paris erörtert.

XVI.
Die Schwarzmeerengen

Die drei Regierungen anerkannten die dringende Notwendigkeit einer Revision der in Montreux geschlossenen Konvention über die Meerengen, da sie den heutigen Verhältnissen nicht mehr entspricht.

Es wurde vereinbart, daß als nächster Schritt die Angelegenheit Gegenstand direkter Gespräche zwischen jeder der drei Regierungen und der türkischen Regierung sein sollte.

XVII.
Internationale Binnenwasserstraßen

Die Konferenz prüfte einen Vorschlag der amerikanischen Delegation zu dieser Frage und kam überein, ihn zur Prüfung an die bevorstehende Sitzung des Rates der Außenminister in London zu verweisen.

XVIII.
Konferenz über den europäischen Binnentransport

Die britische und die amerikanische Delegation auf der Konferenz unterrichteten die sowjetische Delegation von dem Wunsch der britischen und der amerikanischen Regierung, die Konferenz über den europäischen Binnentransport wieder einzuberufen, und erklärten, sie würden die Zusicherung begrüßen, daß die sowjetische Regierung an der Arbeit der wieder einberufenen Konferenz teilnehmen werde. Die sowjetische Regierung stimmte zu, daß sie an dieser Konferenz teilnehmen würde.

XIX.
Direktiven an die Militärbefehlshaber
beim Alliierten Kontrollrat für Deutschland

Die drei Regierungen vereinbarten, daß jede eine Direktive an ihren Vertreter beim Kontrollrat für Deutschland richten wird, die ihn von allen Beschlüssen der Konferenz unterrichtet, welche in seinen Aufgabenbereich fallende Fragen betreffen.

XX.
Verwendung alliierten Eigentums als Reparation
der Satellitenstaaten oder als "Siegesbeute"

Der von der amerikanischen Delegation vorgelegte Vorschlag wurde grundsätzlich von der Konferenz angenommen, der Entwurf einer Vereinbarung über diese Frage wurde jedoch der Ausarbeitung auf diplomatischem Wege überlassen.

Bibliographie

1. Quellen

Amtsblatt der Alliierten Hohen Kommission, Baden-Baden 1949 ff.

Amtsblatt der Militärregierung Deutschland, amerikanisches Kontrollgebiet, Frankfurt 1945 ff.

Amtsblatt der Militärregierung Deutschland, britisches Kontrollgebiet, Bielefeld 1945 ff.

Amtsblatt des französischen Oberkommandos in Deutschland, Baden-Baden 1945 ff.

Amtsblatt des Kontrollrates in Deutschland, Berlin 1945 ff.

Amtsblatt der Landesverwaltung Mecklenburg-Vorpommern, Schwerin 1945 ff.

Archiv der Gegenwart, (Keesing's Archiv), Bonn 1945 ff.

Auswärtiges Amt, Deutsches Weißbuch. Materialien zum Kriegsächtungspakt, Berlin 1929.

Befehle des obersten Chefs der sowjetischen Militärverwaltung in Deutschland, Sammelheft 1, Berlin 1946.

Berber, F., Völkerrecht, Dokumentensammlung, Bd. II, München/Berlin 1967.

Beziehungen DDR–UdSSR 1949-1955, Dokumentensammlung, 2 Halbbände, Berlin 1975.

Bredthauer, K.D. (Hg), Dokumentation zur Wiederaufrüstung der Bundesrepublik, Köln 1980.

British and Foreign State Papers, London 1819 ff.

Bulletin, herausgegeben vom Presse- und Informationsamt der Bundesregierung, Bonn 1949 ff.

Bundesanzeiger, Bonn 1949 ff.

Bundesgesetzblatt, Bonn 1949 ff.

Bundestagsdrucksachen, Deutscher Bundestag, Drucksachen, Bonn 1949 ff.

Clay Papers, J.E. Smith (Hg), The papers of General Lucius D. Clay. Germany 1945-1949, Bloomington, Ind. 1974.

Dennewitz, B., Die Verfassungen der modernen Staaten, 4 Bände, Hamburg 1949.

Deuerlein, E. (Hg), Potsdam 1945. Quellen zur Konferenz der "Großen Drei", München 1963.

Dokumente der Menschlichkeit aus der Zeit der Massenaustreibung, Kitzingen 1950.

Dokumente und Berichte des Europa-Archivs, Frankfurt/Wien 1947 ff.

Dokumente zur Berlinfrage 1944-1962, 2. Aufl. München 1962.

Dokumente zur Deutschlandpolitik der Sowjetunion. Bd. I: Vom Potsdamer Abkommen am 2. August 1945 bis zur Erklärung über die Herstellung der Souveränität der Deutschen Demokratischen Republik am 25. März 1954, Berlin 1957.

Europa-Archiv, Oberursel 1946 ff.

Fischer, A. (Hg) Teheran, Jalta, Potsdam. Die sowjetischen Protokolle der Kriegskonferenzen der "Großen Drei", Köln 1968.

Fontes Iuris Gentium. Handbuch der Entscheidungen des Internationalen Gerichtshofs, Series A, Sectio I, Tomus 5, 1947-1958, Berlin 1961.

Foreign Relations of the United States. Diplomatic Papers. Washington 1955 ff.
  − The Conferences at Cairo and Teheran 1943
  − General 1944
  − The Conferences at Malta and Yalta 1945
  − The Conference of Berlin (The Potsdam Conference)
  − Concil of Foreign Ministers 1946
  − Europe 1945
  − The British Commonwealth; Western and Central Europe 1946
  − Concil of Foreign Ministers 1947

Gesetzblatt der DDR, Berlin 1949 ff.

Gesetzliche Vorschriften der Amerikanischen Militärregierung in Deutschland, o.O., o.J. (München 1947).

Gesetz- und Verordnungsblatt für das Land Sachsen, Dresden 1945 ff.

Heinisch-Hellwig, Die Jalta-Dokumente, Göttingen 1957.

Heinze-Schilling, Die Rechtsprechung der Nürnberger Militärtribunale. Sammlung der Rechtsthesen, der Urteile und gesonderten Urteilsbegründungen der dreizehn Nürnberger Prozesse, Bonn 1952.

Hohlfeld, J. (Hg), Dokumente der Deutschen Politik und Geschichte von 1948 bis zur Gegenwart, Berlin o.J.

Holborn, H. u. L., War and Peace aims of the UN, 1. und 2. Band, Boston 1943, 1944.

Huber, E.R. (Hg), Quellen zum Staatsrecht der Neuzeit, Bd. II, Tübingen 1951.

International Law Commission, A/CN 4/101 vom 14.3.1956, New York.

Kämmerer, R. (Hg), Die Konferenzen von Malta und Jalta, Düsseldorf o.J. (1957).

Kraus, H., Heinze, K., (Hg), Völkerrechtliche Urkunden zur europäischen Friedensordnung seit 1945, Bonn 1953.

Kriegsdokumente und Bündnisgrundlagen, Kriegsziele und Friedenspolitik der Vereinten Nationen, Hamburg 1946.

Militärgerichtshof, Der Prozeß gegen die Hauptkriegsverbrecher vor dem Internationalen Militärgerichtshof, 42 Bände, Nürnberg 1947 ff.

Nürnberger Juristenurteil, Hamburg 1948.

Parlamentarischer Rat, Stenographische Berichte über die Plenarsitzungen, Bonn 1948/49.

Parlamentarischer Rat, Verhandlungen des Hauptausschusses, Bonn 1948/49.

Parlamentary Debates, British Parliamentary Debates, House of Commons, Bd. 406.

Das Potsdamer Abkommen. Dokumentensammlung, Berlin 2. Aufl. 1980.

Presse- und Informationsamt der Bundesregierung (Hg), Die Verträge, Bonn 1971.

Presse- und Informationsamt der Bundesregierung (Hg), Der Grundlagenvertrag vor dem Bundesverfassungsgericht, Karlsruhe/Heidelbeg 1975.

Public Papers of the United States, Harry S. Truman 1946, Washington 1962.

Rauschning, D. (Hg), Die Gesamtverfassung Deutschlands, Frankfurt/Berlin 1962.

Regierungsblatt Tühringen, Weimar 1945 ff.

Rhode, G.; Wagner, W., Quellen zur Geschichte der Oder-Neiße-Linie in den diplomatischen Verhandlungen während des Zweiten Weltkrieges, Stuttgart 1956.

Sanakojew, S.P., Zybulesky, B.L. (Hg), Teheran, Jalta, Potsdam, Berlin 1978.

Schramm, P.E. (Hg), Die Niederlage 1945, München 1962.

Siegler, H. v., Dokumentation zur Deutschlandfrage. Hauptband III: Von der Berlin-Sperre August 1961 bis zur Regierungserklärung Erhards November 1965, Bonn/Wien/Zürich 1966.

Siegler, H. v., Wiedervereinigung und Sicherheit Deutschlands, Bonn/Wien/Zürich, 5. Aufl. 1964.

Statistisches Jahrbuch für die Bundesrepublik Deutschland 1953 ff., Stuttgart 1953 ff.

Statistisches Jahrbuch für das Deutsche Reich 1940, Berlin 1941.

Stoecker, H. (Hg), Handbuch der Verträge 1871-1964, Berlin 1968.

Stulz, P.; Thomas, S. (Hg), Die Deutsche Demokratische Republik auf dem Weg zum Sozialismus, Teil I 1945-1949, Berlin 1969.

United Nations Documents 1941-1945, London/New York 1949.

United Nations Treaty Series, New York 1947 ff.

Das Urteil von Nürnberg 1946, München 1977.

US-Department of State, Bulletin, Washington 1972.

Verordnungsblatt der Stadt Berlin, Berlin 1946.

Yearbook of the United Nations, New York 1947 ff.

Zentralverordnungsblatt, Berlin 1945 ff. (sowjetische Besatzungszone).

2. Literatur

Abeken, G., Das Geld- und Bankwesen in der sowjetischen Besatzungszone und im Sowjetsektor Berlins von 1945-1954, 2. Aufl., Bonn 1955.

Abendroth, W., Die Haftung des Reiches, Preußens, der Mark Brandenburg und der Gebietskörperschaften des öffentlichen Rechts für Verbindlichkeiten, die vor der Kapitulation vom 8. Mai 1945 entstanden sind, Neue Justiz 1947 S. 73.

Abendroth, W., Zwiespältiges Verfassungsrecht in Deutschland, Archiv des Öffentlichen Rechts, Bd. 37 N.F., Tübingen 1950/51 S. 1.

Abendroth, W., Die gegenwärtige völkerrechtliche Bedeutung des Potsdamer Abkommens vom 2. August 1945, Europa-Archiv 1952 S. 4943.

Abendroth, W., Die völkerrechtliche Bindung Gesamtdeutschlands durch Verträge seiner Staatsfragmente, in: Festschrift für Rudolf Laun, Hamburg 1953 S. 145.

Abendroth, W., Frankreich und das Potsdamer Abkommen, Zeitschrift für Politik 1954 S. 71.

Abendroth, W., Das KPD-Verbotsurteil des Bundesverfassungsgerichts in: W. Abendroth, Antagonistische Gesellschaft und politische Demokratie, 2. Aufl., Neuwied/Berlin 1972 S. 139.

Abendroth, W., Das Grundgesetz. Eine Einführung in seine politischen Probleme, 3. Aufl., Pfullingen 1972.

Abendroth, W., Das Grundgesetz – sein antifaschistischer und sozialer Auftrag, in: Abendroth, W. u.a. Der antifaschistische Auftrag des Grundgesetzes, Frankfurt 1974 S. 16.

Ago, R., Le Délit International, Recueil des Cours, Académie de Droit International, Bd. 68 (1939 II), Paris 1939 S. 415.

Ago, R., Droit des Traités á la Lumière de la Convention de Vienne, Recueil des Cours, Académie de Droit International, Bd. 134 (1971 III), Leyden 1972 S. 297.

Ahrens, H.D., Demontage. Nachkriegspolitik der Alliierten, München 1982.

Albertini, R. v., Die französische Deutschlandpolitik, in: Schweizer Monatshefte 35 (1955) 364-376.

Albrecht, U., Die Wiederaufrüstung der Bundesrepublik, Köln 1980.

Altmeyer, K., Die Dokumente vom 5. Juni 1945 und die politische Einheit Deutschlands, Europa-Archiv 1955 S. 7365.

Amerikanischer Hochkommissar für Deutschland, Berichte über Deutschland, München 1946 ff.

Anschütz, C., Die Verfassung des Deutschen Reiches, 14. Aufl., Berlin 1933.

Antoni, M., Wandel und Anpassung, verfassungspolitische Position der SPD 1934-1949, Bayreuth 1980 (unveröffentlichtes Manuskript).

Anzilotti, R., Lehrbuch des Völkerrechts, 2 Bände, München/Berlin 1960.

Arndt, A., Deutschlands rechtliche Lage, Die Wandlung 1947 S. 106.

Arndt, A., Der deutsche Staat als Rechtsproblem, Berlin 1960.

Arndt, A., Zur Verjährung von NS-Verbrechen, Recht und Politik, 1965 S. 1.

Arndt, A., Die Verträge von Moskau und Warschau, Bonn 1973.

Arzinger, R., Das Potsdamer Abkommen und die europäische Sicherheit, Deutsche Außenpolitik 1965, S. 883.

Arzinger, R., Das Selbstbestimmungsrecht im allgemeinen Völkerrecht der Gegenwart, Berlin 1966.

Autorenkollektiv, Geschichte der Deutschen Demokratischen Republik, Berlin 1981.

Autorenkollektiv, Geschichte der Rechtspflege der DDR 1945-1949, Berlin 1976.

Autorenkollektiv, Geschichte der sowjetischen Außenpolitik, 1. Teil 1917-1945, Berlin 1969.

Autorenkollektiv, Marxistisch-leninistische allgemeine Theorie des Staates und des Rechts, Berlin Bd. I und II 1974, Bd. III 1975, Bd. IV 1976.

Autorenkollektiv, Verwaltungsrecht, Berlin 1979.

Autorenkollektiv, Völkerrecht, 2 Bände, Berlin, 1. Aufl., 1973, 2. Aufl. 1981 (zitiert ist die 2. Aufl., soweit nicht anders vermerkt).

Backer, J.H., Die Entscheidung zur Teilung Deutschlands. Die amerikanische Deutschlandpolitik 1943-1948, München 1981.

Badstübner, R., Restauration in Westdeutschland 1945-1949, Berlin 1965.

Badstübner, R.; Peters, E., Das Potsdamer Abkommen, in: Historische Gedenkstätte des Potsdamer Abkommens Cecilienhof, o.O. o.J. (Potsdam 1972), S. 7.

Balfour, M., Vier-Mächte-Kontrolle in Deutschland, Düsseldorf 1959.

Becker, J.; Stammen, T. u.a., Vorgeschichte der Bundesrepublik Deutschland, München 1979.

Belezki, V.N., Die Politik der Sowjetunion in den deutschen Angelegenheiten in der Nachkriegszeit 1945-1976, Berlin 1977.

Benz, W., Wirtschaftspolitik zwischen Demontage und Währungsreform, in: Westdeutschlands Weg S. 69.

Berber, F., Lehrbuch des Völkerrechts. Bd. I: Allgemeines Friedensrecht, München/Berlin 1960, Bd. II: Kriegsrecht, München/Berlin 1962, Bd. III: Streitbeilegung, Kriegsverhütung, Integration, München/Berlin 1964.

Bericht über die Rüstungsproduktion in der sowjetischen Besatzungszone, erstellt im Bundesministerium für gesamtdeutsche Fragen, Bonn 1951.

Beyer, W.R., Zum gegenwärtigen völkerrechtlichen Status Deutschlands, Neue Justiz 1952 S. 535.

Beyme, K. v., Stichwort 'Demokratie' in: Marxismus im Systemvergleich, herausgegeben von C.D. Kernig, Politik Bd. I, Frankfurt 1973 Spalte 116.

Binder, G.; Wasser, H., Deutschland deine Legenden, Stuttgart 1974.

Bissonnette, P.A., La Satisfaction comme Mode de Réparation en Droit International, Genf 1952.

Bittel, K., Vom Potsdamer Abkommen zur Vier-Mächte-Konferenz, Berlin 1953.

Bittel, K. (Hg), Alliierter Kontrollrat und Außenministerkonferenzen, Berlin 1959.

Blank, M.; Brauns, H.J., u.a. Wohin treibt der Rechtsstaat? Köln 1977.

Blömer, K., Durch Europa zur Wiedervereinigung, Die politische Meinung, November/Dezember 1964 S. 30.

Blum, J.M., Deutschland ein Ackerland? Morgenthau und die amerikanische Kriegspolitik 1941-1945, Düsseldorf 1968.

Blumenwitz, D., Die Grundlagen eines Friedensvertrages mit Deutschland, Berlin 1966.

Blumenwitz, D., Feindstaatenklauseln, München/Wien 1972.

Blumenwitz, D., Die Unberührtheitsklausel in der Deutschlandpolitik, in: Randelzhofer, A. (Hg), Festschrift für Friedrich Berber, München 1973, S. 83.

Boehmer, G.-W., Deutschlands Rechtslage, Zeitschrift für ausländisches öffentliches Recht und Völkerrecht 1963 S. 280.

Bohn, H., Die Aufrüstung in der SBZ, Bonn 1960.

Bollinger, S., Zur völkerrechtlichen Regelung der Deutschland-Frage, Deutsche Außenpolitik 1965, Sonderheft I S. 214.

Bonn, M.J., The Potsdam Reparationsplan, World Affairs 1949 S. 11.

Bonner Kommentar, Kommentar zum Bonner Grundgesetz, Hamburg 1950 ff.

Bosl, K., Die Aufteilungspläne der Alliierten in den Verhandlungen von Casablanca bis zur Potsdamer Konferenz und die Grundtatsachen der Teilung Deutschlands, in: K. Bosl (Hg): Das Jahr 1945 in der Tschechoslowakei, Internationale, nationale und wirtschaftliche Probleme, München 1971 S. 23.

Bracht, H.W., Zum Problem der völkerrechtlichen und staatsrechtlichen Kontinuität Deutschlands nach 1945, Zeitschrift für Ostforschung 1957 S. 293.

Bracht, H.W., Potsdam heute. Die gegenwärtige Bedeutung des Potsdamer Abkommens, Deutsche Studien 1968 S. 341.

Bracht, H.W., Verpflichtung der Bundesrepublik Deutschland aus dem Potsdamer Abkommen nach sowjetischer Völkerrechtsdarstellung, in: Klein, Potsdamer Abkommen S. 59.

Brandl, F., Das Recht der Besatzungsmacht, Heidelberg 1947.

Brownlie, J., Principles of Public International Law, 2. Aufl., Oxford 1963.

Bücking, H.J., Der Rechtsstatus des Deutschen Reiches, Berlin 1979.

Bücking, H.J., Die verfassungs- und völkerrechtlichen Grundlagen der Identitätslehre, Demokratie und Recht 1974 S. 258.

Byrnes, J.F., In aller Offenheit, Frankfurt o.J.

Calvelli-Adorno, F., Die Verlängerung der Verjährungsfrist für die Strafverfolgung von Verbrechern, die mit lebenslanger Zuchthausstrafe bedroht sind, Neue Juristische Wochenschrift 1965 S. 273.

Calvelli-Adorno, F., Schlußwort zur Verjährungsfrist von NS-Verbrechen, Neue Juristische Wochenschrift 1965 S. 1952.

Cartellieri, W., Dekartellierung und Entflechtung, Betriebsberater 1949 S. 716.

Chambers, S.P., Post-War German Finances, International Affairs 1948 S. 370.

Churchill, W., Der Zweite Weltkrieg, Band VI, Triumph und Tragödie, Bern 1954.

Ciechanowski, J., Defeat in Victory, New York 1947.

Clay, L.D., Decision in Germany, London 1950.

Clay, L.D., Entscheidung in Deutschland, Frankfurt 1950.

Cohn, E.J., Zum rechtlichen Problem Deutschlands, Monatsschrift für Deutsches Recht 1947, S. 178.

Conte, A., Die Teilung der Welt. Jalta 1945, Düsseldorf 1965.

Cornides, W., Die völkerrechtliche Stellung Deutschlands nach seiner bedingungslosen Kapitulation, Europa-Archiv 1946, S. 209.

Cornides, W., Die Deutsche Frage nach Moskau, Europa-Archiv 1947 S. 759.

Cornides, W., Die Weltmächte und Deutschland, Tübingen 1957.

Cornides, W., Die Illusion einer selbständigen französischen Deutschlandpolitik (1944-1947), Europa-Archiv 1954 S. 6731.

Cúth, J., Einige Probleme der Anerkennung von Staaten im gegenwärtigen Völkerrecht, Rechtswissenschaftlicher Informationsdienst 1956 S. 404.

Czempiel, E.O., Das amerikanische Sicherheitssystem 1945-1949, Berlin 1966.

Dahm, G., Zur Problematik des Völkerstrafrechts, Göttingen 1956.

Dahm, G., Völkerrecht, Bd. I Stuttgart 1958, Bd. II und III Stuttgart 1961.

Decken, v.d., Der völkerrechtliche Hintergrund des Besatzungsregimes in Deutschland, Hamburg 1947 (maschinenschriftlich).

Dernedde, Justiz und Verwaltung, Stuttgart 1950.

Deuerlein, E., Die Einheit Deutschlands, 2. Aufl., Frankfurt 1961.

Deuerlein, E., Deutschland wird nicht geteilt, Politische Meinung 1964, Heft 94 S. 53.

Deuerlein, E., Die Präjudizierung der Teilung Deutschlands 1944/45, Deutschland-Archiv 1969 S. 353.

Deuerlein, E., Potsdam 1945. Ende und Anfang, Köln 1970.

Deuerlein, E., Die Verabschiedung der Deutschland-Bestimmungen des Potsdamer Abkommens, Deutschland-Archiv 1970 S. 673.

Deuerlein, E., Die amerikanischen Vorformulierungen und Vorentscheidungen für die Konferenz von Potsdam, Deutschland-Archiv 1970 S. 337.

Deuerlein, E., Deklamation oder Ersatzfrieden? Die Konferenz von Potsdam 1945, Stuttgart 1970.

Deuerlein, E. (Hg), DDR 1945-1970. Geschichte und Bestandsaufnahme, 4. Aufl., München 1974.

Deuerlein, E., Auslegung und Vollzug des Potsdamer Abkommens, in: Potsdam S. 35.

Djilas, M., Gespräche mit Stalin, Frankfurt 1962.

Doehring, K., Das Selbstbestimmungsrecht der Völker als Grundsatz des Völkerrechts, Karlsruhe 1974.

Dormann, M., Demokratie und Militärpolitik, Freiburg 1970.

Dorn, W.L., Die Debatte über die amerikanische Besatzungspolitik für Deutschland (1944-45), Vierteljahreshefte für Zeitgeschichte 1958 S. 60.

Duckwitz, E., Rechtsfolgen bei Verletzung völkerrechtlicher Verträge, Berlin 1975.

Duroselle, J.-B., Histoire diplomatique de 1919 á nos jours, Paris 1966.

Eagleton, C., The Responsibility of States in International Law, New York 1928 (Nachdruck New York 1970).

Faust, F., Hat das Potsdamer Abkommen heute noch eine völkerrechtliche Bedeutung?, Wehrwissenschaftliche Rundschau 1963 S. 273.

Faust, F., Das Potsdamer Abkommen und seine völkerrechtliche Bedeutung, 4. Aufl., Frankfurt 1969.

Faust, F., Die wirtschaftliche und politische Einheit Deutschlands im Potsdamer Abkommen, in: Klein, Potsdamer Abkommen S. 123.

Feis, H., Zwischen Krieg und Frieden, Frankfurt 1962.

Fenske, H., Strukturprobleme der deutschen Parteiengeschichte, Frankfurt 1974.

Fiedler, W., Staatskontinuität und Verfassungsrechtsprechung, Freiburg/München 1970.

Finch, G.A., The Nuremberg Trial and International Law, American Journal of International Law 1947 S. 20.

Fischer, A., Antifaschismus und Demokratie, in: Potsdam S. 5.

Fischer, A., Varianten der sowjetischen Deutschlandpolitik 1941-1945, Deutschland-Archiv 1973 S. 282.

Fischer, A., "Antifaschistisch-demokratischer" Neubeginn 1945. Sowjetische Deutschlandpolitik am Ende des "Dritten Reiches", Deutschland-Archiv 1975 S. 362.

Frankenfeld, A., Die erste Wiederaufbauphase. Persönliches und Dokumentarisches zur westdeutschen Presseentwicklung, Publizistik 1960 S. 385.

Frenzke, D., Der völkerrechtliche Staatsbegriff in der Völkerrechtslehre der DDR und der UdSSR, Recht in Ost und West 1971 S. 241.

Fricke, K.W., Politik und Justiz in der DDR, Köln 1979.

Fried, H.E., Transfer of Civilian Manpower from Occupied Territory, American Journal of International Law 1946 S. 303.

Fritsch-Bournazel, Die Sowjetunion und die deutsche Teilung. Die sowjetische Deutschlandpolitik 1945-1979, Opladen 1979.

Frowein, J.A., Die Grenzbestimmungen der Ostverträge und ihre völkerrechtliche Bedeutung, Symposium 1971 S. 27.

Fürstenau, J., Die Entnazifizierung in der deutschen Nachkriegspolitik, Neuwied 1969.

Galakin, A.A., Das Potsdamer Abkommen und einige Besonderheiten der Besatzungspolitik der Westmächte, in: Das Potsdamer Abkommen und das Problem der europäischen Sicherheit, Dokumentation der Zeit, Berlin 1965 Heft 338.

Gardner, B., 1945 oder die versäumte Zukunft, Wien/Hamburg 1963.

deGaulle, C., Mémoires de la guerre. Le Salut 1944-1946, Paris 1966.

Geiler, K., Die gegenwärtige völkerrechtliche Lage Deutschlands, Bremen 1947.

Geiler, K., Rechtsgutachten über die I.G. Entflechtung, Frankfurt 1950 (maschinenschriftlich).

Geyer, D., Von der Kriegskoalition zum Kalten Krieg, in: D. Geyer (Hg): Osteuropa-Handbuch, Sowjetunion, Außenpolitik I (1917-1955), Köln 1972 S. 343.

Giese, A., Die Einheit und Spaltung Deutschlands im Spiegel völkerrechtlicher Verträge von 1941 bis 1967, Würzburg 1968.

Gilbert, G.M., Nürnberger Tagebuch, Frankfurt 1962.

Gimbel, J., Amerikanische Besatzungspolitik in Deutschland 1945-1949, Frankfurt 1971.

Ginsburg, D., The Future of German Reparations, Washington, National Planning Association, 18. Februar 1947.

Gniffke, E.W., Jahre mit Ulbricht, Köln 1966.

Görner, G., Potsdamer Abkommen und Berlinfrage, Deutsche Außenpolitik 1969 S. 515.

Görtemaker, M., Die unheilige Allianz. Die Geschichte der Entspannungspolitik 1943-1979, München 1979.

Gottlieb, M., Failure of Quadripartite Monetary Reform 1945-1947, Finanzarchiv 1947 S. 399.

Gottlieb, M., The German Peace Settlement and the Berlin Crisis, New York 1960.

Graefrath, B., Zur Verbindlichkeit des Potsdamer Abkommens. "Warum ist das Potsdamer Abkommen für die DDR und die BRD verbindliches Völkerrecht?", Einheit 1970 S. 686.

Graml, H., Zwischen Jalta und Potsdam, Vierteljahreshefte für Zeitgeschichte 1976 S. 308.

Graml, H., Die Alliierten in Deutschland, in: Westdeutschlands Weg S. 25.

Greig, D.W., International Law, London 1970. *Greiner, B.,* Amerikanische Außenpolitik von Truman bis heute. Grundsatzdebatten und Strategiediskussionen, Köln 1980.

Greuner, R., Lizenzpresse. Auftrag und Ende, Berlin 1962.

Grewe, W., Nürnberg als Rechtsfrage, eine Diskussion, Stuttgart 1947.

Grewe, W., Ein Besatzungsstatut für Deutschland, Stuttgart 1948.

Grewe, W., Die Vereinbarungen von 1945 und die Politik der Wiedervereinigung, Außenpolitik 1954 S. 345.

Grewe, W., Deutsche Außenpolitik der Nachkriegszeit, Stuttgart 1960.

Grotius, H., De Jure belli ac pacis, Amsterdam 1689.

Günther, E., Dekartellisierung, in: Strupp-Schlochauer, Wörterbuch, Bd. I S. 321.

Guggenheim, P., Lehrbuch des Völkerrechts, Basel 1948/49.

Guggenheim/Marek, Völkerrechtlicher Vertrag, in: Strupp-Schlochauer, Wörterbuch, Bd. III S. 528.

Guhl, D., Die Bestimmungen des Potsdamer Abkommens über die Entmilitarisierung und ihre Verwirklichung in beiden Teilen Deutschlands, Deutsche Außenpolitik 1960 S. 921.

Guiton, J., Die französische Außenpolitik nach dem Kriege, in: Europa-Archiv 1952 S. 4651.

Guradze, H., Menschenrechtskonvention der Vereinten Nationen, Jahrbuch für internationales Recht 1971 S. 242.

Habe, H., Im Jahre Null. Ein Beitrag zur Geschichte der deutschen Presse, München 1966.

Hacker, J., Zur Interpretation des Potsdamer Abkommens, Deutschland-Archiv 1968 S. 135.

Hacker, J., Sowjetunion und DDR zum Potsdamer Abkommen, Köln 1969.

Hacker, J., Das Potsdamer Abkommen vom 2. August 1945, Aus Politik und Zeitgeschichte B 31/1970 S. 3.

Hacker, J., Der Rechtsstatus Deutschlands aus der Sicht der DDR, Köln 1974.

Hacker, J., Einführung in die Problematik des Potsdamer Abkommens, in: Klein, Potsdamer Abkommen S. 5.

Hamann, A.; Lenz, H., Das Grundgesetz für die Bundesrepublik Deutschland vom 23. Mai 1949, 3. Aufl., Neuwied/Berlin 1970.

Hansen, R., Das Ende des Dritten Reiches. Die deutsche Kapitulation, Stuttgart 1966.

Harmssen, G.W., Am Abend der Demontage, Bremen 1951.

Hättich, M., Begriff und Formen der Demokratie, München 1966.

Haupt, L., Die Souveränität der beiden in Deutschland bestehenden Staaten, Staat und Recht 1956 S. 301.

Heck, B., Sowjetische Westpolitik, in: H. Huyn (Hg), Ostpolitik im Kreuzfeuer, Stuttgart 1971 S. 18.

Heidelmeyer, W., Das Selbstbestimmungsrecht der Völker, Paderborn 1973.

Heinze, K., Völkerrechtsprobleme des Verteidigungsbeitrages der deutschen Bundesrepublik, Europa-Archiv 1952 S. 4710, 4851.

Heitzer, H., Die Befreiung durch die Sowjetunion und der Beginn der antifaschistisch-demokratischen Umwälzung, Zeitschrift für Geschichtswissenschaft 1980 S. 711.

Heller, H., Staatslehre, Leiden 1963 (Nachdruck der 3. Aufl. von 1934).

Heydte, F.A. v.d., Deutschlands Rechtslage, Friedenswarte 1951/52 S. 323.

Heydte, F.A.v.d., Das Potsdamer Abkommen von 1945, in: Strupp-Schlochauer, Wörterbuch, Bd. II S. 786.

Heydte, F.A. v.d., Der Deutsche Staat im Jahre 1945 und seither, Veröffentlichungen der Vereinigung der Deutschen Staatsrechtslehrer, Bd. 13 (1955) S. 6.

Heydte, F.A. v.d., Völkerrecht, Bd. I., Köln/Berlin 1958.

Heydte, F.A. v.d., Die Entwicklung der deutschen Rechtslage, Jahrbuch für Internationales Recht 1962 S. 137.

Hieblinger; Menzel; Schüssler, Rechtsprobleme der Stadt- und Gemeindeverordnungen, Staat und Recht 1965 S. 1455.

History of the United Nations, War Crimes Commission and the Development of the laws of the war, London 1948.

Hochbaum, Die Rechtsstellung der örtlichen Organe der Staatsgewalt der Deutschen Demokratischen Republik, Berlin 1954.

Hoebink, H., Westdeutsche Wiedervereinigungspolitik 1949-1961, Königstein/Ts. 1979.

Hoenicke, U., Die Fortgeltung von Verträgen des Deutschen Reiches in der Bundesrepublik Deutschland und der DDR, Göttingen 1972.

Hoffmann, G., Die Teilung Deutschlands, Pfullingen 1969.

Hollós, F.T., Zur Kontroverse über den gegenwärtigen Status Deutschlands, Erlangen 1948.

Hoijer, O., La Responsabilité Internationale des Etats, Paris 1930.

Huber, E.R., Wirtschaftsverwaltungsrecht, 2. Aufl., Bd. I, Tübingen 1953.

Hurwitz, H., Die Stunde Null der deutschen Presse, Köln 1972.

Hurwitz, H., Antikommunismus und amerikanische Demokratisierungs-vorhaben im Nachkriegsdeutschland, Aus Politik und Zeitgeschichte, B 29/1978 S. 29.

Huster, E.-U.; Kraiker, G.; u.a., Determinanten der westdeutschen Restauration, 1945-1949, Frankfurt 1972.

Ipsen, H.P., Enteignung und Sozialbindung, Veröffentlichungen der Vereinigung Deutscher Staatsrechtslehrer, Bd. 10 (1952) S. 74.

Ipsen, K., Die UN-Mitgliedschaft der beiden deutschen Staaten und die deutsche Frage, Politik und Kultur 1975 S. 3.

Issraelian, V., Die Antihitlerkoalition, Moskau 1975.

Jacobmeyer, W., Die Niederlage 1945, in: Westdeutschlands Weg zur Bundesrepublik 1945-1949, München 1976 S. 11.

Jaenecke, H., Der Abbau der Kontrollratsgesetzgebung, Köln/Berlin 1952.

Jaenecke, H., Die deutsche Teilung, Frankfurt 1979.

Jahrbuch der Sozialdemokratischen Partei Deutschlands 1948/49, o.O., o.J.

Jellinek, G., Allgemeine Staatslehre, 3. Aufl., Berlin 1914.

Jennings, R.Y., Die Rechtsnatur der alliierten Besetzung Deutschlands, Monatsschrift für Deutsches Recht 1948 S. 6.

Jentsch, G., ERP. Der Marshall-Plan und Deutschlands Platz darin. Hg.: ECA Mission für Westdeutschland, Frankfurt 1950.

Jerusalem, F., Die völkerrechtliche Stellung Deutschlands, Frankfurter Hefte 1947 S. 1254.

Jescheck, H.H., Die Verantwortlichkeit der Staatsorgane nach dem Völkerrecht, Berlin 1952.

Jewgenjew, W.W., Rechtssubjektivität, Souveränität und Nichteinmischung im Völkerrecht, Rechtswissenschaftlicher Informationsdienst 1955 S. 567.

Jürgensen, K., Elemente britischer Deutschlandpolitik, in: Scharf, Deutschlandpolitik S. 103.

Kägi, W., Pacta sunt servanda, in: Strupp-Schlochauer, Wörterbuch, Bd. II S. 710.

Kaiser, K., Zur Haftung für öffentliche Schulden aus der Zeit vor der Kapitulation, Neue Justiz 1947 S. 186.

Kaiser-Wilhelm-Institut für ausländisches und internationales Privatrecht, Tübingen, Gutachten vom 5.5.1947, Jahrbuch für internationales Recht 1948 S. 369.

Kappelt, O., Braunbuch DDR: Nazis in der DDR, Berlin 1981.

Kardelj, E., Vermeidbarkeit oder Unvermeidbarkeit des Krieges, Hamburg 1961.

Kaufmann, E., Deutschlands Rechtslage unter der Besetzung, Stuttgart 1948.

Kegel, G., Ein Vierteljahrhundert danach. Das Potsdamer Abkommen und was aus ihm geworden ist, Berlin 1970.

Kelsen, H., Allgemeine Staatslehre, Berlin 1925.

Kelsen, H., Unrecht und Unrechtsfolgen im Völkerrecht, Zeitschrift für öffentliches Recht 1932 S. 481.

Kelsen, H., The International Legal Status of Germany to be established immediately upon Termination of War, American Journal of International Law 1944 S. 689.

Kelsen, H., The Legal Status of Germany according to the Declaration of Berlin, American Journal of International Law 1945 S. 518.

Kelsen, H., German Peace Terms, New York Times 7.9.1949.

Kelsen, H., Is a peace treaty with Germany legally possible and politically desirable, American Political Science Review, 1947 S. 1188.

Kerstein, J., Die Deutsche Demokratische Republik – ein Staat im Sinne des Völkerrechts, Staat und Recht 1957 S. 249.

Kertzscher, G., Ist Potsdam noch aktuell?, Berlin 1970.

Kewenig, W., Auf der Suche nach einer neuen Deutschland-Theorie, Die öffentliche Verwaltung 1973 S. 797.

Kewenig, W., Deutschlands Rechtslage heute, Europa-Archiv 1974 S. 71.

Khol, A., Menschenrechtskatalog der Völkergemeinschaft, Wien/Stuttgart 1968.

Kimminich, O., Deutsche Verfassungsgeschichte, Frankfurt 1970.

Kimminich, O., Die Souveränität der Bundesrepublik Deutschland, Hamburg 1970.

Kimminich, O., Ungelöste Rechtsprobleme der deutsch-polnischen Beziehungen, Zeitschrift für Politik 1971 S. 333.

Kimminich, O., Die Ostverträge, Köln 1972.

Kimminich, O., Menschenrechte, München/Wien 1973.

Kimminich, O., Der Moskauer Vertrag vom 12. August 1970, Bd. I Hamburg 1972, Bd. II Hamburg 1973.

Kimminich, O., Das Urteil über die Grundlagen der staatsrechtlichen Konstruktion der Bundesrepublik Deutschland, Deutsches Verwaltungsblatt 1973 S. 657.

Kirsten, J., Einige Probleme der Staatsnachfolge, Berlin 1962.

Kittner, M. (Hg): Streik und Aussperrung, Frankfurt 1974.

Klafkowski, A., The Potsdam Agreement, Warschau 1963.

Klein, F., Neues Deutsches Verfassungsrecht, Frankfurt 1949.

Klein, F., Rechtliche Verbindlichkeit des Potsdamer Abkommens für die Bundesrepublik Deutschland? in: Klein, Potsdamer Abkommen S. 143.

Klein, F.; Meissner, B. (Hg): Das Potsdamer Abkommen und die Deutschlandfrage, Wien/Stuttgart 1977.

Kleinrahm, K., Rechtsnatur und Rechtswirkungen der Beschränkung deutscher Gerichtsbarkeit durch das Besatzungsrecht, Göttingen 1948.

Klug, U., Die Verpflichtung des Rechtsstaats zur Verjährungsverlängerung, Juristen-Zeitung 1965 S. 149.

Knittel, W., Der völkerrechtliche Status der Oder-Neiße-Gebiete nach dem Potsdamer Abkommen, Juristische Schulung 1967 S. 8.

Kohl, M., Die Vertretung Chinas im internationalen Verkehr, Berlin 1957.

Korowin, E.A., Fürsprecher der Spaltung Deutschlands, Neue Zeit 1955 Nr. 9.

Korowin/Koschewnikow, Völkerrecht, Hamburg 1960.

Koß, S., Vorstellungen der Alliierten vom Nachkriegs-Deutschland, Planungen zwischen 1943 und 1945, Aus Politik und Zeitgeschichte B 42-43/1972 S. 15.

KPD-Prozeß, Dokumentationswerk zu dem Verfahren über den Antrag der Bundesregierung auf Feststellung der Verfassungswidrigkeit der Kommunistischen Partei Deutschlands vor dem Ersten Senat des Bundesverfassungsgerichts, herausgegeben von G. Pfeiffer und H.G. Stickert, 3 Bände, Karlsruhe 1955, 1956.

Krakau, K., Feindstaatenklauseln und Rechtslage Deutschlands nach den Ostverträgen, Frankfurt 1975.

Kraske, E., Bedingungslose Kapitulation und Völkerrecht, Juristische Rundschau 1949 S. 101.

Kraske, E., Nochmals die bedingungslose Kapitulation, Juristische Rundschau 1949 S. 271.

Kraus, H., Kontrollratsgesetz Nr. 10, Hamburg 1948.

Kraus, H., Die Oder-Neiße-Linie. Eine völkerrechtliche Studie, 2. Aufl., Köln 1959.

Kröger, H., Ist das Potsdamer Abkommen noch rechtskräftig?, Stuttgart/Düsseldorf 1954.

Kröger, H., Die staatsrechtliche Bedeutung des Potsdamer Abkommens für das deutsche Volk, in: Festschrift für E. Jacobi, Berlin 1957 S. 197.

Kröger, H., Adenauers "Identitätstheorie" und die völkerrechtliche Stellung der DDR, Deutsche Außenpolitik 1957 S. 353.

Kröger, H., Das Potsdamer Abkommen – eine internationale Rechtsgrundlage des nationalen Kampfes des deutschen Volkes, Staat und Recht 1960 S. 1456.

Kröger, H., Das demokratische Völkerrecht und die Grundlagen der Bonner "Hallstein-Doktrin", Staat und Recht 1961 S. 1187.

Kröger, H., Die Verantwortung der Westmächte aufgrund des Potsdamer Abkommens, Deutsche Außenpolitik 1964 S. 1039.

Kröger, H., Die Prinzipien des Potsdamer Abkommens, Staat und Recht 1970 S. 1220.

Krüger, H., Bundesrepublik Deutschland und Deutsches Reich, Süddeutsche Juristenzeitung 1950 S. 113.

Krüger, H., Mißbrauch und Verwirkung von Grundrechten, Deutsches Verwaltungsblatt 1953 S. 97.

Krüger, H., Bundesrepublik Deutschland und Deutsche Demokratische Republik, Hamburg 1956.

Krülle, S., Die völkerrechtlichen Aspekte des Oder-Neiße-Problems, Berlin 1970.

Krusche, H., Das demokratische Völkerrecht – Waffe im Kampf um Frieden und internationale Sicherheit, Neue Justiz 1961 S. 408.

Kschieschow, R. u.a., Staats- und rechtstheoretische Probleme in der Festschrift für Erwin Jacobi, Staat und Recht 1958 S. 583.

Kühnl, R., Formen bürgerlicher Herrschaft, Bd. I, Frankfurt 1971.

Külz, H.R., Die Wiederherstellung einer vorläufigen deutschen Staatsgewalt in den Erörterungen zwischen Ost und West seit 1945, Europa-Archiv 1955 S. 7510.

Külz, H.R., Potsdam kein Ausweg, in: Th. Sommer (Hg), Denken an Deutschland, Hamburg 1966 S. 44.

Kunz, J., Kriegsrecht und Neutralitätsrecht, Wien 1935.

Kunz, R., Parteien- und Parlamentsentwicklung in den deutschen Ländern 1945 bis zur Gründung der Bundesrepublik, in: Becker, Vorgeschichte S. 357.

Kutscha, M., Das KPD-Verbot, in: Mayer, Grundgesetz S. 42.

Kutscher, H., Bonner Vertrag, München/Berlin 1952.

Lademacher, H., Die britische Sozialisierungspolitik im Rhein-Ruhr-Raum 1945-1948, in: Scharf, Deutschlandpolitik S. 51.

Lais, R., Die Rechtsfolgen völkerrechtlicher Delikte, Berlin 1932.

Lamich, S., Die gerichtliche Kontrolle der Verwaltung in sozialistischen Verfassungssystemen, Verwaltungsarchiv 1973 (Bd. 64) S. 279.

Laun, K. v., The Legal Status of Germany, American Journal of International Law 1951 S. 267.

Laun, R., Kommentar zur Haager Landkriegsordnung, 4. Aufl., Wolfenbüttel 1947.

Laun, R., Reden und Aufsätze zum Völkerrecht und Staatsrecht, Hamburg 1947.

Laun, R., Der gegenwärtige Rechtszustand Deutschlands, Jahrbuch für Internationales Recht 1948 S. 18.

Lehmann, H.G., Die Entstehung des Oder-Neiße-Konflikts im Spannungsfeld zwischen Ost und West, Aus Politik und Zeitgeschichte B 43/1976 S. 21.

Lenin, W.I., Ausgewählte Werke, Bd. II, Moskau 1947.

Levin, D.B., Verantwortlichkeit der Staaten im gegenwärtigen Völkerrecht, Potsdam 1969.

Levin, D.B., Grundprobleme des modernen Völkerrechts, in: Institut für Internationales Recht an der Universität Kiel (Hg), Drei sowjetische Beiträge zur Völkerrechtslehre, Hamburg 1969 S. 61.

Lewald, W., Deutschlands Rechtslage, Neue Juristische Wochenschrift 1951 S. 343.

Lewald, W., Die Deutsche Frage, Frankfurt 1980.

Lewald, W., Deutschlands Rechtslage im Licht der Zeitgeschichte, Neue Juristische Wochenschrift 1981 S. 855.

Link, W., Der Marshall-Plan und Deutschland, Aus Politik und Zeitgeschichte B50/1980 S. 3.

Link, W., Zum Problem der Kontinuität der amerikanischen Deutschlandpolitik im zwanzigsten Jahrhundert, in: Knapp, M. (Hg), Die deutschamerikanischen Beziehungen nach 1945, Frankfurt 1975 S. 117.

Liszt, F. v.; Fleischmann, M., Das Völkerrecht, 12. Aufl., Berlin 1925.

Loening, H., Rechtsgutachten über die Frage, ob das jetzige Land Thüringen Rechtsnachfolger des früheren Landes Thüringen und des Reichs ist, Deutsche Richterzeitung 1946 S. 129.

Löw, K., Die Grundrechte. Verständnis und Wirklichkeit in beiden Teilen Deutschland, 4. Aufl., München 1980.

Löwenthal, Zur Haftung für öffentliche Schulden aus der Zeit vor der Kapitulation, Neue Justiz 1947 S. 184.

Loth, W., Die Teilung der Welt. Geschichte des Kalten Krieges 1941-1955, München 1980.

Mahnke, H.-H., Entstehung und Untergang von Staaten, Staatensukzession, in: Maurach, R., Meissner, B. (Hg), Völkerrecht in Ost und West, Stuttgart/Berlin/Köln/Mainz 1967 S. 100.

Mampel, S., Die Entwicklung der Verfassungsordnung in der Sowjetzone Deutschlands von 1945 bis 1963, Jahrbuch des öffentlichen Rechts, N.F. Bd. 13 (1964) S. 455.

Mampel, S., Die Verfassung der Sowjetischen Besatzungszone Deutschlands. Text und Kommentar, 2. Aufl., Frankfurt/Berlin 1966.

Mampel, S., Die sozialistische Verfassung der Deutschen Demokratischen Republik, 2. Aufl., Frankfurt 1982.

Mangoldt, H. v., Grundsätzliches zum Neuaufbau einer deutschen Staatsgewalt, Hamburg 1947.

Mangoldt, H. v.; Klein, F., Das Bonner Grundgesetz, Kommentar, 1. Aufl., Berlin/Frankfurt 1953; 2. Aufl., Bd. I, Berlin/Frankfurt 1957.

Mann, F.A., Deutschlands heutiger Status, Süddeutsche Juristenzeitung 1947 S. 479.

Mann, F.A., Deutschlands Rechtslage 1947-1967, Juristenzeitung 1967 S. 585, 617.

Marienfeld, W., Konferenzen über Deutschland. Die alliierte Deutschlandplanung und -politik 1941-1949, Hannover 1962.

Mattedi, N., Gründung und Entwicklung der Parteien in der SBZ 1945-1949, Bonn 1966.

Mattfeld, A., Modelle einer Normalisierung zwischen den beiden deutschen Staaten, Düsseldorf 1973.

Matthäus, G.R., Behörden contra Pressefreiheit, Publizistik 1964 S. 126.

Maunz, T.; Dürig, G.; Herzog, R., u.a., Grundgesetz, Kommentar, 3 Bände, 6. Aufl., München 1983.

Mayer, U.; Stuby, G. (Hg), Die Entstehung des Grundgesetzes, Beiträge und Dokumente, Köln 1976.

Mayer, U.; Stuby, G. (Hg), Das lädierte Grundgesetz, Köln 1977.

McNair, Lord, Law of Treaties, Oxford 1961.

Mee, Ch. L., Die Teilung der Beute. Die Potsdamer Konferenz 1945, Berlin 1975.

Mee, Ch. L., Die Potsdamer Konferenz 1945, München 1979.

Meissner, B., Rußland, die Westmächte und Deutschland. Die sowjetische Deutschlandpolitik 1943-1953, Hamburg 1954.

Meissner, B., Sowjetunion und Selbstbestimmungsrecht, Köln 1962.

Meissner, B.; Veiter, T., Das Selbstbestimmungsrecht nach sowjetischer und westlicher Lehre, Wien/Stuttgart 1967.

Meissner, B., Die Vereinbarungen der Europäischen Beratenden Kommission über Deutschland von 1944/45, in: Klein, Potsdamer Abkommen S. 43.

Meissner, B., Die Sowjetunion und Deutschland 1941-1967, Europa-Archiv 1967 S. 515.

Meissner, B., Die sowjetische Deutschlandpolitik, 1945-1949, in: D. Geyer (Hg): Osteuropa-Handbuch, Sowjetunion, Außenpolitik I (1917-1955), Köln 1972.

Meister, R., Zur deutschen Kapitulation 1945, Zeitschrift für ausländisches öffentliches Recht und Völkerrecht 1950 (Bd. XIII) S. 393.

Meister, V., Das Völkerrecht garantiert die Friedensgrenze an Oder und Neiße, Berlin 1955.

Menger, C.-F., System des verwaltungsgerichtlichen Rechtsschutzes, Tübingen 1954.

Menthon, F. de, Gerechtigkeit im Namen der Menschheit, Baden-Baden o.J.

Menzel, E., Zur völkerrechtlichen Lage Deutschlands, Europa-Archiv 1947 S. 1009.

Menzel, E., Deutschland – ein Kondominium oder ein Koimperium?, Jahrbuch für Internationales Recht 1948 S. 43.

Menzel, E., Friedensvertrag mit Deutschland oder Europäisches Sicherheitssystem, Jahrbuch für Internationales Recht 1973 S. 11.

Menzel, E., Die vertraglichen Regelungen über deutsche Gebietsabtretungen 1945-1949, Europa-Archiv 1949 S. 2223, 2499.

Menzel, E., Besprechung von S. Krülle, Die völkerrechtlichen Aspekte der Oder-Neiße-Linie, Die öffentliche Verwaltung 1972 S. 67.

Menzel, E., Verfassungswidrigkeit der Ostverträge von 1970, Die öffentliche Verwaltung 1971 S. 363.

Menzel, E.; Ipsen, K., Völkerrecht, 2. Aufl., München 1979. Mit Beiträgen von: R. Thode, S. Magiera, E. Wehser, H.-J. Schmid, R. Lagoni, O. Rojahn.

Merkl, A.J., Deutschland und die Verfassung der UN in völkerrechtlicher Sicht, Deutsche Richter Zeitung 1947 S. 72.

Meyer-Lindenberg, H., Völkerrecht, Stuttgart 1957.

Michael, Öffentliche Treuhand, Karlsruhe 1948.

Moch, J., Histoire du réarmement allemand depuis 1950, Paris 1950.

Molotow, V.M., Fragen der Außenpolitik, Reden und Erklärungen von April 1945 bis Juni 1948, Moskau 1949.

Moltmann, G., Amerikas Deutschlandpolitik im Zweiten Weltkrieg. Kriegs- und Friedensziele 1941-1945, Heidelberg 1958.

Morgenthau, H., Our Policy Toward Germany, in: New York Post 24.-29. November 1947.

Mosely, P.E., Die Friedenspläne der Alliierten und die Aufteilung Deutschlands, Europa-Archiv 1950 S. 3232.

Mosler, H., Potsdamer Abkommen, in: Görres-Gesellschaft (Hg), Staatslexikon Recht-Wirtschaft-Gesellschaft, Bd. VI, 6. Aufl., Freiburg 1961.

Müller, M., Zur Entstehung der Potsdamer Beschlüsse, Wissenschaftliche Zeitschrift der Humboldt-Universität Berlin, Gesellschafts- und sprachwissenschaftliche Reihe 1966 Heft 1 S. 67.

Müller, M., Das Potsdamer Abkommen, Deutsche Außenpolitik 1975 S. 1125.

Mueller, R., Dekartellierung und Konzernentflechtung, Tagung deutscher Juristen, Hamburg 1947.

Münch, F., Die deutsche Frage und das heutige Völkerrecht, Der Verbaost 1970 S. 130.

Münch, F., Die Rechtsstellung der deutschen Ostgebiete, Internationales Recht und Diplomatie 1970 S. 29.

Münch, F., Die völkerrechtliche Grundlage des Status Deutschlands, Internationales Recht und Diplomatie 1972 S. 143.

Münch, I. v., Das völkerrechtliche Delikt in der modernen Entwicklung der Völkerrechtsgemeinschaft, Frankfurt 1973.

Münch, I. v. (Hg): Grundgesetz-Kommentar, 2. Aufl., München, Bd. I 1980, Bd. II und Bd. III 1983.

Murphy, R., Diplomat unter Kriegern. Zwei Jahrzehnte Weltpolitik in besonderer Mission, Berlin 1965.

Nathan, H., Über den Inhalt der deutschen Gerichtsbarkeit, Neue Justiz 1947 S. 81.

Nawiasky, H., Allgemeine Staatslehre, Einsiedln/Zürich/Köln, 1. Teil 1945, 2. Teil Bd. I 1952, 2. Teil Bd. II 1956, 3. Teil 1956, 4. Teil 1958.

Nawiasky, H., Die Grundgedanken des Grundgesetzes für die Bundesrepublik Deutschland, Köln 1950.

Nolte, E., Deutschland und der kalte Krieg, München 1974.

Norden, A., Ein freies Deutschland entsteht, Berlin 1963.

Norden, A., Die entscheidende Tat, Einheit 1980 S. 458.

Nübel, O., Die amerikanische Reparationspolitik gegenüber Deutschland 1941-1945, Frankfurt 1980.

Occupation of Germany, Policy and Progress 1945-1946, Washington o.J.

O'Connell, D.P., International Law, 2. Aufl., Bd. I und II, London 1970.

Oppenheim, L.; Lauterpacht, H., International Law. A Treatise, Bd. I, 8. Aufl., New York 1955.

Oppermann, T., Deutschland als Ganzes, Sinneswandel eines völkerrechtlichen Begriffes, in: Blumenwitz (Hg), Festschrift für Friedrich Berber, München 1973 S. 377.

Orlopp, J., Eine Nation handelt über Zonengrenzen, Berlin 1957.

Peck, J., KPD-Verbot verletzt internationales Recht, Neues Deutschland vom 9. Oktober 1956.

Peck, J., Zur Geschichte der Spaltung Deutschlands, Deutsche Außenpolitik 1953, Sonderheft II.

Peck, J., Die Völkerrechtssubjektivität der Deutschen Demokratischen Republik, Berlin 1960.

Peters, H., Das Gesetzgebungsrecht der Länder und Provinzen, Neue Justiz 1947 S. 2.

Poeggel, W.u.C.; Meißner, R., Staatennachfolge in Verträgen, Berlin 1980.

Potsdam und die Deutsche Frage. Mit Beiträgen von E. Deuerlein, A. Fischer u.a., Köln 1970.

Presse- und Informationsamt der Bundesregierung (Hg), Deutschland im Wiederaufbau, Bonn o.J. (1951).

Pross, H. (Hg): Deutsche Presse seit 1945, München 1965.

Pünder, T., Das bizonale Interregnum. Die Geschichte des Vereinten Wirtschaftsgebietes, Spich 1966.

Quist, R., Ostpolitik, Völkerrecht und Grundgesetz, 2. Aufl., Köln 1973.

Rabl, K., Der Demokratiebegriff im Potsdamer Abkommen, Zeitschrift für Politik 1969 S. 476.

Rabl, K., Die Durchführung der Demokratisierungsbestimmungen der Potsdamer Protokolle in der Sowjetrussischen Besatzungszone Deutschlands und später in der DDR, Zeitschrift für Politik 1970 S. 246.

Rabl, K., Das Selbstbestimmungsrecht der Völker, Köln/Wien 1973.

Rauschning, D., Die Entgültigkeit der in dem Vertrag mit Polen getroffenen Gebietsregelungen, Symposium 1971 S. 164.

Ress, G., Die Rechtslage Deutschlands nach dem Grundlagenvertrag vom 21. Dezember 1972, Berlin/Heidelberg/New York 1978.

Ridder, H., Anmerkungen zum Urteil des OVG Münster vom 14.2.1962, Juristenzeitung 1962 S. 770.

Ridder, H., Die "deutsche Staatsangehörigkeit" und die beiden deutschen Staaten, in: Gedächtnisschrift für Friedrich Klein, München 1977 S. 437.

Ridder, H., Stichwort "Kriegsverbrecher", in: Staatslexikon, 6. Aufl., Band 5, Freiburg 1960.

Rigin, M., Der Staatsbegriff in der sowjetischen juristischen Literatur, Osteuroparecht 1964 S. 1.

Ross, A., Lehrbuch des Völkerrechts, Stuttgart/Köln 1951.

Rottmann, J., Der Vier-Mächte-Status Berlins, Bonn/Berlin 1959.

Rousseau, C., Droit international public, Paris, 1. Aufl., 1953, 3. Aufl., 1965.

Rumpf, H., Land ohne Souveränität, Karlsruhe 1969.

Rumpf, H., Vom Niemandsland zum deutschen Kernstaat, Hamburg 1979.

Rupp, H.K., Politische Geschichte der Bundesrepublik Deutschland, Stuttgart 1978.

Rupp, F., Die Reparationsleistungen der sowjetischen Besatzungszone, Bonn 1951.

Satow, M., Die Einteilung und Benennung zwei- und mehrseitiger völkerrechtlich verbindlicher Willenserklärungen, in: Klein, Potsdamer Abkommen S. 91.

Sauer, W. (Hg): Militarismus, Köln 1972.

Sauser-Hall, G., L'Occupation de l'Allemagne par les Puissances Alliés, Schweizer Jahrbuch für internationales Recht 1946 S. 3.

SBZ von A bis Z, Ein Taschen- und Nachschlagebuch über die sowjetische Besatzungszone Deutschlands, 11. Aufl., Bonn 1969.

Scharf, C.; Schröder, H.J. (Hg): Die Deutschlandpolitik Großbritanniens und die Britische Zone 1945-1949, Wiesbaden 1979.

Scheel, W., Der deutsch-polnische Vertrag, in: Presse- und Informationsamt der Bundesregierung, Die Verträge S. 195.

Schenk, R., Die Vier-Mächte-Verantwortung für Deutschland als Ganzes, Bern/Frankfurt/München 1976.

Scheuner, U., Die Entwicklung der völkerrechtlichen Stellung Deutschlands seit 1945, Friedenswarte 1951 S. 5.

Schiffer, E., Die Deutsche Justiz, 2. Aufl., München/Berlin 1949.

Schirmer, G., Zur Völkerrechtssubjektivität der Staaten, Staat und Recht 1963 S. 645, 660.

Schlochauer, H.J., Deutschlands völkerrechtliche Stellung und die zukünftige Friedensregelung, Deutsche Richter Zeitung 1947 S. 118.

Schlochauer, H.J., Zur Frage eines Besatzungsstatuts für Deutschland, Archiv des Völkerrechts 1948/49 (Bd. I) S. 203.

Schmid, K., Die deutsche Frage im Staats- und Völkerrecht, Baden-Baden 1980.

Schmid, H., Die Rechtsnatur der politischen Gewalt in besetzten Gebieten, Tübingen 1952.

Schmidt, E., Die verhinderte Neuordnung 1945-1952, Frankfurt/Köln 1977.

Schmoller, G. v.; Maier, H.; Tobler, A. (Hg): Handbuch des Besatzungsrechts, 2 Bände, Tübingen 1951 ff.

Schöneburg, K.H.; Mand, R.; u.a., Vom Werden unseres Staates. Eine Chronik, Band 1 1945-1949, Berlin 1966.

Schüle, A., Völkerrechtliches Delikt, in: Strupp-Schlochauer, Wörterbuch, Bd. I S. 326.

Schüle, A., Wiedergutmachung, in: Strupp-Schlochauer, Wörterbuch, Bd. III S. 844.

Schulz, J., Völkerrecht und Abrüstung, Berlin 1967.

Schuster, R., Deutschlands staatliche Existenz im Widerstreit außenpolitischer und rechtlicher Gesichtspunkte 1945-1963, München 1963.

Schwarz, H.-P., Vom Reich zur Bundesrepublik, Neuwied/Berlin 1966.

Schwarzenberger, G., Einführung in das Völkerrecht, Tübingen 1951.

Schwarzenberger, G., Machtpolitik, Tübingen 1955.

Schweisfurth, T., Der internationale Vertrag in der modernen sowjetischen Völkerrechtstheorie, Köln 1968.

Scriverius, D., Die britische Demontagepolitik im Spiegel der Überlieferung des Hauptstaatsarchivs Düsseldorf, in: Scharf, Deutschlandpolitik S. 93.

SED (Hg): Bericht des Parteivorstandes der SED an den II. Parteitag, Berlin 1947.

Seidl-Hohenveldern, I., Völkerrecht, 4. Aufl., Köln/Berlin/Bonn/München 1980.

Senghaas, D., Rüstung und Militarismus, Frankfurt 1972.

Sherwood, R.E., Roosevelt and Hopkins, New York 1948.

Siegler, H. v., Wiedervereinigung und Sicherheit Deutschlands, 5. Aufl., Bonn/Wien/Zürich 1964.

Sokolow, V.A., Rechtsformen der Beendigung des Kriegszustandes, Moskau 1963.

Sorgenicht, K.; Weichelt, W. u.a., Verfassung der Deutschen Demokratischen Republik, 2 Bände, Berlin 1969.

SPD (Hg), Die Presse in der sowjetischen Besatzungszone, Bonn 1954

Speier, H., Deutschlands Stellung in der amerikanischen Außenpolitik, in: Wehrkunde 1966 S. 59.

Spiropoulos, I., Haftung der Staaten für indirekten Schaden, Niemeyers Zeitschrift für internationales Recht 1925/26 (Bd. 35) S. 59.

Staritz, D., Sozialismus in einem halben Jahr, Berlin 1976.

Stein, H. (Hg): American Civil-Military Decisions, Birmingham 1963.

Steinberger, H., Ostverträge und Viermächtestatus Deutschlands, in: Beiträge zur Ostpolitik, Bad Wiessee 1971 S. 66.

Steiniger, A., Ausschlußbarkeit des Rechtsweges bei Staatshaftungsklagen durch neues Landesrecht?, Neue Justiz 1947 S. 146.

Steiniger, A., Das Besatzungsstatut, Neue Justiz 1947 s. 205.

Steiniger, A., in: Das Potsdamer Abkommen ist bindendes Völkerrecht, Tribüne vom 7. Mai 1970.

Steiniger, A., Die Prinzipien des Potsdamer Abkommens und ihre aktuelle Bedeutung, Wissenschaftliche Zeitschrift der Humboldt-Universität zu Berlin, Gesellschafts- und sprachwissenschaftliche Reihe 1966 S. 55.

Steiniger, A., Potsdamer Abkommen – Dokument und Instrument des Kampfes gegen den Antikommunismus, Deutsche Außenpolitik 1967 S. 790.

Sternberger, D. (Hg): Die Friedensverträge mit Italien, Rumänien, Bulgarien, Ungarn und Finnland, Heidelberg 1947.

Stödter, R., Deutschlands Rechtslage, Hamburg 1948.

Strupp, K., Das völkerrechtliche Delikt, in: Handbuch des Völkerrechts, Bd. III, Berlin 1920.

Strupp, K.; Schlochauer, H.J. (Hg): Wörterbuch des Völkerrechts, 2. Aufl., Berlin, Bd. I 1960, Bd. II 1961, Bd. III 1962.

Stuby, G., Dreißig Jahre Potsdamer Abkommen, Zeitschrift für deutsche und internationale Politik 1975 S. 251.

Stuby, G., Die Anti-Hitler-Koalition und ihr Weg zum Potsdamer Abkommen, in: Mayer, Entstehung S. 13.

Sündermann, H., Potsdam 1945, Leoni 1962.

Szekeres, G., Das Recht der Militärregierung, Erlangen o.J.

Taylor, T., Die Nürnberger Prozesse, Zürich 1951.

Thies, J., Britische Militärverwaltung in Deutschland, in: Scharf, Deutschlandpolitik S. 29.

Thilenius, R., Die Teilung Deutschlands, Hamburg 1957.

Treue, W., Die Demontagepolitik der Westmächte nach dem Zweiten Weltkrieg unter besonderer Berücksichtigung ihrer Wirkung auf die Wirtschaft in Niedersachsen, Göttingen 1967.

Trittel, G.J., Die Bodenreform in der britischen Zone 1945-1949, Stuttgart 1975.

Trittel, G.J., Von der "Verwaltung des Mangels" zur "Verhinderung der Neuordnung". Ein Überblick über die Hauptprobleme der Wirtschaftspolitik in der britischen Zone, in: Scharf, Deutschlandpolitik S. 129.

Türke, J., Demokratischer Zentralismus und kommunale Selbstverwaltung in der sowjetischen Besatzungszone Deutschlands, Göttingen 1960.

Tulpanow, S.J., Das Potsdamer Abkommen – die international-rechtliche Grundlage für eine friedliche, demokratische Rechtsordnung in ganz Deutschland, Deutsche Außenpolitik 1965, Sonderheft 1 S. 40.

Tunkin, G.I., Das Völkerrecht der Gegenwart. Theorie und Praxis, Berlin 1963.

Tunkin, G.I., Völkerrechtstheorie, Berlin 1972.

Tunkin, G.I., Zur Aufnahme der beiden deutschen Staaten in die UNO, Vereinte Nationen 1972 S. 114.

Turegg, K.E. v., Deutschland und das Völkerrecht, Köln 1948.

Turnwald, W., Dokumente zur Austreibung der Sudetendeutschen, München 1951.

Ulbricht, W., Zur Geschichte der neuesten Zeit, Bd. I, Berlin 1955.

Ulbricht, W., Der Weg zum künftigen Vaterland der Deutschen, Berlin 1966.

Ule, C.H., Verwaltungsprozeßrecht, 7. Aufl., München 1978.

Ullmann, K., Die völkerrechtliche Lage des sowjetischen Besatzungsgebietes, Erlangen 1951.

Uschakow, A., Die Ostverträge in östlicher Sicht, Symposium 1971 S. 91.

US-Department of State, Germany 1947-1949, Washington 1950.

Veiter, T., Potsdam und der völkerrechtliche Vertrag zu Lasten Dritter, in: Klein, Potsdamer Abkommen S. 111.

Verdross, A., Völkerrecht, 5. Aufl., Wien 1964.

Virally, M., Die internationale Verwaltung Deutschlands vom 8. Mai 1945 bis 24. April 1947, Baden-Baden 1948.

Vocke, K., Politische Gefahren der Theorien über Deutschlands Rechtslage, Europa-Archiv 1957 S. 10199.

Voerster, A., Zur Militärpolitik des Politischen Beratenden Ausschusses der Teilnehmerstaaten des Warschauer Verteidigungsvertrages 1955-1961, Zeitschrift für Militärgerichte 1962 S. 25.

Vogel, W., Die Ursprünge der Teilung Deutschlands in der Kriegszielpolitik der Alliierten, Geschichte in Wissenschaft und Unterricht 1967 S. 193.

Vogel, W., Besatzungspolitik in Westdeutschland nach dem Zweiten Weltkrieg im Spannungsfeld zwischen Ideologie und Macht, Geschichte in Wissenschaft und Unterricht 1976 S. 129.

Vysockij, V.N., Die deutschen Angelegenheiten auf den internationalen Beratungen der Jahre 1948 und 1949, Zeitschrift für Geschichtswissenschaft 1975 S. 384.

Wagner, W., Potsdamer Abkommen, in: Sowjetsystem und demokratische Gesellschaft, Bd. V, Freiburg 1972 Spalte 221.

Warburg, J.P., Deutschland – Brücke oder Schlachtfeld, Stuttgart 1949.

Wassermann, R., Die Verjährungsdebatte zweiter Teil, Juristische Rundschau 1965 S. 222.

Wassermund, H., Grundzüge der Weltpolitik, München 1982.

Watt, D.C., Hauptprobleme der britischen Deutschlandpolitik 1945-1949, in: Scharf, Deutschlandpolitik S. 15.

Weber, H., Grundkurs Völkerrecht, Frankfurt 1977.

Wedler, F.N., Der internationale Strafanspruch in der Staatenpraxis, Heidelberg 1971.

Wegner, W., Die neuen deutschen Verfassungen, Essen 1947.

Wehner, H., Gedanken zur Regierungserklärung, in: H. Wehner, Reden und Interviews vom 3. Dezember 1966 bis 30. Januar 1967, Bonn/Berlin 1967 S. 42.

Weichelt, W., Zu einigen Fragen des Sozialistischen Staates, Staat und Recht 1954 S. 13.

Wengler, W.: Völkerrecht, 2 Bände, Berlin 1964.

Wengler, W.: Der Moskauer Vertrag und das Völkerrecht, Juristenzeitung 1970 S. 632.

Werth, A.: Rußland im Krieg 1941-1945, München/Zürich 1965.

Westdeutschlands Weg zur Bundesrepublik 1945-1949, München 1976.

Wettig, G.: Entmilitarisierung und Wiederbewaffnung in Deutschland 1943-1955, München 1967.

Wettig, G.: Der Wandel in der sowjetischen Stellung zum Potsdamer Abkommen in den Fragen der deutschen politischen Entscheidungsfreiheit (1945 bis 1967), Köln 1967.

Wettig, G.: Die Funktion des Potsdamer Abkommens in der gegenwärtigen sowjetischen Deutschlandpolitik. Berichte des Bundesinstituts für ostwissenschaftliche und internationale Studien, Köln 1968.

Wettig, G.: Der sowjetische Entschluß zur Wiederbewaffnung der Sowjetzone 1947, Zeitschrift für Politik 1969 S. 446.

Winterfeld, A. v.: Das Potsdamer Abkommen, das Grundgesetz und die Wiedervereinigung Deutschlands im Lichte des Urteils des Bundesverfassungsgerichts im KPD-Prozeß vom 17. August 1956 und des Memorandums der Bundesregierung vom 2. September 1956, Europa-Archiv 1956 S. 9203.

Wiewióra, E.: Polish-German-Frontier in the Light of International Law, Posen 1964.

Wolffsohn, M.: 200 Jahre Außenpolitik der Vereinigten Staaten von Amerika, Aus Politik und Zeitgeschichte B 6/1981 S. 15.

Wünsche, H.: Die Entstehung der UNO, Berlin 1974.

Wyssozki, V.N.: Unternehmen Terminal. Zum 30. Jahrestag des Potsdamer Abkommens, Berlin 1975.

Zinn, G.A.: Das staatsrechtliche Problem Deutschlands, Süddeutsche Juristenzeitung 1947 S. 4.

Zinn, G.A.: Unconditional Surrender, Neue Juristische Wochenschrift 1947/48 S. 9.

Zipfel, F.: Vernichtung und Austreibung aus den Gebieten der Oder-Neiße-Linie, Tübingen 1955.

Zündorf, B.: Die Ostverträge, München 1979.

Register

Veröffentlichungen des Autors

— Der fürstlich-fuldaische Altenhof — Ein Beitrag zur Wirtschaftsgeschich-
te des 16., 17. und 18. Jahrhunderts (hg. aus dem Nachlaß von G. Antoni).

   ○ Erster Teil: Entstehung, Anlage und Personal des Altenhofes. Fuldaer Geschichtsblätter 1976, S. 81-128.

   ○ Zweiter Teil: Landwirtschaft und Viehhaltung auf dem Altenhof.
   Fuldaer Geschichtsblätter 1977, S. 93-140.

   ○ Dritter Teil: Die zwölf Altenhöfer Pächter. Fuldaer Geschichtsblätter
   1978, S. 11-41.

   ○ Vierter Teil: Tätigkeiten auf dem Altenhof. Fuldaer Geschichtsblätter 1981, S. 135-148.

   ○ Fünfter Teil: Einnahmen und Ausgaben des Altenhofes. Fuldaer Geschichtsblätter (erscheint demnächst, ca. 50 S.)

— Vereinigung der unterstädtischen Gemeinden mit der Stadt Fulda.
Fuldaer Geschichtsblätter 1978, S. 177-196.

— Die Legende von Weimar — 30 Jahre grundgesetzwidrige 5 %-Sperr-
klausel.
Demokratie und Recht 1979, S. 402-415.

— Grundgesetz und Sperrklausel.
Zeitschrift für Parlamentsfragen 1980, S. 93-109.

— Spanien auf dem Weg zur parlamentarischen Demokratie — Parteien,
Wahlen, Verfassung und politische Entwicklung 1974 bis 1980.
Frankfurt/Bern 1981, 423 S.

— Stellung und Funktion der Cortes im spanischen Verfassungsrecht.
Archiv des öffentlichen Rechts 1981, S. 426-459.

— Erläuterungen zum Grundgesetz der Bundesrepublik Deutschland (Die
Grundrechte — Vorbemerkungen, Art. 1, Art. 2, Art. 6, Art. 19 Abs. 4).
In: Das Deutsche Bundesrecht, Baden-Baden 1982, S. 58-73, 91-98,
152-154.

— Vorbemerkungen zu den Grundrechten, Kommentierung der Artikel 1,
2, 6, 19 Abs. 4 des Grundgesetzes.
In: Seifert/Hömig, Grundgesetzkommentar, 1. Auflage, Baden-Baden
1982, S. 26-57, 75-84, 166-169.
○ korrigierter Nachdruck Januar 1984.

— Sozialdemokratisches Verfassungsdenken bis zur Weimarer Republik.
Zeitschrift für Politik 1983, S. 18-52.

— Spanien — Autonomieprozeß als föderalistisches Experiment?
Sonderkapitel in: Fischer Weltalmanach 1984, Frankfurt 1983, S. 79-
83.

— Sozialdemokratie und Verfassung — Verfassungspolitische Positionen
und Verfassungspläne der SPD 1934-1949.
(Selbstverlag) Bonn 1984, 451 S.

— Materialien zur Verfassungspolitik der SPD.
(Selbstverlag) Bonn 1984, 302 S.

— Das Potsdamer Abkommen — Trauma oder Chance? Geltung, Inhalt
und staatsrechtliche Bedeutung.
Berlin 1985, 400 S.

— Vorbemerkungen zu den Grundrechten, Kommentierung der Artikel 1,
2, 5, 6, 11, 14, 15, 18, 19 des Grundgesetzes.
In: Seifert/Hömig, Grundgesetzkommentar, 2. Auflage, Baden-Baden
1985 (erscheint im Frühjahr 1985)

— Vor den Mauern der Stadt Fulda. Sozial- und Wirtschaftsstrukturen sowie Verfassung und Verwaltung der unterstädtischen Gemeinden Fuldas
von ihrer Entstehung bis zur Mitte des 19. Jahrhunderts.
Fulda 1985 (erscheint im Herbst 1985, ca. 480 S.)

Wir empfehlen auch folgende Titel

- Hans Günter Brauch, Rolf-Dieter Müller, Hrsg.
Chemische Kriegführung – Chemische Abrüstung
Teil I: Dokumente aus deutschen und amerikanischen Archiven.
Vorwort: Prof. Dr. A.-H. Frucht, 383 S., 16 Abb., DM 38,–
Teil II: Verfassungsrechtliche, militärische, rüstungskontrollpolitische und völkerrechtliche Aspekte. Vorwort: Prof. Dr. Martin Hirsch, ca. 400 Seiten, DM 38,–

- Hans Günter Brauch, **Perspektiven einer Europäischen Friedensordnung,** Kann das Europäische Parlament eine Rolle beim Zustandekommen einer Europäischen Friedensordnung spielen? Vorwort: Dr. R. Linkohr, MdEP, 94 Seiten, DM 9,80

- Hans Günter Brauch, **Vertrauensbildende Maßnahmen und Europäische Abrüstungskonferenz,** 10 Jahre KSZE – Analysen, Dokumente und Vorschläge. ca. 360 Seiten, DM 38,–

- Honoré M. Catudal, **Kennedy in der Mauer-Krise,** Eine Fallstudie zur Entscheidungsfindung in USA. Vorwort: Botschafter M.J. Hillenbrand, 344 Seiten, 9 Abb., DM 38,–

- Honoré M. Catudal, **Nuclear Deterrence – Does it deter?** Vorwort: Botschafter M.J. Hillenbrand, 528 Seiten, 16 Abb., 6 Tab., DM 48,–

- Honoré M. Catudal, **Soviet Nuclear Strategies.** Vorwort: Botschafter M.J. Hillenbrand, ca. 240 Seiten, DM 25,–

- Norbert Hannig, **Abschreckung durch konventionelle Waffen,** Das David-Goliath-Prinzip. 183 S., 25 Skizzen, 10 Tab., 24,–

- William C. Gilmore, **The Grenada Intervention,** Analysis and Documentation. 116 Seiten, DM 22,–

- Dietrich Frenzke, **Die Rechtsnatur des Sowjetblocks,** Eine juristische Entschleierung. 256 Seiten, DM 30,–

- Dietrich Frenzke, Alexander Uschakow, **Warschauer Pakt und bilaterale Bündnisverträge im Sowjetblock,** Analyse und Texte. ca. 280 Seiten, DM 38,–

Die Friedens-Warte – Blätter für internationale Verständigung und zwischenstaatliche Organisation. Begründet 1899 von Alfred Fried. vierteljährlich, z.Z. jährlich, Jahrgang: DM 50,–

Recht und Politik – Vierteljahreshefte für Rechts- und Verwaltungspolitik. Redaktion: Gerhard Kunze, Rudolf Wassermann. 21. Jg., Einzelheft DM 7,50. Jahrgang DM 24,–

Wir empfehlen auch unsere folgenden Titel

- Hans-Jürgen Brandt, Martin Dinges, **Kaderpolitik und Kaderarbeit in den "bürgerlichen" Parteien und den Massenorganisationen in der DDR.** 88 Seiten, DM 18,80

- Karl Heinz Gehm, **Der Machtzerfall der sozialliberalen Koalition in Berlin,** Innenansicht einer Stadtpolitik. Zweite, aktualisierte Aufl. 1985, 363 Seiten, EBr., DM 30,—

- Rüdiger Kipke, **Die Untersuchungsausschüsse des Deutschen Bundestages,** Praxis und Reform der parlamentarischen Enquete. 248 Seiten, DM 30,—

- Dietmar Möhler, **Völkerrechtliche Probleme östlicher Beteiligungen an internationalen Veranstaltungen in West-Berlin.** 163 Seiten, DM 28,—

- Alfred Schaefer, **Lenin 1917,** Eine Aufklärung der Machtergreifung durch Lenin-Texte. 165 S., 23 Abb., Efalin, DM 22,80

- Alfred Schaefer, **Das Dogma — Wegbereiter der Diktatur,** Analyse von Stalin-Texten * Zur dialektischen Methode von Marx in "Das Kapital" I. 138 Seiten, 2 Bilder, DM 18,80

- Alfred Schaefer, **Die Moral in der Politik** — Zur Selbstbesinnung im revolutionären historischen Prozeß. 140 Seiten, EBr., DM 18,80

- Gerhard Wettig, **Das Vier-Mächte-Abkommen in der Bewährungsprobe,** Berlin im Spannungsfeld von Ost und West. 279 Seiten, DM 32,—

- Udo Wetzlaugk, **Die Alliierten in Berlin.** ca. 100 S., DM 12,80

- Theodor H. Winkler, **Kernenergie und Außenpolitik,** Die internationalen Bemühungen um eine Nichtweiterverbreitung von Kernwaffen und die friedliche Nutzung der Kernenergie in der Schweiz. XIV + 491 Seiten, DM 60,—

- Theodor H. Winkler, **Die Nuklearpolitik der Schwellenmächte.** 199 Seiten, DM 25,—

BERLIN VERLAG Arno Spitz * Pacelliallee 5 * 1000 Berlin 33